LA RÉFORME ET LA LIGUE
EN CHAMPAGNE

DOCUMENTS
II
PIÈCES DIVERSES

Publiées sur les manuscrits de la Bibliothèque
Nationale et de plusieurs dépôts de province.

(1559-1600)

RECUEILLIES

par

G. HÉRELLE

Professeur de Philosophie, Correspondant du Ministère
de l'Instruction Publique.

PARIS
CHAMPION, ÉDITEUR
9, QUAI VOLTAIRE, 9.

1892

*Hommage de l'auteur
au Comité des Travaux Histori*

G. Hé

LA RÉFORME ET LA LIGUE
EN CHAMPAGNE

PUBLICATION DE LA SOCIÉTÉ DES SCIENCES ET ARTS
DE VITRY-LE-FRANÇOIS

Tiré à 100 exemplaires

LA RÉFORME ET LA LIGUE
EN CHAMPAGNE

---*---

DOCUMENTS
II
PIÈCES DIVERSES

Publiées sur les manuscrits de la Bibliothèque
Nationale et de plusieurs dépôts de province.

(1559-1600)

RECUEILLIES

par

G. HÉRELLE

Professeur de Philosophie, Correspondant du Ministère
de l'Instruction Publique.

---*---

PARIS
CHAMPION, ÉDITEUR
9 QUAI VOLTAIRE, 9.

AVERTISSEMENT.

Les matériaux de ce second volume de Documents sur la Réforme et la Ligue dans les régions orientales de la Champagne, ont été tirés, soit de divers dépôts de province, soit du fonds français de la Bibliothèque Nationale.

Les dépôts municipaux de *Châlons-sur-Marne, Reims, Sainte-Menehould, Saint-Dizier* et *Vitry-le-François*, déjà explorés pour la Correspondance qui forme notre premier volume, nous avaient fourni en outre un assez grand nombre de pièces diverses qu'on trouvera ici à leurs dates. Depuis, nous avons eu encore l'occasion de feuilleter les Registres du Conseil de ville de *Verdun:*

Registre I, du 4 nov. 1573 au 28 juillet 1587 ;
Registre II, du 8 août 1587 au 14 nov. 1595 ;
Registre III, du 20 nov. 1595 au 2 sept. 1603.

Ces registres sont riches en informations pour la période de la Ligue, et nous en avons extrait de curieux renseignements que nous croyons inédits. Enfin nous avons trouvé quelques documents aux *Archives départementales de la Marne*, dans le Registre C. 2.489, Bureau des Finances, 1591-1597.

A la *Bibliothèque Nationale*, où nous nous étions interdit de rien prendre pour la publication précédente, il aurait fallu examiner des centaines de volumes pour recueillir tout ce qui intéresse la Réforme et la Ligue en Champagne. Habitant loin de Paris, il nous a été impossible de faire un dépouillement aussi complet ; et nous avons le regret d'avouer que les pièces que nous imprimons aujourd'hui ont été recueillies un peu au hasard dans les soixante ou quatre-vingts volumes qui, de prime abord, nous ont paru être les plus importants. Nous ferons seulement observer : 1° que d'ordinaire nous avons laissé de côté les *lettres*, dont une partie a déjà été publiée ou signalée par M. Ed. de Barthélemy, dans une série de petits articles de la *Revue de Champagne*, 1879-1887 ; 2° que nous nous sommes attaché de préférence aux pièces diplomatiques et militaires, trêves, capitulations, traités, etc.

Ajoutons enfin que, pour ne pas allonger outre mesure notre travail, nous avons donné beaucoup de documents par extraits, par analyses, ou même par simples mentions.

PIÈCES DIVERSES

Bonnet de Moreau nommé commissaire pour
la repression du protestantisme à Saint-Dizier;
excès de Léonard Bernard, procureur
du Roi en cette partie.

1559.

En ce mesme temps, le Roy, ensuivant l'ancienne coustume de ses prédécesseurs Roys de France, s'achemina pour son sacre en la ville de Reims en Champagne, où il fut sacré le dixhuictiesme jour dud. moys de septembre. Quoy faict, il partit de là et convoya le duc de Lorraine et la duchesse Claude sa femme, ses beau frère et sœur, à Bar le Duc, d'où il reprint son chemin en France. Si passa par Esclairon, village assis en Champagne, appartenant au duc de Guyse, où il séjourna quelque temps. Pendant son séjour audict lieu, le Cardinal de Lorraine, qui de long temps avoit complotté et projetté d'exterminer et ruiner tous ceulx de la Religion, qu'on appeloit pour lors Luthérians, résolut de commencer par ceulx du païs de Champagne. A cest effect il fit ordonner par le Roy et députer pour commissaire en ceste partie un nommé Bonnet de Moreau, qui estoit pour lors bailly de Sainct Dizier, et peu auparavant avoit esté secrétaire du feu duc de Guyse Claude de Lorraine, père dudict Cardinal, et pour son greffier un nommé Nicolas Hérissé, mercier de son mestier, et pour inquisiteur de la foy un certain frère Thibault de Thériance, jacopin, natif d'auprès Joinville. Les lettres de sa commission estoient les plus amples, les plus estroictes et les plus rigoureuses qu'on eust peu dresser. Pouvoir estoit donné et octroyé par icelles audict commissaire d'informer contre lesd. de la Religion, les rechercher, poursuivre, emprisonner, saisir et annoter tous leurs biens, sans aulcun remède d'appel, duquel ilz seroient du tout privez. La charge de procureur du Roy en ceste partie fut donnée à un ne sçay quel nommé Léonard Bernard et, communément par la populace, Bernacle.

Ce personnage estoit à vray dire digne de ceste charge et le plus propre pour l'exécuter au gré du cardinal et de ses adhérans que nul autre qu'on eust peu choisir. Car il estoit un pouvre affamé, qui ne demandoit que d'en avoir à quel prix que ce fust, chargé de femme et d'enfans, un homme cault et riesé, un triquelat du palais, cruel et tirant pitence d'une fort mauvaise conscience, ignorant du bien, mays versé en la chiquanerie et, comme on tenoit communément, norman de nation.

Après que ce Bernard eust prins le mot du Cardinal, il s'achemina en la ville de Sainct Disier, lieu choisi et désigné par le Cardinal pour la retraite dudict Bernard et exécuter ses cruautés. Et, pour authoriser et rendre de tant plus recommendable envers ceulx du lieu ce Bernard, le Cardinal le fit accompagner par le prévost de l'hostel et ses archers jusques audict lieu de Sainct Disier et luy donna lettres de faveur pour tous les officiers et plus apparens dud. lieu, ausquelz il se floit le plus. Si arriva Bernard aud. lieu environ le dixhuictiesme jour d'octobre ; et d'autant que de Moreau, commissaire establi en ceste partie, estoit ung bon homme, sans lettres, et qui ne se donnoit pas grande peine comme le tout se passeroit, Bernard, suivant le mot qu'il avoit dud. Cardinal, fit de là en advant l'office de commissaire et de procureur du Roy tout ensemble ; car luy seul faisoit les informations contre ceulx de la Religion, les réquisitoires, décretz, captures, interrogats et saisies de leurs biens, de sorte que ce commissaire de Moreau n'avoit autre chose à faire que de se reposer de sa charge sur Bernard et prester seulement son nom.

Arrivé que Bernard fut à Sainct Disier, il se saisit de deux ou troys personnes de lad. ville, lesquelz, comme je croy, estoient seulz en icelle qui avoient quelque sentiment de la Religion. Quelques jours après il commencea d'informer contre ceulx du plat païs. Il fit aussy par mesme moyen dresser et bastir des deniers du Roy dedans le chasteau dud. Sainct Disier un bon nombre de cachotz de bois fort drus et espais pour loger les pauvres fidèles qui tomberoient en ses laqs, et les fit faire si bas et estroictz qu'à peine un homme s'y pouvoit il renger. On lui donna quinze archers de mesme humeur que luy, qui ne servoient d'autre chose que de rauder par le païs, faire les captures, saisir les biens des accusez, fourrager tout ce qu'ilz rencontroient en leurs maisons et l'admener à ce brigand en sa tanière de Sainct Disier, dont il ne bougeoit aucunement, tant il craignoit d'estre chargé.

La femme de ce gentil Bernard le vint trouver de là à peu de temps avec tous ses enfans en un fort pauvre équipage, ce qui diminua quelque chose de la réputation en laquelle il estoit demouré jusques allors à Sainct Disier d'homme riche et de grande authorité. Mays en peu de temps il fut comblé et remply de grands biens de la despouille des pauvres fidèles, et sa femme fort bien parée et accoustrée. Allors il ne fut plus question en son endroict que de chercher tous les moyens possibles pour descouvrir et attraper les fidèles, qu'ilz appeloient Luthériens. Et à ceste fin il commanda à ceulx de la ville de Victry le François, où il sçavoit y avoir un bon nombre de fidèles, qu'on eust à chanter par chascun jour en lad. ville un Salut sur les cinq heures du soir, enjoingnant et commandant à tous les chefs de famille de s'y trouver au son de la cloche ; à quoy si quelqu'un faisoit faute ou ne s'agenouilloit pendant qu'on chantoit ce Salut, il estoit soubdain marqué par les espions commis à cest effect et accusé du crime d'hérésie, finalement saisy au corps, si le pouvoit estre, avec annotation et saisie de ses biens. Ce Salut, qui encores se continue de présent à Victry, fut nommé le Salut de Bernacle, nom qu'il a tousjours retenu. Pour le faire court, tant que ce Bernacle eut la vogue, il n'oublia rien de ce qu'il pensoit pouvoir servir à l'entière ruine et extirpation des pauvres fidèles, ayant pour espaule et principal soustien ung nommé Françoys des Boves, dict du Mesgnil, pour lors capitaine de Sainct Disier, et qui avoit part avec luy au gasteau.

Je ne sçay quel proufit en tiroit ce pouvre de Moreau, commissaire. Mays je vous puis dire que quelques bons catholiques m'ont certifié que, quelques années après, comme ce pouvre homme estoit assis en sa chambre auprès d'un bon feu, il se print à sa robe et habillemens asprement et de telle sorte qu'estant finalement tombé audict feu, où il demeura assez longtemps, il souffrit un grand tourment et y eust du tout fini ses jours sans quelques uns qui survinrent et le secoururent et retirérent ; mays tost après il en mourut.

Chascun fuioit ce commissaire, ne plus ne moins qu'une personne infecte de maladie contagieuse ou comme un loup enragé. Et ne se tenoient mesmes les papistes asseurez devant luy, craignans, par les effectz qu'ilz en avoient veu réussir à l'endroit de plusieurs, que, pour avoir leurs biens ou arracher d'eulx quelque bonne somme d'argent, on ne leur mit dessus qu'ilz avoient mangé le lard. Bref, ce commissaire pouvoit estre justement et à bon droict nommé le fléau de toute la Champagne. Les pauvres fidéles se reserroient, les uns au plus fort des boys, et les aultres, allans audevant du feu, racheptoient de luy à graisse d'argent la dureté des prisons et leur vie. C'estoit un très piteux spectacle, voir le nombre des pauvres fidéles errans ça et là, contrains d'abandonner leurs maisons et ce qui estoit dedans à la merci de ceste harpie cruelle. Mays ce qui luy donnoit de tant plus courage de faire du pis qu'il pouvoit, s'estoit que personne ne s'opposoit à ses tyrannies et cruautez ; et ne se trouva en tout le pays de Champagne qu'un seul homme, lequel finalement luy fit teste. Ce fut un nommé Jean Tillot, appelé communément Mre Jean Cloche, demourant à Heillemauru, village du balliage de Victry. Cestuy là tenoit par admodiation du frère d'un conseiller de la Court de Parlement, nommé Troncoy, le prieuré dud. Heillemauru. Estant accusé vers ce commissaire, il envoya aussitost ses satallites pour le prendre. Ne le trouvant point, ilz se ruérent sur ses meubles, et, [après] avoir faict batre les bleds qui estoient en sa grange, firent mener et conduire le tout en la caverne de leur chef et maistre à Sainct Disier. Tillot, se voyant réduiz à une telle extrémité et que ce n'estoit pas son plus court de se présenter et comparoir devant ce commissaire, de peur d'y laisser et le corps et les biens tout à la foys, eut recours au conseiller frére de son maistre, duquel il tenoit à ferme le prioré ; si luy fit entendre qu'il n'estoit pas de la qualité de ceulx qu'on recherchoit, et le pria d'avoir pitié de luy et de l'ayder de tout son pouvoir en cet affayre, autrement qu'il s'en alloit ruiné du tout. Ce conseiller, quoy qu'il fust fort grand papiste et ennemy des fidéles, voyant Tillot ainsy résolu, et aussy qu'il y alloit de celuy de son frére, et possible du sien, pour estre Tillot en reste de son admodiation, considérant, dy-je, cestuy intérest particulier, fit tant que la Court de Parlement octroya à Tillot ses lettres et deffenses, par le moyen desquelles ce commissaire estant inthimé en la Court, il fut enfin contraint rendre gorge et lascher prinse au prouffit de Tillot. Ce qui fit une si grande bresche à ceste commission tant redoubtée, que depuis on ne s'en soucia pas si fort. A la vérité ce commissaire avoit résolu, avant que le jeu se départist, de remplir tous ses cachotz nouvellement édifiez et les prisons de tout le païs des personnes de tous ceulx de la Religion, et, après s'estre soullé du sang de ceulx du Parthois et avoir rafflé tout ce qu'il eust peu attrapper en ces quartiers-là, aller resveiller ceulx de Chaumont en Bassigny et de la ville de Troyes, où quelques uns des plus gros du Parthois s'estoient retirez comme en lieu de franchise, pour se garentir des griffes sanglantes de ce cruel animal. Et faisoient ceulx de Troyes desjà bien leur compte de le recevoir comme il le méritoit. Mays les traverses qu'il receut en la Court de Parlement, joinct le tumulte d'Amboyse qui entrevint, rompirent tous ses pernicieulx desseins.

Bibl. Nat., Fonds Dupuy, n° 698, Histoire ecclésiastique de l'Eglise Réformée de Troyes, par N. Pithou, f° 141 et suiv.

Articles des remonstrances que les gens de justice, tiers et commun estat du bailliage de Vermandois entendent estre présentés à Sa Majesté.

1560.

Extrait concernant la Prédication et le Clergé.

Et pour ce que souvent est advenu que le pauvre peuple a esté imbu et agitté de diverses doctrines en la foy et relligion chrestienne par le moyen des quatre ordres mendiants, que soubz colleur desdictes exemptions ont presché ainsy que bon leur a semblé, mesmes ès églises desdictz ordres, supplyent qu'il soit ordonné qu'ilz ne pourront prescher en leurs dictes églises ny allieurs synon qu'ilz soyent premièrement approuvez par lesdictz archevesques et évesques, appellez leursdictz archidiacres, et par eulx licenciez de prescher et anoncer la parolle de Dieu, après s'estre diligemment informé tant de leur sçavoir esdictes sainctes lectres que de leur bonne vye et conversation ; ce que lesdictz archevesques et évesques seront tenuz faire et dont ilz seront tenuz certiffier suffisamment les officiers dudict s^r Roy, sur peine de saisie de leur temporel, et aultres grosses peines où adviendroit clameur du scandal pour la maulvaise vye et perverse doctrine desdictz religieux receuz à prescher...

Que tous prestres qui seront convaincuz d'avoir commis incestes ou d'avoir séduict et congneu charnellement leurs filles spirituelles seront dégradez de leurs ordres, privez d'office et de bénéfice, et délivrez au bras sécullier pour estre exécutez au dernier supplice ; et affin que les juges ecclésiastiques ne puissent en ce user de fau..... et coutumace, soyt ordonné ausdictz juges royaulx y avoir le resgard sur les plainctes qui leur en seront faictes, en informer, appréhender lesdictz délinquans et leur faire leur procés avec lesdictz juges d'Eglise, asscavoir lesdictz juges d'Eglise pour le délict commung, et lesdictz juges royaulx pour lesdictz crismes nommez privilégiez.

Quant aux aultres prestres qui seront convaincuz d'avoir commis adultére et d'estre concubinaires, seront pour la première foys, au caz qu'ilz seront bénéficiers, signamment curez, privez de leurs bénéfices, et, où ilz ne seront bénéficiers, condamnez à tenir prison fermée par troys mois, et illec jeusner au pain et à l'eau trois jours de la sepmaine ; pour la seconde foys seront tous iceulx prestres excommuniez, déclarez suspenduz de leurs offices pour un an, et oultre condamnez à tenir prison plus estroicte par six mois, et illec jeusner comme dessus ; et pour la troisiesme, dégradez et délivrez au bras sécullier, pour estre bany à tousjours de ce royaulme, leurs biens meubles déclarez acquis aux pauvres pour expiation d'ung faict esnorme comis, sans touteffois confiscation de leurs héritaiges qui demeureront à leurs proches, soubz le bon plaisir dudict sʳ Roy comme dessus.

Et affin que les juges ecclésiasticques ne puissent en ce user de dissimulation et faveur, soyt permis ausdictz juges royaulx informer desdictz crismes sur les clameurs qui leur en seront faictes, et visiter les maisons desdictz prestres, appréhender leurs dictes concubines, et leur faire leur procés comme à personnes scandaleuses et perturbantes et empeschantes le repos et tranquilité publicque, et à eulx enjoinct y tenir la main, et délivrer incontinent ausdictz juges ecclésiasticques coppies des informations qu'ilz auront faict ou faict faire contre lesdictz prestres adultéres et concubinaires, et faict acte du jour de la délivrance d'icelles coppies, affin d'estre par iceulx juges ecclésiasticques incessamment procédé contre telz prestres adultéres et concubinaires, pour les premiére et deuxiesme foys comme dessus, à leur faire et parfaire leur procés, et les punir suivant ce que dict est sans modération de peyne ; ce que lesdictz juges d'Eglise seront tenuz de faire et en certiffier lesdictz juges royaulx dedans troys mois aprés, sur peyne d'estre eulx mesmes puniz comme fauteurs de telz crimes scandaleux, empeschans le repos publicque, et conséquemment puniz par lesdictz juges royaulx comme perturbateurs desdictz repos et tranquilité publicque. Et où il conviendra pour la troisiesme foys procéder contre lesdictz prestres pour les cas dessus dictz, leur seront les procés extraordinairement instruictz, faictz et perfaictz ensemblement par lesdictz juges d'Eglise et royaulx, assçavoir par lesdictz juges d'Eglise pour le délict commung, et par lesdictz juges royaulx pour lesdictz crimes privilégiez audict s' Roy...

Le Tiers-Etat de Vermandois demande en outre : l'élection des prélats, ecclésiastiques et bénéficiers ; — l'élection des archidiacres ; — l'obligation à la résidence ; — l'emploi du superflu des biens d'église au maintien de la foi, à la défense du Royaume et au soulagement du peuple ; — la gratuité des sacrements ; — l'extension de la compétence du juge royal sur les personnes ecclésiastiques en action personnelle civile ; — la réduction du nombre des fêtes ; — l'inscription au rôle des tailles des gens d'église qui tiennent baux à ferme ou font quelque commerce ; — la suppression des justices des seigneurs temporels à Châlons et la réduction de ces justices à celle du Roi (1).

Châlons, Arch. Munic., carton 30, copie authentique.

(1). Les députés d'Epernay aux Etats Provinciaux de Vitry tenus en octobre-novembre 1560 avaient charge de demander en outre : « Qu'il plaise au Roy révocquer l'atribution de juridiction accordée aux gens d'Eglise contre les accusez d'hérésie, car les gens d'Eglise imputent à toutes hérésies ce qui est de la connaissance de ceux de l'Etat ; que les nouvelles opinions survenues en la religion proviennent en partie des différens abus que commettent les bénéficiers, et qu'ainsy il n'est raison qu'ils soient les juges de ceux qui les accusent eux-mêmes. »
(*Conclusion du Conseil d'Epernay, Ms. de Bertin du Rocheret*).

Le cahier général du Tiers-Etat présenté au Roi en 1560 formulait des remontrances analogues sur les causes de l'hérésie :

Art. 3. — « Se plainct led. Tiers-Estat que, combien que la relligion chrestienne soyt le seul lien de la paix et union tant envers Dieu que les hommes, néantmoings sont entrés en icelle tant de sectes, oppinions, divisions et discussions, qu'il semble qu'elle veuille produire le rebours de son naturel, sçavoir est guerre, querelle, discorde, affliction et tourment entre les hommes.

Art. 4. — « Est certain que ce trouble est advenu par les inexcusables négligences et faultes insupportables d'aulcuns des pasteurs et ministres de l'Eglise, qui se sont tellement endormiz en leurs charges qu'ils ont laissé entrer trois vices monstrueux en l'Eglise.

Art. 5. — « C'est asscavoir l'ignorance grande des sainctes lectres, l'avarice questueuse des ministres et délaissement de toutes choses appartenans à l'office d'ung vray pasteur ; par lesquelz trois maulx intolérables ont donné grande occasion à plusieurs de sentir et parler sinistrement dudict estat ecclésiastique et mectre entre les hommes des scismes et divisions qui s'y voyent de présent.

Art. 6. — « Il est assez notoire que puis quelque temps advenu et apppareus plusieurs inconvénians, diversites d'oppinion, sectes, héresies et abbuz qui par traict se sont accreuz et accroissent en l'église et relligion chrestienne, dont sont yssus plusieurs troubles et discensions en ce royaulme, qui durent encores ; et est à doubter que lesd. divisions et diversitez d'oppinion conduisent l'Estat dud. royaulme et de ses subjectz en extrême danger, pour les mutations survenues par mesmes occasions en aultres seigneuries et potentatz de ses voysins. »

Art. 7-14. — (Remèdes proposés : un concile général, et, en attendant, l'élection des archevêques, évêques, abbés, doyens, et prieurs.)

Introduction du Protestantisme à Châlons. (1)

1560-1562.

1560, 3 Avril. — Ordre de publier le plus tôt que faire se pourra l' « affiche portant deffense de faire assemblées et conventicules illicites et de porter armes ».

1561, 15 Janvier. — Me Henry Mauroy a publié par plusieurs fois en ses prédications qu'il se faisait conventicules et assemblées monopolieuses et autres choses mal sonnantes contre l'honneur et bien de lad. ville. On le sommera de déclarer pardevant notaires s'il sait ou non quelque chose de ces assemblées. (Cf. *Lettres*. p. 34, note).

1561, 22 juin. — Il y a eu émotion advenue par le moyen des prédicants naguères introduits dans la ville ; et le sr Langault a prétendu « que icelluy que on disoit estre prédicant estoit ung médecin qu'il avoit faict venir de la ville de Strasstbourg pour penser et médicamenter sa femme ». Le Conseil, suivant l'intention exprimée dans les lettres du duc de Nevers, déclare qu'il faut vivre en paix et tranquillité, rechercher et ôter les causes de ces émotions. Quelques conseillers, en l'absence de Langault, affirment que celui-ci a fait venir 60 hommes armés dans sa maison. (Cf. *Lettres*. p. 34, note).

1561, 5 août. — Ordre donné par le Roi de faire déclaration au sr du Castel, capitaine de la ville, de toutes les armes qui sont aux mains des habitants, tant ecclésiastiques qu'autres. Du Castel a refusé d'expliquer les raisons de

---

Art. 45.— « Que aulcuns gens d'Eglise entretiennent ordinairement et publicquement filles et femmes lubricques, desquelles ilz ont enffans qu'ilz font nourrir au veu et sceu d'ung chascun ; et, quant ilz sont poursuiviz pour raison de ce ou aultres cas à eulx imposez pardevant les juges laiz, ilz demandent leur renvoi en ladicte jurisdiction ecclésiastlcque, là où n'est faicte aulcune punition. »
(*Châlons, arch. municip., carton 30, copie authentique*).
M. Picot, t. II, p. 64, dit que ce cahier a été publié par Barrois, 1789, mais très incorrectement.

(1) Au risque de mentionner deux fois divers documents déjà signalés en note au tome 1, *Lettres*, p. 34-49, nous avons résumé ici et ci-dessous toutes les indications que nous ont fournies sur ce sujet les Registres de Châlons.

cette mesure. Le Conseil suppose qu'on a l'intention d'ôter leurs armes aux habitants, qui « n'ont en rien forfaict ny délinqué pour procéder contre eux par telle voye ». On se retirera donc vers M. d'Espaulx, qui doit arriver incessamment à Châlons, pour le prier de surseoir à cet ordre. (Cf. *Lettres*, p. 37, note).

1562, 13 janvier. — « Le procureur de lad. ville a dict avoir eu advertissement que plusieurs habitans de lad. ville poursuivoient d'avoir ung temple, dont n'a esté communicqué aux gouverneurs de lad. ville... Les assistans ont déclaré qu'ilz n'avoient entendu et n'entendoient en général ny en particulier avoir baillé charge, mandement ou procuration pour demander aulcun temple au nom desd. habitans... A esté dict qu'il en sera faict acte ès registre de céans pour y avoir recours quand besoing sera, et oultre ont la pluspart d'entre eux déclaré qu'il [ne] se trouveroit aulcune procuration pour ce passée ou requeste présentée à ceste fin au nom desdictz habitans, qu'ilz ne l'auroient jamais entendue ny aggréyée et ne l'entendroient ni agréeroient, ains l'auroient désadvouée et désadvoueroient par ces présentes. »

(Châlons, Arch. Munic., Registre XIV).

Lettre de Pierre Fornelet, pasteur de l'Eglise Réformée de Châlons, à Calvin.

1561, 6 octobre.

A mon honoré seigneur Monsieur d'Espeuille, soit donnée la présente au chasteau de Syon.

La grâce et la paix de nostre bon Dieu et Père Céleste, au nom de Jésus Christ son fils, nostre espérance, habite plantureusement en vostre cœur par la vertu du Sainct Esprit.

Monsieur mon honoré père et frère, estant occasionné

et requis de demander vostre aide, comme aussy de vos chers frères et compaignons ordonnés avec vous au royaume du grand et céleste Roy Jésus Christ, il vous plaira me pardonner si j'use de trop grande privauté et hardiesse. Et certes je ne le feroye, si je ne vous congnoissoye tel que le plus mesprisé du monde se peut adresser familièrement à vous comme à un ange de Dieu et vray serviteur du Christ, le quel, par son Sainct Esprit vous ayant prouveu de jugement, vous a aussy donné une bonne volonté de vous employer diligemment à son sainct service, non seulement en l'Eglise en laquelle il vous a mis ministre, mais envers celles mesme que n'avez jamais vu en face, lesquelles se ressentent du fruict qu'il plait à ce souverain seigneur produire par vous qui estes son instrument. A luy seul en soit toute la gloire et louange, comme elle luy appartient totalement, attendu qu'il est seul le vray et fidèle pasteur des âmes bienheureuses, lesquelles il a acquises par son précieux sang. Pour ceste cause je m'ose bien asseurer, sans user de grandes persuasions, comme aussy je n'y enten rien, que ne refuserez à une multitude de povres brebis affamées ce qu'elles requèrent de vous, pourveu que vous l'ayez en main, c'est à savoir deux ou trois pasteurs pour les paistre fidèlement selon l'ordonnance du fils de Dieu.

Estant doncques occasionné par deux raisons lesquelles me pressent fort, je vous prie de nous ayder en cest affaire. La première raison est une telle nécessité qu'il y a bien quinze villages par deçà qui désirent le sainct ministère de l'Evangile, mais par faute de pasteurs y demeurent là. La seconde raison est le profit qui en sortira. Car il y a espérance de gaigner à Nostre Seigneur, non seulement tout le peuple de ces quinze villages, mais aussi les circonvoisins, comme, pour vraye preuve de ce, je puis vous asseurer d'une chose que j'ay veue de mes yeux : c'est qu'ayant fait là quelques prédications sans grande résistance des adversaires, j'ay apperceu un merveilleux proffit ; c'est que j'ay veu venir les povres gens, de sept et de huit lieues, tant d'hommes que de femmes, ayans seulement ouï dire qu'on preschoit l'Evangile. J'ai esté requis quelquefois d'aller en tant de lieux, que j'eusse désiré pouvoir me diviser en plusieurs parties pour satisfaire au sainct désir de ceux qui me désiroient. Cependant j'estois pressé en mon esprit de suivre la spéciale vocation qu'il a pleu à mon bon maistre Jésus Christ me faire déclairer par vous. Je craignoye mesme que les empeschemens, qui ne me permettoyent incontinent de venir au lieu qui m'a esté désigné et auquel je suis à présent, faisant ma charge au mieux que le Seigneur m'en fait la grâce, ne fussent cause de noter mon ministère de quelque mauvaise note.

Outre ces occasions tant pressantes que j'ay eu de vous prier pour ces povres brebis sans pasteurs, on m'a requis de vous en escrire, et pourtant je n'ay peu refuser une tant saincte demande. Et combien que je vous cognoisse tel que vous voudriez volontiers prouvoir toutes les povres églises de bons et fidèles pasteurs, sans en excepter une seule, encore que ne fussiez grandement de ce sollicité par les hommes, il m'a semblé qu'il n'y auroit de danger, si je vous en escrivoye selon mon devoir.

Parquoy, très honoré seigneur et frère en Jésus Christ, je vous supplie d'assister à cest affaire, sinon que la classe de Neufchastel les prouvoie, comme on leur en a donné quelqu'espérance. Que si la classe de Neufchastel les prouvoit, vous le saurez bien ; car monsieur de Dommartin (1) et le sire Thierry Morel, ayans pris charge de soliciter l'affaire, vous en pouront advertir. Quant aux églises qui désirent les pasteurs, elles se veuillent mettre en tout devoir, comme elles m'ont promis, non seulement d'entretenir leurs pasteurs, mais de se renger entièrement sous le joug de Christ.

Quant à nostre église, elle prospère grandement, grâces au Seigneur. La première assemblée qui fut faicte, à grande difficulté, fut de douze personnes. Nous en avons faict aujourd'huy une en la nuict, là où il n'y avoit guère moins de mille personnes. Nous baptisons et enterrons chrestiennement noz morts, et sommes en délibération de célébrer la saincte cène, pour déclairer que nous sommes une église de Christ entièrement. Noz adversaires ne cessent de machiner à l'encontre de nous ; mais nous avons espérance au Seigneur, qui conserve et maintient ses serviteurs, lequel nous rend asseurés, là où noz adversaires tremblent de peur, combien qu'ils facent les mauvais.

J'ay esté au synode provincial qui fut tenu en la grande cité (2) le seziesme jour du mois de septembre dernier passé, et ay esté de retour en ceste église le vingtiesme dudict mois. Or j'ay veu audict synode une si grande union que, quand je n'auroye receu autre bien de Nostre Seigneur, depuis que je suis venu par

(1) Antoine de Dommartin, seigneur de Saussure en Lorraine, réfugié en Suisse pour cause de religion, et chef d'une famille doublement illustre dans les sciences et les lettres.

(2) Paris.

deça, que la joye et la consolation que j'ay eu de me trouver en une si saincte assemblée et compagnie de vrais serviteurs de Dieu, il ne m'est pas possible de pouvoir assez rendre grâces au Seigneur d'un si grand bien qu'il luy a pleu me faire (1). Mais outre tout cela, le bon Dieu me fait ce bien d'avoir trouvé un troupeau de vrayes brebis de Jésus Christ, lequel se renge tellement sous le joug de Jésus Christ, que je m'estime trop indigne d'un tel bien. Et faut que je confesse, comme la vérité est, que Dieu, qui m'a envoyé icy par vostre moyen, déploye de plus en plus sa miséricorde sur moy, povre et chétif que je suis.

Je prie ce bon Dieu et Père de miséricorde, au nom de son cher fils Jésus Christ nostre sauveur, vous conserver longuement à son Eglise, et vous donner sept fois autant de consolation que j'en reçoi par vostre moyen, et non seulement à vous, mais aussy au bon maistre Pierre Viret, et à tous voz frères et compaignons en l'œuvre du Seigneur. Et à Dieu soyez-vous, Monsieur.

De Chaalons, ce 6ᵉ jour d'octobre [1561].

Par le tout et à jamais vostre humble serviteur et frère en Christ,

PIERRE FORNELET,

disciple et ministre indigne de Jésus Christ.

Biblioth. de Genève, original, ms. 196; publiée, Bulletin du Protest., Iʳᵉ S., t. XIV, p. 364.

(1) Ce synode n'est pas mentionné dans les Histoires ecclésiastiques.

L'Eglise de Vassy.

Gravelle fonde l'Eglise de Vassy.

1561, octobre.

En ce temps les fidèles de Wassy, petite ville appartenant au Roy de France, des plus anciennes du conté de Champagne, limitrophe du païs de Bar, désirans commencer à dresser en leur ville quelque forme d'église selon la parolle de Dieu, n'ayans moyen pour l'heure de recouvrer un ministre d'ailleurs que de l'église de Troyes, eurent recours à ladicte église, laquelle leur octroya pour ce fayre Gravelle, l'un de leurs ministres. Lequel s'achemina audict lieu de Wassy le douziesme jour du moys d'octobre ; et ayant, après plusieurs traverses, dressé l'église en ce lieu et mis un ordre tel que le temps le permettoit, attendant qu'il pleust à Dieu les pourveoir d'un ministre, Gravelle partit dudit lieu le 20 dudit moys pour s'en retourner en son église à Troyes...

Dispute de Gravelle et de Jérôme de Burges, évêque de Châlons.

1561, 17 décembre.

Tost après, les fidèles de l'église de Wassy ayantz quelques enfans à baptiser par eulx gardez à ceste fin depuis l'establissement de leur église faute de ministre, attendoient pour la seconde foys de celle de Troyes leur ministre Gravelle, qui pour cet effect s'achemina audict lieu le treiziesme dud. moys de décembre. Tost après son arrivée, on luy tailla plus de besongne qu'il n'espéroit ; car, le seize ou dixseptiesme dud. moys, l'évesque de Chaalons en Champagne, nommé Hiérôme Burgensis, lut envoyé en ce lieu de Wassy par le conseil du Cardinal de Lorraine, accompagné d'un moyne estimé des plus doctes et experts en la théologie papalle, afin de destourner, sy faire ce pouvoit, les fidèles de Wassy de leur bon chemin et les réduire à la religion catholique romaine. Si ne faillit cet évesque de se trouver le lendemain au sermon du ministre Gravelle, qui en estoit bien adverti. Et, comme il eût commencé sa prière pour demander à Dieu la grâce du Sainct Esprit, l'évesque l'entrerompit et commencea à dire tout haut :

« Messieurs, je vien icy comme évesque de Chaalons et par conséquent de ce lieu. »

Le ministre, ne luy baillant pas le loisir de passer plus outre, luy dict :

« Monsieur, puis que je suys le premier en chaire, c'est bien raison que je parle le premier. Que si vous trouvez chose digne de répréhension en ma doctrine, il vous sera libre de parler puis après. »

Ceste responce ouye, le peuple commencea à fayre quelque bruit ; lequel estant appaisé, l'évesque reprint son propos, et, usant de mesmes termes que dessus, leur dict derechef :

« Messieurs, je vien icy, » et ce qui s'ensuit.

Le ministre rompit derechef son propos, disant :

« Monsieur, je m'esbahy comment vous nous voulez empescher d'invoquer Dieu en ce lieu, veu que le Roy le nous permet, et monsieur le Gouverneur. »

Or disoit il cela estant asseuré qu'il estoit ainsy ; car depuis peu de jours le duc de Nevers, gouverneur de Champagne, estant à Troyes, avoit, comme nous avons dict cy devant, souffert à ceulx de l'Eglise du lieu d'invoquer Dieu et prescher à la façon des églises réformées, se disant avoir charge d'exposer les édictz du Roy pour fermer la bouche aux ecclésiastiques qui requéroient instamment qu'ilz fussent observez. L'évesque ne luy voulut respondre, mays retourna à son premier propos. Quand le ministre vit qu'il n'en pouvoit autrement finir :

« Bien, dict il. Puisque vous avez si grande envie de parler, faictes le, non pas en qualité d'évesque, ains d'homme particulier seulement ; car nous ne vous recongnoissons point pour tel.

« Pourquoi, dict il ? Si est-ce que j'ay l'imposition des mains.

« Pourquoy, respondit le ministre? Pour ce qu'il fault que l'évesque presche la parolle de Dieu en vérité, qu'il administre les sacremens et ait soin jour et nuit du troupeau du Seigneur. Mays vous, qui vous dites pasteur, quand avez vous repeu vostre troupeau de la pasture de vie ? Quand avez vous administré les sacremens ou fait la moindre chose de ce qui est requis en vostre charge ?

« Comment sçavez vous que je ne presche point, dict l'évesque ?

« Vous dites hier vous mesme, respondit le ministre, à ceulx de nostre église que vous appelastes pour parler à vous, que vous ne sçaviez prescher et que vous en estiez bien marri.

« Et où trouvez vous, dict il, qu'il faille qu'un évesque presche ?

« Je le trouve, respondit le ministre, au 6ᵉ ch. des *Actes*, item au 4ᵉ chapitre de l'*Epistre à Timothée*. »

L'évesque, voyant qu'il estoit pris :

« Oh, dict il, je presche par mes vicaires. »

Le ministre lui respond de grande affection :

« Ce sont toutes mocqueries ! Les apostres et anciens évesques preschoient ilz par vicaires ? »

L'évesque ne pouvant contredire : « Et vous, dict il, estes vous ministre ? Avez vous l'imposition des mains ?

« Je le suys, dict le ministre, et ay ce qu'il fault que j'aye.

« Si est ce, respond l'évesque, que vous n'avez pas l'imposition des mains de quelque évesque, et je m'en puis asseurer.

« Vous avez, respondit le ministre, l'imposition des mains des faulx prophètes. »

L'évesque dict : « Nous sommes les vrays bergers de l'Eglise, successeurs des Apostres.

« Et comment le seriez vous, dict le ministre, veu que vous estes excommuniez par vos canons mesmes, en tant que vous estes entrez en la bergerie par la fenestre, veu que vous vous y estes ingéré de vous-mesmes et que le peuple n'a point approuvé vostre élection. »

Alors l'évesque dict, regardant derrière luy et parlant au prévost du lieu qui l'avoit accompagné : « Monsieur le prévost, j'en demande acte ».

Le ministre respondit : « Ouy, c'est raison : mettez là que je m'offre à monstrer mesmes par les canons du pape que celuy qui se dict évesque de Chaalons est excommunié et indigne d'estre évesque ».

Et se voyant le ministre pressé par quelques risées

que faisoit l'évesque, fut contraint de dire hault et clair : « Je suys prest de scéller de mon sang la doctrine que j'annonce à ce poure peuple, duquel vous vous osez bien dire pasteur, sous ombre que vous avez l'imposition des mains, comme vous dictes, de troys ou quatre de vos évesques. La pasture que vous permetz alléguer, est que vous avez prinz peine de repaistre vostre insatiable convoitoise, et non point les âmes, qui ont esté racheptées si chèrement du sang du filz éternel de Dieu. » Puys, s'addressant au peuple, dict : « Voyez vous, poure peuple, ce qu'il vous dict ? Il vous veult fayre accroyre en somme que cestuy là est le berger qui se contente d'avoir une pannetière et houlette pour vivre à son plaisir en la maison, sans mener les brebis aux champs pour repaistre ! »

L'évesque, desgarni de réplique, ne pouvant plus dissimuler la cause de sa venue, dict : « Si est ce que vous deslogerez ! »

Le ministre respondit : « Je prescheray l'Evangile du Seigneur Jésus. Si vous le voulez escouter paisiblement, escoutez le ; synon, ne nous troublez point.

« Je voy bien, dict l'évesque, que tout se gouverne icy par furie.

« Non, non, respondit le ministre ; tout se gouverne de nostre costé par un sainct zèle qui a esmeu jadis les Apostres à dire à vos semblables: qu'il vault mieulx obéir à Dieu qu'aux hommes ! »

Là dessus l'évesque se retira avec sa courte honte, n'estant si bien accompagné qu'il estoit quand il entra. Car le prévost et les autres qui debvoient dresser le procés verbal tel que l'évesque désiroit s'estoient jà retirez de crainte, sans coucher un seul mot par escript de tout ce qui avoit esté dict. Le peuple, voyant que l'évesque s'en retournoit avec son moyne, qui n'eut oncques la hardiesse de dire ung seul mot pour aider à son évesque, commencea à louer Dieu ; aucuns ne se peurent tenir de crier : « Au loup ! au renard ! à l'asne! à l'escole ! » Et après que le ministre Gravelle eut administré la cène audict lieu le jour de Noël, il s'en revint le lendemain à Troyes, d'autant que le temps qu'il devoit estre à Wassy estoit expiré.

Bibl. Nat., Fonds Dupuy, n° 698, Histoire de l'Église Réformée de Troyes, par N. Pithou, f° 181'° et suiv.

Anthoine de Nettancourt à la Compagnie des Pasteurs de Genève.

1561, 14 octobre.

Je Anthoine de Nettancourt, seigneur de Bettancourt, Vroil, Villers le Secq, Mynecourt en partie et dudict Nettancourt, tant en mon nom que és noms et moy portant fort de Jehan Sébille, Nicolas Sébille, marchans demeurans audict Bettancourt, Gérard Collet, Nicolas Collet, marchans demeurans audict Vroil, Pierre Gellée, Henry Gellée, Nicolas Pernet, Symon Héat, Pierre Grant, et Jehan Leneulx, habictans, marchans et laboureurs demeurans à Heiz le Mauru, mesmement aussy moy portant et faisant fort de plusieurs aultres habictans desdicts lieux, désirans vivre selon Dieu et soub la réformation de l'évangile de son filz Jésuchrist nostre saulveur, confesse que, en assemblée et après humbles prières à Dieu qu'il pleust à Nostre Seigneur nous regarder en pitié ou nom de son filz Jésuchrist nostre saulveur et nous envoyer ministre qui nous enseigne la volonté d'icelluy et nous administrer les sainctz sacremens purement selon le sainct évangile et ordonnance de nostre saulveur Jésuchrist, vous avons envoyé homme exprés pour vous supplier humblement au nom de nostre bon Dieu et père et en la faveur de nostre saulveur Jésuchrist avoir pitié de nous en cest endroict et nous vouloir tant faire de bien que de nous dresser et envoyer homme expert qui nous sçache et vueil départir le pain spirituel de la saincte parolle de Dieu et administrer purement les sainctz sacremens; promectans que, si Dieu nous faict ce bien avec vous de nous disposer par son ayde ou nom de Jésuchrist et en la force du Sainct Esprit (que à ceste fin nous invocquons) de nous réformer suyvant la saincte doctrine, assister à celuy qui nous sera envoyé pour ce faict, luy fournir et administrer à nostre pouvoir et selon Dieu toutes les choses requises et nécessaires pour son entretenement de luy, sa femme et famille, et luy bailler contentement tel qu'il s'en louera, et que vous en serez tellement contens que n'aurez regret de nous l'avoir envoyé. Ce faict le XIIIIe jour d'octobre l'an mil cinq cens soixante et ung.

ANTHOINE DE NETANCOURT.

Bibliothèque de Genève, original. (1)

---

(1) Nous publions cette lettre sur une copie authentique délivrée le 24 Mai 1883 par Ph. Plan, bibliothécaire de Genève, et légalisée par la chancellerie d'Etat le 25 mai.

Massacre de Vassy.

1562, 1er mars.

Comme il n'estoit question en l'Eglise de Troyes que de toute allégresse et de saincte resjouissance pour la liberté de l'Evangile octroyée par ledit édict (de janvier 1562), nouvelles arrivèrent le second jour du moys de mars au matin, comme les fidèles de l'Eglise de Wassy, distant de Troyes d'environ quatorze ou quinze lieues, estants assemblez sans armes à leur façon accoustumée en une grange dedans la ville, avoient esté le jour précédent, les ungs très inhumainement et cruellement massacrez, et les autres fort et griefvement blessez sans aulcun respect d'aäge ni de sexe, par ceux de la suitte du duc de Guyse Françoys de Lorraine, authorisez par sa présence.

Et craignans les fidèles de Troyes que leurs frères de Wassy n'eussent défault de chirurgiens pour penser et médicamenter les blessez, ils dépeschèrent soudain un nommé Jean Fillet, l'un des plus experts chirurgiens du lieu, lequel faisoit alors profession ouverte de la Religion, de laquelle il se révolta par trait de temps. Mais ce chirurgien rebrossa au plus tost chemin, et s'en revint en la ville, sous prétexte de ce qu'il avoit esté, comme il disoit, adverti en chemin que ceux de Wassy n'avoient pas faute de chirurgiens.

La nouvelle inspérée du sanglant massacre de Wassy arrivée au plus tost à Troyes, elle fut accompagnée d'un bruit sourd qui courut, vray ou faulx, que ceux qui l'avoient commis s'acheminoient à Troyes pour en faire de mesmes. Tous ceux de la Religion en furent merveilleusement troublez, et se trouvèrent sy estonnez qu'on ne sçavoit quel conseil prendre. Toutefoys, prenant courage, ilz résolurent finalement se tenir sur leurs gardes et chercher le moyen pour asseurer leurs vies. Le plus prompt et expédient qui se présenta fut de faire une reveue secrette, tant pour congnoistre leurs armes que pour sçavoir le nombre des gens de service et d'aâge pour les porter ; ce qui fut soudain exécuté, et s'en trouva un fort bon nombre de bonne volunté, tous résoluz d'exposer leurs vies et de ne laisser la peau à si bon marché que ceux de Wassy, si tant estoit qu'ilz fussent chargez.

Mais les ennemys, hastez de se rendre à Paris et se joindre à leurs partisans pour empescher que l'édict ne peust avoir lieu et acheminer l'exécution entière de leur complot général, laissans la ville de Troyes, tirèrent droict à Paris ; ce qui leva à ceux de l'Eglise du lieu le doubte et crainte où ilz estoient. Si demoura l'affaire en tel estat, sans rien remuer pour l'heure.

<small>Bibl. Nat., Coll. Dupuy, n° 698, Histoire de l'Eglise Réformée de Troyes par Pithou de Changobert, f° 192 v°.</small>

Bar-sur-Seine pendant la première guerre de religion.

Bar-sur-Seine pris par les Huguenots.

1562, août.

La pluspart de ceux de la Religion, voyants les cruautez qui se commettoient journellement en la ville [de Troyes],... s'estoient retirez ès villages prochains, pensans y demeurer quelque temps.... Mays, pour ce qu'ilz ne se voyaient là asseurez pour les courses ordinaires que faisoient ces soldatz de Troyes, qui à chascun coup pilloient, saccageoient et rançonnoient tous ceux qu'ilz pouvoient rencontrer, ilz résolurent d'en partir. Et, estantz advertis que ceux de Bar sur Seine s'estoient saisis de leur ville, s'y retirèrent, les uns pour demourer paisibles tant que la guerre dureroit, s'y sentans plus asseurez qu'ès villages, les autres pour y faire le devoir de soldat.

Or celuy qui commandoit pour lors à Bar sur Seine estoit un ne sçay quel personnage nommé Jean le Semonneux, qui autrefoys avoit esté valet de l'évesque de Verdun, qu'on pensoit estre un habile homme, et bien de la Religion. Mays il n'avoit ny l'un ny l'autre ; car il estoit un franc papiste et un personnage fort mal entendu au faict de la guerre, sans aucune expérience, et, comme on disoit, plus propre pour desbaucher quelque jeune fille et la mener en la maison d'un chanoine, que des hommes en la guerre. Néantmoins ceux de la ville se fioient du tout en luy pour la garde du chasteau et l'avoient esleu pour leur capitaine.

Toutefoys, quelque temps après, le capitaine Fréniz, surnommé l'Horrible, accompagné de quelques autres capitaines et gens de guerre de la Religion, arrivèrent en ceste ville, où adonc fut baillé quelque ordre pour la garde d'icelle. Et cependant ilz despeschèrent un homme vers le prince Portian pour l'advertir comme le tout se passoit et le prier de leur faire entendre sa volunté et ce qu'ilz avoient à faire. On tenoit que led. prince ne fust pas d'advis qu'on s'arrestast en ce lieu et qu'il manda qu'on le quitast. Comment que ce soit, on ne s'en voulut point désemparer. Adonc ceux de la

Religion, nationez du lieu, quittérent la ville aux réfugiez en icelle et se retirérent avec ce Semonneux le capitaine dans le chasteau. Si se monstrèrent delà en avant si jaloux de ceste place qu'ils ne vouloient souffrir qu'aucuns autres que ceux du lieu y entrassent; de sorte que cela fut comme un commencement de semence de division entre ceux d'une mesme religion, qui se devoient tenir unis, surtout en cesté saison... Le pis fut qu'aussy tost que les estrangers et autres réfugiez se virent forts en cette ville, dedans laquelle ilz avoient esté admis de bonne foy, plusieurs se licentièrent et desbordèrent de telle sorte qu'il sembloit qu'ilz fussent en une ville de conqueste et forcée d'assault, et commencèrent à molester ceux du dedans d'une estrange façon.....

Reprise de Bar-sur-Seine par les Catholiques.

1562, 24 août.

Voilà en partie quel estoit l'estat de ceste ville et comme ceux de dedans se maintenoient, faisans estat de la garder avec le chasteau..... Et puis, outre tout ce que ny la ville ny le chasteau n'estoient aucunement flanquez ny suffisans pour soustenir le canon, il y avoit le plus poure ordre du monde. En après, estant ceste ville sy proche de celle de Troyes, et par manière de dire toute à ses portes, qui estoit bien garnie de forces et de munitions de guerre, ilz devoient mettre ordre à ce qu'à toutes heures et occurences ilz feussent seurement advertis de ce qui se passoit et s'il se dressoit point quelqu'entreprise contre eux. En quoy ilz s'oublièrent grandement, dont mal leur en print. Car le s‍r des Bordes, qui pour lors commandoit à Troyes, fasché de voir la ville de Bar sur Seine tenue par ceux de la Religion, et que, demeurant entre leurs mains, elle seroit comme une paille en l'œil de celle de Troyes, résolut, à la suscitation et poursuicte du s‍r de Ricey, de l'enlever et s'en rendre maistre. Cependant qu'il dressoit ses préparatifs, ledit s‍r de Ricey, accompagné de celui de Ville-sur-Arce, proches voisins de Bar, qui, dès que ceux de la Religion se furent saisis de lad. ville, avoient ramassé jusques au nombre de troys cents soldatz, pensans par une surprinse la recouvrer, se campèrent au village de Marré, fort proche de la ville de Bar, où, pour, se voir assez fortz et estre à toutes heures escarmouchés par le capitaine Fréniz, non sans une grande perte de leurs gens, ilz furent contrains de se barrer et retrancher. Mays encores ne peurent ilz sy bien fayre qu'ilz ne se vissent le plus souvent chargez, à leur perte et désadvantage, de Ferniz, qui à tous coups les alloit resveiller.

Finalement le s‍r des Bordes ayant assemblé toutes les forces qu'il peut promptement recouvrer, joinctes avec la compagnye des gens d'armes du duc de Nevers, de laquelle il estoit lieutenant, et les soldatz de Troyes, les fit partir le vingt troisiesme jour du moys d'aoust, veille de la sainct Berthélemy, sur la mynuict, suiviz du lieutenant de courte robe et de ses archers, pour faire les captures. Et dès le lendemain matin jour de feste sainct Berthélemy, un gros canon et deux moyennes tirées de Troyes furent braquées contre la muraille du chasteau, quoyque ce fust là le plus fort endroict et qu'on eust eu meilleur compte de donner du costé de la ville. Mays on le faisoit tout exprés, d'autant qu'on s'asseuroit bien que le chasteau estant gaingné on viendroit facillement à bout de la ville pour estre commandée du tout d'icelluy. Si fut de la part des tenans donné un si mauvais ordre, tant en la ville qu'au chasteau, que les ennemis estoient quasi au pied de la muraille et l'artillerie bracquée avant qu'ilz fussent descouverts et qu'on eust sonné l'alarme au chasteau, dont il ne fut tiré une seule pièce.

Ce que voians aucuns de ceux qui estoient dedans la ville, mesmement le capitaine Fréniz, que, quelque courage qu'ilz donnassent et présentassent secours à ceux du chasteau, néantmoings ilz n'y pourroient mettre ordre, prévoyans le désastre advenir, se retirèrent de la ville avec quelque cavallerie qu'ilz avoient, abandonnans tous les pauvres gens de pied, qui, contrains de demeurer en la ville et croians que la cavallerie alloit reconnoistre l'ennemy, comme on leur faisoit entendre, attendirent en icelle-ce qu'il plairoit à Dieu leur envoyer.

Au partir de la ville, ces troupes de la Religion prindrent le chemin de Jaulcourt. Si ne faillirent d'estre suiviz à grande course de cheval par la plus part des gens d'armes de la compagnie du duc de Nevers, qui les approchèrent d'assez prés, comme ilz estoient à une demye lieue par delà Bar sur Seine. Le capitaine Fréniz, les voyant si proches voisins, résolut tout à coup leur fayre teste avec quelques uns de sa troupe des myeux monstez et plus résoluz à combattre, pour favoriser la retraite du reste de sa troupe et leur donner loysir de gaingner un petit boys qui estoit au dessus d'une petite colline assez proche. Et à ceste fin se tenoient à la

3

queue et tournoient souvent visage aux ennemys, pas un des quelz ne les osa allors affronter.... Le capitaine Fréniz et sa troupe, ayant enfin gaingné le bois, tournèrent visage et firent teste aux ennemis, les appellans au combat. Mays ils n'en voulurent point taster, quoy qu'ilz fussent deux foys plus qu'eulx, soyt qu'ilz le fissent par couardise, ou bien pour ne se sentir encore assez fortz. Finalement ces troupes de la Religion ayant reprins haleine, voyans venir de loing le reste de la compagnie du duc de Nivernois et s'advancer tousjours avec quelques autres troupes qui les suivoient à la file, et qu'estans joinctz ensemble la partie seroit inégale pour eux, pour estre leurs ennemys tous gens d'ordonnances et monstez à l'advantage, ilz se retirèrent au trot et gaingnèrent païs, sans perte d'un seul des leurs, hormits Clément (1) et deux autres qui, s'estans desrobez de la troupe pour se sauver à travers le boys, furent depuis attrapez et tuez par ceux de la compagnie du duc de Nivernois.

Cependant les gens de pied catholiques qui estoient au siége de Bar sur Seine, avertis de la retraite de ceste cavallerie de la Religion et de l'estat des assiégés qui, voyans leur cavallerie avoir troussé bagage et s'estre retirée sans dire à Dieu, avoient perdu courage, commencèrent de s'approcher un peu plus hardiment de la muraille. Voyans que personne ne bransloit, ils la gaingnèrent tout à leur aise le vingt quatriesme jour du mois d'aoust, et entrèrent dedans la ville à bon pris et sans aucune résistance, tuans l'un et abatans l'autre, et sans comisération d'aucun exécutèrent leur victoire

(1) Voir au f° 240v°, le récit de la capture de Clément, qui fut injurié et blessé, mais non pas tué.

avec tant de cruauté que rien plus, mettans à mort ceux qu'ilz rencontroient, feust en la rue ou par les maisons, sans espargner aucun et avoir esgard ni à jeune ni à vieil, à femme, fille ou enfant ; tout leur fut tout un, de sorte que peu demourèrent exempts de leur cruauté. Ces soldatz catholiques de Troyes se mirent à chercher par les maisons leurs concitoyens qui estoient là réfugiez, entre les quelz ils y trouvèrent un nommé Pierre André, marchant de Troyes, sa femme et un sien petit enfant, et, [après] les avoir tirez de leur logis, leur couspèrent la gorge ; ce faict, ils exposèrent les corps du mari et de la femme, tout nuds, en pleine rue sur le pavé, rengez l'un sur l'autre, asçavoir celuy de la femme dessous celuy du mari ; et, les ayant laissez un long temps en tel spectacle au peuple, ils mirent le corps de la femme en quatre quartiers qu'ils arrangèrent en forme de croix alentour du corps mort du mari ; puys, de là à quelques heures, ilz jettèrent le tout dans la rivière.

Un jeune enfant de Troyes, aagé de dix à douze ans, nommé Vuilleaume Venet, doulx au possible et d'une fort bonne espérance, qui, sans appréhender le péril éminent, s'esbatoit en la rue, selon la coustume de ceulx de son aage, ayant apperceu l'un de ces soldats de Troyes nommé Vonguenot, surnommé la Burié, tixerant de toilles de son mestier, qu'il connoissoit, acourut droit à luy et luy dict en riant qu'il avoit dans sa bource quelque argent qui seroit pour manger à leur retour au païs du laict chez sa mère nourrice. Ce barbare, l'ayant prins par la main, le mena, l'entretenant toujours de parolles mignardes et doulces, tant qu'il vit sa belle ; et, l'ayant rangé en une petite ruelle destournée, ce malheureux et cruel couspa la gorge à ce pauvre jeune enfant et pilla ce peu d'argent qu'il avoit en sa bource.

Un autre pauvre petit enfant, qu'on disoit estre de Troyes et de mesme aage que le précédent, tomba entre les mains d'un nommé Rénepont, qui luy commanda de prier Dieu. Ce jeune enfant s'estant subit prosterné à deux genoulx en terre, récita l'oraison de Nostre Seigneur J. C. et le symbole des apostres en françoys. Rénepont, indigné de cela, conclut qu'il estoit filz d'un de la Religion, comme à la vérité il estoit, et le feict tuer sur le champ et jetter son corps en la rivière, disant pour tout fondement de sa cruelle sentence qu'il valloit myeulx le tuer et fayre mourir de bonne heure que d'attendre qu'il eust prins accroissement en la Religion.

Mays, entre les plus horribles et barbares cruautez qui furent allors exercées en ce lieu de Bar sur Seine contre ceulx de Troyes de la Religion par ces soldatz catholiques, ceste cy en fut l'une : qu'eux ayans tué un pauvre fidèle de lad. Eglise de Troyes, du nom du quel je ne suis mémoratif, leur rage fut si grande à l'endroict du corps mort que, ayans prins et arraché le cueur, ilz le mordoient et maquilloient et se l'entredonnoient les uns aux autres. Et sortirent de la bouche infecte de l'un d'eux ces parolles plus que barbaresques, accompagnées de blasphémes: qu'il sçavoit bien qu'il mangeroit une foys avant que de mourir du cueur d'un huguenot.

Ilz tuèrent aussy une pauvre femme de Troyes qui tenoit entre ses bras un sien enfant pendu à sa mamelle, transperceans d'un coup de hallebarde la mére et l'enfant.

Plusieurs autres de l'Eglise de Troyes des plus réformez et craignans Dieu, qui s'estoient là retirez pour y demourer pendant ces troubles en seureté, y laissèrent la vie ; entre autres, Jean Cousin, Jean Baillet, Claude Mérey, apothicaire, Remy Poisson, Claude Havart, Guyot Fournel, Pierre de la Huperoye, apothicaire, Nicolas du My, Jean Benoist, Remy Cordier, Germain Viart, Jean Symon dict Martinet, Jean Lambert, Bernicart et un nommé Martin Adam dict Trumelot. A cestuy cy le bastard de Mergey, l'un des plus meschans cruels et séditieux de ceste troupe catholique de Troyes, couspa après sa mort les deux oreilles et les remporta à Troyes, où il en fit ses monstres par toutes les rues. Brief, tous ceux qui purent estre attrapez passèrent au fil de l'espée. Vray est que quelques uns se sauvèrent miraculeusement et par les moyens que Dieu leur mist en main.

Mais ce fut chose horrible, voir tant d'ignominies, villenies et cruautez que ces catholiques exerçoient à l'endroict des corps morts et occis par eux. Car ilz estendoient ceux des femmes tout nudz et à descouvert sur le pavé, et, entrouvrants leurs jambes, monstroient avec un baston leurs parties honteuses, disans aux passans : « Voyez, par la mort ! voilà où ilz ont faict la charité ! »

Pour conclusion, plusieurs femmes grosses, filles et petits enfans de l'Eglise de Troyes furent tuez à la prinse de ceste ville, quelques unes viollées et forcées, un assez bon nombre tant d'hommes que de femmes mis à rançon et par ce moyen sauvez et garantis de la mort. Aulcuns aussy furent prins prisonniers et menez comme en triumphe à Troyes.

Bibl. Nat., Fonds Dupuy, n° 698, Histoire de l'Eglise Réformée de Troyes par Pithou de Changobert, f°ⁱ 238-242.

Bar-sur-Seine pris une seconde fois par les Huguenots.

1563, 26 janvier.

Le vingtsixiesme jour du moys de janvier [1563], quelques uns de ceux de la Religion qui estoient en garnison dans la ville d'Entrain, estans seulement en nombre de quarente ou cinquante chevaulx, surprindrent à la diane la ville de Bar sur Seyne, où entrez se saisirent de la personne de Ralet, procureur du Roy en icelle, homme fort aagé, et [après] l'avoir pendu à l'une des chanlettes de sa maison, le tuèrent à coups de pistolle. Et ce, comme ils disoient, au contant de ce qu'il avoit esté cause de la mort de son filz, qui estoit de la Religion, l'ayant contre toute humanité et le debvoir paternel livré aux catholiques à la première reprinse dudit Bar sur Seyne. Quelques autres aussy qui s'estoient remarquez pour les cruautez qu'ilz avoient alors exercées en ce lieu, furent tuez à ceste surprinse. Ayant ceste troupe séjourné quelques jours en lad. ville, la quittèrent et se retirèrent avec un bon nombre de charettes chargées d'un fort grand butin.

Mays ce ne fut pas tout un pour ceux de la Religion qui estoient à Troyes. Car, au plus tost que les nouvelles de la prinse de ceste ville furent apportées, qui fut sur les troys à quatre heures du soir, les catholiques entrèrent en un merveilleux effroy, et commmença on sur l'heure à fermer les boutiques. D'autre part les soldatz et la populace coururent aux armes, et résoluz de tuer tous ceux de la Religion, couroient partout comme des enragez, n'espargnant ny foible ny fort qui se trouvoit en leur chemin ; ce qui contraignit plusieurs de la Religion de quitter leurs maisons pour se renger en celles de leurs parens et amys catholiques. Quelques uns en passèrent le pas, entre autres un verrier nommé Michel Marcassin. Ce pauvre homme s'estoit tousjours contenu en sa maison, craignant de tomber és mains des meurtriers. Si advint qu'estant pressé de quelques affaires il fut contraint d'en sortir; mays, au plus tost qu'il eust mis le nez à l'huys, deux soldatz nommez l'un Jean Perrot, savetier de son mestier, et l'autre Jean Cornu, esteulier, luy coururent sus à la suscitation du maistre du Barrillet, son proche voisin, qui disoit qu'un sien oncle avoit esté tué à ceste prinse de Bar sur Seyne, ce que toutefoys n'estoit qu'une couleur cherchée pour attacquer ce pauvre homme ; lequel, se mettant en debvoir d'éviter leur rage et furie, fut en fuiant atteint par les flancs d'un coup de harquebuze que l'un de ces soldatz luy tira de loing. Se sentant blessé, il voulut gaingner la maison d'un tixerant proche de ce lieu, s'asseurant qu'il y seroit receu et pensé ; mays, aussy tost qu'on l'apperceut venir droict à l'huis de la maison, on luy fit visage de boys. Quoy voyant, il tourna tout court devers le couvent des Cordeliers où il se jecta, et y fut receu en faveur de son père qui estoit bien voulu des Cordeliers, et ne voulurent oncques laisser entrer dedans leur couvent pas un de ces soldatz qui poursuivoient tousjours ce pauvre corps pour le faire mourir. La nuict venue, on l'emporta dans sa maison, où il mourut le lendemain au soir. Mays sa fin ne fut pas celle que ceux de la Religion espéroient. Car luy qui, auparavant, avoit faict profession ouverte de la Religion et célébré la Cène en l'Eglise de Dieu, se confessa en l'aureille d'un prestre et receut l'hostie. Quoy faict, il rendit tost après l'esprit.

Bibl. Nat., Collection Dupuy, n° 698, Histoire de l'Eglise Réformée de Troyes, par Pithou de Changobert, f° 264 v°.

Les Protestants à Châlons.

1562-1564.

Le Conseil de Ville refuse de délibérer en leur présence.

1562, 31 mars. — « Sont entrez en la Chambre du Conseil Claude Billet et M° Pierre Le Duc, ausquelz a esté remontré par aulcuns des susnommés qu'ilz ne délibéreroient ny bailleroient leur advis sur lesdictz poinctz, si ledict Billet, contre lequel venoit à délibérer, et led. P. Leduc, comme suspectz, ne sortoient de lad. Chambre. Et tost après sont aussy entrez en lad. Chambre M° Jehan Collin, licencié ès loix, M° Jacques Langault, grénetier, M° Jehan Beschefer, receveur des tailles en l'élection de Chaalons, et led. Billet, par lesquelz fut remonstré par l'organe dud. Collin qu'ilz et chascun d'eulx estoient du nombre de la communaulté des gens du Conseil de lad. ville, voulloient et prétendoient assister et délibérer aud. Conseil, et, où on ne les vouldra recepvoir et il se faisoit aulcune chose à leur préjudice ou aultrement, se opposeroient ad ce que aulcune conclusion fut faicte et arrestée sur les délibérations de ceulx qui assistoient aud. Conseil, s'ilz n'estoient présentz et ouyz, et protestoient de nullité, et maintenant que led. Billet ne s'est peu démettre dud. estat de gouverneur au préjudice de la républicque et communaulté entière de lad. ville de Chaalons, et n'avoient ceulx du Conseil puissance d'en eslire ung aultre ; aussy a ledict Billet révocqué et révocque la rénonciation par luy faicte par cy devant de son estat de gouverneur, et entend faire l'exercice d'icelluy, jusques au jour Sainct Martin d'hiver prochain, suyvant son élection. Ausquelz fut par nous remonstré qu'ilz se retirassent hors de la Chambre et que prendrions l'advis des dessus nommez, si seroient prestz à délibérer lesd. susnommez. Et pour ce que lesd. Collin, Billet, Langault et Beschefer ont dict qu'ilz n'estoient prestz de partir, et que les autres dessus nommez ont déclaré qu'ilz n'entendoient et ne voulloient délibérer avec eulx ny en leur présence *pour ce qu'ilz s'estoient séparez d'eulx par religion* (1), nous nous sommes départiz de lad. Chambre sans arrester ne convenir quant à présent sur lesd. poinctz, et sauf de parachever à en arrester et conclure où il sera ordonné par Messieurs les gouverneurs de ladicte ville. »

(Châlons, Arch. Munic., Registre XIV.)

Mesures vexatoires ; ils sont expulsés de la ville.

1562, 30 avril. — Les habitants catholiques ont préparé des articles qui seront présentés à M. d'Espaulx après avoir été signés par le greffier du Conseil.

1562, 27 mai. — « Il vient journellement des estrangiers huguenotz demourer en ceste ville pour accroistre le nombre de ceulx de lad. ville. Soit advisé si l'on obtiendra lettres du Roy pour les contraindre à sortir hors de ladicte ville et les renvoyer en leurs païs et villages ». Envoi d'un député à la cour pour solliciter le renvoi de « ceux de la nouvelle religion qui depuis un an en ça... viennent faire leur demeurance en lad. ville », et, par leur présence, augmentent et fortifient le parti de l'hérésie. (Cf. *Lettres*, p. 40, note).

1562, 15 juillet. — « Lecture de la requeste présentée le jour d'hier au bailly de Vermandois ou son lieutenant audict Chaalons par six de la nouvelle religion a esté faicte, par laquelle requeste ilz requièrent qu'il leur soit loisible se

(1) Les mots en italiques ont été raturés dans le registre.

transporter et leur famille, si bon leur semble, hors de ladicte ville, vuider leurs biens en telle quantité qu'il est nécessaire por la norriture de ceulx qui se seront transportez, et que ceulx des leurs qui sont hors ladicte ville puissent rentrer sans aulcune difficulté, en affermant par eulx qu'ilz n'ont porté armes contre la Majesté du Roi et n'entendent le faire à l'advenir. Suivant le décret de lad. requeste, le procureur de lad. ville, procureur et avocat du Roy et cappitaine de lad. ville seront adjournez. »

1562, 12, 25, 31 août. — Le sr de Bussy a fait saisir des bateaux chargés de blé sorti des greniers de ceux de la nouvelle opinion pour être exportés. Le Conseil demande que les deniers en provenant soient appliqués aux affaires de la ville et aux emprunts que le roi projette de faire. — Le Conseil insiste pour que la vente des biens saisis sur ceux de la nouvelle opinion soit faite en présence du procureur de la ville, et pour que le produit soit employé à la solde des compagnies et autres affaires urgentes. — Le sr de Bussy déclare qu'il a employé cet argent et demande à être déchargé de toute responsabilité. (Cf. *Lettres*, p. 41-42, note.)

1562, 31 août. — Le sr de Bussy demande qu'on dresse une liste authentique de ceux de la religion nouvelle. Le Conseil prétexte son ignorance, déclare ne pouvoir le faire en pleine conscience et supplie Bussy de se contenter des catalogues qui seront baillés par les curés et vicaires des paroisses, par le juge royal, par le prévôt des maréchaux et autres « commis aux portes le jour qu'il fut enjoinct ausdictz de la nouvelle relligion sortir d'icelle ville. » (Cf. *Lettres*, p. 42, note).

1562, 4 septembre. — Nouvelle confiscation de blés qu'on avait tenté de faire sortir pendant la nuit.

1562, 9 septembre. — Le Conseil demande interprétation des arrêts du 17 août et du 2 septembre, pour savoir si ces arrêts doivent s'entendre de tous les meubles et de tous les réligionnaires sans exception. Il y a trois sortes de réligionnaires : 1° Ceux qui ont porté et portent les armes contre le

Roi ; 2º Ceux qui se sont absentés en emportant ce qu'ils ont pu de leurs biens, mais sans avoir fait profession ; 3º Ceux qui, ayant fait profession conformément aux édits, ont été contraints de s'absenter suivant le commandement qui leur en a été fait. (Cf. *Lettres*, p. 42, note).

1562, 7 octobre. — Les gouverneurs ont lu au Conseil plusieurs articles « pour faire garder et observer à ceulx de la religion nouvelle et spécialement à ceulx qui sont de restour en ceste ville de Chaalons depuis quinze jours ou trois sepmaines. » Ces articles seront communiqués au duc de Nevers ou à M. de Bussy d'Amboise, pour être publiés de leur ordonnance, s'ils le trouvent bon.

1562, 27 décembre. — M. de Bussy considérant qu'il est « très expédient d'expulser ceux de l'opinion nouvelle hors lad. ville, et affin de les cognoistre, » obtient du Conseil qu'il députe huit de ses membres pour ouïr les curés des paroisses et leur faire dresser un rôle des réligionnaires qu'ils connaissent, rôle dont extrait sera mis ès mains dudit sr de Bussy. (Cf. *Lettres*, p. 42, note.)

1563, 14 avril. — « A esté mis en terme par les gouverneurs de lad. ville que le procureur du Roy audict Chaalons leur a faict faire commandement, en vertu du décret apposé par Monseigneur le lieutenant de Vermandois audict Chaalons en fin d'une requeste à luy présentée par led. procureur du Roy, de convocquer et assembler les gens du Conseil de ladicte ville pour consulter, adviser et conclure ce que bon leur semblera sur le consentement ou dissentement requis par ledict procureur du Roy touchant la publication et entretenement de l'eedict et déclaration faicte par le Roy sur la pacification des troubles de son royaulme... Lecture faicte des lectres de la Royne escriptes au camp près Orléans le XXXe de mars passé, a esté conclud par lesdictz du Conseil qu'il sera respondu audict sr lieutenant que lesdictes lectres de la Royne ne sont adressées à eulx, ains audict sr bailly de Vermandois ou sondict lieutenant, auquel lesdictz du Conseil remectent le tout pour en faire, pour le service du Roy, bien, repos et tranquillité de ladicte ville, ce qu'ilz verront estre à faire ; et que par cy devant, quand led. s^r lieutenant a receu aulcunes lectres, eedictz et aultres mandemens du Roy, il n'a appellé lesdictz du Conseil pour luy en bailler advis. »

1563, 29 mai. — « Monseigneur d'Aumale a commandé information estre faicte à ceulx de la nouvelle relligion de reclore les ouvertures qu'ilz ont faictes en leurs maisons et les tenir en deffences de porter ny avoir armes, dont ont esté faictz articles qui ont esté leuz aud. Conseil. »

(Châlons, Arch. Munic., Registre XIV.)

Ils intentent procès à la communauté des habitants pour être réintégrés au Conseil.

1563, 21 octobre. — Michel Le Caussonnier, contrôleur sur le fait des aides à l'élection de Châlons, Jean Beschefer et Pierre Le Duc, receveurs anciens et alternatifs desd. tailles, Jacques Langault, receveur du magasin à sel, Claude Billet, marchand bourgeois et naguère l'un des gouverneurs de Châlons, présentent au bailliage de Vermandois requête par écrit contre la communauté des habitants pour être réintégrés au Conseil de ville.

23 Octobre.—Assignés à comparaître devant le lieutenant général, ils prétendent qu'ils doivent être « restabliz et remiz par le Roy et nous au Conseil de ladicte ville et en toutes autres assemblées qui se feront en icelle pour les affaires communes de ladicte communaulté, les gouverneurs, procureurs et gens du Conseil d'icelle ville contrainctz et tous aultres qu'il appartiendra les y recepvoir et admettre, avec commandement ausd. gouverneurs et procureur de les faire appeler et inviter aud. Conseil toutes et quantes fois qu'il se tiendra, selon et ainsy qu'il vouloit estre faict à leur esgard auparavant les troubles advenuz en ce Royaulme », le tout sous les peines contenues en l'édit de

pacification du 19 mars 1563 et en la déclaration du 16 août, sous réserve de se pourvoir auprès du Roi s'il n'est fait droit à leur demande. —François, procureur des habitants, répond « que, suyvant certaines lectres clauses du Roy et de la Royne sa mère, lesdictz demandeurs avoient esté suspenduz dudict Conseil durant lesd. troubles, et depuis, par ordonnance de Monseigneur le duc d'Aumalle, lieutenant général au gouvernement de Champagne, avoit esté par luy ordonné que lad. suspension tiendroit, commandé et enjoinct à ceulx du Conseil de lad. ville ne admectre lesd. demandeurs aud. Conseil ; » à ces causes, requiert un délai pour faire entendre au duc d'Aumale la requête et poursuite des demandeurs. — Les demandeurs répliquent « qu'estans advertiz que durant lesd. troubles y avoit eu quelque suspition à la suscitation d'aulcuns leurs malveillans, mesmes ceulx qui veullent manier les affaires de lad. ville comme bon leur semble, et jusques ad ce que le Roy a eu faict déclaration de son voulloir, mesmement par lesd. lectres et déclarations publyées et par les quelles il a déclaré sa majorité, portans confirmation de l'eedict de pacification et estans postérieures en datte desdictes suspention et ordonnance mise en avant par lesd. deffendeurs », il n'y a pas lieu d'accorder délai pour consulter le duc d'Aumale, puisque l'édit royal rétablit en leurs charges, offices et prérogatives ceux qui en ont été destitués pendant les troubles. Ceux qui demandent délai ne le font que par manœuvre électorale, pour que « les demandeurs et aultres de leur religion ne puissent assister à l'assemblée générale ordinaire à tenir au jour St Martin prochain, en laquelle se faict ellection des officiers de ville », et protestent d'avance de la nullité d'une élection qui se ferait dans de telles conditions. — François déclare « qu'il n'a charge d'aultre chose dire que ce qu'il a dict cy dessus », et de nouveau réclame délai, si mieux n'aime le bailli se déporter de connaître de la cause et la renvoyer au duc d'Aumale.

Le lieutenant général ordonne que communication de la requête des demandeurs sera faite au procureur du Roi, pour être conclu lundi prochain, à midi.

25 octobre. — Nouvelle comparution. Mêmes plaidoyers. — Le procureur du Roi se joint aux demandeurs pour refuser délai. — Le lieutenant général renvoie la cause à mercredi prochain.

Mercredi. — François continue à réclamer délai, et, en cas de refus, déclare que le Conseil de ville en appellera « comme de dénégation de justice ». — Le procureur du Roi requiert la réintégration immédiate des demandeurs dans leurs charges. — François récuse le lieutenant général, 1° parce que celui-ci a dit qu'il procéderait à la réintégration sans délai ; 2° parce qu'il est parent et allié de la plupart des demandeurs. — Ajournement à vendredi 3 heures pour prouver les causes de récusation.

Vendredi. — Les défendeurs produisent une conclusion du Conseil, qui ne contient pas expressément les causes de récusation et qui n'est pas en forme authentique d'acte public. — Les demandeurs opposent qu'en de moindres circonstances les habitants ont « envoyé notaires de maison en maison à l'encontre desd. demandeurs et aultres de leur religion ». — Ordre aux défendeurs de produire demain les registres du Conseil.

4 novembre. — Les demandeurs soutiennent que, pour qu'une conclusion soit valable, il faut que 12 membres soient présents au Conseil, et qu'il est notoire que celle dont il s'agit n'a été prise que par 5 ou 6 membres, à seule fin d'empêcher les demandeurs et ceux de leur religion d'assister à l'assemblée de la St-Martin.

10 novembre. — Sentence rendue par Regnault de Brusson, bailli de Vermandois, qui annule les causes de récusation, ordonne de poursuivre le procès et dit qu'en attendant jugement définitif « iceulx demandeurs par provision, pendant le procès principal, seront restabliz au Conseil de lad. ville et de touttes aultres assemblées qui se feront et se tiendront en icelle ».

13 novembre. — Signification de ce jugement aux défendeurs. Appel. Requête de Le Caussonnier pour obtenir exécution immédiate.

26 novembre. — La sentence est déclarée exécutoire.

1564, 12 janvier. — Le Conseil met en délibération s'il recevra les conseillers exclus pendant les troubles, et ne veut rien décider en l'absence des seigneurs temporels, que cette décision intéresse particulièrement.

17 janvier. — L'appel du Conseil contre la sentence du bailli de Vermandois a été relevé au Parlement, et il y a assignation pour comparaître dans trois semaines. On enverra des mémoires et de l'argent à Ambroise Jacobé, greffier de l'hôtel de ville, actuellement en cour, et on députera une ou deux personnes pour suivre l'affaire.

23 mars. — Les conseillers exclus ont assigné le Conseil pardevant Me Jehan Jottier, conseiller au siège présidial de Vitry, pour voir par lui procéder à l'exécution de la sentence du bailli de Vermandois, nonobstant l'appel. Le Conseil décide que le procureur de la ville comparaîtra et requerra délai de huit jours pour avertir le duc d'Aumale.

24 mars. — Le procureur de la ville comparaît devant Jehan Jottier, arrivé à Châlons le 22 mars ; il remontre « que les gens du Conseil de lad. ville de Chaalons ont receu lectres de Monseigneur le duc d'Aumalle du 15e jour de ce présent mois, par lesquelles leur estoit mandé qu'ilz feroient bien de remectre tous telz différens en question qui adviendroient en ceste ville de Chaalons à luy pour en ordonner selon le voulloir et intention du Roy » ; il requiert en conséquence un délai, et menace de porter plainte au duc en cas de refus. — Jottier n'en ordonne pas moins l'exécution de la sentence du 10 novembre 1563.

22 avril. — Arrêt rendu au Conseil privé du Roi tenu à Châlons en Champagne le 22 avril 1564. P. Leduc, M. Le Caussonnier, J. Beschefer, C. Billet, comparaissant en personne et par Me François de Combles, leur avocat, demandeurs, d'une part ; les gouverneurs et échevins de Châlons, comparaissant par Claude Cuissotte, l'un desdits échevins, et les habitants par Me Jehan Dommengin, leur procureur, défendeurs, d'autre part. Après avoir ouï les lieutenant-

général et procureur du Roi « sur ce que lesd. demandeurs ont requis estre prévilégiés et remis au Conseil de lad. ville nonobstant les appellations interjectées par led. Dommengin, procureur de lad. ville, de deux sentences données par Me Jehan Jouttier, conseiller au siège présidial de Vitry-le-François..., le Roy en son Conseil a mis et mect lesd. appellations au néant sans amendes et despens et ordonne que lesd. demandeurs et tous aultres seront actuellement remis et rentreront en l'exercice et jouissance de leurs estats et charges suyvant l'édict de paciffication et lectres de déclaration... »

2 mai. — Acte de la signification de l'arrêt ci-dessus faite par les impétrants: 1º au Conseil de ville, pour le sommer de ne tenir assemblée « sans appeler lesd. Leduc et consorts, protestans, où ils feroient le contraire, de faire le tout déclarer nul et se pourvoir contre eulx comme désobéissance au Roy » ; 2º au receveur des deniers communs de lad. ville « auquel ilz ont notifié et faict savoir et sommé et requis qu'il n'ayt à faire aulcun payement en vertu des conclusions dud. Conseil qui seront faictes en l'absence desd. Leduc et consorts, ou du moins qu'ilz n'y soient appelez, suivant le vouloir et intention du Roy, protestans, où il feroit le contraire, de faire le tout rejecter et rayer en ses comptes. »

Châlons, Arch. Munic., GG. 15, extraits authentiques des registres du greffe du bailliage, des conclusions du Conseil de ville et des registres du Conseil privé.

Saccage de l'abbaye d'Huiron (1).

1563.

Pendant le cours de l'autre siécle, les désastres et désolations étranges causées par toute la France par le brandon funeste de l'hérésie fatale de Calvin et de

(1) Nous avons tiré cet extrait, non pas de la *Chronique de l'abbaye de St Martin d'Huiron* publiée par le Dr Mougin, in-8º, Châlons, 1879, mais du *Discours de la Fondation*, œuvre inédite de dom Baillet. Nous croyons savoir que

Luther, et dont la Champagne ressentit les plus horribles et brutales violences, réduisirent cette maison à des extrémités pitoyables, les religieux ayant été obligés, par les menaces et mauvais traitemens des ennemis de l'Eglise, d'absenter ce lieu, de cacher dans des puits, caves et souterrains ce qu'ils avoient de saint et précieux, comme reliques, vaisseaux sacrés, ornements, et surtout ce qui leur restoit de papiers, titres, chartes et enseignements ; et ceux d'entre eux qui avoient plus de résolution et de zèle pour la conservation de cette abbaye et des sentiments plus tendres et plus religieux pour leur profession, demeurant cachés toute la journée, se glissoient le soir dans l'Eglise pour y dire les saints offices, et empêcher l'embrasement et désolation totale de la maison (1). La persécution étoit d'autant plus échauffée et ardente contre ces bons religieux qu'ils étoient les seuls qui soutenoient la foi et appuyoient la Religion dans tout le pays avec une générosité et ardeur toute publique, d'où vient que les Turlupins, (c'étoit le nom de ces hérétiques en ces temps là dans ces contrées), avoient juré leur ruine et leur mort et cherchoient tous les moyens imaginables ou de les chasser ou de les sacrifier cruellement à leur fureur et rage ; et leurs discours ordinaires étoient de

le ms. original existait encore il y a une quinzaine d'années à la mairie d'Huiron, mais qu'il ne s'y trouve plus aujourd'hui. Dom Baillet remarque que l'abbaye d'Huiron avait déjà été pillée plus de dix ans auparavant, et que c'est en cette occasion que les reliques de saint Christophe disparurent ; il rapporte à ce sujet le texte de l'attestation de François Lecoq, abbé de Jandeures, pour une nouvelle relique de saint Christophe qui remplaça l'ancienne ; cette attestation est datée du dernier jour de mai 1554. Cf. la *Chronique* imprimée, page 125.

(1) Dans la *Liste chronologique des abbés d'Huiron*, qui fait suite au *Discours*, il est dit de Gaspard des Marteaux, second abbé commendataire, que « durant sa prélature (1544-1580), l'Eglise souffrit beaucoup par les factions, remuemens, révoltes et cruautés des Huguenots ; de quoi il ne se mit guère en peine, s'étant sauvé le premier pour éviter les orages, laissant fondre toute la tempête sur ses religieux. »

dire à la populace d'exterminer les moines et les prêtres, et qu'ils seroient leurs bons anges et vivroient avec eux de concert. Mais, quoique tous les lieux voisins fussent infectés de cette peste, que les plus riches et puissants de la ville de Vitry tinssent pour un si mauvais parti, et qu'ils usassent de tous les artifices possibles, attaques, menaces, oppression, saccagement, incendie, violement, dégat, pillerie, pour séduire le peuple et lui arracher la foi du cœur et de la bouche, jamais pourtant leur méchanceté ne put l'emporter sur le zéle et la charité des religieux de Huiron, qui, par leurs sollicitations, exhortations, remontrances et prières travailloient si avantageusement à la gloire de Dieu et à la Religion de nos péres, que cette vallée fut conservée dans la pureté de la croyance de ses ancêtres, ces généreux catholiques aimant mieux souffrir tout ce que la rage de ces nouveaux évangélistes pouvoit inventer de funeste et d'atroce, que de consentir à leurs pernicieux desseins et sacriléges nouveautés ; même, quoique ces saints religieux vissent partout de funestes exemples de la cruauté de ces barbares, par les meurtres, assassinats, vols et pilleries et autres violemens étranges qu'ils exerçoient continuellement et impunément sur les ecclésiastiques et sur ce qu'il y avoit de plus saint et divin dans l'Eglise, brisant les images, profanant les temples, foulant aux pieds le Très Saint Sacrement, ils tinrent cependant toujours ferme contre leur cruelle impiété, se travestissant et déguisant pour, en employant tout ce que le zéle de Dieu et des âmes leur pouvoit suggérer d'industries saintes et d'artifices innocents, fortifier les âmes faibles et arrêter les conseils funestes de ces sacriléges.

Il est vrai que, l'an mil cinq cens soixante deux (1) que le duc de Guise fut tué devant Orléans par le traître Poltrot, la persécution croissant en ces quartiers avec plus d'animosité et de rage que jamais, que les Reistres et autres ennemis de la Religion, logés à Montiérender et autres lieux circonvoisins (2), commettoient avec une licence effrénée et une audace autant cruelle qu'impie tous les désordres et méchancetés possibles, principalement contre les ecclésiastiques, que personne n'osoit plus se fier ni à parent ni à ami, que c'étoit un crime capital d'être soupçonné d'être serviteur du Roy et d'avoir eu quelqu'affection pour les Guisards, qui étoit pourtant le seul parti que les Religieux de Huiron avoient toujours suivi, enfin que c'étoit une perfidie également criminelle d'être fidèle à Dieu et à son prince ; pendant, dis-je, une désolation si horrible et si générale, les Religieux de cette abbaye furent contraints, pour sauver leur vie et la conserver pour une occasion plus avantageuse, de quitter le logis et de se retirer, qui à Châlons, qui à Langres et autres villes, comme dans des asiles et lieux de retraite. Or ce fut pendant cette absence et cet exil que cette maison souffrit principalement les effets funestes de ces furieux, et que, ne pouvant se venger des personnes, ils s'acharnèrent sur les bâtiments, ayant ruiné les cloîtres et autres appartements, ayant mis le feu dans les granges et basses cours, et commis surtout mille horreurs et abominations dans l'Eglise ; car, ayant brûlé les

(1) Le *Discours* et la *Chronique* de dom Baillet portent également la date de 1562 ; mais il faut lire 1563, puisque l'auteur spécifie qu'il s'agit de l'année où le duc de Guise fut assassiné par Poltrot.

(2) « Les Huguenots arrivèrent le 20 avril 1562 (1563) à N. D. de Lépine et le 28 mai à Montiérender ; ils y séjournèrent jusques au 3 juin, pendant lequel temps les religieux se sauvèrent pour la seconde fois après avoir caché les titres, chartes, livres etc. » (*Liste Chronologique des abbés.*)

chaires du chœur, rompu les autels, brisé les images, ayant abattu le Crucifix et les figures de Notre Dame et de St Jean, ils les jetèrent d'une violence brutale dans le feu et les traînèrent à demi brûlés, premièrement sous la halle où ils commirent mille impiétés, puis par les boues du village, chacun emportant sa pièce de ces matières augustes et les chargeant de mille railleries exécrables. Et ce fut vraisemblablement pour lors que, furetant partout, ils trouvèrent les reliques qu'on avoit cachées ; et, en ayant d'abord usé avec toute l'impiété qu'on peut présumer de leur insolente malice, ils les confondirent et mêlèrent avec d'autres ossements, les jetant de part et d'autre avec un désordre étrange, pillant et saccageant d'une avare fureur les chasses et reliquaires, n'y ayant rien d'assez saint et vénérable pour leur profane exécration (1).

Vitry, Archives de la Société des Sciences et Arts, copie du dr Valentin.

(1) Toutefois la perte des reliques de Saint-Christophe eut lieu plusieurs années auparavant. Cf. ci-dessus, p.1, note 48. Il n'est pas sans intérêt de rapporter ici le texte relatif aux mêmes évènements qui se lit dans la *Chronique*, peu connue quoique publiée, p. 126.

« En 1562, l'hérésie y faisoit d'horribles progrès, ce qui obligea les religieux de cacher leurs titres dans une cave murée, et faire le service divin en fermant les portes de l'Eglise ; plusieurs se retirèrent à Chaalons ; étant de retour, ils alloient le soir coucher chez leurs parents en habit déguisé, les uns à Courdemange, les autres à Glanne, enfin dans les champs. De plus les hérétiques faisoient de terribles menaces à ceux qui leur donnoient le couvert et leur disoient : « Chassez vos prêtres et vos moines dehors et nous serons amis et d'accord avec vous ». Ils commirent des excès inouis, pillant les Eglises, brisant les images et les autels, foulant aux pieds les saintes hosties, volant et rançonnant les prêtres et les religieux. Ils massacrèrent un curé du village de St Ludmier ; Raulin Bricquet, curé de Hauteville et promoteur, mourut entre leurs mains dans un bois. La vigilance et le zèle des âmes animoient les religieux à maintenir les habitants de la vallée dans la véritable religion, ce qui animoit contre eux la rage des nouveaux Evangélistes. On fit faire garde quelque temps sous la halle et dans l'Eglise du monastère, ce qui les empescha de s'y présenter. Cependant, le 18 d'août, un capitaine nommé La Chapelle, attendant des troupes de Vitry, vint avec dix-huit ou vingt hommes coucher à Frignicourt, dans le dessein de venir à Huiron la nuit suivante. Les religieux étoient à Chaalons ; mais, par un grand bonheur, une compagnie d'aventuriers, sous la conduite du Commandeur de la Neufville, Rhodien, y étoit logée. A cette nouvelle on fit sonner le tocsin dans tous les villages d'alentour ; les habitans s'assemblèrent ; leur contenance fit reculer les ennemis hérétiques vers Vitry. Ils pouvoient être deux cens hommes ; ils auroient pillé cette ville sans le bon ordre de noble et prudent homme Claude le Besgue, prévost et capitaine de Vitry (où les

Ancellet Jacquier, clerc en l'Eglise Réformée de Vitry.

1565.

Et premièrement a esté payé et baillé par ledict Lestardi commissaire à messire Pierre Regnauldin, prestre vicaire de l'Eglise Nostre Dame de Victry le Françoys, et à Ancellet Jacquier, clerc en l'Eglise Réformée dudict Victry, à chascun d'eulx la somme de vingt deniers tornoys pour avoir publié au prosne de la messe paroissial dicte audict Victry, et à l'issue du presche faict en la dicte Eglise le dix huictiesme jour de novembre mil V^c soixante cinq, la mise à prix et coppée des grains appartenans à ladicte léproserye (1).

Vitry, Arch. de l'Hôpital, compte de la léproserie, EEE 8, 1er article de dépense.

Les Protestants à Châlons pendant la seconde guerre de Religion.

1567-1568.

1567, 2 octobre. — « Ceulx de la religion de nombre de quarante qui sont réservez pour demourer en ceste ville supplient le Conseil leur faire bailler permission par Monseigneur de Barbézieulx de sortir hors la dicte ville, délaissé en icelle leur femme, enffans et biens ».

calvinistes avaient des intelligences et des fauteurs), d'Henri de Gand, Artus des Bordes et autres personnes de qualité que notre compilateur des titres contemporains ne nomme pas. On appeloit, dit-il, ces hérétiques premièrement Turlupins, depuis Custodins, enfin Huguenots. »
Observons que, pour tous ces récits, dom Baillet ne cite aucun titre, aucune source, que les dates qu'il donne sont suspectes, et qu'il s'est probablement contenté de compiler des légendes, qui resteraient à contrôler.

(1) Le 17 mars de l'année suivante, Regnauldin publie seul la mise à prix des grosses dîmes appartenant à la léproserie.

3 octobre. — Nouvelle requête de ceux de la religion pour solliciter la permission d'aller aux champs à leurs affaires et pour obtenir l'élargissement de deux d'entre eux, Jacques Roussel et Jacques de Bar.

21 octobre. — Le duc de Guise demande quelle assurance le Conseil entend prendre à l'égard des réligionnaires.

26 décembre. — « Les depputez du Conseil se sont transportez ès maisons de ceulx de la religion nouvelle pour prandre les blefz qu'ilz se trouveroient en leurs maisons pour ayder à la fourniture de deux cens mil pains ordonnez ausd. habitans fournir pour la nouriture d'icelle armée, et ne s'en est trouvé que bien petite quantité ès maisons et greniers d'aucuns particuliers de lad. religion; ilz les ont délivré soubz le repceu de Ambroise Jacobé, greffier du Conseil de ladicte ville, et partant est besoing d'aviser où se pourront retrouver le reste des grains nécessaires pour la fourniture desd. pains et qui respondra du paiement d'iceulx ».

1568, 27 avril. — On se plaint que ceux de la Religion « usent de propos insolents et de menasses ».

Châlons, Arch. munic., Conclusions du Conseil de ville, Registre XV.

L'Eglise collégiale et l'Eglise de la Trinité de Vitry-le-François ruinées par le prince d'Orange; état des lieux, réparations à faire (1).

1568-1572.

1º

Charles, par la grâce de Dieu Roy de France, à nostre cher et bien amé Mᵉ Louys Petit, maistre du Val et des

---

(1) Le passage du prince d'Orange fut désastreux pour la région, et Charles IX, par patentes du 24 janvier 1569, données à Châlons, exempta les habitants de Vitry-le-François de toutes tailles, aides, huitièmes, vingtièmes, impositions,

eaux et forest de Sainct Dizier, salut et dilection. Les doyen, chanoines et chappitre de Victry en Perthois nous ont en Nostre Conseil privé présenté requeste tendans affin, entre autres choses, qu'il nous pleust leur octroyer vingt arpens de noz boys assis au lieu de Pargny ou en aultre lieu pour la réparation de leur église puys naguerres ruynée par les gens du prince d'Orange et huguenotz françois noz rebelles ; sur quoy nous ne leur avons riens voullu accorder que premièrement ne saichons quelles quantités de boys leur sera pour ce nécessaire. Pour ce est il que nous voullons et vous mandons que vous ayez à vous informer diligemment de la quantité de boys qui leur sera nécessaire pour la réparation de leurd. église et nous en certiffier incontinant, pour après pourveoir aux supplians en ceste endroict ainssy que verrons estre affaire par raison, de ce faire vous avons donné et donnons plain pouvoir, puissance et auctorité, commission et mandement spécial par ces présentes.

Donné à Joinville le V⁰ jour de febvrier, l'an de grâce mil cinq cens soixante neuf, et de nostre règne le neufiesme. Par le Roy en son Conseil : Bruslart.

2⁰

L'an mil cinq cens soixante neuf, le lundy septiesme jour de mars, à nous Louys Petit, maistre du Val et des eaux et forestz de Sainct Dizier, par les doyen, cha-

---

emprunts, subventions et subsides « tant pour la solde de gens de pied que aultres choses mises et à mettre sus pour quelques occasions que ce soit,... pour les ayder à se relever des pertes, dommages et desgatz qu'ils ont soufferts et endurez, tant au séjour et passage que nostre camp et armée y feist en l'année dernière passée que encores rescemment par le séjour que y ont faict les troupes du prince d'Orange et de Genlis, de sorte qu'ils sont, ou bien peu s'en fault, du tout ruinez. »
(*Vitry, Arch. Munic., AA 1, Cartulaire, f° 36*).

noines et chappitre de Victry en Perthois et frère
Joachim Baarde, ministre de la Trinité en Perthois,
furent présentées lectres patentes et commissions du
Roy nostre sire, données à Joinville le Ve jour de
febvrier....

Pour à quoy satisfaire nous acheminasmes le mardy
huictiesme jour desdictz moys et an de la ville dudict
Sainct Dizier, lieu de nostre demourance, audict Victry
en Parthois, et appellé avec nous Nicolas Picquart,
maistre charpentier demourant à Victry le François,
Hector Regnault et Nicolas Asselin, aussy maistres
charpentiers demourans audict Victry en Perthois, et
d'iceulx prins et receu le serment en tel cas requis et
accoustumé, en la présence de Humbert de Doulaincourt,
licencié és loix, lieutenant en la prévosté dudict Victry,
et Césart Leullet, ancien advocat audict Victry, nous
transportasmes avec eulx en la dicte église collégialle
dudict Victry en Parthoys, qui est celle mentionnée
esd. lectres, pour veoyr et visiter lesd. ruynes et
bruslement ; faisant laquelle visitation trouvasmes que
icelle église, laquelle contient vingt et une toizes en
longueur et six de largeur et à la croisée dix sept toizes
de largeur, lad. toize de six pieds de long à dix poulces
pour pied, a esté bruslée et ruynée ainsy que le contiennent lesd. lectres, excepté partye de la couverture
de la nef, laquelle couverture n'est du tout bruslée,
ains seullement par le couppet de dessus, ensemble la
fontepotz et pièces faisant la liaison de l'ouvrage, tellement que pour la raccoustrer il la faut abbattre du tout,
aultrement l'ouvrage ne pourroit estre aulcunement
consolidé ny relié ainsy qu'il appartient, touttefoys
l'on se pourra ayder du vieil boys non bruslé et de

quatre sablières et trois seulles traversières, et tout le reste de lad. église, de la longueur et largeur prédicte, ruynée et bruslée, mesmement le clocher, les chaires, le chappitre, l'orloge, les orgues, victres et tout ce qui estoit en icelle, qui est chose pitoyable à veoyr. Après la quelle visitation, ayant exactement calculé avec lesd. maistres charpentiers, en la présence desd. officiers, quelles pièces de boys il convient pour la rebastir et remectre la couverture et ensemble led. cloché en pareil estat qu'il estoyt auparavant lad. démolition, et quel nombre d'arbres de longueur et grosseur il conviendroit pour y fournir, trouvasmes par le rapport desdictz maistres charpentiers, joingt ce que en avons sceu congnoistre et adviser avec lesd. officiers, qu'il fault .... [*suit l'énumération des pièces de charpente*] ; et que, pour fournir à toutes lesd. pièces ainsy particulièrement cy dessus spécifiées et déclarées, oultre le vieux boys du reste de partye de la couverture de la nef de lad. église qui pourra servir, avons trouvé par le rapport des dessus dictz qu'il fault cent dix chesnes, portant chacun d'iceulx trente piedz de longueur et seize poulces en carré ; lesquelz arbres peuvent estre prins et choisiz par marque et délivrance en quinze arpens du boys de Pargny desnommé esd. lectres....

Et le mardy vingtuniesme dud. moys de mars, retournasmes aud. lieu de Victry pour procedder à la visitation des ruynes de lad. église de la Trinité, la quelle nous avons trouvé du tout bruslée ; au moyen de quoy et qu'elle n'estoit auparavant bastye que de boys, n'y reste sinon ung autel et quelques grosses pierres servans des fondemens sur lesquelles le bastiment d'icelle estoit sousteru, ainsy que par lesd. officiers et par plusieurs personnes fut certiffié ; par lesquelz fondemens et l'apparance du lieu nous apparut que lad. église bruslée avoit dix toizes de longueur et six de largeur, et que pour la rebastir de boys en pareil estat qu'elle estoit auparavant led. bruslement, il convient avoir.... [*suit l'énumération des pièces de charpente*], qui est en tout quarantes six chesnes pour fournir ausdictz ouvraiges suivant le calcul que en feismes avec lesd. charpentiers...

En tesmoing de quoy nous avons signé ce présent nostre procès verbal et rapport, faict les an et jour que dessus. Ainsy signé : PETIT.

3º

1569, 13 avril. — Mandement du Roi aux gens tenant la cour de Parlement et des Comptes de faire délivrer au chapitre de l'Eglise collégiale de Vitry-en-Perthois pour rebâtir son église le nombre de 110 chênes à prendre dans le bois de Pargny.

1570, 3 février. — Le roi ordonne au bailli de Vitry ou à son lieutenant de faire information des réparations nécessaires à l'église collégiale.

1571, 26 février. — Procès-verbal de la visite faite par Jacques Linage, écuyer, licencié ès lois, lieutenant général au bailliage et siège présidial de Vitry, assisté de Mᵉ Allain de Vassan, procureur du roi au bailliage, de Denys Varnier, licencié ès lois, lieutenant du maître des eaux et forêts audit bailliage, d'Alexandre Blanchart, greffier, de Nicolas Lestardy, menuisier, et de Pierre Guillaume, charpentier. Les visiteurs « advisent entre eux des ruynes et desgatz et vastations y advenues par le sacq et feu qui y auroit esté faict et mis en l'année cinq cens soixante huict. » Renseignements pareils à ceux ci-dessus au sujet de la toiture, des chaires, du jubé ou pupître qui séparait le chœur de la nef, du beffroy où étaient pendues les cloches, du clocher qui le surmontait, du chapitre, de l'horloge, du fût des orgues, des aulmaires, des coffres et bancs, « en sorte qu'il n'y avoit demeuré en lad. église que les murailles et la portion de toicture ainsy endommagée comme dict est ».

1571, 2 avril, 2 juin. — Ordre d'enquête et procès verbal d'enquête sur la coupe de chênes projetée dans le bois de Pargny.

S. d. — Requête du chapitre et du ministre de la Trinité, qui se plaignent que « les murailles de lad. église Nostre Dame se ruynent journellement par faulte d'estre couvertes, et que lesd. supplians sont consommez en frais pour la longueur de temps qu'il y a que lesd. lectres sont obtenues ».

1572, 3 juin. — Pierre de Pignet, sieur de Vuydeville, conseiller du Roy et trésorier de France en la province de Champagne, consent l'entérinement des lettres royales et mande à Me Michel Le Besgue, maître particulier des eaux et forêts de St Dizier, de procéder à la coupe et délivrance des bois.

Vitry-le-François, Arch. Munic., GG. 188, copie authentique.

Le Roi donne aux habitants de Vitry-le-François les matériaux du château et clôture de Vitry-en-Perthois pour fortifier la ville nouvelle (1).

1569, 2 février.

Charles, par la grâce de Dieu roy de France, à nostre amé et féal conseiller trésorier de France et commis à la générallité de noz finances en Champaigne et au

(1) Lorsque Vitry-en-Perthois eût été ruiné par l'armée de Charles-Quint en 1544, François Ier songea aussitôt à reconstruire la ville en lieu plus fort et plus aisé à garder ; aussi commanda-t-il d'abord au comte de Nanteuil de faire la recherche d'un emplacement convenable, et celui-ci désigna le village de Maucourt, dont l'assiette lui parut « très utile et commode à fortiffier ». (Patentes du 29 avril 1545, Arch. munic. de Vitry, AA. I, cartulaire, f° 11). Le transfert fut bientôt décidé, et la ville nouvelle reçut le nom de Vitry-le-François (Patentes de mai 1545, ibid.,

bailly de Victry ou son lieutenant, salut. Noz chers et bien amez les manans et habitans de Victry le Françoys nous ont faict dire et remonstrer qu'aiant vingt cinq ans sont ou environ la ville de Victry en Partoys esté entièrement ruynée et destruicte par l'armée impérialle, feu de bonne et heureuse mémoire le roy Françoys nostre ayeul, voullant pourveoyr à l'advenyr tant à sa commodité que seureté de ses pauvres subjectz du plat pays que à fortiffier les frontières de son royaulme de ce costé là, choisit et esleut la place où est aujourd'huy plantée et assise la dicte ville de Victry le Françoys comme aisée à rendre avec peu de frays très forte pour résister aux incursions de ses ennemys et rendre asseuré le dict plat pays des environs, estant distraicte de toutes aultres forteresses de sept à huict lieues, auquel lieu il transféra le siège cappital de tout le bailliage qui auparavant estoit estably au dict Victry en Partoys, à cause de quoy la plus part et principaulx des habitantz dud. ancien Victry se seroyent retirez en lad. nouvelle ville, où chacun d'eulz selon sa possibilité auroyt basty et s'est accommodé, espérans que, suyvant la bonne intention de nostred. ayeul estant par luy fortiffiée la dicte ville, ilz y puissent demourer en toute

<hr/>

imprimé), et, le 27 mars 1546, par patentes données à Rambouillet, le roi ordonna « de desmolir les murailles, tant du chastel, porteaulx et bourg de lad. ancienne ville de Victry ruynée, ensemble faire lever et arracher les paves, et le tout faire transporter audict lieu de Vitry le François, pour ayder à la construction, édiffication, fortiffication et pavement de ladicte nouvelle ville » (AA. I, f° 15^ve). Le 12 avril 1548, par lettres écrites à Nogent, Henri II renouvela la commission donnée par François Ier au comte de Nanteuil, pour « continuer et parfaire » l'édification et fortification du nouveau Vitry (Ibid., AA. 1b^is, original, et Cartulaire, f° 14^ve). Malgré ces ordres réitérés, il ne paraît pas qu'on ait beaucoup travaillé à la fortification pendant les vingt années qui suivirent. Les patentes du 11 février 1552 pour la translation du présidial de Vitry à Châlons appellent Vitry un « bourg ouvert... où les gens ayans acquis les degrez et sçavoir requis pour tenir les offices de magistrats ne se veulent retirer pour y faire résidence, voyant iceluy n'estre de seur accès » (Châlons, Bibliothèque, Recueil de pièces, copie authentique). L'incursion du prince d'Orange rappela l'attention sur cette affaire, et le roi signa les nouvelles lettres que nous publions.

seureté ; mais estant quelque peu de temps après allé de vie à trespas, nostred. feu seigneur et père, après son advénement à la couronne, entra en de grandes guerres qui ont quasy tousjours continué jusques à son décedz, comme aussy du reigne du feu roy Françoys second nostre frère, que Dieu absolve, et du nostre estans survenuz les troubles qui sont encores aujourd'huy en nostre royaulme, lad. fortiffication est tousjours depuis demourée sans aulcune continuation et lesd. exposans et les habitantz dud. ancien Victry et de tout le pays circonvoisin en proye au pillage de ceulx qui l'ont voullu entreprandre sans avoyr eu moyen de y faire aulcune résistance, en danger d'estre led. pays occuppé par quelques ennemys qui se pouront susciter et en faveur de quelque armée estrangére achever et mectre en deffense lad. fortiffication avant que eussions loisir les en déchasser ; pour à quoy remédyer et nous faire congnoistre le singulier zelle et dévotion qu'ilz ont pour nostre service et obéissance, se sont offertz prandre le soing et euvre de la continuation de la dite fortiffication et closture de leurd. ville moyennant que leur veuillions permettre de prandre la pierre et matériaux restans des ruynes du chasteau, donjon et clostures du bourg dud. vieil Victry et d'aultant que les villages et paroisses des environs se serviront de la commodité de lad. forteresse pour y retirer leurs personnes et biens en cas de nécessité, ordonner que chacun village et paroisse circonvoisins dud. Victry fera quatre charroys par an pour amener lesd. mathériaulx et autres choses nécessaires pour lad. fortiffication, et leur ordonner quelque somme de deniers pour leur ayder à supporter les fraiz d'icelle.

Sçavoir faisons que nous, considérant la grande importance dont est pour nostre service et seureté de la frontière de nostre pays de Champaigne la fortiffication dud. Victry le Françoys, et voullans de tout nostre pouvoyr ayder et favoriser la bonne volonté des exposants et pourveoyr à leur conservation et de tout le pays circonvoisin, à iceulx pour ces causes et aultres à ce nous mouvans avons octroyé, permis et accordé, octroyons, permectons et accordons et, en tant que besoin est ou seroit, donné et donnons par ces présentes les pierres et matières restans de la ruyne et desmolition dud. chasteau, donjon et closture dud. ancien Victry en Partoys, tant ce qui est des viantz des murailles que lesd. murailles estans encores sur pied, lesquelles ilz pourront faire abatre et fouiller jusques auz fondemens quant bon leur semblera, et lesd. pierres et matières transporter aud. Victry le Françoys pour icelles employer à lad. fortiffication et closture de lad. ville, et non aillieurs. Voullons aussy et ordonnons pour les considérations susdictes que tous villages et paroisses estant à quatre lieues à la ronde dudict Victry le Françoys, de quelque seigneur qu'ilz soyent et puissent appartenyr, soyt à nous, à l'église ou aultres, facent par chacun an quatre charroys avec charrettes et chevaulx pour transporter les dictes pierres et matières dud. ancien Victry sur le lieu de lad. fortiffication et autres choses nécessaires pour icelle, tant qu'elle durera et non davantage, les fraiz des quelz charroys ilz pourront imposer sur eulx avec les deniers de noz tailles ou aultrement, ainsy qu'ilz adviseront estre plus expédient pour le soulagement de nos subjectz. Sy vous mandons et à chascun de vous en droit soy et comme leur appartiendra commandons par ces dictes présentes que, faisant lesd. exposants joyr et user plainement et paisiblement du contenu cy dessus, vous leur souffrez et permetez prandre, abatre, enlever et transporter lesd. pierres et matières restanz des ruynes du chasteau et ancienne closture du bourg dud. Victry en Partoys, dict à présent Victry le Bruslé, pour icelle employer à lad. closture et fortiffication dud. Victry. le François, voullans que, rapportant recongnoissance deue de la jouissance desd. pierres et matières avec le vidimus de ces présentes que nous avons pour ce signées de nostre main, nostre recepveur ordinaire dud. Victry et tous aultres qu'il appartiendra en soyent tenuz quittez et deschargez par tout où il appartiendra sans difficulté ; et oultre ce, que vous bailly de Victry ou son lieutenant ayez à contraindre les habitans desd. villages et paroisses assiz et scituez à quatre lieues à la ronde dud. Victry, à quelque seigneur qu'ilz soyent et puissent apartenyr, à fournyr et faire lesd. quatre charroys par chacun an et chascun village et paroisse avec harnays et chevaulx pour le port desd. pierres et matières depuis led. lieu de Victry en Partoys jusques au nouveau Victry et aultres choses nécessaires à lad. fortiffication, tant quelle durera seulement, par les voyes et contrainctes nécessaires et en tel cas requises, nonobstant opposition ou appellation quelconque, pour lesquelles ne voullons estre différé, attendu qu'il est question du bien et conservation publique, et desquelles nous avons retenu et retenons la congnoissance à nous et nostre privé conseil, icelle interdisant et deffendant à notre court de parlement, voir et tous aultres, de ce faire vous et à chacun de vous donné et donnons plain pouvoyr, auctorité, commission et mandement especial. Mandons en oultre à tous nos justiciers, officiers et subjectz que à vous en ce faisant ilz obéissent, car tel est nostre plaisyr, nonobstant aussy quelconques ordonnances faictes sur le faict de nostre domaine, eedictz, mandements dessus dictz et lectres à ce contraires.

Donné à Joinville le deuxiesme jour de febvrier, l'an de grâce mil cinq cent soixante neuf, et de nostre règne le neufeviesme.

Vitry, Arch. Munic., AA. 3, copie du XVIe s.

Règlement fait à Ste Menehould pour la garde de la ville.

1570, 12 juin.

Est advisé et conclud qu'il sera remonstré à monseigneur d'Esclavolles, chevalier de l'ordre du Roy nostre sire, cappitaine gouverneur des ville et chastel de Ste Manehould :

De n'admectre aucuns en ceste ville de la relligion prétendue réformée.

Que les armes à feu de ceux qui entreront en ceste ville seront mises entre les mains des eschevins, pour éviter aux intelligences des hostes et taverniers et de ceux qui logeront en leurs logis, et que lesd. armes à feu ne leur seront délivrées, sinon en sortant de cested. ville.

Que les nautonniers soient tenuz, sur peine de confiscation de leurs nasselles, de mectre toutes les nuits leurs nasselles dedans la ville.

Que par chacun jour les hostelliers seront tenuz de bailler par escript les noms de ceulx qui logeront chacun en leurs maisons, et les lieux dont ils sont venuz, et le lieu où ilz veulent aller, aux eschevins de lad. ville, lesquels eschevins ou l'un d'eulx seront tenuz s'enquérir par les tavernes quels gens il y a.

Sera enjoinct au paistre de partir à 6 heures du matin et rentrer à 7 heures de rellevée.

Que les portes se fermeront devant le soleil couché et se ouvriront à 5 heures....

Que chacun ira à la porte en personne s'il n'y a excuse légitime, et au défault de ce faire, sera mis ung homme par les eschevins qui sera payé aux despens de l'excusé.

Ce règlement est reproduit plusieurs fois dans le registre. Voici quelques particularités qui ne se trouvent pas dans la première rédaction:

Que les habitans qui seront de la garde des portes se trouveront au son du tanbourin auprès du parcquet de l'auditoire royal dudit Ste Manehould, pour recevoir le signal de la porte de laquelle ils debvront faire garde.

Toutes et chacunes les maisons des habitans seront visitées, et sera fait inventaire des armes, et pourront lesd. eschevins prendre le serment desd. habitans et les enquérir s'ils ont autres armes que ceulx qu'ils déclaireront, et seront inventoriez ; et, s'ilz s'en trouvent d'autres, seront confisquez pour le prouffit et garde de lad. ville, et oultre les calumpniateurs condemnez en dix livres d'amende et à leur prison jusques à plain payement.

Les armes de ceulx de la relligion prétendue réformée, soit qu'ilz soient retournez en l'église catholique,

5

apostolique et romaine, seront mis és mains desd. eschevins, et à ce seront contrainctz ceulx auxquels appartiennent lesd. armes par emprisonnement de leurs personnes.

Les anciens eschevins wideront leurs mains et déclineront à ceulx qui sont de présent eschevins les armes qu'ils ont appartenant à lad. ville et celles qu'ils ont en leurs mains venans de ceulx de la relligion prétendue refformée, lesquelz, lad. délivration faicte, en seront deschargez, et dont sera faict inventaire, et led. inventaire faict délivré aud. s^r gouverneur ; et sera faict commandant à ceulx qui n'ont armes d'en avoir.

Ce règlement est consenti par le gouverneur le même jour et publié dans les carrefours de la ville.

Ste Menehould, 1er Registre du Conseil, f°s 1-5.

L'Eglise de St-Léger-sous-Margerie.
Epreuves, détresse et délivrance du ministre Thévenin à la Saint-Barthélemy.

1572.

Tost après les seconds troubles, le sieur de Renty, gentilhomme digne de mémoyre, avoit dressé une église au lieu de Sainct Léger sous Margerie, village appartenant à ses enfans à cause de leur mére décédée, distant de Troyes de sept ou huict lieues. Pour administrer en icelle la parolle de Dieu fut envoyé Jean Thévenin, natif du conté de Beaufort en Champagne, doux et paisible personnage, d'une bonne vye et saincte conversation, qui le rendoit aymable et fort bien voulu de tous ceux du païs, de quelque religion qu'ilz fussent. Ce bon personnage, voyant ses brebis escartées de çà et de là, et son Eglise rompue et dissipée à cause de ces massacres fraischement advenus, et aussy que quelques adversaires et ennemys de l'Evangile le cherchoient pour le fayre mourir, résolut de se retirer au lieu de Montbéliart, où il estoit bien conneu pour avoir quelque temps auparavant exercé le ministère au lieu de Blamont, appartenant en souverainneté au conte de Montbéliard. Mays, d'autant que les chemins estoient lors couvertz de toutes pars de volleurs et ennemys de la religion, qui d'un aguet attendoient aux passages les pauvres enfans de Dieu, qui, fuyantz la rage des massacreus, se retiroient en lieu de seureté hors du royaume de France, il fut contraint d'attendre encores pour un temps et s'arrester en quelque coin clos et couvert, attendant que ceste nue si fâcheuse et horrible qui couvroit toute la France se feust aucunement escartée. Ainsy donc il se tint en un certain lieu caché, où pendant son séjour il fut nourri par quelques siens amys. Si ne peust il si bien fayre que au bout de quinze jours il ne fust descouvert. Et d'autant que les moyens de pouvoir subsister davantage au païs luy furent par ce moyen du tout retranchez, il fallut qu'il cherchast parti ailleurs.

En ces entrefaictes, la dame de Mouy arriva en ces quartiers là, passant chemin, pour se sauver comme les autres de la religion dont elle faisoit profession et se retirer en Allemagne. Le ministre Thévenin, adverti de son arrivée, l'alla saluer, et s'estant entièrement descouvert à elle, comme il le pouvoit seurement fayre, elle promist qu'elle luy assisteroit en tout ce qui luy seroit possible et qu'elle feroit tout debvoir de l'emmener avec elle. Mays le pis fut qu'elle estoit entre les mains de Antoine des Boves, s^r de Courcelles, appellé communément le capitaine Rance, qui, pour le proufit qu'il espéroit tirer d'elle avant qu'elle partist de ses mains (comme l'issue le monstra), luy promist qu'il la mettroit en lieu de seureté. Si ne voulut oncques souffrir que Thévenin s'acheminast avec lad. dame, quelque prières et requestes qu'elle en sceust fayre. Qui pis est, l'un des soldatz qui debvoient l'accompagner jura que, si le ministre se mectoit en leur compagnie ou entreprenoit de les suivre, il luy donneroit un coup de pistolle. Ceste menace fut cause que Thévenin quitta ce parti et se mit tout seul en chemin, sous la sauvegarde et protection du Seigneur.

Peu de jours après, il rencontra un jeune gentilhomme de Champagne nommé Claude de Fontaines, s^r de la Brosse, et Séguier, ministre de la parolle de Dieu, avec leurs femmes, tous de cheval, qui, fuyans aussy les massacres, tiroient le mesme chemin. Ils s'acheminèrent tous ensemble droict à Monstereul sur Saone, où ils arrivèrent le neufième jour du moys de septembre. Le gentilhomme se logea avec tout son train au logis de Jean Hanyot, hostellier dudit lieu, qui estoit de la religion ; aussy fit le ministre Thévenin. Or ilz faisoient bien leur compte qu'ilz estoient là en toute seureté, d'autant que ce lieu appartenoit en souveraineté au s^r de Clervant, qui estoit de la religion; et bien voulu et respecté de toute la noblesse, tant pour ce qu'il estoit issu d'une fort illustre et ancienne maison que pour la doulceur, débonnaireté et autres rares et excellentes vertus qui sont en luy. Mays tost après ilz expérimentèrent le contraire à leurs despens ; car, au plus tost qu'ilz furent couchez, un nommé le s^r Rochebaron (qui autrefoys avoit esté touché du sentiment de la religion, comme luy mesme le recongneut depuis au ministre Thévenin), arriva en ce lieu accompagné de je ne sçay quels personnages, tous en armes et la pistolle au poing, et vindrent donner à travers les fenestres de ceste hostellerie force coups de pistolles, de sorte que les verrières en furent toutes brisées.

Le gentilhomme et sa femme s'enfuient en abandonnant leurs hardes, bagues et chevaux. Thévenin est fait prisonnier, dévalisé par Rochebaron du peu d'argent qu'il possédait, excepté dix écus qu'il avait cachés dans la paillasse de son lit.

Rochebaron et les siens, après avoir pillé la maison, s'en vont en emmenant Thévenin prisonnier et le font conduire au château de Thons (1), dont le seigneur, qui était de la maison du Châtelet, avait épousé la mère de Rochebaron. Thévenin est logé dans une cave obscure où un séjour de trois jours et trois nuits sur la dure lui cause un catarrhe très grave.

Le seigneur de Thons veut faire disputer sur des questions de théologie le ministre Thévenin et le curé du lieu ; mais le curé s'y refuse. Thévenin édifie les assistants en parlant de la Cène.

Rochebaron loge son prisonnier dans une chambre convenable, et lui offre la liberté moyennant trente écus de rançon. Thévenin écrit à sa femme de les remettre au porteur de la lettre, et Rochebaron part avec cette lettre pour Vitry-le-François, où cette femme se trouvait.

Cependant Thévenin est laissé à la garde du curé, qui prépare un guet-apens pour le faire assassiner. Mais le ministre échappe à la mort en refusant de sortir dans la campagne avec le curé.

(I) Le Grand et le Petit Thons, Vosges.

Retour de Rochebaron le dimanche avant la St Martin d'hiver, avec une escorte de massacreurs. Danger couru par Thévenin.

Le seigneur de Thons appelle Thévenin devant lui et essaye vainement de le faire abjurer. Sur son refus, on le conduit à Chaumont pour être remis aux mains du juge royal.

Thévenin est jeté aux prisons du donjon de Chaumont, où il reste trois semaines dans une affreuse misère, préservé seulement de mourir de faim par le secours d'un voleur et d'un meurtrier ses co-détenus.

Interrogatoire et refus d'abjurer.

Sur la recommandation d'un de ses cousins au service de Louise de Rochechouart, veuve de Guillaume de Dinteville, il obtient enfin qu'on le mette en liberté et se retire à Montbéliard.

Bibl. Nat., Collection Dupuy, n° 698, Histoire de l'Eglise Réformée de Troyes, par N. Pithou, f°° 384-391.

Conversions à Vitry-le-François après la Saint-Barthélemy.

1572.

Les noms de ceux qui voluntairement se sont réunis et réduitz à nostre Eglise, des quels j'ay receu le serment et parolle et administration de sacrement, les aultres par parolle avec lettre soubz leurs signes.

Le 7e jour de septembre, j'ay receu la confession de foy de Thierry Mauclerc et sa famille.

Le VIIIe jour de septembre, je administray le sacrement de l'heucharistie à deux femmes, que j'avoys receues le sabmedi précédent à confession, et sont nommées l'une... (1)

(1) Les noms restés en blanc.

Le 19⁰ jour dudit mois, je receu la confession de foy par parolle et par escript de Claude Dorigny et de Françoys Papillon ; et avec ce, je les ouy de confession.

Le XX⁰ jour, je receu par parolle et escripture Jean Jacobé.

Le 20⁰ jour j'ay receu et escript la confession de foy de monsieur Coniet, et luy aussy a escript.

Ledit jour j'ay receu de bouche et escripture M. Nicolas Jacobé le jeune.

Ledit jour j'ay receu par escripture et aussi escript Marguerite Morel.

Ledit jour j'ay receu par parolle et escripture Hubert du Chat.

<small>Vitry-le-François, Arch. Munic., GG. 1, 1ᵉʳ Registre de l'état civil, f° 19.</small>

Forme de serment pour faire prester et signer à ceux de la nouvelle Religion des villes pour les lieux où ils font leur résidence.

1572.

Nous protestons devant Dieu et jurons en son nom que nous recongnoissons le Roy Charles neufiesme pour nostre souverain naturel et seul prince, et que nous sommes tous prestz à luy rendre honneur, obéissance et subjection.

Et que jamais ne prendrons les armes que par son exprès commandement, dont il nous apparoistra par ses lettres patentes deuement vérifiées.

Et ne consentirons ny aiderons de conseil, argent, vivres ou aultres choses quelconques à ceulx qui seront armez contre luy ou sa volunté.

Ny ferons levée ou cuillette de deniers pour quelque occasion que ce soit, sinon par son expresse permission.

Et n'entrerons jamais en ligues secrettes, intelligence ou complotz, ny ferons aucunes menées ou entreprises ny adhérerons à icelles.

Mais au contraire promectons et jurons de l'advertir ou ses officiers de tout ce que pourrons sçavoir ou descouvrir qui sera contre S. M. ou le repos du Royaume ou de quelqu'un de ceulx qui luy appartiennent.

Supplians tréshumblement Sad. Majesté d'exercer envers nous sa naturelle bonté et clémence, et nous tenir pour ses tréshumbles et trésfidelles subjectz, et en sa protection, à laquelle seulle nous avons recours après Dieu.

Lequel nous prierons incessamment pour la conservation et prospérité de son estat et pour sa félicité et longue vie, ensemble de la Royne sa mère et nosseigneurs ses frères.

En oultre nous souzmectons à toute rigueur de peine au cas que de nostre part adviennent trouble, scandalle et inconvénient en la ville de ....., pour la tuition de laquelle, soubz l'auctorité et commandement du Roy et de ses officiers, nous emploierons vies et biens franchement.

Et s'il plaist à S. M. nous mainctenir en seureté et repoz soubz sa protection en lad. ville, faissant cesser toute partialité, dont nous le supplions tréshumblement.

Nous protestons de n'habandonner poinct lad. ville, quelque nécessité de troubles qui puisse advenir, ains de joindre noz cueurs, noz voluntez, mains et facultez avec nos concytoiens pour son service et la deffence de lad. ville, à laquelle nous aurons à jamais dévotion de vraiz et fidelles cytoiéns, et envers les catholicques une sincére et fidelle affection, actendans qu'il plaise à Dieu mectre fin à tous troubles ; à quoy espérons que ceste réconciliation sera une heureuse entrée.

Bibl. Nat., Fonds français, n° 3193, f° 74.

Maladie du Roi Charles IX à Vitry-le-François.

1573.

Le Roi au s^r de Damville, maréchal de France, gouverneur du Languedoc.

« Escript à Victry le François, le dernier jour d'octobre 1573 ». — « J'arrivay en ce lieu le XXIXe de ce mois, où estant je me trouvay ung peu mal disposé d'ung rume, qui est cause que je m'y suis arresté pour me reposer et prendre quelque purgation, affin de me guarrir, comme j'espère, Dieu aydant, l'estre entièrement dans quatre ou cinq jours, et de poursuivre après mon voiage de Nancy et de Metz pour y conduire mon frère le Roy de Polongne, suivant ma première délibération ; ayant bien voullu vous donner advis de ce que dessus affin que, si d'aventure l'on faisoit courir aultre bruit de mon indisposition, vous en saichez la vérité, qui est telle que je vous escriptz cy dessus. »

Bibl. Nat., Fonds franç., 3246, f° 35, original.

« Escript à Victry le François, le XVe jour de novembre 1573. » — « Mon cousin, partant le Roy de Polongne Monsieur mon frère pour s'acheminer en son Royaume, ainsy que verrez par la lettre qu'il vous en escript, j'ay bien voulu, pour la trèsgrande et singulière affection que je luy ay tousjours portée et porte, l'accompaigner et conduire le plus avant qu'il m'a esté possible ; ce que j'ay faict jusques en ce lieu, où estant arresté par la maladie qui m'est survenue, comme je vous ay escript, nous sommes contrainctz nous sepparer l'ung de l'aultre, ayant la royne madame et mère et mon frère le duc d'Alençon, suiviz de plusieurs princes et seigneurs, prins sur eulx cest office de faire compaignye à mondit frère le Roy de Polongne le reste du chemin jusques à Metz. Et cependant je suis demeuré arresté en ce lieu pour me remectre et fortiffier de madicte maladie, de laquelle je me porte beaucoup mieulx que je n'ay faict et en suis quasi hors du tout, grâces à Dieu, avec l'aide duquel j'espère partir bien tost d'icy et adviser ce qui sera nécessaire pour restablir et remectre mondit Royaulme en bon estat.... »

Bibl. Nat., Fonds franç., 3246, f° 52, original.

Henri, Roi de Pologne.

A mon cousin le s^r de Dampville, mareschal de France, gouverneur et lieutenant général pour le Roy mon seigneur et frère en son pays de Languedoc.

Mon cousin, vous savez comme il a pleu à Dieu de sa divine grâce et bonté que j'aye entre plusieurs princes chrestiens esté esleu roy de Poloigne. Aussi, recevant cest heur et honneur de sa main, je luy en rendz grâces et louanges comme à celuy à qui elles sont deues. Et bien que le plaisir et contentement que j'en ay et la grandeur et dignité que j'en espère soient les plus grandz que je puisse avoir, si est ce que la longue et douce nourriture que j'ay prinse près du Roy, mon seigneur et frère, qui m'a tant estimé et honnoré que de communiquer et se reposer sur moy et ma fidellité de tous ses plus grandz et importans affaires, et daventage de me faire son lieutenant général en cedit royaume, païs et terres de son obéissance, la singullière amour et affection aussy qu'il a pleu à la Royne madame et mère tousjours me démonstrer dès mes plus jeunes ans, et la bonne institution que j'ay receue d'elle me délaissent beaucoup de regret de la séparation que je fais maintenant d'avec eulx, partant présentement pour m'acheminer en mon royaulme de Poloigne.

Ce regret est commung à tous hommes de porter aveq déplaisir l'absence de ceulx ausquelz ilz ont tant d'obligation et qu'ilz ont tant aymez et honnorez, comme j'ay faict et faictz au Roy mondit s^r et frère et à la Royne madame et mère ; et encore est il suivy d'ung aultre, qui est que, laissant en ce royaume plusieurs bons et affectionnez serviteurs du Roy mond. s^r et frère, qui m'ont, en considération de la qualité de son frère et lieutenant général, porté beaucoup de respect et de recongnoissance, accompaignée d'une singulière bonne volunté en tout ce que je leur ay commandé pour le service de ceste couronne, et en quoy je ne veulx celler que je n'aye esté de toute affection si bien obéy d'eulx, comme l'ay je aussi bien particulliérement tesmoigné au Roy mondit sieur et frère toutes et quantes foys que les occasions se sont présentées, que j'ay aussi regret qu'il faille que le peu de temps que j'aye à séjourner ycy me prive du désir grand que j'avoys de les veoir auparavant de m'en aller en Poloigne. Et pour ce que vous estes du nombre de ceulx là et qu'il ne me reste aultre moyen de me satisfaire en cest endroict que par lettres, j'ay bien voulu vous faire ceste cy pour vous rendre certain tesmoignage de l'amytié que je vous ay tousjours portée et veux continuer comme à personnage d'honneur et de vertu que vous estes ; vous priant que, comme vous m'avez cy devant porté bonne et vraye affection, vous la me réserviez encores quand je seray hors ce royaume, et au demeurant continuer en tout ce qui concerne le service du Roy mondit seigneur et frére ainsi et aveq tel soing qu'avez accoustumé et selon la parfaicte fiance qu'il en a en vous, qui vous asseurerez d'avoir aussy en moy tousjours ung bon et vray amy, quelque part que je sois, bien prest à m'employer en tout ce qui s'offrira pour vostre bien, honneur et contentement, d'aussi bonne volunté que je prie Dieu, mon cousin, vous avoir en sa saincte et digne garde.

Escript à Victry le Françoys, le XVe jour de novembre 1573.

Vostre bon cousyn,

HENRY.

Bibl. Nat., Fonds fr., n° 3250, f° 1, original.

Vitry-le-François en 1574.

Passages ; présents ; missions pour les affaires de la ville.

1574, 15 février. — Payé 75 s. ts. à Grimont pour sept pintes et chopines de vin de Beaune « pour faire présent à Monsieur le bailly dud. Victry estant lors aud. Victry. » (F° 17 v°).

Février. — Payé 50 s. ts. « pour six pintes de vin clairet vieil creue de Beaulne pour faire présent au cappitaine Sterg logé au villaige de Frignicourt avec sa compaignie. » (F° 17 v°).

7 avril. — Payé 75 s. ts. à Grimont « pour sept pintes et choppines de vin creue de Beaulne, pris en son logis, pour faire présent au s' de Rancé y estant logé. » (F° 22).

15 avril. — Payé 2 s. 6 d. ts. à un messager envoyé à Vitry-en-Perthois « affin d'avoir advertissement certain de la venue dud. s' de Guise aud. Victry. (F° 23). — Payé 8 l. ts. à Grimont « pour sept flacons de vin creu de Beaulne pour faire présent à Monseigneur le duc de Guise estant à Victry en Perthois. » (F° 22 v°). — Payé 22 d. ts. au boulanger de Vitry-en-Perthois chez qui ont pris « du pain pour boire ceux qui estoient allés aud. Victry pour saluer led. s' de Guise. » (F° 23).

Avril. — Payé 8 l. ts. à Antoine Pérard, conseiller au siège présidial de Vitry, « pour despens par luy faictz en ung voyage au lieu de Joinville vers ma dame la douairière pour les affaires de lad. ville. » (F° 23 v°).

25 avril. — Payé 12 l. 16 s. ts. à Grimont « pour avoir par luy fourny trente deulx pintes de vin vieil creu de Beaulne pour faire présent à Monseigneur le cardinal de Lorraine, à Monseigneur le duc de Guise et à madame de Montpensier estans logez aud. Victry au mois d'apvril V^c soixante quatorze. » (F° 25).

21 mai. — Payé 15 l. ts. à Jehan Deschamps, lieutenant en la prévôté de Vitry, « pour despens par luy faictz en ung voyage vers mond. seigneur de Guise pour les affaires de ceste ville. » (F° 26).

25 mai. — Payé 13 l. 4 s. ts. à Grimont « pour avoir fourny la quantité de trente trois pintes de vin vieil pour faire présent aux s^{rs} de Thou, d'Anglure, Pavant et au mareschal des logis de la compagnie de Monseigneur le duc de Lorraine estans logez aud. lieu. » (F° 26).

Mai. — Payé 4 l. ts. aud. Grimont pour dépens de bouche

faits par led. maréchal des logis « pendant qu'il dressoit les logis de sa compagnie aud. Victry. » (F° 26).

Juin. — Payé 75 s. ts. pour sept pintes de vin vieil,« pour faire présent à Monsieur le général de Champaigne et luy communicquer des affaires de ceste ville. » (F° 28).

8 juin. — Payé 6 l. ts. pour dépenses faites par Jacobé, envoyé à Chalons « vers led. sr général de Champaigne pour luy passer obligation de la somme de 600 l. ts. pour des saillères dont lad. communaulté faisoit présent aud. sr de Guise. » (F° 35).

13 juillet. — Payé 11 l. 11 s. ts. pour vingt trois pintes de vieux vin de Beaune offertes « à Monseigneur le cardinal de Lorraine, Monseigneur de Fécan et aud. sr général de Champaigne estans en ced. lieu. » (F° 35).

1er août. — Payé à Grimont 19 l. 4 s. ts. pour vingt quatre pots de vin vieux cru de Beaune « portés aud. Arzilliers pour présenter à Messeigneurs les cardinal de Guise, Fécan, d'Aumale et Le Seure, estans aud. lieu d'Arzilliers. » (F° 21 v°).

Août. — Payé à un pêcheur 70 s. ts. pour quatre grands barbeaux et deux brochets « pour faire présent à madame de Guise estant aud. Arzilliers. » (F° 32).

30 août. — Payé 56 s. ts. à Jehan Burgeat, marchand apothicaire, « pour troys boestes par luy fournyes plaines de raissin de Damas et conserve de rozes seiches pour présenter à madame de Saint Jacques, lors au logis de Humbert du Raiz. » (F° 33). — 10 septembre. Payé 76 s. 4 d., tant pour « une livre quatorze onces de plusieurs dragées et escorse de cytron confict, que pour deulx boestes painctes de diverses couleurs pour faire présent à la dicte dame de Sainct Jacques. » (F° 33 v°). — 23 octobre. Payé 12 l. 5 s. « pour six boestes plaines tant de dragées codignac que gelée de coingz avec ung quartier de nouvelles oranges pour présenter à lad. dame de Sainct Jacques. » (F° 36).

Vitry-le-François, Arch. Munic., CC. 68, Registre des Comptes.

« *Aultre despence faicte à l'occasion des Reistres estans au lieu de Possesse environ led. moys de septembre et octobre audict an V*ᵉ *soixante et quatorze.* »

19 sept. — Payé 30 s. ts. à Nicolas Servais « pour avoir porté lettre au sʳ Dandelin estant au village de Sommeille avec les reistres et pour avoir rapporté responce. »

22 sept.—66 s. ts. pour sept pintes de vin de Beaune «pour présenter aud. sʳ de Barbézieux allant vers les reistres estans lors à Triaucourt.»—70 s.ts. « pour avoir porté lettres dud. sʳ de Barbézieux à monsieur de Chamberg, cappitaine desd. reistres estans lors aud. Triaucourt. »— 68 s. ts. pour sept pintes de vieux vin de Beaune « pour porter au lieu de Sommièvre pour le soupper dud. sʳ de Barbézieux. » — 50 s. ts. à deux charretiers de Vitry « pour avoir mené avec une charrette à troys chevaux le bagage dud. sʳ de Barbézieux jusques aud. Sommièvre. » — 75 s. ts. « pour quatre grandz pouletz d'Inde pour envoyer aud. sʳ de Barbézieux estant à Saincte Manehould. » — 20 s. ts. pour porter à Châlons lettres de M. de Barbézieux « à monsieur le prévost des mareschaux pour l'aller trouver aud. lieu de Saincte Manehould. »

Sept. — 45 l. ts. pour 112 pintes de vin vieux cru de Beaune, « pour envoyer ausd. sʳˢ de Barbézieux, La Mauvissière, Chomberg et aultres estans aud. Triaucourt, et led. vin leur fut par vous, monsʳ le Président (1), présenté. » — Autres 35 l. 45 s. ts. pour 40 pots de vieux vin de Beaune présentés avec le précédent. — Diverses quittances pour l'emballage des flacons, foin, étoupe pour boucher les flacons, ficelle « à cordeler par dessus lesd. flacons,»lattes et clous. — 9 l. ts. à Gilbert Chanlaire « pour avoir avec leurs chevaulx et charrettes mené lesd. flaccons au lieu de Saincte Manehould et depuis aud. Triaucourt, où estoit led. sʳ de Barbézieux. » — « Item donné à Mᵉ Claude Mauclerc, esleu

---

(1) Jacques Linage, président lieutenant général au siège présidial de Vitry, à qui est présenté ce compte commun.

pour le Roy aud. Victry le François, la somme de vingt cinq livres tournoys pour fournir aux fraiz et despens de vous mond. s^r le président de vostre compagnie, allant vers ledict s^r de Barbézieux pour destourner le passage des reistres dudict Victry, comme appert par la quittance dudict Mauclerc en datte du quinziesme jour d'octobre audit an V^c soixante quatorze. »

Octobre. — 25 s. ts. au messager qui a « nuictamment porté ung paquet de lettres à vous mons^r le Président avec la taxe des munitions desd. reistres faicte par le s^r de Rommecourt, affin d'avoir modération d'icelle ou exemption ».

2 oct.—64 s. ts. pour seize pintes de vin doux « pour porter aud. s^r de Rommecourt et au s^r Drouin son commys estans à Possesse, lequel vin leur fut porté par Nicolas Wyriot dud. Victry. » — Diverses quittances pour le transport de ce vin. — 70 s. ts. « audict le Rousset pour ses peines d'avoir porté ledict vin et puis esté par deux diverses fois audict Possesse et par deux fois à Faulx sur Coolle et au village de Chaux près Bourg porter lettres aux sieurs commissaires desdictz reistres. »

Octobre. — 2 sols six deniers pour avoir « porté jusques en l'abbaye de St Jacques près de Victry en Parthois ung grand panier plain de confitures et dragées musquées qui furent présentées en ma dame l'abbesse dudict lieu au nom desdictz habitans de Victry le Françoys pour obtenir d'elle lectres de faveur adressantes audict sieur de Barbézieux affin d'exempter ledict lieu de Victry le Françoys du passage desdictz reistres ».

6 octobre. — « Item peu auparavant avoict esté mandé ausdictz habitans par ledict sieur de Rommecourt, commissaire des vivres pour lesdictz reistres, de mener audict lieu de Possesse certaines quantitez de pain, vin et chair à quoy ilz estoient cottizés ; ce qu'ils avoient faict et mené lesdictes munitions audict Possesse et depuis au village de Chaux près de la vallée du Bourg ; lesdictz Claude Varnier l'esnel et Claude Herbin en avoient la conduicte, les avoient rendues et distribuées, comme a entendu ledict comptable.

Pour fournir auxquelles munitions lesdicts gouverneurs auroient pris au logis de Claude Dorigny, marchant dem^t audict Victry le François, la quantité de quinze septiers de froment qu'ilz avoient distribué aux boulangiers dudict Victry pour faire le pain desdictes munitions. Auquel Dorigny le dict comptable a payé pour lesdictz quinze septiers froment la somme de quatre vingtz dix sept livres dix solz tournoys de prix faict avec ledict Dorigny par lesdictz gouverneurs. » — Quittances de 180 l. pour 10 pièces de vin ; de 60 l. pour 5 bœufs ; frais de transport, etc.

Octobre. — « Item donné à Me Claude Mauclerc, esleu pour le Roy audict Victry le François, la somme de dix escuz sol qu'il avoit donné et délivré au secrétaire de mond. s^r de Barbézieux pour les expresses et nécessaires affaires de ladicte ville. »

Octobre. — 5 s. ts. « pour avoir apporté responce à vous mond. s^r le lieutenant du partement des reistres qui estoient lors à Frignicourt. »

21 octobre. — « Item pour lesdictz reistres estans en quatre cornettes, il seroit esté expressément enjoint de par le Roy ausditz habitans dudict Victry le Françoys le vingt ungiesme d'octobre, et aux habitans de Victry en Parthois, de tenir prest pour le lendemain vingt deuxiesme jour dudict moys d'octobre le nombre et quantité de douze bœufs, douze pièces de vin, vingt quatre moutons, deux mil quatre cens pains et huict cens boisseaux d'avoine, et envoyer le tout au village de Huiron…. ; suyvant le quel mandement lesdictz gouverneurs avoient faict faire par les dictz boulangiers dudict Victry le Françoys la quantité de deux mil deux cens pains, pour les quelz ledict comptable a paié aux dictz boulangiers la somme de cinquante cinq livres tournoys. »

Octobre. — 5 solz à Mengin de Vitry « pour avoir porté une lectre dudict sieur de Mauvissière estant en ce dict lieu à Monsr Petit, commissaire des vivres des reistres estant à Huiron. »

24 octobre. — « Item donné audict Rulant deux escuz sol le vingt quatriesme jour dudict moys d'octobre audict an V^c soixante quatorze pour aller à Brandonvilliers avec ledict sieur de la Mauvissière et donner lesdictz deux escuz au secrétaire dudict sieur affin d'obtenir par luy mandement pour jetter sur les villages de la prévosté dudict Victry les munnitions fournies et advancées pour lesdictz reistres par les dictz habitans de Victry le Françoys. » — « Item pour ce que après le partement des reistres dudict lieu d'Huiron seroient restez quelques pains, chairs, vins et avoine de munitions qui leur avoient esté menés dudict Victry, lesdictz gouverneurs seroient esté contrainctz faire adjourner par devant vous Nicolas Mangin et Gilles Gauthier dudict Huiron, qui avoient le reste desdictes munitions, pour les rendre et restituer, auquel Ouriet il auroit payé pour ses sallaires la somme de trente solz tournoys, comme appert par le mandement des gouverneurs en date du sept^{me} jour de mars V^c soixante quinze.... » (1)

Vitry-le-François, Arch. Munic., CC. 68, registre des comptes communs, f°s 34, 37, 39-45.

Etat général des forces, tant de cheval que de pied, que le Roy a ordonnées pour l'armée de Champagne près Monsieur de Guise.

Compagnies d'hommes d'armes.

La compagnie de Monsieur de Lorraine.
Celle de M. de Vauldemont.
Celle de M. le marquis du Pont.
Celle du duc de Mercueur.

(1) Pour la suite de la marche des reîtres vers Châlons, cf. tome I, *Lettres*, p. 82, note.

Celle de M. de Guise.
Celle de M. le duc de Mayenne.
Celle de M. le Grand escuyer.
Celle de M. d'Aumalle.
Celle de M. le marquis d'Elbeuf.
Celle de M. de Barbézieulx.
Celle de M. le conte de Bryenne.
Celle de M. de Brosses.
Celle de M. de la Chapelle aux Ursins.
Celle de M. de Pyennes.
Celle de M. le grand prieur de Champaigne.
Celle de M. de Humières.
Celle de M. de Chaulne.
Celle de M. d'Estrée.
Celle de M. de Torcy.
Celle de M. de Roustaing.
Celle de M. de Bouchavanne.
Celle de M. de la Guiche.
Celle de M. de Bésigny.
Celle de M. de Tavanes l'aysné.
Celle de M. de Tavanes le jeune.
Et celle du sieur de Farvaques.

Nombre : XXVI compaignyes.

La cornette du génëral.

Les harcbouziers à cheval ordonnez pour la garde de Monsieur de Guise et ceulx de Myssart.

Plus, les cornettes des Reistres qui sont soubz les sieurs de Chombert et Stobit.

Plus, le Roy fait aussy estat de lever XVI cornettes de Reistres au cas qu'il vienne des forces estrangières pour les aultres.

Compagnies de gens de pied.

Les quatre compagnies qui restent des six qui tenoient garnison en Champaigne, asçavoir les cappitaines Stephe, Guy d'Urbin, Johannes et Vautabran, cy.............................. IIII compagnies.

Les six compagnies commandées par le s^r de Haultefort, cy... ... VI compagnies.

De Metz..................... II compagnies.

De Picardie deux, asçavoir Laval et Arros qui a esté faicte nouvelle..................... II compagnies.

Les sept compagnies du capitaine Esnery, en ce compris les trois qui sont desjà en Champaigne, cy... VII compagnies.

Les six compagnies du s^r de St Martin Brichanteau, cy.......... VI compagnies.

Celles qui sont soubz le s^r de Larchant le jeune, cy............ V compagnies.

Plus le régiment du conte Martinaugues, composé de douze compagnyes, cy................ XII compagnies.

Plus les compagnies du cappitaine Péricart, Bonouvrier, Clément et Basmaison, cy.......... IIII compagnies.

Nombre : XLVIII compagnies.

Oultre les compagnyes susdictes, le Roy faict aussy estat de cinq mil Suisses des huict dont l'on fera levée ou cas que les aultres se servent de forces estrangières, comme dessus est dict.

Pour l'artillerie.

Deux coullevrinnes et quatre bastardes, si les ennemys n'ont d'artillerye, et s'ils en ont, en fauldra davantaige.

La suyste des munitions.

Pionniers : quatre cens.

Pour les vivres, cent chevaulx de bastz.

Et ving caissons.

Faict à Paris, le XXme jour d'octobre 1575.

Bibl. Nat., Fonds franç., 3256, f° 18 v°, état non signé.

Verdun demande à être dispensé de l'établissement du prêche.

1576.

1576, 6 mai. — M. Marius, doyen de l'Eglise, donne avis au Conseil de ville « que le bruit estoit et qu'il a receu nouvelles, que par la paix faicte en France le presche est accordé par tout le royaulme et les lieux où le roy a commandement. » Messieurs sont d'avis avec les Etats d'envoyer un messager à Paris vers M. d'Haussonville pour en savoir le vrai, et, s'il en est ainsi, de demander au Roi interprétation et d'empêcher que l'édit soit exécuté dans cette cité.

11 mai. — Il est certain que le prêche est octroyé aux cités de Metz, Toul et Verdun. Résolution d'envoyer vers le Roi avec Messieurs du chapitre.

23 mai. — « Messieurs, aians entendu que le s^r du Lieudieu estoit en délibération de faire publier à son de trompe l'édict de la paix, ont commis Messieurs les lieutenant et fiscal pour requérir ledict s^r de surseoir ladicte publication

attendant le recès de la cour que pouront avoir les envoiés des Estatz et dudict sr vers le Roy, du moins communicquer à mesd. sieurs les articles d'icelle paix pour le prier de ne publier les articles qui pouroient attirer les bourgeois d'icelle cité et aultres qui en pourroient entendre quelque chose à quelque liberté de se renger à la religion nouvelle prétendue réformée. »

Verdun, Arch. Munic., 1er Registre du Conseil.

Le prince Casimir retourne en Allemagne.

1576.

2 juin. — Les habitants de Saint-Dizier ont reçu mandement des commissaires députés par le Roi pour faire administrer vivres aux troupes de l'armée sous la conduite du prince Casimir retournant en Allemagne. La ville a ordre de fournir 15,000 pains de bon blé pesant douze ou treize onces, 20 muids de vin, 10 bœufs, 20 moutons, 6 muids d'avoine ; elle demande à être déchargée de cette fourniture.

St Dizier, Arch. Munic., Registre II, fo 53 vo.

Assemblée des Trois Etats du bailliage de Vitry pour envoyer des députés à Blois.

1576, octobre.

L'an mil cinq cens soixante seize, le quinziesme jour du mois d'aoust, à nous Jacques Linage, escuier, conseillier du Roy nostre sire, président et lieutenant général au bailliage et siège présidial de Victry le François, furent apportées en la ville dudict Victry environ les deux heures du matin, par Dufour, chevaulcheur d'escurie dudict sr, les lectres clozes de Sa Majesté, données à Paris le sixiesme jour dudict mois d'aoust oudict an, signées : Henry, et plus bas : de Neufville, à nous addressantes, desquelles la teneur s'ensuict... (1)

Pour et au contenu desquelles lectres satisfaire et au vouloir et mandement de Sadicte Majesté, aurions le dixhuictiesme jour dudict mois d'aoust oudict an icelles faict lire et publier à haulte voix, à son de trompe et cry publicq, au lieu accoustumé à faire crix et publications en la ville dudict Victry, et faict expédier coppies desdictes lectres et commissions sur icelles addressantes aux sergens royaulx dudict bailliage de publier lesd. lectres et faire asscavoir à tous ceulx des trois Estatz dud. bailliage et anciens ressortz d'icelluy, tant prélatz, abbez, cappistre, colléges, curez et aultres personnes ecclésiasticques, ducqz, comtes, barrons, chastellains et seigneurs haultz justiciers, moyens et bas, et autres nobles personnes, que officiers dudict seigneur, et aultres ses justiciers, advocatz, procureurs, praticiens, marchans, bourgeois, manans et habitans des villes et villages, de comparoir et eulx trouver en ladicte ville de Victry le François, cappitalle et principalle dudict bailliage, au quinziesme jour d'octobre prochain suyvant, pour audict jour satisfaire par eulx et chascun à son régard au contenu desdictes lectres. Et ledict quinziesme jour dudict mois d'octobre oudict an mil cinq cens soixante seize, jour de ladicte convocation, nous estans transportez en l'auditoire et palais royal dudict Victry avec les lieutenant criminel, advocat et procureur dud. sr aud. bailliage, seroyent comparuz pardevant nous, asscavoir :

(1) Ces lettres ont été publiées par Isambert, *Recueil général des anciennes lois françaises*, tome XIV, p. 305.

De l'ordre ecclésiasticque :

Noble et scientificque personne maistre Gaspart de Martheau, abbé commendataire de l'abbaye monsieur Sainct Martin d'Huiron ;

Discrète personne maistre Bastien d'Espagne, prestre curé de Bignicourt et doyen de la chrétienté de Victry en Parthois, pour les curés dud. doyenné et par eulx depputé;

Maistre Himbert Rolleaud, curé de Nouroye et doyen de la chrétienté de Perthes, pour les curés dud. doyenné et par eulx depputé ;

Maistre Sébastien de Psaulmes, curé d'Alliancelles et doyen de la chrétienté de Possesse, pour les curés dud. doyenné et par eulx depputé ;

Me Claude Huet, curé de Maisons et doyen de la chrétienté de Coole, pour les curés dud. doyenné et leur depputé ;

Me Esme Bonnet, curé de Montmord, et Georges Perrin, curé prieur de Loisie en Brie, fondés de procurations spécialles au cas, pour les ecclésiasticques curez du doyenné de Vertus ;

Me Martin Le Chat, presbtre prieur du prieuré Nostre Dame de Mondmort, par led. Bonnet fondé de procuration spéciale dud. Le Chat ;

Maistre Pierre Françoys, presbtre curé de Cramant, pour les ecclésiasticques du bailliage d'Esparnay, ancien ressort du bailliage dud. Victry, leur depputé et fondé de procuration spéciale d'iceulx ;

Maistre Jehan Guyot, presbtre curé d'Arsi le Ponsart, pour les éclésiasticques et curez de la prévosté de Fismes, leur depputé et fondé de procuration spéciale d'iceulx ;

Maistre Pierre Gribourt, presbtre curé de Braulx Ste Cohiére, doyen au doyenné de Saincte Manehould, pour les curez dud'. doyenné, fondé de procuration d'iceulx ;

Maistre Thomas Masson, docteur en théologie, curé dudict Saincte Manehould ;

Vénérables et discrettes personnes maistre Jehan Clément, doyen de l'esglise cathédralle Sainct Estienne de Chaalons, prieur du prieuré Saincte Geneviefve lez Victry en Partois ;

Et Jehan Godier, docteur en théologie, archédiacre d'Astenay et chanoine théologal en lad. esglise Sainct Estienne ;

Ès noms et comme députés de tous les éclésiastiques du bailliage dud. Victry ;

Maistre Mathieu Maillart, presbtre curé de La Chaussée et promoteur au doyenné de Vassy, pour les éclésiastiques et curez dudit doyenné du ressort de la prévosté dud. Victry.

De la noblesse :

Messire Jacques d'Anglure, chevalier de l'ordre du Roy, viconte et s^r d'Estoges ;

Jacques de Sainct Blaize, sieur de Changy ;

Pierre de Sommièvre, s^r viconte de Lignon, Escriennes et Frignicourt en partie ;

Anthoine de Nettancourt, s^r dud. lieu, Bettancourt et Vroil ;

Morice de Nivenehan, s^r d'Estrépy ;

Claude de Gand, s^r en partie de Blacy ;

Paul de Gand, s^r en partie de Maisons ;

Guillaume de Bermondes, s^r de Gondcourt ;

Jehan de Luxembourg, s^r de Nouroie en partie ;
Louis de Gervaisot, s^r de la Follie ;
Michiel de Tournebulle, s^r de Sainct Lumier la Populeuse ;
Jehan de Tournebulle, s^r de Neufville ;
Jehan de Noirfontaine, s^r du Buisson en partie ;
Pierre de Ranty, s^r de Lespine :
Artus des Bordes, s^r en partie de Brainvilliers ;
Regné de la Faille, escuyer, demourant à Matignicourt ;
Jaspart de Biffart, s^r de Cloye et Sainct Genis en partie ;
Jehan de Valencé, s^r en partie dudict Sainct Genis ;
Thierry de Noirfontaine, s^r en partie du Buisson ;
Esme du Pont, s^r en partie de Couvrot ;
Nicolas de Laberge, s^r de Chastres ;
Bertrand de Craives (1), dit le cappitaine Cadet, demourant à Vano ;
Les dames Jehan de Bermondes, s^{rs} d'Escriennes en partie ;
Robert Bauldier, s^r de la Chappelle à Monthauldon ;
Jehan de Noirfontaine, s^r viconte de Voulsiennes, tant pour luy que pour la noblesse du bailliage d'Esparnay, leur procureur et depputé ;
Et........ de Nuisement, s^r de Dompmartin la Planchette, tant pour luy que pour la noblesse de la prévosté de Feismes, leur depputé.

Du Tiers-Estat :

Les manans et habitans de la ville dud. Victry, tant pour eulx que pour les villaiges de la prévosté dudict

---

(1) Lecture douteuse. Au procès verbal du 29 octobre ci-dessous, nous avons lu « Bertrand de Touloud. » Dans ces listes, beaucoup de noms sont peu lisibles.

Victry, par maistre Denis Varnier, Jehan Baptiste de la Ture, Jehan Jacobé et Jehan Haale, leurs depputez ;

Les manans, habitans et communaulté de la ville de Sainct Dizier par Mᵉ Jehan Gilles, docteur en médecine, et Nicolas Patot, notaire royal, maistre eschevin dudict lieu, leur procureur et depputé ;

Les manans et habitans de Saincte Manehould par Mᵉ Nicol Haale et maistre Denis de Bussy, leurs procureurs et depputez ;

Les manans et habitans de la ville de Fismes et des villages, prévostez et ressort d'icelle, par maistre Martin Billet, mayeur dudict Fismes, leur procureur et depputé ;

Les manans et habitans de la ville et bailliage d'Esparnay et ressort d'icelluy, par Mᵉ Augustin Drouynet, advocat au siège d'Esparnay, eschevin de ladicte ville, et Nicolas Mouton, leurs depputez ;

Les manans et habitans de la ville de Vertus par Mᵉ Nicol le Flocq, lieutenant aud. Vertus, et Claude Cocquart, gouverneur de lad. ville, leurs depputez ;

Les manans, habitans et communaulté de la ville de Maisières et des villages et communaultez du Vieil Dampierre, de la Croix en Champaigne, de Grandpré, Aultry, Grand Han, Vercueil sur Bar, Aultre, Aultruche, Landreville, Faulcet, Belleville, Aulches, Chastillon sur Bar, Pierremont, Bayonville, Gernicourt et et la Barrelière, par maistre Denis de Bussy, leur procureur et depputé ;

Les manans et habitans de Marlmont par maistre Pierre Bailly, leur procureur, assisté de Philbert Pothier, fondé de procuration ;

Les manans, habitans et communaultez de la ville de

Warque, Estion, Tourne, Houldigy, Clavy, Belval, Surie, Sordacq, Demouzy, et les censes de Simonelles, Tise et Neufville, par led. de Bussy, leur procureur et depputé ;

Les manans, habitans et communaultez de la terre et baronnie de Montcornay et Le Chastelet, Rantvé, Harcy, Cliron, Longny, Charouez, les Mazures, Deville, Sécheval, Laiffourt, Honchamp, Le Chastellet, Haulte en Ardennes, Rimongnes, Bogny, Sormorin, Hauldrecy, La Greyve, St Marevane lez Clavy et Géraulmont par led. de Bussy leur procureur, assisté de Robert Ruelle, leur depputé ;

Les habitans de Ferbriange par Esme Lhoste dud. lieu, leur procureur et depputé ;

Les habitans d'Autruy par Nicolas Guyot, leur depputé ;

Les habitans de Bossu par led. Guyot, leur depputé ;

Les habitans de la Neufville au Tourneur par maistre Jehan Baptiste de la Vefve leur procureur ;

Les manans et habitans de la ville de Réthel, les habitans de Barbie, Jarson, Saulce au Bois, Truigny, les manans et habitans de Remigny, doyenné et barronnie dud. Remigny, par maistre François Méreau, leur procureur et depputé ; led. de la Vefve assisté de Nicolas Guyon, leur depputé ;

Les habitans de Douilley par Louis Barbier, leur depputé ;

Les habitans d'Aoust et paroisse dud. lieu par Jacques Garin, leur depputé ;

Les habitans d'Estrebay par Jehan Accart, leur depputé ;

Les habitans de Liard par Nicolas Chéry, leur depputé ;

Les habitans de Flougy par Fleury Durant, leur depputé ;

Les habitans de Chevriers par Me Pierre Bailly, leur procureur, assisté de Philbert Pothier ;

Les habitans de la ville de Chastel en Porcien, de Thaisy, de Condey, de Givron, par maistre Pierre Richier, leur procureur, assisté de Lambert Ulbault et Jehan Baillet, leurs depputez ;

Les habitans d'Argnnicourt par led. Richier, assisté de Jehan Fricquet, leur depputé ;

Et plusieurs aultres communaultez des bourgs et villaiges dud. bailliage en grand nombre par procureurs par eulx envoyez....

La Noblesse procède à l'élection de son député, et choisit le sr de Bussy d'Amboise. — Une difficulté s'élève sur cette élection, parce qu'il y a des nobles qui n'ont comparu que par procureurs, et on soutient qu'il ne faut compter que les voix des présents et assistants. — L'élection définitive est renvoyée à quinze jours, avec ordre aux nobles de comparaître en personne. — Protestation des srs d'Estoge, de Bussy et de plusieurs autres contre cette remise ; ils quittent la ville.

Le Clérgé élit Me Pierre Sibert, docteur en théologie, grand archidiacre et chanoine en l'église St-Etienne de Châlons, prieur du prieuré de Possesse.

Le Tiers, pour être sûr d'avoir une représentation aux Etats, élit : 1º deux députés, savoir : Me Jacques Linage, président et lieutenant-général au bailliage, et Me Germain Godet ; 2º deux autres députés qui seront substitués aux deux premiers en cas d'empêchement, savoir : Me Jean Jacobé et Me Denis Varnier ; 3e et au cas où ils ne voudraient accepter, deux autres députés, savoir : Me Thierry de Marolles, avocat à Vitry, et Me François de Saint Remy.

Seconde comparution de la noblesse.

« Et ledit vingtneufiesme jour d'octobre oudit an, nous estans derechef transportés en l'auditoire et palais royal dudict Victry, accompagné dudit maistre Jehan Jacobé, substitud du procureur du Roy aud. bailliage, seroient comparuz pardevant nous pour l'estat de la noblesse dud. bailliage, suivant la continuation par nous faicte de l'assemblée d'icelluy et injunction publiée de nostre ordonnance :

Messire Foucault de Joyeuse, chevalier de l'ordre du Roy, comte de Grandpré ;

Messire Jehan de Rouvroy, aussy chevalier de l'ordre du Roy, s^r d'Aultry ;

Jacques de Sainct Blaise, baron de Trosy, s^r de Changy ;

Pierre de Sommièvre, viconte de Lignon, s^r d'Escrienne et Frignicourt ;

Christophle de la Gravelle, s^r dud. lieu ;

Claude de Bouzey, s^r d'Amblin ;

Jehan Dor, s^r de Phalaize ;

Robert d'Alaumont, s^r de Cornas et Bolandre ;

Simon de Bouzei, s^r de Montplonne en partie ;

Pierre de Constant, s^r de Froitfossé et la Malmaison ;

Morice de Niveneheim, s^r d'Estrépy ;

Claude de Cerf, s^r de Cramant ;

Gaspart de Lory, s^r de Villiers au bois ;

Nicolas de Tournebulle, commissaire ordinaire des guerres, s^r d'Heilz le Mauru ;

Guillaumes de Bermondes, s^r de Goncourt ;

François de Verneuil, s^r d'Orcont ;

Robert de Joieuse ;

Alaume de Rouvroy ;

Louis de Rouvroy ;

Jacques d'Alaumont, s^r de Masiges, maistre des requestes de Monseigneur de Lorraine ;

Louis de Savigny, sr dud. lieu ;
Jehan de Noirfontaine, sr du Buisson ;
Thiébault de la Tour, sr de Minecourt ;
Mathieu de Junilly, sr de Rongwé ;
Regné de la Faille ;
Jehan Oudineau, seigneur d'Orcourt en partie ;
Jehan de Courtelaine, seigneur de Marne la Maison ;
Jehan de Vallencé, sr de Sainct Genis en partie ;
Rauland de Soufflier, sr de Clo ;
Charles de Longeville, sr d'Escurey le Repos en partie ;
Marin du Buisson, sr dud. Escury le Repos en partie ;
Anthoine de Bellay, sr de Balossière en partie ;
Pierre de Souflier, sr de Vertbois ;
Claude de Souflier, sr de Roirie en Brie ;
François Papillon, sr de Couvrot en partie ;
Galaad de Vandières, escuier.
Jacques de Vélie, sr de Champagne ;
Jehan de Bièvre, sr de Mailly ;
Esme de Pont, sr de Couvrot en partie ;
Anthoine de Nettancourt, sr dud. lieu, Bettancourt et Vroil ;
Thierry de Noirfontaine, sr du Buisson ;
Claude de Gand ;
Paul de Gand ;
François de Gand, srs de Blacy et Maisons en partie ;
Pierre Ditaine, sr de Dompmartin le Sec en partie ;
Bertrand de Touloud, dict le capitaine Cadet, escuier, demeurant à Vano les Dames ;
Robert de Neel, sr de Grandville ;
Jehan du Robin, sr de Taillaneuf, demeurant à Varnancourt ;

Alpin de La Bierge, sr de Chaltray en partie ;
Christophle de Chauldrupt, sr de Commentray ;
Jehan de Luxembourg, sr de Nouroye ;
Jehan de Bermondes, sr d'Escriennes ;
Robert de Bauldier, sr de la Chapelle à Monthauldon ;
et Gaspard de Biffard, sr de Cloye en partie.

Proposition d'élire deux députés de la noblesse, comme il a été fait dans la plupart des autres bailliages. Néanmoins, il est décidé qu'on n'élira qu'un député. Jacques d'Anglure est élu par 31 voix ; Pierre de Sommièvre, vicomte de Lignon, n'en obtient que 18.

Bibl. Nat., Collection de Champagne, tome 111, fos 136-178, minute signée : Linage, Parthois.

Association faite entre les Princes, Seigneurs et autres, tant de l'état ecclésiastique, de la noblesse que du Tiers-Etat, subjectz et habitans du pays et comté de Champagne et Brie.

1576.

Cette pièce a été imprimée plusieurs fois, notamment dans la Chronologie de Cayet, dans les Mémoires de Nevers, I, p. 627, et dans les Mémoires de Claude Haton, p. 1154, d'après le ms. de la Bibl. Nat., Fonds Dupuy, t. 87, f° 99.

Nous en connaissons une copie authentique faite par notaires royaux sur l'original de M. de Barbézieux, aux archives départementales de la Marne, pièce non classée. Cette copie porte l'approbation royale ainsi conçue :

Après avoir entendu le contenu aux articles cy dessus, avons permis à noz subjectz du pays de Champagne et

Brye exécuter ce qui est porté par iceulx et octroyé de lever sur eulx les deniers nécessaires. Faict à Bloys le deuxiesme jour de décembre, l'an mil cinq cens soixante seize. Signé en fin : Henry. Et plus bas : Fizes.

La même pièce est registrée au Registre du Conseil de Ville de Châlons, le 21 février 1577, et donne lieu aux délibérations suivantes : « Sur quoy a esté conclu que mond. s^r de Chaalons fera assembler le clergé de son diocèse, que les officiers du Roy feront aussy assembler la noblesse du ressort dud. Chaalons, et que les gouverneurs de lad. ville feront advertir les capitaines cinquanteniers pour assembler leurs cinquantaines et de chacune d'icelles eslire deux ou trois personnes qui se trouveront à l'assemblée générale qui sera tenue en l'hostel épiscopal dud. Chaalons le jeudy dernier jour du présent moys de febvrier, heure de midy attendant une heure, pour adviser et conclure sur le tout. » — Le dernier février. Les députés ont décidé d'élire personnes pour se trouver en la ville de Troyes à l'assemblée générale de tout le comté de Champagne. — 5 mars, mardi. Élections. — 10 mars, dimanche. Les députés des cinquanteniers disent qu'ils ne veulent signer leurs billets qu'avec les gens du Conseil.

On trouve dans l'Histoire de l'Eglise Réformée de Troyes par Pithou, f° 428 (Bibl. Nat., Collection Dupuy, n° 698), un « *Avertissement très salutaire à Messieurs de Troyes et autres villes du pays,* » écrit contre la Ligue en 1577.

Joachim de Dinteville lieutenant-général pour le Roi en Champagne.

1579.

1°

Procuration donnée par Charles de la Rochefoucault, s^r de Barbézieux, chevalier des ordres du Roi, lieutenant-général pour S. M. au gouvernement de Champagne et

Brie, pour se démettre entre les mains du Roi de sondit état de lieutenant-général, à cause de son grand âge. « Faict au chasteau de Lignières, le 25 novembre 1579. »

Châlons, Arch. Munic., copie authentique ; et Registre XVIII, f° 233 v°.

2°

Lettres de provision pour M. de Dinteville, du 20 décembre 1579.

« Henry... Comme nostre aîné et féal le sr de Barbézieux, chevalier de nostre ordre, conseiller en nostre conseil privé, cappitaine de cinquante hommes d'armes de noz ordonnances et notre lieutenant général au gouvernement de Champagne et Brie en l'absence de nostre très cher et très amé cousin le duc de Guise, pair et grand maistre de France, gouverneur et nostre lieutenant général esd. pays, nous ayt faict remonstrer que, à cause de son ancien aage et indisposition de sa personne, il ne peult doresnavant satisfaire à lad. charge de nostre lieutenant général aud. gouvernement selon le zèle qu'il a tousjours eu au bien de nostre estat, nous suppliant très humblement avoir pour aggréable le service qu'il nous a jusques icy rendu, le descharger dud. estat et reprendre en nos mains pour en pourveoir tel personnage digne et capable que nous adviserons...; Sçavoir faisons que, nous aians parfaite congnoissance des grands sens, vertu, vaillance et expériance de nostre amé et féal chevalier de nostre ordre et capitaine de cinquante hommes d'armes de noz ordonnances le sr de Dinteville, de sa fidellité et dévotion envers nous, aussy des grands et recommandables services qu'il nous a jusques icy faict en plusieurs charges ès quelles il a esté employé tant dedans que dehors ce royaulme, au faict de noz guerres et aultres affaires importans au bien de nostre couronne, et sommes asseurés qu'il continuera de bien en mieulx icelluy, pour telles causes et aultres grandes considérations à ce nous mouvans,... » led. sr de Dinteville est établi lieutenant représentant la personne du Roi au gouvernement de Champagne et Brie en l'absence et sous l'autorité du duc de Guise, avec plein pouvoir, puissance et autorité « de commander et ordonner à tous noz subjectz estans et demeurans esd. pays, de quelque qualité et condition qu'ilz soient, ce qu'il verra et congnoistra estre au bien de nostre service, repos et tranquillité dud. pays, faire vivre nosd. subjectz en bonne union et concorde sous les loix et police y ordonnées, pourvoir à la seureté et conservation desd. pays, y désigner telles garnisons de gens de guerre, les changer et remuer de lieu à aultre selon qu'il verra estre de besoing, commander pareillement à tous les gens de guerre tant de cheval que de pied, chefz et cappitaines d'iceulx, estans et qui seront pour nostre service aud. pays, donner pouvoir et commission ainsy qu'il verra bon estre, les contenir et faire vivre sans foulle et oppression de noz peuples et selon la vraye discipline militaire, faire punir et chastier les délinquans et désobéissans, ordonner des monstres et dépens d'iceulx pour estre payez en vertu de ses ordonnances et roolles des monstres, et, au deffault de commissaires et contrerolleurs ordinaires de noz guerres pour vacquer ausd. monstres, y commectre telz personnages capables qu'il advisera, faire dresser estapes de vivres quand besoing sera, commectre telz officiers ès monstres à ce faire que bon luy semblera, congnoistre des réparations et fortiffications de noz villes et places fortes et faire employer les deniers qui seront employés au meilleur mesnage qu'il advisera aussy par ses ordonnances.... »(1)

Châlons, Arch. Munic., copie authentique; et Registre XVIII, f° 231.

Inspection de Dinteville en Champagne.

1580, janvier-mars.

10 janvier.—Le Roi envoie Dinteville en Bassigny pour y faire exécuter l'édit de pacification et réprimer la Ligue qui

(1) C'est sans doute à l'occasion de cette nomination ou peu de temps après que la ville de Vitry acheta 4 écus « ung tiercelet d'authour pour faire présent à Monseigneur de Dinteville. » (Vitry, CC. 69, Compte de 1580-1582, f° 38 v°).

venait de s'y former. (Voir les articles de cette Ligue dans la Correspondance de Dinteville, p. 20.)

4 février. — Dinteville envoie au roi un mémoire daté de Chaumont sur l'état où il a trouvé les villes de Champagne : Provins, Nogent et Troyes sont fidèles ; à Chaumont, dans une assemblée tenue le 2 février, M. de Pressigny, pour lui et plusieurs gentilshommes, a fait « tout l'aplaudissement et démonstration de bonne volonté que S. M. peut désirer » ; les places de Montigny, Coiffy et Nogent-le-Roi sont en très mauvais état et à la discrétion du premier qui s'en voudra saisir.

18 février. — Dinteville écrit au roi que le capitaine qui commande à Montéclaire se tient en bon devoir; qu'à Vitry, où il y a beaucoup de huguenots, les habitants de l'une et l'autre religion sont parfaitement unis ; qu'à Châlons tout va bien.

21 février. — Lettre du même écrite à Reims, dont les habitants sont bien affectionnés au Roi. Dinteville se propose de partir le lendemain pour aller à Sainte-Menehould et Saint-Dizier.

30 mars.—Lettre de Dinteville annonçant que la Ligue de Bassigny est complètement dissoute.

Bibliothèque de la Sorbonne, ms. côté 374, Registre de Dinteville. M. Ed. de Barthélemy en a publié ou analysé le contenu, *Correspondance inédite de Dinteville*, Arcis, 1880, in 8°. Cf. pages 10-23.

Vitry demande un lieu pour le prêche.

1580.

Lettre du Roy au seigneur de Dinteville.

15 mars.

Monsieur de Dinteville, ceulx de la Religion prétendue réformée du baillaige de Victry m'ont présenté requeste, par laquelle ilz me requièrent de leur ordonner pour le lieu de l'exercice de leurd. religion, qu'ilz doibvent avoir suivant mon dernier édict de pacifflcation aud. baillaige, les faulxbourgs dud. Victry le Françoys, Victry en Parthoys ou les villaiges de Blacy et Luxémont. Sur quoy j'ay à vous dire que, voulant mondict édict de pacifflcation estre maintenu, gardé et observé, ainsi que je le vous ay assez de foys faict entendre, je vous prie que, selon que vous congnoistrez de la commodité des lieux susdictz, vous aiez à leur en donner l'ung pour y faire l'exercice de leurd. religion, ou bien leur en pourveoir de tel aultre que vous adviserez estre plus à propos, de telle sorte qu'ilz soyent satisfaictz en cest endroict et qu'ilz ne se puissent plaindre de ne leur avoir esté pourveu dudict lieu suivant ce qui est porté par mond. édict. Et n'estant la présente à aultre effect, je la finieray en suppliant le Créateur, Monsieur de Dinteville, qu'il vous ait en sa saincte et digne garde. Escript à Paris le XVe jour de mars 1580. Signé: Henry; et au dessoubz: Brulart.

Dépesche (de Dinteville) au Roy.

17 avril.

Sire, ayant receu la lettre qu'il a pleu à Vostre Majesté m'escrire du XVe du dernier mois pour pourveoir à ceulx de la Religion du baillaige de Victry d'un lieu pour l'exercice de leurd. religion, j'ay mandé aux officiers dud. lieu d'adviser lequel de ceulx qu'ilz ont nommé sera le plus à propos pour le bien du pays, et me le faire entendre, afin de leur estre pourveu et ne leur laisser occasion de se plaindre.

Au surplus, Sire, je ne veulx faillir de dire à Vostre Majesté que les advis que j'ay cy devant euz des remuemens qui se font en ceste province et que je vous ay já faict entendre, redoublent de jour à autre, de sorte qu'il n'y a plus de doubte que les mauvaises voluntez de ceulx qui ne désirent que remuer mesnaige soient descouvertes ; à quoy il ne se peut pourveoir, sinon que les remèdes procèdent de vostre main, n'y ayant aucunes forces en ceste province pour y résister. Ce que je supplie très humblement Vostre Majesté de bien considérer, afin que, suivant la résolution qu'elle aura prise d'envoyer ses gardes par deçà, elle commande qu'elles s'advancent le plus qu'il sera possible ; car elles apporteront moins de soupçon que d'autres compaignyes. Ce pendant j'asseureray bien Vostre Majesté qu'il ne sera manqué de ma part d'aucun soing et diligence en ce qui touchera le bien de son service, pour luy rendre compte de mon debvoir. Du XVIIe avril 1580.

Lettre de Monseigneur de Guyse.

27 avril.

Monsieur de Dinteville, je vous renvoie ce porteur, aiant le Roy retardé son voiage pour les remuemens qui sont survenuz, et sommes icy le bec dans l'eau entre paix et guerre. L'on estime que, dans trois jours, l'on y verra cler. Je ne fauldray vous en mander ce qui en sera. Cependant, tenez tousjours noz villes adverties plus que jamais.

Voilà ce que pour ce coup je vous puis mander. Et pour ceulx de Victry, je vous prie remectre leur presche quant je seray par delà. Vous et moy y aviserons. Ce sera bien tost.

Je me recommande à voz bonnes grâces.

Vostre entièrement meilleur amy à jamais.

HENRY DE LORRAINE.

Dud. XXVIe avril 1580.

Bibl. de la Sorbonne, ms. 374, fos 23 vo, 27 vo, 31.

Châlons et Vitry menacés par les Huguenots.

1580.

Le Roi à Dinteville.

9 juin.

Il l'avertit que « ceulx de la nouvelle relligion ont quelque mauvaise volunté sur la ville de Châlons et celle de Vitry. » Ordre d'admonester ces villes, de prendre garde à leur conservation.

Dinteville au Roi.

19 juin.

Sire, il a pleu à Vostre Majesté par lettre du IIIe de ce mois me mander qu'Elle a ordonné que dix compagnyes du régiment du sr de la Valette, séparées en deux trouppes, feront leurs creues en ceste province, et que je donne à chacune desd. trouppes ung gentilhomme pour les faire diligenter en l'assemblée de leursd. creues, acheminer et conduire droict à Pierrepont. A quoy je satisferay aussy tost que j'entendray que ceulx qui ont commission pour ce faire seront entrez en ce gouvernement; lesquelz j'admonesteray de suivre et observer le reiglement sur ce faict par Vostred. Majesté.

De la quelle j'ay depuis receu aultres lettres du IXe, et suivant icelles envoié homme exprés aulx villes de Chaallons et Victry, encores que peu auparavant j'eusse adverty les habitans d'icelles de prendre garde à eulx de plus prés qu'ilz n'ont poinct faict, sur les advis intervenuz des entreprises qui se brassent, comme j'ay faict par toutes les aultres de cedit gouvernement, les quelles se maintiennent fort paisiblement, continuans au devoir et fidélité qui se peult désirer de bons et loyaulx subgectz avecq le soing qui est requis pour leur conservation en vostre obéissance. Dont je les solliciteray souvent, et ne se passera sepmaine que je ne leur en escrive.

Il est vray, Sire, que je n'oze vous asseurer de Victry, pour y estre ceulx de la nouvelle religion aussy fortz ou plus que les catholicques, encores qu'ilz se contiennent modestement. Mais estant lad. ville sans portes, murailles ny munitions, ainsy que Vostred. Majesté sçayt assez, elle peult estre subjecte à surprise, comme sont les places de Coiffy et Montigny, dont j'ay plusieurs fois escript et mandé à Vostred. Majesté les plainctes que les gouverneurs et cappitaines qui y commandent font incessamment, afin de pourveoir à ce qui y est nécessaire. Ce que je supplie tréshumblement Vostred. Majesté considérer, aussy qu'il n'y a par deça aucunes forces pour les garder et faire reserrer ceulx qui vouldroient attempter quelque chose au préjudice de vostre service, y aiant beaucoup de soupçonnez au Bassigny, qui, estans asseurez de la venue des Reistres, se pourront remuer et mectre aulx champs, s'il n'y a quelque obstacle pour les en garder.

Sire, j'ay du jour d'hier envoié homme exprés à Sainct Dizier avecq lettres bien expresses à celluy qui y commande et aulx habitans de veiller et se garder songneusement, d'aultant que j'ay esté adverty que, s'il y a ville en ce gouvernement qui soit envyée, c'est celle la. Je prie Dieu qui la conserve et qu'il vous doint, etc.

De Thénellaires, le XIXe juing 1580.

24 juin. — Dinteville au duc de Guise. Il se propose de mettre une compagnie à Vitry.

2 juillet. — Le Roi à Dinteville. Le duc de Guise envoie ses harquebusiers pour les mettre, au choix de M. de Dinteville, à Coiffy, Montigny et Vitry.

6 juillet. — Le duc de Guise à Dinteville. Ordre de s'assurer de la place de Vitry.

Bibl. de la Sorbonne, ms. 374, fos 43, 44, 46, 47 vo.

Les lansquenets dans le voisinage de Vitry.

Juillet.

Voyage en la ville de Châlons par devers les Trésoriers de France pour faire imposer 154 écus 33 sols sur les habitants de Vitry pour le remboursement de plusieurs particuliers qui avoient advancé lad. somme pour la fourniture des munitions menées aux lansquenets estans au lieu de Triaucourt au moys de juillet 1580. — Payé à C. Dorigny 85 écus 15 s. ts., pour vendition faite aux gouverneurs « de quarante trois septiers quatre bichetz froment et vingt septiers d'avoyne d'une part, employez à la fourniture des munitions ordonnées aux habitans dud. Vitry par le Commissaire des Lansquenetz logés au lieu de Triaucourt au mois de juillet mil cinq cens quatre vingt. »

Vitry-le-Franç., Arch. Munic., CC. 69, Comptes communs, f° 72.

Passage et séjour de troupes en Champagne ; désordres.

1581.

Passage des troupes de M. de la Rochepot et autres gens de guerre. Affaire d'Anglure.

31 déc. 1580. — « Par advis du Conseil dudict Victry, du dernier jour de décembre mil cinq cens quatre vingtz, ledict défunct se seroit transporté en ladicte ville de Chaalons avec Me Denis Varnier, lieutenant criminel au baillage dudict Victry, afin de supplier Monsieur de la Rochepot de destourner de ceste dicte ville de Victry la gendarmerie delaquelle il estoit conducteur ; duquel lieu de Chaalons, par advis dudict sieur Lieutenant, se seroit ledict défunct Collin transporté avec Thomas Barrois, sergent royal, pardevers le sieur de Mondreville en son chasteau de Hans, afin de le prier d'estre moyenneur pour ladicte ville de Victry envers ledict seigneur de la Rochepot ; du quel lieu de Hans il seroit retourné en ladicte ville de Chaalons avec ledict Barrois et ung gentilhomme de la maison dudict sieur de Mondreville ; pour les fraiz du quel voyage a payé la somme de 10 escuz sol. » Voyage de 5 jours. (F° 40 v°.)

1581, janvier. — Vin offert aux s^{rs} de Langres et de Valentigny logés à Courdemange et Chatelraould. (F° 61).

Janvier. — Dépenses faites par le maréchal des logis du régiment de M. de la Rochepot et sa suite. (F° 60). — Présents au capitaine Saint-André et autres capitaines dud. régiment logés à Vitry. (F° 61). — Vin offert au maréchal des logis et au sergent major dud. régiment, logés à St Amand. — Frais faits par MM. Deschamps, Picart, Mauclerc et autres, « qui ont esté par plusieurs voyages vers lesd. mareschal et sergent major, les seigneurs de la Rochepot, de Mondreville et aultres seigneurs, afin d'obtenir exemption dud. régiment. » (F° 62).

16 janvier. — Payé 1 écu 15 s. ts. à Philbert Lebesgue, Anthoine Le Bœuf et Simon Tavernier, « pour avoir faict plusieurs voyages pour les affaires de la communauté dudict Vitry tant à Ronnay et aultres lieux circonvoisins pour s'enseigner et informer quel chemin tenoient les gens de guerre qui y estoient lors logez, que pour avoir esté à Victry en Partois, Saint-Amand, Pringy et Courdemange porter du vin à d'aultres gens de guerre y estans logez. » (F° 44).

Vitry-le-François, Arch. Munic., CC. 69, Comptes communs.

16 janvier. — Lettre du Roi à Dinteville, pour lui ordonner d'aviser à ce que La Rochepot s'éloigne de Reims, dont il désole les environs avec sa compagnie.

17 janvier. — Lettre du duc de Guise à Dinteville, pour l'avertir des plaintes qu'il reçoit des habitants de Reims et de Châlons sur la misère où les réduisent les troupes de La Rochepot et autres. Il a envoyé à La Rochepot une lettre du Roi, « laquelle, je crois, ne servira pas de beaucoup, veu le peu d'obéissance que lui même en reçoit. »

23 janvier. — Lettre de Dinteville au Roi. Il a envoyé vers La Rochepot et Rosne pour leur faire entendre le mécontentement de S. M. et leur ordonner de se diriger sur Cambrai. Il y a quatre ou cinq jours, le jeune Chémeaux, qui fait les départements de la compagnie de La Rochepot, vou-

lant entrer de force dans Anglure, qui cependant avait offert vivres et commodités, a fait tirer quelques harquebusades qui ont tué 5 hommes et une femme ; alors les habitants se sont mis en défense, et Chémaux, un autre capitaine et sept ou huit soldats sont demeurés morts sur place. Le lendemain, la ville fut ouverte aux troupes, qui y mirent le feu et brûlèrent 100 maisons et granges pleines de blé. Dinteville a envoyé deux capitaines pour empêcher le château d'Anglure de tomber entre les mains de ces troupes, lesquelles se sont retirées vers Sézanne.

27 janvier. — Lettre de M. de Rosne à Dinteville, protestant qu'au premier ordre du Roi il licenciera sa troupe.

6 février. — Lettre du Roi à Dinteville, pour faire instruire l'affaire par le prévôt des maréchaux et tirer des coupables une punition exemplaire.

Bibl. de la Sorbonne, ms. 374, f⁰⁵ 70-72. Cf. Correspondance de Dinteville, p. 45-46.

Les lansquenets de Hans Frédérich.

20 mars. — Lettre de Dinteville au Roi. Il demande qu'on mette ordre aux excès commis par les lansquenets de Hans Frédérich.

21 mars. — Lettre du Roi à Dinteville. Ordre a été envoyé au commissaire la Saussaye de licencier les lansquenets de ce colonel ; mais ils se sont mutinés à Saint-Martin près Chaumont et ont fait prisonnier le commissaire. Que Dinteville s'approche avec des forces et les mette hors du royaume.

30 mars. — Lettre du Roi à Dinteville. Essayer d'accommoder l'affaire et leur faire comprendre l'impossibilité où l'on est de les payer immédiatement de tout ce qu'on leur doit.

6 avril. — Lettre de Dinteville à Hans Frédérich. Déplaisir de S. M. pour la désobéissance à l'ordre donné aux lans-

quenets de sortir du royaume et pour l'arrestation du commissaire. S'ils ne se hâtent de se soumettre, « je leur ferai porter la pénitence de leurs fautes, me rendant auprès de vous le plus fort. »

6 avril. — Lettre de Dinteville au Roi. Nouvelle mutinerie des lansquenets ; leurs colonels et capitaines et le commissaire La Saussaye ont été en grand danger de leurs personnes.

11 avril. — Lettre du Roi à Dinteville. Il lui renouvelle l'ordre d'employer la force contre les lansquenets.

Bibl. de la Sorbonne, ms. 374. Cf. Corresp. de Dinteville, p. 46-50.

27 avril. — M⁰ Robert Jacobé, l'un des gouverneurs, a été aux villages de Chavanges, Valentigny, Soulaines et Montier-en-Der, « affin de s'enquérir du chemin que tenoient les gens de guerre logez aud. lieu de Soulaines et villages voisins. » (F⁰ 52).

1ᵉʳ mai. — 2 écus 3 s. payés à Estienne Aubertin, avocat à Vitry, pour frais faits à Triaucourt, « où il auroit esté envoyé pardevers le commissaire des Lansquenetz, qui l'auroit arresté prisonnier deux jours entiers. » (F⁰ 57vº).

23 août. — On a envoié « jusques au lieu de Triaucourt la quantité de neuf cens trente quatre pains faisant partie des munitions ordonnées estre fournies par les habitans dudict Victry au régiment de Lansquenetz conduictz par le colonnel Hans Frédéric. » (F⁰ 79 vº).

Vitry-le-François, CC. 69, Comptes communs.

Dispersion des compagnies qui ravagent le Réthellois et l'Argone.

27 septembre. — Le Roi à Dinteville. Ordre de disperser les compagnies de gens de pied du jeune Clervant qui saccagent les environs de Mouzon et Réthel, et en cas de refus les tailler en pièces.

11 octobre. — Dinteville au Roi. Il a porté ses gendarmes et ceux de Guise aux environs de Vitry pour passer outre en cas de résistance.

27 octobre. — Dinteville au Roi, de Vitry. Les compagnies du jeune Clervant ont obéi ; deux ou trois compagnies de mangeurs qui rôdaient dans ce quartier se sont dissoutes.

10 novembre. — Dinteville au Roi, de Spoy. Il a dispersé également les compagnies des capitaines Pouilly et Vaulx qui rôdaient aux environs de Sainte-Menehould et de Montfaucon.

Bibl. de la Sorbonne, ms. 374. Cf. Correspondance de Dinteville, p. 63-64.

Octobre. — Don de six poulets d'Inde à Mons. de Dinteville « estant en ceste ville de Victry au mois d'octobre. » (F° 79). Autre don de carpes et barbeaux. (F° 66).

Novembre. — On invite les habitants de Vitry à la garde des portes « durant la contagion de peste ès lieux voisins, et ce durant l'espace de 60 jours. » On fait chaque jour sonner la cloche pour assoir et lever ladite garde. (F° 74 v°).

Vitry, Arch. municipales, CC. 69, Comptes communs.

Vitry-le-François et les gens de guerre.

1582.

Passage de reistres.

25 mai. — Le Conseil de ville ordonne de mettre un homme pour faire le guet au clocher de l'Eglise N. D. (F° 96).

Mai. — M. de Menge, lieutenant de la compagnie de M. de Dinteville, envoie un messager « vers Bouy, Mormelon et lieux voisins, afin de s'enquérir du chemin que tenoient les reistres logés ésd. lieux (1). » (F°s 95 v°.)

(1) Il s'agit sans doute des 5 cornettes de reistres, que le comte de Mansfeld conduisait alors au duc d'Anjou. Le 22 mai, Dinteville écrit au Roi que ces reistres feront leur montre à Attigny. A la fin du mois, leur commissaire Villiers est à

Passage du régiment de Lamory.

Août. — Thierry Vauclin est envoyé à Arcis-sur-Aube « afin de s'enquérir du chemin que devoit tenir un régiment de gens de pied conduict par le seigneur de Lamory. » (1) (F° 99.) — 9 août. Deschamps est envoyé au devant des gens de guerre pour tâcher de les divertir de loger à Vitry. (F° 129). — 10 août. Pierre le Besgue et Anthoine Houet sont envoyés « sur les montagnes de Huyron et Pringy afin de descouvrir de quel costé alloient lesd. gens de guerre. » (F° 100.)

10 août. — Plusieurs habitants sont envoyés audevant du s^r de Lamory pour le prier de ne loger en cette ville. — On fait présent au s^r de Lamory de 26 flacons de vin, 32 pots de vin, 8 melons, deux douzaines de raves et quatre poulets d'Inde. — On offre 56 pots de vin et 25 pains « à une compagnie d'arquebusiers à cheval de la suite dud. sieur estant près le pont de Marne. » — On paie le dîner du s^r de Lamory et de sa suite, « faisans semblant de faire les logis pour loger lesd. gens de guerre en ceste ville. » — Dépense de 5 sols « pour les sacs où a esté porté l'argent au s^r de Lamory. » (F^{os} 100-107 v°).

Nouvelles craintes ; passage des Suisses. (2)

13 août. — Jean Dommenge envoyé en la ville de Troyes ; Noël Rohault, sergent royal, envoyé au pays Perthois ; Nicolas Jacquinot, archer du prévôt des maréchaux, envoyé à Doulevent, Trémilly et autres lieux, pour s'enquérir s'il y avait des gens de guerre dans ces régions. (F^{os} 105-106).

Châlons. Le 14 juin, Dinteville se félicite qu'ils ne soient restés que six jours en Champagne et soient entrés depuis huit jours en Picardie. Cf. *Correspondance de Dinteville*, p. 66-67.

(1) Dans les premiers jours d'août, 2.000 harquebusiers et 300 chevaux, sous la conduite du s^r «de la Mourye» étaient près de Troyes et y commettaient force violences.
(2) Vers la même époque, on apprenait que 4.000 Suisses levés par le duc d'Anjou devaient se diriger vers Reims pour y faire leur première montre ; ces Suisses n'arrivèrent vers Langres que le 31 août. et traversèrent la Champagne en bon ordre, « au grand contentement d'eux et du peuple. » Cf. *Correspondance de Dinteville*, p. 68-69.

16-29 août. — Présent de poisson au baron de Sénescey, lieutenant de la compagnie du duc de Guise. (F° 129). — Vin pour le même, pour MM. de St-Chéron, de Trémont, de Pharoville, maître d'hôtel de Monsieur, frère du Roy. (F° 107 v°). — Vin porté aux villages de Blacy et de Vauclerc pour faire présent « au maistre de camp de Monsieur frère du Roi et au conducteur de la compagnie de mond. sieur. » (F° 98 v°).

3-8 septembre. — Jean Dommenge envoyé à Arcis-sur-Aube et lieux voisins, pour s'enquérir s'il y avait des gens de guerre. — Jean Bertin envoyé à Vignory et és environs « pour sçavoir quel chemin debvoient tenir les Suisses, et ad ce faire vacqué par trois jours entiers. » (F° 110). — Députation envoyée le 7 septembre vers les commissaires des Suisses pour les prier de ne pas loger leurs troupes aux environs de Vitry. (F° 129). — Présent de 4 poulets d'Inde au sr de Toussin, conducteur des Suisses, et au colonel desd. Suisses, logés au village de Frignicourt le 8 septembre. (F° 111). — Présents au sr Vallette, colonel des 4.000 Suisses, logés à Frignicourt et Larzicourt. (F° 62 et 121). — Vivres portés aux Suisses. (F° 118).

18 septembre. — Envoi d'un exprès à Montier-en-Der « affin de donner advertissement de la venue des troupes de gens de guerre conduictes par lesdictz sieurs de Meure et de Clavaisson et de leurs déportemens. » (F° 114) (1). — 20 sept. Le sr de Lantages, Claude Lambert, Me Nicolas Mauclerc, Paul Gaulnèche, Robert Roussel, Anthoine Honnet et Collin, envoyés à Rosnay vers le sr de Clavaisson. — 22 sept. Autre députation envoyée à Margerie « pour porter la somme d'argent promise audict sr de Clavaisson afin de ne loger les trouppes en ce lieu. » —24 sept. Autre députation vers le sr de Meure, pour le même objet. (F° 115). — 7 octobre. Les habitants font la garde de nuit « pour la crainte des gens de guerre conduictz par le cappitaine Livron, logez

---

(1) Ces deux régiments, appartenant au même corps, étaient en retard, et Dinteville écrivait le 12 sept. à la reine qu'il envoyait deux gentilshommes pour les presser. Cf. *Correspondance*, p. 69.

ès villages de Cheppes, Vitry-la-Ville et Tongny. » (F° 121).
— 7 octobre. Présent de six volailles d'Inde portées au sʳ de Meure étant avec ses gens de guerre au Buisson. (F° 111).
— 17 oct. Vin, volaille, pain, sel portés au capitaine Livron, logé au village de Cheppes. (F° 116 v°).

Vitry, Arch. Munic., CC, 89, Comptes communs.

Voleries des troupes du sieur d'Istre. (1)

1ᵉʳ-4 décembre. — Un homme porte lettres à Mauclerc, comptable, « estant lors au village de Giffaulmont pour sçavoir quel régiment de gens de guerre estoit logé ès environs ; et dud. lieu est envoyé par led. comptable à Montier en Der pour le mesme effect. » — Un homme apporte lettres d'avertissement « du lieu où s'acheminoient les gens de guerre conduicts par le sʳ d'Estre. » — Ordonnance du Conseil pour envoyer led. comptable à Somsois, « où estoit lors logé led. sʳ d'Estre avec ses trouppes, affin de le prier de ne loger aud. Victry ; et d'aultant qu'il luy auroit faict responce son intention estre d'y loger, se seroit led. comptable transporté pardevers monseigneur de Dinteville en sa maison de Ténellières pour le prié d'écrire aud. sʳ d'Istre en faveur de lad. ville. » — « Suivant aultre ordonnance du Conseil dud. Victry dud. 4ᵉ jour du mois de décembre, se seroit derechef transporté led. comptable avec Mᵉ Guillaume Le Mercier pardevers monseigneur de Dinteville en sad. maison de Ténellières pour le remercier de sa bonne affection envers les habitans dud. Victry et luy faire entendre que led. sʳ d'Istre n'ayant voulu obéir à ses lettres avoit exigé desd. habitans de Victry la somme de quatre cens cinquante escuz sol. » — Présents au sʳ d'Istre portés à Sompuis les 1ᵉʳ, 2 et 3 décembre (F°ˢ 58-61).

Vitry, Arch. Munic., CC. 71, Comptes communs.

(1) Dès le 4 nov. 1582, le Roi écrivait à Dinteville de sévir contre les gens de guerre qui ruinaient la Champagne et de leur faire courir sus par la noblesse et par les communes appelées au son du tocsin ; et il renouvelait cet ordre le 14 novembre. Le 25 du même mois, Dinteville commandait au sʳ d'Istres, alors à Bar-sur-Aube avec 13 enseignes et quelques cavaliers, de licencier ses troupes ; mais le sʳ d'Istres refusait, et Dinteville écrivait à Brûlart : « Je crains de presser vivement ceste pointe. » Le 28 nov. le roi réitérait encore l'ordre de disperser les troupes du sʳ d'Istres, et, en cas de refus, de les poursuivre et tailler en pièces. Cf. *Correspondance*, p. 69.

7 décembre. — Le Roi prescrit à Dinteville d'employer toutes ses forces contre le sr d'Istre, « sans le marchander. »
— 9 décembre. Dinteville écrit au Roi : « Je ne puis en cela m'aider que de la bonne mine, n'ayant aucune force en ceste province pour tenir ceux qui se remuent ; » il ajoute qu'un capitaine, avec six ou sept cents hommes, tient le plat pays aux environs de Vitry et y a rançonné jusqu'à 900 écus en un seul gîte.

Bibl. de la Sorbonne, ms. 874. Cf. de Barthélemy, *Correspondance de Dinteville*, p. 71.

1583, 16 janvier. — Présent de 40 pots de vin clairet à MM. de Bussy d'Amboise, baron de Saint-Amand, bailli de Vitry, d'Istre et de Lenoncourt, étant à Vitry. (1)

Vitry, CC. 71, f° 68.

Désordres et brigandages des gens de guerre. Passage de la Reine.

1583.

Arrestation d'un capitaine à Châlons.

12 avril. — Dinteville écrit au Roi que sa compagnie a poursuivi aux environs de Châlons le capitaine Lafolie et l'a pris et emprisonné avec dix ou douze soldats. De là il s'est porté vers le Verdunois, mais il y a trouvé tout en ordre.

Lettre du Roi à Monsieur de Dinteville contre le brigandage des soldats logés à Arcy et contre le bailli de Vitry.

25 juin.

Monsieur de Dinteville, vous sçavez comme je vous

---

(1) Pour bien comprendre combien ces passages de gens de guerre et ces présents incessants étaient lourds pour la ville de Vitry, il suffit d'observer qu'en l'année 1581-1582 la recette totale de la ville n'avait été que 2379 écus 7 s. 10 d.

ay dernièrement escript (1) d'aucuns volleurs qui tiennent les champs sur le grand chemin de la Bourgogne du costé de Sens, où ilz exercent ordinairement infinies vollerÿes ; faisans leur retraicte à vostres parties: désirerois qu'ilz peussent estre pris et appréhendez pour en estre faict la punition exemplaire qu'ilz méritent. Et pour ce que l'un des lieutenans du grand prévost de mon hostel s'est acheminé par delà à cest effect, j'ay pensé, pour tant plus aysément parvenir à la capture des susdictz, de dépescher le cappitaine Lamotte présent porteur avec soixante harquebusiers de mes gardes pour s'employer selon que vous adviserez qu'il sera à propos. (2)

Je luy ay aussy donné charge d'attrapper, s'il peult, le bailly de Victry (3), qui est des plus meschans et scellérez hommes qui se puisse rencontrer, ayant perpétré infiniz mauvais actes dignes de trésgrande punition, ausquelz il coutume ordinairement, et fera

(1) Lettre du 24 mai, par laquelle le Roi avertit Dinteville qu'en la petite ville d'Arcy (Yonne) « des voleurs tiennent le chemin et s'y retirent », et lui ordonne d'y envoyer un lieutenant du grand prévôt de l'hôtel et de lui prêter main forte. — Le 29 mai, Dinteville répond qu'il va faire investir Arcy et appréhender les voleurs. — Le 24 juin, Dinteville écrit à Bruslart qu'il part pour Arcy avec Faulcon, lieutenant du grand prévôt, et dit que ce serait un grand bien pour le pays de réduire en villages de telles bicoques qui ne sont que des repaires de voleurs.

Correspondance de Dinteville, p. 73-74.

(2) 28 juin. Dinteville écrit au Roi que le prévôt des maréchaux n'ose pas aller à Arcy, « d'aultant qu'ilz n'y seroient les plus forts. » — 12 juillet. Etant venu à Sens, Dinteville a repassé par Arcy, « où il n'a trouvé quasi qu'un seul habitant, si ce n'est que ceux qui ne peuvent porter les armes, les autres estans à courir par les chemins pour y faire infinis brigandages, » vols, assassinats. Le sieur de Redon s'est emparé de deux capitaines et de bon nombre de ces pillards. Dinteville va essayer de « nettoyer la province de cette vermine. » — 3 août. Le Roi écrit qu'il a envoyé lettres patentes pour le démantèlement d'Arcy.

(3) Il s'agit sans doute de Pierre, vicomte de Lignon, qui avait fait son entrée à Vitry en qualité de bailli la même année.
Mars. — Présents à M. le vicomte de Lignon, bailly de Vitry, le jour de son entrée en cette ville. — Paiement à Pierre Morin, peintre, pour la peinture de trois armoiries du Roi et trois autres du vicomte de Lignon, « avec les chappeaux de triomphe. »

Vitry, CC. 71, f⁰⁸ 99, 100 v⁰, Comptes communs.

encores pis s'il n'est par quelque bon moyen pris et arresté comme je le désire.

Et n'ayant aultre chose à vous dire par ce mot, je le finiray en suppliant le Créateur qu'il vous ayt, Monsieur de Dinteville, en sa saincte garde. Escript à Maizières, le XXVe juin 1583. Signé ; Henry. Et plus bas : Brulart.

Bibl. de la Sorbonne, ms. 374, f° 156.

Passage de la Reine.

26 juillet. — Salaire payé à 5 hommes pour avoir été les 26 et 27 de ce mois aux villages de Coole et Meix Tiercelin « porter les présens faictz par deux diverses fois à la Royne de France et aux seigneurs de sa suitte. » (F° 83 v°).—Achat de « poires, damais, cerises, meures, concombres et melons pour porter à la Royne régnante et aux seigneurs et dames de sa suite « estans ès chasteaux de Coole et du Meix Tiercelain » les mêmes jours. (F° 116). — Députation envoyée pour faire la révérence à la Reine : MM. le lieutenant criminel, le procureur du Roi, l'élu Mauclerc, Pierre Guillemin, Michel Guillemin, le contrôleur Picart, Nicolas Dorigny, Nicolas Jacobé, Pierre Bailly, Robert Marguin, le lieutenant Coppin et ses greffiers et archers, et plusieurs autres. (F° 118).

Vitry, Arch. Munic., CC. 71, Comptes communs.

Lettre du Roy à Monsieur de Dinteville pour punir les cruautés des gens de guerre de Mareuil.

13 novembre.

Monsieur de Dinteville, j'ay esté adverty qu'un nommé le cappitaine Bonnet, avec quelques gens de guerre qu'il avoit avec luy, estoit entré de force dedans la ville de Mareuil, qui est en mon pays de Champagne, en la quelle il auroit exercé de grandes cruautez envers les habitans d'icelle, en ayant tué quelques ungs et blessé une grande partie d'iceulx, sans que ces pauvres gens luy eussent faict autre résistance ny usé de veoyes de faict que de tenir les portes de leur ville fermées. Et d'aultant que je désire que telz actes ne demeurent impuniz, comme très-important à mon service et n'ayant rien plus en recommandation que la protection de mes pauvres subjectz, je vous prie, incontinant la présente reçeue, et apprès vous estre informé de la vérité de ce faict, faire en sorte que, si led. cappitaine Bonnet se trouve encores en voz quartiers, qu'il soit appréhendé pour en estre faict une punition exemplaire qui puisse servir d'horreur et de craincte à ses semblables, et tenir la main le plus qu'il sera possible en la poursuitte qu'en désire faire le s^r Du Drac, s^r de lad. ville, conseiller en ma court de Parlement, vous asseurant que me ferez service très agréable, lequel je seray trèsayse de recongnoistre en vostre endroict lors que l'occasion s'en présentera. Priant Dieu, Monsieur de Dinteville, vous tenir en sa saincte garde. Escript à Sainct Germain en Laye, le XIIIe jour de novembre 1583.

18 novembre. — Le Roi réitère à Dinteville l'ordre de punir les gens de guerre qui ont pillé des villages et saccagé Mareuil.

Bibl. de la Sorbonne, ms. 374, f° 165 v°.

Fortifications de Vitry-le-François. (1)

1582-1585.

1582, juin. — Payé 31 écus sol au s^r Maurellio de Passur, venu tout exprès de Sédan pour étudier « en quelle forme et manière l'on pourroit fortifier cested. ville. » — 20 juin. « Item payé au seigneur Maurellio de Passur, maistre ingénieur demeurant à Sédan, la somme de 30 escus sol pour ses sallaires d'avoir vacqué par l'espace de douze jours entiers luy troisiesme et deux chevaux à dresser le pourtraict des fortiffications qu'il convenoit faire en ceste ville de Victry. » (F^{os} 67 et 97).

Août. — « A Claude Hémart, maistre masson demeurant audict Victry, la somme de dix escuz quarente solz ts. pour avoir esté exprès en la ville de Sédan pour conférer avec le seigneur Maurellio de Passur, maistre ingénieux, et pour visiter les fortifications de lad. ville de Sédan, et à ce faire vacqué par six jours entiers. » Acte du Conseil du 20 août pour faire taxe ; quittance du 27 août. (F^o 106 v°).

Vitry-le-François, CC. 69, Comptes Communs.

7 octobre. — L'assemblée générale des habitants tenue ce jour donne charge à Jules César Le Besgue, avocat, et à Hullon de se rendre à Paris « afin d'obtenir du Roi de fortiffier lad. ville de Victry et de lever pour ce faire sur les habitants la somme de 3333 escus sol. »

Ibid., CC. 71, f° 96v^o.

17 octobre. — Lettres patentes données à Paris par le roi Henri III, adressantes au duc de Guise, pair, grand maître

---

(1) Malgré les lettres du 2 février 1569 (cf. ci-dessus), on ne travailla guère pendant les années suivantes à la fortification. Les patentes du 19 novembre 1573, données à Vitry, constatent que le projet qu'avait conçu François 1er de clore et fermer cette ville n'a pu être parachevé, parce que les deniers qui y ont été affectés « ne montent à grande somme, la quelle toutesfois seroit bien nécessaire pour la closture, fermeture et fortiffication d'icelle ville, » d'où il résulte que « lad. closture n'a esté par ce moyen beaucoup advancée et n'en ressentent lesd. habitants grande commodité.»(Vitry, Arch. Munic., AA. I, cartulaire, f° 50 v°).C'est seulement en 1582 qu'on entreprit activement les travaux, rendus urgents par les troubles qui ne cessaient d'agiter le pays.

de France et lieutenant-général en Champagne et Brie, au président et trésoriers de France établis à Châlons, au bailli de Vitry ou son lieutenant et à tous autres justiciers et officiers qu'il appartiendra. « Noz chers et bien amez les manans et habitans de nostre ville de Victry le Françoys nous ont par leur requeste entre autres choses remonstré le grand besoing et nécessité où ilz se trouvent maintenant à faulte que leur ville n'est fortifflée et mise en quelque meilleur estat, tant pour la conservation de leurs personnes que de leurs biens ; …. à l'occasion des guerres estrangères et civiles, lad. fortiffication a esté cy devant discontinuée, de sorte que iceulx supplians sont demeurez à l'ouvert, subjectz à tous passaiges de gens de guerre qui logent et vivent à discrétion en leurs maisons sans aulcun respect de noz officiers, estans cependant mis au rang des villes closes et néanmoings n'en ressentant les commoditéz. » Le Roi, considérant « l'importance de lad. ville et que ceulx du plat pays n'ont aultre retraicte et refuge qu'en icelle, » accorde aux habitants de Vitry de « faire continuer à leurs despens la première fortification encommencée suyvant l'ancien desseing quy en a esté cy devant faict ou selon aultre desseing qu'il se trouvera plus à propos par l'advis de vous nostred. cousin… ; et pour les ayder à faire besongner et travailler à lad. fortiffication, nous leur accordons de nouveau les murailles de noz bourg et chastel de Victry en Parthois, que nous leur permectons faire pour cest effect abattre et desmolir et transporter aud. Victry le Françoys ; et affin que cest œuvre et fortiffication puisse estre tant plus tost parachevé et y soit travaillé sans discontinuation, nous voulons et entendons que chacun laboureur demeurant ès villages, bourgs et parroisses de cinq lieues alentour de lad. ville soit tenu en fournir par chacun an deux charroys avec ses chevaulx et harnoys pour faire charroys et conduire les pierres et matériaulx qu'il conviendra prendre tant èsd. desmolitions que ès perrières de Savonnières et Frémont pour icelle fortiffication. Sy voulons et vous mandons que en faisant lesd. supplians joyr et user du contenu en cesd. présentes, vous leur faictes, souffrez et laissez cueillir et lever sur eulx à une ou plusieurs foys telle somme ou sommes de deniers qu'ilz adviseront entre eulx pour satisfaire aux susd. fortiffications, et lesd. deniers faire mectre ès mains d'un ou de deux notables marchands d'icelle ville qu'ilz nommeront pour en faire la recepte et distribution selon et ainsy qu'il sera par eulx advisé ,... à la charge touttefois que ceulx qui auront le manyement desd. deniers seront tenuz en rendre compte par devant vous président et trésoriers généraulx de France... »

23 octobre. — Lettres d'attache de Henri de Lorraine, duc de Guise.

Vitry, Arch. Munic., AA. 2, originaux scellés ; et AA. 1, Cartulaire, fᵒˢ 79vo et 81.

26 octobre. — Henri de Lorraine, duc de Guise, sur les remontrances des habitants de Vitry-le-François qui demandent à hâter la clôture de leur ville « pour l'injure du temps et passage des gens de guerre tenans incessamment les champs et logeans par tous les bourgs et villages non fermés comme est à présent led. Victry », leur permet « asseoir, cueillir et lever sur eulx et chacun d'eulx le plus justement et également que faire se pourra et le fort portant le foible, sans nul, de quelque qualité et condition qu'il soit, excepter, exempter ne réserver, la somme de trois mil trois cens trente trois escuz ung tiers quant à présent pour employer à lad. closture et fortiffication, la quelle sera receue et mise entre les mains de deux des principaux plus solvables et gens de bien d'entre eulx qui seront nommez et esleuz en pleine assemblée et au plus de voix, pour en faire la garde, despense et distribution ;... pourront aussy faire besongner et travailler incessamment et promptement à curer et creuser les fossez de lad. ville, comme aussy aux remparts et terrains, lesquelz ilz feront amasser et hausser tant que faire se pourra sans aucune discontinuation, semblablement à la desmolition des bourg et chastel de Victry en Parthois... »

Vitry, Arch. Munic., AA. 1, Cartulaire, fᵒ 82vo.

28 octobre. — Le Conseil de ville de Châlons, « sur ce qui a esté proposé, que les habitans de Victry le François prétendent faire fermer et fortiffier la ville dudict Victry, et à ceste fin poursuivent d'avoir permission du Roy, laquelle fortiffication seroit au grand préjudice et dommage de toute la Champagne, et signamment de ceste ville de Chaalons, » décide qu'on enverra en cour MM. de Rozières, de Florent, de Varymont, le bailli de Châlons et le procureur sindic Aymon pour s'y opposer.

4 novembre. — Le lieutenant de Morillon et l'avocat du Roi sont priés de la part du Conseil de ville de Châlons d'aller en cour avec MM. du Moulinet et Aymon pour la même affaire.

Châlons, Arch. Munic., Registre XVIII, aux dates indiquées.

20 novembre. — Refus des Trésoriers généraux des finances à Châlons d'entériner et vérifier les lettres royales du 17 octobre, avant que les habitants de Vitry aient baillé une liste des villages astreints aux charrois, qu'ils aient fait décider si les charroyeurs ne recevraient aucune sorte de salaire pour leurs peines et nourriture et durant combien d'années ce service serait exigé d'eux, enfin jusqu'à pleine information sur la commodité ou incommodité de la démolition des murailles de Vitry-en-Perthois.

1583, 11 janvier. — Lettre du Roi qui ordonne la démolition sans autre information, restreint à l'étendue de trois lieues l'obligation de faire les charrois, déclare que ces charrois seront faits sans aucune indemnité de travail ou de nourriture, et ce, pendant six années, au cas où besoin serait.

2 avril. — Enregistrement au bureau des finances de Châlons.

Vitry. Arch. Munic., AA. 2, originaux scellés ; AA. 1, Cartulaire, f°s 84 et 86.

1584. — Le Roi a écrit à M. de Dinteville pour lui faire entendre « le grand désir qu'il a que les habitants dudict Victry continuent la fortiffication de lad. ville. »

Vitry, Arch. Munic., CC. 71, f° 110.

3 février. — Dinteville écrit de Vitry au Roy qu'on travaille aux fortifications.

Bibl. de la Sorbonne, ms. 374, f° 169.

Juillet. — Les ducs de Guise et du Maine viennent visiter les fortifications nouvelles.

Vitry, CC. 71, f° 141vo.

1585, janvier. — Voyage de Claude Robert près du duc de Guise « estant à Pongny afin d'avoir attache sur les provisions des charrois octroyez par S. M. pour la fortiffication dudict Victry. »

Vitry, CC. 71, f° 129.

28 janvier. — Lettres du duc de Guise données à Pogny en conséquence des patentes du 11 janvier 1583. Comme il n'a encore été fait par l'autorité du duc aucun état des villages sujets aux corvées pour la fortification de Vitry, le duc ordonne que les villages compris entre Vitry d'une part et Savonnières et Frémont d'autre part feront les charrois des pierres tirées des carrières, et que les autres villages feront les autres charrois, nonobstant tous les autres états qui pourraient avoir été faits au desçu du gouverneur.

Vitry, Arch. Munic., AA. 2, original; et AA. 1, Cartulaire, f° 89.

1583-1585. — Compte rendu par Pierre Guillemin, marchand, des deniers qu'il a touchés des habitants de Vitry pour être employés aux fortifications de la ville, et de la dépense qu'il a faite sur 3.333 écus « que lesd. habitants ont consenty et accordé estre sur eux imposés et levés soubz la permission de S. M. » Ce compte commence en juin 1583 et finit en février 1585.

La recette est de 2689 l. 1 s. 7 d. Il a été nécessaire de faire exécuter plusieurs personnes qui refusaient de payer leurs cotes. Cet argent a été employé en achats d'outils, au remblai des vieux fossés du côté de Frignicourt, au terrassement des nouveaux fossés, à abattre la maison où pendait pour enseigne le Renard parce qu'elle empêchait la fortification, à faire des « coings au boullevart de Marolles tirant droit au boullevard de Vitry en Pertbois », à revêtir de planches de chêne « la poincte du boullevart qui fait coing vers le boys de la Commanderie », à faire un fossé « vers l'eau qui est entre le boys de la Commanderie et la ville », à faire « la décombre et vuydange du fossé de la cazematte du boullevart du coing de lad. ville regardant à Luxémont », à creuser le fossé de la cazematte du boulevard de la porte de Marolles, à combler le vieux fossé du côté de Vitry-en-Perthois et Vaux, à travailler au boulevard de la porte de Vaux, etc.

Les travaux sont dirigés par « M⁰ Anthoine Travaillot, ingénieur des fortifications de lad. ville de Victry le François (1) », assisté plusieurs fois par Steph d'Urbin et son neveu le capitaine Thomas.

Les comptes manquent pour la période de février 1585-1590.

Vitry, arch. munic., EE. 23.

Traité de la Ligue.

1584, 31 décembre.

Traité de la Ligue fait à Joinville entre le roi d'Espagne, les cardinaux de Bourbon et de Guise, les ducs de Mayenne, d'Aumale et d'Elbœuf, contre la maison de Bourbon.

Bibl. Nat., Fonds franç., 3173, f⁰ 49 ; 3958, f⁰ 249 ; 3974, f⁰ 67. Publié dans le Corps universel diplomatique, Amsterdam, in-folio 1728, page 441.

Menées du duc de Guise.

1585, 1ᵉʳ février-30 mars.

Châlons

1ᵉʳ février. — Le Conseil déclare qu'il obéira au commandement du duc de Guise touchant la garde de la ville.

---

(1) Travaillot paraît avoir été exclu de la direction des travaux pendant la Ligue ; mais son nom reparaît dans les comptes de fortification en novembre 1594, c'est-à-dire quelques mois après la réduction de Vitry. (EE. 24, Compte de Robert Crétey).

25 février. — Règlement pour la garde de la ville. Il y aura le jour 6 hommes, et la nuit 4 hommes de garde à chaque porte ; amende contre les défaillants. Rondes faites par les gens du Conseil avant et après minuit.

4 mars. — Les s^rs de St Mard et de Chaufour rendent compte de leur voyage pardevers le duc de Guise, qui a ordonné la continuation des gardes.

Châlons, Arch. Munic., Registre XVIII.

Vitry.

Dernier février. — Le Duc de Guise dîne à Vitry au logis de M. de Stef. On lui offre des poires de bon chrétien ; on lui fait présent de quatre muids de vin et de 200 pommes.

Vitry-le-François, CC. 71, f°s 130, 132v^o,

Avances à Dinteville.

14 mars. — Lettre du duc de Guise à Dinteville. Il lui envoie deux lettres du Roi pour attirer son attention sur les menées qui se préparent, et exprime le regret de ne pas faire carême prenant avec lui. « Quand vous ne sçaurez que faire, vous me le manderez. »

Bibl. de la Sorbonne, ms. 374. Cf. Correspondance, p. 84.

Lettre anonyme au duc de Nevers.

30 mars

Je viens tout à cest heure d'estre adverty que le poure Rochette (1) fut ier pris et mené en dillygence à Paris, quy est un malheur extrême pour nos amis ausquels il

---

(1) La Rochette avait acheté et fait conduire par eau vers la Brie et la Champagne un convoi d'armes que les Guise y faisaient transporter en vue de la prochaine levée d'armes. Ce convoi fut arrêté à Lagny le 12 mars ; mais La Rochette ne fut pris, comme ces lettres le montrent, que plusieurs jours après.

a parlé. Je vous supplie bien humblement d'y vouloir incontinent songer. J'ay peur que soudain l'on le contraygne dire qu'il set et qu'il ne set point. Il y faut une tressoudayne résolution ; car les courriers volleront de tous coutez. Vostre sortie est longue. Soiez bien averty de Paris, et considérez bien en quel terme vous en.... sté. Je croys que Dieu fait tout pour nous contraindre. Ne nous abandonner ; car il ne faut douter qu'il se faut conserver,.et se quy sera mandé partout où vous allez. Le petit cardinal est party de sa maison et sera apprès demain à Péronne. Dieu vous doint une bonne résolution pour préserver, vous et vos enfans.

De Reins, ce XXX à minuit.

Bibl. Nat., f. fr.,3363,f° 107, original autographe,sans signature.

Louis de Lorraine, cardinal de Guise,
au duc de Nevers.

S. d.

Je suis en extrême peine de la prisse de la Rochete, pour avoir négocié avec infinies personnes et savoir comme toutes choses se passent. Je creins qu'il ne le lase parler, et vous supplie treshumblement d'y panser ; car il n'ignore rien, comme savez. Il est de besoin que tous ceus à qui il a parlé se résolve, ou croiés que tout est perdu pour eus. Au reste, Monsieur, tout va à souhet isy, comme je crois que mon esné vous faict entendre, qui m'empeschera d'user de redite. Je vous baise treshumblement les mains.

L.

Bibl. Nat., f. fr., 3363, f° 106, original autographe. Cf. Mémoires de Nevers, I, p. 649.

Lettre anonyme au duc de Nevers.

30 mars.

Ce porteur vous dira la pêne où nous sommes de vostre irrésolution, combien elle nous coute et nous menasse, et à vous de ruyne. Considérez, Monsieur, la fortune misérable où vous abbandonnez par la prise de la Rochette vostre fame et ce quy sort de vous. Ne vous perdez insy misérablement en l'onneur de Dieu, et vous conservez comme le pouyez faire. Ayez pitié de vostre fame, de voz enfans que nous ne pouvons secourir pour en estre trop eslongnez. Vous savez combien sont vindicatifs ceux à qui vous avez affaire. Songez y, Monsieur, et ce que eux et d'autres quy ne vous connoissent disent de vostre exil. J'en suis sy troublé que je ne sçay que vous escrire. Vostre allée nous desgoutera Lion, Randan et ce que nous estimions le plus ferme. Quant à Mésières, pour n'avoir jamais seu avoir responce de vous, elle est perdue et me pert à moytié. Quant à ce que je vous ay mandé de nos enfens, je le veux et désire, ma fame encores plus et au plus tost que pourray. Mais ayez en pitié ce qu'aysément pouvez faire. Je vous baise les mains. Ce XXX.

Bibl. Nat., f. fr., 3363, f° 105, original autographe.

Inquiétudes des Royalistes.

1585, mars.

1er mars. — Le Roi à Dinteville. Ordre sévère contre les levées qui se font. Lettres ont été adressées aux villes de Reims, Troyes et Châlons.

12 mars. — Le Roi à Dinteville. Avertir les villes du danger imminent ; « car le mal commence décidément, et le masque est quasi levé. » S'assurer de Reims, Troyes, Châlons (1), Montereau, Langres et Sens, qui sont les villes principales et les plus menacées. (F° 195).

13 mars. — Dinteville au Roi. Il se prépare des mouvements, et il faut s'attendre à tout. Un secrétaire part en cour pour donner des explications verbales.

Bibl. de la Sorbonne, ms. 374. Cf. Correspondance, p. 84.

Instruction envoyée par aucuns gentilzhommes signallez à Nosseigneurs de Guise, de Mayne et cardinal de Guise sur les bruictz qui courent que lesd. seigneurs sont chefz et auteurs de la prinse des armes en ce royaume.

Les bruictz qui courent des associations, ligues et menées qui se font contre le service et auctorité du Roy luy sont confirmez par plusieurs advis conformes qui luy viennent de divers costez, et se dict que monseigneur de Guyse assisté de tous ceulx de sa maison se veult faire et déclairer chef de l'entreprinse qui se brasse. Ce que Sa Majesté ne pouvant aulcunement croire, quelques apparences que l'on luy face entendre, qui en sont pour n'en demourer plus longuement en doubte, elle a advisé de dépescher le sr de   (2) présent porteur exprés devers mondit sr de Guyse, pour s'en esclaircir avecques luy selon le contenu en ce présent mémoire.

(1) Cf. *Lettres*, p. 132, note, la délibération prise par le Conseil de ville de Châlons pour obéir aux lettres closes du Roi du 8 mars prescrivant de prendre des mesures pour la garde de la ville.

(2) Resté en blanc dans le manuscrit.

Après que led. sr luy aura présenté les lettres que Sad. Majesté luy escript, il luy dira lesdictz bruictz qui courent et la confirmation qu'elle en a par lesdictz advis qui luy en sont donnez de toutes partz, dont il se veoit aussy de grandes apparences, ayans naguères esté arresté sur la rivière une quantité d'armes qui ont esté achaptées en ceste ville de Paris par ung nomé Rochette, qui est comme domesticque de monseigneur le cardinal de Guise son frère, lequel les faisoit porter par eaue du costé de Brie ; touteffois que Sad. Majesté a tousjours négligé lesd. bruictz et advis, comme ne les estimans véritables, ne se pouvant laisser persuader ny faire croire qu'il peust jamais tomber en l'entendement de mond. sr de Guise ny de pas ung de ceulx de sa maison d'entreprendre ny voulloir faire chose qui peust porter préjudice au service de Sad. M. ny troubler la tranquillité publicque de ce Royaume.

Que, oultre ce que mond. sr de Guise n'a aulcune occasion d'esmouvoir ces nouveaultez, Sad. M. se remect devant les yeulx la mémoire des actes généreux que ceulx de son nom et maison ont faictz pour le bien, grandeur et conservation de cest estat, la preuve qu'elle a aussy de l'inclination et affection trèsgrande que mond. sr de Guise y a, et le tesmoignaige particullier qu'il a tousjours rendu de la bonne vollonté qu'il a envers Sad. Majesté et à son service, avec l'amityé que d'aultre costé elle luy a continuellement démonstré et qu'elle luy porte encores telle qu'il sçauroit désirer ; ce qui faict estimer à Sad. M. que mond. sr de Guise et ceulx de sad. maison ne vouldroient pas, après avoir tant mérité de ceste coronne par leurs grandz, notables, et remercables services, voulloir faire à présent chose qui peust altérer et offenser la grande réputation qu'ilz se sont acquise par là, mais au contraire s'asseure Sad. M. que, si quelques ungs mal affectionnez à son service et au repoz de ce royaume voulloient susciter des troubles nouveaulx, mond. sr de Guise et ceulx de sa maison seroient les premiers prestz pour monter à cheval affin de secourir et assister Sad. M. et maintenir et deffendre son auctorité, ainsy qu'ilz ont faict cy devant à leur trèsgrande louange et honneur ; qu'il se resouvienne que, s'estant tousjours opposé courageusement à ceulx qui ont voullu remuer mesnaige et troubler ce royaulme, il seroit malséant et de mauvaise odeur que l'on dist à ceste heure que luy mesme y avoit faict la plus grande brèche.

Partant, led. sr de   prîra mond. sr de Guise de la part de Sad. M. d'avoir tousjours ceste considération, de ne voulloir rien auzer ny tenter qui puisse altérer ny offenser la trèsgrande et haulte réputation que sesd. prédécesseurs et luy se sont acquise en faisant leur debvoir comme ilz ont tousjours faict par le passé au service de ceste coronne, mais qu'en continuant la singulière dévotion qu'ilz y ont tousjours monstrée, mond. sr de Guise mette le premier la main à faire cesser ces bruictz de nouveaulx remuemens, associations, menées, levées de gens de guerre et préparatifz d'armes que l'on dit qui se font, estant encores assez à temps de les assouppir comme s'il n'en avoit esté aucune mention; en quoy faisant il fera trèsagréable service à Sad. M.

Et que, suivant la parolle que mond. sr de Mayenne,

s'en allant derniérement en sa maison, donna au s‍ʳ Pinart qu'il rencontra par les chemyns, qu'il asseurast la Royne mére du Roy qu'il seroit tousjours prest de faire et obéyr en ce qui deppendroit du bien du service de Sad. Majesté, il veille à présent, sellon la priére trésaffectionnée que luy faict de semblable ladicte dame Royne mére de Sad. M., apporter tout ce qui sera en luy pour estaindre du tout ce feu nouveau devant qu'il s'allume davantaige, avec asseurance qu'il luy en sçaura infiniment bon gré et luy donnera ung trèsgrand contantement.

Asseurera au demourant led. s‍ʳ de mond. s‍ʳ de Guise que Sad. M. luy a tousjours réservé et réserve la part et le lieu qu'il doibt avoir et tenir en ses bonnes grâces, et qu'il n'ostera jamais de sa mémoire les bons, grandz, notables et remercables services que sesd. prédécesseurs et luy et tous ceulx de sa maison ont faict à ceste coronne, et encores particulliérement à Sad. Majesté, qui aussy sera tousjours bien ayse de les gratiffier en tout ce qu'il luy sera possible.

Et d'aultant que mond. s‍ʳ de Guise et aultres de sad. maison tiennent les premiers et plus grandz estatz de ce Royaume et sont aussy, comme ilz méritent, honorez des ordres de Sad. Majesté, qui leur sont argumentz et occasions de venir et se rendre près d'elle, comme elle s'attendoit qu'ilz deussent faire à la cérémonye de l'ordre du S‍ᵗ Esprit qui se feist le premier jour de janvier dernier,

Led. s‍ʳ de   dira à mond. s‍ʳ de Guyse que Sad. M. aura fort agréable que luy et ceulx de sad. maison aillent et reviennent quand bon leur semblera et qu'ilz seront tousjours les bienvenuz, usans en cella de la liberté que Sad. M. a tousjours entendu demourer aux princes et seigneurs de sa court et suitte, ses serviteurs et subjectz.

Sur quoy, ayant led. s^r de   tiré responce de mond. s^r de Guyse, il en rapportera toutes nouvelles à Sad. Majesté.

Faict à Paris, le XVIe mars 1585.

Bibl. Nat., fonds fr., 3309, f° 2 v°, Registre de Pinart.

16, 17 mars. — Le roi à Dinteville. Ordres réitérés de se rendre à Châlons pour conserver cette ville en sureté.

18 mars. — Dinteville au Roi. Il n'y a pas encore de compagnies levées, mais il se fait beaucoup d'allées et venues. Dinteville a prévenu la noblesse. A Troyes, la garde est organisée. Châlons (1) et Reims ont été avertis de prendre leurs précautions par un gentilhomme envoyé exprès. (F° 196 v°). — Mémoire du même remis au s^r de Bussières pour remontrer au Roi. « Le jour de prendre les armes avoit esté fixé au jour que led. s^r de Bussières sait, après s'estre saisi des places dont la dépesche de S. M. fait mention, et le corps de l'armée se devoit assembler au lieu de Vitry, comme lieu trèsadvantageux pour fortiffier. » Le bruit est que les frères se remuent à Arzillières. (F° 197vo). — Copie de la lettre circulaire de S. M., que Dinteville a fait expédier à ceux de la noblesse. (F° 398vo).

Bibl. de la Sorbonne, ms. 374. Cf. Correspondance, p. 85-86.

S. d. — Henry de Lorraine au duc de Nevers. Les affaires vont de mieux en mieux. Schomberg a pris le parti de la Ligue avec mille belles promesses et assurances. « Et vous diray encor ce coup que ce que je vous ay escrit par ma dernière de remeller nostre sanc ne me partira jamais de l'âme, si le désirez comme moy. » P. S. « Je m'en vois dou-

(1) Cf. *Lettres*, p. 134, note, sur les mesures prises le 19 mars par le Conseil de Châlons, sous la présidence de l'évêque Cosme Clausse, pour la garde de la ville.

cement à Challons, et là je donneray de belles parolles pour entretenir et m'y tiendray chaut et couvert. »

Bibl. Nat., f. fr., 3363, f° 72, original autographe.

Villes de Champagne saisies par les Ligueurs ; occupation.

1585.

Discours des raisons qui ont mû les catholiques à prendre les armes.

Bibl. Nat., fonds fr., 3296, f° 41.

Vitry.

20 mars. — Présent de brochets offerts au duc de Guise « estant audict Victry en Parthois le 20e jour de mars 1585, » lesdits brochets menés vivants jusqu'à Châlons dans un tonneau plein d'eau.

Mandement et quittance, en date des 22 et 23 mars, de la dépense faite « pour avoir mis en pasté une grande et grosse carpe que le capitaine Stef avait donnée aux habitans dud. Victry pour en faire présent à Monseigneur le duc de Guise, » et pour avoir fait porter par deux hommes ce pâté à Arzillières, où était le duc.

Défense de transporter les grains hors de Vitry à l'occasion des guerres.

Vitry, Arch. Munic., CC. 71, f°s 129, 130 v°, 164 v°.

3 avril. — Dinteville écrit au Roi que le capitaine Steph, qui commande à Vitry, a fait défendre sous peine de la hart d'exporter aucun blé de la ville.

Bibl. de la Sorbonne, ms. 374, f° 215v°. Cf. Correspondance, p. 96.

9 avril. — La ville donne à M. de Stef 140 écus pour acheter deux chevaux dont elle lui fait présent. — Don de

50 écus à M. Le Seure, secrétaire du duc de Guise, « en considération des plaisirs que led. s^r Le Seure a faict aux habitans dudict Victry. » (F° 136^{v°}).

Mai. — Voyage de Pierre Bailly, procureur ès sièges de Vitry, à Sainte-Menehould, Verdun, Etain et autres lieux vers le duc de Guise, « afin de le supplier de faire sortir dudict Victry le régiment du s^r de la Rochette, qui y estoit logé vivant à discrétion (1). » (F° 138).

14 juin. — Vin offert à M. Le Seure, étant ce jour à Vitry. (F° 153).

15 juin. — Voyage à Châlons vers le duc de Guise « pour le supplier de ne loger aulcune garnison en ceste ville de Victry. » (F° 150).

Vitry, Arch. Munic., CC. 71, Comptes Communs.

Châlons.

21 mars. — Longue lettre de Dinteville au Roi sur ce qui s'est passé ce jour à Châlons, où il est arrivé en même temps que le duc de Guise. Leur entrevue. Dinteville, faute de forces, a cru devoir quitter la ville.

Instruction donnée par Dinteville à M. de Tourteron pour présenter au Roi, sur ce qui s'est passé à Châlons. Renseignements sur les 6,000 reîtres que les Guise lèvent en Allemagne, sur les troupes ligueuses qui parcourent la Champagne, sur les fortifications que le duc projette de construire à Montéclair et St-Dizier, sur la facilité avec laquelle les ligueurs pourraient s'emparer des places de la frontière de Flandre, et notamment de Villefranche.

22 mars. — « Sur ce que les gouverneurs de lad. ville ont faict assembler le Conseil pour adviser aux affaires qui se pourront présenter pour le secours du Roy et seureté de

---
(1) Cette démarche resta sans résultat.

lad. ville, ont esté priez monsieur de Chaalons, M⁰ Jacques Clément, bailly dud. Chaalons, lieutenant de lad. ville, M⁰ Jehan Clément, doyen, M⁰ Pierre Sybert, grand archidiacre, depputez du chappitre, et l'un desd. depputez en l'absence de l'autre, M⁰ Claude Cuissotte, seigneur de Gizaulcourt, M⁰ Jehan de Morillon, lieutenant de Vermandois, M⁰ Pierre du Molinet, eschevin, M⁰ Claude Françoys, procureur syndic, avec l'un des gouverneurs de lad. ville et aultres qui y vouldront assister, s'assembler en l'hostel commun d'icelle ville et adviser desd. affaires, et, au cas qu'ilz seront de conséquence, en référer aud. Conseil. » (F⁰ 77v⁰).

[Pas de délibération au registre pendant les 6 jours suivants].

29 Mars.—Dinteville au Roi. Récit du voyage de M. de Lux à Châlons pour y faire entendre le commandement de S. M. Son entrevue avec le duc de Guise, qui a dit vouloir se charger lui-même de cette mission, et qui a interdit à M. de Lux de se mêler de rien.

29 mars.— Réitération des remontrances faites au duc de Guise pour la conservation de cette ville, « et ad ce qu'il luy plaise ne permectre de faire entrer autre troupe de gens de guerre en icelle ville que le nombre qu'il lui a pleu d'ordonner. » (F⁰ 78).

[Pas de délibération au registre jusqu'au 10 mai].

17 mai. — Le Conseil demande au duc de Guise de faire justice du meurtre commis par un soldat en levant la garde placée au marché, « affin de déterrer les autres soldats de commettre telz actes. » (F⁰ 79).

26 juin. — « Aud. Conseil ont esté leues lettres missives de monseigneur le duc de Guyse du XIX⁰ jour du présent moys, avec une coppie... de la commission que monseigneur de Guise a baillé à monseigneur de Rosne, chevalier de l'ordre du Roy, cappitaine de cinquante hommes d'armes de S. M., pour commander en son absence au gouvernement de Champaigne, ensemblement d'un règlement et ordonnance signé de monseigneur le duc de Guyse pour

contenir en leur debvoir les soldatz qui de présent sont en garnison aud. Chaalons. » (F° 80ᵛᵒ).

Bibl. de la Sorbonne, ms. 374. Cf. Correspondance, p.86-101.
Châlons, Arch. Munic., Registre XVIII.

Reims(1).

21 mars. — Dinteville au Roi. Il juge inutile d'aller à Reims dans l'état où cette ville est réduite. Il songe plutôt à s'acheminer vers Chaumont et Langres.

3 avril. — Le duc est à Reims, où le Conseil s'est prononcé pour lui. (F° 215ᵛᵒ).

Bibl. de la Sorbonne, ms. 374. Cf. Correspondance, p. 92-96.

Verdun.

25 mars. — M. du Lieudieu, à cause des assemblées qui se font aux environs de la cité, demande que les bourgeois montent sur les murailles et fassent garde. Le Conseil décide qu'on dressera des rôles, etc.

29 mars. — On demandera au sʳ du Lieudieu un règlement pour les gardes. On le priera d'envoyer avec les Etats un messager au Roi pour faire entendre à S. M. le danger où est la ville et le défaut d'artillerie.

1ᵉʳ avril.—«Estant le sʳ de Sainct Paul venu jusques proche la porte à France avec huict ou neuf hommes de cheval et pris prisonnier Claude Wappy et Jehan Louys, bourgeois de ceste cité, et les ayant mené avec luy, Messieurs ont conclu de luy escripre promptement lettres pour les répéter et affin qu'il les renvoie francs et quictes. Aussy led. sʳ de Sainct Paul, aiant faict dire à monsʳ le bailly par Amand de la Barre, demourant à Dombasle, qu'il avoit surpris des lettres que le secrétaire de monsʳ du Lieudieu escripvoit à ceulx de Sédan et Jametz, qu'il leur livreroit la ville de

(1) Voir Henri, *La Réforme et la Ligue en Champagne*, in-8°, 1867, p. 71.

Verdun, et encor par ung aultre homme de Dugny à Messieurs de la cité qu'il avoit descouvert ung paquet par lequel monsr du Lieudieu et ledict sr bailly promectoient de rendre lad. ville à ceulx de Sédan ; mesd. srs ont résoult avec messieurs du clergé d'escripre tout cela aud. sr de Sainct Paul pour le prier de leur escripre s'il a faict faire telz messages et, s'il en a quelques lettres, leur envoier ou copie d'icelles collationnée à leurs originaulx, en retenant et bien gardant lesd. originaulx afin qu'ils puissent estre recognuz. »

2 avril. — « Jehan Marchant, messaiger, estant de retour d'auprès de Mr de Sainct Paul, a rapporté lettres de luy portantes qu'il ne peult rendre les deux bourgeois que l'on ne luy rende ses deux serviteurs que Mr du Lieudieu tient prisonniers. Messieurs ont dict qu'il luy seroit escript nouvelles lectres qu'ilz n'ont puissance de les faire eslargir et que c'est le lieutenant de Roy qui les tient, lequel a dict qu'il ne les peult renvoyer sans le commandement du Roy auquel il en a escript. »

3 avril. — « Jean la Mercerie, estant de retour d'auprès de Mr de Sainct Paul luy aiant porté lettres des Estatz, a rapporté responce par escript dudit sr, qui porte qu'il est vray qu'il a surpris au chemin de Sédan des lettres et mémoires du secrétaire de M. du Lieudieu, par lesquelles il donnoit espérance à ceulx dudict Sédan de leur rendre ceste cité, et qu'il avoit envoié led. mémoire à Monsr de Guise pour en advertir leurs Majestés. Sur quoy Messieurs ont conclu avec les Estatz d'envoier aud. seigneur de Guise pour le prier de dire et montrer ce qu'il en a, pour se prouvoir et communiquer bien amplement avec monseigneur le Cardinal sur le faict des lettres qu'il a escript à Messieurs cejour d'huy ; et pour faire le voiage, commis le syndic et F. Watronville. »

25 avril. — « Messieurs ont présenté dix libvres de dragées à monseigneur de Guise à son partement de ceste ville. » (1)

Verdun, Arch. Munic., 1er Registre du Conseil.

(1) Le duc ne tarda pas à expulser Lieudieu de Verdun, et le remplaça par le sr de Guitault.
Cf. *Mémoires des choses plus notables advenues en Champagne*, in 8°, 1882, p. 16 ; et Henri, p. 77.

Troupes étrangères levées pour la Ligue en 1585.

D'après un état des sommes à rembourser dressé après les troubles, les princes catholiques avaient levé pour la Ligue les troupes étrangères ci-dessous :

3 régiments de Reistres, chacun de 1,200 chevaux sous 3 cornettes de 400 chevaux, conduits par les colonels C. Lotto, ancien lieutenant du comte de Bassompierre, Otto Plotto et Mandeslot. Dans ces trois régiments, plusieurs comtes et capitaines allemands étaient entretenus par les princes.

1 régiment de lansquenets, sous 10 enseignes de 300 hommes chacune, commandé par le comte de Westebourg.

8,000 Suisses, sous 2 régiments de 26 enseignes, commandés par les colonels Phisfer et Tanner.

Bibl. Nat., fonds fr., 3974, f° 50.

Mouvements militaires en Champagne.

1585.

1er avril. — Dinteville au Roi. Troyes est fidèle, les remparts sont réparés. Les Ligueurs ont des entreprises projetées sur Méry et Pont.

3 avril. — Dinteville au Roi. Le duc de Guise prépare une attaque contre Troyes. La Ligue a réuni 1,500 hommes à Châlons. Ceux de Méry tiennent ferme pour le Roi. (F° 215 v°).

8 avril. — Dinteville au Roi. Il redoute pour Troyes, non pas un siège en règle, mais une surprise. On affirme que les Ligueurs ont 5,000 hommes et 300 ou 400 chevaux à Féli-

gny. Le château de Coiffy a failli être pris par escalade, et, sans la diligence du s^r de Choiseul, le roi perdait cette place. Le s^r d'Anglure garde le passage de la Seine à Nogent et à Méry avec 60 hommes, mais ces forces sont insuffisantes. Il y a une bonne garnison à Montéclair et à Joinville ; elle bat l'estrade jusqu'à Chaumont, dont les habitants commencent à « s'estonner. »

12 avril. — Dinteville au Roi. Le s^r de Grignan garde Nogent-sur-Seine avec 50 hommes. Le marquis de Reynel est venu à Troyes promettant de lever 100 chevau-légers, et le s^r de Bettancourt 50 ; d'autres seigneurs offrent 150 harquebusiers et 50 chevaux. Les gouverneurs de Rocroy, Maubert, Ste Menehould et Villefranche garantissent leurs villes. Un gentilhomme offre à Dinteville un moyen de prendre aisément Vitry.

18 avril. — Le Roi à Dinteville. Voir si la proposition faite pour prendre Vitry est sérieuse.

26 avril. — Dinteville au Roi. Les meneurs commencent à tout saccager ; l'autre jour ils ont assailli Châtillon-sur-Marne et massacré 5 ou 6 catholiques. (1).

5 mai. — Dinteville au Roi. « Parce que nous sommes chacun jour menassés par ceulx du parti contraire de venir brusler nos faulxbourgs, s'en estans desjà approchez de trois ou quatre lieues, voyant que je n'avois pas assez de forces pour les empescher de venir plus près, j'ay baillé charge à deux gentilzhommes voysins de ceste ville de lever chacun une compagnie de 200 hommes de pied... J'ay receu une lettre du sieur de Nétencourt qui est cy enclose, par laquelle V. M. congnoistra l'envye que le s^r de Bussy le jeune et luy ont d'estre employez à vostre service. » (F° 127).

10 mai. — Le Roi à Dinteville. Il envoie commissions pour les 2 compagnies de 200 hommes. « Pour le regard de ce qui vous a esté escript par les s^{rs} de Bussy et de Nétencourt»,

(I) Voir de Barthélemy, *Catherine de Médicis à Epernay*, p. 13, note, un extrait d'une lettre de la reine rendant compte au Roi de la prise de Châtillon par le capitaine Jacques.

l'état des finances ne permet pas de satisfaire à leur demande. (F° 127).

17 mai. — Pinart à Dinteville. 3,000 reistres et 3,000 lansquenets sont aux environs de Verdun.

17 mai. — Le Conseil de ville de Verdun décide qu'on ira saluer M. de Guise qui arrive aujourd'hui.

26 mai. — Pinart à Dinteville. Le bruit court que les forces qui viennent vers le roi sont 10,000 hommes de pied et 2,500 chevaux ; cette nouvelle inquiète fort les Ligueurs.

30 mai.—Dinteville à la Reine mère. Nouvelle a été apportée par le capitaine Angravac que les Ligueurs ont failli leur entreprise sur Metz.

2 juin. — Dinteville au Roi. Excellent esprit de la ville de Troyes. Les Ligueurs se proposent de transporter leur artillerie (16 pièces en batterie) de Châlons à Vitry, où M. de Guise dresse son armée. Il y a des compagnies ennemies à Bar-sur-Aube et Arcis; on a amené à Châlons 4 charriots de piques et 17 de corselets ; des troupes s'y concentrent.

2 juin. — Du Roi à Dinteville, Le duc de Guise veut faire marcher ses forces vers Troyes pour couper le passage aux Suisses royaux venant de Bourgogne.

10 juin. — Des reistres traversent la ville de Verdun.

10 juin. — Mémoire de Dinteville au Roi. La Reine l'a averti de prendre garde à la sureté de la ville de Troyes ; cette ville est prête à la défense. Des compagnies ligueuses occupent Arcis, Ramerupt, Lesmont, Dienville, Anglure, Brienne, Nangis. Le duc du Maine a 36 enseignes, 600 chevaux et 4 canons à Léfon, entre Langres et Chaumont, et marche vers La Ferté-sur-Aube. Dinteville a écrit à tous les gentishommes du pays pour les mander près de lui ; plusieurs sont arrivés. P. S. Le maréchal de camp de l'armée du duc de Guise est à Ramerupt avec 28 compagnies.

A cette date, Catherine de Médicis évalue à 25,000 hommes et 2,000 chevaux les troupes de Guise et de Mayenne qui tendaient à se rejoindre vers Anglure et Sézanne. Cf. de Barthélemy, *Catherine de Médicis*. p. 53.

13 juin. — Dinteville au roi. Récit de l'entreprise de M.de Nicey pour s'emparer des passages de la Seine à Pont, à Nogent et à Méry ; le passage de Pont lui est malheureusement assuré, et le duc de Mayenne avance à son aise. Tout tend vers Troyes, qui est gravement menacé.

17 juin. — Le Roi à Dinteville. Il croit que les ennemis songent, non à assiéger Troyes, mais à aller au devant des Suisses. Il a pourvu à la garde de Montereau.

20 juin. — Dinteville au Roi. Il a pu remédier à l'entreprise projetée pour la nuit de lundi dernier.

Bibl. de la Sorbonne, ms. 874. Cf. Correspondance, p. 95-105.
Verdun, Arch. Munic., 1er Registre du Conseil.

Négociations ; traité de Nemours.

1585, 21 mars-7 juillet.

M. E. de Barthélemy a imprimé sous ce titre : *Catherine de Médicis à Epernay*, Paris, 1884, in-12, l'histoire des négociations pour la paix de Nemours d'après les documents originaux de la Bibliothèque Nationale. Déjà, dans la *Correspondance de Dinteville*, il avait donné, p. 99-105, plusieurs lettres de la Reine et de Pinart relatives au même sujet. En voici, d'après ces publications, le résumé chronologique.

21 mars. — Lettre de Dinteville au Roi. « Il me semble que le seul et unique remède est que la Royne vostre mère interpose en cela sa médiation et auctorité. » (Correspondance, p. 87).

30 mars. — Ce jour, d'après l'Estoile, Catherine de Médicis s'achemine en Champagne avec l'archevêque de Lyon et le sr de la Chapelle aux Ursins.

2 avril. — Elle couche à Charly, se rendant à Epernay.

9 avril. — Elle attend vainement à Epernay le duc de Guise, qu'elle a prié de venir conférer avec elle.

19 avril. — Les Guise ont consenti à entrer en pourparlers, mais font traîner les choses en longueur et tardent, malgré leur promesse, à se rendre près de la reine mère.

29 avril. — Le duc de Guise arrive à Epernay avec le Cardinal.

30 avril. — Première conférence entre Catherine et les deux princes, dans la chambre de la reine. Pas de résultat. Miron est envoyé vers le roi pour lui faire un compte-rendu verbal.

1er mai. — Convention a été faite que, de ce jour au 15 mai, les forces des uns et des autres ne s'approcheront pas de moins de 25 lieues.

5 mai. — Miron rapporte les instructions du Roi.

6 mai. — Le duc de Guise refusant de revenir à Epernay, Catherine se rend à Jalons ; seconde conférence, aigre et inutile.

10 mai. — Pierre du Moulinet, élu et échevin, est prié « de faire la harengue à la Royne mère, audevant de laquelle on yra ce jour d'huy en la plus grande assemblée que faire se pourra.»(Châlons, Arch. Munic., Registre XVIII.)

11 mai. — Catherine est à Tours-sur-Marne, se rendant à Sarry.

12 mai. — Catherine est à Sarry. Troisième conférence. Articles de cette conférence (Bibl. Nat., f. fr., 3403, f° 54). Prolongation pour huit jours de la suspension des mouvements de troupes. Miron renvoyé vers le Roi.

15 mai. — La reine quitte Sarry. Quatrième conférence avec le duc de Guise, qui l'est venu trouver «par les champs», comme elle s'en allait entendre la messe à N. D. de Lépine. Catherine couche à Juvigny.

16 mai. — Elle est de retour à Epernay.

20 mai. — Le Cardinal refuse de venir le lendemain conférer à Epernay.

28 mai. — Cinquième conférence, inutile.

29 mai. — Sixième conférence, tenue solennellement, sans résultat.

31 mai. — Septième conférence, où on soumet aux Guise les propositions du roi rapportées par Miron.

1er juin. — Huitième conférence, sans résultat.

2 juin. — Les princes retournent à Châlons.

7 juin. — Neuvième conférence, sans résultat. Miron renvoyé à Paris vers le Roi.

10 juin. — « Dernière demande des princes de la Ligue au Roy. » (Bibl. Nat., f. fr., 3952, fº 269. Cf. Mémoires de Nevers, I, 681).

11 juin. — Miron et l'archevêque de Lyon vont à Châlons vers les Guise pour leur porter les réponses du Roi.

13 juin. — Catherine renvoie Miron vers le Roi à Paris.

14 juin. — Des bandes de reistres sont logées à Méry et entre Châlons et Epernay ; Catherine craint pour sa sûreté personnelle.

19 juin. — Le matin, dixième conférence, à Epernay, avec le Cardinal. Le soir, onzième conférence, plus heureuse, entre la reine, le duc et le cardinal. Miron est renvoyé à Paris vers le Roi.

21, 22 juin. — Conférences ininterrompues.

23 juin. — La reine est à Dormans.

7 juillet. — Les articles de la paix sont définitivement arrêtés et signés. La roi accorde au duc de Guise plusieurs villes de sûreté en Champagne :« On lui baille [Reims],Toul, Verdun, Sainct-Dizier, et encore Chaalons, dedans lequel il n'y aura cependant que 5 hallebardiers ; Mézières lui demeure aussy avec vingt hommes seulement. M. de Guise

vient demain avec la Royne mère du Roy et le cardinal de Bourbon vers le Roy ; c'est pour se remettre en sa bonne grâce. » (Lettre de Pinart, datée du 7 juillet à Epernay. Correspondance, p. 105).

On trouve à la Bibl. Nat. une riche collection de documents originaux sur ces négociations, épars dans les mss. du fonds français n°˙ 3173, 3363, 3364, 3366, 3367, 3368, 3369, 3370, 3371, 3372, 3403, 3952, 3960, 3974. (1)
Le texte du traité existe dans les mss. du même fonds n°˙ 3173, f° 67 ; 3363, f° 50 ; 3960, f° 99 ; 3974, f° 48. Il a été publié dans le Corps Universel Diplomatique, Amsterdam, in-folio, p. 453, et dans les Mémoires de Nevers, I, p. 886.
Voir aussi Bibl. de la Sorbonne, ms. 374.

Juillet. — « Contraventions, entreprises et négligences contre l'édit de Nemours, du mois de juillet 1585. »

Bibl. Nat., fonds fr., 3974, f° 52.

27 juillet. — Patentes données par le Roi à Paris et portant interdiction de tout exercice de la R. P. R.

Sainte-Menehould, Arch. Munic., Registre IV, fol. 118. Publié par Isambert, XIV, p. 595, et Mémoires de Nevers, I, 689.

Frais de guerre dont le Roi décharge les Ligueurs.

1585.

I.

D'après l'« Estat abrégé de la despense faicte par les princes catholicques pour la levée et payement de leurs estrangiers, » dressé le 7 juillet 1585, le total des sommes employées s'élevait à 201.106 écus deux tiers, et la reine mère s'engageait à faire rembourser cette somme au duc de Lorraine.

Bibl. Nat., fonds franç., 3974, f° 50.

(1) M. de Barthélemy donne des cotes moins nombreuses et différentes ; mais nous croyons que, comme il arrive trop souvent, les numéros auxquels il renvoie ont été imprimés incorrectement.

II.

« Estat des deniers qui ont esté prins durant les derniers remuemens... des personnes et ainsi qu'il ensuit, selon ce qui peut venir à cognoissance. »

En Champagne :

De Claude Thibault, receveur des tailles de Châlons..............	2380 écus 2 tiers.
Du même........................	4112 écus 50 sols.
De M⁰ de Vienne, receveur des tailles de Reims.....................	2804 écus 59 sols.
De Jean Boucher, receveur des tailles de Réthel.....................	1592 écus.
Du même, par les mains du receveur des deniers communs de Mézières........................	600 écus.
Des maire et échevins de Guise.....	113 écus 45 sols.
Des mêmes......................	400 écus.
De Jean Petit, receveur du domaine de St-Dizier....................	600 écus.
De Charles de Vienne et Jean Boullet fermiers des aydes de l'élection de Reims.....................	1381 écus.
De Claude Linage, commis du fermier général des aides de Champagne....................	4800 écus.
De Nicolas Boucher, grenetier de Reims	631 écus 51 sols.
De Pierre Margaine, grenetier de Châlons.......................	1331 écus 59 sols.
De Zacharie Vasseur, grenetier de Vitry.........................	1066 écus 2 tiers.
De Jean Clerget, grenetier de St-Dizier.........................	200 écus.

De Jean Sureau, grenetier de Guise.   400 écus
De Jacques de Bar., commis de l'extraordinaire des guerres à Châlons...................... 26519 écus 5 sols.

Sans compter ce qu'on avait levé dans la généralité de Bourges et dans la généralité de Caen.

La somme totale des deniers pris dans les caisses publiques s'élevait à 106,343 écus 8 sols 3 deniers.

« De la quelle somme Sa M. est très humblement suppliée vouloir descharger et faire tenir quittes tous ceulx qui l'ont fournie et receue, selon qu'il luy a pleu le promettre par son eedict de Nemours du mois de juillet dernier ; et à ceste fin ordonner que tous acquitz et descharges en soient expédiées, attendu que lad. somme a esté employée pour le bien de la religion catholique, ainsy qu'il est deuement apparu.

Faict le (1) jour de septembre, l'an mil V^c quatre vingt cinq.

Signé : CHARLES DE BOURBON,
LOYS, CARDINAL DE GUISE,
HENRY DE LORRAINE.

Bibl. Nat.. fonds fr., 3974, f°s 79-80.

Lettre au duc de Nevers.

Monsieur, incontinent après que Monsieur le Cardinal mon oncle partist de Gaillon pour aller à Guise, je feus fort en peine de ce que je ne pouvois sçavoir autres nouvelles de vostre part sinon que vous continuiés vostre voyage aux bains de Luques, comme vous m'aviés faict ce plaisir de me dire devant que partir, ce que j'ay tousjours pensé, sinon que depuis j'ay receu ce

---

(I) Le quantième du mois est resté en blanc.

bien d'entendre que vous estiez à Rome, où vous ne vous estes point engagé d'avoir voulu dire la vérité de ce que vous cognoissés en mes frères et en moy, qui avons tousjours eu ceste résolution, et prie Dieu nous donner la mort devant que de la perdre, que les huguenotz n'auront jamais plus grandz ennemis que nous. Il est vray, Monsieur, que je ne vous puis céler que je ne vous die que j'ay tousjours désiré et désire, comme le debvoir de chrestien nous le commande, la conversion du Roy de Navarre et de Monsieur mon frère, et qu'ilz ayment et honorent Monsieur le Cardinal mon oncle comme ilz doibvent; pour cela je voudrois faire tout ce qu'il me seroit possible, pour estre excusable si, après qu'ilz n'y voudront point entendre, nous nous opposons du tout contre eux comme nous serons contrains de faire. J'ay faict ce que j'ay deu faire et eusse esté très mal conseillé de faire autrement pour les occasions que je vous diray ; si sur cela quelqueuns nous ont voulu calomnier, je prie Dieu leur pardonner. Je ne m'oublieray jamais en l'obéissance et service treshumble que je doibz à Monsieur le Cardinal mon oncle. Je partz pour aller à Gaillon avec luy, où mes frères se rendront dans troys ou quatre jours pour estres de retour en ceste ville à la Nostre-Dame. Cependant commandé moy, je vous serviray. Vous baisant treshumblement les mains, je prieray Dieu vous donner, Monsieur, tresheureuse et longue vie.

De Paris, ce 2 août 1585 (1).

Bibl. Nat., fonds fr., 3363, f° 53 ; original entièrement autographe.

(1) La signature a été rognée à la reliure.

Serment prêté par les Châlonnais au duc de Guise.

1585, 11 août.

Conseil tenu par messire Cosme Clausse, évêque-comte de Châlons.

« Sur la lecture faicte aud. Conseil de la coppie signée Perricart de certaines lettres patentes du Roy, du 23e jour de juillet dernier passé, signées : Par le Roy, Bruslart, et scellées du grand sceel de cire jaulne sur simple queux, et du Mémoire portant le serment que Monseigneur le duc de Guise désire luy estre presté par les habitans de ceste ville ou par la plus grande et saine partie d'iceulx ;

« A esté conclu que les assistans aud. Conseil signeront le serment et promesse qui a esté présentement dressé et dont la teneur ensuit. »

Après ces mots, deux demi-pages sont restées en blanc ; il n'y a au registre ni serment ni signature.

Châlons, Arch. Munic., Registre XVIII, f° 83.

L'armée après la paix.

1585, juillet-août.

Juillet. — Mandement et quittance, en date des 18 et 22 juillet, des dépenses incombant à la ville de Vitry pour l'envoi près de Sens, à l'armée du duc de Guise, d'un messager chargé de ramener, « si faire se pouvoit, les neuf chevaulx fourniz par les habitans dud. Victry par ordonnance de mond. seigneur pour le charroy des vivres et artillerie de lad. armée (1). » (F° 139 v°).

Vitry, Arch. Munic., CC. 71, comptes communs.

(1) En juin 1585, Vitry avait dû fournir des harnachements au commissaire général de cette armée par commandement du duc de Guise. A la même époque, la ville avait envoyé un député à Châlons près de M. de Stef pour « faire descharger ceste communaulté des chevaulx et charrettes demandez par le commissaire général des vivres de lad. armée, » et pour recouvrer 2 chevaux pris par deux soldats des gardes du duc. (CC. 71, f°s 138 v° et 139).

31 juillet. — Les Chalonnais, par lettres closes du Roi en date du 9 juillet écrites à Paris, et par autres lettres de M. de Sasseval, supérintendant général des vivres et munitions, écrites le 30 juillet au Port-à-Binson, ont reçu ordre de fournir 50,000 pains entre bis et blanc, 20 bœufs et 40 moutons, qui seront délivrés à Epernay. (F° 82).

Châlons, Arch. Munic., Registre XVIII.

Août. — La ville de Vitry envoie un messager à Châlons et aux environs « pour ramener les chevaulx et charrettes fourniz par lesd. habitans par l'ordonnance de Monseigneur le duc de Guyse pour le charroy des vivres et des munitions de l'armée conduicte par mond. seigneur. » (F° 140 v°). — Bailli est envoyé à Châlons pour s'enquérir « des trésoriers, commissaires et payeurs du charroy des munitions de l'armée de la Saincte Ligue, si les charretiers envoyez et fourniz par ceste ville de Victry avoient esté payez de leur voyage. » (F° 159).

Vitry, Arch. Munic., CC. 71.

Garnison de Vitry.

1585, juillet-octobre.

20 juillet. — La ville paie 33 écus pour bois, fagots et chandelles fournis aux trois compagnies du s^r de la Rochette et à la compagnie du s^r de Stef faisant la garde aud. Vitry. (F° 149).

Juilllet-août. — 2 écus 30 sols ts. pour fourniture de bois et chandelle « aux compagnies du capitaine Barrier et dudit s^r de Stef, estans aussi logez en nostred. ville ès mois de juillet et aoust aud. an » pendant douze jours.

S. d. — 1 livre 30 sols pour chandelles fournies « à la compagnie dud. sieur de Stef pour l'espace de dix huict jours. »—2 livres pour chandelles fournies aux habitans dud. Victry faisans la garde par l'espace de vingt quatre jours. »

7 août. — Mandement pour frais du charroi de Châlons à Vitry de 2 pièces d'artillerie et de poudre à canon. (F° 142).
— Salaire de l'ouvrier qui a « monté et affusté les deux pièces d'artillerie estans en ceste ville de Victry. » (F° 147).

11 août. — Députation envoyée de Vitry à Châlons vers le duc de Guise, « pour le prier d'exempter lad. ville de Victry de garnison et permettre la traite libre de touttes sortes de marchandises. » (F° 141).

Octobre. — 1 écu 55 sols pour bois et chandelles fournis « aux soldats de la compagnie du cappitaine Monsirier logez en cested. ville au mois d'octobre 1585. »

28 octobre. — Messager envoyé vers le duc de Guise pour le prier de ne mectre aulcune garnison en ceste ville de Victry. » (F° 154).

Vitry, Arch. Munic., CC. 71, comptes communs.

Renouvellement du traité de Joinville.

1585, 2 septembre.

Le traité est renouvelé à Reims le 2 septembre.
Les Guise décident de faire la guerre contre le duché de Bouillon, qui est une « petite Genève. »

Bibl. Nat., fonds fr., 3974, f° 67. Cf. Henri, p. 83, et de Thou, t. IX, 610.

Désarmement des P. R. à Châlons.

1585, 11 octobre.

Conseil tenu par G. de Champaigne, de Varymont, N. Braux, G. Mathé, J. Itam, Ja. Chastillon, C. Thibault, M. Hennequin, J. Billet, N. Brichot, Ja. Langault, N. Clément.

Le Conseil a esté assemblé par l'ordonnance verballe de Monseigneur le Duc de Guyse, ainsy qu'il a esté rapporté et récité par les gouverneurs de lad. ville, pour commettre gens qui visiteront les maisons de ceulx de la nouvelle prétendue religion et sçauront quelles armes ilz ont pour les en dessaysir et aussy pour adviser des moyens de besoigner en certains endroictz des murailles de cested. ville.

Sur quoy a esté conclu que les cappitaines cinquanteniers de lad. ville feront incessamment lad. recherche et y commenceront dés ce jourd'huy, chacun en leurs quartiers, et des armes qu'ilz trouveront, hors l'espée et la daigue, és maisons de ceulx de lad. prétendue religion, s'en saysiront et les apporteront en l'hostel commun de lad. ville pour y estre gardées et en estre faict registre, et seront faictz commendementz ausdictz de lad. nouvelle religion de déclairer par chacun jour à mons^r le cappitaine de lad. ville ou son lieutenant et en leur absence à l'antien eschevin estant en icelle ville ceulx qui seront logez en leurs maisons, leurs qualitez et armes, si aulcunes en ont, sur peine d'amende arbitraire et de prison.

Et pour le resgard des ouvrages des murailles, sera mond. seigneur supplié de faire monstrer les lieux où il luy plaist qu'il soyt besongné, à faict d'y faire besongner incessamment.

Châlons, Arch. Munic., Registre XVIII.

Menaces d'entreprise contre Verdun.

1585.

7 novembre. — M. de Guitault communique au Conseil deux lettres de M. Le Séure, par lesquelles il l'avertit de se

tenir sur ses gardes, d'autant qu'il y a entreprise sur cette cité et que par ruse les Huguenots ont déjà pris les villes et châteaux d'Aussonne et de Saulx-le-Duc, « avec un mandement de monseigneur de Guise portant deffense de courir sus aux Huguenots qui se saulvent, selon le dict. »

27 novembre. — On a reçu réponses du duc de Guise du 25 de ce mois, par lesquelles il dit que Messieurs de la Cité n'ont que faire de se donner peine des rapports qu'on pourrait avoir fait d'eux au Roi, d'autant qu'il veut porter et garantir le tout ; au reste il désire être averti de ce qui se fait du côté de Sédan. Or il y a nouvelles certaines qu'un grand nombre de gens de guerre sont en lad. terre de Sédan avec force échelles et charriots, tout prêts à faire quelque entreprise. On enverra messager vers le duc pour lui en donner avis.

Verdun, Arch. Munic., Ier Registre du Conseil.

Lettre du Roi aux évêques.

1585, 23 décembre.

De par le Roy.

Nostre amé et féal, par les dépesches que nous recevons des provinces de nostre Royaume, nous veoyons qu'il y a diversité de formes pour la profession de foy que font ceulx de la nouvelle oppinion qui se retournent à l'Eglise catholique, appostolicque et romaine ; qui a esté cause qu'ayans faict veoir toutes lesd. formes par aucuns docteurs, ilz en ont rédigé une, laquelle vous envoyons incluse avec la présente, désirans que vous vous conformiez à icelle, comme nous escrivons aux autres prélatz de nostre Royaume faire le semblable de leur part ; estimant qu'il sera fort convenable que lesd. professions de foy se trouvent tout unyformes.

Donné à Paris le XXIIIe jour de décembre 1585.

Profession de foi.

Je croy en Dieu, le Père tout puissant, créateur du ciel et de la terre, de toutes choses visibles et invisibles, et en Nostre Seigneur J. C., filz unicque de Dieu, qui est né du Père devant tous les siècles, Dieu de Dieu, lumière de lumière, vray Dieu de vray Dieu, engendré et non faict, consustanciel à son père, par lequel toutes choses ont esté faictes, qui est descendu des Cieulx pour nous et pour nostre salut et a esté incarné du Sainct Esprit et de la Vierge Marie, a esté faict homme, crucifié pour nous soubz Ponce Pillate, a enduré mort, a esté ensepvelly, est dessendu aux Enfers, le troisiesme jour est ressuscité suivant les Sainctes Escriptures, est monté au ciel, siet à la dextre de son Père, de là où il viendra en gloire pour juger les vifz et les mortz, duquel [le royaume] ne prandra jamais fin. Je croy aussy au Sainct Esprit, seigneur et vivificateur, qui procède du Père et du Filz, qui est adoré et glorifié avec le Père et le Filz tout ensemble, qui a parlé par la bouche des prophètes.

Je croy semblablement à une saincte Eglise cattholicque et appostolicque. Je confesse ung baptesme pour la rémission des péchez et attendz la résurrection des mors et la vie du siége à venir. Je croy aussy et embrasse les traditions appostolicques et ecclésiasticques et toutes les aultres observations et constitutions de l'Eglise. J'approuve la Saincte Escripture selon les sens et interprétation qu'a tenu et tient encores de présent nostre mére Saincte Eglise, et ne la prandray jamais ny interpréteray aultrement que selon le commung et consentement des Péres. Je confesse aussy qu'il y a vrayement et proprement sept sacremens de la loy nouvelle, qui ont été instituez et ordonnez par N. S. J. C. au salut du genre humain, asçavoir : le Batesme, la Confirmation, l'Eucaristie, la Pénitence, l'Extrême Unction, les Ordres et le Mariage, lesquelz donnent et confèrent grâce. Pareillement, je croy les cérémonies approuvées et receues de l'Eglise Catholicque en l'administration solemnelle d'iceulx sacremens. Oultre je confesse qu'en la Saincte Messe le vray propre et propitiatoire est offert pour les vivans et trespassez, et qu'au sainct sacrement de l'authel est vrayement, réellement et substanciellement le corps et sang, pareillement l'âme et la divinité de N. S. J. C., et qu'il se fait mutation et changement de tout le pain au corps et de tout le vin au sang de N. S., lequel changement l'Eglise catholicque appelle transsubstantiation ; et que, soubz l'une des espéces, seullement on prand tout entièrement Jésus Christ. Je croy fermement et tiens qu'il y a ung Purgatoire, et que les âmes qui y sont détenues sont aydées par les priéres et suffrages des fidelles. Je confesse qu'il fault invocquer et honnorer les Sainctz qui régnent avec J. C., et qu'ilz font et présentent des priéres et oraisons à Dieu pour nous : qu'il fault porter honneur et révérence à leurs relicques. Je ne doubte aussy aucunement qu'il ne faille avoir des ymages de N. S. J. C., de la benoiste Vierge Marie et de tous les Sainctz, et leur rendre l'honneur qui leur est deu. Je croy aussy que la puissance [tant] d'excommunier que d'eslargir les pardons et indulgences est laissée à l'Eglise par N. S. J. C., et que l'usaige d'icelle est fort utille et salutaire au peuple chrestien.

Je croy constamment que l'homme a son libéral arbitre, par lequel il peult bien ou mal faire; que le pécheur n'est justiffié par la seulle foy, mais aussy par les œuvres bonnes.

Je recongnois la Saincte Eglise catholicque, appostolicque et romaine comme la vraye mére et maistresse de toutes les aultres. Pareillement je recongnois Nostre Sainct Pére le Pape comme vicaire de J. C. et vray successeur de Sainct Pierre, prince des Apostres. Daventaige je reçoy tout ce qui a esté définy, laissé et arresté par les sainctz canons et concilles généraulx, en condamnant et répprouvant tout ce qui est au contraire, comme damnée et réprouvée hérésie.

C'est la saincte foy catholicque dont je fay profession et que je croy en vérité et sincérité de cœur et confesse de bouche devant Dieu, ses anges et toute la cour celleste, et devant vous, Monsieur ; laquelle je promectz et jure tenir, faire et observer, moiennant la grâce de Dieu, de poinct en poinct, sans jamais y contrevenir directement ny oblicquement en aulcun article, jusques au dernier souspir de ma vie. Et en cas de contravention, je me soubzmect aux peines de l'édict et déclaration sur icelluy.

Ainsy me soit Dieu en ayde et les Sainctz Evangilles. Amen !

Bib. Nat., fonds français, n° 3309, f°s 96-97.

Fortifications de Vitry-le-François (1) ; visites du duc de Guise.

1585-1588.

1585, 23 avril. — Le fossé du côté de Vaux sera élargi de 30 pieds et rendu beaucoup plus profond. Construction d'un pont-levis. Bail du 23 avril.

Vitry, Arch. Munic., CC. 70, f° 30

6 novembre. — Commandement aux habitants de Blacy, Loisy, Drouilly et Pringy de venir travailler aux fortifications, en vertu du mandement du duc de Guise. (F° 143).

1586, 21 juin. — Présent de cinq grands brochets, d'un barbeau et d'un muid de vieux vin d'Ay au duc de Guise, étant à Vitry le 21 juin. (F° 165).

Juillet. — Salaire du sergent qui, en vertu de la commission du bailli de Vitry, « a esté en plusieurs villages faire commandement aux habitans d'iceux ayans chevaulx et harnois de se trouver au bourg ouvert de Victry en Parthois pour charger les débris et matériaulx du chastel dudict Victry en Parthois. » (F° 219).

Août. — Gilles d'Estrées et treize autres briquetiers sont envoyés par le duc de Guise « pour visiter un lieu propre à faire briques. » (F° 174).

12 septembre. — Présent d'une grosse carpe au duc de Guise étant en cette ville le 12 sept. Autre présent de trois

---

(1) Selon la tradition, la citadelle de Vitry, qui occupait l'emplacement situé derrière l'hôtel de ville actuel, en dehors des fortifications modernes, fut construite en 1585. Cf. les gravures de Chastillon et J. Peeters. Chastillon la représente comme formée de 4 bastions et enfermant divers bâtiments. Nous n'avons trouvé aucun document spécial sur sa construction.
C'est sans doute aussi en 1585, par la protection des Guise, que Stef d'Urbin, gouverneur de Vitry, fut pourvu de la superintendance des fortifications des pays de Champagne, Brie, Metz et pays Messin; mais, lorsqu'en 1590 le roi pourvut Anthoine de Neufchastel, sr de Sillery, de cette charge devenue vacante par le décès de Stef, le Conseil de Châlons protesta « que led. Stef n'avoit oncques esté recognu pour superintendant des fortifications de lad. ville. » (Châlons, Registre XIX, 29 juin 1591).

brochets. Port de lettres du duc adressantes aux habitants de Troyes. (Fos 175 et 230).

Octobre. — Port de lettres du duc de Guise au seigneur d'Applaincourt, gouverneur de la ville de Guise, « afin d'envoyer des massons et des briquetiers pour travailler aux fortifications de cested. ville ». Mandement et quittance du 9 octobre. — Présent de vin à M. le Seure, secrétaire du duc de Guise, étant en cette ville le 15 octobre.— Port d'un paquet de lettres du duc de Guise au capitaine Villory en la ville de St-Dizier. — Achat d'un muid de vin pour faire présent au duc de Guise. Autres fournitures. (Fos 175, 176, 177, 179).

12 décembre. — Poisson et vin offerts « à Monseigneur le prince de Joinville estant en cested. ville le 12e jour de décembre. » (Fos 179, 247).

1587, janvier. — Frais de charroi de pierres « apportées du bourg et chasteau de Victry en Parthois en ceste ville de Victry le François pour la fortification d'icelle.» (Fo 180).

Mai. — Frais payés au sergent qui a fait sommation aux habitants de plusieurs villages voisins de se trouver dans la prairie de Trémont pour charger la pierre destinée aux fortifications. (Fo 257).

Vitry, Arch. Munic., CC. 71, Comptes communs.

Mai. — Lettres données à Paris par Henri III, pour continuer pendant six ans aux habitants de Vitry les dons, grâces, faveurs, octrois, permissions, concessions, exemptions, affranchissements et libéralités à eux concédés par ses prédécesseurs Rois, afin de « leur donner moyen de subvenir à la closture, entretenement, fortifications et réparations de lad. ville, » à condition que les deniers qui en proviendront seront employés auxd. travaux.

Vitry, Arch. Munic., AA 1, Cartulaire, fo 60.

1588, 29 janvier—Lettres données à Paris par Henri III pour la continuation des octrois, sur la requête des habitants qui ont subi de grandes pertes « par les incursions des gens de guerre allans aud. Pays Bas, passans et repassans, qui les ont rançonnez, pillez et branquetez à discrétion, n'estant lad. ville en estat de déffense, » pourquoi ils ont dû lever sur eux jusqu'à 5.000 livres pour la fortification.

Vitry, Arch. Munic., AA, 3, original en parchemin.

Janvier. — Commandement aux habitants de Blacy, Maisons, Loisy, Drouilly, Pringy, Songy, de venir travailler aux fortifications.

Vitry, Arch. Mun., CC. 77, f° 56.

Main-levée pour Georges de Nettancourt.

1586, 15 juillet.

La seigneurie de Bettancourt a été saisie sur honoré seigneur Georges de Nettancourt, sr de Bettancourt, parce qu'il avait omis, « suyvant l'édit de réunion et déclaration sur icelui, de faire apparoir du certificat du lieu de sa résidence et des soumissions portées par led. édit et déclaration.»

G. de Nettancourt produit un acte de la justice de la souveraineté de Sédan, en date du 8 juillet 1586, attestant qu'il « s'est habitué en la ville dud. Sédan dès le mois d'octobre dernier passé, avec sa femme et famille,... pour y vivre en liberté de conscience ; » qu'il n'a pas l'intention de porter les armes contre le Roy ni « d'adhérer, favoriser, aider ni secourir en aucune manière ceux qui se pourroient estre eslevés et esleveront cy après contre Sad. M., et ce, sur peine de la perte et confiscation de ses biens assis aud. royaume ; ains au contraire se contenir paisiblement soubs l'obéissance du sr duc de Bouillon », etc.

En conséquence main-levée lui est accordée.

Archives de la maison de Nettancourt, original.

Aliénation de biens temporels de l'Eglise accordée au Roi.

1586, 12 août.

« Cosme Clausse par la permission divine évesque comte de Chaalons, pair de France, et les depputez du clergé de Chaalons, commissaires subdéléguez audict dioceze par Nosseigneurs les cardinaux de Bourbon, de Guyse et autres depputez généraulx de nostre Sainct Père le Pape pour l'aliénation de cinquante mil escuz de rente du bien temporel des bénéficiers du Royaume de France accordés à Sa Majesté suivant les bulles de Sa Sainteté en datte du XXXe janvier dernier passé, aultrement par lettres patentes de Sad. Majesté données à Paris le XXVIIe jour de mars aussy dernier passé, veues les lettres de commission de nos dictz seigneurs depputez à nous addressantes en date du XXVIIe apvril préceddant.... Nous vous mandons et commettons par ces présentes signifier et faire assigner aux bénéficiers qui vous seront donnés par un roole signé de nostre greffier leur taxe et département de ladicte somme, et leur faire commandement qu'ils aient dedans huict jours après ladicte significacion à eulx faicte de ladicte taxe à nous déclarer et deuement certiorer quels moiens ils entendent poursuivre pour satisfaire au payement de leurs dictes taxes, affin de procedder à l'estimation des choses qu'ils entendent exposer pour le paiement de leur dicte taxe... »

Advertissemens aux bénéficiers contribuables à l'aliénation de 50,000 écus par Monseigneur et aultres déléguez.

Sont exhortez tous et chascuns les bénéficiers contribuables à la dicte somme de payer leur taxe le plus qu'ils pourront des fruictz de leurs bénéfices ; et où, lesdictz bénéficiers jugeront en leurs consciences ne le pouvoir faire, leur sera loisible, pour satisfaire à leur dicte taxe, vendre, avec le consentement de nous, nos viccaires et depputez, de l'argenterie et aultres meubles dont leurs églises, sans diminucion du service divin, se pourront passer. Et à faulte de ce, pourront lesdictz bénéficiers constituer rente sur le temporel des biens immeubles de leurs bénéfices, lesquels néantmoins ils seront tenus rachepter dedans douze années pour la descharge desdictz bénéfices ou vendre pardevant nous ou aultres officiers par nous commis sur les lieux, s'ils estiment debvoir estre faict pour le bien et proffit dudict bénéfice, des bois de haulte fustaye ou bien baillaivaulx de leurs taillis jusques à la concurrance de leur taxe et non plus avant, si faire se peult, sans qu'ils aient besoing d'obtenir congé du Roy, de ses courts de Parlement, officiers de eaulx et forestz ne aultres de ce Royaulme. Pouront vendre les greffes et tabellionaiges des justices temporelles de leurs bénéfices qu'ils dirigeront en tiltre d'office, ou engager et faire baulx à ferme et à louage en longues années ou amphitéose, prenant argent d'avance, alliéner par eschange avec supplément, vendre à faculté de rachapt perpétuel, et dudit supplément ou avance et sommes provenant dudit engagement ou vente à faculté de rachapt, payer leur dicte taxe. Et où les susdictz moyens deffauldront et ne pourront satisfaire à leur dicte taxe, vendront telles portions ou pièces dudict temporel que les commissaires adviseront, aultres toutesfois que les principaulx fiefs, principalles maisons et manoirs de leurs bénéfices, ne pareillement les villes fermées de murailles, gros bourgs et aultres lieux insignes, dixmes, pasturages, champars, justices et patronnages despendans d'iceulx ; aux quelz flefs et maisons, manoirs, villes et lieux insignes, dixmes, pasturages, champars, justices et patronnages est enjoinct ausdictz commissaires et bénéficiers sur peine de nullité de ne toucher ny permettre qu'ilz soient alliénez en aulcune manière, mais seullement des rentes, censives, et portion du domayne d'iceulx, sy d'aillieurs il ne se trouve aultre bien temporel appartenir ausdictz bénéfices.

Vitry, Arch. de l'hôpital, B. 51, expédition du temps.

Guerre contre le duché de Bouillon ; prise de Rocroy par ceux de Sédan ; reprise par le duc de Guise.

1586.

Le 25 février 1586, par ordre du duc de Guise, Saint-Pol qui, depuis avril 1585, occupait Mouzon, en sortit pour s'emparer de la petite ville de Douzy, appartenant au duc de Bouillon. Ce fut le commencement des hostilités contre cette principauté, où la liberté de conscience avait été reconnue publiquement dès 1560.

Dans la nuit du 17 au 18 novembre, les Sédanais, sous la conduite de Montmarin leur gouverneur, prirent leur revanche et s'emparèrent de Rocroy ; le sr de Chambéry, gentilhomme limousin qui y commandait, fut tué les armes à la main.

Cf. de Thou, livre 86, p. 593 ; Henri, p. 85 ; Mémoire des choses plus notables, p. 21 ; Mémoires de la Ligue, t. III.

22 novembre. — Lettre du duc de Guise aux Châlonnais sur la prise de Rocroy. Après lecture de cette lettre, le Conseil de ville décide de désarmer ceux de la nouvelle

opinion qui ont fait profession de foi depuis l'édit de juillet 1585, avec défense de sortir de leurs maisons. Continuation de la garde. (Cf. *Lettres*, p. 137-138).

29 nov. — Le Roi à Dinteville. Il y a urgence de révoquer l'ordre de licenciement des lansquenets, à cause du remuement des huguenots de Sédan et de la surprise de Rocroy.

10 décembre. — Dinteville au Roi. Il est venu à Troyes pour aviser aux remuements que pourrait provoquer la surprise de Rocroy, qui en surexcite en effet aucuns.
Bibl. de la Sorbonne, ms. 374. Cf. Correspondance, p. 109.

Lettre du s^r de Bouillon à monseigneur le duc de Guise, du IIIIe décembre 1586.

Monsieur, j'espérois que, sur la teneur de la lettre que je vous ay dernièrement escripte, j'aurois vostre sauf-conduict, affin que, par la voye d'ung de mes gentilshommes, je peusse avec vérité vous faire veoir à l'œil et toucher au doigt que je n'ay jamais pensé en la moindre chose de ce que le s^r de Cussy m'a dict vous avoir esté rapporté sur le faict de la prise de Rocroy, dont tant s'en fault que j'aye rien sceu ny esté consentant qu'au contraire j'ay faict tout ce qu'il m'a esté possible pour le descouvrir, et n'y a homme vivant qui y peust donner créance, sinon la juger à ung désespoir de ceulx qui l'ont exécuté. Et vous jure et vous proteste, Monsieur, que si l'eusse peu apprendre avec beaucoup de payne que je y ay mise, je n'eusse failly à en donner advis au Roy et à vous, à qui j'envoyois ung discours par le gentilhomme que j'avois despesché pareil à celluy que j'ay faict tenir à Sa Majesté, pour représenter ce qui en est venu à ma congnoissance et faire juger qu'il n'y a aulcune faulte, coulpe ny consentement de ma part, comme il se vériffiera aisément, et le pourrez mesmes sçavoir de ceulx qu'avez faict prendre prisonniers. Mais puisque ne l'avez lors trouvé bon, j'espére en avoir à présent recouvert l'oportunité sur la teneur des lettres qu'il a pleu à Sa Majesté m'escrire, par lesquelles il me commande d'employer tous mes moiens pour tascher à faire remectre ledict Rocroy en ses mains, ce que je feray trèsvolontiers en ce que j'y pourray apporter de bien pour son service ; et s'il vous plaist, Monsieur, m'envoier ung saufconduict pour le sieur de Cussy, que j'ay retenu icy expressément affin de vous aller trouver selon qu'en adviserez pour le mieux prendre instruction de ce qu'estimerez estre convenable à ceste occasion, je le vous envoyeray aussy tost pour y satisfaire en tout ce que mon pouvoir se pourra estandre, que je n'espargneray en chose que je penseray estre agréable à Sad. Majesté, la quelle j'ay suppliée par ma dernière despesche, comme je fais vous bien humblement, Monsieur, ne me condampner sans estre oy, ny permectre qu'on me face la guerre sans occasion, comme l'on a commancé sy tost qu'avez envoié vos mandemens, ainsy que je vous ay escript par mesd. dernières, ne croire aussy que j'aye faict prendre aulcuns grains pour préjudicier à aultruy. Bien est vray qu'aiant entendu que le cappitaine de Donchéry avoit faict prendre les miens, et aiant envoié aulcuns pour m'avertir seurement de ce qui en estoit, qu'en venant ils ont rencontré quelques chartiers qui alloient aud. Donchéry, les ont amenez, et ont les grains qui estoient chargez dessus esté vendus en plain marché au proffict de celluy auquel ils appartenoient,et le surplus mis en garde pour le rendre quand on me rendra le mien ; à quoy je vous supplie derechef interposer vostre auctorité, considérant la chose estre équitable et que je n'ay jamais rien plus cherché que me rendre conforme aux intentions de Sa Majesté.

Responce de Monseigneur le duc de Guise au s^r de Bouillon.

Monsieur, pour responce aux offres que vous me faictes de vous employer à ce que Rocroy demeure en l'obéissance du Roy, je vous diray qu'avant la surprise je croy que vous aviez pouvoir de ce faire aultant qu'homme du monde, puisque Sa Majesté se contentoit de vous avoir pris pour respondant de ceulx qui l'ont exécutée. Maintenant que je m'en suis approché, je sçay que soubz l'authorité du Roy j'y puis plus que vous ny autre qui soit de leur religion, pour avoir plus de moien, avec les forces et commandemens de Sa Majesté, de les chastier que vous n'avez de m'asseurer d'eulx.

Bibl. Nat., f. fr., 3974, f° 258, copie du temps. Cf. Henri, p. 85; et Mémoire des choses plus notables, p. 22.

D'Haussonville vient commander à Verdun.

1er décembre. — « Messieurs des Estatz ayant esté assemblez, ont conclu qu'eu esgard au temps dangereux, estante toute la garnison de ceste ville allée à Rocroy, il est nécessaire d'envoyer guides aux champs de toutes parts pour avoir nouvelles et se mieulx donner de garde. »

1586, 12 décembre. — « Monsieur le bailly aiant adverty Messieurs que, pour les entreprises qui sont faictes sur ceste cité et le danger en laquelle elle est, monsieur le baron de Haulssonville vient en ceste cité pour y commander jusques après led. danger, ont mesd. sieurs advisé de l'aller saluer dez son arrivée et luy offrir tous leurs moiens, et sy ont advisé de le traicter avec Messieurs des Estatz, et pour faire la despence commis les controlleur, receveur et fourrier. Est advisé de mectre pendant le danger encor ung homme au clocher de nuict avec celuy qui y est, et luy sera donné par chacune nuict quatre gros. »

15 décembre. — « Messieurs ont de nouveau conclu que, Monsieur de Haulsonville estant venu en ceste cité à l'effect que dessus dès le XIIe de ce mois, sera bien remercié et ses despens et de ses gens paiés avec le rest des Estatz; pour compter, commis Boucart et Watronville. »

Verdun, Arch. Munic., 1er Registre du Conseil.

Capitulation de Rocroy au duc de Guise.

1586, 24 décembre.

Entre Monseigneur le duc de Guise, pair et grand maistre de France, gouverneur et lieutenant général pour le Roy en ses pays de Champaigne et Brye, d'une part, et les gens de guerre partis de Sédan estans entrés en armes dans la ville de Roqueroy, d'autre part, ont esté les articles suivantz arrestez, accordez et signez, pour l'observation desquels ont esté la foy et promesse donnez réciproquement.

Premièrement, lesd. gens de guerre venus de Sédan, après avoir supplié Sa Majesté en la personne de mond. seigneur gouverneur, qu'il luy pleust leur pardonner la faulte qu'ilz avoient faicte et leur en faire donner abolition suffisamment inthérinée, leur a esté promis moyennant qu'ilz remissent la place, artillerye, munition, équipage de guerre, pouldres et vivres non consommez entre les mains de Sa Majesté et de mond.

seigneur ; ce qu'ilz ont promis faire de la manière qui s'ensuict :

Il demeurera dans Roqueroy trois compagnies de gens de pied de cinquante hommes six sepmaines durant, pour attendre sy le Roy de Navarre ou M. de Bouillon leur envoyera secours d'armée pour les délivrer du siége et leur donner loisir de faire ung envitaillement suffisant pour un an ; et au cas que lesd. s[rs] de Navarre et de Bouillon n'envoyent dans led. temps, qui sera le dernier jour de janvier, aux portes de Roqueroy armée assez forte pour les effectz que dessus, lesd. gens de guerre venus de Sédan estans dedans sortiront.

Et pour seureté de l'accomplissement de leur promesse, led. seigneur duc mettra de la part de Sa Majesté dans la place quatre compagnies de gens de pied, de deux cens hommes chacune compagnye, avec les trois de cinquante hommes de gens de guerre venus de Sédan, lesquelles trouppes seront nourries, assavoir celles de Sédan des vivres qui se trouveront à présent dans la ville de Roqueroy, et les autres des vivres que mond. seigneur leur fera fournir. Les six sepmaines passées, mons[r] de Montmarin, remettra le gouvernement dud. Roqueroy entre les mains de Sa Majesté, à la charge que mons[r] de Launay, parent des principaulx d'eux, en sera pourveu, ce qu'aultrement ilz ne pourroient faire pour leur seureté et repos, à cause du malheur advenu par la mort du feu s[r] de Chambéry, encore que cela soit arrivé à leur grand regret.

Lesd. de Sédan se retirans auront saufconduict et parolle et promesse de mond. seigneur pour se retirer où bon leur semblera, à condition touteffois, s'ilz demeurent en ce Royaume, d'obéir aux eedictz et ordonnances de Sa Majesté.

Et ceulx qui seront du nombre des compagnies laissées pour l'attente du secours sortiront incontinant avec saufconduict comme dessus, sans touteffois emmener meubles, bestail ny chose quelconque appartenant aux habitans de Roqueroy ou des environs.

Et parce qu'ilz ont quantité de blessés, leur sera fourny six charriotz pour les faire porter en tel lieu qu'il leur plaira, à condition néantmoings comme dessus d'obéir aux ordonnances de Sa Majesté.

Arrivant lad. armée du secours ainsy comme dict est, mond. seigneur fera sortir les quatre compagnies qu'il met dans Roqueroy. Et pour seureté de l'accomplissement tant de ceste promesse que des autres cy dessus faictes auxd. gens de guerre de Sédan, mond. seigneur leur en donnera sa parolle, de la quelle ilz se contanteront.

Lad. composition a esté effectuée le XXIIIIe de décembre 1586, veille de Noel (1).

Bibl. Nat., f. fr., 3974, f° 262, et 3902, f° 317 ; copies du temps.

Mémoire de Henry de Lorraine sur les places de la frontière de Champagne.

1587.

La frontière de Champaigne s'estend depuis Rocroy jusques à Langres, et sont les villes de Sedan et Jametz assizes presques au milieu de ce traject. Les places qui sont maintenant frontières à ces deux sont Maubert,

---

(1) Cf. « Discours au vray de la prise et reddition de la ville de Rocqueroyx par M. le duc de Guise. » Imprimé, Paris, Linocier, in-8°, 1587.

Mézières, Donchéry, Mouzon, Villefranche, Montfaucon, Verdun, Ste Menehou, St Dizier, Tou, Montesclaire, Chaulmont, Coiffy, Montigny et Langres, plus Chaallons et Reims, qui ont esté mises de ce nombre parce qu'elles ne sont couvertes d'aucune autre place contre Sedan et qu'elles en sont voisines d'une journée.

Sedan est entre Donchéry et Mouzon, Jametz entre Villefranche et Verdun ; et d'Allemagne, de chez les ducz Cazimir et de la Petitte Pierre, comte de Nassau, de Stratzbourg et autres lieux où les Huguenots résident, ilz peuvent venir en une journée en la maison de Clervant, laquelle n'est distante dud. Jametz qu'une journée, et y peut on venir à teste couverte sans estre apperceu, et de là à Sedan. De façon que toute la frontière ne peult estre en seureté, demeurant ces deux retraictes si à propos pour entreprendre, si l'on ne renforce les garnisons et l'on ne les remect en tel estat qu'elles estoient durant les guerres déclarées, estant le péril plus éminent et les entreprinses plus faciles à ceulx du pays qu'aux estrangers : et fault faire ung corps des compagnies des gens de pied entretenuz, avec une de gens d'armes pour courir en diligence aux endroictz d'où les advis viendront qu'il se fera assemblée, et pour d'ordinaire battre les chemins tant dedans que dehors la frontière, pour estre adverty de tout ce qui passera et viendra d'Allemagne à Sedan et à Jametz....

Et qui ne tiendra cest ordre, il est impossible de conserver la frontière, estant le nombre si grand des intelligences dans lesd. villes pour la multitude des catholicques dissimulez, que, laissant les ennemis à la porte comme ilz sont demourans à Sedan, il ne fauldra moins avoir de craincte du dedans que de dehors. Signé : Henry de Lorraine. Et plus bas : Péricard.

<small>Bibl. Nat., f. fr., 3902, f° 326, copie du temps.</small>

Suite de la guerre contre le duché de Bouillon.

1587, janvier-avril.

Après la reprise de Rocroy par le duc de Guise, le duc de Bouillon publie une « Déclaration sur les causes qui l'ont meu à prendre les armes pour sa juste défense contre les entreprises et violences... », s. l., 1587, in-8°.

Janvier. — Le duc de Guise, déjà maître de Douzy, s'empare de Raucourt.

Au commencement de cette année, la guerre étant déclarée, les troupes de Jametz font de grands ravages dans le diocèse de Verdun, et celles du duc de Guise dans les terres de Sédan.

Escarmouches. Les Sédanais surprennent Cormicy et brûlent le prieuré. Le cardinal de Guise, par représailles, fait brûler le château de Braine.

19 avril. — Le duc de Guise, en reconnaissant les châteaux de Daigny et de Givonne, est chargé par le duc de Bouillon, et se retire, non sans peine, à Franchevau.

<small>Cf. de Thou, l. 86, p. 612 ; l. 87, p. 1 ; *Mémoire des choses plus notables*, p. 23 ; *Mémoires de la Ligue*, guerre de Jametz, t. III ; *Revue de Champagne*, t. V, Sédan et Jametz en 1587.</small>

10 février. — M. de Guitault, le bailly et aucuns du clergé ont résolu d'envoyer vers le Roi avec requêtes et mémoires, « pour l'advertir des courses, guerres et dommages que font ceulx de Jametz sur l'évesché de Verdun et terre du chapitre. »

16 février. — On a envoyé grand nombre d'harquebusiers bourgeois aux environs de la cité « pour tascher de surprendre plusieurs voleurs qui brigandoient aux bois et sur les chemins. »

19 février. — Messieurs du chapitre ont proposé de donner munitions et vivres à M. de Guitault et de faire sortir de la ville les troupes dont il dispose, « pour empescher les

courses et pilleries des Huguenots, au soulagement des subjectz de l'évesché et du chapîtré ». Le chapîtré demandant que la cité contribue aux frais, les Etats répondent « qu'estant question de réprimer l'audace des ennemis de la foy, et que le plat pays estant destruict, grand dommage en reviendroit à lad. cité, » et Messieurs consentent à contribuer quelque chose à lad. munition.

7 avril — « Messieurs, suivant advis de monseigneur le Cardinal, ont advisé et conclu d'envoyer vers monseigneur de Lorraine comme protecteur de la cité, et supplier Son Altesse de donner aide pour la conservation de lad. cité contre les Huguenots et ennemis d'icelle. »

25 avril. — « Ayant esté proposé par monseigneur le Cardinal qu'il y a forces prestes pour repousser les Huguenots, caper et forcer Jametz, s'il est possible, et partant prié Messieurs de contribuer aux frais de la guerre », la cité offre 18,000 écus. Le Cardinal répond que pour l'heure il se contentera de 500 écus.

Verdun, Arch. Munic., Registre I (1).

Trève entre le duc de Guise et le duc de Bouillon.

1587, avril-décembre.

Surséance d'armes du 27 avril au 15 mai.

Articles de la trève accordée entre Monseigneur le duc de Guize, lieutenant général pour le Roy en Champaigne, et Monseigneur le duc de Buillon, cappitaine de cent hommes d'armes des ordonnances du Roy et des Suisses de sa garde, ses subjectz et autres retirez dans ses terres, sur la proposition faicte par Monsieur de Bélièvre, envoyé de la part du Roy.

Premièrement, que tous actes d'hostilité cesseront, et

(1) Imprimés.—« Advertissement envoyé à ceulx de la ville de Sedan par les pairs de France sur le but de leurs entreprises ; ensemble la responce de ceulx de lad. ville de Sedan et leurs volontés », s. l., in-8, 24 pages. La réponse des Sédanais est datée du 10 mars 1587. — Déclaration du Roi contre ceux qui se sont retirés à Sedan, Jamets et autres terres de la Meuse appartenantes au duc de Bouillon », du 12 mars 1587.

ne sera attenté ny innové aucune chose de part ny d'autre, le tout demeurant en l'estat présent.

Que ceste sursèance d'armes durera jusques au XVe may prochainement venant, pendant lequel temps aucun des subjectz de Monsieur de Bouillon ny autres retirez en ses villes et terres ne pourront entrer ny traficquer au pays et gouvernement de Champaigne ny terres de l'évesché de Verdun.

Pourront les subjectz de Monsieur de Bouillon et ceulx qui se sont retirez en ses souverainetez aller et venir librement par les terres et villages desd. souverainetez sans qu'il leur soit donné empeschement, comme aussy pourront les habitans de Mézières, Mouzon, Donchéry et autres aller et venir en toute seurté sur les terres dud. s^r de Bouillon et mesmes par Remilly pour leurs négoces et affaires seulement.

Sera le chemin libre de Sedan à Jametz et de Jametz à Sedan aux subjectz dud. s^r de Bouillon et autres retirez en ses terres pour leurs traficques et affaires, comme il estoit au précédent la guerre, sans touteffoys approcher plus près dud. Mouzon que le grand chemin de dessus la montaigne.

Ces présentes seront publiées partout et observées de poinct en poinct à peine de la vie aux contrevenans, ayant ainsy esté accordé et promis soubz les signatures de mesd. seigneurs de Guize et de Bouillon.

Faict le XVIIe jour d'apvril mil V^c quatrevingtz sept. Signé : Robert de la Marck.

<small>Bibl. Nat., f. fr., 3398, f° 137, copie ancienne.</small>

Verdun demande à être compris dans la nouvelle trève.

20 mai. — Messieurs des Etats de Verdun décident d'en-

voyer leurs députés vers monseigneur le Cardinal et monseigneur de Guise, à Reims où la Reine mère du Roi se doit trouver, « affin que, la paix se traictant, la cité et terres de l'évesché et chapitre de Verdun y soient comprises, et pour faire les remonstrances à ce requises et nécessaires. »
Verdun, Arch. Munic., Registre I.

Prolongation de trève du 18 juin au 27 juillet (1).

En attendant qu'il se puisse faire une bonne conclusion pour faire cesser tous actes d'hostilité et establir ung bon repos ès villes de Sedam, Jametz et autres terres appartenans à Monsieur le duc de Bouillon, il a esté accordé suspention d'armes pour quarante jours entiers révoluz et accompliz, qui commanceront le XVIIIe jour de ce présent mois et qui finiront le XXVIIe jour du mois prochain, ledict jour includ et passé.

Et que pour cest effect Monsieur le duc de Guize fera publier à son de trompe ès lieux qu'il advisera de son gouvernement, comme feront en semblable ceulx qui ont charge audedans des éveschez de Verdun et pays de Verdunois, Thoul et autres pays de protection du Roy, lad. suspention d'armes pour lesd. quarante jours ; et pareillement Monsieur le duc de Bouillon en sesd. villes de Sedam et Jametz et par touttes ses aultres terres estans en la protection de S. M.; faisant par lesd. publications deffences sur peine de la vie à tous gens de guerre et aultres, de quelque qualité, nation et condition qu'ilz soient, de faire aucunes courses ny commettre aucuns actes d'hostilité, pratiques ou surprinses de villes et forteresses ny aucune chose qui puisse préjudicier à lad. suspention d'armes.

(1) La pièce suivante paraît se rapporter aux négociations de cette trêve :
29 mai : « Mémoire à M de Cussy allant trouver la Reine mère et Monsieur de Bouillon. » Bibl. Nat., f. fr. 3396, f° 47.

La quelle est aussy accordée à condition que tous les habitans circumvoisins et autres pourront aller, venir, séjourner et retourner aud. Sedan, Jametz et autres lieux appartenans aud. s^r duc de Bouillon, porter vivres, trafiquer ou aultrement pour leurs affaires.

Et pourront aussy les antiens bourgeois et subjectz dud. s^r de Bouillon aultres que ceulx qui sont réfugiez en ses terres depuis l'eedict de juillet mil V^c quatrevingtz cinq, soubz son passeport ou des gouverneurs dud. Sedan et Jametz, aller et venir ès villes du gouvernement de Champaigne, Verdunois, païs Messin, pour leur traficq et affaires ainsy qu'ilz ont accoustumé, esquelz passeportz sera inséré la cause de leur voiage pour lever tout soubçon et donner tesmoignage de la response que led. s^r de Buillon ou lesdictz gouverneurs feront de leurs personnes, sans que aux ungs et aux autres, d'une et de l'autre part, il soit fait, mis ou donné aucun arrest, destourbier ou empeschement par les gens de guerre et autres, de quelque qualité qu'ilz soient, sur les peines dessusdictes.

Ayant aussy esté accordé que led. s^r duc de Bouillon pourra dépescher et envoier quant bon luy semblera devers leurs Magestez gentilzhommes ou autres ainsy qu'il a accoustumé en temps de paix, et ce en prenant passeport du Roy, ou de Monsieur de Guize, ou du s^r de Brosses, ou de celuy qui en son absence commandera en la ville de Mouzon.

Et afin que tout ce que dessus soit songneusement, sincèrement et de bonne foy gardé et observé de part et d'autre, la Royne mère du Roy, sçachant que c'est l'intention du Roy son filz, a signé la présente à Reims

le XVᵉ jour de juing, l'an mil Vᶜ quatrevingtz sept.
Signé : Catherine. Et plus bas : Pinart.

Lesquelz articles de trêve nous promettons faire garder et observer inviolablement de poinct en poinct selon leur forme et teneur par tous ceulx qui sont soubz nostre charge et commandement durant le temps et terme cy dessus, sans qu'il y soit contrevenu en sorte ou manière que ce soit. Faict à Reims, le XVIᵉ jour de juing mil Vᶜ quatrevingtz sept. Signé : Henry de Lorraine.

Bibl. Nat., f. fr., 3398, f° 137 ; et 3416, f° 92.

« Articles que MM. d'Arson et de Nueil demandent estre adjoustés à ceux accordés à Reims par la Reine mère, le 15 juin 1587. » — Dans le même volume, plusieurs lettres de Robert de la Marck, en date de mai 1587.

Bibl. Nat. f. fr., 3395, f° 41.

20 juin. — On a reçu à Verdun les articles de la trêve pour 40 jours. On remerciera et on renverra la compagnie du sʳ de Constanze.

Verdun, Arch. Munic., Registre I.

Prolongation de trêve du 28 juillet au 31 août.

« La trefve cy dessus transcripte et qui debvoit finir le XXVIIᵉ du présent mois a esté et est continuée jusqu'au dernier jour du prochain mois d'aoust, icelluy includ, soubz le bon plaisir touttefois de Monseigneur le duc de Guyse et de Monseigneur le duc de Bouillon ; et pour cest effect Monsieur de Brosse envoyera vers mond. seigneur de Guize, et Messieurs d'Arson et de Nueilles vers mond. seigneur de Bouillon, pour rapporter lad. continuation signée de mesd. sieurs, s'ils l'ont agréable... Le XXIIIᵉ juillet M Vᶜ IIIIˣˣ VII. Signé : de Boutillet et de Nueil. »

Prolongation de trêve du 1ᵉʳ septembre au 10 septembre.

« Comme sur le pourparler d'entre MM. de Brosse, de la

Vieuville, d'Arson et de Nueil, de la prolongation de la trefve outre le mois desjà résolu, entre mond. sieur de Brosse, d'Arson et de Nueil, qui expire le dernier du présent, ilz eussent envoyé le sr de Cussy pour, sur le mis en avant de lad. prolongation, avoir pouvoir et consentement de Monsieur le duc de Bouillon, lequel ilz espéroient pouvoir estre de retour dans et auparavant l'expiration dud. mois, et néantmoins aiant esté arresté à Metz et par ce moyen son voyage interrompu, lesd. srs de Brosse, de la Vieuville, d'Arson et de Nueil ont accordé, affin de donner loysir aud. sr de Cussy de retourner pour apporter la résolution de mond. sr de Bouillon sur lad. prolongation, de la continuer encores, comme de faict ilz la continuent, jusques au dixiesme dud. mois de septembre prochain, icelluy includ... Le XXIXe jour d'aoust M Vc IIIIxx VII. Signé : Nueil et Claude Doit. »

Prolongation de trève du 12 septembre au 31 décembre.

« Aujourd'hui douze jour de septembre 1587, lesd. srs de Brosse, de la Vieuville, d'Arson, de Nueil et de Cuissy estans assemblez à Donchéry après le retour dud. sr de Cuissy pour la continuation de lad. trève, ilz ont icelle continuée jusques au dernier décembre prochain, led. jour includ, en la mesme forme et manière qu'elle avoit esté accordée par la Royne mère du Roy.... Signé : Nueil et Rémon. »

Bibl. Nat., f. fr., 3416, fo 92 vo, 93, copies du temps.

27 décembre. — Lettre sur la situation des Huguenots et l'état des villes de Rocroy et Sedan.

Bibl. Nat., f. fr., 3336, fo 80.

Le Roi et les Guise.

1587.

La Charité à Monseigneur le duc de Nevers, pair de France.

Monseigneur,

Ayant esté baiser les mains de madame vostre femme, elle m'a dict qu'elle dépeschoit vers vous et qu'auriez aggréable de recevoir la présente avec les advis des brouilleries qui se passent de deça, causées des meffiances en quoy ung chacun demeure, les ungs pour désirer une paix ou une trefve avec les Uguenotz, les autres pour la craindre et croyre qu'elle ne se peult faire qu'au trèsgrand préjudice du service du Roy, perte de l'estat et du général des catholiques. Avec ce, l'on a envoyé faire une levée de quatre mil Suisses, comme l'on dict, sans besoing, puis que l'on veult faire la paix ou la trefve. Et adjoustant à ces justes causes des bruictz faulx, l'on a semé que ceulx de ceste ville désiroient ung remuement qui a mis chacun en doubte, et le Roy mesmes, qui pour en estre esclaircy se doibt aujourd'huy communiquer à messieurs le cardinal de Bourbon et duc du Mayne, qui luy lèveront aysément tous ses soubçons ; et, s'il plaisoit à Sa Majesté en faire autant de sa part, se seroit ung grand bien pour l'advenir et moyen de vivre en plus de tranquilité d'esprit.

Vous aurez sceu ce qui se sera passé à Lion en ceste assemblée qui s'y est faicte. De touttes ces choses, aultant qu'il en est peu venir à ma congnoissance, je l'ay communicqué au s^r de Breullebault pour le vous représenter et faire entendre, comme pareillement de l'affection en quoy je recongnois monsieur du Mayne envers vous, accompagnée d'un extrême désir de vous pouvoir veoir et communiquer franchement, et vous asseure qu'il désire infiniment la conclusion du mariage, et m'a dict qu'il y apportera de sa part tout ce qu'il pourra. Après vous avoir baisé tréshumblement les mains, je prieray Dieu vous donner,

    Monseigneur.

En parfaicte santé trésheureuse prospérité, trésbonne et longue vye. A Paris, ce XXIIe jour de febvrier 1587.

Vostre tréshumble et trésobéissant serviteur.

La Charité.

Bibl. Nat., f. fr., 3975, f° 26, original.

Mai. — Plaintes que Messieurs de Guise ont faites à la Reine mère, à Reims.

Bibl. Nat., f. fr., 3975, f° 56.

6 juin. — Propositions faites au Roi par les Guisards, à Reims.

Bibl. Nat., f. fr., 3314, f° 47.

21 juin. — Dinteville au Roi. Le duc de Guise s'est plaint à la Reine qu'on fasse des levées en Champagne sans son congé et par celui de M. de Dinteville. Cela a toujours eu lieu en cas d'urgence quand le gouverneur est absent. D'ailleurs Dinteville n'a autorisé qu'une levée pour une compagnie que demandait M. de Joyeuse.

Bibl. Nat., f. fr., 3361, f° 31. Cf. *Revue de Champagne*, juillet 1882, p. 62 (1).

La Vieuville est rétabli au gouvernement de Mézières (2).

1587.

20 mai. — « Moyens pour accorder les s^{rs} de La Vieuville et de Grandpré. » M. de la Vieuville s'engage à remettre sa démission de gouverneur de Mézières au duc de Nevers en faveur de M. de Grandpré après trois mois, ledit de Grandpré

---

(1) Cf. Mémoires de Nevers, 1, 702 : « Plaintes faites contre le Roi Henri III en 1587 par les chefs de la Ligue pendant qu'ils furent assemblés à Meaux. »

(2) Robert, marquis de la Vieuville, baron de Rugles et d'Arzillières, avait été expulsé de Mézières en avril 1585, et remplacé par Robert de Joyeuse, comte de Grandpré. La Vieuville, fidèle au Roi, cherchait en même temps à ménager la Ligue, et c'est, paraît-il, à la demande du cardinal de Bourbon qu'il fut plus tard rétabli dans ce gouvernement. Cf. *Mémoires des choses plus notables*, p. 17.

ne voulant en rien déplaire à M. de la Vieuville qui a toujours été son ami, et n'ayant accepté ce gouvernement que pour le conserver au duc, sans rien entreprendre pour lui. Au bout des trois mois, M. de La Vieuville demeurera lieutenant-général pour le roi en Réthélois et gouverneur du pays pour Monseigneur.

Bibl. Nat., f. fr., 3416, f° 47.

Commissions données par le duc de Guise à La Vieuville pour le gouvernement de Mézières.

29 juillet.

Henry de Lorraine, duc de Guise et de Chevreuse, prince de Joinville, pair et grand maistre de France, souverain de Chasteau Regnauld et d'aultres terres d'oultre et deça la Meuze, conte d'Eu et de Courtenay, gouverneur et lieutenant général pour le Roy en ses pais de Champaigne et Brie, au sieur de La Vieuville, chevalier de l'ordre du Roy, cappitaine de cinquante hommes d'armes de ses ordonnances, lieutenant général pour S. M. au duché de Rételois en nostre absence, salut. Comme il ait pleu à S. M. nous commectre, bailler et affecter particulièrement la ville de Mézières pour seureté de notre religion catholicque, et qu'il soit besoing la mectre en main de personnage de probité qui en puisse faire bonne et seure garde, et la conserver contre toutes entreprises des ennemis ; sçavoir faisons que, pour la bonne et parfaicte confiance que nous avons de vostre personne, suffisance, vaillance, expérience au faict des armes, meurs et conversation catholicque, vous avons, en vertu du pouvoir qu'il a pleu au Roy nous donner, choisy et ordonné, choisissons et ordonnons par ces présentes, pour avoir doresnavant la charge et gouvernement de lad. ville, et, en tant que besoing seroit, nous vous y avons commis et commectons pour en jouir et user, aux honneurs, auctoritez, prérogatives, prééminences, franchises, libertez, droictz, gages, revenuz et émollumens qui en deppendent, tant qu'il nous plaira (1) ; mandons en vertu de nostred. pouvoir aux M^{re} commis à la garde de la ville de Mézières, eschevins, manans et habitans dud. lieu vous recevoir, recognoistre et respecter doresnavant comme leur gouverneur et vous laisser jouir plainement et paisiblement de lad. charge, suivant l'intention de Sa Majesté et la nostre. En tesmoing de quoy nous avons signé ces présentes et à icelles faict mectre le seel de noz armes. Donné à Victry, le XXIXe jour de juillet M V^c quatrevingtz sept. Ainsy signé : Henry de Lorraine. Et plus bas : Par Monseigneur, Péricard. Et scellé.

Bibl. Nat., f. fr., 3975, f° 83.

6 août. — Promesse faite par les habitants de Mézières de reconnaître La Vieuville pour gouverneur.

Bibl. Nat., f. fr., 3416, f° 48.

S. d. — Lettre de la duchesse de Nevers à la duchesse de Guise. La ville de Mézières n'a pas besoin de garnison et se garde assez elle-même (2). Il n'y a pas de protestants. Réclamation contre les trois compagnies de gens de pied et la compagnie d'Albanais que le duc de Guise y a placées. Les gens du Conseil de ville, le clergé et les habitants ont prêté serment à M. de La Vieuville, rétabli gouverneur de Mézières, après qu'il a eu justifié de son dévouement à

(1) On a écrit en marge : « le danger. »

(2) La ville de Mézières avait demandé à être déchargée de garnison. Voir sur cette affaire plusieurs lettres : du Conseil de Ville à la duchesse de Nevers en date du 29 avril, du roi au duc de Guise en date du 3 mai, de la duchesse de Nevers au Conseil de ville en date du 7 mai, de Mayenne au comte de Grandpré en date du 10 mai, etc. Bibl. Nat., fonds français, 3416. Cf. Revue de Champagne, 1882, p. 472.

la religion catholique ; ils lui ont exprimé leurs regrets que les troubles l'aient éloigné d'eux depuis trois ans.

Bibl. Nat., f. fr., 3416, f° 18.

26 août. — Les habitants de Mézières promettent d'employer leurs vies et biens pour empêcher que M. de La Vieuville soit dépossédé de sa charge.

Bibl. Nat., f. fr., 4588, f° 167.

Forces que le Roi veut envoyer en Champagne pour s'opposer aux Reistres.

S. d.

« Estat de ce que pourra monter la despense par chacun mois pour le paiement des forces tant de gens de guerre à cheval que à pied, françois, suisses et allemans, desquels sera composée l'armée que le Roy veult et entend faire achemyner sur la frontière du pays de Champaigne, comprins les estatz et appointemens du lieutenant général de S. M. et des officiers nécessaires en icelles, despence des vivres et de l'artillerie pour s'opposer aux levées et descente des reistres que l'on dit voulloir venir en ce Royaume au secours de ceulx de la nouvelle relligion. »

Gendarmerie.

50 compagnies d'hommes d'armes, dont 12 qui sont doubles du titre de 100 lances, et 38 simples du titre de 50 lances.

Chevaux légers

4 compagnies de gens de guerre montés et armés à la la légère, de 100 hommes chacune.

Gens de guerre à pied français.

10 compagnies de gens de guerre à pied français, du nombre de 200 hommes chacune, de celles qui étaient près de

M. de Guise; 6 autres compagnies du régiment du s^r de Tagan, même effectif.

14 autres compagnies, même effectif.

Reistres.

8,100 hommes de guerre allemands à cheval, dits reistres, sous 27 cornettes de 300 hommes chacune.

Gens de guerre à pied suisses.

6,100 hommes de guerre à pied suisses, sous vingt enseignes, dont l'une de 400 hommes, les autres de 300 hommes chacune, en 2 régiments.

Lansquenets.

3,000 hommes de guerre à pied allemands, dits lansquenets, sous un régiment composé de 10 enseignes du nombre de 300 hommes chacune.

Dépense totale par mois 257,300 l. 4 s. 8 d.

Bibl. Nat., f. fr., 3612, f° 138, état non signé.

L'armée étrangère.

1587.

« Articles préliminaires résoluz entre les collonelz et cappitaines des Suisses touchant la présente levée avec M. de Clervant. »

Les colonels qui signent ces articles sont : Tilman, Briège, Richuier. Il est stipulé que le colonel aura sa compagnie de 500 hommes, et les autres de 300 hommes. Chaque capitaine aura par compagnie 50 corselets, 20 mousquetaires et 30 harquebusiers, le reste équipé d'armes ordinaires. Nombreux détails relatifs à la solde, au commandement, etc.

Fait à Bâle, le 13 avril 1587.

Bibl. Nat., f. fr., 3975, f° 36 (1).

(1) Outre les pièces que nous analysons ici, ce ms. 3975 en contient plusieurs autres relatives au même objet, notamment f° 89, sur l'armée étrangère.

« Capitulation faite entre messire Claude Anthoine de Vienne, chevalier, seigneur de Clérevant, en vertu du pouvoir à luy donné par Henry de Navarre, avec les seigneurs colonnels et cappitaines Suisses. »

Les signataires sont : colonel Bernard Thilleman, lieutenant colonel Ulrich Brusteten, Jean Jacques de Diesbach, bourgeois de Berne, colonel Garspard Quinq, bourgeois de Zurich, colonel Friderich Richever, pour eux et pour les autres capitaines absents.

Lesd. colonels lèveront 40 enseignes de Suisses, de 300 hommes chacune sous un capitaine, et celle du colonel de 500 hommes, moyennant 1,800 écus sol par compagnie de 300 hommes, et 3,000 écus par compagnie de 500 hommes, par mois.

Il y aura dans chaque compagnie ordinaire 50 corselets, 30 harquebusiers, 20 mousquetaires, et le reste équipé d'armes communes ; et au prorata dans les compagnies de 500 hommes.

Fait au château de Jegistref, le 2 mai 1587.

Bibl. Nat., f. fr., 3975, f° 50.

Articles de Henri de Navarre avec les reistres.

Traité passé avec le s^r de Sabran, le baron d'Honau, Jehan von Buch, Frédéric von Wehren, George Guillaume de Berbisdorf, pour amener en France 5,100 « bons et vaillans hommes de cheval, vrays allemans, bien montez et armez ; plus Jehan Clocte, colonel de douze cens ; et le s^r Dommartin, aussy colonnel, amenera soubz la conduicte du duc de Bouillon troys cornettes de reistres semblablement bien équippez, à condition que led. s^r Dommartin fera la levée d'une desd. troys cornettes à ses despens..., mais pourtant il ne pourra s'absenter dud. duc de Bouillon avec lad. cornette sans son commandement, ains se tiendra tousjours prest de luy et luy portera obéissance comme à son général d'armée, et, partout où l'occasion s'offrira, sera obligé de nous servir trois mois ou tant que nous aurons affaire de luy ou de ses trouppes. »

« Leur moys commencera sy tost qu'ilz auront passé le Rhin, qui sera au plus tard le jour de la St Jehan (le 4 juillet, (n. s.). » La montre se fera sur les frontières, quand les troupes auront pris cinq ou six jours de repos. Après la montre, on leur avancera un mois de solde.

Obligation pour les colonels et reistres de servir trois mois et plus longtemps en cas de besoin. Promesse de payer la solde de mois en mois, ou pour le moins quinze jours après le mois expiré. Jusqu'à ce qu'ils aient passé le Rhin, la solde sera par cheval de 10 florins à 15 batz. Pour hâter leur marche, on leur distribuera, outre l'« auritgelt », 24,000 florins à 15 batz.

Passé le 27 avril selon le vieux calendrier (7 mai n. s.) 1587.

Bibl. Nat., f. fr., 3975 f° 46 ; et 3396, f° 49.

« Jacques de Ségur, sr de Pardaillan, Claude Anthoine de Vienne, seigneur de Clervant, et Jehan de Chaumont, sr de Quitry, » ambassadeurs d'Henry de Navarre, en vertu du pouvoir à eux donné par Sa Majesté led. Henry, et aussi au nom d'Henry de Bourbon, prince de Condé, lieutenant général pour le roi en Picardie etc., envoyés près de Jean Casimir, comte palatin du Rhin, passent avec lui le traité suivant :

Son Altesse conduira ou fera conduire en France « une forte et grande armée composée de reistres bien montez et armez et de gens de pied allemans, suisses et autres, bien équippez, avec artillerye, pionniers, pouldres et munitions suffisantes, sellon la solde, appoinctement et capitulation qui sera pour cest effect accordée par lesd. ambassadeurs du Roy de Navarre avec les collonelz desd. reistres et gens de pied. »

Le Roi de Navarre promet de fournir 4,000 bons arquebusiers français bien armés en 4 régiments, commandés par M. de Chastillon en qualité de colonel général avec une cornette de 100 lances et une autre que Mr de Lesdiguière lui fournira de pareil nombre, et par M. de Mouy avec une semblable cornette en qualité de lieutenant dud. s^r de Chastillon et avec son régiment.

La paie sera celle qu'on donne ordinairement aux troupes étrangères, mais ne sera payée qu'à la fin de la guerre.

D'ici au mois de janvier, les ambassadeurs s'engagent à fournir à Son Altesse 19,250 écus en trois versements, et 150,000 florins d'Allemagne.

Son Altesse ne sera tenue de fournir aucune autre somme de deniers à cette armée (1).

Fait le 4 juillet 1587.

Bibl. Nat., f. fr., 3975, f° 71.

« Avis d'un notable personnage protestant, vray serviteur du Roy, lequel a vu le traité faict avec le prince Casimir et avec les colonels suisses, rittemaistres et lansquenets. »

Bibl. Nat., f°. fr., 3395, f° 15.

« Protestation et déclaration du Roy de Navarre sur la venue de son armée en France ».

Bibl. Nat., f. fr., 3173, f° 75. Publié par Berger de Xivrey, t. II, p. 294.

Armée du Roi et du duc de Lorraine.

1°

Composition de l'armée royale et appointements des officiers.

Bibl. Nat., f. fr., 3975, f° 95.

2°

Déclaration de l'armée que Son Altesse faict lever pour la seureté et deffence de son pays.

La compaignie de Monseigneur le Marquis,
de deux centz chevaulx légiers............ 200

---

(1) *Plaquette imprimée.* « Accord et capitulation entre le Roi de Navarre et le duc Casimir pour la levée de l'armée des Reistres. » (Brunet).

Quatorze compaignies de chevaulx légiers de chacun soixante lances, lesquelles pourront estre prestes à la fin de ce moys.............. 840

Dix compaignies de chevaulx légiers italiens de chacune cent lances, lesquelles pourront estre prestes, partie sur le commancement du moys d'aoust, et le reste sur le quinziesme dud. moys................................ 1.000

Cinq centz Albanois, lesquelz pourront estre prestz sur le commancement d'aoust........... 500

Quatre compaignies d'harquebuziers à cheval de chacune cinquante hommes, les quelles pourront estre prestes sur la fin de ce moys... 200

Quatre mil reistres, les quelz pourront estre sur le Rhin d'huy à deux moys.............. 4.000

Huict régimentz de fanterie, de chacung six compaignies complettes de deux centz hommes, desquelz y en aura quatre régimentz prestz dedans quatre ou cinq jours, et le reste dedans huit ou dix jours............................. 9.600

Faict à Nancy, le douziesme juillet mil cinq centz quatre vingt sept.

Général de la cavallerie et capitaines de chevaulx légiers:

Monseigneur le marquis, général.
Monsr de Florainville.
Monsr le bailly de St Mihiel.
Monsr de Mélay.
Monsr le conte Tornielle.
Monsr de St Amand.
Monsr le bailly de Clermont.

Monsr de Leymont.
Monsr de Chastellet le jeune.
Monsr de la Bastide.
Monsr des Buchetz.
Monsr de la Routte.
Monsr de St Estienne.
Monsr de Tramblecourt.
Monsr de Vaubecourt.

Cappitaines des harquebuziers à cheval.

Monsr de Belmont.
Monsr de Rarecourt.
Monsr de Boulligny.
Monsr Steph.

Collonelz allemans.

Monsr le conte Charles de Mansfelt l'aisné.
Monsr de St Bellemont.
Monsr de Schléguel.
Monsr de Munchhausen.

Les collonelz et mestres de camp de chacun régiment de fanterie.

Monsr de Haussonville, collonel, a un régiment.
Monsr de Bourbonne.
Monsr de Malhaine.
Monsr de Monstreul.
Monsr de Rotigoty.
Monsr le bailly de Nancy.
Monsr de Goundrecourt.
Monsr de Vannes.

Bibl. Nat., f. fr., 3975, f° 81, copie du temps.

Expédition des Reistres.

1587.

Cette invasion allemande n'intéresse la Champagne que par le passage des reistres au sud de la province, par les craintes qu'elle y causa et par la part qu'y prirent plusieurs seigneurs du pays. (Cf. *Mémoire des choses plus notables*, p. 24-29).

Avril-mai. — Mesures prises par le duc de Guise pour assurer les approvisionnements de grain de Châlons. Défense d'exporter.

27 août. — Le Conseil de ville de Châlons, sur les lettres du duc de Guise écrites à Vitry le 31 juillet, contenant mandement de recevoir 30 harquebusiers à cheval sous la charge du s^r de St Mard, capitaine de la ville, pour empêcher les ennemis et avant coureurs, décide qu'on priera led. s^r de se déporter de sa commission, et, au cas où il refuserait, qu'on se retirera vers M. de Guise pour lui faire entendre l'incommodité de lad. compagnie. Maintien du réglement pour la garde.

10 septembre. — Sur la demande du duc de Guise et le rapport fait par Jean d'Aoust, procureur syndic, de son voyage à Nancy, on conclud d'acheter et d'envoyer au duc 300 lances le plus tôt que faire se pourra.

6 octobre. — Mandement des Trésoriers généraux pour faire moudre 20 muids de farine.

2 novembre. — Sur les lettres et mandement des commissaires des vivres de l'armée de Lorraine, qui demandent 40,000 pains pour être menés moitié à Poivre et moitié à Cauroy, on décide d'en référer à madame de Guise et on ordonne pour demain la confection de 4,000 pains.

9 novembre. — Sur une nouvelle réquisition des commissaires des vivres, ordre de confectionner encore 4,000 pains qui seront menés à Cauroy.

15 novembre. — Le duc de Guise ordonne de faire entrer Johannès et ses soldats, qu'on logera dans les maisons de ceux de la Religion. (Cf. *Lettres,* p. 141.)

16 novembre. — On craint le passage des reistres par le pont de Mathouges, et on envoie vers MM. de Rosne et de Savigny pour leur rappeler la promesse par eux faite à madame de Guise « de n'approcher leurs troupes plus près que de Frignicourt et Poivre. »

Châlons, arch. munic., Registre XIX.

« A prudent homme maistre Denis Varnier, lieutenant criminel au bailliage et siège présidial dudict Victry, la somme de cinq escuz sol pour les despens par luy faictz en ung voyage par luy faict par advis du Conseil en la ville de Bar le Duc pardevers Monseigneur le duc de Lorraine, afin de le prier de faire sortir quelques compagnies d'Italiens logez en ceste ville de Victry au mois de novembre mil V^c quatre vingt sept. »

Vitry, arch. munic., CC. 77, f° 57.

Signalons aussi plusieurs documents conservés à la Bibl. Nationale, fonds français :

N° 3958, f° 276. Relation du voyage des Reistres.

N° 3975, f° 198. « Discours de ce qui s'est passé en l'armée estrangère qui venait d'Allemagne au secours du Roi de Navarre. 31 décembre. »

N° 3975, f° 87. Lettre du 24 septembre au duc de Nevers sur l'affaire du Pont St Vincent.

N° 4142, ms. de 463 ff. Journal dressé par Philippe de La Huguerie de toutes les actions et délibérations du voyage fait en France par le baron de Dhona. [Presque tout le volume concerne led. baron, et contient de nombreuses pièces sur sa personne et ses actes.]

La Société de l'Histoire de France a publié en 3 volumes les « Mémoires inédits de La Huguerie » ; les tomes 2 et 3 contiennent le récit de la campagne des Reistres en France.

M. Tuetey a publié en 1884 « Les Allemands en France ; expédition des Lorrains contre le comté de Montbelliard. 1587-1588. »

Nombreuses plaquettes contemporaines. Histoire contenant les plus mémorables faits advenus en l'année 1587, tant en l'armée commandée par M. le duc de Guise qu'en celle des Huguenots. Paris, Millot, 1588. — Sommaire discours de toutes les deffaites des Reistres. (Réimprimé dans les Archives Curieuses, t. XI, p. 267). – La dernière défaite des Reistres par le duc de Guise (entre Nancy et Blamont). — Bref discours de ce qui s'est passé en l'armée de Monseigneur de Guise depuis le 20 octobre jusqu'au 26 octobre ensuivant. — Le vray discours sur la route et desconfiture des Reistres advenu à Angerville le 27 novembre 1587. Paris, 1587, in-8°. — La défaite des Reistres par le duc de Guise (près Montargis). — La défaite des Suisses par M. de la Valette. — Note sur l'expédition des Reistres, dans les Mémoires de Nevers, I, 770, etc.

Suite de la guerre contre le duché de Bouillon.

1588, janvier-décembre.

Janvier. — « Articles proposés en l'assemblée de Nancy pour être soumis à la générale en mars prochain. » Plans concertés par le duc de Lorraine contre le duché de Bouillon.

Bibl. Nat., f. fr., 3958, f° 292 ; 3961, f° 162 ; 4003, f° 199. Publié Mémoires de Nevers, I, 723 ; Mémoires de la Ligue, II, 269.

Mémoire anonyme sur Sedan et Jametz. (1)

S. d. (1588, janvier ?)

Mr de Bouillon ne leur a rien mandé. Le fiz de M^r d'Arson a raporté que Mr de Bouillon est sans cœur, entendement et resource. Je tiens Sedam, Jamais perdue, si le Roy n'y met la main. La Viéville c'est acquis telle créance parmi eux que, come à leur refuge, voisi pour la segonde fois ilz envoiente vers luy. Il leur a cons-

---

(1) Cette pièce non datée est, comme on le voit, antérieure à la mort du duc de Bouillon (11 janvier 1588) ; mais, puisqu'il y est fait allusion à l'entremise du s^r de La Vieuville, elle date à peu près du même temps que la suivante.

seilé de ce geter entre les bras du Roy et recevoir garnison de luy. Ils m'ont mandé qu'ilz feront ce que La Viéville voudra et qu'ils ce firont de la recevoir du Roy par les mains de La Viéville, et que par mes amis je fasse sonder la volonté du Roy; et, ce qu'il fodra qu'ilz escrivent au Roy, ilz le feront. Nous atendrons ce que Nevers fera. Si Sedam et Jamais ce perdent entre les mains de Mr de Loreine et partent à Guise, tout est à lui de deça. C'est au Roy et à Nevers à y penser, parlé et pourvoir diligenment, ou ces places seront à eux ; et lors le Roy perd Champagne et Nevers Réthellois.

Bibl. Nat., fonds fr., 3633, f° 34, original sans signature.

Mémoire de la sorte et façon que Monsieur de La Vieuville entendroit traicter avecques Messieurs de Sedan. (1)

S. d. (1588, janvier ?)

I°

Traicté soubz le bon plaisir du Roy.

Que S. M., suivant les anciens contractz de protection qui ont esté faictz entre les Rois ses prédécesseurs et les seigneurs souverains de Sedan et Jametz, prendra en la mesme protection Madamoiselle de Buillon, ses villes, chasteaux, terres et païs souverains, comme elle faisoit auparavant ces derniers troubles.

Que Sad. M. comme protecteur pourra toutes et quantes fois qu'il luy plaira mectre telles forces et garnizons esd. villes et chasteaux qu'il advisera bon estre et le besoing de son service le requerra pour la seureté desd. places soubz sad. protection.

(1) Après la mort du duc de Bouillon, le roi envoya de Rieux à Sedan. Au moment où cette pièce fut écrite, de Rieux n'était pas encore arrivé.

Que les gouverneurs desd. places et gens de guerre qui y seront en garnison recevront commandemens et obéiront aud. s^r de La Vieuville comme lieutenant général du Roy protecteur desd. terres, places et païs, et dont il plaira à S. M. commander pouvoir particullier aultre que celluy qu'a led. s^r de La Vieuville, affin qu'il ne puisse desroger au droict de souveraineté de Madamoiselle.

Que les s^{rs} d'Arson, Nueil et Chélandre, cappitaines et gouverneurs desd. villes de Sedam et Jametz, prendront pouvoir de Sad. Majesté pour commander esd. places, et feront, tant iceulx que les garnisons qui y sont ou seront, sermant à Sad. Majesté protecteur.

Ne pourront recevoir ny retenir aucun estranger réfugié depuis dix ans dans lesd. places, terres et païs contre le gré et volonté de Sad. Majesté, mais au premier commandement qu'ilz en recevront seront tenus les mectre dehors ou leur reffuzer l'entrée.

Et jusques à ce qu'il plaize à Dieu réunir tant lad. damoiselle que ses subjectz à la vraie religion catholicque, vivront en la mesme liberté de conscience que font ceulx des villes de Metz, Verdun et aultres païs qui sont soubz la protection de S. M.

Soubz lesquelles conditions lad. damoiselle, lesd. villes, chasteaux et terres souveraines, se mettront entre les bras du Roy comme vray protecteur des mineurs et orphelins, et led. s^r de La Vieuville les recevra soubz le bon plaisir de S. M., qu'il advertira à ceste cause promptement et dud. traicté pour y adjouster les commandemens que chacun ensuira de son pouvoir.

2°

Si ce traicté est treuvé agréable en cette sorte, led. sʳ de La Vieuville entrera promptement dans Sedam, employera ses forces, ses moyens et ses amis pour la conserver, ce qui semble beaucoup meilleur d'exécuter devant l'arrivée du sʳ de Rieux qu'après, affin que Messieurs de Sedam ne soient en peine du reffus de sa réception et que ce ne leur soit imputé, mais aud. sʳ de La Vieuville, lequel s'en sçaura bien démesler, et fondera sa raison sur ce que, les forces de M. de Lorraine ayant investies lesd. terres de Sedam et Jametz, et les gouverneurs d'icelles soubz la bonne foy de la trève s'estans dégarniz de la principalle et meilleure partie de leurs forces, voiant aussy qu'ilz n'avoient point nouvelles de S. M., à laquelle y a ung mois qu'ilz ont faict entendre leurs nécessitez, auroient semond led. sʳ de la Vieuville, comme le plus prochain lieutenant du Roy d'eulx, de traicter et les recevoir en la protection de S. M., et principallement se seroient adressés à luy pour l'avoir recongnu vray zélateur du service de S. M. et fidèle et véritable en ses promesses, comme il leur a démontré en l'exécution de la trève de ce qui a despendu de sa charge, aussi que la ruine desd. Sedam et Jametz, dont peut despendre l'entière ruine de tout le païs, luy est aultant considérable qu'à nul aultre en la salvation à rechercher ; c'est pourquoy donc ilz l'ont prié d'y prester la main, puisqu'il a à y perdre ses principalles maisons et plus de vingt mil livres de rente ; ce que luy auroit faict soubz le bon plaisir du Roy et les conditions prescriptes.

Sur la dépesche que led. s^r de la Vieuville fera au Roy, il prendra encore argument de luy remarquer ung signalé service qu'il luy aura faict d'avoir pris tant à propos ce traicté, et en ce faisant peult estre empesché que lesd. places, désespérées du secours de S. M., ne soient entrées en capitulation avecques ledit s^r de Lorraine.

Bibl. Nat., f. fr., 3405, f° 11 ; original non signé.

[19 janvier. — D'Haussonville met le siège devant Jametz, défendu par Chélandre. — 6 mars. Chélandre fait sauter la tour du Moulin.]

23 mars. — Le duc de Lorraine fait remontrer au Roi par M. de Lenoncourt que S. M. doit avoir pour agréable l'entreprise contre Jametz et Sédan afin de donner sureté aux catholiques. — 27 mars. Le roi écrit à S. A. que la mort du duc de Bouillon doit avoir apaisé les inimitiés, que d'ailleur Jametz et Sédan sont depuis longtemps sous la protection de la France, qu'il ne peut donc souffrir que ces villes soient forcées, mais qu'il prendra soin que les Catholiques n'aient plus à s'en plaindre.

Lepage, Lettres et mandements de Charles III, p. 17-25.

[9-16 avril. — Bombardement de Jametz. — Sortie faite par de Nueil, qui s'empare de Douzy et bat un lieutenant de de Rosne. — L'assaut donné à Jametz la veille de Pâques est repoussé victorieusement par les assiégés. Trêve de trois jours pour relever les morts. — 18 avril. Les Lorrains font un mouvement en arrière].

29 avril. — « X. (1) tient pour véritable la perte que les catholiques ont faite devant Sedan et Jamais, dont le siège est levé et les trouppes reculées. Touteffois l'on dit que Monsieur de Guise a mandé le régiment de Saint Pol et quel-

(1) Dans le texte, le nom est remplacé par le n° « 28 ». On trouverait sans doute le chiffre de cette lettre dans le tome 3974 du fonds français, qui en contient un grand nombre.

ques autres pour y retourner. D'aultrepart on dit que les Allemantz font levée pour descendre en Lorraine, tant par vangeance de ce qui a esté faict ès environs de Monbéllar que pour favoriser les villes de Sédan et Jamais, qu'ilz estiment leur importer... »

Bibl. Nat., f. fr., 3976, f° 62, lettre originale, en partie chiffrée, sans déchiffremeut, et signée d'un signe conventionnel.

[12 juillet. — Le fils de M. de Nueil, gouverneur de Sédan, est fait prisonnier dans une sortie contre Stenay. Cf. imprimé contemporain : « La deffaicte et prinse du fils du sieur de Nuet, gouverneur de Sédan, le samedy douxiesme jour de juillet dernier, par les troupes de Monseigneur le duc de Lorraine, avec le nombre des morts et des prisonniers », Paris, 1588, in-8° de 16 pages. — 28-29 juillet, pendant la nuit. Le s^r de la Tour dresse une embuscade dans les fossés de Jametz, et y tue beaucoup de Lorrains. — Octobre. D'Haussonville, malade, est remplacé au siège de Jametz par M. de Lenoncourt. — Courses de la cavalerie de Sédan vers Ancerville ; les Lorrains mettent garnisons au Pont-à-Mousson, à Nomény, à Hombourg et à Boulay. — Les travaux d'attaque sont activement poussés. — 29 octobre. La Noue et les Sédanais échouent dans une entreprise contre Stenay.]

2 novembre. — « A esté conclu, sur l'advertissement qu'il y a aucunes personnes sur les frontières et ès environs de Sédan jusques à 5 ou 6 cens chevaulx, qu'il est besoin de pourveoir à la seureté de lad. ville de Châlons, et, à ceste fin, que les gardes tant de jour que de nuit se feront en personnes. » Règlement pour les gardes. Ordre aux capitaines cinquanteniers de faire recherche des armes que possèdent ceux de leur compagnie, « pour sçavoir ceulx qui pourront estre armés de harquebuses et auront moyen d'en avoir. » Deux portes sur cinq resteront fermées. Les gens du Conseil feront des rondes et inspecteront les portes. Les maires des villages voisins avertiront les gouverneurs des gens de pied et de cheval qui se trouveront par le pays. On priera Messieurs du chapitre « de faire leur devoir à la conservation de lad. ville, attendu le péril éminent. »

Châlons, Arch. Munic., Registre XIX.

13

18 novembre. — Les Sédanais ont occupé Briquenay et Malassie, et failli prendre Varennes. Le duc de Lorraine ordonne l'occupation de Clermont, Varennes, Vienne et Servon, et fait lever des troupes. (Cf. Lepage, p. 54).

20 décembre. — La cité de Verdun logera et fournira 60 ou 80 hommes « que Monseigneur veult faire entrer de ses subjectz pour la seureté de la cité le bon jour de Noël. » Ordre à tous bourgeois d'avoir harquebuses et telles armes qu'il est ordonné, à peine d'amende arbitraire.

Verdun, Arch. Munic., Registre II.

26-29 décembre. — Signature et publication du traité par lequel la ville se rend aux Lorrains. La garnison se retire au château et continue la défense. Trève de six semaines.

Cf. Mémoires de la Ligue, Guerre de Jametz, t. III ; de Thou, l. 90 ; Mémoire des choses plus notables, p. 30-34.

Négociations avec les Guise.

1588, mars-avril.

La reine était antérieurement venue à Reims, pour engager les négociations, sans résultat.

7 mars, de Vitry. — Bellièvre à la reine. « Nous avons commencé à traicter avec Monsieur de Guise ». On s'en est tenu jusqu'ici aux généralités ; rien ne fait « perdre l'espérance de pouvoir servir le Roy » ; mais ce serait de la légèreté « de promectre l'évènement d'une affère qui dépend de la volonté de plusieurs personnes dont nous n'avons pas encore ouy l'opinion ». M. d'Aumale défère beaucoup à M. de Guise, mais il fait aussi beaucoup de choses de sa tête ; « il a de l'humeur des Picards, et les plus fascheux de la Picardie sont avecques luy, qui empeschèrent qu'il ne vint trouver V. M. à Reims. »

7 mars, de Vitry. — Bellièvre à Brûlart. Mêmes nouvelles. Le duc de Guise ne veut pas céder pour Jametz, malgré la mort du duc de Bouillon, dont la faute ne doit pas retomber sur une pupille qui n'en est pas responsable et que le roi a héréditairement en sa protection. — De Vitry, Bellièvre se rendit près du duc de Lorraine.

21 mars — Bellièvre au Roi, de Châlons. Rapport des négociations qu'il a été faire en Lorraine. Le duc a protesté qu'il désirait la réconciliation de ses cousins avec le Roi ; menacé d'une armée de 12,000 Allemands, il a accepté avec empressement l'offre d'un secours de 4,000 fantassins et 1,000 chevaux ; mais, au sujet de Jametz et de Sédan, il a persisté dans ses desseins, malgré la protection spéciale promise par S. M. à la maison de La Marck, consentant seulement à attendre le dernier avis du Roi, sans désarmer.

26 mars, de Châlons. — Bellièvre à Brûlart. « Le secours qui se montre si prompt du costé des Pays Bas enfle la teste à ces gens. » Il se plaint de la « misérable condition » des négociateurs, et déclare qu'ils écrivent à S. M. pour demander leur congé. Guise veut aller conférer à Anet avec le duc d'Aumale, « ce qui est trop près de Paris ».

26 mars, de Châlons. — M. de la Guiche à la reine. Nul espoir à conserver pour le succès des négociations.

26 mars, de Châlons. — M. de la Guiche au Roi. Depuis quatre jours, le duc de Guise a remis en question tout ce qu'il a dit à Reims devant la reine, faisant d'aigres récriminations sur ce qui lui a défailli dans la dernière guerre contre les Reistres, débattant le fait d'Angers, excusant le fait de Doullens, demandant réparation pour les faits de Mâcon, de Tallart et de Valence. Les négociateurs ont pu obtenir seulement des princes qu'ils députeraient un gentilhomme pardevers M. d'Aumale et les gentilshommes de Picardie pour leur conseiller de contenter S. M. touchant les garnisons de Picardie.

29 mars, de Châlons. — Bellièvre à Brûlart. Aucun bon résultat à espérer. Guise a bien promis de satisfaire le Roi pour le fait de Doullens, et consent à faire venir ici le duc d'Aumale ; mais il exige qu'on éloigne les garnisons de Picardie pendant son absence.

Bibl. Nat., f. fr., 3403. Dans le même volume plusieurs autres pièces relatives aux mêmes négociations. — Analyses dans la *Revue de Champagne*, sept. 1882, p. 239-241, et janvier 1883, p. 70. — Voir aussi Bibl. Nat., f. fr., 3400, lettres de Pomponne de Bellièvre et de Henri de Lorraine pour avril-juin 1588.

Journée des Barricades.

Lettre anonyme, sans suscription.

Vous aurés sceu les rumeurs de Paris et l'aprochement des forces du Roy, qui rent nostre dessaing plus dificile à exécuter ; non que nos amis de Paris n'ayent encore trésbon courage et nous ne nous sentions assés fort pour en venir à bout ; mais quelques uns de noz amis nous ont faict dire que, tant que les choses sont en cest estat, il faudroit se déclarer ouvertement contre Espernon et en demander publicquement justice au Roy, et ladessus faire déclarer toutes les [personnes] qui le feront trésvonontiers, pour ne désister de ceste poursuite que raison n'en fut fait ; et sur quoy s'estant faict plusieurs discours, enfin nous avons pensé que nous vous devions faire ceste dépesche pour vous suplier nous faire ce bien de nous en mander vostre advis que nous aurons en trésgrande estime, et aussy, au cas que vous aprouviez ce moien, coment et en quoy pour vostre particulier nous vous voudrions emploier. Vous suplions croire que nous conformerons nos vollontez à la vostre. Nous vous baisons trésbien humblement les mains et somes voz serviteurs.

Au dos : Le 29 avril 1588. R. le soir à diné.

Bibl. Nat., f. fr., 3976, f° 66, original chiffré, avec déchiffrement, signé d'un signe conventionnel.

Dutillet au duc de Nevers.

Monseigneur, ce n'est point à moy de vous mander l'estat des affaires, quant Madame escrit qui sçait toutes choses mieus que moy. Toutesfois, estimant que vous n'aurez désagréable ce qui vient de ma part, avecque vostre permission, je vous diray le regret que vos serviteurs ont de vostre absence et leur désir infini de vostre brief retour. Un jour nous sommes à la guerre, et le lendemain à la paix ; les espris, passionés d'un costé et d'aultre, nous menacent le trouble ; et toutesfois, quoyque la trompette sonne et le tabourin bate de toutes pars, je veus croire que nous ne buterons point les uns contre les aultres, ains unanimement nous tornerons nos forces vers les ennemis de Dieu, de son église et du royaume. Si je me trompe, monseigneur, c'est mon affection qui me flatte en elle mesme ; car je voudrois qui fut ainsi, très marri quant il arrivera aultrement. Quelque part que vente le vent, je demeureray, s'il vous plaist, votre trèsobéissant et trèshumble serviteur. Sera l'endroict où je priray Dieu le créateur vous donner,

Monseigneur, en trèsbonne santé le contantement de vos trèsbaus et trèsnobles désirs. A Paris, le IIe May 1588.

Votre trèshumble et trèsobéissant serviteur.

DUTILLET.

Bibl. Nat., f. fr., 3976, f° 70, original.

Mai. — Le duc de Lorraine entre secrètement dans le parti de la Ligue à l'instigation de Philippe II, qui lui promet 25,000 écus par mois, réduits ensuite à 15,000 ; il envoie 400 lances au duc de Guise qui n'avait alors aucunes forces.

Bibl. de Nancy, ms. 1, p. 857. Publié par Lepage, p. 297, 300, 302.

12 mai. — Journée des Barricades. Mémoire sur cette journée. Diverses lettres sur les évènements qui l'ont suivie.

Bib. Nat., f. fr., 3962 et 3976.

Après la journée des Barricades, Troyes tient pour le Roy, Châlons est indécis, Reims s'attache à la Ligue. Cf. de Thou, l.91.

C'est sans doute vers cette époque, « quelque temps avant les Etats de Blois », que Jean de Saulx-Tavanes essaya de s'introduire dans Langres sous un déguisement et de s'en emparer pour la Ligue; mais on déjoua son projet.

Cf. *Mémoire des Choses notables*, p. 56 ; et Piépape, *Histoire militaire de Langres*, p. 123.

Châlons.

15 mai. — M. de Johannès ayant donné avertissement de faire bonne garde, le Conseil de ville de Châlons le prie de se contenter de la garde que feront les habitants pour conserver la place sous l'obéissance du Roi et de M. de Guise. — 16 mai. « Ce jour d'hier et ce jourd'huy sont entrés [à Châlons] plusieurs gens de guerre qui ne font semblant d'en sortir. » Prière à M. de St-Mard de les expulser, et défense aux portiers de laisser encore entrer des soldats. — 17 mai. « A esté conclu que la ville sera conservée soubz l'obéissance du Roy et de monseigneur de Guise, gouverneur, comme luy ayant esté baillée par S. M., dont led. sr de Johannès sera asseuré par les depputtez dud. Conseil. Et sur cette asseurance sera prié de faire retirer les gens de guerre qui sont en cested. ville et se contenter de la fidélité desd. habitans ». — 18 mai. « Les 60 hommes pour assister led. sr de Johannès à la garde de cested. ville seront receuz après que l'on aura encores faict une remonstrance à monseigneur de Guise de nous en vouloir exempter ; et sont priez led. sr de Johannès et le sr de St-Mard en escripre à Monseigneur. Cependant poura led. sr de Johannès les tenir proche de ceste ville pour, après la responce dud. seigneur, les loger aux bourgs ou à lad. ville ». — 28 mai. On se retirera vers le sr de Johannès pour le prier de différer l'entrée des gens de guerre jusqu'à ce qu'on ait parlé au cardinal de Guise. — 5 juin. Recherches chez les hôteliers, pour savoir ceux qui y sont logés, tant soldats que autres.

Châlons, arch. munic., Registre XIX.

Verdun.

22 mai. — Les Etats de Verdun envoient un messager à Paris vers le duc de Guise, « pour sçavoir comme en ces temps dangereux l'on se pourra gouverner pour la conservation de la ville contre les ennemis, et en cas de besoing où l'on pourra prendre secours. »

Verdun, arch. munic., Registre II.

D'Aumont au duc de Nevers.

Monsieur,

J'ai receu les lettres qu'il vous a pleu me faire cest honneur de m'escrire par Monsieur de Launay (1), qui vous apporte la responce du Roy et ce que Sa Majesté luy a commandé de vous dire; à quoi, pour sa suffisance, je n'adjousteray rien davantaige, synon que, comme vostre serviteur que je suis, je vous supplye et conjure, si vostre santé le peut permettre, de vous mettre en chemyn le plus tost que vous pourrez pour venir trouver Sa Majesté, et vous représenter, s'il vous plaist, Monsieur, l'extrême besoing qu'elle a maintenant d'estre assistée, et que tous ses bons serviteurs, au rang desquelz elle vous tyent des plus affectionnez, n'eurent jamais tant d'occasion de l'approcher qu'à présent. Et me pardonnerez, s'il vous plaist, sy je vous dis que vous n'y devez user de telle longueur que vous y avez fait, veu le regret que ce vous seroyt s'il s'estoyt passé quelque chose en vostre absence. Vous y trouverez beaucoup de gens de bien et affectionnez qui mettront avec vous la main à l'œuvre. On fait courre ung bruit sourd que Monsieur d'Espernon s'en va d'auprès du Roy, puisqu'il recongnoist estre si odieux au peuple, et affin de lever

(1) De Launay avait été envoyé en cour par le duc de Nevers quelques jours auparavant. Ses instructions, datées du 18 mai, sont au f° 94 du même volume.

le prétexte que ceux de la Ligue fondent là dessus. Je ne sçay s'il le fera ou non. Mais quoy que ce soyt, Monsieur, je vous supplieray derechef de vous en venir, et de n'en vouloyr attendre aucune autre semonce que l'urgente nécessité où vous voyés le Roy estre réduit (1) ; qui sera l'endroyt où je vous baiseray très humblement les mains, pryant Dieu,

Monsieur, vous donner en trésparfaite santé heureuse et longue vye. A Chartres, ce 29 may 1588.

Vostre très humble et plus affectionné serviteur,

DAUMONT.

Bibl. Nat., f. fr., 3976, f° 118, original.

Progrès de la Ligue.

1588, mai-juillet.

16 mai. — Mandement du Chapitre de Reims, à l'occasion du Jubilé, pour interdire les sacrements aux hérétiques.

Henri, *La Réforme et la Ligue en Champagne*, p. 442.

30 mai. — Lettre circulaire des Parisiens, aux villes de Champagne pour les engager à entrer dans l'Union. — 10 juin. Réponse évasive des Châlonnais. — 11 juin. Lettre de Louis, cardinal de Guise, pour annoncer son arrivée à Troyes, et pour les engager à entrer dans l'Union. — 12 juin. Le Conseil de ville de Châlons envoie des députés à Troyes. — 18 juin. Les Châlonnais, sur le rapport des députés, demandent au Cardinal d'ajourner les résolutions à prendre, attendu la convocation prochaine des Etats-Généraux. — 23 juin. Le cardinal ne s'est pas contenté de la conclusion précédente, et leur a communiqué copie de la procuration que

---

(1) Le duc de Nevers était dès lors fort suspect au parti de la Ligue. Quelques jours plus tard, le cardinal de Guise fit détrousser et ouvrir un paquet de lettres qu'il adressait par un laquais à ses serviteurs de Rhétellois. Le duc en fut fort irrité, comme le prouve le billet fort sec qu'il adressa le 11 juin au Cardinal, et dont la minute se trouve à la Bibl. Nat., f. fr., 3976, f° 141. Voir aussi, même volume, f° 163, la minute d'une autre lettre adressée à M. de la Chastre.

les habitants de Troyes entendent envoyer aux Parisiens sur le sujet de l'Union. Les Châlonnais décident d'envoyer vers le duc de Guise pour lui faire entendre les mêmes remontrances qu'au Cardinal. — 27 juin. Henri de Lorraine ordonne aux Châlonnais de ne pas user de longueur. — 3 juillet. Procuration des Châlonnais pour traiter de l'Union avec les Parisiens.

Châlons, arch. munic., original, et Registre XIX, f° 27 et s. Cf. Lettres, p. 142.

11 juin. — Acte qu'on faisait signer à ceux qui entraient dans la Ligue.

Bibl. Nat., f. fr., 3958, f° 305 ; 3996, f° 6.

Union des villes de Paris, Reims et Troyes pour ensemble présenter requête à S. M. afin d'être conservé en la Religion cathol., apost., et romaine.

1588, 20 juin.

L'an mil cinq cent quatre, en l'assemblée consulaire tenue en la chambre de l'échevinage de la ville de Troyes, le dimanche 19ᵉ juin, environ de deux heures après midy, par le commandement de Monseigneur le révérendissime cardinal de Guise, pour entendre les députés des villes de Paris et de Reims, seroient comparus Guillaume Rousselet, bourgeois dud. Paris, lesquelz auroient présentez certaines lettres de Messieurs les prévosts des marchands et échevins de lad. ville, suscriptes à Messieurs les Maire et échevins de la ville de Troyes, et dit que, comme est contenu en icelles, ils avoient charge desdits prévosts et échevins d'inviter les habitans de lad. ville de Troyes à entrer en l'Union qui étoit faite et se faisoit avec lad. ville de Paris par les meilleures villes de ce royaume, pour ensemblement présenter requeste à S. M. afin d'estre conservez en la religion cath., apost. et romaine, maintenue de l'Estat, service et obéissance du Roy, et de parvenir à certains articles accordez par le Roy en l'an mil cinq cent soixante dix sept, signé Henry et Picard.

Semblablement seroient comparus les sieurs lieutenant des habitants de Reims et le sieur de Bourgy, conseiller en lad. ville, lesquels auroient dit qu'à mesme effet ilz auroient esté envoyez et députez par le corps de lad. ville de Reims pour traiter avec le corps de cette ville, comme capitale de cette province, une Union par le moyen de laquelle ils se peussent avec lad. ville conserver en la religion cathol., soubs l'obéissance du Roy et en leurs franchises et libertez, mesme procurer le soulagement du peuple, faisant à cet effet apparoir du pouvoir à eux donné, duquel a esté retenu copie, requérant qu'en requeste si juste et saincte ils ne fussent esconduits, suivant laquelle ils estoient prests et avoient charge pour lad. ville de Reims de donner et prester le serment.

Sur quoy, après avoir été faite lecture desdites missives et lettres, pieçà représenté, tant par lesd. Rousselet, député de Paris, que le lieutenant et Bourgy aussy députez de Reims, il auroit esté conclu avant que résoudre l'on auroit l'advis de Monseigneur le révérendissime cardinal de Guise ; et à cet effet par l'avis des assistans se seroient à l'instant les échevins d'icelle ville tranportez au logis de l'évesché de Monseigneur, lequel leur auroit commandé d'assembler le lendemain, l'heure de huit heures, en lad. chambre les échevins et conseillers d'icelle ville pour leur faire entendre ce qu'il leur vouloit proposer concernant lad. Union.

Et le lundi XX⁰ dudit mois de juin, à l'assemblée consulaire tenue environ l'heure de huit heures du matin en lad. chambre, en présence de mond. seigneur le cardinal et par son commandement, auroit esté le fait de lad. Union requise par lesd. députez de Paris et Reims mis en délibération par mond. seigneur le cardinal président en lad. assemblée.

Par laquelle tous les assistans auroient unanimement dit que la requeste présentée par Messieurs de Paris, tendant à la conservation de la religion, maintenue de l'Etat, service et obéissance du Roy et soulagement du peuple, étant civile et raisonnable et telle qu'eux en leur particulier ils l'advoueoient, mais d'autant qu'ils estoient personnes publiques, ils ne pouvoient se promettre pour le peuple que au préalable messieurs de la justice et clergé, ensemble les capitaines et bon nombre de bourgeois n'y fussent appelez pour donner sur ce leur avis.

Remonstrant en outre qu'ils ne pouvoient faire aucune conclusion ny résolution sur led. fait, que messire Nicolas de Hans, n'aguère eslu maire de lad. ville, n'y fut présent, comme estant le chef ; et toutefois qu'ils pouroient bien députer deux d'entre eux pour aller par devant messieurs les prévosts des marchands et eschevins de lad. ville de Paris pour entendre d'eux leur vouloir et intention sur lad. Union, et, icelle entendue, pour après la communiquer à tous les estats et mestiers de lad. ville par led. sieur de Hans, qui pouroit cependant revenir en cette ville en prendre une bonne résolution.

Sur quoy finalement auroit esté conclu que ce jour d'huy heure d'une heure les officiers royaux, les députez du clergé, les capitaines et quelque nombre de notables et marchands de cette ville seroient appelez à lad. heure pour délibérer sur le fait de lad. Union.

A laquelle heure d'une heure, présent monseigneur le cardinal président en lad. assemblée, seroit comparue la plus grande et saine partie des juges, conseillers et officiers du Roy, Nicole Hennequin, grand vicaire de monseigneur de Troyes pour led. sieur avec les députez du clergé, comme aussy seroient comparus les capitaines de lad. ville et grand nombre de notables bourgeois et marchands jusques à environ deux cens hommes, lesquels unanimement aiant entendu les causes de lad. Union demandée par les députez de Paris et Reims, après la lecture d'une minute de procuration faite à tous les assistans en lad. assemblée, ont esté d'advis qu'elle ne devoit être refusée, mais embrassée comme chose saincte, veu qu'elle tend à l'honneur de Dieu, maintenue de l'état, obéissance du Roy et soulagement du peuple, et qu'à cet effet on doit députer deux hommes du corps de ville pour aller jurer lad. Union avec messieurs les prévosts des marchands et eschevins de la ville de Paris, et passer la procuration en la forme qu'elle étoit, après que led. s^r de Hans à son retour l'auroit approuvé et signé.

Pour quoy faire ils ont esleu Me Philippe Desvert et Me Louys Douyns, éschevins de la ville, et qu'à cet effet il leur soit expédié ladite procuration portant led. pouvoir....

Suit la procuration.

Bibl. Nat., Coll. de Champagne, t. 37, f° 165, copie du XVIIIe s., prise sur la copie de Cocquault, qui rapporte que « cet écrit a été trouvé parmy les papiers de Monsr Brulard, lors archidiacre de Reims. »

25 juin. — Le Conseil de ville de Verdun envoie un messager à Paris, « tant pour porter à monseigneur de Guise l'information faicte des propos tenus par M. de Lieudieu et madame sa femme, que pour advoir nouvelles de la paix. »

Verdun, arch. munic., Registre II.

11 juillet. — Articles accordés au nom du Roi d'une part, et le Cardinal de Bourbon, le duc de Guise etc., d'autre.

Bibl. Nat., f. fr., 3976, f° 187. Publié Corps Universel Diplomatique, Amsterdam, 1728, p. 476.

11 juillet. — Articles secrets de l'Union.

Bibl. Nat., f. fr., 3958, f° 308. Publié Mémoires de Nevers, I, p. 725.

17 juillet. — Les échevins de Paris aux Châlonnais. Ils se félicitent du succès des conférences tenues en vue de l'Union, et demandent à la ville de Châlons de continuer la bonne volonté qu'elle a déjà montrée par l'envoi de ses députés.— 19 juillet. Henri de Lorraine aux Châlonnais. Succès des conférences. « Nous avons obtenu tout ce qui s'est pu pour vostre soulagement et décharge, avec asseurance certaine des Estatz Généraux. »

Châlons, bibl. munic., originaux. Cf. Lettres, p. 152.

6 août. — Patentes qui accordent à Henri de Lorraine le titre de lieutenant général du Royaume.

Publié par Isambert, XIV, p. 622 ; et Mémoires de Nevers, 1, 729.

Etats Généraux tenus à Blois.
1588.

31 mai. — Mandement pour la convocation des Etats-Généraux. (Publié par Isambert, t. XIV, p. 613).

14 juillet. — Requête des Rémois au Roi, en 12 articles. — Réponses faites à Paris, « au Conseil du Roy tenu par la Royne sa mère, le XIIII° jour de juillet 1588. »

Reims, bibl., Recueil V, f° 187, original. Henri, p. 443, a publié la requête, mais omis les réponses.

6 août. — Remontrances du Conseil de ville de Reims pour les Etats. (Marlot, IV, p. 749.)

Lettres de commission de Jacques Linage, lieutenant général au bailliage de Vitry-le-François, pour la convocation des Etats, et signification desd. lettres par Herbin, sergent.

9 août. — Procès verbal de l'assemblée des habitants de Réthel. — Cahier des remontrances des manans et habitants de la ville de Réthel. — Députés nommés pour porter ce cahier à Vitry : Me Jehan Jacobé, assisté de Jacques Birmont et Jan Gobin, échevins.

12 août. — Extrait des registres du greffe du bailliage de Vitry-le-François sur l'assemblée des Trois Etats tenue à Vitry le 12 août, sous la présidence de Jacques Linage, lieutenant-général audit bailliage, d'où il appert que les députés de Réthel ont avoué les remontrances dressées par l'assemblée.

Remontrances faites par le tiers-état du bailliage de Vitry-le-François.

Caier des remontrances que les depputez du tiers estat du baillage de Victry, assemblez audict Victry le XIIe aoust mil V^c IIII^{xx} VIII ont arresté pour estre présentez en l'assemblée générale des trois estatz du Royaulme de France convocquez en la ville de Blois au XXe septembre prochain, suivant le mandement du Roy nostre sire.

Article 1. Les députés des trois états présenteront un cahier unique dressé en forme d'édit, et S. M. voudra bien le signer avec lesd. députés. — 2. Cet édit sera publié par les bailliages et sénéchaussées, même si les parlements ne l'ont pas encore publié. — 3. Il sera permis de procéder extraordinairement contre quiconque s'efforcerait de mettre à exécution édicts ou lettres patentes contraires audit édit. — 4. Les articles seront discutés et arrêtés un par un. — 5. Ils auront force de loi dès qu'ils auront été conclus. — 6. Les députés aux Etats-Généraux prêteront serment en pleine assemblée de n'accepter de S. M. ni d'aucun prince aucuns offices, dons, présents, gages ou autres récompenses pendant la tenue des Etats ni pendant trois ans après.

7. Et d'autant que la première et principalle cause des guerres cyvilles et domesticques, tant de fois renouvellé en ce royaulme, a procédé, comme chacun scet, de la division au faict de la religion, qui a apporté quant et soy division en l'estat qui y est inséparablement uny, Sad. M. sera supplié de confirmer avec lesd. Estatz et faire garder estroictement les deux édiz de réunion desd. subjectz à la religion catholicque, apostolicque et romayne, par tous moyens possibles et convenables, et d'envoyer notables personnaiges aux princes, seigneurs, villes et communaultez qui ne seront encore entré en lad. Union, pour les y attirer et oster touttes occasions de deffiances qu'ilz pourroient avoir de la bonne volenté et amour de Sad. M. envers eulx.

8. Que ceulx qui par cy devant se sont absentez de ce royaulme pour le faict de la religion et soubz couleur de l'eedict de juillet mil V^c IIII^{xx} V, seront appelez et admonestez de se retirer en leurs maisons, se réduire au giron de lad. Eglise catholicque, apostolicque et romaine, et ce dedans le temps qui leur sera préfix par S. M.; lequel temps préfix passé, sera proceddé contre eulx par les peynes et rigueurs desd. eediz.

9. Les princes et seigneurs seront admonestez de la part desd. Estatz de se réunir ensemble sans fixion et simulation et de quitter toutes partialitez et querelles ;

et où telz ne le vouldroient faire amiablement et entre eulx, seront priez et admonestez s'en submectre au Roy et ausd. Estatz.

10. Le premier et deuxiesme articles des Ordonnances d'Orléans faisant mention de l'ellection des archevesques et évesques, et de ne transporter or ni argent hors du royaulme de France soubz couleur d'annates, vacance ou autrement, seront gardez et observez.

11. Que les abbés, abbesses, prieurs conventuelz soient esleuz, selon l'ancienne forme des saintz décretz, des religieux et religieuses profex.

12. Que l'Ordonnance d'Orléans, art. XIX, sera gardé et observé pour l'aage requis à la profession desd. religieux et religieuses.

13. Pour le regard de ceulx qui entreront à la religion appellé les Jhésuites, ne pourront succéder à leurs pères, mères ou aultres parents, ny pareillement le collège pour eulx.

14. Les ecclésiasticques ne pourront avoir, tenir ne posséder que ung seul bénéfice, pourveu qu'il soit suffisant pour leur nourriture et entretenement; et où le bénéfice ne seroit suffisant, il y sera proceddé par union d'autre.

15. Résideront lesd. ecclésiasticques en leurs bénéfices sur peyne de saisie du revenu temporel; à quoy les juges royaulx tiendront la main soigneusement, affin que sur les lieux de leurs bénéfices.... (1)

16. Et advenant que pour bonne cause soient dispensez de lad. résidence, ilz seront contrainctz d'employer le tier de leur bénéfice ou autre portion concrue ès aulmones des pauvres des lieux où leurs bénéfices

(1) Cette phrase paraît inachevée ou mutilée.

seront fondez, selon la cotte qui en sera faitte par les juges royaulx du ressort, maire et échevins desd. lieux; à laquelle cotte ilz seront contrainctz par saisie de leur bénéfice, nonobstant opposition ou appellation quelzconques, et sans préjudice d'icelles.

17. Que aucun bénéfice régulier ne soit conféré [à nul] s'il n'est religieux bien vyvant et capable, ny semblablement bénéfice séculier à homme religieux. mais à théologiens ou autres séculiers qui seront trouvez cappables selon la qualité des bénéfices.

18. Les curez résideront [en] leurs cures et bénéfices et auront touttes novalles et nouveaulx, mesmement contre les curez primitifves, lesquelz curez administreront les sacremens gratuitement.

19. Que les VIIIe et IXe articles des eedictz et ordonnances d'Orléans auront lieu, mesmes és villes où il n'y a qu'une église collégialle, de la quelle le revenu de l'un des prébendes, en cas qu'elles excedderont le nombre de dix, sera affecté au sallaire d'un précepteur de la jeunesse, lequel sera esleu par les juges ordinaires, maire et eschevins et conseilliers desd. villes, à ce appellez les doien et chanoine de lad. église.

20. Que ne seront plus octroiez despesches et réserves des bénéfices des vyvans, tant pour ne faire les bénéfices perpétuelz héréditaires en une maison, comme il s'est veu, que ne donner lieu aux personnes de désirer la mort d'autrui et actenter à sa vie ; et que celles qui ont esté par cy devant octroiées seront déclairées nulles et révocquées.

21. Qu'il ne soit permis à gentilhomme ou autres gens laiz, de quelques conditions qu'ilz soient, de tenir ny

faire tenir soubz eux, directement ou indirectement, ou par personnes interposées, aucuns bénéfices.

22. Les malladeries, hospitaulx et autres lieux pieux seront administrez par les habitans desd. lieux, qui rendront compte de lad. administration suivant l'ordonnance pardevant les juges des lieux.

23. Que ceulx qui à présent tiennent lesd. malladeries et hospitaulx se départiront incontinant de l'administration d'iceulx et rendront compte.

24. Que les prélatz du royaulme refformeront les abuz et mauvaise vie des ecclésiasticques, non pas superficiellement, mais vraiement et radicallement, selon les canons de l'Eglise.

25. Que les églises, prieurez et abbaies qui sont démolies et ruynées seront réparées ; à quoy faire seront contrainctz les détempteurs desd. bénéfices par saisie du revenu du temporel, et ce par les juges royaulx du ressort.

26-39. — *Justice*. Observer les ordonnances d'Orléans et de Blois, les édits de Paris, Moulins et autres. Abolir la vénalité des offices. Les magistrats et officiers royaux ne tiendront qu'un seul office et l'exerceront en personne. Supprimer les commissions extraordinaires. Procédure en cas d'opposition sur l'exécution des édits pour provision d'office. Insérer à la suite des édits les modifications qui y auront été apportées par les cours souveraines. Renvois. Appellations interjetées des juges des terres tenues en pairies. « Que la coustume de Paris, naguère refformée, sera générale par toutes les provinces qui se règlent selon le droict coustumier ». Attributions des cours de Parlement en cas d'appel. Compétence des juges royaux. Suppression des offices créés depuis le règne de Henri II. Suppression des tabellions royaux, dont les offices seront incorporés avec les états de notaires royaux. Autoriser la province de

Champagne à faire élection d'un sindic pour faire toutes les remontrances nécessaires au soulagement des villes et du plat pays, et permettre pour cet effet une assemblée des Etats de ladite province.

40-54. *Tailles et subsides.* Depuis dix à douze ans, les tailles ont quadruplé, et le peuple ne peut plus les porter ; aussi serait-il nécessaire que nosseigneurs du Conseil Privé et d'Etat appellassent avec eux les sindics et trésoriers généraux des finances, « qui adviseront en leur conscience par chacun an au mois d'aoust ce qui sera nécessaire estre levé en l'année suivante ». En dehors de l'imposition ainsi fixée, n'envoyer pendant l'année aucun mandement pour faire nouvelle levée de deniers. « Ne pourront estre imposez aucunes tailles et subsides extraordinaires que ce ne soit par l'advis et consentement desd. Estatz. ». Révoquer les exemptions de tailles octroyées à divers officiers ; contraindre à la contribution toutes personnes autres que les nobles vivant noblement et portant les armes pour le service de S. M. Faire rendre compte à ceux qui ont eu le maniement des finances. Révoquer tous subsides et impositions établis depuis le décès du feu roi Henri, et ne forcer personne à prendre sel qu'à volonté et pour la fourniture de sa maison. Autoriser les habitants des villes et des villages à s'imposer pour leurs besoins. Ne pas obliger les marchands à subir de nouvelles visites de leurs marchandises lorsqu'ils ont pris les acquits nécessaires pour le paiement des droits. Abolir les droits de péage là où il n'y aura pont ou chaussée à entretenir. Employer les amendes extraordinaires, confiscations etc., au rachat du domaine aliéné. Révocation des dénonciations injurieuses. Suppression des acquits donnés comptant. « Ne sera permis aux estrangers de tenir ou exercer aucuns estatz. offices et charges publiques en ce royaulme ». Eaux et forêts. Supprimer tous les droits sur les vins et marchandises autres que l'ancien droit forain.

54. Que pour soustenir les guerres estrangères et remectre sus la discipline militaire et fuir les foulles et oppressions de gens de guerre, plaira à S. M. donner

ordre pour le reiglement desd. gens de guerre, lesquels indifféremment, du moings la pluspart, se logent en tous lieux, surprennent les villes et bourcs, vyvent à discrétion, battent l'hoste et l'hostesse, rançonnent au partir, pillent et robbent ce qu'ilz trouvent, mesmes les chevaulx et bestiaulx des pauvres laboureurs, pillent aussy les marchands et autres voïageurs, mettent le feu aux villaiges le plus souvent, brief font tant d'actes d'inhumanité que le peuple est contrainct de s'absenter et quitter leurs maisons et biens, qui cause la ruine et la désolation du royaulme.

56-59. Ne pas divertir les deniers destinés à payer les gens de guerre. Faire les monstres de trois mois en trois mois ; payer demi-soldes en temps de paix. Observer l'ordonnance de François I pour la levée des légionnaires. Faire les compagnies de 300 hommes ; leur donner pour capitaines des gentilhommes français catholiques et ayant des moyens, lesquels capitaines répondront en leur privé nom des fautes commises par leurs soldats.

68. Auxquels cappitaines seront faites deffenses de laisser desbender leurs soldatz ny faire aulcune course pour saisir des chevaulx et trouppeaux des villaiges, ny donner aucun destourbier ou empeschement au laboureur à la culture et labeur de la terre ; autrement sera permis et loysible aux gens du plat païs de se jecter et courir sus, et, sy faire se peult, les arrester et appréhender pour estre puniz comme volleurs et infracteurs du repos public.

61. Les trésoriers provinciaux de l'extraordinaire des guerres et controlleurs seront dès à présent supprimez, et leurs charges faictes par les commis et clercz des trésoriers et controlleurs généraulx des guerres.

62. Que S. M. ne pourra faire à l'advenir aucune

guerre sans le consentement des princes, seigneurs et de ses Estatz, sur le faict des quelles sera pris et levé deniers, tant pour la levée, conduicte des gens de guerre, qui se feront par les gentilzhommes du pays où ladicte levée aura esté faicte, que pour le paiement et solde d'iceux, lesquelz deniers seront levez sur le peuple et receuz par les villes. sans que y en entre aulcune chose ès coffres du roi.

63. Qu'il sera pourveu et obvié pour l'advenir aux desseins et entreprises qui se font ordinairement sur les villes et places de la frontiére de Champaigne par les demourans et reffugiez ès villes de Sédan et Jametz, incursion et ravaige et actes d'hostilité qui se commecctent en lad. province, la conservation de la quelle ne peut aultrement estre asseurée.

64. Et affin que ce qui sera sainctement arresté en lad. assemblée ne soit cy aprés violé et enfraint par eedit et ordonnance contraire, seront tenuz messieurs des Conseils Privé et d'Estat, mesmement monseigneur le Chancellier, jurer solempnellement en la présence desd. depputez de l'observance dud. eedict, et qu'ilz ne signeront ou souffriront estre faictz ou seellez aucuns eedictz contraires à ce qui aura esté arresté, comme dit est, en l'assemblée desd. Estatz.

Rèthel, arch. munic., liasse Affaires Diverses, originaux et copies anciennes (1).

14 août. — Procès-verbal de la signature du cahier du tiers-état de Vitry-le-François, remis à Mᵉ Jacques Linage, sieur de Nuisement, président et lieutenant général au bail-

(1) Ces pièces nous ont été signalées par M. Jadart. qui a bien voulu en outre nous communiquer la copie des remontrances du tiers-état de Vitry, rapportée ci-dessus par extraits ou par analyse.

liage et siège présidial dud. Vitry, et à Mᵉ Jean de Saint-Remy, prévôt de Ste-Ménehould, pour être porté et présenté aux Etats-Généraux.

<small>Vitry, arch. munic., FF. 4 minute. Publié dans nos Documents inédits sur les Etats-Généraux, p. 95.</small>

16 écus deux tiers payés à Jacques Linage, député du tiers état de Vitry aux Etats, pour les frais de son voyage en la ville de Blois.

<small>Vitry, arch. munic., CC. 77, f° 147. Publié ibid. p. 98.</small>

L'ordre tenu à la séance des Etats en l'année 1588.
Procès-verbaux et mémoires des Etats de Blois.
Articles arrêtés aux Etats de Blois.

<small>Bibl. Nat., f. fr., 3274, f° 105 ; 3964 et 3965 ; 4021, f°⁵ 69-75</small>

29 octobre. — M. de Guitault fait assembler Messieurs du Conseil de Verdun en la maison de M. le bailly, « et leur dict qu'il s'en alloit trouver monseigneur de Guise à Blois, et por ce les prioit d'avoir soing à la garde de la ville avec monsieur le bailly, qui estoit laissé pour commander. »

<small>Verdun, arch. munic., Registre II.</small>

Assassinat des Princes.
1588, 23 décembre.

Requête de Catherine de Clèves pour informer sur l'assassinat. — Information. — Arrêt de la Cour des pairs, etc.

<small>Bibl. Nat.. f. fr., 3996. — Cf. Arch. nat., U 785-880 ; on trouve dans cette série le procès sur l'assassinat du duc de Guise.</small>

« Addition d'information faite par nous Pierre Michon et Jean Cousin.... à la requeste de dame Catherine de Clèves, duchesse douairière de Guise », sur l'assassinat des princes.

<small>Bibl. Nat., f. fr., 21383. Cf. *Archives Curieuses*, XII, p. 189,</small>

Nombreux imprimés contemporains sur l'assassinat des princes, notamment :

Particularitez notables concernantes l'assassinat et massacre de Monseigneur le duc de Guise et Monseigneur le cardinal son frère ; Châlons, Pierre du Boys, 1589, in-8°, 51 pages.

Regrets lamentables de Messieurs les habitants de la ville de Reims. (Mémoires de la Ligue, III, 179).

Discours séditieux de Thomas Morus prononcé à l'église métropolitaine de Reims. (Cf. Henri, p. 117).

« Extrait de l'estat général de l'extraordinaire des guerres signé de la main du Roy pour l'année 1589 ».

Gouvernement de Champagne.

Au sr d'Inteville, comme lieutenant général en Champagne, par mois...................... 100 écus.

Au sr de La Vieuville, lieutenant général en Réthellois............... 55 éc. 1/2, 13 s .4 d.

Rocroy. « 100 hommes de guerre à pied françois tenans garnison en la ville de Rocroy sous la charge du sr de Champagnat. »

Maubertfontaine. « Six hallebardiers ordonnez pour ouvrir et fermer les portes dud. lieu, sous la charge du sr de Penniault, gouverneur ».

Mézières. « Vingt hommes de guerre à pied françois ordonnez pour tenir garnison en lad. ville, sous la charge du sr de La Vieuville, gouverneur d'icelle ».

Montcornet en Ardenne. « 6 hommes de guerre ordonnez pour la garde du chasteau dud. lieu », sous un capitaine.

Villefranche. « 30 hommes de guerre à pied françois ordonnez pour tenir garnison aud. lieu », sous la charge d'un capitaine-gouverneur.

Mouzon. « 4 halledardiers soubz la charge du sr de Saveuse, gouverneur de lad. ville de Mouzon ».

Linchamp. « 6 hallebardiers sous le sr des Anelles cappitaine et gouverneur dud. lieu ».

Chateau-Regnault. «Six hommes de guerre à pied soubz le sʳ des Anelles », capitaine dud. lieu.

Vitry. « Soixante hommes de guerre à pied ordonnez pour tenir garnison en la citadelle de Victry soubz la charge du cappitaine Stef d'Urbin.... » — « Quinze autres hommes ordonnez pour ouvrir et fermer les portes de lad. ville. »

Montéclair. « 10 hommes de guerre à pied tenant garnison aud. lieu sous le sʳ ...., capitaine dudit Montécler. »

Vaucouleurs. « 6 hommes de guerre à pied soubz le sʳ d'Ernecourt, capitaine dud. lieu. »

Sainte-Menehould. « 30 hommes de guerre à pied ordonnez pour tenir garnison aud. lieu soubz le sʳ de Thomassin », cappitaine et gouverneur de Sainte-Menehould.

Donchery-sur-Meuse. « 10 hommes de guerre à pied ordonnez pour tenir garnison aud. lieu sous la charge de ...., capitaine de Donchery. »

Chaumont. « 6 hommes de guerre à pied tenant garnison aud. lieu sous le sʳ de Viaspres, cappitaine de Chaumont ».

Deux commissaires et deux fournisseurs des guerres pour faire les monstres desd. gens de guerre.

Appointements.

Au sʳ de Bourlemont, capitaine de Montigny....................	13 écus 1/3 13 s. 4. d.
Au sʳ de Choiseul, cap. de Coiffy...	13 écus 1/3 13 s. 4. d.
Au sʳ de Chastellet de Thon, commandant en la ville de Langres au lieu et place de son père........................	33 écus 1/3.
Au capitaine de Montfaucon en Argonne......................	13 écus 1/3 13 s. 4. d.
Au capitaine Sᵗ-Martin, capitaine du château de Passavant...........	11 écus 6 s. 8 d.

Au capitaine Stef d'Urbin, ingénieur
   des fortifications en Champagne   16 écus 2/3.
A M⁰ Charles Bouquet, controleur provincial des guerres au gouvernement de Champagne, pour tenir le
   registre des monstres des gens de
   guerre...................................... 16 écus 2/3.
   Somme totale, par mois...... 1.812 écus.
                    par semestre.. 10.872 écus.

Bibl. Nat , f. fr., 4538, f⁰ 5, copie collationnée.

Le duc de Nevers gouverneur de Champagne.

1589, janvier.

1588, 26 décembre. — Le Roi au duc de Nevers, pour lui offrir le choix entre le gouvernement de Champagne et celui de Picardie.

Bibl. Nat., f. fr. 8976, f⁰ 218, copie. Publié Mémoires de Nevers, II, p. 198.

1589, 10 janvier. — Avis envoyé au Roi par le duc de Nevers sur la mort des cardinal et duc de Guise.

Bibl. Nat., f. fr., 3977, f⁰ 19.

18 janvier. — Provisions de gouverneur des provinces de Champagne et Brie en faveur de M. de Nevers, sous le nom de duc de Réthelois.

Bibl. Nat., f. fr., 3977, f⁰ 20. Publié Mémoires de Nevers, II, 201.

S. d. — Mémoire du duc de Nevers sur la conduite qu'il se propose de tenir dans le gouvernement de Champagne que le roi lui destine.

Bibl. Nat., f. fr., 3616, f⁰ 111.

Villes qui se déclarent pour la Ligue.

1589, janvier.

Saint-Dizier.

Saint-Paul, revenant d'une légation vers la duchesse de Bouillon, apprend à Paris l'assassinat des princes. Il est chargé de conduire à Saint-Dizier la duchesse douairière de

Montpensier et les deux jeunes fils du duc de Guise et du duc de Mayenne; il y arrive « en peu de jours », et est honorablement reçu par Johannès, gouverneur de la place. (Cf. Mémoire des choses plus notables, p. 37; Mémoires de Montbéton, Bibl. Nat., 4018, publiés dans la Revue de Champagne, oct. 1886, p. 298.)

3 janvier. — Dinteville a envoyé à St Dizier une lettre du Roi, et il attend encore la réponse. Il a envoyé à St Pol par un exprès une autre lettre du Roi, qui lui offre d'oublier le passé et de le prendre à son service. (Cf. *Lettres*, p. 163, 170). Malgré ces avances, Saint-Dizier s'attache définitivement à la Ligue.

Vitry.

3 janvier. — Stéfan Castrio d'Urbain, gouverneur de Vitry, est suspect, mais déclare que son attachement à M. de Guise ne l'empêche pas d'être bon serviteur du Roi ; s'il n'a pu s'opposer à l'entrée de compagnies dans la ville, il possède du moins une citadelle où « ceulx qui y vouldront entrer seront de ses amis. » — 3 janvier. Dinteville n'a pas encore reçu de réponse à la lettre du Roi qu'il a envoyée aux habitants de Vitry. (Cf. *Lettres*, 159, 163).

3 janvier. — Le conseil particulier envoie à Blois Pierre Richier, procureur ès sièges de Vitry. (F° 71vo). — 4 janvier. Le conseil fait don à Stef d'une somme de 100 écus sol. (F° 67vo).

12 janvier. — M. de Rosne, envoyé par Charles de Lorraine en Champagne le 8 de ce mois, arrive de St Dizier à Vitry. (F° 73).

17 janvier. — Des gens de guerre ligueurs entrent de force dans Vitry. Le Conseil fait don à Claude Le Maire, demeurant aud. Vitry, de 10 écus sol, « pour luy subvenir et ayder à se faire panser et médicamenter d'une blessure qu'il avoit eue en l'une de ses jambes estant à la garde d'une des portes de ceste ville, par les gens de guerre qui y entrè-

rent de force le mardy 17e jour de janvier 1589. » (F° 67). (1)
— Stéfan d'Urbain, sorti de la ville, est tué peu après de
guet-apens par les Ligueurs. (Cf. Mémoire des choses plus
notables, p. 38). — En janvier, à une date qui n'est pas
indiquée, le sr et la dame de Saint-Paul sont à Vitry, et la
ville leur fait un présent de vin et de poisson. (F° 75). —
Un peu plus tard, les habitants députent « vers le duc de
Mayenne en la ville de Troyes. » (F° 75).

24 janvier. — A la demande des Châlonnais, le roi répond
qu'il sera pourvu à la place de Vitry «pour empescher qu'il
ne s'y face rien au préjudice de S. M.» et de la ville de
Châlons. (Cf. *Lettres*, p. 177, note.)

30 janvier. — Présent d'une queue de vin au sr de Mutigny, gouverneur de la ville et citadelle de Vitry. (F° 67v°).

Vitry, Arch. Munic.; CC. 77, Comptes communs.

31 janvier. — Le conseil de Châlons écrit à Dinteville pour
demander de nouveau qu'il soit pourvu à la place de Vitry.
(Châlons, arch. munic., Registre XIX, f° 55v°).

Reims.

Voir dans le Marlot français, t. IV, p. 473-477, en note,
l'extrait d'un Mémoire contemporain « communiqué par
M. Dorigny », sur les circonstances de la Ligue à Reims
après l'assassinat des princes. Le ms. est à la Bibl. Nat.,
Coll. de Champagne, t. 37, f° 108.

Les Rémois furent un moment indécis, et, le 18 janvier

---

(1) Montbéton (Rev. de Ch., 1886, p. 298) et le *Mémoire des choses plus notables* mentionnent le passage de St Paul à Vitry, en janvier; et les comptes communs attestent en effet que la ville fit présent de vin et de poisson «aux srs et dame de Saint Paul estans à Vitry au mois de janvier». (CC. 77 f° 75). Montbéton dit qu'il y vint de St Dizier et avant son voyage de Lorraine, « pour avoir advis de la mort du capitaine Stef, gouverneur,» et qu'il installa à sa place Mutigny. Le *Mémoire* dit (p. 38) que 4 compagnies du régiment de St Paul surprirent Stef et le jetèrent hors de la ville, et que peu après il fut «tué de guet-apens par ses beaux amis.» Il y a, ce semble, quelque contradiction dans ces renseignements ; mais les informations du *Mémoire* paraissent plus vraisemblables que celles de Montbéton, qui a peut-être l'intention de dissimuler le rôle de St Paul en cette circonstance. Nous admettons donc que l'expulsion de Stef fut exécutée à cette date du 17 par les troupes de St Paul, et sans doute au moment où celui-ci se dirigeait vers l'Argone.

1589, le Roi espéra, mais vainement, faire entrer dans leur ville M. de Luxembourg. — 9 février. Reims entre définitivement dans la Ligue. (Cf. Henri, p. 101-124, et le *Mémoire des Choses plus notables*, p. 47.)

Reims entraîne par son influence plusieurs villes de la région :

Epernay, après avoir observé un moment la neutralité armée, entre dans la Ligue. *Vertus, Fismes, Cormicy*, « s'ébranlent à la cadence de Reims. » *Chateau-Portien, Rocroy, Maubert*, inclinent au parti de la Ligue.

Cf. Marlot, t. IV, Mémoire Royaliste ; *Mémoire des Choses plus notables*, p. 50 ; Henri, p. 101 et suivantes.

Troyes.

Cette ville hésita d'abord, et, le 3 janvier, Dinteville écrivit aux Chalonnais que ceux de Troyes avaient décidé « hier » en assemblée générale de reconnaître leur devoir. Mais, dès le 11 janvier, il annonçait son intention d'aller visiter Troyes et Sens où quelques uns se voulaient remuer. Le 20, Mayenne y arriva et y fut reçu sans résistance. Les habitants prêtèrent serment à la Ligue. (Cf. *Mémoire des Choses notables*, p. 54 ; *Lettres*, p. 170 ; Boutiot, Hist. de Troyes, t. IV, p. 170.)

16 février. — « Ceux de Troyes ont ruiné la maison que M. de Thinteville avoit proche dud. Troyes. » (Lepage, p. 99).

Chaumont.

3 janvier. — Dinteville écrit que Chaumont est en bon chemin. — 11 janvier. Il écrit que tout y est paisible. (Cf. *Lettres*, p. 164 et 170.)

Mais Chaumont adhère bientôt à la Ligue. Le 24 février, Saint-Paul écrit aux habitants « qu'il a su la résolution qu'ils avoient prise de se continuer à l'Union ci-devant jurée », et il leur offre ses services en cas de besoin. (Cf. *Mémoire des Choses plus notables*, p. 55 ; Henri, p. 451).

Villes qui se déclarent pour le Roi.

Châlons.

1588, 24 décembre.— Lettre d'Olivier à son frère le capitaine Louis, pour le prier de tenir Châlons à la dévotion des gens de bien. — 25 décembre. Lettre de Charles de Lorraine à de Rosne, lui donnant ordre de s'assurer de Châlons. (*Lettres*, p. 157-158).

27 décembre. — Lettre de Dinteville aux officiers du Roi à Châlons, portant ordre de se saisir de quiconque empêche le service de Sa Majesté (*Lettres*, p. 158).

28 décembre. — Les Châlonnais expulsent de Rosne. (Cf. *Mémoire des Choses plus notables*, p. 40-43 ; Cayet, Chronologie ; Henri, p. 134 et 453-454).

29 décembre. — Le Conseil de ville reçoit ce jour les lettres de Henri III, datées de Blois 24 décembre, sur la mort du duc de Guise. (Cf. *Lettres*, p. 155). « A esté conclu qu'il sera obey aux commandemens de S. M. » — Même jour, arrestation des capitaines Loys et Thomas d'Urbain « pour iceulx oyr et interroger sur l'entreprise faicte sur ceste ville de Chaalons et advertissemens qui en ont esté receus. » — 31 décembre. Estienne Lefèvre, élu en l'élection de Châlons, et Pierre Leblanc, marchand, se rendent plèges et cautions du capitaine Louis et le prennent en leur garde, sous l'obligation de le représenter, de l'empêcher d'aller par la ville et de recevoir aucunes lettres.

31 décembre. — Le Conseil de Ville et le chapitre font serment de fidélité au Roi. (Publié *Mémoire des Choses plus notables*, p. 169).

1589, 1er janvier. — M. de Thomassin, arrivé la veille sur un ordre de Dinteville, se rend en la Chambre du Conseil, accepte du consentement du corps de ville la charge d'assister les habitants à la conservation de Châlons, et déclare prendre en sa garde les deux fils ainés du sr de Rosne, s'engageant à les représenter quand il en sera requis. (Publié *Mémoire des Choses plus notables*, p. 170. Cf. *Lettres*, p. 158).

3 janvier. — Le capitaine Thomas, neveu de Steph d'Urbin, gouverneur de Vitry, est relaxé et renvoyé à Vitry sous l'engagement de servir S. M. envers et contre tous et de rapporter pareille et plus ample promesse dud. Steph d'ici au 8 janvier. (Publié *Lettres*, p. 161. Cf. Henri, p. 136).

« Ce jourd'huy XVII⁰ de janvier mil V⁰ quatre-vingtz et neuf, en l'assemblée géneralle des habitans de ceste ville de Chaalons, tenue en la salle de l'évesché de lad. ville, de l'ordonnance de monseigneur Dinteville, chevalier des deux ordres du Roy, cappitaine de 50 hommes d'armes de ses ordronnances et lieutenant général pour Sa Majesté au gouvernement de Champagne et Brie, led. sʳ Dinteville président en lad. assemblée, en laquelle assistoient les gens du clergé par Mᵉ Jehan Clément, doyen, Pierre Sibert, grand archidiacre, Jacques Gorlier et Jehan Cordier archidiacres, Claude Françoys, chanoine, lesditz Sibert et Françoys vicaires généraulx du sʳ évesque dud. Chaalons, Claude Joffroy, aussy chanoine, trésorier et official dud. Chaalons, les officiers du Roy pour la justice par Mᵉ Jehan de Morillon, lieutenant au bailliage de Vermandois, Geoffroy Mathé, advocat, Guillaume le Goix, procureur de Sa Majesté aud. Chaalons, les trésoriers généraulx de France establis aud. Chaalons par Thomas Cauchon, escuyer, sʳ de Verzenay, Nicolas de Corberon et Jacques Godet, sʳ de St Quentin, Claude de Champagne, procureur général des finances en la province de Champagne, Claude Lhoste, escuyer, sʳ de Livry, lieutenant de lad. ville, Pierre de Moulinet et Charles Roussel, eschevins, les gouverneurs, procureur sindic, et gens du conseil de lad. ville, jusques au nombre de 400 et plus, a esté faict lecture des lettres de déclaration de

Sad. Majesté du dernier jour de décembre 1588 cy après insérée, de l'ordonnance du seigneur Dinteville, ensemble de deux lettres particulières envoyées aux habitans de lad. ville par led. s⁻ Roy, l'une en dacte du XXIIII⁰ jour dud. moys de décembre, et l'autre du IIII⁰ jour du présent moys de janvier, transcriptes au registre dud. Conseil.

« Après laquelle lecture faicte, led. seigneur Dinteville, et avec luy tous les assistans à lad. assemblée, ont promis et juré unanimement de se maintenir et conserver en l'unyon cy devant jurée à Sa Majesté pour l'exécution de l'eedict du moys de Juillet dernier, vivre et mourir en la religion catholicque, apostolicque et rommaine soubz l'auctorité de Sad. M., garder et rendre la fidélité et obéissance qu'ilz luy doibvent, exposer leurs biens et vyes pour son service et conservation de la d. ville en son obéissance envers et contre tous.

Châlons, arch. munic., Registre XIX, f⁰ 49.

Janvier-mars. — Vaines tentatives des Ligueurs pour faire entrer Châlons dans l'Union. — Difficultés commerciales entre Châlons et Paris, arrestation de marchandises et de personnes. (Cf. *Lettres*, p. 168-197).

Sainte-Menehould.

1589, 4 janvier. — Les habitants de Sainte-Menehould remercient les Châlonnais de leur lettre reçue hier, et déclarent qu'ils veulent rester unis avec Châlons pour le service du Roi. (*Lettres*, p. 166.)

26 janvier, jeudi. — Le Conseil de Ville de Sainte-Menehould décide « que l'on ne laissera entrer en ceste ville le s⁰ de Mondreville ny autre personne de sa maison que ce soit, jusques ad ce que l'on ayt la response des lettres escriptes et envoyées à Sa Majesté de la part desd. habitans, et sur ce ne pour raison de cette offense ne sera tenu aucun

conseil, ains que ce présent conseil sera gardé et observé avec ce qui a esté par ci devant délibéré; et là où il y auroit quelqu'un qui voulut entreprendre contre la présente conclusion, sera procédé contre luy comme perturbateur du repos de la ville. Et a le Conseil advoué la responce par nous faicte ce jour dhuy aud. sr de Mondreville. » (Fo 166 vo).

31 janvier. — « A esté advisé que les deux tiers de la compagnie du sr de Champoulan seront logez au chasteau de Ste Manehould, et l'autre tiers en lad. ville» ; qu'à la garde de nuit il y aura douze habitants au château, ce qui fait trois pour chaque corps de garde, et qu'à la garde de jour il y aura à la porte huit habitants. Le surplus sera réglé par le sr de Champoulan et les échevins. (Fo 167).

3 février. — Le sr de Mutry pour M. de Thomassin a présenté lettres en formes de commission «pour commander en la ville de Saincte Manehould, et d'icelles requis la lecture et enregistrement au greffe du Conseil.» Mais Mondreville, comparant par Valleron son procureur, s'y est opposé, disant qu'il est pourvu de l'état de gouverneur et qu'il a lettres du roi pour le continuer audit gouvernement. « A esté advisé que l'un desditz habitans et les srs de Mondreville et Thomassin, si bon leur semble, se retireront vers le Roy, pour sur le différent en estre ordonné par Sa Majesté selon son bon plaisir.» Fo 169).

26 février. — Travaux de terrassement au rempart du quartier de la Pointe, parce que ce quartier est faible et la muraille caduque. (Fo 171vo).

Ste-Menehould, arch. munic., Registre IV.

Langres.

3, 11 janvier. — Dinteville écrit aux Châlonnais que Langres est en bon chemin et que tout y est paisible. (Cf. *Lettres*, p. 164, 170; et *Mémoire des Choses plus notables*, p. 56).

Château-Thierry.

Cf. *Mémoires des Choses plus notables*, p. 52; Henri, p. 101.

Chefs et Villes qui prétendent rester neutres.

1589, janvier.

Traité entre La Vieuville, Penniault et Champagnac, gouverneurs de Mézières, Maubert-Fontaine et Rocroy.

Aujourd'huy XIIIIe de janvier 1589, voyans la malice grande du temps et que par artifices on prend ordinairement peine de mettre division et désunion entre les meilleurs amys, nous nous sommes par un mutuel accord assemblez en ce lieu de Vuartigny, où nous avons réciproquement promis et juré foy et amitié et associez conjoinctement, pour nous maintenir les ungs les autres sous l'obéissance et pour le service du Roy, jurans en parolle de gentilshommes et sur nostre honneur de nous entre assister de nos personnes, vyes et moyens, où il y auroit aucun qui voulust attenter contre un de nous, et de n'engager ailleurs nos foys sans l'exprès consentement de tous trois ; laquelle présente amitié, foy et promesse nous nous sommes entrepromis et juré comme frères, affin de nous maintenir soubz l'obéissance de S. M., comme ses bons et loyaulx serviteurs et sugetz. En tesmoin de quoy nous avons signé tous trois le présent escrit aud. Vuartigny, l'an et jour que dessus. Ainsi signé : La Vieuville, Penniault, Champagnac.

Bibl. Nat., f. fr., 4538, fo 168vo, copie du temps.

Quittance de 1700 écus donnée par Wagnon.

Nous soubzsigné sr de Vuagnon, Me de camp d'un régiment de dix enseignes de gens de pied françois levez de l'ordonnance et commandement de Mons.

de la Vieuville, lieutenant général du Roy au pays de Réthélois, pour le service de Sa Majesté et de Monseigneur de Nevers, confessons avoir receu dud. s^r de la Vieuville la somme susd. de dix sept cens escuz pour distribuer tant à nous qu'aux cappitaines dud. régiment, comme il est porté par l'estat présent ; de la quelle somme nous nous tenons pour content, promectans faire lad. distribution, et encore aud. s^r de la Vieuville de luy garder foy et loyaulté envers et contre tous et ne prendre autre party que celuy qu'il prendra, ce que mesme nous ferons promectre et signer à tous lesd. cappitaines en leurs distribuants leurs commissions et l'argent. En tesmoing de quoy nous avons signé la présente. A Maizières, le dernier jour de février 1589. N. de Launoy. (1)

Bibl. Nat., f fr., 4588, f° 169, copie du temps.

Verdun.

1588, 30 décembre. — Sur la nouvelle de la mort de Monseigneur de Guise en la ville de Blois, on conclud d'envoyer tant à Son Altesse, Châlons, Paris, Reims que Mouzon, pour en savoir la vérité.

1589, 4 janvier. — « Ayant esté résoult aux Estatz de se maintenir neutre en ceste cité et de se garder sans admettre ny rescevoir aulcun commendent ny garnison, encor qu'il fust envoyé par le Roy, jusqu'à ce que l'on ayt envoié vers S. M. ; pour où aller sont commis les s^{rs} doiens de la Magdeleine avec ung chanoine de l'esglise cathédralle, J. Gerbillon et J. Boucart. »

31 janvier.—La compagnie du s^r de Guitault sera licenciée et sortira de la ville ; aucune compagnie ne sera dressée

(1) Selon le *Mémoire des Choses notables*, p. 53, 59, Wagnon se laissa corrompre par les Rémois moyennant 3000 écus et leur mena en avril les troupes qu'il avait levées.

pour la garder. « A esté arresté de renouveller le serment faict pour la conservation de la Cité et de la religion sans rescevoir commendans ou garnison d'aulcuns. »

4 février. — « Messieurs des Estatz ont resceu lettres du Roy du XXIIe janvier 1589, portantes qu'il est content de la résolution que la cité avoit de demeurer en sa protection et soubz son auctorité, envoiant monsieur du Lieudieu pour commander ; leqùel s^r du Lieudieu en escript aussy à mesd. s^{rs} des Estatz. » Messieurs du Conseil sont d'avis de prier S. M. « ne trouver maulvais s'ilz ne resçoivent commandeurs en ceste cité jusques ad ce qu'Elle les ayt oy, et escrire le mesme à monsieur du Lieudieu ; et cependant qu'ilz conserveront la cité soubz sa protection et ne feront choses contraires à son service... Sur les lettres de Madamoiselle de Buillion escriptes à Monseigneur de Verdun pour avoir desclaration de paix et bonne voisinance, icelles veues avec la responce dressée pour luy envoier, Messieurs ont esté d'advis qu'il est besoing de l'accepter, accorder et confermer. »

7 février. — « Messieurs aians entendu les occurrances depuis advenues et nouvelles resceues, sont estés d'advis de faire le serment que s'ensuit et lequel a jà esté faict aux Estatz, c'est à sçavoir :

« Nous jurons que serons et demeurerons unis et joinctz por la tuition et conservation de nostre foy et religion catholicque, apostolicque et romaine et deffence de ceste cité, sans admectre ne rescevoir aulcun por commander ny aulcune force ou garnison en lad. cité, sinon par le commun advis des Estatz, mesme de ne faire aulcune composition que le général et chascun particulier ne soit compris sans exception de personnes ; et por le regard du port des armes et deffence de la ville, nous obéirons à ceulx qui seront commis pour commander par les Estatz ; et sy nous sçavons choses préjudiciables et contrevenantes à ce que dessus, nous en advertirons les commis desdictz Estatz pour y pourveoir.

« Mesd. sieurs l'ont présentement juré sur les Sainctes Evangiles et promis ainsy le faire. Ont aussy ordonné que tous les chefs d'escouades et leurs lieutenans seront appellez à demain huict heures du matin, estans présens et ainsy le jurans tous Messieurs du Conseil, excepté monsieur le maistre eschevin. »

15 février. — M. de la Verrière est arrivé ce jourd'hui avec lettres du roi données à Blois le 29 janvier. Sa Majesté y déclare que, « por la meffiance que la cité porroit avoir de monsieur du Lieudieu », ledit sr de la Verrière est envoyé à Verdun pour établir toutes choses de telle façon qu'il ne s'y passe rien contre le bien de son service. Le Conseil décide qu'on remerciera S. M. de décharger la cité de M. du Lieudieu, et qu'on enverra un député vers le roi pour lui expliquer la situation particulière de la ville et pour s'excuser de ne pas y recevoir le sr de la Verrière.

11 mars. — Attendu les grandes troupes que les princes ont réunies alentour de la ville, le Conseil décide qu'il est nécessaire « de faire desclaration et se joindre à l'Union des princes et villes catholicques, et envoyer les desclarer tant à Son Altesse, messeigneurs les princes et monsieur de Sainct-Paul, pour divertir les malheurs qui sont présens. »(1)

20 avril. — On fait entrer 300 hommes dans la ville pour se garder contre les menaces faites.

Verdun, Arch. Munic., 2e Registre du Conseil.

Toul.

Janvier. — Le duc de Lorraine essaie de s'assurer de Toul sans y réussir. (Cf. Lepage, p. 188, note).

Sédan, Mouzon, Villefranche, Coiffy.

Sédan reste aux écoutes. La ville est secrètement favorable au parti du Roi et fournit sous main des gens de guerre à Joyeuse.

(1) Mais, malgré cette déclaration, Verdun prétendait rester maître de lui-même. Il ne fut occupé par la Ligue qu'au mois de mai. Cf. ci-dessous.

Villefranche et son gouverneur Trémelet «attendent le bon vent », mais inclinent pour le parti de la Ligue.

Coiffy demeure neutre sous le commandement du baron de Choiseul.

Mouzon garde aussi la neutralité.

Cf. *Mémoire des Choses plus notables*, p. 53-56.

Châlons se prépare à soutenir la guerre.

« Estans les habitans de ladicte ville de Chaalons advertis que le sieur de Rosne, commandant en icelle au commencement des présens troubles, s'en voulloit emparer et introduire les régimens des sieurs de Johannes et St Paul, logés proche ladicte ville, auroient mandé par les villages plusieurs soldatz de leur cognoissance, jusques au nombre de trois cens, lesquelz ils auroient retenu et payé de leurs deniers durant vingt deux jours à raison de 15 sols par jour, en attendant que Sa Majesté, qui estoit pour lors à Bloys, en eust pourveu ; qui se trouvent monter et revenir à la somme de 1650 escus; ainsy qu'il appert par la certification des sieurs Claude Thibaut et Jean Braux, gouverneurs de ladicte ville. »

Châlons, Bibl. Munic., Recueil de pièces ms., « Estat des frais extraordinairement faictz par les habitans de la ville de Chaalons » depuis le 1er janvier 1589, copie authentique.

2 janvier. — On emploiera l'argent qui reste disponible de la dernière subvention « au payement de 200 soldats qu'on lève pour la garde de cested. ville. »

3 janvier. — Lettre de Dinteville autorisant Thomassin à faire des levées de troupes pour défendre Châlons. (Cf. *Lettres*, p. 163).

4 janvier. — On reçoit pour capitaines de 4 compagnies de gens de pied, de 50 hommes chacune, Thierry de l'Hospital, sr du Castel, Claude Godet, sr de St Hilaire, Claude Cuissotte, sr de Gizaucourt, François Godet, sr d'Omey, qui prêtent serment ; et pour lieutenants, Archambault d'Autresson,

sʳ de Livry, Nicolas Cuissotte, sʳ d'Argier, Claude Lhoste, sʳ de Récy. — 5 janvier. Georges et Louis de Nettancourt offrent leurs services aux Chalonnais. (Publié *Mém. choses plus notables,* p. 179, et *Lettres,* p. 167).

6 janvier. — « On escripra à monseigneur le cardinal de Lenoncourt pour le remercier des offres qu'il faict faire à cested. ville pour la conservation d'icelle soubs l'obéissance de S. M. Pareillement on escripra à M. Dinteville comme led. seigneur cardinal s'offre à nous ayder de ses moyens tant envers le Roy que en tous aultres affaires. »

7 janvier. — Thomassin déclare qu'il entend lever 400 hommes « pour tenir la campagne pour le service du Roi, suivant les lettres de Dinteville écrites à Thénellières en date du 3 janvier. Les commissions seront données aux sʳˢ de Champoulin et Ponsart pour des compagnies de 100 hommes, à du Castel, de St-Hilaire, de Gizaucourt et d'Omey pour des compagnies de 50 hommes.

11 janvier. — Le Conseil décide d'écrire au roi l'état de Châlons et de lui demander assignation pour le paiement des 600 hommes de pied, dont 200 sont destinés à la garde de la ville et 400 à protéger la campagne. (1)

Châlons, arch. munic., Registre XIX.

Janvier. — Compte des dépenses faites par Michel Chastillon, comptable, des deniers provenant des dons et octrois faits par S. M. pour les réparations et fortifications de la ville de Châlons, en janvier 1589. Construction d'un corps de garde pour la porte de St-Jacques, à l'occasion des nouveaux remuements. Chaînes de fer posées au dessus du pont du Jard pour empêcher l'approche de la ville par la rivière. On mure les portes de Sainte-Croix et du Jard. Terrassements et gabions sur le boulevard d'Aumale ; des femmes sont employées pendant cinq jours aux travaux. Guet au clocher pour avertir de l'approche des gens de guerre. L'artillerie mise sur les murailles. Provisions de paille resserrées aux

(1) « L'Estat des frais... » atteste que la ville paya aux six capitaines à chacun 100 écus et 300 écus d'armes pour leurs soldats.

tours des remparts « pour esclairer aux fossés s'il avenoit alarme de nuict». 39 poinçons pleins de terre pour servir de gabions sur la plate-forme derrière le boulevard d'Aumale. On répare et dérouille les harquebuses à croc de la ville. Pierre Cocquebert, charpentier, « fiche au-devant des grilles des pontz du Marché et de Mauvillain 20 poteaux de bois de chesne de 22 pieds de longueur, pour empescher que les ennemis ne vinssent rompre les grilles pour surprendre la ville. » Réparation de fortifications écroulées derrière l'église Saint-Loup. Chaînes tendues au pont du Marché et sur le bras de la Marne qui contourne les fauxbourgs. La cloche sonnée matin et soir pour l'ouverture et la fermeture des portes, etc.

Châlons, arch. munic., Comptes pour l'année 1589.

De par le Roy
et les gens du Conseil de la ville de Chaalons.

Manans et habitans de Juvigny, il a esté advisé, suyvant le mandement de monseigneur Dinteville, mettre sus, pour la seureté et conservation de la ville de Chaalons et du plat pays, quatre compagnies de gens de pied, et icelles mettre en garnison ès lieux voysins de lad. ville, signamment en vostre bourg. Pourquoy vous recepverez en votre bourg cent hommes desd. compaignies qui payeront leurs despences quand ilz reçoipvent leur solde; seulement vous leur fournyrez le logis et coucher; et ad ce ne faictes faulte, sur peine d'estre pugniz comme rebelles et désobéissans ; et où lesd. soldatz vous feront quelque oppresse, en advertissant les gens dud. conseil, l'on vous en fera faire justice promptement. Faict à Chaalons le XIe jour de janvier 1589. Signé: de Thomassin.

Châlons, Registre XIX, f° 46.

13 janvier. — Le prévôt des maréchaux ou son lieutenant avec ses archers iront demain à Juvigny pour faire entendre aux habitants la nécessité de tenir ce bourg en sûreté pour le service du Roi et pour le bien de tout le pays, « les asseurant que lesd. soldatz ne les oppresseront ny molesteront en aulcune sorte, ains viveront doulcement et payeront leur despence, pour quoy faire leur a esté et sera fourny argent; et, sy aulcun desd. soldatz faisoit le contraire, qu'il en sera faict pugnition exemplaire. Et, où lesd. de Juvigny feront reffus de recevoir lesd. soldatz, leur sera déclairé que l'on y proceddera alencontre d'eulx par force, ad ce que le Roy soit obéy et le bien du pays ne soit retardé. Et de fait, aud. cas de reffus, sera permis ausd. gens de guerre d'entrer dedans le bourg par toutes les veoyes qui se pourront trouver, mesme par assault et force». (F° 47)

13 janvier. — Le Conseil décide de mettre au château de Sarry, pour le garder, 20 hommes de la compagnie du s^r d'Omey.

16 janvier.— Quatre du conseil feront la garde de nuit en personne aux quatre portes de la ville. Prière à M. de Dinteville de faire mettre l'artillerie sur les remparts.

18 janvier. — On fait nettoyer et distribuer les armes qui sont au Saint-Esprit.— 19 janvier. Organisation des gardes; établissement de corps de garde dans la ville. « Deffenses seront publiées à son de trompe par les carrefours de ceste ville à toutes personnes sur peine de la hart de semer aucuns libelles diffamatoires ny tenir propos scandalleux ou tendans à sédition ou émotion poppulaire. »

19 janvier.—On mettra 20 ou 30 soldats à Sarry «pour tenir le château en seureté, et que ceulx qui vouldroient entreprendre sur lad. ville ne s'en puissent prévaloir.»

24 janvier. — Ordre du Roi à tous les bourgs fermés proches de Châlons du côté de St-Dizier de faire ouverture de leurs portes aux capitaines de S. M.— Ordre aux mayeurs et gens de justice des paroisses des environs de St-Dizier de tenir registre de tous ceux qui partiront de leurs maisons pour pren-

dre les armes contre S.M.—Réponse approbative du Roi sur un mémoire des Châlonnais pour la levée de 600 hommes de guerre, les moyens financiers d'entretenir ces troupes(1), la garde de la ville et des environs. (Cf. *Lettres*,p.175-176).

6 février. — Elargissement sous caution de Gallyot et Nicolas de La Haye, bourgeois de Châlons, arrêtés comme suspects, à charge de faire serment de fidélité au Roi.

2 mars. — Expulsion des étrangers et gens sans aveu. Ordre à toutes personnes réfugiées dans la ville depuis Noël dernier de se faire inscrire au Conseil de lad. ville.

Février. — Expulsion de l'évêque Cosme Clausse. Par requête il explique que «dimanche dernier» Dinteville, après l'avoir engagé à aller au devant des sieurs de Pons et de La Verrière, frères du remontrant, pour les dissuader d'entrer dans la ville, l'a empêché d'y rentrer, et demande d'avoir entrée libre pour se purger des soupçons dont il est l'objet. — 15 février. Dinteville déclare au conseil qu'il répondra de cette affaire au Roi, et refuse l'autorisation sollicitée. (Cf. *Lettres*, p.182; Baugier, I, 259; Henri, p. 139).

Châlons, Registre XIX.

Evènements militaires.
Saint-Paul, Dinteville et les Châlonnais.

1589, janvier-mars.

Saint-Paul entre en campagne.

Saint-Paul, envoyé le 8 janvier en Champagne par le duc de Mayenne, se dirige sur l'Argone, avec quelques troupes d'Albanais que lui a données Son Altesse sous les ordres des capitaines Verdel et Mandricart. (2)

Il «caresse Verdun»; mais Guitaud, qui y commande, ne veut pas «se soumettre à si petit maître.»

[Vers le 20] janvier.—Il s'empare de Montfaucon (Meuse).

---

(1) En attendant la levée prescrite par le roi sur les élections, le Conseil décide d'emprunter 3000 écus (9 février); Soindre président au bureau des finances, offre 1000 écus pour un mois (13 février); M. de Verzenay promet 500 écus. Le 29 février, cotisation sur les habitants de Châlons qui ont moyen de prêter argent.

(2) Selon l'opinion que nous avons adoptée, ci-dessus, p. 219. c'est à ce moment que Saint-Paul se serait emparé de Vitry, le 17 janvier.

Les Royaux entrent en campagne.

Le 3 janvier, Dinteville écrit de son château de Thénellières qu'il partira ce matin en Laonnois, où quelques-uns se veulent remuer, et aussi pour hâter les compagnies de Sautour, Praslain et la sienne. — Le 10, il écrit de Vanlay (Aube) aux Chalonnais, et leur dit qu'il fait lever des troupes et qu'il a mandé à ses amis de Réthellois d'en lever aussi.— Le 11 janvier, il est à Bourguignons, et annonce qu'il a mission de visiter Troyes et Sens. (Cf. *Lettres*, p. 158, 170).— Quelques jours après, il revient vers l'Argone.

[28] janvier. — Assisté d'Amblise et du baron de Thermes. Il va reprendre Montfaucon. — 3 février. Les habitants de Vitry envoient à St-Dizier, Revigny et Blesmes un messager chargé de retirer deux chevaux prêtés au capitaine L. et à un soldat de Montfaucon. (Vitry, CC. 77, f° 76).) — Mais Montfaucon retomba bientôt entre les mains de Saint Paul par la faute du gouverneur que d'Amblise y avait laissé.

Cf. de Thou, l. 96, p. 663.

D'autre part, Claude de Joyeuse-Tourteron, qui dès le début des troubles battait la campagne de Reims avec 60 cuirassiers, fait prisonniers à Cernay plusieurs notables Rémois. — Il défait à Béru une compagnie de gens de pied qu'on levait pour la garde des portes de cette ville.

[11 février]. — Il vient loger dans la vallée de Bourc, aux villages de Grivy et Challerange, y reçoit des renforts, se dirige sur Verpel, s'abouche avec Africain d'Anglure, prince d'Amblise, qui se joint à lui. (Cf. *Mémoire des choses plus notables*, p. 49 et 58.)

Combat de Saint-Juvin.

[12] février. (1) — Saint-Paul rencontre Tourteron et d'Amblise à Saint-Juvin (Ardennes). Forcé de prendre la charge

---

(I) Ici et ci-dessous, nous mettons entre crochets les dates que nous n'avons point trouvées dans des documents authentiques.

à son désavantage, il est battu et contraint de faire sa retraite à Landres, où il se rafraîchit et se renforce de quelque cavalerie et infanterie qui battait l'estrade. — Tourteron vainqueur rejoint Dinteville à Châlons, puis va occuper le bourg fermé de Bisseuil-sur-Marne. Quant à d'Amblise, il quitte le parti du Roi et s'attache au duc de Lorraine.

Lettre du duc de Lorraine au Roi, en date du 5 mars. « En une rencontre qu'eurent, y a environ 15 jours, les gens de M. de Tinteville contre les troupes que le capitaine St Paul a en Champagne, se sont trouvés quelques gens de guerre ayant une cornette, la casacque et livrée de son Altesse, portant une croix jaune de Jérusalem. » S. A. se défend près du Roi d'avoir envoyé des troupes à St-Paul ; mais, à l'occasion de la trève avec Jametz, quelques compagnies de chevau-légers italiens ont été licenciées, « partie desquelles auroit pu aller trouver led. St-Paul, » comme d'autres se sont retirées à Metz, d'autres où elles ont voulu. (Lepage, p. 107). —Cf. la plaquette « Deffaicte des troupes Huguenottes, » où il est dit que Saint-Paul, quelques jours avant le combat de Neufchâtel rapporté ci-dessous, s'était emparé du château de « Landève, » malgré les efforts de Tourteron envoyé de Châlons par Dinteville pour l'en empêcher.

15 février. — Saint-Paul est à Vitry. Par mandement de ce jour, la ville paie des auges et rateliers pour les chevaux du s^r de St-Paul. — 17 février. Mandement pour porter de Vitry au capitaine Lagrange une lettre de Saint-Paul. — 23 février. Anthoine Honet et Pierre Gobert sont envoyés en mission par Saint-Paul. (Vitry, arch. munic., CC. 77, f°s 68-69).

Suite de la campagne de Saint-Paul.

24 février. — Saint-Paul écrit de Vitry aux habitants de Chaumont « qu'il part demain pour s'en aller droict à Chaalons, là où les troupes du s^r d'Inteville sont ès environs, » et qu'il espère ne les laisser longtemps ensemble. (Cf. Henri,

p. 452.) — 27 février. Vin payé par la ville de Vitry pour les conducteurs des munitions du sr de Saint-Paul « estant ès environs de la ville de Chaalons. » (CC. 77, fo 79).

8 mars. — St-Paul est à Matougues, d'où il écrit aux Châlonnais pour les engager à entrer dans l'Union. (Cf. Henri, p. 144). — Les Châlonnais écrivent au Roi pour se plaindre de l'incommodité qu'ils reçoivent des troupes de Saint-Paul.(*Lettres*, p. 188.)

[9] mars. — Il investit Bisseuil, qu'occupaient les troupes de Tourteron, Vandy et de Termes, au moment où leur cavalerie venait de s'en éloigner sous le commandement de Tourteron et de Nettancourt pour joindre en Laonnois le baron de Cardaillac qui y faisait des levées. Laissant son infanterie devant Bisseuil, il se met à la poursuite de la cavalerie royaliste, qu'il atteint près de *Neufchâtel-sur-Aisne*. Combat où il remporte la victoire ; les royalistes perdent entre autres le baron de Verpel tué et Nettancourt prisonnier. Le Dantart, qui commandait à Neufchâtel, rend la place à St-Paul, qui y laisse Savigny.

[Vers le 11 mars]. — Au retour, St-Paul s'approche de Sainte-Menehould, sans réussir à s'en emparer.

[18] mars. — Revenu devant Bisseuil avec deux pièces de canon prises à Reims, il s'en empare après huit jours de siège. — « Au mois de mars en ladicte année 1589, le sieur baron de Terme fut investy et assiégé par le sr de St-Paul et ses trouppes l'espace de huict jours entiers dans le bourg de Bisseul, d'où il fut contrainct faire composition telle que les soldatz perdirent leurs armes et bagages ; pour lesquelz remettre sus et retenir au service de Sa Majesté fut employé par lesdictz habitans pour lesdictz soldatz qui estoient au nombre de 600 hommes jusques à la somme de 300 escus. » (Châlons, bibl. munic., Recueil de pièces mss., « Estat des frais extraordinaires... » copie authentique). — Cf. « La deffaicte des trouppes Huguenottes et politiques en Champagne, par le sr de Sainct Paul, ensemble la prise

de Bisseuil et la honteuse retraicte du baron de Thermes, » Paris, 1589, réimprimé par Pâris dans l'*Abbaye d'Avenay*, II, p. 233.

[Mars]. — Epernay, effrayé, se rend spontanément à Saint-Paul.

[Mars]. — Saint-Paul vient loger près de Châlons au faubourg de Porte-Marne, et y séjourne quelque temps sans être inquiété. — C'est probablement à cette époque que la ville de Vitry lui fit présent de vin et envoya de la poudre et des munitions de guerre « au s^r de St-Paul estant à Sarry ; » mais ces dépenses ne furent réglées qu'en avril. (Vitry, CC. 77, f°s 76 et 77).

[29 mars]. — Château-Porcien, Le Chêne et Donchéry envoient des députés à Reims pour y prêter serment à l'Union.

Pour l'ensemble de cette campagne, Cf. *Mémoires de Montbéton de Saint-Paul*, publiés par M. de Gourjault, *Revue de Champagne*, 1886, p. 298 et s. ; *Mémoire des Choses plus notables*, p. 57-68 ; De Thou, l. 96 ; Henri, p. 127-128.

Opérations des Royalistes.

Vaubecourt.

« Peu après la prise de Bisseuil » par St-Paul, Vaubecourt s'empare de Beaulieu, s'y retire et fait la guerre aux ennemis du Roi.

Lieudieu.

Les royaux lèvent des troupes en l'absence de St-Paul. Lieudieu, qui avait un régiment de gens de pied, reçoit une rude camisade à Lhéry et à Montrey. Il put cependant rejoindre Dinteville à Châlons un peu avant la reprise d'Epernay.

Dinteville reprend Epernay.

18 mars. — Le Roi écrit aux Châlonnais qu'il a envoyé à Dinteville les moyens de se rendre fort et de courir sus aux

ennemis. — 22 mars. Le Roi a commandé au comte de Grandpré d'aller trouver Dinteville avec son régiment. (Cf. *Lettres*, p. 188-189).

[30 mars]. — « Le s^r de Sautour, par le commandement dudit seigneur de d'Inteville, partit dudit Chaalons avec les trouppes, un canon et deux couleuvrines pour assiéger Esparnay, laquelle il réduisit en l'obéissance du Roy ; pourquoy convint payer, tant pour les mariniers, aydes et chevaux, payement des canonniers, charrons, charpentiers et mareschaux durant six jours la somme de 400 escus. »

Châlons, Bibl. Munic., Recueil de pièces mss., « Estat des frais extraordinaires... », copie authentique.

3 avril. — Dinteville au duc de Nevers. Il a voulu tenter le siège d'Epernay, qui s'était soulevé à l'instigation de 20 ou trente ligueurs. M. de Sautour a bien mené la chose, et, après quelques volées de coups de canon, la ville s'est rendue. Pour en assurer la conservation, il y a mis 200 hommes et 40 chevaux. Ce succès a décidé plusieurs petites villes à rentrer dans l'obéissance, et Reims même en a été tellement ébranlée que, si on avait eu des forces moyennes, il y a apparence qu'on aurait pu la ramener à la raison.

Bibl. Nat., f. fr., 3414, f° 49. Cf. Revue de Champagne 1881, p. 284.

Difficultés pour la commission de M. de Thomassin.

12 avril. — Thomassin présente au Conseil la commission à lui baillée par M. de Dinteville de gouverneur en cette ville de Châlons, datée du 3 février passé (1). Le Conseil prie Dinteville « que lad. provision soit fondée sur les présents troubles » et qu'elle enjoigne à Thomassin de ne faire ni entreprendre aucune chose sans l'avis dud. Conseil, lad. commission ne devant tirer à conséquence pour l'avenir ni préjudicier ou déroger en rien aux droits, franchises et

(1) Ces lettres sont registrées au f° 73.

privilèges des habitants. (F° 70). — 18 avril. Lecture faite au Conseil de la commission de Thomassin, réformée selon la précédente conclusion. (F° 71). — 29 avril. Lettres du Roi données à Tours, portant commission pour M. de Thomassin de commander en la ville de Châlons en l'absence de Dinteville. (F° 86).

13 juin. — Le Conseil consent au registrement des lettres royales, « à charge que led. s^r de Thomassin n'aura et ne pourra prétendre en vertu desd. lettres aucune justice ny juridiction sur les habitans de la ville, soit pour le faict de la garde d'icelle ou aultre chose, et si ne pourra ordonner ne conclure aucune chose en lad. ville sinon avec et par l'advis des gens du Conseil d'icelle, fors et excepté pour le resgard de la gendarmerie et garnison estant aud. Chaalons et faulxbourg. » M. de Thomassin signe un engagement conforme. (F° 85.)

Châlons, arch. munic., Registre XIX.

Politique de La Vieuville à Réthel et Mézières.

Réthel.

1589, 22 mars. — Lettre de La Vieuville aux habitants de Réthel. « En ung temps si misérable, demeurer sans résolution, c'est une chose qui aproche de ruyne. » Leur ville est en butte aux attaques de tous les partis ; les Rémois et les Sédanais viennent prendre des prisonniers jusque dans les faubourgs ; La Vieuville n'a plus d'autorité, ne peut protéger le pays, et est en butte à la calomnie qui lui attribue « des actions faulces, comme si les choses estoient réduictes en ces termes : qui ne seroit pour eux (les Rémois) déclaré leurs sujets et serviteurs, seroient hérétiques, politiques et athéistes. » Il demande une réunion à Donchéry afin de s'entendre et de décider si ceux de Reims sont amis ou ennemis.

Réthel, arch. munic., original. Publié par Jolibois, *Histoire de Réthel*, page 242.

Les habitants de Réthel à La Vieuville.

Monseigneur, nous avons receu voz lettres du jour d'hier avec une forme de serment que vous prétendez que nous fassions; et si avons encores ce jourd'huy receu une autre lettre. Pour auxquelles faire responce nous vous advertissons que le jour d'hier au prosne de ceste ville feust prononcé par monsieur le Doyen et curé une forme de serment envoyé par les ecclésiastiques de cest archevesché et ung autre mandement portant excommunication contre ceulx qui ne voudront signer lad. forme de serment (1); et si a esté anoncé au prosne que nous [ne] serions communiez au jour de Pasques prochain si nous ne faisions led. serment. Nous vous supplions de laisser l'estat de noz consciences à ceulx qui en ont la charge; et pour la forme qui vous concerne, nous promectrons par la présente signée de nostre greffier et cachetée de nostre cachet de garder et conserver ceste ville et le chasteau en l'obéissance de Messeigneurs et dame, auxquelz nous promectons leur remectre entre leurs mains quand nous en serons de par eulx [requis]. Et quand pour ce que vous mandez par vosd. lettres que nous avons envoyé vers monsieur de Balagny, nous vous asseurons que nous n'y avons envoyé personne, et que, si ses trouppes s'approchent près de nous, nous ne faudrons à nous deffendre et ne souffrir qu'ilz entrassent en ce lieu, et que le messager que vous tenez estoit envoyé seulement pour sçavoir si les forces dud. sr de Balagny tournoient vers nous,

---

(1) A rapprocher le Monitoire du chapitre de Reims, du 8 mai 1589, publié par Henri, p. 468, en français sur le texte latin de la Bibl. Nat., Collect. de Champ., t. 37, f° 162. C'est vraisemblablement vers cette époque que fut écrite la pièce curieuse dont voici le bref sommaire:

pour nous garder d'eulx et nous mectre en deffense que nous ne feussions surprins desd. forces. Qui sera la fin où nous prierons Dieu.

Monseigneur, vous donner en santé parfaicte et longue vie. De Réthel, ce 27ᵉ mars 1589.

Vos tréshumbles et trésobéissans serviteurs les Eschevins de la ville de Réthel.

JOLTRIN, greffier.

Bibl. Nat., f. fr., 4538, f° 167ᵛᵒ, copie ancienne.

« *Mémoire*. Pour ayder Messieurs de Réthel et de Maisières à se résouldre à la Sainte Union des catholicques contre Henry de Valloys et ses adhérans, seront advertiz de considérer trois poinctz, dont les deulx premiers leur sont commungz avec touttes les aultres villes de France, et le troysiesme leur est particulier. »

1ᵉʳ point. Il y va de la religion ; Henri de Vallois est le suppôt de l'hérésie ; dès l'âge de douze ans il chantait des chansons hérétiques, etc.

2ᵉ point. Ceux qui mettent une main violente sur les prêtres et sur les clercs sont excommuniés ; Henri est donc excommunié.

3ᵉ point, particulier « pour le faict de leurs seigneurs ». M. de Nevers a encouru l'excommunication pour avoir adhéré à l'excommunié. Les habitants catholiques ne doivent donc avoir aucune intelligence avec le duc de Nevers.

Bibl. Nat., f. fr., 3633, fᵒˢ 142-152, copie sans signature.

Lettre des habitants de Réthel au duc de Nevers.

Récit de ce qui s'est passé dans leur ville au mois de mars. Intrigues des Rémois pour que Réthel entre dans l'Union ; messieurs du clergé de Reims ont écrit le 24 de ce mois au curé de Réthel pour lui faire défense de donner la communion aux habitants et même pour leur refuser l'inhumation en terre sainte s'ils refusaient de jurer et de signer l'Union. D'autre part, La Vieuville leur faisait défense d'entrer dans la Ligue. Cependant le s^r de La Folie amassait au château des approvisionnements de bouche et de guerre, y faisait entrer le s^r Christophe de Chartogne son fils, le capitaine Baptiste et plusieurs autres personnes inconnues, et faisait fermer la porte qui donne du côté de la ville. Soupçons et agitation des habitants, qui croient qu'il se trame quelque chose contre eux ; ils demandent et obtiennent avec difficulté de faire la garde au château. Dans la nuit du 25 au 26 mars, on aperçoit des signaux dans la plaine, et, au point du jour, on distingue des gens de pied et de cheval, parmi lesquels des Huguenots de Sédan, venus sans doute dans l'intention d'entreprendre contre la ville ; le bruit court qu'ils ont été appelés par M. de La Vieuville. Le dimanche 26, La Vieuville fait savoir au Conseil qu'il est venu à Resson pour accorder les habitants avec le s^r de la Folie, qu'il a fait monter à cheval ses amis et sa compagnie de gendarmes pour qu'on lui remette le château, et que dans la semaine il montrera aux habitants ce que c'est que d'être rebelles. Le Conseil répond en protestant de sa volonté de conserver la ville et le château au duc de Nevers, et en suppliant La Vieuville de les laisser en paix. La Vieuville réplique par lettre qu'il ne descendra pas de cheval sans avoir obtenu obéissance de Réthel, et leur envoie un mémoire portant la forme de l'Union qu'ils doivent jurer, leur promettant de les laisser en paix s'ils s'engagent à ne rendre leur ville qu'au duc de Nevers. Dans ces circonstances, le lundi 27, le Conseil de ville finit par signer l'engagement requis par le s^r de La Vieuville, qui quitta Resson et se retira à Mézières. Alors seulement « après avoir faict appeler tous vosd. subjectz en la chambre du Conseil..., nous avons juré et signé la Saincte Union, comme aussy a faict Monsieur de la Follye et le capitaine Brydart, les jours du jeudy absolu, vendredy sainct et sabmedi vigille de Pasques dernier. »

Bibl. Nat., f. fr., 3614, f° 72, et s. Publié Revue de Champagne, juillet 1882, p. 30.

Ce serment fut prêté par 758 personnes, d'après un rôle analysé par Jolibois, Histoire de Réthel, p. 243.

Serment de Mézières.

Nous eschevins, maistres, gens du Conseil, manans et habitans de la ville de Maizières, jurons et promettons par la présente signée de notre greffier et seellée du seel de lad. ville, de garder et conserver ceste ville en l'obéissance de Messeigneur et dame les duc et duchesse de Nivernois et de Réthélois, ausquelz nous promettons leur remettre en leurs mains, quand requis nous en serons par eulx, et tant qu'il leur plaira y continuer monseigneur de La Vieuville, nostre gouverneur, de luy obéyr et recongnoistre en sa charge, de nostre pouvoir l'y maintenir et conserver, comme desjà luy avons promis. Faict en la chambre du Conseil de lad. ville de Maizières, le XXXe mars M V^cIIII^{xx}IX.

CAHART, greffier.

Bibl. Nat., f. fr., 4538, f° 168, copie ancienne.

31 mars. — Les Rémois reçoivent lettres des habitants de Mézières qui leur déclarent qu'ils sont unis, mais que La Vieuville leur est fort contraire. (Henri, p. 130).

1er avril. — Le Conseil de ville de Mézières au duc de Nevers. Le mandement du chapitre de Reims, qui interdit les sacrements de la confession et de l'Eucharistie à ceux qui ne signeront pas l'Union, a contraint le peuple de signer. Prière au duc de ne pas interpréter cette conduite de mauvaise façon ; les habitants n'entendent nullement se départir de l'obéissance qu'ils lui doivent, et désirent sa présence pour ramener le repos dans le pays.

Bibl. Nat., f. fr., 3614, f° 19. Cf. Revue de Champagne, juin 1882, p. 473.

Campagne de Saint-Paul dans le Réthellois et les Trois-Evêchés.

1589, avril-mai.

Il s'empare de Réthel et de Mézières.

10 avril. — Le Conseil de Ville de Mézières au duc de Nevers. On avait député à Reims un prêtre et deux bourgeois pour s'entendre d'une trève. Ils revinrent avant-hier avec Geoffreville, qui déclara avoir mission du duc du Maine de se saisir de la personne de La Vieuville pour n'avoir pas signé l'Union. Le Conseil décida d'abord de prendre La Vieuville en la protection de la ville ; mais depuis, sur quelques difficultés, il a été résolu que 6 bourgeois et deux capitaines le garderaient. Espérance que cette résolution sera prise en bonne part.

Bibl. Nat., f. fr., 3614, f° 20. Cf. Revue de Champagne, 1882, p. 473.

16 avril. — Dinteville au duc de Nevers. Mézières et Réthel sont très « licenciés ». Reims se prépare à reprendre Epernay, et Saint Paul a fait venir 8 canons dans ce but ; la place est mal fortifiée, mais il y a assez d'hommes, de munitions et de vivres « pour donner loisir audit Saint-Pol de modérer son ardeur ». St-Etienne, commandant à Epernay, croit que l'ennemi se propose plutôt d'attaquer Mézières. Dinteville, avec MM. de Luxembourg, de Givry et de Monglat, espère avoir 800 chevaux et 1500 fantassins.

Bibl. Nat., f. fr., 3414, f° 50. Cf. Revue de Champagne 1881, p. 284.

Fin avril. — Les Chalonnais au duc de Nevers, lettre du 1ᵉʳ mai. Saint-Pol a pris Réthel et Mézières et y a mis garnison. Prière de hâter son arrivée.

Bibl. Nat., f. fr., 3614, f° 24. Cf. Revue de Champagne, 1882, p. 242.

Saint-Paul mit à Réthel 100 hommes sous le commandement de Castignau, qui fit aussitôt travailler aux fortifications du château. — Il laissa 4 compagnies de gens de pied à Mézières, où on commença la construction d'une forte citadelle.

Ensuite (1) Saint-Paul ruina Tarpigny (Etrépigny?) et Le Franc-Leu; il s'assura de Monthermé-en-Argone, de Rocroy, de Maubert-Fontaine et de Rosoy-sur-Serre. Puis, avec Geoffreville, il se dirigea vers la Lorraine.

28 avril. — Au Conseil de Ville de Châlons, « a esté conclu que, sur plusieurs advertissemens receuz des entreprises que aulcuns ennemys du service du Roy prétendoient entreprendre sur lad. ville, sera faict recherche par toutes les maisons de ceste ville pour veoir quelles gens y sont logés. » Vingt-six personnes réparties par paroisses sont commises pour faire la recherche ; on leur enjoint « de faire recherche exacte par toutes les maisons de lad. ville, tant d'église, collèges que aultres lieux habitables ». Ordre aux hôteliers d'apporter tous les soirs au lieutenant de ville, sur peine de la vie, les noms, surnoms, qualités et dénominations de leur hôtes.

Châlons, arch. munic., Registre XIX.

Combat de Maffrécourt.

[1er mai.] — Par une grande « virevolte », Saint-Paul va donner la camisade à 1000 royaux logés à Maffrecourt, proche Sainte-Menehould, sous les ordres de Lieudieu, Thomassin et Corna. Les royaux auraient été taillés en pièces, si la garnison de Sainte-Menehould ne les avait protégés par une heureuse sortie.

Toul.

Mai. — Saint-Paul, avec les régiments de Rotigotti, Wuagnon, Montmarin et Saint-Lumier, investit Toul, qui accepte aisément la capitulation, entre dans l'Union, et reste au pouvoir du duc de Lorraine. — 12 mai. Le duc de

(1) Il est difficile de fixer la date de ces événements. Montbéton n'en dit rien. Le *Mémoire des Choses plus notables* les mentionne comme ayant eu lieu après la prise de Réthel et Mézières, mais sans rien préciser.

Lorraine s'excuse d'avoir occupé la ville de Toul, « qui n'est pour faire chose qui puisse revenir au déservice du Roy, mais au contraire pour la préserver du sac qui luy estoit préparé par les gens du s^r de Saint-Paul. » (Lepage, p. 118.)

Verdun.

4 mai. — Saint-Paul a écrit hier à Messieurs des Etats pour les solliciter de se déclarer en faveur de l'Union, ajoutant que, s'ils refusent, « il advisera comme il debvra s'y gouverner. » Messieurs décident de s'en tenir à leur première résolution, d'avertir Son Altesse et d'implorer son aide.

9 mai. — «Estant le gouverneur de Dampvilliers arrivé à Charny et Bras au nombre de quatre ou cinq cens chevaulx, disant qu'il attend d'aultres grandes troupes et a charge de son Roy d'entrer en ceste ville, comme estante Sa Majesté protectrice de la Saincte Union, et d'y mectre ordre et faire parler la Cité quel costé et party ilz veillent tenir ; pour esviter cest inconvénient, sont esté proposez aux Estatz par Monsieur de Haussonville trois moiens : premièrement, de desclarer et jurer l'Union ; secondement, du quel des trois l'on vouloit rescevoir forces et protection, du Roy d'Espaigne, du duc de Lorraine ou des princes ; tiercement, à quelle loy et charge. Messieurs sur ces occurences et difficultés ont résoult, pour esviter plus grandz inconvénientz, qu'il est bon de soy retirer vers S.A.; et, s'il luy plaict, comme ancien protecteur de ceste Cité, la prendre en sa protection et saulve garde et y mectre gouverneur et garnison de par luy à ses frais, avec promesse de les retirer l'occasion estante passée, et sans rien innover ny entreprendre sur les droictz du Sainct Empire, du seigneur évesque et de la Cité, sans préjudice aussy de la protection en laquelle la Cité est soubz la couronne de France, sont mesd. sieurs d'advis de rescevoir lesd. gouverneur et garnison et faire tous telle desclaration que Son Altesse fera, espérans que S.A. leur donnera ung gouverneur qui leur soit aggréable. »

10 mai. — Après que la conclusion ci-dessus a été communiquée aux Etats, il a été résolu : « que tous les Estatz de la Cité se desclarent et sont desclarez tenir le party de la Saincte Union, et veullent vivre et mourir por la tuition et desfense de la foy et religion catholicque, apostolicque et romaine ; que sy por ce faire il est question de rescevoir garnison en ceste ville, entendent que ce soit de la part et du consentement de Monseigneur du Mayenne et des princes unis por la protection de lad. religion ; estans néantmoins mesd. sieurs d'advis de demander sur ce le conseil et advis de S.A. et la supplier moiener vers lesd. princes que celuy qui sera envoié pour commander soit ung homme avec lequel on traicte amiablement et qui puisse bien maintenir et desfendre l'estat de ceste Cité soubz la protection des princes, sy donc il ne plaist mieulx à S. A. vouloir prendre la ville en sa protection soubz la Saincte Union et y mectre garnison aux frais de S. A. par le consentement des princes de lad. Union, laquelle garnison ilz resceveront trèsvolentiers, et suiveront le conseil et advis de S. A. »

13 mai. — Les députés près de Son Altesse rapportent que Son Altesse, comme ancien protecteur de la Cité, est contente d'y mettre garnison à ses frais « sans parler de l'Union », et qu'elle moyennera « que les forces du roy d'Espaigne et icelles des princes se retirent. »

17 mai. — Les Bourguignons qui sont en nombre autour de cette ville ont déclaré qu'ils ne partiront pas avant que la ville ait reçu garnison, ou d'eux, ou de l'Union, et demandé munition de pain, vin, chair, avoine et bière. Sur ce, les Etats ont sollicité du secours de S. A.; et, en attendant réponse, le Conseil décide de fournir partie des munitions.

23 mai. — Son Altesse a déclaré aux envoyés des Etats qu'elle ne peut, pour la nécessité et difficulté de ses affaires, se charger de la protection de cette ville à ses frais ; au surplus elle a conseillé, au cas où quelque requête serait faite de la part de Sa Majesté Catholique, de répondre que Messieurs des États et de la Cité ne peuvent recevoir ni

admettre la protection de Sad. Majesté Catholique, sinon conjointement avec Son Altesse de Lorraine et en y mettant incontinent et conjointement par lesd. princes un gouverneur et une garnison à leurs frais, sous promesse de les retirer après les troubles. — D'autre part, les s^rs du Vual, capitaine et prévôt de Luxembourg et Chavancy, d'Alamont, capitaine et gouverneur de Montmédy, et de Berty, conseiller de S. M. C., sont venus avec instructions, par charge du comte de Mansfeld, gouverneur et capitaine général du duché de Luxembourg, au nom de Son Altesse le duc de Parme et de Plaisance, pour offrir à la cité de Verdun la protection dudit duc de Parme (1). Réponse aux envoyés : on remerciera le duc de son offre ; mais « les Estatz de ceste ville se sont joinctz avec les princes et villes de la Saincte Union, et ainsy penseroient contrevenir à la parole qu'ilz leur ont donnée en rescevant aultre protection et garnison que d'eulx, ce qu'ilz offrent faire présentement en cas de besoin. »

26 mai. — On est convenu avec M. de Saint-Paul « de rescevoir présentement gouverneur et garnison de la Saincte Union, sçavoir M. de Guitault, » ou, en son absence, M. le bailly, avec 3 compagnies de gens de pied, chacune de 150 hommes, la première pour Guitault et le s^r d'Antenars son lieutenant, la seconde pour M. de Mureau, la troisième pour M. de la Guionnière, et au surplus 50 arquebusiers à cheval pour le capitaine Sanson. Fonds de 6000 écus est fait pour deux mois de paiement de ces troupes, et Saint-Paul s'engage à rembourser cet argent et à pourvoir à l'avenir.

<small>Verdun, arch. munic., Registre II.</small>

Pendant son séjour devant Verdun, St Paul avait occupé le château de Woimbé, appartenant à l'évêque du lieu, partisan de Lorraine. Mais, lorsque Verdun fut entré dans l'Union, Saint Paul reconnut l'inutilité d'entretenir garnison

<small>(1) On trouve au registre le texte des instructions données par Mansfeld à ses envoyés : ils devront d'abord aller à Dampvillers prendre des nouvelles de la situation, s'assurer que le duc de Lorraine s'est désisté de l'offre de prendre Verdun sous sa protection, puis se rendront dans cette ville pour proposer de la mettre sous la protection du duc de Parme.</small>

dans ce château, et manda au sr de Peina, qu'il y avait laissé, d'en sortir et de venir le rejoindre à Verdun avec ses soldats.

Pour l'ensemble des évènements de cette campagne, voir *Mémoires de Montbéton*, Revue de Champagne,1886,p.300 et suiv., p. 425 et suiv.; *Mémoire des Choses plus notables*, p. 69 et suiv.; Henri, p. 129 et suiv.

Après ces succès, Saint-Paul alla rejoindre Mayenne au siège de Montereau, dont le duc s'empara le 15 juin ; puis il ramena le duc à Reims.

Autres succès des Ligueurs.

Hautefort dans la région de Troyes.

[Fin avril]. — Hautefort a défait près de Troyes quelques troupes royales. (Bibl. Nat., f. fr., 3614, fo 24, lettre des Châlonnais en date du 1er mai). Il conduisait alors des gens de guerre à Mayenne.

Après l'échec de Mayenne devant Tours (7 mai), Hautefort revient en Champagne avec Artigotti et 3000 hommes « qui faisoient tout trembler. »

[22 mai.] — Hautefort défait Sautour qui assiégeait Méry. Puis il passe à Troyes, où il prend 3 canons.

Il attaque Chappes et Le Plessis, qui se rendent à composition.

[25 mai]. — Ayant mis le siège devant Brienne, défendu par les srs de Malassart et de Blacy, le capitaine d'Andenot est tué et Hautefort lève le siège. — 27 mai. Le duc de Lorraine, sur les avis qu'il a reçus le 26 au sujet des efforts « qu'a faict le sr de Roticoti contre la ville de Brienne » appartenant à M. de Luxembourg, déclare qu'il désire conserver ce qui appartient aud. sr de Brienne, mais qu'il y a cinq mois qu'Artigotti a fait la levée de ses gens, et qu'il ne peut lui refuser la liberté de prendre le parti de Mayenne. (Lepage, p. 126).

Les Albanais d'Hautefort pillent Villy-en-Trode.
Hautefort s'en retourne vers Reims.

Cf. Carorguy, p. 22-23 ; de Thou, 1. 95 ; Cayet, p. 120 ; Boutiot, t. IV, p. 175. Voir aussi « Discours de deux belles défaictes des ennemis exécutées en Champagne et Bourgogne par les s⁰ˢ de Hautefort, de Fervacques, de Gionvelle et autres capitaines.... » Paris, 1889, in-8°.

Dans la région de Langres.

[mai]. — Le baron de Lancques s'empare de Coiffy, et en chasse le baron de Choiseul qui le tenait pour le Roi. (Cf. *Mémoire des Choses notables*, p. 56.)

Le duc de Nevers vainement sollicité de venir en Champagne.

1589, mars-mai.

13 mars. — Les Châlonnais au Roi. Ils demandent du secours. — Les Châlonnais au duc de Nevers. Ils le félicitent de sa nomination au gouvernement de Champagne, l'avertissent qu'il y a urgence de pourvoir à la sécurité de la province : St-Paul est maître de tout le pays.

27 mars. — Le Roi écrit aux Châlonnais qu'il envoie le duc de Nevers au secours de la Champagne. — 31 mars. Le duc de Nevers écrit aux Châlonnais qu'il ne viendra dans la province que si on lui assure les moyens d'y agir utilement. (Cf. *Lettres*, p. 191, 193).

1ᵉʳ avril. — Dinteville au duc de Nevers. Il est heureux de l'arrivée prochaine du duc. Ses sujets sont infidèles et il faut les châtier. — 11 avril. Le duc de Nevers aux Châlonnais. Il va se hâter d'aller en leurs quartiers. — 26 avril. Il espère partir demain de Nevers pour aller à Clamecy, et de là à Châlons directement. (Cf. *Lettres*, p. 196, 197). — 1ᵉʳ mai. Les Châlonnais au duc de Nevers. Succès des Ligueurs. Prière de hâter son arrivée. — 9 mai. Le duc de Nevers aux Châlonnais. Il vient de recevoir à Noyers une lettre du roi qui lui commande de retourner à Nevers. (Cf. *Lettres*, p. 200). — 16 mai. Dinteville à La Vieuville. Le duc de Nevers arrive. Ordre de rassembler toutes les forces disponibles. — 20 mai. Le duc de Nevers est à Decise. (Cf. *Lettres*, p. 201, note). [Il ne vint pas en Champagne.]

Bibl. Nat., f. fr., 3614., f°s 19, 18, 48, 24, 53. Cf. Revue de Champagne 1882, p. 241, 242 ; 1881, p. 284, 285.

Les juridictions des villes rebelles sont transférées à Châlons et à Langres.

Paris et Troyes.

16 avril. — Lettre du Roi aux Châlonnais, pour leur annoncer qu'il a résolu d'établir une Chambre du Parlement de Paris à Châlons, et d'y transporter la Monnaie de Troyes.

10 mai. — Le Roi écrit aux Châlonnais qu'il leur envoie les patentes pour l'établissement de la Chambre de Parlement.

2 juin. — Conseil de Ville de Châlons. Nomination des officiers de la Chambre de la Monnaie transférée de Troyes à Châlons par lettres patentes.

Bibl. Nat., f. fr., 323, f° 378. — Châlons, arch. munic., Registre XIX. Cf. *Lettres*, p. 198-200.

La Chambre de Parlement de Châlons, ayant pour ressort la Champagne, la Brie, la Picardie et l'Ile de France au delà de la Seine, ne s'établit effectivement dans cette ville que le 11 novembre, et elle y séjourna jusqu'au mois d'avril 1594. Il y a 11 registres de ses actes aux Archives Nationales, sous la cote X^{ia}, 9256-9266. La Bibliothèque Nationale possède plusieurs manuscrits qui la concernent, fonds français, n°s 323, 2377-2378, 10902, 18408, 21302, 21383. M. E. de Barthélemy a publié *Le Parlement de Châlons*, Arcis, 1883, in-8°.

L'un des premiers soins du procureur général de cette cour fut de mander à Châlons l'imprimeur Claude Guyot pour y exercer son état. Dans l'Avertissement du *Discours des exploicts de Monseigneur de Nevers* et dans la requête qu'il adressa au Parlement peu après son arrivée à Châlons, C. Guyot donne de curieux renseignements sur son départ de Langres, sur le danger du voyage qu'il fit à ses frais, sur ses premiers travaux pour le service du Roi et de la Cour, et sur l'impossibilité où il se trouva bientôt de vivre de son état parce que la guerre l'empêchait de débiter ses livres hors de la ville. Par arrêt du 18 mars 1590, la Cour lui accorda par provision un secours de 12 écus et demi. (E. de Barthélemy, Parlement de Châlons, p. 30). Dès le 20 décembre 1589, le Conseil de ville lui avait accordé 12 écus, pour l'aider à supporter les frais de son voyage et à dresser son imprimerie, en donnant mission à deux docteurs en théologie et à deux membres du Conseil de « tenir la main ad ce qu'il ne s'imprime chose contre l'honneur de Dieu, service et honneur du Roy, et repos publicq. » (Registre XIX, f° 124).

Il fut aussi décidé, paraît-il, de transférer à Châlons la Chambre des Comptes, et les patentes en furent expédiées sans doute en même temps que les précédentes. Mais ces patentes n'eurent pas d'effet. (Cf. *Revue de Champagne*, 1882, p. 242.)

Reims, Vertus.

Le Roi incorpora au bailliage de Châlons une partie des bailliages de Reims et de Vertus, et même quelques lieux de celui de Sainte-Menehould. (Cf. *Henri*, p. 141.)

Vitry.

Henry, par la grâce de Dieu Roy de France et de Polongne, à tous présens et advenir, salut. D'aultant que les habitans du plat pays des environs de nostre ville de Chaallons et l'un des faulxbourgs d'icelle ville sont du ressort du bailliage de Victry, qui est fort eslongné de nostre ville de Chaalons, [et] sont grandement incommodez allans rechercher la justice audict Victry, mesmes en ce temps de troubles que les chemins sont occupez par noz ennemys rebelles et aultres gens sans adveu, à l'occasion de quoy lesd. habitans sont en perpétuel dangier de leurs personnes allans aud. Victry, et leur seroit plus facile et aysé avec leur seureté d'aller audict Chaalons où ilz sont proches et en laquelle nous sommes servys et obéys avec plus de fidélité et sincère affection par les habitans d'icelle ville qu'en aultre lieu de lad. province, où une grande partie se sont rébellez contre nous et distraictz de notre obéissance, et par leur infidélité et félonnie rangez embrassé le party de nosd. ennemys par les artifices de leurs chefz ; et voulanz pourveoir à la commodité des habitans dud. plat pays circonvoisins dud. Chaalons et de l'un desd. faulxbourgs et à la conservation de nostre auctorité, et aultres considérations ad ce nous mouvans ; sçavoir faisons que nous avons révocqué et interdict, révoquons et interdisons la jurisdiction dud. bailliage de Victry et convocation de l'arrière ban en icelle, sans qu'elle puisse plus estre tenue aud. Victry, deffendant ausd. habitans du plat pays circonvoisins de nostred. ville de Chaalons d'y plus aller pour y avoir justice ne pour le faict de l'arrière ban, ne plus obéyr ou recongnoistre audict Victry les officiers d'icelle jurisdiction, sur peine de désobéissance et d'encourir nostre indignation ; laquelle jurisdiction et convocation d'arrière ban nous avons transféré et transférons en nostred. ville de Chaalons pour y estre tenue doresnavant et la justice administrée, avec pareil pouvoir, ressort, degré, auctorité et prééminence qu'elle souloit estre audict Victry. Auquel effect seront les officiers d'icelle jurisdiction tenuz se trouver en nostred. ville de Chaalons au VIIIe jour de Juing prochain pour y faire l'exercice de leurs charges, enjoignant à leur greffier d'apporter aud. Chaalons tous les registres, procés et pappiers estans aud. greffe, pour jouir de son estat de greffier et y estre lesd. procés jugez et terminez audict Chaalons, sur mesmes peines. Si donnons en mandement à noz amez et féaux conseillers les gens tenans la court de la justice aud. Chaalons, bailly dud. Victry ou son lieutenant aud. siège, que ces présentes ilz vériffient, facent regislrer et publier et le contenu en icelles garder et observer sans y contrevenire ne souffrire y estre contrevenu ; mandons à nostre huissier ou sergent premier sur ce requis signiffler ces présentes aux officiers dud. Victry ad ce qu'ilz ayent à y obéyr, sinon au premier des habitans de lad. ville ou d'aultre plus prochain lieu d'icelle, voulans que telle signiffication qui sera ainsy faicte vaille et ayt aultant d'effect comme si elle estoit faicte en plain siège. Car tel est nostre plaisir. En tesmoing de ce nous avons faict mectre nostre seel à cesd. présentes. Données à Tours, le deuxiesme jour de may mil V^c quatre vingtz et neuf et de nostre règne le quinziesme. Signé sur le reply : par le Roy, Pothier. Et à costé est escript : Visa. Et seellé en las de soye rouge et verte de cire verte.

Châlons, arch. munic., registré au registre du conseil, f° 83vo, après une délibération du 7 juin 1589.

1589, 27 mai. — Lettres patentes portant interdiction du siège présidial et prévôté de Vitry, avec transfert d'iceux à Châlons. Le Roi a jugé les habitants de Vitry « dignes d'estre privez des jurisdictions estans dans leur ville pour remarque de leur félonnye et rébellion. »

4 octobre. — Supplique des habitants de Châlons pour demander l'enthérinement des lettres du 2 et du 27 mai.

4 décembre. — Patentes données en confirmation des lettres précédentes. Le Roi déclare que la faveur faite à la ville de Châlons est une récompense de la fidélité de ses habitants, tandis que ceux de Vitry sont félons et rebelles et ont avec les ennemis « commis toute espèce de cruoté et actes d'hostilité à l'endroict de ses officiers et bons serviteurs. »

12 et 14 décembre.—Enregistrement au bureau des Trésoriers généraux et au Parlement de Châlons.

<small>Châlons, arch. munic., Registre XIX, f⁰ˢ 83 et 137 ; Bibl. munic., Recueil de pièces manuscrites. Cf. de Barthélemy, *Parlement de Châlons*, p. 25, 34, avec la fausse date de 1590.</small>

Chaumont.

Juin. — Lettres patentes en forme d'édit, par lesquelles le Roi, « pour cause de rébellion et félonie commise par les habitans de la ville de Chaumont, supprime, esteint et abolit l'eslection establye en lad. ville, ensemble les offices dont elle estoit composée, » et transfère le tout en la ville de Langres. — Autres lettres qui transfèrent à Langres le bailliage et présidial de Chaumont.

<small>Bibl. Nat., f. fr., 323, f⁰ 378 ; de Barthélemy, *Parlement de Châlons*, p. 25 et 35.</small>

Michel Letellier nommé intendant de finance pour la Ligue. (1)

1589, 14 mai.

Charles de Lorayne, duc du Mayenne, pair et lieutenant général de l'estat royal et couronne de France, et le Conseil général de l'Unyon des catholicques establye à Paris attendant l'assemblée des Estatz du Royaulme, à nostre amé et féal conseillier et maistre ordinaire en la Chambre des Comptes dudict Paris, Mᵉ Michel Le Tellier, salut. Considérans combien les troubles qui sont aux pays de Champaigne et le mauvais debvoir envers S. M. de quelques mauvais officiers de fynance en lad. province au faict de leurs charges ont apporté de désordre, confuzion et retardement au bien des affaires de ceste couronne, et ayant esté trouvé nécessaire d'y envoyer promptement quelque bon et expérimenté

<small>(1) Cf. Hanotaux, Origines de l'Institution des Intendants, Paris, 1884, p. 51.</small>

personnage, nous auryons priés les gens desd. Comptes de choisir quelqu'un d'entre eulx sur la fidélité et suffisance duquel on se peult reposer pour y establir l'ordre requis et convenable ; à quoy satisfaisans ilz vous auroient nommé et faict entendre que pour l'affection que portiez au bien de l'Unyon et conservation de cest estat vous ne feriez difficulté d'achepter ceste charge ; pour ce est-il que nous, à plain confians de voz sens, suffizance, loyaulté, preudhomye, religion catholicque, espériance au faict des fynances et bonne dilligence, et ayans lad. nomination pour bien agréable, vous avons commis et député, comettons et députons par ces présentes pour vous transporter incontinant en la ville de Troyes et là establir le bureau de la recepte généralle des fynances de lad. province et du taillon, sy il n'a esté faict par les trésoriers généraulx des fynances de France d'icelle province suyvant qu'il leur a esté cy devant mandé et ordonné ; vous donnant à ceste fin plain pouvoir, puissance, auctorité et mandement spécial de faire assembler lesd. trésoriers généraulx de France que trouverez en lad. ville, soit en leur bureau ou autre endroit plus commode qu'adviserez, pour vous rendre raison du debvoir qu'ilz ont faict en l'exercice de leurs charges depuis le commencement de la présente année, et qu'à ceste fin ilz ayent à vous représenter et mectre en voz mains les estats qu'ilz ont expédiez tant aux receveurs généraulx que particuliers de leurd. charges, lesquelz vous vériffirez exactement pour veoir en quoy consiste la recepte et quelles partyes de dépense ilz employent en iceulx, pour en rejeter celles qu'adviserez ; et s'ilz n'y ont encores satisfaict, dresserez lesd. estatz promptement, suyvant et conformément à l'instruction qui vous en sera baillé ; pareillement procedderez à la suspension des officiers de fynance de lad. province, tant comptables qu'aultres, qui vous seront tesmoignez par les corps et communaulté des villes de lad. province estre absans, suspectz ou mal affectionné à lad. Unyon, et en leur lieu commecterez, sy voyez que besoing soit, d'aultres personnes gens de bien suffizans et certifflez par actes valables et auctanticques estre de la religion catholicque, apostolicque et romaine; et pourvoirez surement au port en voicture des deniers des receptes particuliéres en la généralle à l'occasion des troubles qui sont de présent aud. pays, qu'il n'en puisse advenir aulcune faulte ny inconvenians, selon [que] la nécessité le requiert; regarderez de retirer les bureaux des receptes particuliéres des lyeulx où sont establiz en telz autres que cognoisterez estre convenable, affin que noz ennemys ne se puissent ayder et prévaloir des deniers d'icelles ; et généralement aurez tellement l'œil ouvert à tout ce qui regarde le faict et intendance des finances tant ordinaires qu'extraordinaires dud. pays et au recouvrement d'icelles, que nous en puissions estre secouruz aussy à propos comme la nécessité des affaires le requiert, et tiendrez la main qu'il n'en soit aulcunement touché, par quelque personne ny pour quelque occasion que ce soit, sans nostre expresse ordonnance et mandement ou celuy que pourez avoir de nous; et d'autant que pour l'exécution desd. présentes il conviendra faire plusieurs frays, tant pour messagiers, escriptures, sallaires de sergens qu'autres expéditions, vous avons donné puissance de taxer et ordonner sur les deniers de lad. recepte géneralle jusques à la somme de II^{c}l., et lesquelles ordonnances et taxations, ainsy par vous faites, nous avons dès à présent validé et auctorisé, et entendons icelles estre passées et allouez en la despense du recepveur général desd. finances par Messieurs des Comptes, ainsy les prions de ce faire sans difficulté. Sy donnons en mandement à tous officiers, justiciers et susjetz de ceste couronne et à chacun d'eulx en droict soy et comme à luy appartiendra, que cestuy vostre pouvoir, intendance et commission ilz fasent lire, publier et enregistrer, et d'icelluy vous fasent, souffrent et laissent jouir et user playnement et paisiblement, vous donnant tout conseil, confort, ayde et tuison, sy mestier est et requis en sont, cessans et faisans cesser tous troubles et empeschement au contraire, nonobstant oppositions ou appellations quelconques, pour lesquelles ne voullons estre différé, et desquelles en tant que besoing seroit nous avons retenu et retenons et réservé à nous la cognoissance et icelle interdit à tous juges quelconques. Car ainsy il a esté trouvé juste et raisonnable pour le bien de la Saincte Unyon. Donné à Paris le XIIIIe jour de may, l'an de grâce mil cinq cens quatre vingtz et neuf. Signé : par Monseigneur et le Conseil Généralle, Senault.

<small>Reims, arch. munic., Registre XV, p. 242.</small>

Attitude indécise du duc de Lorraine ; Suite et fin du siège de Jametz.

1589, janvier-juillet.

4 janvier. — Le duc à Madame de Guise. Il la congratule sur le deuil de M. de Guise et lui offre tout office de bon

parent et ami. » — 20 janvier. Le duc ordonne à tous les baillis de mettre ordre à la conservation des villes de leurs bailliages, en prévision des craintes qu'inspirent les amas de gens de guerre et des pernicieux desseins des Huguenots. (Lepage, p. 78, 81.)

Janvier-avril. — La trêve de six semaines, conclue le 26 décembre avec la duchesse de Bouillon, est prolongée jusqu'au 15 mars, puis jusqu'au 15 avril. Négociations en vue du mariage de M. de Vaudemont avec Mademoiselle de Bouillon ; difficultés au sujet de la religion et de l'occupation des places. — 28 mars. Le Roi de France assure par lettre S. A. qu'en ce siège de Jametz il l'assisterait très volontiers de ses moyens et de son autorité. (Lepage, p. 74-104, 133).

3-6 avril. — Poynet, secrétaire de Charles évêque de Metz, est arrêté à Châlons, puis relaxé à la sollicitation du duc et de l'évêque. (*Lettres*, p. 194-196) — 20 avril. Le duc remercie Dinteville de l'assurance qu'il lui a donnée que les forces du Roi n'entreprendront rien contre ses sujets. (Lepage, p. 111).

12 mai. — Le duc a résolu de finir la guerre contre Sedan et Jametz ; il demande le concours des Messins, en se fondant sur ce que le Roi de France lui a promis son assistance. — 23 mai. On prépare le siège et batterie de Jametz. — 29 mai. Le Roi de France s'est ouvertement allié au roi de Navarre et aux hérétiques ; le 26 de ce mois, il a fait signifier à S. A. par le sr de Lieudieu qu'il se déclarerait son ennemi si le siège de Jametz était continué, et l'a sommée de retirer ses forces des environs de cette ville. Le duc de Lorraine se décide à enfreindre la volonté du Roi, malgré le danger d'être attaqué par les garnisons de Metz, Marsal, Châlons et Ste-Ménehould. Demande de secours au duc de Parme et au Roi d'Espagne. (Lepage, p. 118-139.) — 16 juillet. Le marquis du Pont arrive devant Jametz. — 18 juillet. La batterie commence. — 24 juillet. Reddition de la place. « Discours abrégé de la prise et reddition de la

ville et chasteau de Jametz par monseigneur le marquis de Pont-à-Mousson », Paris, in-8º, 1589.

Cf. de Thou, livre 96 ; Mémoires de la Ligue, t. III, p. 655-665 ; de Barthélemy, Plaquettes, p. 76 ; Lepage, p. 133, note.

Succès des Royalistes.
Sainte-Menehould.

31 mai. — Le duc de Lorraine se plaint à Dinteville que la garnison de Sainte-Menehould ait fait des incursions sur son bailliage de Clermont et enlevé du bétail. Tourteron, il est vrai, a prétendu qu'il ne l'avait pas permis ; cependant on a vendu publiquement le bétail à Sainte-Menehould. (Lepage, p. 139).

Entreprises et succès des Châlonnais.

12 mai. — Sur la proposition de Dinteville, qui demandait à faire entrer à Châlons les compagnies de Thomassin et Loppes « pour empescher les courses que les rebelles du Roy font journellement ès environs de ceste ville, » le Conseil prie Dinteville « de les vouloir loger quant à présent au village de Sarry, où ils pourront avoir retraicte et seureté au chasteau, et, si mestier est, loger avec eulx une compagnie de gens de pied. »

Châlons, arch. munic., Registre XIX.

9 juin. — Dinteville à La Vieuville, pour le presser de rassembler des troupes. — 12 juin. Dinteville à La Vieuville, lui demandant de se hâter. — 12 juin. Dinteville à de Thermes, même objet.

Bibl. Nat.; f. fr., 3414, originaux. Cf. *Revue de Champagne*, 1881, p. 285.

12 juin. — L'entreprise concertée entre Dinteville et Vaudray de Saint-Phalle pour reprendre Troyes échoue. Cf. « La trahison descouverte des Politiques de la ville de Troyes, avec les noms des capitaines et politiques qui avoient conspiré contre la Sainte Union des Catholiques, » Paris, 1589, in-8º de 14 pages. (Plaquettes, p. 91).

Cf. de Thou, l. 91 ; Boutiot, IV, p. 178.

15 juin. — Lettre de Dinteville à La Vieuville, datée d'Epernay. Il le mande sans retard pour nettoyer la rivière de Marne, en commençant par Damery qui fait mine de résister. (Bibl. Nat., f. fr., 3414, f° 66). — « Pour plusieurs boys qu'il convint achepter, tant pour faire manteletz qu'eschaffaux, qui furent faictz sur batteaux qui menèrent l'artillerye pour le siège de Damery, la somme de 100 escus. »

« Depuis, et ce durant le mois de juin audit an 1589, s'estans les soldatz de la garnison de Reims, conduictz par le capitaine Belly, emparez de la maison et chastel de Livry, assis entre ladicte ville de Reims et dudit Chaalons, auroient les habitans prié le s^r de Thomassin, commandant pour le service de Sadicte Majesté en ladite ville, d'assembler des forces pour reprendre ledict chastel ; et pour cest effet auroient prié ledict s^r de St Étienne, commandant à Esparnay, de les assister avec ses compagnies tant de cheval que de pied, et plusieurs autres gentilzhommes du pays, pour la reprise dudict chasteau. Pour à quoy parvenir auroit esté payé par lesdictz habitans ausdictz gentilzhommes, pour la despence qu'ilz auroient faicte aux hostelleryes dudict Chaalons, tant à l'arrivée qu'au retour, la somme de 450 escus, ainsy qu'il appert pour la certiffication desd. gouverneurs ». — Frais pour le charroi de 2 pièces d'artillerie devant led. château, pour le louage de 66 chevaux pendant six jours (198 écus), pour les canonniers, pionniers, charrons, charpentiers qui ont assisté à la conduite de lad. artillerie (120 écus), pour 12 pièces de vin et 3000 pains envoyés aux gens de guerre qui ont repris led. chatel (130 écus), pour pics, pelles, hoyaux et gabions (20 écus).

Châlons, bibl. munic., Recueil des pièces, « Estat des frais extraordinaires... », copie authentique.

C'est sans doute à la même époque qu'il faut rapporter les courses et violences des troupes royalistes dans les villes et bourgs de Bisseuil, Mareuil, Tauxières, Louvois, Gueux et Ay. (Cf. Pussot, p. 2 ; et Henri, p. 141).

Flamanville nommé gouverneur de Villefranche.

D'Inteville, mécontent de l'attitude de Trémelet, autorise Flamainville à l'expulser pour commander lui-même dans la place. (Cf. *Mémoire des Choses plus notables*, p. 54 et 73).

21 juin. — Commission de gouverneur de Villefranche pour Flamainville.

Bibl. nat., f., fr., 4003, f° 213. Publié *Mémoires de Nevers*, II p. 839.)

Arrivée des Suisses royaux ;
Longueville traverse la Champagne pour les recevoir.

1589, juin-juillet.

6 juin — Longueville et La Noue forcent le duc d'Aumale à lever le siège de Senlis. Puis ils s'acheminent en Champagne pour aller au devant des Suisses royaux amenés par Sancy.

16 juin. — Henri IV mande à Roussat, maire de Langres de faire loger les Suisses en lieu commode, proche la ville.

Juin. — Le 21, Dinteville est encore à Châlons. (Bibl. Nat., f. fr., 3628, f° 28, lettre de lui). — Longueville est rejoint aux environs de Châlons par Dinteville et Luxembourg. — La ville de Vitry envoie un messager à Châlons et Sompuis « pour sçavoir quel chemin tenoit le camp du Roy conduict par monseigneur de Longueville. » (Vitry, arch. munic., CC. 77, f° 78).

28 juin. — L'armée de Longueville, logée à Bourguignons et Virey, près de Bar-sur-Seine, attaque et défait un régiment de Ligueurs commandé par Sirey et Mothebaise, sans néanmoins pouvoir entrer dans la ville. — 1er juillet. Ayant poussé jusqu'aux Riceys, elle force et pille le bourg d'Arthonay.

Mémoires de Carorguy, p. 24-27.

29 juin. —Dinteville est à Villy-en-Trode avec les Suisses, qu'il espère pouvoir amener dans huit jours près de Sa Majesté. — 3 juillet. Dinteville est au camp de Bray. — 6 juillet. Il est à Vilaines, avec ordre exprès de conduire directement les Suisses vers S. M. ; il compte y arriver dans cinq ou six jours. — 11 juillet. Il est au camp de Chenin, sur le passage de la rivière d'Yonne ; il fait avancer cette armée, « qui est très belle et forte de Suisses et de cavalerie, droit à S. M. qui est à Longemeau. » — 18 juillet. L'armée qu'il conduit est très bien disposée et chaque jour se renforce de la noblesse du pays ; elle compte 20 ou 21 mille hommes de cheval et de pied ; elle sera dans trois jours près du Roi. (Cf. *Lettres*, p. 202, 206, 207, 208).

Mayenne à Reims.

1er juillet. — M. De Bar à M. de Plivot. Le duc d'Aumale est arrivé aujourd'hui à Reims pour y rejoindre le duc du Maine et beaucoup de seigneurs. Le duc a 40,000 combattants et doit bientôt être renforcé d'autant. Avances à M. de Plivot pour entrer dans la Ligue avec Châlons. — 3 juillet. Dinteville aux Châlonnais. MM. de Thomassin et Pinart ont dû déjà les avertir de l'entreprise de Mayenne sur leur ville. Qu'ils se préparent à faire leur devoir. Annonce que S. M. va venir dans la province. — 3 juillet. Sainte-Menehould aux Châlonnais. Ils remercient de l'avis qui leur est donné. Quoique la ville n'ait guère d'autres défenseurs que ses habitants, ils feront leur devoir. (Cf. *Lettres*, p. 203, 205).

« A plusieurs charpentiers, manouvriers et artizans, qui ont esté envoyez par le commandement dudit sr de Thomassin, avec escorte de deux compagnies de la garnison de ladicte ville, rompre, abbattre et desmolir les ponts de la Chaussée, Pongny, Aulnay, Mathougues et Tours sur Marne, estans sur la rivière de Marne, où ilz ont séjourné par l'espace de huict jours durant ladicte année 1589, la somme de 80 escus. » (1)

Châlons, bibl. munic., « Estat des frais extraordinairement faits...», copie authentique.

Il ne paraît pas que Mayenne ait effectivement rien entrepris contre ces villes.

Nouvelle campagne de Saint-Paul dans le Réthellois et sur la Marne.

1589, [juillet] (2)

Pour s'opposer aux entreprises des Royaux qui « branquetaient » tout le Réthellois, Saint Paul part de Reims avec deux pièces de canon.

[6 juillet]. — Il fait investir l'abbaye de Chaumont, sise sur une montagne et occupée depuis le 28 mai par des gens de guerre royalistes. La place se rend sans résistance; mais les paysans, malgré les efforts de Saint Paul, massacrent une partie de la garnison. L'abbaye est remise aux mains des religieux pour la conserver en neutralité.

Il s'achemine à Guignicourt, qui capitule aussitôt.

Il investit Yvernaumont qui n'essaie pas de résister, et en fait démolir et incendier le château.

Il tire vers Dom-le-Mesnil, qui lui ouvre ses portes.

Il somme Omont et La Cassine de se rendre ; ce que font ces deux places avant l'approche des troupes ligueuses, et elles obtiennent de vivre en neutralité.

Il dirige ensuite ses forces sur le château de Sy, appartenant au s[r] de la Vieuville, et pourvu d'une bonne garnison. Ce château résiste pendant 12 jours, malgré une batterie de canon, et Saint Paul finit par accorder que la place restera

(1) Cet article de compte, inscrit immédiatement après celui qui concerne Livry, est sans date ; mais vraisemblablement il se rapporte à cette époque.

(2) Il est assez difficile de préciser l'époque des évènements de cette campagne. Le *Mémoire des Chôses plus notables* n'en dit mot ; Montbéton en parle longuement, mais sans donner de dates ; seule la chronique de Jean Taté, publiée par Jadart, Rev. de Champ., 1889, p. 44, rapporte la prise de l'abbaye de Chaumont-Porcien au 6 juillet. Il nous paraît donc vraisemblable que le tout eut lieu dans le courant de juillet.

à son maître, sous condition de n'y faire aucune fortification, de n'y point recevoir de royaux et de garder la neutralité.

Rappelé par les Rémois pendant ce siège, Saint Paul revient en faisant un détour jusqu'à Juvigny, où il bat la cavalerie qui le gardait sous le commandement de Contet, lequel est fait prisonnier.

Saint Paul va se loger à Chouilly, et, dans le but de débarrasser les Rémois de l'incommodité que leur causait Epernay, il projette le siège de cette ville. La cavalerie d'Epernay étant venue pour reconnaître ses positions, le sieur de la Personne l'attaque, la repousse, mais est tué d'une harquebusade dans l'œil. Alors, faute d'infanterie suffisante et de munitions pour le canon, Saint Paul renonce au siège d'Epernay et se retire deux jours après à Reims, où il tâche de faire de nouvelles levées.

Cf. *Mémoires de Montbéton*, Rev. de Champ., 1887, p. 335.

Tranquillité momentanée pendant la moisson en Champagne.

6 juillet. — Dinteville écrit aux Châlonnais de lever 60 arquebusiers à cheval pour empêcher les courses des rebelles et protéger les moissons. Conclusion conforme. — 10 juillet. Proposition faite au conseil de ville de Châlons de mettre garnison dans les places fortes voisines, Livry, Loisy, Aulnay. (La conclusion est restée en blanc).

1er août. — « Pour pourveoir promptement aux invasions qui se font de jour à aultre par les ennemis du Roy aux environs de ceste ville (de Châlons), et aussy ad ce que Saint Paul, qui est proche d'icelle, ne face entreprise ; a esté advisé que les habitans qui ont chevaux seront priez de les prester pour en accommoder ceulx qui vouldront aller à la guerre, sy mieulx n'ayment y aller eux mesmes. » En cas de perte desdits chevaux, la communauté dédommagera les propriétaires.

Châlons, arch. munic., Registre XIX.

« La Champagne eut quelque moyen de respirer et faire la moisson. » — « En même temps, le Roy établit une garnison de gens de pied au château de Grandpré, non pour y faire la guerre, mais pour aider le vieux comte de Joyeuse et y assurer une retraite aux royaux allant de Sedan à Ste Menehould et à Châlons. » Grand soulagement de cette frontière, qui reste en une espèce de neutralité. (*Mémoire des Choses plus notables*, p. 76).

Assassinat de Henri III.

1589, 1er août.

Après la mort de Henri III, Henri de Navarre est reconnu par les princes et seigneurs qui se trouvaient à Saint-Cloud, et prête serment le 4 août. (*Lettres*, p. 211-215). — Le 5 août, Mayenne et l'Union publient une déclaration pour réunir tous les français à la religion catholique (Isambert, XV, p. 5), et reconnaissent pour roi le cardinal de Bourbon.

Châlons fidèle.

5 août. — Les Châlonnais font arrêter un cordelier qui leur apportait lettres de la part des maire et échevins de Troyes. (F° 96). — 6 août. Délibération par laquelle le Conseil déclare qu'il se conservera dans l'obéissance du Roi. (F° 96vo ; publié par E. de Barthélemy, Hist. de Châlons, p. 338).

8 août. — « Sur ce qui a esté proposé, si l'on laissera demourer en ceste ville aulcuns de la Religion nouvelle qui se y sont reffugiez ; a esté conclu que ceulx de la nouvelle Religion qui ne sont originaires et habitans de cested. ville qui se y sont retirez tant de la ville de Sedan que d'aultres, seront admonestez de sortir de cested. ville dedans demain sur peine d'en estre expulsez ; et quant à ceulx qui sont originaires et habitans de cested. ville et qui se y sont retirez pour jouir du privilège de la trève, y seront soufferts jusques ad ce que aultrement en soit ordonné, et feront le serment de fidélité envers lad. ville, et à charge de se

comporter modestement sans faire aucun scandaḷ ou se assembler en exercice de lad. nouvelle religion ; et si seront tenus lesd. de lad. nouvelle oppinion qui demoureront aud. Chaalons et aultres reffugiez catholicques de contribuer aux charges de lad. ville comme les aultres habitans d'icelle, et presteront lesd. catholicques le serment. » Règlement pour la garde des portes. Défense de tenir aucune assemblée illicite ni de proférer aucun propos tendant à émotion sur peine de la vie (F° 99v°).

9 août. — Le Conseil décide qu'il ne sera pas répondu à une lettre des Rémois ; qu'une enquête sera faite sur l'émotion qui s'est produite à l'une des portes de la ville, où se sont portés des hommes en armes; qu'on priera le sr de Maisons, qui est aux environs avec ses troupes, de s'acheminer en l'armée du Roi. (F° 103).

Châlons, arch. munic., Registre XIX.

7-26 août. — Vaines sollicitations faites par les Ligueurs aux Châlonnais. (*Lettres*, p. 221-224 ; Henri, p. 422-424, 456-457).

Langres fidèle.

« Réponse aux lettres [du 10 août] envoyées par le duc de Lorraine, tant aux habitans de la ville de Langres qu'à quelques gentilshommes par la France, pour les solliciter à se rébeller contre leur Roy; ensemble la protestation desd. habitans de Langres et le serment de fidélité fait au Roy Henry quatriesme [le 12 août],» s. l., in-8° de 42 pages, 1589. — Cf. Cayet, p. 185 ; Piépape, Histoire militaire, p. 127.

Lettre de La Vieuville au duc de Nevers.

1589, 13 août.

Je ne puis espérer que la mort inopinée du Roy n'apporte un rengrègement de brouilleries en cette France, et à nous, Monseigneur, beaucoup d'incertitude en l'establissement de nos affaires; et come je me suis résolu demeurer attaché à la fortune bonne ou mauvaise qu'il plaira à Dieu vous envoyer, je faictz des discours pour vous que je ne puis m'engarder de vous escrire, encore que come vostre serviteur je doive attendre patiamment ce que vous me commanderez et ne vous donner advis de ce que vous ferez. Mais je suis comme un qui voit jouer son amy, qui ne se peult empescher de poulser de l'espaule ou faire quelque signe pour reddresser la boulle, sy elle va trop à gauche ou à droite; et puis, me faisant cest honneur que de m'avoir mis de vostre partie, je suis excusable si je vous importune de mes resveries, pour le désir que j'ay que vous jouyez bien vostre personnaige en une si sanglante tragédie; avec protestation que ce n'est ny advis ny conseil, moins encore affection particulière que j'aye à l'un ou à l'autre party, vous estant unicque possesseur de ma volonté.

Je ravasse donq que d'une mesme maison je croy que nous verrons deux Roys esleuz en ce royaume, l'oncle et le nepveu, l'un catholicque et l'aultre huguenot, le catholicque prisonnier et le huguenot en possession d'une très grande armée, et desjà si advancé que St Denys luy est La Rochelle; l'un trèsbon capitaine, expérimenté aux maulx et endurcy aux traverses, et l'aultre vieil caduq et lequel ne verra en son règne que par les lunettes de Messieurs de Guise, lesquelz se vouldront attribuer la gloire de luy avoir miz la couronne sur la teste, et par ceste attribution l'autorité; tous deux armez de prétextes spécieux, l'un ambrassant pour son bouclier une défence et fainte de la religion catholique, l'aultre la recherche de la justice du sang de son Roy injustement espandu et la manutention de la noblesse en son entier, que les villes veullent traicter à la façon de Suisse, et encore avec protestation de maintenir la Religion catholicque ; de sorte que le party du nepveu semble plus considérable, mais la huguenoterie et le peu d'amitié qui est entre vous me le fait quasi rejecter. D'autre part, si vous vous déclarez de l'aultre party, que sera ce aultre chose sinon vous rendre l'esclave d'une maison à laquelle vous n'avez jamais voulu cedder ; car j'estime l'oncle un Roy aussy bien en figure que le tiltre de l'estat et couronne de France est imaginaire, soubs lequel Du Maine commandera tout comme il fera encor soubz ce Roy, qui ressemblera la souche que Jupiter donna aux grandes villes (1) pour régner sur elles. Je songe donq ce que vous ferez ; car l'un des partiz, vous ne l'avez jamais approuvé pour la diversité de la religion ; l'autre, il n'est guières juste, il a esté commancé par ambition desmesurée, et semble se parachever par deux exécrables meurtres qui ont souillé toute la France, principalement ce dernier qui est sans exemple, commis par un homme d'église françois à son Roy, nostre nation n'ayant encor accoustumé de mettre la main à celluy qui estoit l'oing de Dieu. Jésus Crist ayant défendu les armes à Saint Pierre pour une querelle plus juste que ne pourroit jamais estre celle de du Maine et de la Ligue. Aussi de demeurer neutre, que sera ce aultre chose que de nous exposer à la miséricorde et fureur de tous les deux ; et quand bien vous pourriez vous en sauver pour

---

(1) *Sic.* Mais le déchiffrement est sans doute fautif, et il faudrait lire : « grenouilles. »

un temps, si est ce qu'à la fin vous et vos serviteurs succomberiez en proie à celuy qui demeurera victorieux.

Je concluds là dessus qu'il vous est grand besoing de résolution et bien prompte, et de vous attacher à l'un ou à l'aultre des partis, et en quelque sorte que ce soit de vous acheminer en diligence pardeça pour adviser à vostre levée, de laquelle ne seront ignorans l'un et l'aultre roy ; car ce bruict de levée est tout commung à l'un et à l'aultre des partiz. Ayant les armes à la main, vous prendrez celluy que vous vouldrez, plus honorablement revestu de ses forces que desnué et foible. Ce pendant il est nécessaire de vous résouldre bien promptement; car desjà l'un et l'aultre party vous fait la guerre. Maisière et Rétel occuppent la plus grande partie du pays ; le reste, Villefranche et Sainte Menehoult commancent à le partager entre eux, vostre considération et la mienne ne leur estant plus en respect ; chascun, désirant piller, vous répute du party contraire. Je ne sçais, pour estre eslongné de vous, si vostre présence est si nécessaire où vous estes qu'elle vous y retienne, ou l'incommodité est telle que vous ne puissiez venir, envoyer de l'argent pour le reste de vostre levée, ou bien la lettre de change à Francfort. Car ne faisant pas un des trois, il faut que vostre gain soit grand pardelà pour excuser les pertes de deça.

J'ay ceste opinion que vostre présence en ce pays feroit de grandes choses. Une fois vous en avez passé les occasions quand vous retournastes. Icy s'en est une autre qui n'est à mespriser. D'une seulle chose vous supplie très humblement, c'est de me mander l'espoir de voz affaires ; car, puisque je ne veulx pas mieux avoir que vous, si c'est bon je le prendray, si c'est mal je m'y résouldray et ne vivray plus entre espérance et crainte. Si le retour de ce porteur n'apporte satisfaction pour Allemagne, vous perdrez vostre levée et toute l'advance que vous y avez mise. Je croy, monseigneur, si je ne vous eusse escrit cecy, qu'il m'eust failli fendre la teste comme à Jupiter quand il enfanta Minerve, ayant le cerveau desjà desseiché du feu de ma basse-court, de sorte qu'il n'eust peu digérer tant de diversitez. Or je prie à Dieu qu'il assiste vostre prudence de son Sainct Esprit pour vous faire choisir à sa gloire et à la grandeur de vostre maison, pour la manutention de la quelle j'exposeray ma vie et mes moyens du meilleur de mon cueur.

De Si, le 13 aoust.

Au dos : Monsieur de la Vieuville, du 13 aoust, reçue à Clamecy, le 18 dud. mois.

Bibl. Nat., 3977, f° 191, original entièrement chiffré, avec déchiffrement, qui paraît parfois incorrect.

Estat d'aucuns chasteaux et maisons fortes qui tiennent contre le Roy au gouvernement de Champagne et de Brye.

Brye.

Le Plessy Gastebled, à troys lieues de Rosoy en Brye, appartenant à...

La Roche, près Villenose, appartenant au s^r de Chanvallon.

Esclavolles, appartenant au s^r de Belan, à une lieue de Pont.

Le chasteau de Sainct Jacques, assis à Rumilly sur

Seine, deux lieues près de Pont, appartenant au s^r . :.

Sédanne.

Pleurre, appartenant au baron de Pleurre, à trois lieues de Sédanne.

Guaye, appartenant au s^r des Caumes, à une lieue de Sédanne.

Estoge, appartenant au seigneur dud. lieu, qui n'a bougé de sa maison depuis ces troubles.

Ste Manehou, Rételois.

Bazieux, appartenant au s^r Ville, à quatre lieux de Ste Manehou.

Virginy, appartenant au s^r de Vaucleroy, du costé de Ste Manehou.

Ouartigny entre Rocroy et Mézière, appartenant à la dame de Sainct Paul en propriété et à la dame de la Viéville en douaire.

Sainct Marcel sur le Mont, à une petite lieue de Maizière, appartenant à…

La Francheville, appartenant au s^r dud. lieu, à une demye lieue de Maizière.

Guignicourt, appartenant au s^r de Rava, à une lieue et demye de Maizière.

Ouarenecourt, appartenant au s^r de Vignacourt, à une lieue de Maizière.

Ouagnom, appartenant au s^r dud. lieu, à quatre lieues de Maizière.

Hauldresy, appartenant au s^r dud. lieu, à deux lieues de Maizière.

Tazy, appartenant au s^r dud. lieu, à une demye lieue de Rétel.

Montlaurent, appartenant au s^r dud. lieu, à deux lieues de Rétel.

Brenne, appartenant au s^r d'Escanevelle, à une lieue et demye de Rétel.

La Grève, appartenant au s^r dud. lieu, à deux lieues de Rocroy.

Geofreville, appartenant au s^r dud. lieu.

La maison du s^r Dyo de Coursy.

La maison du s^r d'Argy à Tornes.

La maison du s^r d'Ivorry à Estoval.

La maison du s^r d'Austruche à Sorbon.

La maison du s^r de Vasigny, qui ne bouge d'icelle depuis ces troubles.

La maison du s^r de Hauteville, qui n'en a bougé.

La maison du s^r de Sainct Benoist.

La maison du s^r de Vaubelle.

La maison des s^{rs} de la Folye, père et filz.

La maison du s^r du Perstel de Perte.

La maison du Mont de Jehaulz.

La maison du s^r de Censeville.

Vitry.

Changy, appartenant au s^r de Changy, deux lieues près de Victry.

Estrépy, appartenant aux héritiers du feu s^r d'Estrépy, qui sont deux filles, les maris desquelles portent les armes contre le Roy, à trois lieues près de Victry.

Lignon, appartenant au s^r de Sommièvre, bailli de Victry, qui n'a bougé de sa maison depuis ces troubles, trois lieues près de Victry.

Arzillières, appartenant à Mons. de Guise, à deux lieues près de Victry.

18

Le Mestiercelin, appartenant au sr de Mont Sainct Pére, qui n'a bougé de sa maison depuis ces troubles, à quatre lieues de Victry.

Roche, appartenant à Johannès, à quatre lieues de Sainct Dizier.

Anserville, appartenant à M. de Guise, à trois lieues de Sainct Dizier.

Stanville, appartenant au filz du bailli de Bar, à trois lieues de St Dizier.

Helmouru, appartenant aud. Johannès, à quatre lieues de Victry.

Contrisson, à six lieues de Victry, appartenant à...

Sommevoire, deppendant de l'abbaye de Montiérender, donnée à Mons, le mareschal d'Aulmont, à six lieues de Victry.

Monstier sur Sault, à deux lieues de Sainct Dizier.

Chaumont.

Bossancourt, appartenant au sr évesque de Noion, à deux petites lieues de Bar sur Aulbe.

Jaacourt, appartenant à Mademoiselle de Bourbon, à une lieue de Bar sur Aulbe.

Blaigny, appartenant au sr dud. Blaigny, à deux lieues de Bar sur Aulbe.

Beuvreville, appartenant au sr de Belleguise, à deux lieues de Bar sur Aulbe.

Rizaulcourt, retenu par force par le barron d'Ambouville, à trois lieues de Bar sur Aulbe.

Cornet, appartenant à l'abbé de Clairevault, à trois lieues de Bar sur Aulbe.

Gornay, sur la rivière d'Aulbe prés led. Clairevault.

Le chasteau de Lignot, appartenant au maire de hault de Troyes, à deux lieues de Bar sur Aulbe.

Rênepont, près led. Gornay, appartenant au s^r dud. lieu.

Vaudrimont, appartenant au s^r dud. lieu, à quatre lieues de Bar sur Aulbe.

Montigny sur Aulbe, appartenant au s^r dud. lieu, entre Langres et Bar sur Aulbe.

Orges, appartenant au comte de Chastelvillain, à une lieue de Chastelvillain.

Montéclaire, appartenant au Roy, à quatre lieues de Chaulmont.

Mareille, appartenant au s^r de St Belin, à cinq lieues de Chaulmont.

Nogent le Roy, appartenant au Roy, entre Langres et Chaulmont.

La Faulche, à sept lieues de Chaumont, appartenant à...

Coiffy, appartenant au Roy, à sept lieues près de Langres.

Montigny le Roy, appartenant au Roy, à cinq lieues de Langres.

Clémont, appartenant au s^r dud. lieu, à cinq lieues de Langres.

Chermoneille, appartenant au s^r dud. lieu, à trois lieues de Langres.

Thyvectz, appartenant au s^r dud. lieu, qui n'a bougé de sa maison depuis les troubles, à trois lieues de Langres.

Marat, appartenant à Mons. d'Allebœuf, à trois lieues de Langres.

Bourbonne les Bains, appartenant au s^r dud. lieu, à six lieues de Langres,

Courselotte, appartenant au sʳ dud. lieu, à quatre lieues de Langres.

Dampierre, appartenant au sʳ dud. lieu, à deux lieues de Langres.

Espinain, appartenant au sʳ dud. lieu, à quatre lieues de Langres.

Luzy, appartenant au sʳ évesque de Langres, à une lieue de Chaumont.

Troyes.

Poixi, appartenant au sʳ de Révillon, entre Bar sur Seine et Chastillon.

Coulaverdey (1), appartenant à Pierre Mauroy de Troyes, à troys lieues dud. Troyes.

St Sépulchre (2), appartenant au sʳ de Chamoy, à deux lieues de Troyes.

Sainct Lyé, appartenant au sʳ évesque de Troyes, à deux lieues dud. Troyes.

Libaudière, appartenant au baron de Dampierre Picquot, à trois lieues d'Arsis.

Chappelainnes, appartenant à Madamoiselle de Bourbon, à quatre lieues de Victry.

Chamoy, appartenant au sʳ dud. lieu, à quatre lieues de Troyes.

Saultour, appartenant aux héritiers dud. sʳ de Saultour, à six lieues de Troyes.

Palluot (3), appartenant au sʳ dud. lieu, conseiller au Parlement, qui n'a bougé de sa maison depuis ces troubles, à six lieues de Troyes.

(1) Coulaverdey, aujourd'hui Charmont, canton d'Arcis.
(2) St Sépulchre, aujourd'hui Villacerf.
(3) Palluot, fief au territoire de Villemaur.

Fontaites, appartenant au baron de St Remi, à trois lieues de Bar sur Seine.

Sens.

Rochefort la Croisette, appartenant au sr dud. lieu, à une lieue de Vannieres.

Ausy le Cerneux, appartenant à Madame d'Estrées, à deux lieues et demye de Tonnerre.

Jaulge, appartenant au sieur dud. lieu, à deux lieues de St Florentin.

Monstier St Jehan, abbaye occuppée par le chevallier de Rochefort, à quatre lieues de Chastillon.

Mollins, appartenant au baron dud. Molins, à trois lieues de Tonnerre.

Signelais, appartenant au seigneur dud. lieu, à trois lieues d'Auserre.

Marigny, à quatre lieues prés de Nogent, appartenant au seigneur dud. lieu.

<small>Bibl. nat., f. fr., 4556, f° 133, pièce originale sans date, mais qui paraît avoir été écrite peu après l'avènement de Henri IV.</small>

Le duc de Lorraine se déclare pour la Ligue.

1589, août.

Tout d'abord[1] il veut s'assurer de Toul et Verdun, dont les bourgeois, sollicités par les Messins et les Châlonnais, «se gagnoient petit à petit par persuasions d'aucuns de leurs concitoyens qui favorisent le parti des hérétiques», de sorte que ces villes auraient pu aisément être prises par l'ennemi.

<small>(1) Il existe des documents sur les affaires militaires et politiques de Lorraine en 1589, aux Archives Nationales, dans la série K, 99-103.</small>

Il occupe Toul.

[12] août. — Il vient en Barrois et investit la place, qui se rend après un simulacre de défense. Le duc lui accorde un traité conforme à celui de Verdun (Lepage, p. 188-190), et nomme M. de Maillane gouverneur.

Verdun se livre à lui.

23 août. — Monseigneur de Verdun ayant le jour d'hier fait assembler les Etats, M. le baron d'Haussonville s'y est présenté avec lettres de S. A. du 13 de ce mois adressantes aux Etats, et autres lettres de M. de Bassompierre du 16 adressantes à Messieurs du Conseil, « par lesquelles M. de Bassompierre escript que Monseigneur du Mayene aiant soing de la conservation de ceste ville a mandé à S.A. de s'entremectre de la conserver et fournir les deniers et garnisons à ce nécessaires, recongnoissant que Sad. A. plus que tous autres en avoit les moyens ; suivant lesquelles lectres led. sr de Haussonville aulroit dict à mond. seigneur et auxd. Estatz qu'il estoit envoié vers eulx par lad. A. por leur faire entendre, comme il faisoit, la grande nécessité qu'il y avoit de garder ceste cité contre les entreprinses des hérétiques et l'importance que ce seroit par tout l'estat catholique et mesmes pour les pays de Lorraine et Barrois sy elle estoit occupée par le party contraire; pour lesquelles considérations Sad. A., comme ancien protecteur de lad. cité, offroit de la prendre en sa protection et saulvegarde spéciale, y mectre gouverneur et garnisons de par luy à ses frais, sans rien entreprendre sur les droictz du Sainct Empire, du seigneur évesque, droictz, jurisdictions, franchises et libertés de lad. cité, et sans préjudice de la saulvegarde et protection de la couronne de France. » Messieurs sont d'avis d'accepter ces propositions, en priant le duc de Lorraine de faire tenir « lettres du consentement de Monseigneur de Mayenne, lieutenant général de la Couronne de France, » et de promettre de porter quittes et indemniser Messieurs de la cité envers et contre tous, mêmement envers le Roi futur et les Etats de l'Empire.

27 août.—Les commissaires envoyés à la cour de Lorraine sont de retour et rapportent «que S. A. viendra ce jourd'hui en ceste ville pour accorder les articles.» Résolution de lui faire le plus honorable accueil et d'offrir aux princes des dragées et du vin. Messieurs décident qu'on priera S. A. de ne rien changer aux articles qui lui ont été présentés, et consentent seulement à ajouter l'article suivant proposé par le Duc ; « Promecteront et jureront lesd. Estatz ne resce-
« voir en icelle cité aulcuns du party des héréticques, ains
« protesteront de vivre et mourir en la foy catholicque,
« apostolicque et romaine, comme aussy ne suivre aulcun
« party contraire à Sad. Altesse, ny entrer en aulcun traicté
« particulier avec aultres et n'admettre personne en lad.
« cité ny forces aultres que celles qu'il plaira à Sad. A. y
« envoier, quand il verra la nécessité le requérir » ; en demandant cependant que S. A. veuille bien le compléter ainsi : « N'entendans touteffois et ne voulans s'obliger au
« party de Sad. A. contre le Sainct Empire ny l'estat
« catholicque de la France, conformément au contenu aux
« lettres de S. A., et sans qu'elle les puisse mectre que du
« consentement dud. Sainct Empire et de l'Estat catholicque.»

28 août. — Messieurs, ayant appris que S. A. voulait partir de Verdun sans rien conclure, ont décidé avec Monseigneur et les commis du chapitre d'accorder les articles avec les modifications faites par S. A., sans y rien ajouter ni diminuer, « à charge que S. A. leur fera paroistre lettres de consentement de M. du Maine devant la Toussainct, aultrement sera tenue de faire sortir de la cité les gouverneurs et garnisons qu'il y aura mis et qui seront dès à présent resceus, et seront les Estats deschargez du serment qu'ilz luy auront presté. »

Août-septembre. — Occupation. Quête pour la construction d'un boulevard. Procès contre Christophle Adam, « qui a esté à Sédan secrètement et communiquant avec les ennemis a esté veu à St Mihiel. »

7 octobre. — Hier, M. d Haussonville a communiqué aux

Etats lettres du duc de Mayenne, en date du 22 septembre, « par lesquelles il loue et approuve le conseil que lesd. Estatz ont pris de se mectre en la protection de S. A. en ce temps misérable, auquel la France affligée de toutes partz ne leur pourroit tendre les bras pour les assister contre ung soudain péril, promect de ne laisser de continuer à les aimer tousjours et désirer leurs bien, sureté et conservation. » Messieurs du Conseil ont trouvé lesd. lettres suffisantes pour aveu de ce qui a été fait avec S. A. — Ordre de chasser toutes les femmes dont les maris sont avec les ennemis.

Le traité du 28 août ne fut rédigé par écrit en forme authentique que le 23 octobre 1589.

Bibl. nat., 3419, f° 47. Publié par Lepage, p. 285; et par Roussel, Histoire de Verdun, II, p. LXXIV.

31 décembre.—« Sur l'advertissement presché en chaire, par les Capucins qu'il y a quelqu'ung ou quelques unes en ceste cité qui vont de maisons en maisons demander sy l'on veult estre du party du Roy de Navarre, et aultre advertissement donné par M. le doyen que l'on luy a dict qu'il y a ung jeune homme qui a dict qu'ilz sont cent jeunes hommes en la cité qui ont chascun ung coutelas pour faire une sédition, Messieurs ont résoult que chacun d'eulx s'informera bien particulièrement pour donner ordre tel que la nécessité le requiert. »

Verdun, Arch. munic., Registre II.

Le duc envoie des forces à Mayenne.

10-11 août. — Par une série de lettres au duc de Parme, au Roi d'Espagne, au comte de Mansfeld etc., le duc de Lorraine notifie sa décision d'envoyer son fils le marquis du Pont près de Mayenne avec 1.200 chevaux et 4 régiments de pied. Le marquis doit partir avec lui le 20 août pour Bar; le rendez-vous des troupes est à Sermaise.—22 août. Le duc écrit de Bar que le marquis s'acheminera en France « demain ou après demain, avec lesdites forces, la pluspart desquelles sont jà advancées ès environs de Victry, et prendra le chemin du costé de Troyes, en actendant nouvelles dud. sʳ du Mayne. » (Lepage, p. 153-179, 298, 303). — Août. Présents faits par la ville de Vitry au marquis du Pont et aux sʳˢ de Bassompierre et de Savigny. Le Conseil paie des poids et balances «pour peser le pain de munition de l'armée de Lorraine, lesquelles furent emportées par le commissaire des vivres». (Vitry. CC. 77, fᵒˢ 82ᵛᵒ, 74).

1ᵉʳ septembre. — « La deffaicte de monsieur de Sourdy en la Brye par la gendarmerie de monseigneur le marquis de Pont, petit fils de France, le vendredy premier jour de septembre», Paris, in-8ᵒ de 10 pages, 1589. L'auteur de cette plaquette raconte que M. de Sourdy, qui depuis deux mois «battoit l'estrade et apprenoit le métier de voleur», attaqua au passage les bagages du marquis de Pont et s'en empara. Mais aussitôt le marquis revint en arrière et reprit ses bagages, en tuant M. de Sourdy et plusieurs de ses pillards.

17 septembre. — Le duc écrit qu'il vient d'apprendre que le marquis du Pont est arrivé avec ses troupes sans empêchement et s'est joint avec Mayenne.(Lepage, p. 204).

Assemblée ligueuse à Chaumont.

25 août.— Lettre du duc de Lorraine au corps de la ville de Chaumont. Il a chargé le sʳ de Bourbonne, allant par delà à l'assemblée qui se fait pour aviser à ce qui concerne le repos du Bassigny, de leur confirmer l'assurance de son entière affection en leur endroit, et il la leur fera paraître aussitôt qu'il en aura les moyens.— Autres lettres du même sur le même objet au clergé et à la noblesse du Bassigny. (Lepage, p. 185-187).

3 sept. — Roussat, maire de Langres, au duc de Nevers. Récit d'une assemblée qui s'est faite à Chaumont, où quelques uns du clergé se sont trouvés pour nommer un roi et aviser aux affaires de l'Etat. On a proposé pour Roi le marquis du Pont et pour gouverneur de la province le duc de Vaudemont son frère. Langres, sollicitée de se mettre

en l'obéissance du duc de Lorraine, s'y est refusée. Le principal auteur de cette affaire est le sr de Bourbonne, chambellan du duc. Langres attend des secours du maréchal d'Aumont.

<small>Bibl. nat., f. fr., 3614, fo 77. Publié par Pistollet de Saint-Fergeux, Langres pendant la Ligue. Cf. Revue de Champagne, mars 1882, p. 222; Bouillé, Hist. des ducs de Guise, III, 404.</small>

D'Aumont en Champagne.

1589, août-septembre.

15 juin-15 août. — Sur la demande réitérée des Châlonnais, qui signalent l'urgence de protéger les récoltes, l'envoi de troupes en Champagne est promis plusieurs fois par le roi.

<small>Bibl. Nat., f. fr., 3414, fo 66; Lettres, p. 207, 214, 220; Châlons, Arch. Munic., Registre XIX, 15 août.</small>

C'est vers cette époque que les Royalistes attaquèrent le château de Contaut, appartenant au « rieur » d'Averhoust, sous prétexte qu'il avait détroussé un paquet de lettres du Roi ; les assaillants tuèrent deux de ses enfants et occupèrent la place. D'Averhoust se mit à rançon, puis se déclara pour la Ligue. (*Choses notables*, p. 78-79).

18-19 août. — Le Roi annonce aux Châlonnais et au capitaine Ponsart l'envoi du maréchal d'Aumont avec bon nombre de Suisses et quelques autres forces. (*Lettres*, p. 225; Berger de Xivrey).

23 août. — D'Aumont est à Château-Thierry. — 24 août. Les Châlonnais députent vers lui pour le prier de n'approcher ses forces de leur ville plus près de sept ou huit lieues. — 25 août. Il écrit de Château-Thierry qu'il s'achemine sur Châlons, et qu'il se propose de réduire en passant Châtillon, « s'il est possible sans y perdre beaucoup de temps et de munitions ». — [Le sr de Lambrecy, qui commandait à Châtillon-sur-Marne, se rendit après quelques coups de canon, et obtint une composition qui lui permettait de rejoindre St Paul à Reims.]

<small>Châlons, Arch. Munic., Registre XIX, fo 109vo. Cf. Lettres, p. 227.</small>

29 août. — D'Aumont a établi son camp à Châlons. (Bibl. Nat., f. fr., 3643, f° 3). — 2 septembre. Il est à Villers-Marmery, remontant vers le nord ; il écrit aux Châlonnais qu'il comprend l'incommodité que leur cause Vitry-le-François et désirerait les en délivrer. (*Lettres*, p. 229). — Les jours suivants, il brûle le village de Champfleury et vient se loger à Taissy, près Reims. Escarmouches contre Saint Paul, en l'une desquelles il fait tirer trois coups de canon dans Reims. Saint Paul projette d'enlever le maréchal pendant la nuit ; mais le maréchal déloge, et, après une grande escarmouche en passant sous les murs de la ville, il se dirige sur Fismes, où Saint-Paul avait déjà réussi à placer 3 compagnies d'infanterie sous le commandement de Savigny. Cette circonstance, selon Montbéton, empêcha d'Aumont d'en entreprendre le siège.

7 septembre. — Le roi écrit au capitaine Ponsart d'assister d'Aumont contre le duc de Lorraine, qui a envoyé des forces en Champagne. (Berger de Xivrey). — 16 septembre. D'Aumont est de retour à Châlons et passe accord avec les gens du Conseil de ville pour le paiement d'une garnison de 600 hommes de pied et 100 chevaux légers ; les chefs seront payés par le Roi ; la ville fera temporairement l'avance de la solde mensuelle des soldats, à raison de 4 écus par fantassin et 8 écus par cavalier. — Le même jour, ordonnance de d'Aumont pour autoriser le Conseil à lever sur les habitants, et même sur le clergé (1), une subvention de 6000 écus par forme de prêt pour le paiement de cette garnison. (Châlons, arch. munic., Registre XIX, f° 111 v° et 112).

20 septembre. — Le duc de Lorraine à Messieurs de Chaumont. Ils lui ont demandé le 15 de ce mois assistance contre le maréchal d'Aumont, qui s'achemine avec ses troupes en leurs quartiers. Promesse de les secourir avec les forces

---

(1) Le 17 octobre, les ecclésiastiques du chapitre refusèrent de payer la somme de 1000 écus à laquelle on les avait taxés. Le 19 octobre, le conseil répartit la taxe comme il suit : l'évêque, 260 écus ; le même, pour l'abbaye de S¹ Pierre, 260 écus ; l'abbé de Toussaints, 130 écus ; le chapitre de S¹ Etienne, 260 écus ; le chapitre de N. D., 29 écus ; les chanoines de la Trinité, 43 écus 20 s.; l'ancienne congrégation, 17 écus 40 sols (F°⁸ 116, 117).

ramassées en Lorraine depuis le départ du marquis du Pont. (Lepage, p. 207). — 23 septembre. Le maréchal est au camp de Beaumont [dépendance de Blesme ?], et y rend une nouvelle ordonnance pour le paiement de la garnison de Chalons et le relèvement des effectifs. (Registre XIX, f° 112) — C'est sans doute en traversant cette région qu'il laissa à Vitry-le-Brûlé le s^r de Thays avec une partie de la cavalerie et les régiments de Champagne, de Coublans et de Thermes, dans le but d'entreprendre sur Vitry-le-François. — 28 septembre. Le duc de Lorraine à M. de Maillane : « J'ay jugé estre très nécessaire retenir les reistres encore pour quelque temps par deçà (1) pour aider à faire un corps d'armée et résister au mareschal d'Aumont, qui est sur les frontières de mes pays du costé de Champaigne ; lequel, s'il eust entreprins d'entrer en mes pays lorsque lesd. reistres n'avoient encores faict monstre et sans temporiser sur les frontières, indubitablement il nous trouvoit foibles et eust deffaict lesd. reistres, et se fust faist maistre de la campagne. » (Lepage. p. 214).

Pour l'ensemble, cf. Montbéton, Revue de Champagne, mai 1887, p. 340-341 ; *Mémoire des choses plus notables*, p. 80 ; Mémoires du duc d'Angoulême, Michaud, p. 70 ; Henri, p. 152.

Dans le Barrois, le Bassigny et le Réthellois.

Bar-le-Duc pris un moment par les Royalistes.

25 août. — Lettre du duc de Lorraine à René de Florainville, bailli de Bar, pour mettre ordre à la garde et sûreté des maisons fortes et châteaux qui sont en son bailliage. Commander aux vassaux qui tiennent de telles places d'être soigneux qu'il ne soit rien entrepris sur elles et de les faire bien garder ; sinon, y mettre une garde sous l'autorité du duc. (Lepage, p. 184).

Vers la fin d'août, quelques compagnies royalistes envahissent le Barrois ; le 6 septembre, avec des intelligences dans la place, Yvernaumont parvient à s'emparer de Bar ; mais

(1) Au lieu de les envoyer au duc du Maine.

aussitôt les habitants l'en chassent.(Cf. *Mémoire des choses plus notables*, p. 92 ; Dom Calmet, Notice de la Lorraine, I, col. 85).

6 septembre. — « Sur ce qu'il y a advertissement (à Verdun) que la ville de Bar est surprise par les Huguenots, en présence et requeste de M. de Haussonville a esté ordonné que visitation sera faicte par les capitaines des trois quartiers assistés chacun de l'un de Messieurs par toutes les maisons pour savoir qui y est logé. » Ordre qu'à la première alarme chacun tienne chandelle et lanterne allumées en sa fenêtre de chambre haute ou grenier, et que dans chaque rue lanternes soient suspendues à des cordeaux.

Verdun, Arch. munic. Registre II.

26 septembre. — « Commission pour les srs Remy et Cuny Boucher, pour faire et parfaire le procès aux prévenuz et accusez de la trahison et surprise de la ville de Bar. » Ordre donné par le duc de Lorraine de faire justice exemplaire des coupables. (1) —29 oct. Le duc écrit au comte de Ligny qu'il a pris le comté sous sa sauvegarde. (s. d., vers le 1er nov.) — Le duc de Lorraine demande au cte de Ligny de lui livrer Le Camus et La Fontaine, sujets du bailliage de Bar, qui ont pris les armes et assisté à la surprise de cette ville le 6 septembre, et depuis, réfugiés à Ligny, ont outragé un capitaine qui accompagnait François Hurbal, avocat au bailliage de Bar, procédant à une enquête contre le libraire Daniel Simon, de Bar, qui avait exposé en vente des livres écrits contre le duc. (Lepage, p. 210, 241, 244).

Dans le Bassigny.

10 août. — Dinteville écrit aux Châlonnais qu'il a reçu nouvelles de la défaite et de la blessure de Guyonvelle. (*Lettres*, p. 216).

28 septembre. — Le duc de Lorraine à M. de Maillane. « Il fault bien assurer le Bassigny et empescher les courses

(1) Cf. Lepage, p. 212, note pour les suites de cette instruction : 2 accusés pendus et écartelés, 2 condamnés à de grosses amendes, 2 en fuite.

et entreprinses qui se font du costé de Langres et Coiffy, comme il arrivera de mesme du marquis de Rynel, qui a surprins La Fauche ; car autrement je voeys la ville de Chaumont en danger de se perdre. A ceste occasion j'envoie St Maurice avec lesd. reistres, une compagnie de lances et ung régiment de pied des miens de ce costé là, en attendant que je me mette moy mesme en campagne avec le reste de mes forces. » (Lepage p. 214).

Comme Hautefort était devant Chateauvilain, dont le baron de Saint Remy s'était emparé, le duc de Lorraine y envoie le s^r de Mélay avec des forces. Hautefort dresse une embuscade et taille en pièces les troupes de Saint-Remy, qui se réfugie dans la place où il est assiégé. — D'Anglure, malgré la panique de ses fantassins, trouve moyen d'y introduire un secours de cavalerie après avoir défait un corps de garde de 40 chevaux. Les assiégeants soutiennent bravement deux assauts et les Lorrains abandonnent le siège.

Le marquis de Reynel, déjà maître de la Fauche, s'empare pour le Roi de la ville de Montéclair, et commence à harceler fort ce quartier et la frontière de Lorraine. — Le 3 novembre, le duc écrit à Messieurs de Chaumont et à Guyonvelle qu'il leur portera secours dès qu'il aura mis ordre aux affaires qui le retiennent du côté de Bar. (Lepage, p. 246-248).

Cf. *Mémoire des choses plus notables*. p. 92-94.

Dans le Réthellois.

14 août. — Les Royalistes surprennent Balham et le pillent. (Chronique de Jean Taté, Revue de Champagne, 1889, p. 44).

Robert de Joyeuse, comte de Grandpré, appelé par La Vieuville pour une entreprise sur Mézières et Réthel, loge son régiment au Chêne-Populeux, où de Thermes vient le rejoindre. Il s'y tient une assemblée qui donne à penser que le comte était revenu en Champagne « pour y former

une tierce ligue avec La Viéville et leurs confédérés. »
Mais le comte fait bientôt paraître le contraire dans l'affaire
de Saint-Amand. (*Choses plus notables*, p. 82).

Campagne de Saint-Paul.

Vendange.

Pour protéger la vendange des Rémois, Saint Paul s'établit à Chouilly et envoie des détachements en la montagne de Reims et vers Epernay. Il parvient même à faire vendanger par les siens les environs d'Epernay. (Pussot, 1589; Henri, p. 153).

Les habitants d'Avise rendent de grands services aux Châlonnais pour leur vendange, en retirant et sauvant les vins dans leur bourg.

Châlons, Arch. munic., Registre XIX, f° 136.

17 octobre. — La veille Saint Luc, Saint Paul ayant quitté la région, la garnison d'Epernay pille Villedomange. (Pussot)

Combat de Saint Amand et de Pringy.

1589, 8-11 octobre.

Les Royaux mis par le maréchal d'Aumont à Vitry-le-Brûlé (cf. ci-dessus p. 284) menaçaient Vitry-le-François.

A la fin de septembre ou dans les premiers jours d'octobre, Hédouville avec son régiment, Johannès avec ses compagnies, Mutigny, Saint-Lumier avec trois pièces de canon et la cavalerie de Vitry-le-François, de Saint Dizier et d'Arzillières, viennent, par ordre de Saint Paul, assiéger le sr de Thays dans Vitry-le-Brûlé.

6 octobre. — A cette nouvelle, Robert de Joyeuse, comte de Grandpré (1), maistre de camp du régiment de Champagne, Tourteron son frère, Vandy son beau-frère, de Thermes et autres accourent avec 200 chevaux et 800 hommes de pied,

(1) Le 30 septembre, le comte de Grandpré et La Vieuville avaient demandé à servir le Roi avec les Châlonnais et à être autorisés à loger leurs femmes dans lad. ville. (Châlons, Arch. munic., Registre XIX, f° 144).

surprennent les ligueurs assiégeants, leur enlèvent le canon, leur font beaucoup de prisonniers et les mettent en déroute.

7-8 octobre. — Averti de cette défaite, Saint Paul part à deux heures de l'après-midi, marche toute la nuit, toute la matinée du lendemain; et le 8, vers une heure, fait préparer les quartiers à Saint-Amand, pour rafraîchir ses troupes exténuées et diminuées d'un tiers. Mais en ce moment les Royaux paraissent et engagent aussitôt le combat par deux volées de coups de canon et une salve d'arquebusades. La cavalerie ligueuse charge sans effet, et, en se retirant, bouscule l'infanterie qui la soutenait, composée en partie de nouvelles recrues. Saint Paul commande en personne une seconde charge, qui rompt l'escadron royaliste. Cet escadron se rallie et attaque à son tour. Mêlée confuse. Saint Paul est contraint de se retirer avec quelques cavaliers sur une colline qu'il défend avec acharnement. Le sr de Thays est tué, le comte de Grandpré blessé (1). Cependant un secours catholique de 80 à 100 chevaux arrive sur le champ de bataille ; les ligueurs reprennent l'offensive, poursuivent la cavalerie royaliste, font Tourteron prisonnier, mais se heurtent à l'infanterie qu'ils ne peuvent culbuter, et qui, se retirant en bon ordre, parvient à se loger (2) et à se barricader. Saint Paul se loge lui-même à Ablancourt, très près de l'ennemi, et dépêche à Saint Dizier pour demander du canon.

(1) Le comte de Grandpré mourut quelques jours plus tard ; J. A. de Thou nous a conservé dans ses *Mémoires* l'épitaphe en vers composée en son honneur.

(2) Il est difficile de préciser où se fit ce logement. Montbéton, p. 346, dit que les Royaux se logèrent « dans la maison de Colommers » et que cette maison était à la distance d'une arquebusade d'Ablancourt. On pourrait donc supposer qu'il s'agit de Coulmiers, sis entre Aulnay l'Aitre et La Chaussée. Mais le même auteur ajoute qu'ils se jetèrent ensuite dans Pringy pour aller audevant du secours qui leur venait de Châlons ; or Pringy est à environ 6 kilomètres plus au sud de Châlons que Coulmiers, et on ne comprend pas pourquoi ils auraient accompli ce mouvement rétrograde, auquel il semble d'ailleurs que Saint Paul, logé à Ablancourt, c'est-à-dire entre Coulmiers et Pringy, aurait pu s'opposer aisément. Si on voulait supposer que le nom de « Colommers » est fautif, et si on proposait d'y substituer Coulvagnier, écart d'Aulnay l'Aitre, ou mieux encore Soulanges, situé au bord de la Marne en face de Pringy, cette hypothèse serait plus satisfaisante ; mais la correction est bien téméraire.

9 octobre, lundi (1). — Les Royaux font mine d'entendre à une capitulation, pour donner le temps à Vandy d'aller chercher du secours à Châlons ; puis, sur l'annonce que le secours attendu approche, ils traversent le pont de la Marne. Saint-Paul part d'Ablancourt, les poursuit avec sa cavalerie et les investit dans Pringy, où ils se renferment dans l'église et dans la maison du château. Toute cette journée du lundi se passe en escarmouches sanglantes ; les Ligueurs prennent, perdent, reprennent une partie du village. Puis les pourparlers recommencent, et une trêve est conclue pour la nuit. Saint-Paul va loger à Drouilly.

10 octobre, mardi (2). — Les exigences hautaines des Royaux empêchent les pourparlers d'aboutir, et la trêve est rompue à deux heures. Escarmouches ; on combat dans Pringy pour une maison, pour une haie. Sur le soir, cessation des hostilités (3). Mais, comme Saint-Paul s'apprêtait à passer la nuit à Drouilly, il reçoit nouvelles certaines que le secours royaliste s'achemine vers Pringy, et, malgré l'extrême fatigue des hommes et des chevaux, il se porte dans l'obscurité au devant des arrivants, sans parvenir à les rencontrer.

11 octobre. — Le secours, composé d'environ 100 chevaux et 360 fantassins, arrive vers minuit dans Pringy ; les Royaux se portent aussitôt sur Drouilly, s'en emparent après un combat meurtrier, mettent le feu au village. Saint-

---

(1) Il y a ici quelque différence entre le récit du *Mémoire des Choses plus notables* et celui de Montbéton. Selon le Mémoire, la retraite des royaux à Pringy aurait eu lieu dès la veille au soir, et c'est pendant cette retraite que Thays aurait été tué et Tourteron fait prisonnier. Mais le récit de Montbéton paraît plus détaillé et plus vraisemblable.

(2) Dans le récit de Montbéton, on pourrait croire que les évènements du 9 et du 10 n'occupent qu'une seule journée ; mais le *Mémoire* distingue expressément les combats du lundi et du mardi, et Montbéton lui-même dit qu'au moment où on annonça à S* Paul l'arrivée du secours royaliste, il y avait « près de trois jours » que les combattants exténués étaient sur leurs chevaux ; par conséquent cette nouvelle ne dut lui arriver que le mercredi. L'épitaphe de Grandpré mentionne aussi que le combat dura *trois* jours.

(3) Ce jour-là 10 octobre, la ville de Vitry offrit en présent quatre coqs d'Inde à Saint-Paul (CC. 77, f° 79). Cette mention confirme le dire du *Mémoire des Choses notables*, d'après lequel Saint Paul, après l'affaire de Saint Amand, aurait envoyé à Vitry chercher du renfort.

Paul, attiré par le bruit des arquebusades et la lueur de l'incendie, revient en hâte ; mais, au passage d'un grand chemin creux qui servait de tranchée, il tombe dans l'embuscade que Thomassin et Vandy avaient préparée, est chargé, rompu, et entièrement défait. Les Royaux se retirent aussitôt à Châlons avec le canon des Ligueurs; et, au point du jour, Saint-Paul mène ses troupes rafraîchir aux environs de Vitry. — La présence de St Paul à Vitry le 11 octobre est attestée par le registre des comptes communs de cette ville (CC. 77, f° 85vo.)

Cf. sur la bataille de Pringy l'article de l'«Estat des frais extraordinaires... », Châlons, Bibl. Munic., Recueil des pièces manuscrites, publié *Mémoire des Choses plus notables*, p. 176. (1).

Acte du conseil de Vitry pour le paiement d'un cheval « que les gouverneurs auroient pris à loyer pour monter un gentilhomme prisonnier que le s^r de Mutigny renvoyoit en sa maison, lequel cheval auroit esté prins et emmené par les gens de guerre de la garnison de Saincte Manehould. » — Jacques Cliquot, messager, a conduit à Anthy (?) « un nommé le s^r de la Horgue qui avoit esté prins prisonnier au lieu de Pringy, à quoy faire il auroit vacqué par seize jours entiers. » (CC. 77, f°s 84 et 86 ^{vo}.)

Pour l'ensemble, cf. *Mémoire des Choses plus notables*, p. 81-95 ; *Mémoires de Montbéton*, Revue de Champagne, 1887, p. 342-350 ; de Thou, l. 97 ; « Lettre de Saint Paul à la duchesse de Guise, » datée de Vitry, 12 octobre 1589, in-8° ; « Advis de la deffaicte du comte de Grandpré et de ses furies, » Paris, 1589 ; « Deffaicte des troupes huguenottes qui estoient en Champagne par M. de Sainct Paul, avec le nombre et le nom des seigneurs morts et prisonniers, » Paris, 1889 ; Henri, p. 161.

(1) Le *Mémoire des Choses plus notables*, p. 90, rapporte à l'année 1589 un mouvement de la noblesse de Thiérache qui, « avertie que Saint Paul avoit été défait à Pringy », se serait assemblée au nombre de 200 chevaux, aurait pris Gomont et massacré les bourgeois de Chateau-Porcien sortis pour les combattre. C'est assurément la même affaire que la *tuerie de Gomont*, racontée avec plus de détails par Jean Taté (R. de Champ., janvier 1889, p. 44) sous la date du 20 mai 1590, et M. Jadart confirme cette date par une inscription de l'église d'Herpy, de sorte qu'il n'est guère possible de douter de son exactitude. Comme la place de Vitry, fut reprise momentanément par les Royaux le 18 mai 1590, il est probable que notre chroniqueur a confondu cette dernière affaire avec celle d'octobre 1589 ; d'où l'erreur du *Mémoire*.

*Saint-Paul déniche les petites garnisons entre Vitry
et Sainte-Menehould.*

Rendu libre par la mort de Grandpré et la prison de Tourteron, il prend une coulevrine à Vitry, s'empare sans difficulté des maisons fortes de Blacy, Vitry-le-Brûlé, Heiltz-le-Maurupt, Alliancelles, Vavray, Nettancourt, et y établit des garnisons.

La vendange dans le Perthois.

21 oct. — Mandement du conseil de Vitry pour le paiement de 110 pots de vin clairet, distribués par ordre de Mutigny aux soldats de Vitry « estans au vignoble pendant trois jours, afin de donner mainforte aux habitans à faire leurs vendanges. » — Acte du conseil de Vitry pour le paiement de la dépense faite à l'auberge de la Grande Couronne par le s^{rs} de St Lumier, de Hédouville et autres, « pendant le séjour en ces quartiers de l'armée du Roy conduicte par monseigneur le mareschal d'Aumont. »

Vitry, Arch. munic., CC. 77, f°s 79 et 88.

En 1589, le loyer de certaines vignes sises au mont de Fourche et appartenant à la communauté de Vitry-en-Perthois n'a pas été payé, « estant chose toute notoire que ès vendanges de lad. année 1589, le chasteau dud. Victry en Parthois estant tenu et occupé par ceulx qui tenoient lors le party du Roy, et ceste ville [de Vitry le François] tenue par ceulx du party contraire, toutes les vendanges des vignerons dud. Victry en Parthois furent prinses et emmenées par ceulx qui se rendirent les plus fortz, occasion pour laquelle led. comptable ne peult tirer aulcune chose des détenteurs d'icelles vignes. » — Dispenses de payer accordées à Nicolas Fagotin, Ferry Granger et Jean Le Pain.

Vitry, Arch. de l'Hôpital, E. 294, f° 55, et E. 289, f°s 208 et 209.

Campagne des Lorrains en Argonne.

Il paraît que le principal objectif de cette campagne était de surprendre Châlons, grâce aux intelligences que les Lorrains y avaient avec Jacques de Berlize et Jean Legros. Mais cette conspiration fut découverte, et, le 31 octobre, la cour de Parlement commença une information contre les coupables. Le 11 décembre, Berlize et Legros furent condamnés à être pendus et mis en quatre quartiers pour être attachés aux portes de la ville. Leur exécution eut lieu le même jour.

[Octobre] 1589. — Les Lorrains, sous la conduite d'Haussonville et de Montreuil, prennent Soisy et Triaucourt.

Saint Paul, appelé par le duc de Lorraine, se joint à cette armée, qui avait mis le siège devant l'abbaye de Beaulieu le 25 octobre. — 30 octobre. Lettre du duc de Lorraine au sr de de Vaubecourt. Il est venu à Bar (dès le 28) en intention de soumettre les places qui lui sont suspectes, notamment l'abbaye de Beaulieu. Il amène pour battre cette place de l'artillerie qui y arrivera aujourd'hui, et ordonne audit sr de remettre l'abbaye à son suzerain et de se réduire au service qu'il lui doit, l'assurant qu'il le recevra avec conditions honorables. (Lepage, p. 243). — 1er novembre. Beaulieu, « bien attaqué et bien défendu », se rend à composition.

L'armée lorraine va ensuite camper devant Sainte-Menehould. — 19 novembre. Saint Paul et René de Florainville, bailli de Bar, entreprennent de se loger en la maison des Prés, et sont repoussés après un rude engagement. — Le siège dure trois semaines, avec de nombreuses escarmouches, en l'une desquelles Montreuil est blessé. — Enfin les Lorrains se retirent en laissant un canon au château de Hans.

C'est pendant ce siège que Saint Paul, aidé des garnisons de Clermont et de Varennes, vint charger à la Neuville-au-Pont une compagnie de 80 chevaux sous le commandement de Vaubecourt. Cette compagnie fut totalement défaite ; quelques hommes seulement purent « en porter la nouvelle » à Sainte-Menehould.

Après le départ des Lorrains, la garnison de Sainte-Menehould, sous les ordres de Renneville, avec 2 pièces de canon, alla assiéger le château d'Espence, dont le capitaine nommé Larose fut tué, et qui se rendit le jour même.

Cf. Mémoire des Choses plus notables, p. 91, 95-97, 182 ; Montbéton, Rev. de Champ., 1887, p. 350 ; Henri, p. 165 et s.

Par lettres du 15 novembre 1589, Mayenne, « ayant entendu que messire Philipe, cardinal de Lenoncourt, abbé de l'abbaye de Monstiers en Argone, se soit ouvertement déclaré contraire au parti des catholicques, favorisant, en tant qu'à luy est, ceux qui taschent d'establir l'hérésie en ce royaulme », fit saisir le temporel de cette abbaye et commit à son administration Jean de Lenoncourt. Mais il paraît que les religieux refusèrent d'abord d'ouvrir leurs portes, et que les fermiers ne payèrent point leurs fermes.

Bibl. Nat., Coll. de Champ., t. 111, f° 84 v°, copie.

Echec de Dinteville devant Troyes et de Sautour devant Sens.

13 décembre 1589 (1). — Pendant que les forces de la Ligue sont occupées vers l'Alsace, Dinteville entreprend sur Troyes, sans succès. (Cf. « Discours au vray de l'entreprise faite par les hérétiques sur la ville de Troyes... », Paris, 1590, réimprimé dans la Revue de Champ., oct. 1890, p. 792 ; Boutiot, IV, p. 181, 182.)

19 décembre. — Sautour prend Malay-le-Vicomte et menace d'affamer Sens. — Attaqué par le gouverneur Harlay de Champvalon, il se retire vers Armeau et y soutient avec peine l'effort des Ligueurs, non sans être blessé. (Poinsignon, II, p. 276).

(1) Le « Discours au vray... » rapporte cet évènement au 23 novembre. A cette date en effet, Dinteville était à Montiéramey et projetait l'attaque ; mais elle n'eut lieu qu'un peu plus tard.

Campagne du duc de Lorraine en Alsace contre les reîtres et lansquenets.

1589, décembre.

Le Roi de France avait chargé Dommartin de lui amener un corps de 4000 reistres et 6000 lansquenets. Déjà 1500 reistres avaient passé le Rhin et 6 enseignes de lansquenets étaient dans la plaine d'Aussay, sous le commandement des colonels Frentz et Wambach; on signalait l'approche du comte de Soissons qui s'avançait du côté de la Brie et de la Champagne pour les recevoir, et la présence de 800 chevaux français du côté de la Bourgogne.

8-19 novembre. — Diverses lettres du duc de Lorraine, relatives au projet de s'opposer à l'entrée de ces étrangers. Il annonce qu'il a envoyé le sr d'Haussonville vers Saint-Paul, pour le faire acheminer en diligence avec ses forces vers l'Allemagne.

Saint-Paul rallie ses troupes à Vitry, et part en avant pour Nancy.

Conseil de guerre. Saint Paul est d'avis d'attaquer. — Le duc se met en campagne le 29 novembre. Saint Paul commande l'avant garde. — 6 décembre. Saint Paul prend contact avec l'ennemi et réduit 2 compagnies de lansquenets à l'obéissance. — 7-10 décembre. Succès du duc, de Monstreuil et de Saint Paul. L'armée ennemie est complètement ruinée, défaite, dispersée ou prisonnière.

11-21 décembre. — Lettres du duc pour annoncer cette victoire.

Cf. Lepage, p. 251-288; Montbéton, Revue de Champ., 1887, p. 350-352 ; « Bref et véritable discours de l'heureuse victoire qu'il a plu à Dieu de donner à Monseigneur le duc de Lorraine sur les reistres et lansquenets ennemis... » Paris, 1589; de Thou, 1. 98.

Engagement près de Vitry.

1590, janvier.

Après la campagne d'Alsace, Saint Paul renvoie une partie de ses troupes fatiguées pour se rafraîchir aux environs de Reims. Cette troupe, commandée par le sr de Frignicourt, est rencontrée près de Vitry par Vandy, qui avait avec lui 150 chevaux ; Vandy veut faire sa retraite, mais il est poursuivi et laisse à l'ennemi beaucoup de prisonniers. Après quoi la troupe catholique parvient à Reims sans autre rencontre.

Montbéton, Revue de Champagne, 1887, p. 13-14.

Saint-Paul conduit le légat vers Paris.

Saint Paul s'achemine lui-même à Troyes avec 3000 reistres au devant du légat Cajetano, porteur d'instructions et de pouvoirs contraires à Henri IV, pour empêcher les Royaux de l'enlever au passage.

Le légat était arrivé à Bar-sur-Seine le 8 janvier. Ce jour, les lansquenets qui l'escortaient, logés à Bourguignons, essayèrent de prendre la tour sans y réussir, et brûlèrent le village.

9-12 janvier. — Séjour du légat à Troyes.

Saint-Paul conduit le légat près de Mayenne à Meulan.

Cf. Montbéton, Rev. de Champagne, 1887, p. 13 ; *Choses notables*, p. 97 ; Carorguy, p. 35 ; Boutiot, IV., 183.

La Ligue et le Parlement de Châlons.

1590, janvier-mars.

11 janvier. — Traité entre Philippe II, roi d'Espagne, et la Ligue. (Corps universel diplomatique, Amsterdam, 1758, p. 481).

En conséquence, le roi d'Espagne ne tarda pas à faire entrer en France, sous la conduite du comte d'Egmont, un secours qui, le 10 mars, traversa l'Eure pour rejoindre Mayenne (De Thou, 1. 98). — Le 8 mars, Philippe II avait publié contre Henri IV un manifeste célèbre.

12 février. — Ordonnance du Parlement de Châlons pour appeler la noblesse sous les armes et « rendre tesmoignage du debvoir que tous vrais et naturels gentilzhommes françois ont de tout temps accoustumé d'avoir pour la gloire et conservation de leur roy et de leur patrie. »

8 mars. — Ordonnance du Parlement de Châlons contre les prédicateurs séditieux. « La Cour enjoint à tous archevesques, évesques, abbés et autres prélats, curez, vicaires et prédicateurs constituez ès lieux du ressort d'icelle, qu'ilz aient à prescher la parolle de Dieu purement,... admonester les peuples à prier pour la prospérité du Roy Henry..., faisant au surplus deffenses de n'user d'aucuns propos tendans à exciter le peuple à sédition... »

12 mars. — Nouvelle ordonnance du Parlement de Châlons pour une levée d'armes contre les étrangers, inspirée par le plus ardent sentiment patriotique. La Cour interdit à tous les nobles de se rendre « si lasches que demeurer oisifs en leurs maisons », enjoint aux juges du ressort de faire saisir les biens « de ceux qui ne seront allez trouver Sa Majesté ou ses lieutenants », et condamne les défaillants «à se veoir déclarer indignes de noblesse et de tout honneur, rebelles et criminels de lèze-Majesté. »

Publiés *Choses plus notables*, p. 187-189.

Les Protestants à Châlons.

1590, 7 février.

« Sur ce qui a esté proposé, que aulcuns qui estoient sortis de la ville de l'ordonnance de mons. de Dinteville estoient rentrez en lad. ville en faveur de l'eedict du Roy publié le jour d'hier en cested. ville ;

A esté conclu que ceulx qui sont rentrez, assavoir Jacques Le Fol, Nicolas Lefèvre, Claude Morel dict Bouvyn,

Jacques Nostry, Pierre Larson, Jehan de Vertu, Mᵉ Nicolas Gabet, Jehan Varyn, Pierre Thévenyn, Denys Angenost, Jehan Caillebert, Loys Coulon, Jacques de Lallain et Jehan Deu, se contiendront dans leurs maisons sans en sortir, à la charge de bailler bonne et suffisante caution de ne rien entreprendre contre l'auctorité du Roy et lad. ville, vivre soubz l'obéissance de S. M. suyvant le serment qu'ilz ont dict avoir cy devant presté au moys de septembre dernier, jusques ad ce que mons. Dinteville soit adverty de l'entrée des dessusd. et de l'eedict et déclaration du Roy, dont luy sera envoyé coppie. »

Châlons, Arch. Munic., Registre XIX, f° 130.

Première ouverture des Rémois pour faire cesser les courses sur les laboureurs.

1590, 24 février.

Ce jourdhuy XXIIII° de febvrier mil V° quatre vingtz et dix, le sieur de Chénevières, envoyé de la part du sieur baron de Sainct Loup avec lettres de créance adressantes à Nosseigneurs de la court de Parlement et gens du conseil de ceste ville de Chaalons, estant appellé audict conseil en la présence de monsieur de Thomassin, commandant de ladicte ville, et requis de faire entendre sa créance ;

A dict et déclairé qu'il avoit charge dudict sieur baron de Sainct Loup de faire entendre à nosdictz seigneurs de la court et gens dudict conseil que le sieur de Hossonville et habitans de Reims luy avoient mandé que, s'il se vouloit employer pour faire accorder la cessation des courses sur les laboureurs en ceste province de Champaigne par ceulx du party du Roy, ils seroient bien joyeulx d'y entendre de leur part et la feroient accorder par ceulx du party de l'Union mesmes par les gens de Sainct Paul, et que ledict de Hossonville et habitans de ladicte ville de Reims s'estoient addressez audict sieur baron de Sainct Loup, parce qu'il avoit accordé ladicte cessation de courses, à son regard avec ceulx de ladicte Union pour ses terres, et que ledict sieur baron s'employroit volontiers en ceste affaire pour le bien de la province et soulaigement des laboureurs, et estimoit qu'il en viendroit bien à bout, et que le duc de Lorraine l'advouroit.

DE SAINCT QUENTIN.

Cette demande ne fut point accueillie par les Châlonnais.

<small>Châlons, Arch. Munic., liasse *Traités de paix*, original. Cf. Henri, p. 249-250.</small>

Guerre des Messins contre la Lorraine.

1590, janvier.

Après avoir été longtemps «aux écoutes», Sobole, gouverneur de Metz, se déclare contre la Lorraine et lui fait «une cruelle guerre, par feu, par sang et toute autre espèce d'inhumanités.»

«Par ce moyen, la Champagne, dont le plat pays estoit déjà tout ruiné, commence à respirer au commencement de l'année 1590. Car les soldats volontaires, ne trouvans quasi plus de vaches ni aucun bestial à prendre au pauvre laboureur, courent à Metz et en Lorraine, qui regorgeoient de tous biens.»

Après la reprise de Marsal (1) par les Lorrains pendant l'été, les Messins conclurent avec eux une trêve qui devait se prolonger jusqu'au jour de Pâques 1591.

<small>Cf. *Choses plus notables*, p. 97-102, 113 ; Lepage, p. 292-293 ; Cayet, Chronologie.</small>

<small>(1) Marsal était tombé au pouvoir des Messins le 27 avril 1589. Cf. Lepage, p. 117.</small>

Courses en Champagne.

1590., février-avril.

«Durant cette guerre de Metz, rien ne se faisoit en Champagne, sinon quelques légères courses par les garnisons particulières... On ne parloit partout que de meurtres, brûlemens et prisonniers.» (*Choses notables*, p. 102).

Les Champenois réclamaient toujours l'envoi de forces royales dans leur province. On leur promettait, tantôt la venue du maréchal d'Aumont, tantôt celle du Roi ; mais le fait est qu'il n'arrivait personne. (*Lettres*, p. 235-241, diverses lettres du 11 janvier au 14 mai).

Du côté de Vitry.

[Février]. — La garnison de Vitry, jointe à d'autres garnisons ligueuses, s'empare de Conflans, à quatre lieues de Châlons.

Châlons, Bibl. munic., «Estat des frais extraordinaires.» Cf. *Choses notables*, p. 177.

Du côté du Bassigny.

5-19 février. — Dinteville et Guillaume de Tavannes, avec 1000 ou 1500 reistres et lansquenets, autant de Français, et 4 canons, mettent le siège devant Montbars, près Semur. Deux assauts sans succès. Levée du siège.

En avril, le roi manda à M. de Longueville de lui amener «les estrangers qui restoient du siège de Montbas.»

Carorguy, p. 40 et 50.

Du côté de Sainte-Menehould.

Cinq prisonniers verdunois s'enfuient de Sainte-Menehould par les grilles du moulin. D'Haussonville, averti du moyen, tente de s'emparer de cette place par la trahison d'un batelier, qui est découvert et pendu.

Les barons d'Anglure, de Saint-Remy et de Saint-Amand

viennent mettre le canon devant le château de Hans, dont la garnison ligueuse inquiétait Sainte-Menehould et Châlons. Mais ils se retirent sans avoir rien fait.

4 mars. — Les habitants de Sainte-Menehould, en assemblée générale, décident de lever une compagnie de gens de guerre et d'imposer une contribution sur les abbayes et prieurés des environs, « attendu que leur conservation dépend de celle de lad. ville. » Suit un état des cotisations.

Cf. *Mém. des Choses notables*, p. 102-103 ; Ste Menehould, arch. munic., Registre V, f° 3.

Du côté de Troyes.

Exactions des soldats sur la campagne aux environs de Troyes, Bar-sur-Aube, Bar-sur-Seine, Chaource, Mussy et Châtillon. Dans les villes, exaltation des deux partis, qui vont jusqu'à proposer le massacre de leurs adversaires.

« Peu auparavant la venue du légat » ; le capitaine Dandenot avait pris Villeneuve pour la Ligue.

15 janvier. — Le ligueur La Bourdaisière, logé à Celles près Bar-sur-Seine, est chargé et mis en déroute par Praslain.

1er février. — Engagement près de Rumilly entre la garnison ligueuse de Bar-sur-Seine qui s'en retournait à Troyes, et le sr de Blasy-Villemorien. Blasy est tué.

Le sr de Ballenod, avec la garnison de sa maison de Briel, essaie de venger Blasy et court les habitants de Bar-sur-Seine ; mais il est chassé, non toutefois sans avoir enlevé des chevaux et du bétail.

Carorguy, p. 37, 39-40 ; Boutiot, IV, p. 184.

Fin mars. — Les Troyens attaquent Montiéramey, défendu par le sr de Viaspres, et l'investissent pendant trois ou quatre jours. — Le 24 mars, Sautour, appelé par la dame de Dinteville, vient avec trois ou quatre cents chevaux pour secourir la place ; mais il est battu, blessé et emmené prisonnier à Troyes. — Les Ligueurs, grâce à l'artillerie qu'ils font venir de Troyes, finissent par prendre Montiéramey, qui est pillé. (Cf. « Le discours de la prinse de Monteyramie par Monseigneur le prince de Joinville, gouverneur de Troyes en Champagne, avec le nombre des morts... », Troyes, in-8°, s. d. réimprimé dans la *Revue de Champagne*, mars 1889, p. 233).

Avril. — Guyonvelle, gouverneur de Chaumont, arrive à Troyes avec 200 chevaux. Il prend Vendœuvre, qu'il laisse en état de neutralité. — Il se présente devant Gié-sur-Seine, et, quoique les habitants n'essaient pas de se défendre, il fait brèche dans la place et s'en empare. — Il occupe Fontette (1). - Il ramène à Troyes le canon qu'il y avait pris, et ses troupes se débandent.

Carorguy, p. 48-50 ; Routiot, IV, 187-188 ; Poinsignon, II, 278-279.

Saint Paul retourne en Champagne.

1590, février (2).

Saint Paul quitte Mayenne et revient à Reims.

« Aussi tost son arrivée, ayant eu nouvelles que le régiment de Brichanteau se tenoit paix et aise à Léry, il entreprit d'une grande cavalcade de l'investir et tailler en pièces, comme il feit, au grand regret des ennemis qui en eurent le vent par les fuiards, sauvez par l'obscurité de la nuict. »
— Il s'empare d'Unchair et du seigneur du lieu.

Pour délivrer le Réthellois et les pays circonvoisins des ravages qu'y faisaient les troupes de Montcornet, il réunit ses forces, prend deux pièces de canon à Reims, va attaquer la place, est reçu brusquement par la garnison du lieu jointe à celle de La Capelle, commence le siège et consent à une

(1) Carorguy dit que la course de Guyonvelle eut lieu *après* la réduction de Montiéramey, qui arriva au plus tôt le 26 mars ; et néanmoins il place au 2 avril la prise de Fontette. Bouliot dit avec plus de vraisemblance que Guyonvelle ne rentra à Troyes que le 2 mai.

(2) Ces évènements ne sont point datés dans le mémoire de Montbéton ; mais ils se sont certainement écoulés entre les derniers jours de janvier et le 14 mars.

capitulation, par laquelle « ils acceptèrent de prendre garnison catholicque soubz la charge du sieur de Maigny, offrans pour les frais à fournir quatre mil escuz. »

Montbéton, Rev. de Champ., 1887, p. 14-15; Pussot, p. 6. Henri, p. 167-168, mentionne sans donner de dates divers petits événements dans la région du Rémois, lesquels semblent se rapporter à cette période.

Opérations de Saint-Paul et du Roi dans la vallée de la Seine.

1590, mars-avril.

Après la défaite de la Ligue à Ivry (14 mars), Saint-Paul se hâte d'aller rejoindre Mayenne à Soissons. Là il décide de faire de nouvelles levées pour protéger la vallée de la Seine entre Troyes et Paris.

Ayant rassemblé des troupes, il s'achemine vers Troyes. Dans le trajet, il passe à Donon, où le seigneur du lieu le reçoit par une harquebusade; fureur des Ligueurs, qui assiègent le château; le seigneur y met le feu ainsi qu'à une partie du village avant de se rendre prisonnier.

Saint-Paul quitte Troyes; reconnaît Nogent; fait mine d'investir Lamotte; détache 60 fantassins pour occuper Bray-sur-Seine; va se loger à Trainel.

De Trainel, il envoie un secours à Montereau, assiégé par Henri IV; mais le gouverneur de Montereau avait déjà résolu de capituler, de sorte que le secours est fort mal reçu et parvient avec peine à retourner vers Saint-Paul, qui se replie sur Nogent et Troyes, où il fait travailler aux fortifications.

Alors les Royaux, sans résistance des habitants, regagnent Bray-sur-Seine, Pont, Méry, Provins, Nogent.

1er mai. — Ensuite Henri IV va assiéger Sens, qu'il bat furieusement et auquel il fait donner deux assauts sans résultat. Puis il lève soudainement le siège et tire sur Paris.

Après la levée du siège de Sens, Saint-Paul vient dans cette ville pour protéger contre la fureur des habitants le gouverneur Champvalon, favorable à Henri IV.

Montbéton, Rev. de Champ., 1887, p. 15-19 ; Carorguy, p. 50-51 ; de Thou, 1. 98 ; Boutiot, IV, p. 189.

Affaires de Vitry et Vassy.

1590, mai.

Siège de Vassy.

Saint-Paul, revenant de Sens, passe par Troyes, rejoint à Lesmont le reste de ses troupes, et, avec 600 chevaux et 4000 hommes de pied, va assiéger Vassy, « pleine de forte garnison huguenotte qui couroit et saccageoit tous les jours le pays ; et pour ce faire envoya quérir 3 pièces à Saint-Dizier. »

[Vers le 10 mai]. — En approchant de Vassy, les Ligueurs sont reçus par une courageuse sortie de ceux de dedans, qui incendient même plusieurs maisons de leurs fauxbourgs ; ils parviennent néanmoins à se loger, partie dans un fauxbourg, partie « dans un petit village fort proche de là. »

Seconde sortie des assiégés, qui réussissent un moment à chasser les assiégeants du fauxbourg, et qui tuent le capitaine La Roque. « Ce que venu à la cognoissance du seigneur de Sainct Paul, délibéra de les investir de tous costés, et pour ce faire feit loger les harquebusiers à cheval dedans les autres fauxbourgs de delà le ruisseau. » Les assiégés s'enferment dans leurs murailles. Les canons arrivent de St Dizier et sont dressés en batterie.

Mais la nouvelle des évènements de Vitry interrompt soudainement le siège de Vassy.

Surprise de Vitry-le-François par les Royaux.

En mars, dix notables de Vitry, sur la demande du gouverneur Mutigny, avaient prêté 1000 écus pour la fortification.

Arch. Munic., CC. 77, f° 88v°.

La femme de Tourteron, comte de Grandpré, prisonnier à Vitry depuis le combat de S¹ Amand, est admise par Saint-Paul à voir son mari, profite de cette permission pour nouer des intelligences dans la place, et donne avis à Yvernaumont d'un moyen de s'en emparer.

17 mai. — Dans la nuit de ce jour, Thomassin et Yvernaumont surprennent la citadelle par une casemate. Le gouverneur Mutigny, « tout nud en chemise sur le rempart », est tué en se défendant avec une lance de gendarme (1) ; mais ses soldats « ne firent pas comme luy », et les Royaux, maîtres de la citadelle, délivrèrent Grandpré et Vouy.

Délibération du Conseil de ville de Châlons.

18 mai. — A esté conclud que Monsieur de Thomassin sera prié d'envoyer gens promptement pour la conservation de la citadelle de Victry, réduicte en l'obéissance du Roy, des personnes de ceulx qui sont de présent en garnison en ceste ville de Chaalons.

Oultre a esté conclud que les habitans de ladicte ville escripront à Sa Majesté (2), luy faisans entendre la réduction de ladicte citadelle, avec supplication de commander à tous cappitaines, gentilzhommes et aultres qui ont commandement sur gens de guerre à cheval et de pied, de se tenir prestz et obéir à ceux qu'il plaira à Sadicte Majesté de commectre pour commander au plat pays pour la conservation de ladicte place de Victry et résister aux forces des rebelles sans difficulté.

Supplient en oultre Sa Majesté d'envoyer quatre ou cinq cens chevaulx de son armée pour assister ceulx

(1) Sa tombe, conservée à l'église N. D. de Vitry, porte une inscription où il est dit qu'il décéda le 18 mai.

(2) Cette lettre est publiée dans les *Lettres*, p. 242.

du pays pour l'exécution des choses susdictes, et mettre le pays en liberté et relever ses poures subjectz de la misère qu'il endure journellement pour son service.

Châlons, arch. munic., Registre XIX, f° 140v°.

Reprise de Vitry par Saint-Paul.

[18 mai.](1) — En apprenant la prise de Vitry, Saint-Paul se hâte de lever le siège de Saint-Dizier, décidé à reprendre la ville perdue « à quelque prix que ce fust. » Sur les sept heures du matin, il part avec toutes ses troupes, en faisant seulement couvrir sa retraite par les arquebusiers à cheval. Il arrive devant Vitry à cinq heures du soir. — Le capitaine Thuret, envoyé pour s'emparer de la porte du bourg, charge et défait quelques royaux rencontrés dans la prairie. — Saint-Paul se loge au bourg.

[19 mai]. — Dans la matinée, Saint-Paul assiste aux obsèques de Mutigny. Puis, sous les arquebusades des défenseurs, il va reconnaître la citadelle, qu'il somme inutilement de se rendre. Alors, pour exciter l'ardeur de ses soldats, il leur promet les 60,000 écus qui sont dans la place. — Attaque avec les échelles ; valeureuse défense des Royaux. Cependant, d'un côté, le capitaine La Rivière, avec les gardes de Saint-Paul, parvient à gagner le haut d'un bastion, mais il est blessé et repoussé ; d'un autre côté, le vicomte de Chamoy et le lieutenant de Divory réussissent à emporter un autre bastion. Enfin la citadelle est occupée par les assaillants ; presque tous les défenseurs sont tués ; Yvernaumont est fait prisonnier (2). « Victoire aultant

(1) Montbéton ne donne pas de date, mais indique que la levée du siège de Vassy eut lieu immédiatement. Pussot (p. 6) dit aussi que la reprise de Vitry s'effectua deux jours après la victoire des Royaux. Mais le Mémoire des *Choses plus notables* recule à cinq jours la date de cette reprise.

(2) Le 17 décembre 1590 madame d'Yvernaumont propose par lettre au Conseil de ville de Châlons « de retirer de prison le capitaine Fabre et le chevalier de Malthe qui sont de présent ès prisons de ceste ville, au lieu du s' d'Yvernaumont, prisonnier à Reims. » Le conseil répond qu'il a déjà été conclu que le capitaine Fabre sortirait en payant rançon ; quant au chevalier, il faut s'adresser à M. de Thomassin. (Registre XIX, f° 165v°.)

remarquable qu'aultre qui se soit faicte depuis longtemps. »
— A la nuit, Saint-Paul et les habitants vont chanter un Te Deum.

[20 mai]. — Saint-Paul se rend en la citadelle, y établit pour gouverneur le sieur de Frignicourt avec les compagnies de Divory, Vaugré, Boys, Lassalle, Péchambon et quelques autres, ainsi que la compagnie de chevau-légers de Brandonvilliers.

Puis il retourne à Reims, « regardé de tout ce peuple d'un œil d'admiration. »

28 mai. — Lettre du Roi aux Châlonnais, pour leur exprimer le déplaisir que lui a causé la reprise de Vitry par les Ligueurs. (*Lettres*, p. 244).

Les réfugiés de Vitry à Châlons.

Sur la requeste verbale faicte par plusieurs de Victry le Françoys, sortys dudict Victry depuis la prise de la citadelle, et qui se présente à la porte de ceste ville pour y entrer ; a esté advisé que lesdictz de Victry seront receuz à entrer en ceste dicte ville en baillant par eulx caution suffisante, qui sera receue par les gens du conseil de ladicte ville, et que ceulx qui s'en chargeront ne les laisseront vacquer par la ville et les représenteront toutes et quantesfois qu'ilz en seront requis.

Sur ce qui a esté proposé qu'à l'occasion de la mort advenue au cappitaine Baudot, estant mort pour le service du Roy en la citadelle de Victry, estoit besoing de nommer et eslire un aultre cappitaine en son lieu ;

Que le sieur d'Yvernaumont, qui avoit cinquante chevaulx en garnison en ceste ville, est prisonnier entre les mains des rebelles, et estoit besoin de pourveoir d'un aultre en son lieu ;

Au premier point a esté conclu que le sieur de Farémont, lieutenant dudit feu cappitaine Bodot, prendra la charge de la compagnie ;

Au second poinct a esté conclu que le cappitaine Cret sera prié de mettre sus cinquante homme de chevaulx pour tenir garnison en ladite ville au lieu du sieur d'Yvernaumont détenu prisonnier par Sainct Paul.

25 mai. — Sur la requeste présentée soubz le nom de aulcuns particuliers habitans de Victry le Françoys réfugiez en ceste ville, ad ce qu'il plaise audict conseil les maintenir en seureté et protection dudict conseil et en ce faisant empescher qu'il ne leur soit faict aulcun tort ou injures par aulcuns cappitaines ou aultres, mais les laisser demeurer en ladicte ville comme fidèles et loyaulx subjectz de Sa Majesté... ; a esté conclud, d'aultant que ladicte requeste ne se trouve signée par ceulx qui la présentent, que ceulx qui se vouldront ayder de ladicte requeste la signeront ; et ce pendant que le seigneur de Thomassin sera prié [de s'informer] de ce qui se passe dedans la ville, soit par le faict des prisonniers ou aultres choses qui concernent l'auctorité et liberté de ladicte ville, d'en conclure et adviser avec les gens dudict conseil suyvant ce qui a esté arresté avec luy à la reception de ceste charge qu'il a en ladicte ville, et en ce faisant de n'arrester prisonniers ceulx de Victry qui sont réfugiez en ladicte ville ny les faire traicter par les mains de ses cappitaines ou soldatz, jusques ad ce qu'il en soit plus amplement advisé.

30 mai. — Sur la requeste de plusieurs de Victry jà veue audict conseil le XXVe jour du présent moys, ladicte requeste signée de plusieurs dudict Victry ;

a esté conclu, après que Jacques Itam, l'un desdictz conseillers, a représenté trois missives, les deux signées de Villers, l'une adressante à M⁰ Dorigny et l'aultre à Marc Lestardy, et la troisiesme de Jacques Roussel, adressante audict de Villers, en dacte du jour d'hyer, apportées par le messagier dudict Victry, lequel messagier, pour ce mandé audict conseil, a déclaré avoir donné audict Dorigny une lettre de cedict Roussel; ce faict, a esté conclu que ledict Dorigny sera mandé pour représenter ladicte lettre, et que ledict Lestardy sera aussy mandé pour déclarer s'il entend s'en retourner audict Victry et quelle charge il a baillée à la damoiselle de Colle pour luy, pour, ce faict, en estre plus amplement advisé.

Châlons, Arch. Munic., Registre XIX, fᵒˢ 140-143.

Les registres de Vitry donnent divers renseignements sur ceux qui quittèrent cette ville. Estienne Marguin, dans son compte des deniers destinés aux fortifications pour 1590-1593, fait mention que beaucoup d'«absents» n'ont pas payé leur cote, notamment Abraham Varnier, Mᵉ Guillaume Le Mercier, Mᵉ Nicolas Jacobé, greffier, Jacques Horguelin, Loupvent Lefébure, avocat, Nicolas Valleton, comptable, Léon Morel, veuve Dommange Mauclerc, Pierre Vouère, Jehan Mutel, François Joybert, Michel Morel, Claude Bellard, Mᵉ Denis Varnier, Estienne Guillemin, Christophe Foucquet, Claude des Bœufs (EE 24). — Nicolas Valleton, comptable des deniers communaux, avait été nommé à cette charge au lieu de Nicolas Mauclerc, qui déjà s'était «absenté»; il ne tarda pas à «s'absenter» lui-même, et fut remplacé à son tour par Robert Crétey, dont les habitants refusèrent d'accepter les excuses (CC. 72, fᵒ 1). On l'accusa «d'avoir aict banqueroute» (CC. 75, fᵒ 11), et sa maison fut vendue pour indemniser la ville des 540 écus dont il lui était redevable comme administrateur des deniers communs (CC. 77, f° 49 v°). — Jehan Delalain, fermier du huitième des vins, Jehan Michel, fermier de l'entrée des vins, Jehan Guyot, boucher, et Etienne Le Glaive, qui louaient la rivière de Marne à la ville, s'enfuirent le 18 mai à Châlons sans payer leurs fermes et leurs locations (CC. 77, f°s 152, 154, 156). — Les recettes des autres fermes diminuèrent considérablement, et il fallut faire des remises aux fermiers des entrées, des exploits, défauts et amendes, etc. (ibid., f°s 154, 156, 157).

Pour l'ensemble des évènements de Vassy et Vitry, cf. Montbéton, Rev. de Champagne, 1887, p. 19-24 ; *Choses plus notables*, p. 104-107 ; Henri, p. 169.

Succès des Royaux du côté de la Thiérache.

1590, mai-août.

Combat de Gomont.

20 mai. — La noblesse royaliste de Thiérache va se loger à une lieue du village de Gomont (Ardennes). Les habitants de Château-Porcien lui donnent une camisade, et tuent quelques hommes et quelques chevaux. Mais les Royaux se rallient aux champs, fondent sur les assaillants, et « tout ce pauvre peuple est massacré à moins de deux arpens de terre ». Plus de 400 morts restèrent sur le terrain.

Cf. Choses notables, p. 90 et 107 ; Chronique de Jean Taté, Rev. de Champ., 1889, p. 44 ; Jolibois, Hist. de Réthel, p. 100.

Maubert-Fontaine, Aubenton et la Thiérache sont soumis au Roi.

23 juin. — Saint-Paul écrit à Payniault, gouverneur de Maubert-Fontaine, que le capitaine Garot et 100 soldats ont résolu d'entreprendre contre cette ville.

24 juin. — Les capitaines Garot, Borguilier, Baron et Bonnet, irrités de n'avoir pas obtenu de St Paul la compa-

gnie entretenue qu'il leur avait promise lorsqu'ils avaient « montré le chemin aux autres pour forcer et prendre la citadelle de Vitry », se présentent à Maubert, y sont reçus en amis, assassinent par trahison le gouverneur Payniault et s'emparent de la place.

Tourteron, qui venait de lever 1500 fantassins et 500 chevaux, court à Maubert, persuade les capitaines de prendre le parti du roi, obtient d'eux deux coulevrines, va prendre Aubenton et réduit la Thiérache.

« Aux capitaines Bocquillet, Garrotz (1), Baron et Bonnet, tenans garnison pour le service du Roy en la ville et chasteau de Maubert-Fontaine, » 3995 écus pour la solde des soldats.

8 août. — Tourteron écrit de Grandpré aux Châlonnais, que le Roi lui a ordonné de demeurer en ce pays et d'y assembler le plus qu'il pourra de forces. Il supplie les trésoriers de lui délivrer 1500 écus. Il avertit les Châlonnais que le prince de Parme et le duc de Lorraine se disposent à venir vers eux avec de grandes forces.

26 août. — Tourteron est à Aubenton avec 600 bons chevaux et 1000 arquebusiers, occupé à réduire les places rebelles. Il se propose de revenir en Champagne lorsqu'il aura achevé la soumission du pays.

Cf. *Choses notables*, p. 108-109 ; Pussot, p. 6. 8 ; Bibl. nat., f. fr., 4560, f° 12, « Etat de recettes et dépenses... » pour 1590 ; Henri, p. 170-172 ; *Lettres*, p. 247,249.

Mémoire de l'estat de Champaigne de deça la Marne.

1590, juin.

Chaslon dévotieuse.
Ste Mannehout sera obéissante.

(1) Garot, ressaisi plus tard par les Ligueurs, fut, par jugement du grand prévôt ou de son lieutenant, exécuté à Rocroy en janvier 1591.(Pussot, p. 9).

Mouzon aisée à raseurer ; le neveux de M. de Brosse dedens.

Donchéry par crainte obéira.

Villefranche doubteuze, aisée par la présence d'un prince à réduire.

Réthel aisée à reprendre.

Rocroy et Maubert, à contenter par argent.

Chasteau Portien aisé à reprendre.

Maizières, devant la récolte, aisée par le moien d'argent, et Donchéry à bloquer.

Omont, forte et munie.

La Cassine; on y besongne selon le plan.

Toute la noblesse, au nombre de prés de deux cens, montera à cheval. Ce poura lever huit cens ou mil harquebusiers dans peu de temps.

Citadelle commencée se parachéve à Maizières.

Une tréve, à mon avis, aportera en ce pais de grandes mutations, auquel il est besoin de pencer, et non plus au Piedmont, où on ne feroit que ce morfondre.

Suit un « Estat des forces du Roy » ainsi divisé :

« Estat des forces de l'armée de *Picardie* » : 890 chevaux, 1250 hommes de pied.

« *Le Roy* » : 2060 chevaux, 11000 hommes de pied.

« *Champagne* » : 200 chevaux, 400 hommes de pied.

« *Normandie* » : 400 chevaux, 1200 hommes de pied.

« Maréchal d'Aumont » : 400 chevaux.

« Prince de Conty et autres seigneurs » : 500 chevaux et 2000 hommes de pied.

Total : 4,450 chevaux.
15,850 hommes de pied.

Bibl. nat., f. fr., 3623, f° 89, mémoire original non signé ; mentionné Rev. de Champagne, 1886, p. 154.

Saint-Paul et Mayenne du côté de la Brie.

1590, juin-juillet.

Rentré à Reims après la reprise de Vitry sur les Royaux, Saint-Paul est appelé trois jours après par Mayenne. Il rassemble ses troupes à Neufchastel, passe l'Aisne près de Laon et se rend à Crécy-sur-Serre.

Il investit le château d'Acy, que ses défenseurs abandonnent pendant la nuit, et qu'il fait ruiner.

Ayant rejoint Mayenne à Cerny, il se disposait à attaquer Crépy en-Laonnois, lorsque la nouvelle de l'arrivée de Henry IV à Coucy avec 2.000 chevaux l'oblige à se retirer près de Laon.

Puis, sur l'ordre de Mayenne, il se porte en avant contre Henri IV; en un jour et une nuit, il arrive à Meaux (fête de la Pentecôte), et y demeure longtemps, pour inquiéter le Roy dans ses opérations contre Paris.

Il parvient à ravitailler Dammartin assiégé, sans pouvoir cependant empêcher la place de tomber après trois mois de siège (13 juillet) au pouvoir des Royaux.

[15 juin]. — Il attaque Quincy, qui résiste énergiquement, le bat, incendie l'église où périssent avec les défenseurs beaucoup d'habitants, de femmes et de petits enfants. Le nombre des morts fut, dit-on, d'un millier, et il s'en suivit une peste dans le pays.

Givry, envoyé en Brie par le roi pour s'opposer à St Paul, se loge à Couilly, St Germain et villages voisins. Escarmouche entre St Paul et Givry; mais il n'y a pas de grande bataille. St Paul obtient de Mayenne un renfort de troupes, avec lesquelles il revient à Meaux pour y prendre de l'artillerie, et marche contre Givry. Givry évacue Couilly et se retire à Lagny.

Cependant Mayenne s'emparait du Pont-Arcy, se logeait à Braine, puis venait assiéger et prendre La Ferté-sous-Jouarre. Rejoint par Saint-Paul, il s'achemina vers Meaux et établit son camp sur la rivière qui passe à Crécy, en attendant l'armée que lui amenait le duc de Parme. Escarmouche sans conséquence avec Henri IV.

Cf. Montbéton, Rev. de Champ., juillet 1887, p. 24-26, et sept. 1887, p. 179-186, *Lettres*, p. 244.

Ordonnance contre les Royalistes de Champagne.

Le duc de Chevreuse, gouverneur et lieutenant général pour le Roy en ses païs de Champagne et Brie.

A tous prestres, curez, vicaires, manants et habitants de Coulemiers et Mutigny, salut. Aians tout désir et affection de purger et nettoier en ceste province l'hérésie, punir et chastier les rebelles, replanter et remettre l'estat de la religion catholicque, apostolicque et romaine en sa première dignité et splendeur, et du tout incommoder les héréticques et ennemis du sainct party des catholicques, ensemble leurs fauteurs et adhérentz; Nous, en vertu du pouvoir qu'il a pleu à Dieu nous donner, vous mandons et, sur tant que craignez d'encourir l'indignation de Sa Majesté et la nostre, commandons trèsexpressément que vous aiez, en la plus grande diligence que faire se poura, à dresser avec toute sincérité et fidélité ung estat au vray de toutes et chacunes les rentes, grains, deniers, bestail et autres choses généralement quelconques que congnoistrez estre deues et appartenir aux habitans de Chaalons, Saincte Manehould, Wassy et autres villes, bourgs et chasteaulx rebelles, où nous entendons estre comprins les fauteurs et adhérents, ceulx qui hantent et fréquentent les dictes villes et forteresses, non seulement qui y sont pour le jour d'huy retirez, mais aussy qui y ont esté et s'y sont réfugiez depuis le premier jour de may dernier passé, sans aulcun en excepter; et lesdictz estatz et déclarations envoier et délivrer bien féablement dedans le XII⁰ jour d'aoust prochain, au lieu de Victry le Françoys, és mains de maistre Claude Loppin, lieutenant du prévost général des mareschaulx en Champaigne estably audict Vitry, pour suivant iceulx procedder à l'exécution de la commission que luy avons faict expédier pour cest effect. Et à tout ce que dessus ne faillez de satisfaire et fournir dedans ledict temps, à peine de cent escus d'amende pour la première fois, qui se levera sur vous tant en général que particulier, nonobstant oppositions ou appellations quelconques, comme pour les propres deniers et affaires de Sadicte Majesté. Et où aulcuns de vous se trouveroient réfractaires, seront privez de tous leurs droitz comunaulx, déclairez ennemis du sainct party des catholicques, fauteurs et adhérentz des hérétiques, comme telz abandonnez, punis et chastiez à toute rigueur. Donné à Troyes, le vingt neufiesme du mois de juillet, mil V⁰ IIII××X. Signé : Claude de Lorraine. Et plus bas : Par Monseigneur le Duc et gouverneur en son conseil, Le SEURE. Collation faite : DE LA GARDE.

Leu et publié par moy soubscript, prestre curé de Coullemiers et Mutigny, au prosne des messes parochialles desd. lieux, le dimanche cinquiesme jour d'aoust 1590.

JA. COLET.

Advertissement à Messieurs de Chaalons qui ont quelques rentes ou moissons à la Chaussée.

Messieurs, le mandement cy dessus transcript fidellement et de mot à mot m'aiant esté envoié, encore que soubz grandes peines et menaces il me fust enjoinct de le publier, je ne le voulu faire touteffois que je n'eusse premièrement prins l'advis et consentement des principaulx habitants de ce lieu, sachant à mes grandes coustances combien il est aujourdhuy dangereux de supporter ung des partys pour fouler l'aultre (joinct qu'il n'y a si petit en la ville de Chaalons pour qui je ne voulusse m'emploier selon mon petit pouvoir et moien) chose qui ne m'adviendra jamais; ains, aiant esgard à l'estat auquel il a pleu à Dieu m'appeller, je luy recommanderay et recommande tous les jours par mes humbles prières l'estat de ce pauvre royaulme, le suppliant appaiser son ire et la vouloir destourner bien arrière de nous tous. Partant, Messieurs, je vous prie ne trouver la chose estrange ou maulvaise, ains estimer que ce qu'en avons faict et ferons sera pour vous y aider et favoriser de tout nostre petit pouvoir, et pour la conservation de vostre bien, espérantz qu'en feriez de mesme en nostre endroict où l'affaire et l'occasion le requerroient. De la Chaussée, ce VIe d'aoust 1590, par celuy qui, se recommandant bien humblement à voz bonnes grâces, prie Dieu qu'il soit garde de vous tous.

JA. COLET.

Bibl. nat., f. fr., 3979, f° 66, original.

Les Royaux.

1590, mars-août.

Les Châlonnais s'opposent au démantèlement d'Avise.

21 mars. — Sur les lettres envoyées par messieurs de Bar et d'Aoust, pour rescrire à mons. de Dinteville si on trouve qu'il soit nécessaire de faire abattre et desmolir les murailles du bourg d'Avise ;

A esté conclu qu'il sera baillé advis à mons. de Dinteville de surseoir la démolition des murailles dud. bourg jusques ad ce qu'il ayt esté plus amplement ordonné de la démolition des aultres bourgs fermés de ceste province par S. M. ou par mons. Dinteville, affin qu'il ne soit commencé audict bourg d'Avise ; les habitans duquel sont d'ailleurs assez affligez par les pertes qu'ilz ont souffertes au séjour de ceste armée ès environs dud. bourg et composition qu'ilz ont esté contrainctz faire pour s'en délivrer. Et où il sera trouvé expédient de procéder à la démolition généralle des bourgs nouvellement fermez, seroient les gens dud. Conseil d'advis qu'il fust commencé aux bourgs notoirement rebelles. Et sera prié mons. Dinteville d'avoir pitié et commisération desd. habitans d'Avise, en considération des bons plaisirs et offices qu'ilz ont faict aux habitans de Chaalons aux vendanges dernières, desquelles ilz ont retiré et saulvé en leur bourg les vins desd. habitans pendant le séjour de sainct Paul ès quartiers de la Montagne et ès environs dud. bourg ; et que la pluspart des maisons dud. bourg, vignes et héritages ès terroirs dud. Avise et terrains voysins appartiennent aux habitans dud. Chaalons. Et par mesme moyen sera mons. Dinteville supplié d'avoir finallement pitié de ce pauvre pays, qui n'a receu jusques à présent que foulle et incommodité des trouppes et armées qui ont esté aud. pays pour le service du Roy, notamment du séjour de la présente année, au lieu qu'il seroit plus raisonnable de rejecter lesd. trouppes sur les ennemys et lieux par eulx occuppez.

N. ITAM.

Châlons, Arch. Munic., Registre XIX, f° 135v°.

Entreprises déjouées contre Verdun.

En juillet, le duc de Lorraine envoia à Mayenne un renfort de 8 compagnies de chevau-légers et de 4 compagnies d'arquebusiers sous la conduite de Chaligny (Lepage, p. 292). Ce renfort passa par Verdun.

1er juillet. — M. de Rarécourt donne avis aux Etats de Verdun que S. A. a ordonné par lettre de fournir munitions à 600 lances qui doivent incontinent passer par ce gouvernement pour aller en France. Mesures prises pour fournir pain, avoine, 4 bœufs, 6 moutons, 6 tonnes de bière.

3 juillet. — Il est «certain que les ennemis huguenots furent la nuict de samedy dernier en grand nombre jusques à deux lieues près de ceste ville de Verdun pour y entreprendre avec eschelles, dont ilz ont esté empeschés par l'approche des troupes de M. le comte de Chaligny; et un laquais du sr de St Remy, prévôt de Sainte-Menehould, envoyé par son maître à Verdun pour prévenir Claude Senoc de l'entreprise des Royaux, affirme que ceux-ci ont des intelligences dans la ville. On a reçu encore d'autres avis qu'il y a des traîtres. Mesures sévères prises pour la garde.

22 août. — « Ont esté leues lettres portantes que les ennemis tiennent la campagne au nombre de 2500 hommes avec 3 canons et grand nombre d'échelles. » On décide de

rassembler le plus d'hommes qu'on pourra, de surveiller les passages des gens de guerre, d'envoyer des messagers aux champs pour savoir nouvelles. (1)

Verdun, arch. munic., Registre II.

Inquiétudes à Châlons.

25 avril. Les Châlonnais se plaignent d'être opprimés par les villes voisines, et surtout par le château de Conflans. — 29 avril. Le Roi a donné ordre à Dinteville de reprendre Conflans (*Lettres*, p. 241).

5 juillet. — « Attendu l'urgente nécessité, mesmes que les ennemis sont en ce pays de Champaigne avec grande trouppe et que la garnison ne peult estre pâyée d'ailleurs, » le Conseil de ville de Châlons décide qu'il remboursera jusqu'à concurrence de 1500 écus les sommes que le s^r Billet, receveur général du taillon, avancera pour ce payement.

Châlons, arch. munic., Registre XIX, f° 148v°.

19 juillet. — Tourteron tiendra prêts les 200 hommes que les Châlonnais lui demandent, et les avertit que Mayenne et le duc de Parme tournent tête de leur côté. — 26 juillet. Le roi donne avis aux Châlonnais que les ennemis ont volonté d'entreprendre sur Châlons (*Lettres*, p. 245-246). — 7 août. Le Roi à Dinteville. Ordre de rassembler le plus de forces possibles et de se concerter avec Grandpré. (Berger de Xivrey).

Les Châlonnais prennent Conflans et Aulnay.

19 août. — Sur ce qui a esté proposé audict Conseil par le sieur de Thomassin, commandant en ladicte ville de Chaalons, que, la maison forte et chastel de Conflans ayant esté surprinse par l'ennemy rebelle au Roy

---

(1) Le *Mémoire des Choses plus notables*, p. 113, fait mention d'une entreprise de Lieudieu sur Verdun pendant le siège de Marsal par le duc de Lorraine. Lieudieu partit de Sainte-Menehould avec 1500 hommes de pied et 400 chevaux ; mais il apprit en chemin que M. d'Haussonville était rentré à Verdun, et abandonna son entreprise. En revenant, il passa par le bourg de Clermont, qu'il pilla et brûla en partie.

tenant le party de la Ligue, retiré en la ville de Victry le François, depuis six mois en ça, auroit tellement incommodé le plat pays et montagnes dont on tiroit une bonne partye des vivres pour la fourniture de ladicte ville de Chaalons, et aussi par exactions qu'ilz faisoient sur le peuple en leur faisant payer deux ou trois tailles, jusques aux bourgs de ceste ville, levant plusieurs munitions sur ledict plat pays et contraignant les poures gens aux corvées pour la fortiffication dudict chastel et maison forte, prenant en oultre et arrestant les pacquetz du Roy, usant de toutes voyes d'ostilité, lesdictz habitans en auroient donné advis à Sa Majesté, la suppliant y vouloir pourveoir ; laquelle en ayant escript audict sieur de Thomassin, considérant iceulx habitans l'incommodité que apportoit la garnison qui estoit audict chastel aux vendanges qui estoient proches, auroient supplié ledict sieur de Thomassin de vouloir entendre à la reprise dudict chasteau; lesquelz à l'assistance desdictz habitans et gens de guerre tant des garnisons de Saincte Manehould et Esparnay que Plancy, auxquelz ilz en auroient escript, ont faict mectre le cannon hors de ladicte ville pour entreprendre sur ledict chasteau, lequel, par la grâce de Dieu, après avoir soustenu quatrevingtz coups de cannon, se seroit rendu le XVIIIe jour du présent moys ; et d'aultant que par les archives et chartes de ladicte ville ilz ont congneu que, durant les guerres estant en ce royaulme du règne des Roys Charles sixiesme et septiesme, que Dieu absoille, ledict chasteau avoit tellement incommodé le pays que dès lors il fust advisé à la démolition dudict chasteau, et que depuis soixante et quatre vingtz ans en ça il est congneu estre une retraicte de meschans gens qui ont ruyné le pouré peuple, et mesmement, durant ces derniers remuemens, le sieur dudict lieu, Lorrain de Mahois, contrevenant à l'eedict du Roy, a laissé surprendre en sa présence son chasteau, ou bien par intelligence y a laissé entrer les rebelles dudict Victry le Françoys, et par ce moyen encourre la peine dudict eedict de la desmolition de sondict chasteau, ont advisé, pour ce que ledict chasteau demeurant en l'estat qu'il est apporteroit une grande incommodité à ladicte ville, ville de Vertu et au plat pays, que ledict sieur de Thomassin sera prié de le faire désmolir, remplir les fossez, et mettre en tel estat que l'ennemy du Roy ne s'en puisse prévaloir par cy après au destriment de la dicte ville et du plat pays, et que pour ce faire en baillera sa commission au prévost des mareschaulx de Champagne, et que Sa Majesté sera priée d'auctoriser ladicte desmolition, dont luy en sera escript. Lequel sieur de Thomassin, suyvant ladicte conclusion, a dict qu'il se conformeroit à icelle conclusion...

Et au regard du chastel d'Aulnay Laistre, que leidct sieur de Thomassin sera prié de mectre ledict chasteau en l'obéissance du Roy, lequel chasteau a esté surpris depuis huict jours par ceulx de Victry, ad ce qu'ilz n'ayent moyen de se fortiffier davantage.

26 août. — Lettres du Roi aux Châlonnais, pour les féliciter de la reprise de Conflans et d'Aulnay-aux-Planches, et ordonner le démantèlement de la place.(*Lettres*,p.249 et note).

Châlons, Arch. munic., Registre XIX, f° 142.

Pour les détails de la prise de Conflans par Thomassin, St Amand, St Remy, Vaubecourt, Corna et autres gentilshommes, cf. l'extrait de l' « Estat des frais extraordinaires... » publié *Choses plus notables*, p. 177-178.

Premières négociations à Avenay pour une trève des laboureurs entre Châlons et Reims.

1590, septembre.

Cependant les campagnes étaient ravagées par les soldats. Du côté de Reims, «les volleurs d'Esparnay, de Chaalons et ledit Tourteron faisoient grande volle et extorsions, en sorte que on n'osoit sortir de la ville.» (Pussot, p. 7).

Du côté de Châlons, « plusieurs gens de guerre et aultres qui sont de présent en ceste ville sans adveu, vont journellement par les villages, prangnent et mettent à ransson plusieurs laboureurs et les constituent prisonniers en tel lieu que bon leur semble.» Les Châlonnais avaient vainement fait deffense «à tous gens qui ne sont pas de compagnyes de gens de cheval et de pied et qui ne sont advouez, d'entreprendre de leur auctorité privée d'aller aux champs prendre aulcuns laboureurs prisonniers, leurs chevaulx et bestiaux, soubz peyne de pugnition corporelle.» (Arch. munic., Reg. XIX, f° 145, 18 juin).

De part et d'autre, on commençait à sentir le besoin d'une trève pour remédier à ces maux.

5 septembre. — Messieurs de Reims ont écrit à Messieurs de Châlons touchant la trève. Il est très-désirable que cette trève ait lieu ; car les soldats logés à Bisseuil et Oiry font de grands dégâts, et la vendange menace d'être perdue. (*Lettres*, p. 250 ; Henri, p. 251).

5 septembre. — A Châlons, sur la demande des Rémois, «a esté conclu qu'il sera envoyé passeport qui sera délivré à M. de Verzenay, si mons. de Thomassin et messieurs les barons le trouvent bon, à charge d'en envoyer ung par ceulx du corps de la ville de Reims pour les députez de ceste ville (de Châlons); et seront priés les sieurs de Chaufourt et Guillaume de Bar, ausquelz sera baillé ample mémoire.»

Châlons, arch. munic., Registre XIX f° 155.

6 sept.— Les Rémois ont reçu des Châlonnais les passeports pour leurs députés, lesquels se trouveront samedi à

Avenay ; ils envoient le même jour des passeports aux députés de Châlons. Il faudra se concerter pour la trêve des laboureurs avec les villes de Mézières, Réthel, Vitry, Epernay, Sainte-Menehould et autres. (*Lettres*, p. 251; Henri, p. 252).

7 septembre. — Lettres de Jeanne d'Aspremont et de Charlotte de Lamarck pour intéresser les Châlonnais au s^r d'Yvernaumont, prisonnier à Vitry, et pour les prier de profiter des négociations d'Avenay afin d'obtenir qu'il soit échangé contre les fils de M. de Sérigny et le capitaine Faure, prisonniers à Châlons. (*Lettres*, p. 253-255).

8 septembre.— Les députés de Châlons arrivent à Avenay. — 9 sept. Première conférence. Les sieurs François et Debar, députés de Châlons, se plaignent que les députés de Reims «ne sont pas venus préparés comme ilz doibvent,» et qu'ils n'aient apporté que des pouvoirs insuffisants, relatifs seulement à la vendange. D'autre part le baron de Saint-Amand et St Etienne, venus à Mareuil, ont déclaré qu'ils ne pouvaient consentir à la trêve sans en avoir mandement du Roi, et ont accordé avec peine de ne rien entreprendre sur les vendanges des Rémois pendant la seule journée de demain. «Nous pouvons dire que tout le pauvre peuple, qui sçayt nostre charge, tend les mains aprés cest œuvre, laquelle nous ne voyons pouvoir réussir si vous n'y faites condescendre ledit s^r baron de St Amand et led. s^r de St Estienne.» (*Lettres*, p. 255-258).

Ces négociations ne purent aboutir (cf. Henri, p. 255). et, dès le 19 septembre, les Rémois se plaignirent des barbaries accomplies par les troupes châlonnaises qui avaient passé par le pays et qui, « ne se contentans d'amener nos hommes captifs, ont mesme usé de fu et emmené les filles, femmes et paysans » (*Lettres*, p. 259; Henri p. 257).

La rupture des négociations d'Avenay fut regrettée hautement par quelques chefs, et notamment par le capitaine

Vauclerois, gouverneur de Château-Porcien, qui, le 15 septembre, écrivit même aux Rémois pour leur exposer la crainte qu'il avait « de veoir gaster tout un pays », et pour leur proposer de s'entremettre « pour faire quelque chose de bon. » (Henri, p. 256).

Emeute à Châlons.

En septembre 1590, il y eut à Châlons, sur les neuf heures du soir, une émeute dont nous ignorons les causes et les circonstances. Denis Liétard, fils de Loys Liétard, avocat au bailliage de Vitry, réfugié à Châlons, y fut tué d'un coup de pistole lorsqu'il «alloit à la muraille pour la défense de la ville», et Marin son meurtrier fut tué à son tour par ceux qui accompagnaient Denis Liétard. Le père de Denis attaqua plus tard en justice la veuve de Marin ; mais le procureur général conclut à la cessation des poursuites, parceque «ceste cause estoit de celles que la misère et calamité du temps produisoit, qu'elle estoit fort digne de commisération d'une part comme d'autre, et que telz cas fortuitz se doibvent plutôt déplorer que non pas poursuivre animeusement en procès».

Archives Nat., X¹ᵃ 9259, f° 13 v°.

La vendange.

Les Châlonnais « prièrent les srs barons de St Amand, St Remy, srs de Vaubecourt, Corna et autres gentilshommes du pays, de les assister et ayder à faire les vendanges ès environs de lad. ville, » et, pour cette dépense, payèrent 800 écus. (Bibl. munic., « Estat des frais extraordinaires... ». Cf. *Choses notables*, p. 178.) Le comte de Grandpré vint joindre ses forces à celles des barons.

Les Rémois envoyèrent l'élite de leurs compagnies, sous la conduite du capitaine Jonchéry, à Mareuil, Ay et autres villages sur la Marne. Ils firent aussi appel aux garnisons de Pont-Faverger, Réthel, Château-Porcien et Mézières. (Henri, p. 255).

« La moisson et la vendange furent faites assez librement », et il y eut une bonne récolte. (Pussot, p. 7).

Grandes opérations militaires en Champagne.

1590 ; septembre-décembre.

Pendant les quatre derniers mois de l'année 1590, la Brie et la Champagne deviennent le théâtre principal des opérations militaires.

Mayenne et le duc de Parme, le duc de Lorraine, Saint-Paul y font pour la Ligue un grand effort, mais mal concerté et sans résultats.

Tourteron et Dinteville, le duc de Nevers, puis Henri IV lui-même y soutiennent avec succès les intérêts des Royaux.

Entreprises faillies des Royaux contre Troyes et Laon.

1590, septembre.

Les Ligueurs de Troyes ne restaient pas inactifs. Au commencement d'août, ils s'étaient emparés de Chappes (1) et de Saint-Liébaut (Estissac), dont la garnison avait été passée au fil de l'épée. — Le 13 août, le sieur de Francières, royaliste, avait essayé vainement de s'emparer de N. D. de More, près Bar-sur-Seine. La garnison ligueuse de cette ville l'attaqua au retour et lui livra une escarmouche meurtrière. — Rigueurs à Bar-sur-Seine contre les habitants suspects de royalisme.

Septembre. — Pour s'opposer à ces succès, Dinteville s'entend avec Mesgrigny pour une entreprise sur Troyes. Le rendez-vous des troupes était fixé le vendredi à Huiron, sous couleur d'assiéger Vitry ; le dimanche, on se rendrait à Nosay, et on repartirait pour arriver à Troyes vers une heure après minuit. — Le 16, l'armée royale, forte d'environ 4000 hommes, sous les ordres de Tourteron, est à Montan-

---

(1) Chappes avait été pris par l'Union au printemps de 1589, et repris par les Royalistes le 18 octobre de la même année. S¹ Liébaut avait subi un pareil sort.

gon. — Le 17, elle arrive à l'aube devant Troyes, rompt une porte, pénètre dans la ville, occupe l'évêché. Mais le peuple se soulève ; Sautour est fait prisonnier, Nueil est tué et 120 cavaliers avec lui. Les assaillants prennent la fuite. — Après le départ des ennemis, la populace furieuse massacre Sautour, massacre tout ce qui se trouve dans les prisons, massacre ou pend plusieurs habitants soupçonnés d'être royalistes, pille les maisons des massacrés.

Ensuite les troupes royalistes se débandent. Charles de Fay et autres capitaines de Thiérache qui avaient pris part à cette expédition se retirent à Montcornet pour y rompre leurs forces. Comme ils étaient à dîner au nombre de 70 cavaliers, Tremblecourt arrive de Rocquigny pour les surprendre. Mais les cavaliers prévenus montent à cheval, passent la rivière à Magny, tombent à l'improviste sur les ennemis en désordre et en tuent près de 300 ; le reste se réfugie à Montcornet, qui avait acheté à Balagny et à St Paul le droit de vivre en une sorte de neutralité. (*Choses notables*, p. 111-113).

Octobre. — Le capitaine Ténon, envoyé par les ligueurs de Troyes, brûle Chappes (1er octobre) et Bourguignons (4 octobre). Mais, quelques jours après, il est mis en déroute et tué près de Bar-sur-Seine.

Les Troyens font démanteler le château de St Lyé, raser celui de Payns, démolir ceux de Thénellières et de Bouranton.

Bibl. nat., 3991, f° 66, « Discours comme l'entreprise de Troyes a esté faillie par M. de Mesgrigny, » avec la fausse date de sept. 1594. Cf. *Choses notables*, p. 109-113 ; Carorguy, 53-61 ; de Thou, l. 99 ; Boutiot, IV, 194-197. — Plaquettes contemporaines : « Copie d'une lettre du Roy de Navarre de l'entreprise faicte sur la ville de Troyes par le comte de Grandpré le 17e jour de septembre 1590, avec deux autres lettres d'Eustache de Mesgrigny... », Troyes, in 8° de 8 pages (réimprimé *Plaquettes*, p. 100, et Rev. de Champ., 1889, p. 237). « Discours au vray de l'entreprise faicte par les hérétiques sur la ville de Troyes le 17 septembre dernier, avec les noms de plusieurs morts... », Paris, in 8° de 24 pages (réimprimé Rev. de Champ., 1890, p. 792, et *Plaquettes*, p. 107).

Entreprise des Royaux sur Laon.

18 septembre. — « Ce jourd'hui, au point du jour, ung nommé Héraucourt, avec la garnison de Coucy, a faict entreprise sur la ville de Laon, estans venus jusques aux portes au nombre de 500 chevaux et 1500 hommes de pied attacher deux pétards à la porte Royer... Il leur a esté bien pris que la ville estoit avalle, sans cela la ville estoit prise. » Le peuple a éteint les pétards. (*Lettres*, p. 259).

Campagne du duc de Lorraine.

Le duc de Lorraine, secouru par le Roi d'Espagne de 100,000 écus (Lepage, p. 290) et délivré de la guerre de Metz par une trève (cf. ci-dessus, p. 298), marche sur la Champagne et met le siège devant Villefranche.

Prise de Villefranche.

« C'est le Rolle de quoy estoit composée l'armée du duc de Lorraine estant davant Villefranche, par le raport de plusieurs prisonniers qui furent amenez à Saincte Menoult. »

Gens de pied.

M^r d'Ayne, lorrain ; neuf enseignes pouvant faire environ 800 hommes sous les capitaines :

    M^r d'Ossonville, gouverneur de Verdun,
    Son fils,
    Le cap. Bordet, gascon,
    Le cap. Maillet,
    Le cap. Villemorien,
    Le cap. Anthoine, italien,
    Le cap. Malgaude,
    Le cap. Larticgue, gascon,
    Le cap. Mesure.

M. de Marconsant, lorrain, 9 enseignes, 900 hommes.
M. de Norvaise, espagnol, 6 enseignes, 400 hommes.
Le s^r Orfeo, italien, 15 enseignes, 1200 hommes.
M. de Chambray, lorrain, 8 enseignes.

M. de Houlce, lorrain.
Les régiments des Liégeois.
M. d'Amblise, maréchal de camp.
M. d'Arocourt commande à l'artilerie.

Cornettes de cavallerie.

M. de Rotigotin, 60 arquebusiers à cheval.
M. de St Georges, 60 lances et 10 arquebusiers à cheval.
M. de Gaulchier, enfant de la ville de Metz, 80 arquebusiers à cheval.
Le capitaine Angelo Marie, italien, 40 lances et 20 arquebusiers à cheval.
M. de Chasteaubrun, 100 lances.
Le capitaine Joseps, italien, 60 lances et 10 arquebusiers à cheval.
Le capitaine Besançon, albanais, 40 lances et 40 arquebusiers à cheval.
M. d'Arocourt le jeune, 60 arquebusiers, presque tous gentilshommes.
Les 5 compagnies du c^{te} de Chaligny (qui venait de conduire le légat,) dont il y en a 3 d'arquebusiers à cheval.

Artillerie.

8 canons, 2 coulevrines, 5 autres pièces.
5 charretées de boulets de canon dont deux portent 50 livres de balle.
1 charretée de poudre.

Bibl. nat., f. fr., 4556, f° 124.

Traicté faict et accordé avec le sieur de Flamanville, gouverneur de Villefranche, pour la reddition de la place dudict Villefranche entre les mains de son Altezze.

Premièrement a esté accordé que ledict de Flamanville, gentilzhommes, cappitaines et soldatz qui sont et font résidence en ladicte ville sortiront hors avec leurs armes, chevaux et bagages, cornette déployée, les meiches s'alumeront après avoir passé Stenay, et seront conduictz en toute seureté avec leurs armes, chevaux et bagaiges et meubles à eulx appartenans jusques au lieu de Douzy, sauf toutes munitions de guerre et de vivres.

Que tous les habitans qui sont présentement résidens dedans Villefranche seront conservez et maintenuz en leurs droictz et franchises, et jouiront de leurs meubles venans de leurs cruz et immeubles; et ceulx qui voudront s'en aller hors la ville de Villefranche, leur sera permis de mener leursdictz meubles venans de leursdictz creuz où bon leur semblera, et auront temps de huit jours pour ce faire avec toute seureté, et le revenu de leurs immeubles en jouiront pour ung an plainement.

Que tous les prisonniers qui sont dedans Villefranche seront renduz libres entre les mains de son Altezze.

Que l'artillerye et toutes les munitions de guerre demeureront en leur entier sans y faire nulle faulceté, encores moings de mines, fougades et autres artifices de feu.

Que les soldatz de Villefranche qui voudront demeurer au service de son Altezze y seront receus avec traictement honneste.

Est aussy accordé que dès demain dixiesme d'octobre à huit heures du matin, sortiront tous cappitaines, soldatz et gens de guerre à la manière cy dessus, et que pour ce jourdhuy, pour asseurance de la reddition de ladicte ville, demeurera en hostaige entre les mains de son Altezze ou de qui il luy plaira, assavoir, le s^r Daudenant et le sieur de Basan, frère aud. s^r gouverneur.

Et en mesme temps que les soldatz seront partis,

y entrera dedans lad. ville une ou deux compaignies de gens de pied qui ne partiront pour ce jour de dessus les deux boulevers de devant la porte, afin de donner loysir aux gentilzhommes et soldatz de resserrer en la maison que l'on nomme la maison du Roy tous leurs meubles et bagages pour estre mis dehors de la ville en seureté dans quatre jours après la datte de cettes, suivant et au contenu des articles cy-dessus ; et durant les quatre jours, nul n'entrera dans lad. maison du Roy, où il y aura ung corps de garde posé devant lad. maison. Et affin de faire effectuer le contenu cy dessus, et pour obvier à quelque mal entendu qui pourroit survenir entre les soldatz de son Altezze et le peuple, par la prière des depputez dud. Villefranche le s^r de Lenoncourt, grand m^e, y entrera avec les soldatz, auquel on s'adressera, sy besoing est.

Lesquelz articles cy dessus sont esté soubzsignez tant par nous de la part de S. A. que gouverneur et ceux depputez de sa part, gentilzhommes, soldatz et habitans dud. Villefranche, promettans les faire ratifier par S. A. Faict ce neufiesme jour d'octobre mil cinq cens quatrevingtz dix, à la tranchée devant ladicte ville. Ainsy signé : De Lenoncourt, Damblize Montreuil, Orfée italian, Demaucour, P. de Chamisso et Nicolas Basan Flamanville.

10 octobre. — Confirmation de ce traité, donnée à Stenay par Charles de Lorraine.

<small>Bibl. nat., fr. fr., 3979, f° 119, copie authentique ; 3628, f° 88; 4003, f° 209.</small>

12 octobre. — Lettre de Flamanville, écrite de Sédan au s^r d'Andevanne, pour se disculper de la reddition de Ville-

franche. « Néantmoings, ceulx qui ont haine contre moi m'ont faict arrester prisonnier. » (Publiée Mém. de Nevers, II, 339 ; Henri, p. 461).

Paiement de dépenses faites à Sedan pour Flamanville pendant le temps qu'il y a été retenu prisonnier.

Bibl. nat., f. fr., 4560, f° 12, « Estat de recette et dépense... »

24 nov. — Procès contre Flamanville, taxe des vacations (De Barthélemy, *Parlement de Châlons*, p. 24). — **11 décembre 1590. Exécution de Flamanville.** (*Choses notables*, p. 190). (1)

Pour l'ensemble, cf. *Choses notables*, p. 114 ; « Discours des exploicts de Monseigneur de Nevers, » 1590, initio, réimprimé Rev. de Champ., mars 1891, p. 218 ; de Thou, l. 99 ; Henri, p. 177.

Siège de Sainte-Menehould.

Après la prise de Villefranche, le duc de Lorraine se prépare à mettre le siège devant Sainte-Menehould.

Dès le 16 septembre, on avait travaillé aux fortifications de cette ville (Registre V, f° 6v°). A l'approche du duc, Dinteville et le régiment de Champagne vinrent y renforcer la garnison ordinaire.

17 octobre. — Le duc de Lorraine vient se loger à Chaudefontaine, Braux, Vaux, Verrières. — Escarmouches vigoureuses et continuelles jusqu'au dimanche 21. — Ce jour-là, grand combat où plus de 1000 Lorrains se trouvent engagés et sont obligés de se replier avec des pertes sensibles.

22 octobre. — Dinteville, avec Grandpré, Belancourt et Mélancourt (2), prend l'offensive et met Chaligny en fuite.

25 octobre. — Le duc de Lorraine lève le siège à deux heures de l'après-midi, dans l'intention d'aller au secours de

---

(1) Le duc de Nevers a écrit de sa main au dos de l'acte de capitulation : « Maucourt, pour s'estre faict prandre à Reims, a esvité présentement telle peine, qu'il a aussy bien mérité. »

(2) *Sic* dans l'imprimé ; ne faudrait-il pas lire : Bétancourt et Nétancourt ?

Saint-Paul attaqué par le duc de Nevers. Chaude escarmouche au moment où il quitte La Neuville-au-Pont. Il laisse une partie de son infanterie et de ses bagages à Hans, et va se loger à Cernay.

27 octobre. — Il part de Cernay pour Thermes, où il apprend la défaite de St Paul (voir ci-dessous). Il revient alors à Cernay, y passe la journée du dimanche 28, ramène son armée à Hans et réinvestit Ste Menehould.

30 octobre. — Le duc lève définitivement le siège.

Paiements faits à divers officiers et soldats qui ont pris part à la défense de Sainte-Menehould : Ludovic de Birague, Arnaud de Castandit dit le capitaine Pyrolles, Gérard Dombard, Jacques Crochart, Pierre Berthélemy, Robert de Tiges s^r de Villers, le capitaine Houllier, le capitaine Malherbe.

Bibl. nat., f. fr., 4560, f° 12, « Etat de recette et dépense... », original.

Cf. « Autre advis de ce qui s'est passé au siège de Sainte-Manehould, » réimprimé dans la Revue de Champ., août 1887, p. 159 ; « Advis de la défaicte des troupes de St Paul... » 1590, initio, analysé *Plaquettes*, p. 113 ; « Discours des exploicts de monseigneur de Nevers » 1590, initio, réimprimé Rev. de Champ., mars 1891, p. 218 ; *Choses notables*, p. 114-117, 119-120 ; De Thou, 1. 99 ; Henri, p. 181.

Capitulation de Vassy.

Son Altesse, quittant Ste Menehould, se dirige par Sommaisne sur Vassy, qui attend le canon, puis se rend sans difficulté, et n'en est pas moins soumis aux conditions rigoureuses de la capitulation suivante :

Le baron de Saincte Aman sortira à cheval avec ses armes et ses compagnies, tant de cavalleries qu'infanteries, à piedz et sans aucunes armes fors l'espée et le poignard ; lesquels seront conduitz et menez en lieu de seureté.

Quant aux bourgeois de la ville, ils demeureront à la miséricorde de Son Altesse, sy doncques ilz n'ayment mieux rachapter leurs vies et liberté de la somme de vingts milz escus, payable la moitié contant et l'autre à Noël prochain, pour asseurance de quoy demeureront prisonniers douze des principaulx bourgeois de ladicte ville, telz que Son Altesse voudra choisir, et ce avant qu'aucuns sorte de la dicte ville.

Depuis Sad. Altesse a accordé que ledit baron choisira quinze hommes en tout (hormis bourgeois de Vassy), lesquelz pourront sortir avec luy montez sur bidetz et non chevaulx de services, et ce en considération de la parolle donnée par le sr d'Amblize et les services faitz par le feu baron de Cirey à Son Altesse, sans néantmoins qu'ilz puisent sortir aucunes armes, excepté l'espée et la dague.

(1) [Que demain aux six heures du matin rendront responce du tout conforme aux articles cy dessus, ou rompront tout, n'y voulant Sad. Altesse aucune chose adjouster ny deminuer].

Faict à Vaulx sur Blaise, le XIXe novembre 1590.

CHARLES.   N. BONNET.

Bibl. nat., f. fr., 3979, f° 148, original.

Ensuite Son Altesse retourne à Nancy, en laissant son armée dans le Bassigny. (*Choses notables*, p. 120).

(1) Cet article est biffé.

Le Duc de Nevers.

1590, septembre-novembre.

Après un an d'hésitation causée par des scrupules religieux, le duc de Nevers se décide à prendre les armes pour Henri IV et à venir défendre en personne son gouvernement de Champagne. (1)

3 septembre. — Il est à Château-Thierry ; il écrit au Roi qu'il ira demain à Châlons, et se plaint que le Roi n'ait point répondu à ses lettres urgentes. — 20 sept. Il est encore à Château-Thierry. Il n'y a pas d'argent pour payer les Suisses, qui auraient refusé de marcher si on ne leur avait promis quelqu'argent et si le duc ne leur avait donné 1000 écus du sien. Il espérait faire quelque bon effet avec les 100 chevaux d'artillerie qu'il a réunis ; mais il est désolé que le roi ait envoyé chercher les poudres et boulets du château. Dépourvu de moyens, il ne peut marcher. — 26, 28 sept. Il est encore à Château-Thierry. (*Lettres*, p. 260, 262; Mém. de Nevers, p. 325, 326).

Capitulation de Dormans.

Ce jourd'huy vingttroysiesme jour de septembre M. V^c IIII^{xx} X, a esté traicté et cappitullé par le s^r vicomte de Comblizy, gouverneur de la ville et chasteau de Chasteau Thierry, cappitaine de cinquante hommes d'armes des ordonnances de Sa Majesté, et le s^r baron d'Esse, cappitaine de cinquante chevaulx légiers pour Sad. Majesté, ayans commandement de monseigneur le duc de Nevers, gouverneur et lieutenant général pour le Roy en Champagne, Brye et Réthelloys, avec les cappitaines du Rosoy, lieutenant du cappitaine d'Ar-

---

(1) Voici diverses étapes du régiment suisse de Soleure, qui accompagnait le duc de Nevers : 7 sept., Château-Thierry ; 25 sept., Ay ; 14 octobre, Sainte-Menehould ; 19 octobre, Châlons ; 8 novembre, Châlons ; 6 décembre, Fère-en-Tardenois; 15 décembre, Château-Thierry.

mancourt, et le cappitaine Bienayse, estans à présent dans le chasteau de Dormans avec leurs compagnyes :

C'est assavoir, que lesd. cappitaines du Rosoy et Bienayse avec leurs soldatz sortiront ce jourd'huy dudict chasteau avec leurs armes, chevaulx et bagage seullement, la meiche allumée, et seront conduitz en toutte seuretté eulx et leurs trouppes sans qu'il leur soyt faict aucune offence jusques à Courville, moyennant aussy que ceulx qui les conduiront demeureront en pareille asseurance de ceulx de leur party jusques à leur retour audict Dormans.

Plus leur a esté accordé par lesd s^{rs} viconte et baron, quant ausd. s^{rs} du Rosoy et Bienayse, ung bidet à chacun d'eulx pour les porter. Et moyennant ce, attendant que lesd. du Rosoy et Bienayse sortent avecq leurs soldatz dud. chasteau, a esté accordé trefves et cessation d'armes de part et d'autre. De tout ce que dessus leur a esté donné la foy par lesd. s^{rs} et baron, comme pareillement ilz ont faict de leur part, d'accomplir de poinct en poinct le contenu cy dessus. Et pour plus de seuretté, ont les susnommez signé la présente cappitulation, la quelle a esté ainsy accordée suivant le commandement faict ausd. du Rosoy et Bienayse de la part du Roy et de mond. seigneur de Nevers par Daniel de Lespinay, hérault d'armes de Sa Majesté.

Cléarques de Rozoy,

Comblizy Pinart,   Descars.

Bibl. nat., f. fr., 3979, f° 97, original.

23 septembre. — Commission donnée par le duc de Nevers pour démanteler Dormans, qui « a servi de retraicte à plu-

sieurs voleurs du bien du pauvre peuple et causé la ruine de beaucoup de gens de bien bons catholicques et vivant paisiblement en leurs maisons. » Mais sur la demande de Claude d'Aussienville, sr de Révillon, baron de Dormans, qui promet de garder le château contre les Ligueurs, on se contentera de démolir le tiers des fortifications.

24 septembre. — Procès-verbal de la démolition du château de Dormans, faite par des ouvriers appelés de Sauvigny, Courthiésy et hameaux voisins ; car les habitants « s'étoient absentés » à cause de la guerre et des troupes à loger. — 25 septembre. Procès-verbal de la remise du château de Dormans au tiers démantelé, faite par M. de la Planche, capitaine de 200 hommes de pied pour le service du Roi, entre les mains du baron de Révillon.

Révillon proteste par la lettre suivante adressée au duc :

Monségneur,

Je n'eusse pas pensé qu'ayant soufert les pertes que j'ay faites pour le service du Roy, qui vous sont assez connues, vous eussiez voulu par le logement de voz troupes me mettre en ceste derniére ruyne, et qu'eussiez fait sy peu d'estat de mon service que de permettre la destruction de tous mes villages, desquelz me vient le moyen de servir ceux que je doitz. Mais certes, Monségneur, sy me demeuroyt aussy peu de volontez de servir mon maistre comme vous m'en laissez peu de commodité, mon affection resteroyt enseveiye soubz une couverture honneste de garder ma maison faulte de moyens ; ce que je ne feray, ayant des amys qui ne me laisseront manquer, mais je n'en auray obligation à ceux qui sont causés de mes pertes; je n'en avoys certes jamais eu de pareille par l'ennemy. Vous ne trouverez mauvais sy je ne vous suys allé baisé les mains, pen-

sant au peu de cas que faite du mérite de celuy qui désiroyt et voudroyt avoir plus de sujet de demeurer
Vostre très humble et fidelle serviteur

RÉVILLON.

Bibl. nat., f. fr., 3979, f°* 97 et suiv. Cf. Pâris, *Abbaye d'Avenay*, II, p. 227 et suiv. La lettre de Révillon est scellée de deux petits cachets de cire rouge.

Réthel craint d'être attaqué.

26 septembre. — M. de Castaignau, gouverneur de Réthel, écrit aux Rémois que la plupart des habitants sont à la dévotion du duc, et redoute fort une attaque. (*Lettres*, p. 265).

En effet, le duc reçut, soit d'un espion, soit d'un habitant de Réthel, un mémoire sur la situation de cette place et sur les moyens de s'en emparer. En voici les points principaux:
« Sy monseigneur avoit volonté attaquer Réthel, » il doit savoir qu'il n'y a dans la ville que 40 ou 50 hommes tant de pied que de cheval, dans le château que 50 ou 60 hommes de pied de Castignau et 35 ou 40 arquebusiers à cheval de Mégency, dans les villages voisins 30 ou 35 arquebusiers à cheval de Simonnet, autant de chevau-légers et 60 ou 80 hommes ; « que les habitans de la ville sont plus fors que la garnison, et, combien qu'il y en ayt de mutins, il y en a davantage qui sont dévots et affectionnez à monseigneur, » mais qu'on menace de les chasser et qu'il y a déjà une cote faite des principaux ; que le duc devrait envoyer une nuit cinq ou six cents chevaux avec de l'infanterie et de l'artillerie, et diriger le mouvement de ces troupes de telle sorte que le régiment de pied de Paynault, qui n'est pas loin, ne pût se jeter dans la ville au moment de l'attaque.

Bibl. nat., f. fr., 3632, f° 33, original sans date et sans signature.

Mémoire du duc de Nevers pour remontrer au Roi sur l'état de la Champagne.

Remonstrer le mauvais estat auquel est la province.

Et celuy auquel il seroit si je ne feusse venu.

Ou que je feusse contrainct par nécessité de m'en absenter.

La venue de l'armée de Monsieur de Lorraine a interrompu noz dessaings, et par mesme moyen empesché de pouvoir recueillir argent.

Les habitans ont presté VII ^{m} l., lesquelz estans desjà consumez l'on ne sçayt par quel bout continuer les prestz aux Suisses pour ne pouvoir recueillir les tailles, estant retenu par lad. armée d'aller où il conviendroit pour faire paier lesd. tailles.

D'ailleurs le train de l'artillerie ne se peult passer sans grande despence.

D'aultre costé les trouppes venues de Metz vouldront estre secourues de quelques deniers, et ne sçachant où en pouvoir recouvrir, S. M. peut considérer l'estat auquel je suis.

Et par là juger de quelle importance luy seroit la deffaicte de l'armée de Mons. de Lorraine, ainsy que je luy ay cy devant mandé, afin que sur le tout elle y face telle résolution qu'il luy plaira.

Bien est vray qu'elle doibt juger que mons^r de Lorraine n'a pas entrepris d'entrer en son Royaume pour recueillir seulement Villefranche, mais emporter toute la Champaigne, et la couronne aussy, s'il luy estoit loisible.

Il n'a pas mis sus ceste armée pour se contanter seullement de prendre Villefranche, qui estoit desjà rendue auparavant qu'il partist de Nancy, comme il se peust aisément cognoistre par les traictez faictz par la trefve de Metz.

Parquoy fault croire que son intention est de faire ung grand progrez sur ceste province, s'il ne luy sera empesché.

Pour ce faire donq, s'il plaisoit à S. M. d'envoyer III^c bons chevaulx de combat et VIII^c ou mil hommes de pied, je m'asseurerois de luy donner la victoire sur mons. de Lorraine, et par consequant mectre son pays en proye.

Par mesme moien il plaira à Sa Majesté de considérer que, si elle ne tient ordinairement de bonnes forces en ceste province, que mons. de Lorraine ne cessera jamais qu'il ne s'en soit emparé du tout ou de partie, et pour ce sera supplié de trouver bon de faire faire une nouvelle levée de II^m Suisses, laquelle s'entretiendra de mois en mois par le mesme prest et moins encore que celuy que l'on donne au régiment de Soleurre, lequel n'arrive pas en tout et par tout à mil hommes, ainsy que je l'ay compté, voire faict advouer aux collonnelz et cappitaines ; et ne fault doubter que dans Noël il ne diminue encores de II^c hommes, qui sera une chose par trop cruelle, que d'avoir peu de gens et estre contrainct de les payer pour trois fois aultant.

D'ailleurs, si l'on n'a III^c bons chevaulx estrangiers, l'on ne pourra jamais faire ung corps qui puisse estre emploié à toutes heures où l'occasion s'offrira ; car la noblesse de ce pays vollontaire vient quand il luy plaist et s'en retourne quand elle veult ; sur quoy il luy pourra faire entendre la résolution qu'ensemblement en avons prise.

Et pour le regard des finances, sçaichant assez que S. M. n'a pas le moien d'en fournir d'autres provinces, il ne la veult point importuner pour ce regard, ains s'efforcera de faire du mieux qu'il pourra avec les deniers qui se pourront recouvrer en ceste province, si Sa M. trouve bon qu'il s'en serve pour les affaires d'icelle.

Sur quoy je supplie trèshumblement S. M. d'en voulloir déclarer sa vollonté, affin que suivant icelle je puisse projecter comment j'auray à conduire les affaires en la prochaine année, veu que ceste cy est presque escoulée, mesmes à cause de la rigueur de l'hiver.

Remonstrera aussy l'estat auquel est la ville de Saincte Manehould, gouvernée par le lieutenant Godet, ennemy capital du s^r Thomassin, auquel néantmoins S. M. a donné le gouvernement, et ne fault pas espérer que tous deulx puissent compatir en ceste ville là, au moien de quoy il plaira à S. M. d'ordonner son bon plaisir ; elle a veu ce que luy a apporté la division de Villefranche; il est à craindre qu'il n'en advienne de mesme sur ceste cy, comme en pareil cas sur Maubert, duquel en ayant cy devant escript à S. M. et mesme envoyé la résolution que les cappitaines de lad. place avoient faict, il ne luy a pas pleu de me déclarer sa vollonté là dessus, au moien de quoy le désordre a tousjours continué en ceste place là et y continue tous les jours, et lequel est à craindre ne amener sa perte, mesmes s'il est vray que S¹ Pol soit allé de ce costé là et qu'il ait surpris la ville ; car, n'estant dans le chasteau que gens de la qualité que l'on sçayt, il est à craindre qu'il n'en mézadvienne. Je m'estois tousjours actendu d'effectuer le commandement de S. M. ; mais ne l'ayant point encor peu sçavoir, je me suis contanté seullement d'envoier conforter les cappitaines et les secourir au cas qu'ilz en eussent besoing, ainsy que j'ay faict entendre à S. M. avoir faict.

Luy fera entendre aussy l'estat de la ville de Mouzon, et la supplie de me mander comme j'auray à me gouverner avec les nepveux du s¹ de Brosses qui sont dedans, et le cappitaine S¹ Thibault, lequel présupose avoir la charge de lad. place.

Il y a plusieurs seigneurs et gentilzhommes qui ont des garnisons pour leurs maisons, le payement desquelz est asseuré sur aucunes eslections qui ne ressortissent à ceste généralité, ains à celle de Paris, comme du Soissonnois et de Lan establye au Pont d'Arcy et à Chateauthierry, comme aussy de Meaux establye aud. Chateauthierry, de mesme de celle de Tonnerre, S¹ Florentin, de Sens, qui ont esté establies en d'autres lieux, desquelles les trésoriers généraulx ne m'en peuvent donner aucune congnoissance pour sçavoir quelles garnisons sont assignées là dessus et quelz deniers les receveurs en peuvent recevoir ; sur quoy S. M. ordonnera son bon plaisir ; car je n'ay que faire de m'entremectre plus avant de ce qu'elle trouvera bon.

Il plaira aussi à S. M. de donner pouvoir aux trésoriers généraulx de ceste province de faire levée sur icelle de pionniers et chevaux d'artillerye, comme aussi pour faire des magazins pour les vivres et pour le département, soit en bled ou en argent, sur leur généralité, voire sur toutes les eslections de ce gouvernement; car je ne désire m'embrouiller en telles commissions, ains seullement sur la distribution des deniers et des vivres, desquelz j'espére en faire si bonne distribution que je ne rougiray point de l'employ d'icelles.

Luy dira aussi comme il sembleroit plus à propos que tous messieurs du bureau eussent l'intendance des finances que non pas qu'elle feust donnée à ung seul, pour la doubte qu'il y a que les autres ne tinssent la main à faire recouvrir les deniers comme ilz feront si tous ensemble auront ung mesme pouvoir, et que de trois en trois mois ilz députeroient partout ung d'entre eulx pour estre prés de moy ; ce qui m'a engardé de supplier S. M. de m'en donner ung particulier, pour ne leur donner occasion de s'offancer.

Remonstrera la froideur d'ung chacun, provenant de la craincte qu'ilz ont d'estre habandonnez dans trois ou quatre mois et laissez en la proye de leurs voisins, et pour ce ne désirent se partializer, ains plustost de s'accommoder, qui est le plus grand mal qui sçauroit venir en ceste province et lequel est grandement à craindre ne arrive s'ilz se verront habandonnez, sellon mesme que plusieurs m'ont déclaré tout hault qu'ilz seront contrainctz de faire, lors que je leur ay dict que je craignois que la nécessité me contraignit de m'absenter d'eulx pour ne voulloir estre spectateur et m'endosser ung tel blasme à moy et à ma postérité.

Quant à la trefve de Metz, je n'en diray rien, parce que S. M. aura trésbien cognu la ruine qu'elle a amené en ceste province et à moy particulièrement.

Se souviendra, s'il luy plaist, de faire résouldre S. M. sur tous ces articles et au plus tost me faire entendre sa vollonté afin de mectre peine de l'ensuivre, comme je feray de tout mon pouvoir.

Bibl. nat., f. fr., 3615, f° 102, minute sans date et sans signature. Cf. Mémoires de Nevers, II, 399 et 402, « Articles et faictz représentés par M. le duc de Nevers au Conseil du Roy, » avec les « Réponses » du Roi en date du 18 novembre. Voir aussi « Déclaration de Gonzague en prenant possession du gouvernement de Champagne », 7 nov. 1590, Bibl. nat., f. fr., 3979, f° 160.

Le duc de Nevers marche contre Saint-Paul.

2 octobre. — « Sur ce qui a esté proposé (au conseil de ville de Châlons), que monseigneur de Nevers vient en ceste ville, sçavoir si on ira au devant et comment, et si on luy présentera les clefs de la ville ; a esté conclu que l'on yra audevant de monseigneur en meilleur ordre et compagnie qu'il sera possible, et que M. le lieutenant de Morillon sera prié de faire la harangue ; et pour la présentation des clefs, sera faict par l'advis de Mons. de Dinteville.»

Châlons, Arch. munic., Registre XIX, f° 157v°.

L'intention primitive du duc était de faire en Champagne la guerre offensive ; mais l'intervention du duc de Lorraine avec une forte armée l'obligea à prendre la défensive. Le 14 octobre, il arriva de Châlons à Sainte-Menehould pour secourir Villefranche ; mais il apprit le lendemain que la place était rendue, et se hâta de se retirer avec ses Suisses pour couvrir Châlons et Epernay contre l'aggression menaçante de S. A. Le 18, il était de retour à Châlons, et écrivait à un colonel suisse de lui envoyer 250 bons soldats. (Mém. de Nevers, II, 393).

Cependant Saint-Paul avait quitté l'armée de Mayenne et les environs de Paris, pour ramener à Reims (3 octobre) le légat Cajetano, qui s'en retournait à Rome, et qui passa le 7 par Verdun (Pussot, p. 7 ; Verdun, Registre II). Dans le trajet, il avait eu à soutenir une escarmouche à Fère-en-Tardenois. — Le duc de Nevers résolut de l'attaquer, pour empêcher sa jonction avec le duc de Lorraine.

Bataille de Poix.

Le 20 octobre, pour donner le change, Nevers feint de marcher au secours de Sainte-Menehould.— 22 oct. Il est à Sommepy et va coucher à Marc-sous-Bourg; il manque de surprendre le capitaine Saint-Blancard, qui, logé à Quilly, n'en déloge qu'un quart d'heure avant son arrivée.

Le 23, il concentre ses troupes à Charbogne pour de là s'en aller à Launois; il apprend par Vandy que les forces ennemies sont à Mazerny, Poix et Montigny, et que Saint-Paul lui-même, après avoir forcé Oches, se trouve à Mézières avec 100 chevaux de Geoffreville (1). En même temps, les ennemis se concentrent à Poix, et le duc fait aussitôt investir ce village; ses troupes, harassées par la longue marche, ne sont pas encore toutes arrivées; il faut donc se contenter d'emporter les premières barricades et de resserrer l'ennemi dans le cimetière et l'église. Nevers se loge pour la nuit entre Poix et Mézières.

24 octobre. — Les barricades dressées par les ligueurs devant le cimetière sont emportées; mais on ne parvient pas d'abord à forcer la clôture du cimetière, malgré deux attaques. Le duc fait venir deux pièces d'artillerie de son château d'Omont.

25 octobre. — Le capitaine Thomas demande à entrer en pourparlers; il prétend que les assiégés puissent se retirer à Mézières avec armes et bagages. Refus. Le combat recommence avec acharnement. Les Ligueurs sont contraints d'abandonner le cimetière et de se retirer dans

(1) Selon le récit de Montbéton, Saint-Paul était malade de la dysenterie et obligé de garder le lit. Selon le Mém. des Choses notables, p. 117, il était venu à Mézières pour activer la construction de la citadelle et par cette exigence avait si fort mécontenté les habitants qu'il n'osait plus sortir de la ville par crainte de la voir abandonner son parti.

l'église. Enfin l'église même est forcée, et presque tous ceux qui l'occupaient sont taillés en pièces. Quelques soldats se réfugient dans le clocher.

26 octobre. — Ceux du clocher se rendent à discrétion.

Les relations royalistes disent que, malgré la mansuétude du duc, il resta plus de 500 morts sur place, le reste prisonnier, et qu'il ne s'en sauva pas 15 ou 20. « C'estoit toute la fleur et les meilleurs soldats que Saint Paul avoit conservés de toutes ses guerres ». Le « Discours des exploicts » donne un « Roolle des ennemis qui ont esté tués en la saulgrenée de Poix », un second « Roolle d'une grande partie des cappitaines, officiers et soldats des régimens de S. Pol qui furent pris prisonniers, » un troisième « Roolle des capitaines, officiers et soldats qui s'estoient retirés au clocher de l'église, lesquels tous eurent la vie sauve. » (En tout, 104 prisonniers dénommés). — Les relations ligueuses prétendent au contraire que le duc a fait aux parlementaires des conditions inacceptables, qu'il a agi de mauvaise foi avec eux, qu'il a fait massacrer 200 prisonniers, et que ceux qui ont pu échapper se sont évadés la nuit du clocher en descendant par les cordes.

Le 26 octobre après dîner, le duc de Nevers se dirige sur Maubert-Fontaine pour y prendre de l'artillerie, dans l'intention d'aller ensuite faire lever le siège de Sainte-Menehould ; mais il apprend en route que S. A. vient de se retirer. Alors il prend le chemin de Rozoy, dont les chanoines s'étaient révoltés, et les force à rentrer dans le devoir (1). Puis, par Montcornet et Pont de Vesle, il rentre à Châlons.

Le duc de Nevers poursuit Chaligny.

28 octobre. — Après la défaite de Poix, Saint Paul obtient du duc de Lorraine un secours de 4 régimens de gens de pied et de 600 chevaux, sous la conduite de Chaligny.

Chaligny s'approche d'Omont, où commandait le sr du Bois, et de la Cassine, défendu par M. de Villelongue ;

---

(1) Le procès fut fait à ceux qui avaient introduit l'ennemi dans la place. Cf. Bibl. nat., f. fr., 16402, f° 94, et *Choses notables*, p. 119.

il somme ces places de se rendre, affirmant faussement que le duc de Nevers s'est en allé vers Melun, mais il n'est pas écouté.

9 novembre (1). — Le duc fait partir contre lui ses Suisses et sa cavalerie.

10 novembre. — Il s'avance à Marc-sous-Bourg, et écrit à Dinteville de lui envoyer de Sainte-Menehould les arquebusiers à cheval et la noblesse. Chaligny, logé à Venderesse, déloge à dix heures du soir et s'enfuit jusqu'à Pouilly et Ynor, près de Stenay.

11 novembre. — Le duc essaie vainement de couper la retraite à Chaligny, et vient loger le soir à trois lieues près de lui. Mais Chaligny fait partir ses bagages pendant la nuit.

« Compagnies de gens de cheval et de pied estans avec le c[te] de Chaligny lorsque monseigneur le duc de Nyvernois ala vers Omont pour le charger et qu'il se retira à dix heures de la nuict du samedy revenant au dimanche XI novembre sans sonner tambour et trompette. »

Les 4 compagnies du s[r] de Tilly, dont la sienne est d'environ 20 lances et 15 arquebusiers à cheval ; cornette jaune.

Celle du capitaine Godon, 25 lances, 15 arquebusiers ; cornette rouge.

Celle de Dombre, 30 arquebusiers ; sans cornette.

« Et toutes les casaques sont de drap tanné avec passements rouge et jaune. »

Celle de Beaumon, 45 lances et 5 arquebusiers ; cornette bleue.

Le jeune Tilly, 60 lances, cornette orange.

Le capitaine Jaques, albanais, 70 lances, cornette bleue.

Le capitaine Thomas, albanais, 60 lances, cornette verte.

(1) L'article de compte que voici montre quels sacrifices le duc n'hésitait point à faire en ce moment pour soutenir le parti du roi :
Payé au duc de Nevers 101 écus un tiers « pour remboursement de pareille somme à laquelle se sont trouvés monter et revenir la façon de 138 mars de sa vaisselle d'argent que dès le... jour de novembre 1590 il auroit fait délivrer en la monnoie du Roy en la ville de Chaalons pour estre convertie en argent pour délivrer aux Suisses du régiment de Solleure. » Ce régiment prit part à la défense de Ste Menehould.

B. nat. f. fr., 4560, f° 12, « Etat de recette et dépense, » original.

Le capitaine Haraucourt, 30 arquebusiers, sans cornette, casaques rouges.

La compagnie de la cornette du s^r de Chaligny, 40 lances; casaques bleues, cornette blanche.

25 arquebusiers à cheval des gardes de M. d'Amblise.

Infanterie.

Le colonel Dane, des Liégeois, a 15 enseignes, qui étaient ci devant d'environ 1500 hommes, mais ne sont maintenant que de 600 hommes.

Chambre, maistre de camp, a 6 enseignes formant 200 hommes.

Ayne, maistre de camp, a 6 enseignes formant 180 hommes.

Housse, maistre de camp, a 4 compagnies formant 160 hommes.

Somme : 1160 soldats.

Bibl. nat., f. fr., 4558, f° 148.

12 novembre. — Le duc se porte jusqu'à Pouilly. Mais Chaligny s'est déjà jeté dans Stenay.

13 novembre. — Le duc, après avis d'un conseil de guerre, décide de ne point entrer sur les territoires du duc de Lorraine, et rebrousse chemin.

Il retourne vers Omont et la Cassine pour en visiter les fortifications. Puis il est rappelé par Henri IV pour cotoyer l'armée espagnole et le prince de Parme pendant leur retraite vers les Pays-Bas (voir ci-dessous).

Saint-Paul et Chaligny après le départ de Nevers.

A peine le duc est-il hors de la province que Saint-Paul et Chaligny y rentrent.

Ils brûlent Poix et plusieurs autres villages.

Ils s'emparent du château de Montigny, pillent et maltraitent le gentilhomme auquel il appartenait.

Ils incendient une partie du bourg d'Omont; les filles et femmes, que les défenseurs avaient été obligés de mettre hors du château, sont violées.

Ils profanent et pillent les ornements, objets sacrés et reliques de l'église de Venderesse.

Puis Saint Paul renvoie le secours de Lorraine, rentre à Reims, et rejoint Mayenne.

Succès de la garnison de Sainte-Menehould.

Décembre. — De son côté, le régiment de Champagne sort la nuit de Sainte-Menehould sous la conduite de Burosse, surprend Clermont-en-Argone, et se refait par le pillage de ce bourg. (*Choses notables*, p. 122).

Pour l'ensemble de la campagne du duc de Nevers, cf. « Discours des exploicts de Monseigneur de Nevers... », Châlons, C. Guyot, 1590, in-8° de 136 pages, analysé Rev. de Champ., mars 1891, p. 218, et Plaquettes, p. 121 ; « Advis de la deffaicte des trouppes de Sainct Pol... », 1590, in-8° de 32 pages, analysé Rev. de Champ., avril 1886, p. 291, et oct. 1886, p. 290, autre analyse août 1887, p. 156 (Bibl. nat., f. fr., 3623, f° 89) ; « Lettre d'un gentilhomme estant en l'armée de Mgr le duc de Nevers sur la deffaicte des trouppes du capitaine Sainct Paul.. », datée d'Epernay, 4 novembre 1590, in-8° de 29 pages, Tours ; « Lettre d'ung gentilhomme... sur la fuite honteuse du comte de Chaligny, datée du camp de Dormans, 25 novembre 1590, in 8° de 22 pages, analysé Plaquettes, p. 120 ; « Lettres du seigneur Eleuthère... », datées du 1er déc. 1590, in 8° de 24 pages, analysé Plaquettes, p. 120; Mémoires de Montbéton, Rev. de Champ., sept. 1887, p. 188-191 ; Choses notables, p. 116-122.

Mayenne et le Duc de Parme.

1590, août-décembre.

Le duc de Parme (1), avec 18000 Espagnols et Vallons (Carorguy, p. 57) et 400 chevaux dont l'avait assisté le duc de Lorraine (Lepage, p. 293, 303), s'achemine en France pour ravitailler Paris assiégé par Henri IV. Il rejoint Mayenne à Meaux le 22 août (de Thou, 1. 99).

Huit jours après, toute l'armée ligueuse se porte devant Lagny, occupé par les Royaux. Henri IV, lève le siège de Paris et se loge à Chelles dans l'intention de livrer

(1) Cf. « Discours sur la venue en France, progrès et retraicte du duc de Parme, et des grands, hauts et généreux exploicts par luy faicts pour le secours des Ligueurs rebelles au Roy, » Châlons, Claude Guyot, 1591. Réimprimé partiellement par de Barthélemy, Plaquettes, p. 124.

bataille ; il y séjourne du 1er au 8 septembre sans parvenir à attirer l'ennemi au combat, malgré des escarmouches journalières. Les Ligueurs ayant emporté Lagny, le Roi se se retire vers Compiègne.

A la fin de ce mois et pendant le mois suivant, les Ligueurs obtiennent quelques succès aux environs de Paris (St Maur, Charenton, Corbeil), et reprennent Provins le 30 octobre.

Capitulation de Provins.

Monsieur (1), j'escriptz à Monsr de Monglat pour la rédition de la ville de Provins, l'avisant que, s'il est en volonté de traitter, de m'envoyer ung gentilhomme. A cest effect, je désireroys qu'eussiés ceste charge et que vous y employassiés affin de garantir le pais de cest orage. Je me recommande à vos bonnes grâces et demeure

Vostre bien affectionné amy à vous servir.

RONE.

Monsieur, vous me faictes beaucoup d'honneur vous souvenir de moy. Mais il me seroyt plus séant de servir le Roy une picque à la main que rechercher ses ennemis pour leur rendre une place avec tant de facilité. C'est pourquoy je vous supplye de m'en excuser, et croyre que je suys

Vostre serviteur

DE FLANDRES.

Le sieur de Monglat, gouverneur de la ville de Provins, sortira de lad. ville dans samedy prochain avec les gens de guerre qui y sont de présent en garnison, avec les armes et bagaiges, le tambour bat-

(1) M. de Valpergue.

tant et la méche allumée, et remectera lad. ville ès mains du s⁰ de Blan qui la mectera entre les mains du s⁰ de Rosne, mareschal de camp de l'armée, pour y establir le gouvernement que monseigneur le duc de Mayenne y a ordonné.

Led. s⁰ de Montglat ne permectera qu'il soit rien emporté de ce qui appartient aux habitans de lad. ville.

Monseigneur le duc de Mayenne, voullant traicter le plus favorablement qu'il pourra les habitans d'icelle, leur a promis de les soullager de garnison affin d'éviter la ruyne de lad. ville.

Accordé aussi que led. gouverneur ne sera recherché à l'advenir par ceulx de ce party pour deniers qu'il a receuz, de quelque nature qu'ilz soient, du passé jusques à ce jourdhuy.

Faict au camp de Choisy, le XXXᵉ octobre 1590. Signé : Charles de Lorraine. Et plus bas : Baudouyn.

30 octobre. — Passeport délivré par le duc de Mayenne, au camp de Choisy près Corbeil, pour le s⁰ de Montglat et ses gens de guerre.

Bibl. nat , f. fr., 3979, fᵒˢ 147-148, copies du temps.

Après quoi, l'armée ligueuse revient vers la Ferté-sous-Jouarre, et y séjourne jusqu'au 21 novembre. Il y a des piques entre Mayenne et le duc de Parme, qui se décide à retourner dans les Pays-Bas.

Retraite du duc de Parme.

Cependant Henri IV se rapproche, pour inquiéter la retraite de l'armée étrangère. Le 9 nov., il arrive à Château-Thierry, où il laisse le s⁰ de la Noue ; il en repart aussitôt dans la direction de Saint-Quentin, afin de réduire quelques châteaux rebelles. Le 10, il est à Cœuvres ; le 11, à Carmoie; le 16 au camp d'Aunay. La nouvelle que l'armée ligueuse se dispose à marcher de Jouarre sur Soissons le ramène le 17 à Attichy, et il écrit au duc de Nevers de se rapprocher avec ses forces vers Epernay ou Château-Thierry.

Le duc de Parme, accompagné de Mayenne, se met en marche pour sortir de France. Le 23 novembre au matin, l'armée ligueuse est à La Ferté-Milon et Neuilly-Saint-Front, tandis que le Roi est à Vierzy ; première escarmouche près de Cramailles ; le roi vient coucher à Fère-en-Tardenois. Le même jour, les Ligueurs décampent pour aller à Fismes et à Roucy. Le 26, seconde escarmouche à la descente de la montagne de Longueval. Henri IV passe le Pont-Arcy et s'achemine la nuit jusqu'à Anisy près Coucy (1), tandis que les Ligueurs se rendent à Sissonne, où le Roi reparaît encore, et il livre une troisième escarmouche au passage de la rivière à Crécy (30 novembre). Mayenne, dans sa correspondance, essaie vainement de représenter cette marche comme une poursuite victorieuse ; l'armée ligueuse a été obligée de faire un grand détour pour parvenir jusqu'à Guise, où elle demeure quinze jours ; après quoi le duc de Parme rentre dans les Pays-Bas (2).

Le 28 nov., le roi est à Misy ; le 10 décembre, à St Quentin. En ce moment il songeait à faire une soudaine incursion du côté de la Lorraine, et il écrivait le 11 décembre de Crespy-en-Laonnois à M. du Chastelet d'assembler sa compagnie et ses amis pour se rendre le 16 à Vertus, avec le moins de bagages possible, car le voyage ne durerait que dix ou douze jours (Dom Calmet, Hist. de la maison du Chastelet). Le duc de Lorraine, aussitôt averti de ce projet, écrit aux villes « que le Roy de Navarre faict assemblée à Vertus et veult faire une grande cavalcade pour exécuter une

---

(1) On lit dans le texte imprimé : « Nizy ; » mais nous croyons qu'il faut lire Anisy, près Coucy.

(2) Cf. « La rencontre et escarmouche donnée par les carabins catholicques sur les dragons Maheustres hérétiques au-dessus au village de Longueval, ensemble la charge faicte par S. A. et la fuyarde retraicte du béarnois...», 1590, in-8° de 14 pages, analysé par de Barthélemy, Plaquettes, p. 104, réimprimé Rev. de Champ. août 1887, p. 154-156.

— 351 —

'grande entreprise », et envoie 300 lansquenets en garnison à Verdun, annonçant au surplus l'arrivée prochaine d'un corps de cavalerie. (Verdun, arch. munic., Reg. II, 31 déc. 1530, 1er janv. 1591).

Mais Henri IV changea d'avis, se dirigea sur Paris et reprit Lagny le 21 décembre.

Depuis une dizaine de jours déjà, La Ferté-sous-Jouarre était retombée au pouvoir des Royaux.

Cf. Berger de Xivrey, Corresp. de Henri IV, t. III ; Acad. de Reims, t. 29, Corresp. de Mayenne, p. 120-205 : Montbéton, Rev. de Champ., sept. 1887, p. 192-193 ; *Lettres*, p. 263.

Mayenne prend Braine.

Mayenne, resté seul, se dirige d'abord sur Braine, qui capitule.

Monseigneur de Mayenne, pair et lieutenant général de l'estat royal et couronne de France, accorde pour la reduction de la ville de Brayne en l'Unyon Catholicque que les srs de Vaupergue et Le Cluzel, avecques tous les gentilshommes, cappitaines et soldatz estans dans lad. ville, en pourront sortir dans l'heure de dix heures attendant unze du matin, la vye sauve, avec leurs armes, chevaulz et bagages seullement, leurs enseignes ployées, le tambour non battant et la mesche allumée, promectant de les faire conduire en toute seureté jusques là où ilz se vouldront retirer, fors et réservé Pontarsy. Et pour le regard de la femme et enfans dud. sr de Vaupergue, monseigneur leur permet aussy de sortir librement avec leurs bagages et équipages, qu'il fera aussy conduire en toute seureté, à la charge qu'ils donneront tout présentement deux hostages suffisans de la réduction de lad. place dans led. temps, et que, s'ilz ont quelques prisonniers, tant de la ville de

Brayne que autres, qui les laisseront libres en lad. ville. Pour le regard des habitans, monseigneur les prent en sa protection, promectant néanmoings à ceulx d'entre eulx qui de leur plain gré vouldront sortir et s'en aller avec les dessusd. de le pouvoir faire sans rien emporter.

Faict au camp devant Brayne, le XVIIIᵉ décembre 1590.

CHARLES DE LORRAINE
VOYSSIEU.

Bibl. nat., f. fr., 3979, f° 246, original; Corresp. de Mayenne, p. 222-310.

Fin de la campagne du duc de Nevers.

1590 décembre-mars 1591.

Prise de Bisseuil.

Le duc de Nevers reste seul en Champagne après le retour du Roi vers Paris.

8 décembre. — « A esté proposé (au Conseil de Châlons) que, sur la demande portée par les lettres de S. M. de la somme de six mil. escuz pour fournir à Monseigneur de Nevers incontinant qu'il sera arrivé en ceste ville de Chaalons, lesd. lettres en date du VIᵉ du présent mois, il estoit besoing d'adviser aux moyens qu'il y auroit de trouver lad. somme... Sur quoy a esté conclu que l'on prendroit la somme de quatre mil escuz offerte par Mᵉ Nicolas Largentier par emprunct ou interestz, et que les gouverneurs Mᵉˢ André Laleman et Claude François, sʳ de Chaufour, s'en obligeront envers led. Largentier. »

Châlons, arch. munic., Registre XIX, f° 164vo.

16 décembre. — Le duc est à Château-Thierry. (*Lettres*, p. 263).

Saint-Pol s'approche de lui, n'ose l'attaquer et se retire à Sillery. Mayenne, pour lui tenir tête, loge à Bisseuil les régiments de Du Bourg et de Frénesy.

27 décembre. — Nevers se porte contre Bisseuil, le fait investir, battre de 60 coups de canon, est repoussé dans un premier assaut, recommence la canonnade, et emporte la place au moment où Mayenne et Saint Paul venaient pour la secourir.

Monseigneur le duc de Nivernoys, gouverneur et lieutenant général pour le Roy en Champaigne et Brye en attendant que monseigneur le duc de Réthelloys son filz aict acquis l'expériance requise,

Accorde aux cappitaines, lieutenans, enseignes et soldatz qui sont dans la ville de Bisseul qu'ilz sortiront de lad. ville avecques leurs espées et harquebuses, la meiche estaincte, et qu'ilz pourront emmener leur bagage autre que celuy qu'ilz auroient pris en lad. ville ; aussy leur a promis et promect sur la foy de prince de les faire conduire en toute seureté à deux lieues de lad. ville jusques proche les boys allans à Reims, sans qu'il soit faict aucun tort ny desplaisir à leurs personnes, armes et bagage, et ce sur la promesse qu'ilz luy ont faicte de ne porter plus les armes eux ny lesd. soldatz qui sont avec eux contre le service du Roy et de Monseigneur de Nevers durant toute l'année prochaine que l'on comptera mil V^c IIII^{xx} unze, tant en sond. gouvernement dé Champaigne et Brye que celuy de Nivernoys, et ce sur peyne d'estre chastiez criminellement comme perfides. En outre ont aussy délaissé à mond. seigneur les enseignes et tambours qu'ilz avoient pour tesmoignage de la gratieuseté dont il leur a usé, de laquelle ilz le remercient très humblement.

Faict au camp devant led. Bisseul, le XXVII⁰ de décembre 1590.

Suit la promesse faite par les capitaines et soldats étant dans Bisseuil « de ne porter les armes contre le service du Roy durant l'année prochaine 1591, » même date, et signée Frison, Dubourg, Pétié, De la Garde, Combecrose, Jehan Loret, Laurent. — Lettre du duc de Nevers aux Châlonnais pour annoncer cette victoire.

<small>Bibl. nat., f. fr., 3979, f° 279. Cf. Pàris, *Abbaye d'Avenay*, II, p. 237 ; Montbéton, Rev. de Champ., sept. 1887, p. 193-194 ; Corresp. de Mayenne, p. 371 ; *Lettres*, p. 263 ; Henri, p. 182.</small>

Siège de Provins; capitulation; arrivée d'un secours.

Le duc de Nevers, se rapprochant de Paris, vient mettre son camp à Saint-Loup-de Naud (3 janvier), et assiège Provins.

8 janvier. — « Monseigneur le duc de Nyvernoys et Réthelloys ayant mis le siège devant la ville de Prouvins pour la remettre en l'obéissance du Roy, comme elle estoit auparavant que M. de la Rochette y entrast et que M. de Monglat en sortist par la capitulation qu'il fit avec M. de Mayenne le 30ᵉ octobre 1590, désirant le bien et soullagement des villes et plat pays de son gouvernement de Champagne et Brye et esviter de tout son pouvoir la ruyne de tous les trois ordres qui sont en icelluy, particullièrement l'effusion de sang, viollemens et autres cas inhumains qui arrivent par la rage et furye des soldats lorsqu'une ville est prise par force », accorde : 1º au sʳ de la Rochette et à ses soldats, de se retirer en sûreté avec armes, chevaux et bagages en la ville de Meaux ; 2º aux habitants, sur l'assurance qu'ils n'ont point été promoteurs de la capitulation de Monglat et qu'ils sont affectionnés au service du Roi, de ne point recevoir garnison et de conserver leurs franchises et privilèges, avec droit d'aller, venir et trafiquer librement, labourer, recueillir les fruits de la terre, par tous les lieux en l'obéissance de S. M.; 3º que cependant La Rochette aura passeport pour envoyer quelqu'un vers Mayenne afin de lui

remontrer que la ville n'est pas en état de se défendre, et que, « au cas qu'il ne plaise à mond. sr de Mayenne de le secourir de 300 hommes dans lundy au soir prochain qui sera le 14e de ce mois de janvier », il remettra la ville au duc de Nevers sous les conditions stipulées.

11 janvier. — Approbation desdits articles par l'assemblée générale des manans et habitants de Provins. — Le même jour, le duc leur accorde, non seulement de ne pas recevoir garnison, mais même de n'être tenus « d'ouvrir les portes de leur ville à pas une troupe de gens de guerre..., sinon lorsque S. M. ou le gouverneur et lieutenant général y seront en personne. » Autorisation de rentrer est donnée aux habitants qui se sont absentés, en faisant serment de fidélité.

12 janvier. — Assemblée générale des manans et habitants de Provins, qui protestent de leur affection au Roi et promettent « d'être de présent et à l'avenir bons, loyaulx et fidelz subjectz de S. M. »

13 janvier. — Lettre de Mayenne annonçant à M. de la Rochette l'envoi d'un secours de 4 compagnies. — Même jour, La Rochette écrit au duc de Nevers pour s'excuser de ne pas s'être rendu aux Cordeliers « pour parachever avec les habitants ce quy est commansé. »

14 janvier. — La Rochette au duc de Nevers. « Je ne veux faillir de vous advertir du secours qui m'est antré ceste nuit, qui me vaudra quitte de ma promesse et la capitulation résolue. » — Même jour, lettre du même : « Je pansois vous avoir satisfet sur ce quy est de mon debvoir. Mais, puisqu'il vous plaist que je fase responce à la lettre qu'il vous a pleu de m'escrire, je vous supplîré en premier lieu de vous resouvenir que vous m'avés donné tout ce jour d'aujourdhuy pour prorogation du secours que je debvois espérer, dont j'estois très certain, et, n'aiant désiré d'un grant prinse que sa parolle, je l'ay tenue pour article de foy... »

15 janvier. — Notification faite au duc de Nevers par le sr de Breuverye de l'arrivée à Provins d'un secours de 4

compagnies sous la charge de MM. de Rantigny, de Rieulx, de Renty-Fontenay et de Montigny. Annulation de la promesse de capitulation.

Bibl. nat., f. fr., 3980, f⁰ˢ 9-35, originaux.

Cependant le duc ne cessait de réclamer la venue du Roi en Champagne et de demander des forces pour agir efficacement dans cette province. Le Roi promettait ; dès le 4 février, on avait annoncé son arrivée prochaine à Châlons ; le 22 février, le 2 mars, il écrivait qu'il viendrait bientôt ; mais le fait est qu'il ne venait pas. Bien plus, le roi attirait à lui le peu de forces dont disposait le duc ; et, qui pis est l'argent manquait partout.

D'autre part, Mayenne avait confisqué sur le duc de Nevers son duché de Réthellois pour le donner à Saint-Paul (Bibl. nat., f. fr., 3980, f⁰ 101, 26 février 1591), qui en avait pris le titre par cri public à Mézières (Berger de Xivrey, lettre du 24 mars).

Alors le duc, outré de son impuissance et de ce qu'il regardait comme un mauvais vouloir et un abandon, renonça à faire la guerre et au mois de mars se retira dans le Nivernais, sans que le roi parvînt à l'en dissuader.

23 avril. — Le duc de Nivernais et le maréchal d'Aumont accordent au capitaine La Tour, commandant au château de Metz-le-Comte, de sortir de la place et de se retirer à Vézelay (Bibl. nat., f. fr., 3980, f⁰ 227, copie).

Cf. *Lettres*, p. 268, 274 ; Châlons, Registre XIX ; Henri, p. 183-188.

Négociations pour la liberté du labour et du commerce.

1590, novembre, - mai 1591.

Liberté du labour.

Sur la fin de l'année 1590, la triste situation des campagnes préoccupe Henri IV et Mayenne ; on commence à négocier, on prend des mesures partielles et peu efficaces.

1590, 3 novembre. — « Articles du Roy publiés en ses

camps et armées pour la seureté des laboureurs, » imprimés à Châlons, 1591, in-8° de 14 pages. (Ce sont des lettres données au camp d'Ecouen).

11 novembre. — Mayenne parle des négociations engagées en vue d'une trêve du labourage et du commerce. (Académie de Reims, t. 29, Correspondance de Mayenne, p. 120).

1591, 18 janvier. — Mayenne fait publier à Meaux une ordonnance datée de Soissons, par laquelle il défend d'emprisonner les laboureurs et gens des champs, de rançonner eux ni leurs bestiaux. (Poinsignon, t. II, p. 289).

Il était également question d'un semblable accord avec le duc de Lorraine. Rapportons à ce propos la curieuse lettre qui suit, adressée par le conseil de ville de Sainte-Menehould à Potier de Blancmesnil, président de la cour de Parlement de Châlons :

Monsieur, nous avons veu les lettres d'aucuns principaulx gouverneurs des frontières de Lorraine, qui semblent désirer traicter avec nous pour les laboureurs, vignerons et aultres gens de travail, et promectent se faire advouer par monsieur de Lorrayne. Par ces mesmes lettres, ilz font mention d'une ordonnance envoyée par Sa Majesté à ceste fin ; mais, parce que la volonté de Sad. Majesté n'est encores congneue par deça, nous en avons faict quelque doubte, que nous vous supplions humblement d'esclarcir, et nous mander si l'avez receue ; et, là où Sad. Majesté n'auroit encores sur ce subject déclairé sa volonté, nous vous prions faire tant pour le pauvre peuple que d'escripre à Sad. Majesté, Monseigneur de Nevers et aultres qui en ont le pouvoir pour l'acheminement de ces trefves, que nous pensons debvoir réussir au contentement et soulaigement du pauvre peuple de nostre ville et de tout le pays. Au pardessus, monsieur, nous vous pouvons asseurer que ceste ville et le pays des envyrons est infiniment travaillé, et n'y a pas apparence qu'il puisse longuement subsister sy le Roy n'y pourvoyt ; car tous les fortz qui tenoient pour nous sont tenuz et occupez de l'ennemy ; de nouveau les sieurs de Sérigny et de Ville ont mis garnisons en leurs maisons qui sont proches de nous de deux lieues, de manière que pour le présent les serviteurs du Roy n'ont pour retraicte que les boys ; et qui plus est, les garnisons qui sont depuis quelque temps venues en ceste ville, qui par ci devant servoit de retraicte aux gens de bien et d'honneur, au lieu de faire la guerre à l'ennemy, nous travaillent tellement qu'il semble qu'ilz ayent conjuré nostre ruyne, sans que nous en ayons peu tirer ny raison ny justice. Nous n'avons jamais pensé que le Roy, Monseigneur de Nevers et vous en ayez esté bien advertiz ; car nous avons asseurance que, nous ayans maintenuz jusques à présent avec beaucoup d'asseurance et de fidélité au service de Sa Majesté, maintenant elle ne veult que nous soyons traictez avec pire condition que les rebelles qui tumbent entre ses mains. Nous vous ferons entendre le surplus quelque jour, aydant Dieu, que nous supplierons en cest endroict vous donner,

Monsieur, en santé trésheureuse et longue vye. De Saincte Manehould, ce pénultiesme jour de janvyer 1591.

Voz tréshumbles et obéissans serviteurs
 Les habitants de Saincte Manehould.
  Par l'ordonnance du Conseil :
   Amyot, procureur syndic.

Bibl. nat., f. fr., 3618. f° 24, original ; mentionné Rev. de Champ., janv. 1883, p. 73.

31 mars. — Les lettres royales du 3 nov. ci-dessus sont enregistrées au Parlement de Châlons. (De Barth., Parlement de Châlons, p. 11)..

8 avril. — Mayenne écrit : « Je suis bien ayse d'entendre la diligence qui a esté faicte de la publication des édicts du labourage, et de ce que l'on a soing de le faire entretenir. » — 4 mai. Mais il ne tarde pas à se plaindre du peu d'effet de cette convention, et écrit : « Quelque rigueur que j'y fasse tenir par les nostres, ceulx des ennemis ne laissent pas de se licencier et molester les laboureurs comme auparavant.... Aussy ne puis-je croire que ce soit l'intention dud. Roy de Navarre. » — Et le même jour : « Les désordres qui se sont suiviz de nostre dernier malheur estantz venus à tel point qu'il ne restoit aulcune seureté pour personne, de quelque qualité, sexe ou condition qu'il fust, il avoit esté résolu et arresté entre le Roy de Navarre et moy, pour ne comprendre tout en ceste calamité publique, que les femmes et laboureurs principallement seroient exempts de la rigueur de la guerre et ne pourroient estre ny molestez, ny emprisonnez, ny mis à rançon, suyvant l'accord que j'en ay sur ce faict publier par toutes les villes de l'Union des catholicques; » et cependant au mépris de ce traité, les Royaux ont arrêté la dame d'Aplaincourt, detenue prisonnière à Vervins. (Corresp. de Mayenne, ibid., t. 33. p. 164, t. 35, p. 8, 9).

Liberté du Commerce.

Parallèlement à l'affaire du labourage, on traitait celle du commerce. Voici les indications fournies par la *Correspondance* de Mayenne :

1590, 11, 20, 22 novembre. — Mention des pourparlers, pour lesquels s'entremettent MM. Villeroy, Videville et de Rosne (t. 29, p. 120, 165, 182).

1591, 8 février. — On s'occupe toujours d'une trêve pour le commerce avec le roi de Navarre. (Ibid., t, 33, p. 61). —

17 février. « Je ne doubte que ceulx qui favorisent le roy de Navarre ne sèment artifficieusement plusieurs faux bruits du progrès de ses affaires et des trefves ou suspensions d'armes... C'est bien chose qui a esté mise en avant pendant que M. le duc de Parme estoit encore icy... Et touttefois je n'y ai point voulu consentir pour ne pas donner d'ombrage à sa Saincteté et à S. M. Catholicque. » (Ibid., p. 77). — 23 avril. « Voyant de quelle conséquence est à la longue l'empeschement du commerce et combien la liberté en seroit utile à nos villes, si le traicté qui a esté commencé pouvoit estre conduict à bonne fin, j'ay pensé à propos de le faire continuer par ceulx qui s'y sont desjà employés. » (Ibid., p. 191).

Les Réfugiés de Vitry à Châlons.

1591, janvier-décembre.

21 janvier. — « Sur la requeste présentée par les habitans de Victry reffugiez en ceste ville de Chaalons, tendant ad ce qu'ilz soyent deschargez de l'emprunt demandé par le Roy et aultres charges dont les habitans de ceste dicte ville pourroient estre tenus..; [a esté conclu] que ceulx de Victry fourniront lesdictes sommes qui leur sont commandées pour leur part dudict emprunt, et à faulte de ce faire et départir entre eulx lesdictes sommes, y seront comprins et imposez comme les aultres habitans de ceste ville, d'aultant qu'il est question de la conservation du pays, à laquelle ilz ont intérest comme les habitans de ceste ville. »

4 février. — « Et quant au regard de ceulx de Victry qui communicquent avec leurs femmes qui sont de présent résidens audict Victry et viennent souvent en cestedicte ville et retournent audict Victry, a esté conclu que la conclusion sur ce prinse par cy devant pour le mesme faict sera veue pour y adviser plus amplement. »

6 février. — « Quant à la permission demandée par Jehan de Vertus pour aller sa femme à Victry pour ses affaires,

a esté conclu qu'il y sera permis de ce faire pour aller audict Victry pour pourveoir à sesdictes affaires, à charge que auparavant de partir sera tenu se présenter en la Chambre du Conseil pour prester le serment à ce requis, et néantmoings qu'il obtiendra passeport de monsieur Thomassin, commandant en la dicte ville. »

9 février. — « Deffenses seront faictes à toutes personnes, de quelque qualité et condition qu'ilz soient, de ne point aller aux villes rebelles, d'y envoyer ou escripre, sur peine de la mort, sans permission ; aussy que tous estrangiers et vagabonds sortiront promptement de la ville ; et où il se trouvera quelques soldats de la garnison faisans courses sans permission, seront penduz et estranglez. »

12 juin. — Les réfugiés de Vitry ont adressé requête à la Chambre de Parlement pour être dispensés de contribuer à la levée de deniers (1). — 17 juin. Le conseil de ville de Châlons décide qu'ils paieront ou qu'ils se retireront ailleurs.

14 juillet. — Procès contre les réfugiés de Vitry pour les obliger à payer leur part de l'impôt de 6000 écus. — 28 août. Ils ont été condamnés à payer.

11 août. — Sur ce qui a esté proposé que les reffugiez de Victry en ceste ville de Chaalons, contrevenans aux ordonnances dudict conseil publiées par diverses foys, envoyent ordinairement audict Victry et que plusieurs reçoivent dudict Victry leurs femmes et aultres personnes sans aulcun passeport ; que ce jour d'hier furent arrestées, asçavoir la femme de Guillaume Mauclerc, Ester Lestardy, femme de Estienne Varnier, la fille de Jehan Vuyriot, Marguerite Jouvenot, toutes demeurantes à Victry le François, ville rebelle, conduictes

---

(1) Il s'agit d'une levée de 6000 écus que le roi avait ordonnée par lettres du 6 décembre 1590, et sur laquelle M⁰ Nicolas Largentier avait avancé 4000 écus à la ville de Châlons.

et remenées par Bastian Béguyn, charretier, demeurant à Maisons en Champagne ;

A esté conclud que lesdictes femmes sortiront de ladicte ville de Chaalons dedans ce jourd'huy et payeront les fraiz de la saisye et arrestation de leurs personnes montant à la somme de X. l. ts., et que deffenses seront faictes aux reffugiez de Victry d'aller aux portes ny hors la ville pour recepvoir aulcunes lettres ou pacquetz, et leur sera enjoinct de faire venir leurs femmes et famille audict Chaalons dedans quatre jours ou bien de sortir de ladicte ville, sur peine d'estre expulsez de ladicte ville, ce qui leur sera signiffié de la part de Monsieur de Thomassin et du Conseil de ladicte ville.

14 août. — Les refugiés de Vitry demandent qu'il soit sursis à l'exécution de la délibération précédente. Refus.

14 septembre. — Les réfugiés de Troyes prétendent à leur tour ne pas payer l'impôt. Plusieurs réfugiés de Vitry n'ont pas encore fait venir leurs femmes, malgré l'ordonnance du Conseil.

27 octobre. — Nouveau refus à ceux de Vitry de rapporter l'ordonnance concernant les femmes.

13 déc. — On renouvelle la défense de communiquer par lettres ou autrement avec les villes rebelles.

Châlons, arch. munic., Registre XIX, aux dates indiquées.

Affaires locales.

1591, janvier-avril.

Saint-Paul.

Saint-Paul se rend de Reims à Verdun pour conférer avec le duc de Lorraine ; ils y arrivent tous deux le 18 janvier, et la ville leur offre des présents de vin. Il paraît que dans cette conférence on résolut contre Châlons une entreprise qui devait être exécutée fin février. Mais le duc de Nevers en eut avis, et fit prendre aux Châlonnais des mesures pour la garde. Saint-Paul, en revenant de Verdun, se retira à Mézières et s'y reposa jusqu'en mars. Ensuite, avec 600 chevaux, il alla vers Chartres assiégé par Henri IV.

Montbéton.,Rev. de Champ., sept. 1887, p. 195 ; *Lettres*, p. 265 ; Verdun, Registre II.

Troyes.

En février, la place de Nogent tombe aux mains des Royaux. (Boutiot, IV, 199).

21 février. — Commission pour M. de Praslain, capitaine de 50 hommes d'armes, pour commander au bailliage de Troyes et ce qui est du bailliage de Sens entre les deux rivières de Seine et d'Yonne, en l'absence du duc de Nevers et de Dinteville.

Bibl. nat., f. fr., 3618, f° 27.

Châlons.

31 janvier. — Les Châlonnais écrivent au duc de Nevers que les troupes de St Paul ont pris Damery, le fortifient et refont le pont.

Bibl. nat., f. fr., 3618, f° 26. Cf. Rev. de Champ., sept. 1882, p. 243.

Vers la même époque, Claude Roussel, serviteur en l'hôtellerie de l'Ours à Châlons, essaya de livrer cette ville aux rebelles, et, par arrêt du Parlement du 22 avril exécuté le même jour, fut condamné à être mis en quatre quartiers, ses biens confisqués au Roi.

Choses notables, p. 193.

Sainte-Menehould.

2 février. — La garnison établie à Nouart par Dinteville pour brider les courses des Lorrains est attaquée par Marcoussy et se rend. (*Choses notables*, p. 123).

5 février. — Dinteville écrit à Thomassin que l'ennemi a

entreprise sur Sainte-Menehould. Le bailli de Clermont a logé à Varennes et a fait « infinies cruautez » à Noz (?). (*Lettres*, p. 264).

Au mois de février ou de mars, damoiselle Prudente Chevalier fut accusée d'avoir essayé de livrer Sainte-Menehould aux rebelles. Le 4 déc. 1591, elle était encore en prison.

Avril. — Au commencement de ce mois, les Ligueurs de Clermont vinrent à Florent et y commirent mille excès par vengeance du sac de leur bourg. (Cf. ci-dessus, p. 318).

Arch. nat., XIa 9262, f° 207. Cf. *Choses notables*, p. 122, note, et p. 123.

Dans le Bassigny.

« En février 1591, le marquis de Mirebel, M. du Chastelet et aultres (royalistes) ont esté pris prisonniers donnant une charge à Sainct Seine sur Vengeanne aux troupes de M. de Guyonvelle. » (Livre de Souvenance de Pépin ; cf. Piépape p. 135, note). — « Coppie d'une lettre d'un gentilhomme de Monseigneur le duc de Lorraine, escripte de Nancy le quatriesme de février 1591, contenant la deffaicte du marquis de Mirebeau et du sr d'Esse au pays de Bassigny, avec les noms des prisonniers pris à lad. deffaicte, » Lyon, 1591, in-8° ; analysé *Plaquettes*, p. 123.

20 mars. — Le Roi a été averti par le marquis de Reynel de la prise du château de Reynel et du dessein du duc de Lorraine d'attaquer La Fauche, Montigny et autres places. Aussi écrit-il au maréchal d'Aumont de s'avancer vers Langres et Châteauvillain. (Berger de Xivrey).

Lettre à la duchesse de Lorraine.

Madame, l'armée de Mr de Lorraine a prins la ville et chasteau de Rénel depuis huict jours, ayant enduré six vingtz troys coups de canon. La dicte armée a investy La Fauche, attendant la venue de mond. sr de Lorraine, lequel amène du canon et tout le reste de son armée, qui sera de dix milles hommes et douze pièces de canon, pour battre lad. Faulche. Ceux de Chasteauvillain ont grand peur et sont quasiment tous sortis, car ilz attendent le siège de jour en jour. Je n'ay voullu faillir à vous advertir que le compte de Bryanne est party de Bryanne depuis six jours avec bonnes troupes pour aller à Chaalons pour joindre d'autres trouppes, et de là s'en va auprès de Chasteauthierry à une terre qui est à luy, là où on dict qu'il veult faire une assemblée pour vous garder de passer ; mais Dieu ne luy en fera pas la grâce ; toutesfois vous y prendrez garde, s'il vous plaist. Monsieur du Pesché partit il y eust mécredy huict jours avecques bonnes trouppes pour aller au devant de vous. Nous vous avons envoyé les quatres chevaulx de coche de madame de Ricey et voz deux mulletz et le cheval d'office, lesquelz je croys que vous aurez maintenant près de vous, ausquels je fais bailler de l'argent pour les conduire.

Il est passé par icy depuis quatre jours ung gentilhomme qui va vers Monseigneur du Mayne, qui dit avoir laissé en Savoye huict milles hommes de pied et deux mil chevaulx que le pape et le roy d'Espaigne envoient en France, desquelz il y a cinq mil Napolitains. Celuy qui apporte l'excommuniement du Roy de Navarre et de tous ceulx qui sont avec luy vient avec lad. armée. Le cardinal de Vendosme envoioit vers Sa Saincteté ung nommé Baudigny pour le prier de ne poinct passer oultre à l'excommunication ; mais led. personnaige cy dessus nommé l'a arresté prisonnier en Savoye. Monsieur de Nemours a prins Espoice, et deux petittes villes qui sont là auprés. On dict aussy qu'il a prins Lisle soubz Mon Réal.

Nous avons eu ces jours passez advertissement qu'il y avoit entreprinse sur ceste ville ; mais on y faict bonne garde ; car il y couche tous les jours sur les murailles pour le moings cinq cens hommes, lesquelz y vont devant que les portes soient fermées et ne retourne poinct le lendemain que lesd. portes soient ouvertes. Dedans dix jours l'aue yra tout alentour de la ville, et sera la haulteur de dix à douze piedz. Monseigneur va quatre fois la sepmaine au sermon, sçavoir le dimanche, le lundy, le mécredy et le vendredy, et les autres jours il monte tous les matins à cheval, vous asseurant qu'il le faict trèsbon veoir, et est une chose miraculeuse de le veoir à l'aige qu'il est sy bien à cheval. Le fils de madame de Ricey est avec luy et luy faict compaignie... De Troys, ce XIXe mars 1591, par

Vostre bien humble serviteur.

Bibl. nat., f. fr., 3980, f° 133, original sans signature.

Lettre au duc de Nevers.

Monseigneur,

Ayans estés advertis que le Roy vous avoit contremandé, et voiant ceste province sy desnuée et comme en proie aux Lorains, quy, aians desjà pris Coiffy, fort esbranlé Montigny que nous croions ne la faire guières longue, veoir ceste ville avec beaucoup de gens assés mal affectionnés, desgarnie d'hommes de guerre et menassée d'estre attaquée de dix huict canons, nous a faict prendre la hardiesse de vous escrire pour vous suplier tréshumblement, pour empescher que le reste de ce païs ne preigne le chemin dudit Coiffy, que, n'y pouvant venir au moins, le secourir de deux ou trois centz chevaux pour ce jetter contre ce dessein des ennemis aux places qu'ilz attacqueront, nous creignons que les advis que par plusieurs fois nous avons donné au Roy et à vous n'aient parvenu jusques à vos oreilles. Mais croiés, monseigneur, que le mal est bien grand en ce climat, et qu'il a besoing de prompt remède. Et vous suplions derechef tréshumblement qu'en diligence il y soit pourveu.

Nous prions Dieu, Monseigneur,

qu'il vous donne en toute prospérité trésheureuse et longue vie. De Langres, ce 13 apvril 1591.

Vos tréshumbles et trésobéissantz serviteurs.
ANGLURE COUBLAN,
AULTRICOURT, ORIGNY, St CHÉRON.

Bibl. nat., f. fr., 3618, f° 35, original.

Les habitants de Verdun s'opposent à la construction d'une citadelle.

1591, février-juin.

16 février. — « M. d'Haussonville aiant dernièrement proposé aux Estats que pour le danger du temps et des affaires il estoit nécessaire de fortifier promptement la Cité, requérant que monseigneur de Verdun et Messieurs du chapître aient à fornir et paier des chascuns de leurs villages six hommes et la Cité cinquante hommes par chascun jour », Messieurs décident qu'on se retirera vers mondit seigneur pour en conférer avec lui ; « et néantmoins

sont d'advis de ne consentir à la construction de ladicte citadelle, ains l'empescher en offrant de contribuer et ayder à la fortiffication de la ville. »

18 février. — On est convenu de fortifier la ville haute ; la Cité consent à fournir, soit les hommes demandés, soit une somme d'argent qui, pour sa part, serait de 3000 francs.

30 avril. — « Messieurs des Estatz aians entendu que, par le dessin que faict M. d'Haussonville por commencer les fortifications et l'intention qu'il dit avoir de procéder, est pour le vray faire une citadelle, » on a députe hier vers lui pour avoir des explications sur le plan des travaux. Sur le rapport fait des déclarations de M. d'Haussonville, Messieurs décident de lui remontrer « que telles besognes et fortification sont très préjudiciables à la cité, d'aultant qu'elles divisent une partie de lad. cité d'avec l'aultre, et que cela avec le temps pourra apporter grande subjection et dommage tant à la Cité qu'à la province ; que les Estatz se sont mis de bonne foy en la protection de S. A, laquelle leur a promis de ne rien entreprendre, changer ny altérer en leurs estatz, jurisdiction, franchises et libertés, ce qui se feroit si led. sr d'Haussonville ce faisoit en disposant d'une partie de la Cité contre leur gré... »

21 mai. — On remontre par écrit à d'Haussonville que la fortification qu'il a commencé à faire au Broussy « donne estonnement tant aux sieurs des Estatz qu'à toute la bourgeoisie, et opinion que, si tel commencement et dessein est continué, ce sera faire une citadelle ou bien un fort particulier contre le reste de la ville. » On lui rappelle sa promesse de ne point élever de citadelle.

17 juin. — M. d'Haussonville donne avis que « dès quelques jours il auroit eu advertissement par billets venans de plusieurs parts qu'il se faisoit une menée en ceste Cité en faveur du Roy de Navarre, de laquelle estoient aucuns des plus gros de ceste cité, et oultre, ce qu'il en avoit resçu lettres de S. A. par lesquelles elle luy ordonnoit de

faire entendre à Messieurs que Sad. A. avoit avertissement qu'il y avoit un marchand de Metz qui debvoit faire couler 6000 escus en ceste ville à ceste fin. » Messieurs protestent qu'ils n'ont aucun soupçon sur aucun de leur corps ni sur la bourgeoisie.

19 juin. — D'Haussonville fait entrer à Verdun la compagnie du s^r de Cantenars.

Verdun, arch. munic., Registre II.

Mayenne rentre en Champagne.

1591, février-avril.

Mayenne, qui s'était retiré à Soissons après la prise de Bisseuil par le duc de Nevers, y séjourna jusqu'aux derniers jours de février, puis entreprit de « s'élargir » et de réduire les petites places du côté du Laonnois et de la Picardie. Saint-Paul ne tarda pas à quitter Mézières pour se joindre à cette expédition.

Mayenne reprend Coucy et Nesle ; les châteaux de la région se soumettent.

Le 4 mars, il est au camp de La Fère ; le 7, à Noyon, et compte s'emparer aisément de Chauny ; le 10, à La Fère ; du 13 au 15, à Soissons.

Le 30 mars, il écrit : « J'ay réduict, sans un seul coup de canon, quelques places sur la rivière jusques à Paris, comme La Ferté, Laigny (22 mars), Assy et autres semblables, espérant bientôt en faire autant de Cressy et Chasteau Thierry. »

Prise de Château-Thierry.

29 mars. — L'armée ligueuse s'approche des fauxbourgs de Château-Thierry, du côté de Fère. — 2 avril. « Je me suis du jour d'hier logé dans les faulxbourgs, espérant dans demain emporter la ville, et feray tout mon effort pour emporter le chasteau. »

La curieuse lettre suivante, sans suscription ni signature, mais portant au dos la mention « madama di Guisa, r. li 9 di aprili 1591 », donne des renseignements sur les projets du parti ligueur au début du siège de Château-Thierry :

J'ai trouvé les affaires de Champaigne en assez bon estat. Monsieur le duc du Mayne tient la ville de Chasteauthierry assiégée ; il s'è saisit des faulsbourgs assez heureusement ; le demeurant ne lui a pas succédé, mesmes il a renvoié quérir quelques pièces et des munitions, et debvoit aujourdui recommancer la batterie. On espère que la ville ne tiendra pas ; l'on n'a pas mesmes espéranze du chasteau. Je croi aussi que après la prise de la ville monsieur le duc du Mayne ira droit à Espernay et laisera à Chasteauthierry quelques trouppes pour sapper. Cependant je vous puis asseurer que mons^r le duc de Loraine a faict approcher bonne partie de ses forces sur les frontiéres de Champaigne soubz la charge de mons^r le marquis son esné ; il a de tré à quatre mil hommes de pied et de six à huict cens chevauls, et bon nombre de canons et de meunitions pour s'avvancer vers la ville de Chaalons, comme aussi fera à l'aultre costé mons^r le duc du Mayne avec toutes ses forces après avoir prins Espernay, et ont bonne espéranze de l'emporter, aiant dedans beaucoup de bonnes intéligences, et des députés de la ville auprés du duc de Loraine, et aujourdui M. de Mayne l'y en doibt envoier un de la part de la ville. Je vous advertiray du succés ; mais il vous plaira tenir cecy secret, par ce qu'il pouroit estre que ceste négociation et bonne intelligence de ces deux princes ne feust agréable à tout le monde, et l'on y pouroit donner quelque traverse.

Je ne vous veulx pas aussi céler que j'ay plus grande espéranze que jamais de la liberté de mon filz, dont la praticque est en pied avecques des moyens assez censibles. Dieu les veuille conduire à bon port. Le secrétaire de l'ambasadeur de Diou est passé avecque les lettres du douziesme de mars ; je ne l'ay point veu ; mais de Chasteau Thierri on m'envoia à Soissons lettres de Messieurs les Cardinaulz de Sens et Caeten, qui m'asseurent que le pape a gratifié mon filz de tous les bénéfices que tenoit feu monsieur le Cardinal de Guise, de quoi ne ferai faulte de ne remercier Sa Sainctété per une bonne despesche que je ferai tenir exprés à Monsieur de Loraine, du quel d'eure à aultre j'attens des nouvelles dont je vous ferai part à la première occasion.

Bibl. nat., f. fr., 3980, f° 188, copie du temps.

8 avril.— «La ville fait quelque contenance de se vouloir faire battre.» — 12 avril. « Je feis hier commencer la batterie contre la ville à six heures du matin, qui dura jusques à six heures du soir, ayant faict tirer jusques à 500 coups de canon ; et, combien que la bresche fust fort malaisée et peu raisonnable, je ne laissay d'y faire donner, et le succès m'a esté si heureux qu'en moings d'une heure et avec peu de perte d'hommes je me suis rendu maître de la place par assaut... Il faut que je vous die que, n'ayant rien si en horreur que l'effusion du sang..., j'avois recherché le secrétaire Pinart d'une honneste composition ; mais il s'est montré si entier et opiniastre que j'ay esté contrainct, contre mon naturel et avec beaucoup de desplaisir, d'avoir recours à la rigueur des armes. » — 16 avril. « Je suis maintenant après le chasteau, dans lequel se sont retirez une partie des habitans avec les soldats, s'attendant aux forces que le roi de Navarre leur doit envoyer pour les secourir... Depuis ceste lettre escrite, j'ay attacqué le chasteau, lequel après avoir enduré 60 coups de canon s'est

rendu à composition... Je puis dire maintenant, par la prise de ceste place, avoir ouvert le passage de Brie, de Champagne et de Picardie, et nettoyé plus de vingt cinq lieues de ceste rivière. Messieurs de Longueville, Espernon, Humières et La Noue s'estoient joincts ensemble avec toutes les forces qu'ils avoient peu assembler pour venir secourir les assiégés ; mais, estans à Espernay, ilz ont eu nouvelles de la reddition dud. chasteau. »

Cf. Corresp. de Mayenne, Acad. de Reims, t. 33, p. 25-185 ; Montbéton, Rev. de Champ., sept. 1887, p. 195-196 ; Choses notables, p. 123-124.

Articles accordez par Monseigneur le duc de Mayenne au viconte Pinart et autres estans dans le Chasteauthierry, pour la réduction de la place.

Que tous les habitans, tant officiers que autres, avec leurs femmes, enffans, serviteurs et servantes, pourront seurement et librement retourner et rentrer dans leurs logis en la ville et faulxbourgs de Chasteauthierry, et y porter ce qui leur reste dans le chasteau de meubles, vivres, grains, marchandises et moyens, sans que l'on puisse attenter en quelque sorte que ce soit contre lesd. habitans, leurs femmes, enffans, filz, filles, serviteurs et servantes, ny leur faire paier aucune rançon, et ce dans demain dix heures du matin, promectant mond. seigneur que ceulx qui se voudront retirer dans leursd. maisons n'y recepvront aucun desplaisir ; et quant aux autres qui ne se voudront retirer en leursd. maisons dedans led. temps, leur sera donné seureté et conduicte pour aller au bourg de Chésy ou en tel autre lieu que bon leur semblera, avec tous leurs moyens, équipaiges et armes.

Pour le regard du viconte de Comblizy, il luy est accordé de se pouvoir retirer en telle de ses maisons que bon luy semblera, avec sa femme, enffans et famille, et d'y demeurer en toutte seuretté, avec la jouissance de tous et chacuns ses biens, dont luy sera donné main levée, mesmes de la terre de Canoy et deppendances, assize près de Reins et d'Espernay, et de celle de Villethierry et deppendances, assize au bailliage de Sens, et de celle de Neuilly St Front, et que touttes les dépesches nécessaires pour cest effect seront expédiées, à la charge que luy ne les siens ne feront rien de contraire au party des catholicques durant ung an.

Le semblable est accordé pour le s^r Pinart son père, soit qu'il se veuille retirer à Chaallons ou en telle aultre ville et lieu que bon luy semblera.

Sera permis aud. s^r Pinart et viconte de Comblizy de faire sortir de lad. place tout ce qui leur appartient, soit vivres, vins, bledz, leurs meubles et aultres choses; et pour le regard des piéces d'artillerie, en laissant dans la place les quatre principalles piéces, il leurs est permis d'emporter les aultres.

Et quant aux seigneurs, gentilzhommes, cappitaines, gens de guerre et tous autres reffugiez, de quelque qualité et condition qu'ilz soient, tant catholicques que aultres, leurs femmes et familles estans aud. chasteau, leur est accordé qu'ilz se pourront retirer avec leurs armes, chevaulx, bagaige, meubles, grains, vins et aultres commoditéz qu'ilz y ont en telle de leurs maisons ou ailleurs que bon leur semblera, accordant à ceulx qui promectront de ne point porter les armes contre ce party d'ung an, de joyr de leurs biens, et à cest effect leur en seront baillées main levées et toutes expéditions nécessaires.

Les compaignies de gens de pied et de cheval sortiront, les unes le tambour battant, les cappitaines à la teste, la mesche allumée, l'enseigne desployée, et les aultres avec leurs cornettes, s'ilz en ont, chevaulx, armes et bagaiges, et seront conduictes en toute seureté à Espernay ou ailleurs par trouppes de cavallerie francoises qui seront ordonnées pour cest effect.

Il sera donné à la compaignie de Suisses estant aud. chasteau passeport pour s'en retourner en leur pays, ou bien vers Baltazard d'Egrissart ou aultre colonnel.

Les officiers seront maintenuz en leurs offices en ne faisant rien de contraire au service de monseigneur ou du party.

Il est aussy accordé que le s^r M^e des eaues et forestz dud. chasteau et aultres officiers qui ont accoustumé de demourer aud. chasteau le pourront faire encores en faisant serment de ne faire chose contrevenante à ce party.

Les recepveurs des tailles, taillon et domaine ne seront recherchez des deniers par eulx maniez jusques aujourdhuy, ny inquiettez pour ce regard en aucune manière, soit qu'ilz les ayent portez aux receptes génerralles ou baillez à ceulx qui leur a esté ordonné par ceulx qui ont commandé en lad. place.

Le s^r viconte Pinart jouira du revenu qu'il a dessus les aides et tailles et domaine dud. Chasteauthierry, et luy est permis de poursuivre les fermiers ou recepveurs d'iceulx ainsi qu'il faisoit auparavant.

Les prisonniers qui se trouveront aud. chasteau sortiront sans rançon, et mesmes ung cappitaine espaignol.

Les mallades et blessez, tant gentilzhommes que soldatz, se pourront faire porter chez les barbiers de la ville pour se faire penser et médicamenter, ou ailleurs que bon leur semblera.

Pour le regard des s^rs du Halle et de la Rue, leur sera permis de se retirer dans trois jours chez eulx ou demeurer dans le chasteau prés du s^r de St Paul en promectant fidellité au party, attendu qu'ilz ne pourroient pas habandonner leurs familles.

Et moyennant ce que dessus, monseigneur entend que présentement le chasteau luy soit remis entre les mains et qu'il y puisse faire entrer ung nombre de forces nécessaires pour la conservation d'icelluy soubz le s^r de St Paul.

Promectant mond. seigneur en foy et parolle de prince de faire garder, observer et accomplir tout le contenu cy dessus, sans qu'il y soict contrevenu en quelque sorte et manière que ce soit, et de donner pour cest effect touttes les lettres, expéditions et escriptz nécessaires ; comme aussi de leur part ilz promectent ne rien faire qui contrevienne à l'exécution et observation de ce que dessus.

Faict au camp devant Chasteauthierry, le XVIe jour d'apvril 1591. Signé : Charles de Lorraine. Et plus bas : Par Monseigneur, Roissier.

Bibl. nat., f. fr., 3980, f° 204, copie du temps.

Après la prise de Château-Thierry, Mayenne revient à Reims (18 avril), licencie ses troupes et s'occupe de la convocation des Etats-Généraux.

Quant à Saint-Paul, il renvoie les siennes dans leurs

garnisons (Montbéton, p. 196), puis se rend avec sa famille à Mézières pour y surveiller les travaux de la citadelle (Pussot, p. 10).

Procès contre Pinart de Comblisy.

La perte de Château-Thierry fut très-sensible au Roi, qui avait projeté trop tard d'aller au secours de cette place importante (Berger de Xivrey, lettre du 19 avril). Le vicomte de Comblisy, qui paraît n'avoir pas été coupable, dut cependant supporter la peine de ce malheur.

Dès le 20 avril, commission fut donnée au procureur général de la chambre de Parlement de Châlons d'informer sur les causes de la reddition. C'est alors sans doute que l'ex-gouverneur rédigea le mémoire suivant :

Le viconte de Comblizy, cappitaine et gouverneur pour le Roy és ville et chasteau dud. Chasteauthierry, tenant par engagement du feu Roy avec lad. cappitainerie partie du domaine dud. Chasteauthierry et ayant l'habitation de luy et des siens leurs vyes durant aud. chasteau, le tout bien et deuement vériffié en la chambre des comptes, voyla la condition, qui est à considérer, en la quelle estoit aud. Chasteauthierry led. viconte. Lequel, le premier jour du présent mois d'apvril M V^c IIII^{xx} et unze, aiant entendu par ceux des siens qu'il avoit envoyez à la guerre, comme il faisoit journellement ou y alloit luy mesmes pour incommoder et apprendre tousjours nouvelles de l'ennemy, que le lendemain à dix heures du matin le cappitaine Dobigny, qui commandoit pour le service du Roy dans la Ferté soubz Jouarre, et les gens de guerre qui estoient avecq luy debvoient sortir et remectre le chasteau de lad. Ferté soubz Jouarre és mains de ceux de la Ligue, et qu'ilz tournoient la teste devers led. Chasteauthierry, où dès le soir mesmes arriva led. Dobigny que led. viconte alla luy mesmes soubdain prendre et faire mectre prisonnier, pour ce qu'il avoit, à ce que l'on dict, promis à Monsieur de Mayenne en sortant de lad. Ferté qu'il luy ouvriroit une des portes dud. Chasteauthierry moiennant cinq cens escuz, dont à l'instant led. viconte auroit adverty le Roy et du mauvais debvoir dud. Dobigny, et aussy comme l'on tenoit pour tout certain comme l'ennemy venoit assiéger Chasteauthierry, il adressa à monsieur de la Chappelle aux Ursins ses lettres qu'il luy envoia par le jeune sr de Cuissy, le priant les faire tenir à Sa Majesté, ce qu'il feit, à ce que depuis a entendu led. viconte ; lequel aussy escripvit particuliairement aud. sr de la Chappelle qu'il le prioit, suivant ce qu'il luy avoit mandé qu'il avoit délibéré, de venir avec ses amis se jecter pour le siège dedans led. Chasteauthierry, où led. viconte luy manda qu'il auroit toute telle auctorité qu'il voudroit. Mais, l'ennemy aiant usé de trés grande dilligence, aussy que la distance de lad. Ferté à Chasteauthierry n'est que de six petites lieues, estant led. Chasteauthierry investy dès le soir deçà et delà la rivière, icelluy sr de la Chappelle n'y pouvoit entrer. Led. viconte supplie tréshumblement Sa Majesté et ung chacun de croire qu'il ne se peult faire ung meilleur et plus grand debvoir pour le service de Sad. Majesté et deffense dud. siège que les gentilzhommes, cappitaines et autres gens de guerre, tant de sa compagnie que autres ses amis qui l'estoient venuz trouver à sa prière, ensemble les gentilzhommes et autres honnestes gens reffugiez aud. Chasteauthierry, les cappitaines et gens de guerre qu'il avoit au chasteau et en la ville en plus grand nombre que le Roy n'y en entretenoit, et les bons habitans dud. Chasteauthierry portans les armes, ont faict chacun en son quartier; aiant, dès que les ennemys eurent prins les fauxbourgs, lesquelz, pour le peu de gens de guerre qui y estoient, ne se peurent deffendre pour estre de trop grande garde, led. viconte faict département des quartiers d'icelle ville en trois, estant escheu le tiers de lad. ville aud. viconte, à prendre depuis la grosse tour des munitions et les autres tours estans vers les Garratz jusques et y compris la porte de la Barre et la première basse-cour dud. chasteau tenant à lad. porte de la Barre, qui sont les endroictz où monsieur de la Noue avoit oppinion que l'on deubt battre lad. ville; le quartier des Cordelliers au s^r de Fourchelles, et l'autre tiers d'icelle ville au s^r de Dambressy, les s^{rs} de Vigneux et Desmarretz aiant la garde d'entre les deux pontz et la poterne, estans les gentilzhommes de la compagnie dud. viconte et autres ses amis et les habitans portans armes départiz également esd. trois quartiers; et estoit le s^r de Chaboullé avec ses gens et autres de la ville ordonnez dedans le ravellin d'entredeux de la porte de la prison; estant outre ce que dessus le chasteau, pourveu de gentilzhommes et des cappitaines Laplanche et Desgranges et autres gens de guerre, avec tout bon ordre soubz led. viconte pour la garde dud. chasteau et à deffendre l'escallade dont l'on se doubtoit s'estant fort bien tenu cest ordre; et ne se pourroit dire qu'il fust possible de faire meilleur debvoir jour et nuict que les dessusdictz ont faict; et aussi le s^r de Sillery, aiant charge des fortiffications (qui y a faict de sa part avec extrême labeur tout ce qui se peult). Le siége a esté durant seize jours entiers, l'ennemy n'aiant perdu une seulle minutte d'heure de temps, mais faict toute dilligence jour et nuict allencontre de lad. ville et chasteau, qui ont esté deffenduz aussy courageusement qu'il se pourroit désirer, comme ilz ont bien faict congnoistre, y aiant l'ennemy perdu plus de trois cens hommes ; il a esté tiré contre la ville et le chasteau cinq cens coups de canon et plus, aiant esté faict deux bresches en la ville ; la première fut vers la tour de madame de Lhuis, laquelle fut incontinent remparrée, et ne fut la batterie poursuivie de ce costé là ; l'autre en la tour prés des Cordelliers, au quartier dud. s^r de Fourchelles, qui doibt rendre compte à Sa Majesté de debvoir qu'il y a deub faire, aiant la principalle charge qu'il débattit et voullut avoir devant tous les autres comme lieutenant d'icelluy viconte, et le s^r de Lhuis, guidon de la compagnie dud. viconte, qu'il choisit avec luy pour luy ayder à garder partie de son quartier, qui fut l'endroict où la bresche se feit ; à laquelle, pendant qu'elle se faisoit, led. viconte donna promptement ordre, et aussi aux deux autres quartiers, auxquelz il laissa seullement ce qu'il veit estre nécessaire de gens de guerre avec les habitans pour empescher l'escallade, affin de mectre à lad. bresche le plus de gens de bien qu'il pourroit affin de deffendre icelle bresche. Il se trouva au quartier d'icelle bresche, la ville et chasteau fourniz, environ soixante cuirasses destinez pour sousteniir l'assault, lesquelz led. viconte sépara en deux, sçavoir est, pour deffendre l'aisle gauche d'icelle bresche, où led. viconte ordonna le s^r de Lambressy, quinze cuirasses et bon nombre d'harquebuziers ; quant à l'autre aisle, elle estoit deffendue du chasteau qui la flanquoit fort bien, et n'y avoit rien à craindre de ce costé là. Il restoit quarante cinq cuirasses, dont le s^r de Fourchelles en avoit choisy vingt pour soustenir la poincte et premier effort de la bresche, et le reste eust donné pour soustenir led. s^r de Fourchelles quand il eust esté besoing, avec bon nombre d'harquebuziers qui avoient esté choisiz et qui estoient aussy avec luy. L'on veit peu après pareistre les trouppes de l'ennemy qui sembloient se préparer pour venir à l'assault ; touteffois la batterie commança à se refroidir, et ne tiroient quasy plus en batterye, estans tous lesd. gentilzhommes et soldatz fort bien préparez à repousser les ennemis. L'on regarda aussi quel moien il y auroit de remparer lad. bresche, laquelle l'on ne pouvoit bien veoir que par le dedans de la tour des Cordelliers, qui faisoit la main droicte de lad. bresche et qui estoit de leur batterye ja ouverte ; néantmoings, pour bien recongnoistre icelle bresche, led. viconte y alla et mena avec luy led. s^r de Sillery, affin de veoir et juger à l'œil quel remède on y pourroit donner. Pendant que led. viconte estoit dans lad. tour, il y fut donné encores une vollée de cinq canons qui abbattirent partie de la voulte sur la quelle estoit led. viconte, lequel tumba au bas de lad. tour ; ceux des siens qui estoient plus proches de luy estimoient qu'il fust mort, comme il en fut en trèsgrand danger, sans que deux de ses soldatz luy allèrent ayder à sortir et se retirer ; il se trouva fort blessé de lad. cheutte à ung genoul. Toutesfois, voiant que les ennemis se préparoient à venir à l'assault, encores qu'il sentist trèsgrande doulleur, il y demeura fort longtemps depuis et jusques à ce qu'il veit que lesd. trouppes des ennemis s'en retournoient en leurs quartiers, ce que chacun veit aussy ; et lors il dict au sr de Fourchelles qu'il demeurast tousjours là ferme jusques à ce que la bresche fust remparée du tout, et qu'il s'en alloit faire penser, mais qu'il reviendroit tout incontinent. Et avant que partir, pour ce qu'il y avoit eu quelques cuirassiers et harquebuziers blessez des esclatz du canon, et pour en remplasser d'autres en leur lieu affin qu'il ne manquast rien aud. quartier de la bresche, manda au cappitaine Chaboullé, qui estoit ordonné au boullevert de la porte St Crespin, qu'il vint luy mesmes à la bresche avec cinq cuirasses des siens, ce qu'il feit ; et outre tout cela, led. sr viconte feit encores venir vingt harquebuziers du chasteau, le vieil canonnier Morreau et forces artifices de feu pour jecter dans la bresche, si l'ennemy s'y présentoit pour venir à l'assault. Et après tout cela, led. viconte se feit porter sur ung mullet au chasteau, où estoient les blessez et chirurgiens, pour se faire penser ; et comme lesd. chirurgiens commançoient à mectre l'appareil sur lad. blessure qu'il avoit eue en lad. tour, l'ennemy envoia, à ce qu'a entendu led. viconte, quelques ungs pour recongnoistre la bresche ; lesquelz, l'aiant trouvée desgarnie et non gardée d'hommes comme led. viconte l'avoit ordonné, estant le chef, qui estoit led. sr de Fourchelles, allé (aussi à ce que l'on dit) disner pour ce qu'il n'avoit point encores mangé ny beu de ce jour là, encores que led. viconte eust faict porter force vivres à lad. bresche, affin que personne n'eust occasion de l'habandonner, et avoit led. Fourchelles avec luy bon nombre de ceux qu'on luy avait ordonnez pour garder et deffendre icelle bresche, ceux des ennemis qui recongneurent lad. bresche se logèrent dedans lad. tour, et après, voiant icelle bresche dégarnie, ilz feirent signe aux aultres qu'ilz vinssent; et cependant il s'en jecta ung sur le hault de lad. bresche, puis aucuns autres le suivirent. Lors led. s^r de Lhuys, qui estoit derrier lad. bresche avec quelques ungs, s'advancèrent pour empescher les ennemys d'entrer ; mais lesd. ennemis, aians jà gaigné le hault d'icelle bresche, voiant led. s^r de Lhuys que ceux qui estoient derrier luy s'estoient retirez, il fut contrainct comme les autres faire sa retraicte. Tout le mal vient de ceux qui, aiant voullu avoir la poincte de la bresche, l'avoient laissé dégarnie. Ce désordre s'appercevant du chasteau, l'on en advertit led. viconte, qui voullut dessendre pour y donner ordre ; mais il ne peult seullement arriver si tost à la porte dud. chasteau que les ennemys ne se feussent jà emparrez de la plus grande partie de la ville, et ne peult faire autre chose, voiant ce désastre, que de retirer les gens de guerre et le plus des habitans qu'il peult dedans led. chasteau, jurant et protestant qu'il n'y a nullement de sa faulte, comme tous les assiégez le sçavent. Quand à la bresche faicte au chasteau, il n'y a personne, quelle qu'elle soit, qui ne die que, si l'on ne se feust hasté de faire la composition suivant la prière et parolle qu'en avoit portée le matin, de la part de la noblesse, des habitans et des gens de guerre, led. s^r de Lambressy aud. viconte, sur le doubte que l'on avoit de deux mines que faisoient les ennemis, ausquelles il estoit très malaisé de pouvoir remédier à cause de la grande dilligence qu'ilz faisoient en leur batterye, que sans doubte les Espagnolz y entroient par force à demie heure de là après peu de vollées de canon ; car ilz avoient faict leur batterye et bresche aud. chasteau en la moitié de la tour du bout de la grande gallerye joignant et jusques au lieu du flanc qu'avoit faict faire monsieur de la Noue pour y loger, comme avions faict, la grande coullevrine qu'exécutoit ung nommé de Pourteaux, soubz M^r le Me Gaultier qui avoit la charge de l'artillerye durant led. siége, ayant aussy led. Me Gaultier et les canonniers faict aussi de leur part si bon debvoir qu'ilz auroient tué le s^r de la Vallée, premier homme de l'artillerye de l'ennemy, ensemble plusieurs canonniers et autres, et desmonté de leurs pièces, en sorte qu'ilz furent contrainctz de les desloger et changer leur première batterye de la ville. Et bien que led. flanc où estoit lad. grande coullevrine nous ayt grandement servy durant la batterye de lad. ville, sy nous a t il apporté la perte du chasteau ; car à cause d'icelluy flanc l'on n'avoit peu remparrer derrier, et l'ennemy tirant pour nous l'oster congneut allendroit d'icelluy qu'il n'y avoit que la muraille, qui fut cause que lad. bresche se feit aisément, aussi qu'il se trouva ce que l'on n'eust jamais pensé, qui est que le plus espais et bas de lad. muraille n'estoit maçonné que de terre, de sorte qu'à chasque vollée de leurs quatre canons ilz y faisoient trou tirant en ruine ; ilz faisoient aussy tumber la grande gallerye sur ceux qui estoient dessoubz ordonnez pour garder lad. bresche et la deffendre, laquelle led. s^r de Sillery et les autres gens en ce entenduz jugèrent ne se pouvoir remparer ny deffendre; et pour ceste occasion, tous les cappitaines, gentilzhommes et soldatz prièrent icelluy viconte de cappituller le plus tost qu'il pourroit et qu'il estoit grandement temps. D'autre costé led. viconte estoit pressé par grandes clameurs des habitans, femmes, enfans qui estoient dans led. chasteau jusques au nombre de près de deux mil, qui luy remonstroient le grand désastre qui leur pouvoit arriver tombant entre les mains des estrangers, aussy qu'il n'y avoit plus d'eau dans les deux puitz qui estoient comme tairiz, asscavoir celluy de la bassecourt dès le jour précédent, celluy du chasteau lors de la batterye. Toutesfois icelluy viconte, désirant gaigner le temps, attendant s'il y viendroit secours, envoia ung tambour et demanda seullement à parler à monsieur de Villeroy, qui vint soudain; avec lequel pour ceste fois il fust advisé que l'on envoieroit ostages de part et d'autre ad ce que l'on ne remparast poinct lad. bresche, qui furent les s^{rs} du Halde, maréschal des logis de mons. le viconte Doulchy, et de Vigneux, qui allèrent auprès de monsieur de Mayenne, et les s^{rs} de Lago et d'Aigremont vindrent au chasteau, pour asseurance qu'on ne tireroit plus et ne feroit on aucun acte d'hostillité tant que lad. capitullation fust faicte ou faillie. Et tiroit led. viconte les choses en longueur, expressément affin de gaigner tousjours le temps espérant secours, aiant baillé aud. s^r de Villeroy seullement, suivant ce qu'il fut advisé en lad. assemblée faicte le matin de la noblesse, des cappitaines et principaulx estans aud. siège, l'article des officiers, bourgeois et habitans, celluy des gentilzhommes et autres estans reffugiez aud.

Chasteauthierry, tant catholicques que autres, ensemble
les deux articles de gens de guerre, tant françois que
Suisses, et ung pour le faict de l'artillerye et munitions
les plus advantageux qui se pouvoient pour le service
de Sa Majesté, honneur dud. viconte et de tous ceux
qui estoient en lad. place, y aiant à la fin d'iceux
encores ung article fort esprès, par le quel led. viconte
demandoit avoir délay expressément de dix jours pour
rendre led. chasteau, à condition expressément qu'il ne
vint durant iceux dix jours aucun secours aux assiégez,
et que pendant lesd. dix jours icelluy viconte envoieroit vers le Roy en advertir Sa Majesté ; mais led. s^r
de Mayenne ne voullut l'accorder, au contraire feit faire
lad. capitullation ainsy qu'elle est, et fault croire que M.
de Villeroy, désirant faire pour ses parens et amis et
aussy pour ceulx dud. Chasteauthierry qui sont ses
voisins, à la prière aussy, à ce que l'on dict, d'aucuns
de la ville qui sont près dud. s^r du Meyne, feit accorder
et adjouster les autres articles qui sont contenus en
icelle capitulation aud. s^r du Meyne, sans qu'il en eust
jamais esté parlé par led. viconte. Et fut apportée lad.
cappitulation ainsy faicte et signée, laquelle led. viconte
feit difficulté recevoir, voullant avoir, comme il avoit
baillé par escript, cessation d'armes et délay de dix
jours pour envoier devers Sa Majesté et actendre led.
secours. Mais pendant ceste difficulté, voiant led. s^r de
Mayenne la longueur dont l'on usoit, recommança à
faire tirer son artillerye, laquelle d'une vollée seullement feit encores tumber ung grand pan de lad. tour
et muraille de la bresche, qu'il augmenta de beaucoup ;
ce que les Espagnolz qui estoient au pied de lad. bresche,

fort ardans à y monter, veirent, et eut led. s⁽ʳ⁾ de Lago grande peine à les empescher de donner, de sorte que derechef beaucoup dud. Chasteauthierry pressèrent led. viconte de résouldre et accorder lad. cappitullation, laquelle il fust comme contrainct de signer par les exclamations de tant de personnes qui l'en pressoient encores plus fort, ayans veu arriver lors celluy qu'il avoit envoyé à Compiègne, qui avoit parlé à Monsieur de Rumesnil, qui ne donnoit pas grande espérance de prompt secours, mais mandoit que l'on estoit après à assembler les forces. Suppliant icelluy viconte sad. Majesté s'enquérir de ceux qui estoient aud. siège ; et elle trouvera ce que dessus véritable.

Bibl. nat. f., fr., 3980, f⁰ 318-329.

Le procès n'en suivit pas moins son cours. — 28 juin. Ordre au procureur général de poursuivre Pinart. — 31 juin. Défaut prononcé contre lui. — 2 juillet. Sa femme, ayant protesté que l'accusé récusait quelques-uns des conseillers de la cour, est expulsée de Châlons. — 20 juillet. Il est condamné à être pendu en effigie, ses biens confisqués au profit du Roi. Exécution le même jour. — 7 août. Ordre de procéder à la vente de ses biens.

Néanmoins, l'année suivante, le Roi révoqua l'arrêt rendu contre Pinart, moyennant 30,000 écus (De Thou).

Choses notables, p. 124 et 194 ; de Barthélemy, Parlement de Châlons, p. 11-13, 19-21, 34 ; Archives Nationales, X¹ᵃ 9262, f⁰ 29.

Craintes à Châlons.

L'arrivée de Mayenne dans la vallée de la Marne et le siège d'Epernay avaient inspiré pour le sort de Châlons des craintes d'autant plus vives qu'on redoutait, non sans motifs, la jonction des forces catholiques et des forces lorraines ; car Chaligny était arrivé à Clermont-en-Argone le 26 mars, et il se faisait en outre de grands préparatifs de guerre à Rocroy, Mézières et Réthel. (Cf. Berger de Xivrey, 20 mars ; *Lettres*, p. 269, 271).

10 avril. — M. de Thomassin, « attendu le péril éminent et les forces des ennemis qui sont proches, » demande qu'on augmente la garnison, et qu'on démolisse le clos St Michel et le premier faubourg, pour empêcher les Ligueurs de s'en emparer. Le conseil décide une levée de 120 hommes. — 16 avril. Règlement pour la garde et les rondes de nuit. — 18 avril. Réparations aux fortifications et règlement pour la défense. — 19 avril. On annonce la venue probable de Givry. — 20 avril. Givry, Praslain et Saint-Amand sont près des Châlonnais. — 6 mai. Le comte de Brienne a écrit qu'il viendrait à Châlons si on y avait besoin de lui. On le remerciera en le priant de différer son arrivée jusqu'à ce qu'on soit plus certain du dessein des ennemis. — Pendant les jours suivants, on travaille activement aux remparts et aux grilles, on abat les peupliers qui masquent la plateforme St Georges. — 16 mai. Le Roi ne croit pas que Mayenne veuille assiéger Epernay après Château-Thierry ; mais il pense qu'une entreprise est projetée sur Châlons.

12 juin. — « A esté advisé que les mayres, gouverneurs et eschevins des villes et villaiges et lieux circonvoisins de lad. ville seront mandez en la chambre du Conseil, et leur fera ton commandement de donner advertissement des gens de guerre ennemys qui passeront par les lieux et aultres endroictz proches de lad. ville ; à faute de quoy faire seront les habitans du plat couruz comme ennemys et fauteurs des rebelles. »

Châlons, arch. munic., Registre XIX ; *Lettres*, p. 277-279.

Affaires locales.

1591, avril-août.

Saint-Paul.

Mai. — Vers la fin de ce mois, Saint-Paul rejoint de Rosne qui était avec les troupes catholiques à Montcornet, et résout d'attaquer Vervins.

Siège de Vervins. La place capitule, et la garnison se retire à La Capelle, où le duc de Longueville était arrivé avec un secours.

Saint-Paul vainqueur ruine les forts de Plomion, Bancigny et autres villages. A son approche, Auvilliers est abandonné par ses défenseurs, qui se retirent à Maubert.

Montbéton, Rev. de Champ., sept. 1887, p. 197-198.

Sainte-Menehould.

24 mai. — Marc de Loppes, capitaine de cent chevau-légers, s'engage à présenter d'hui en un mois au duc de Nevers en la ville de Sainte-Menehould, 100 hommes à cheval, moitié armés de toutes pièces, montés et équipés à l'équipollent, avec une pistolle et une escopette à l'arçon de la selle, et l'autre moitié de corps de cuirasses, casques ou chapeaux de fer, chacun avec deux pistolles à l'arçon.

Bibl. nat., f. fr., 3980, f° 276, original.

Région du Laonnois.

22 mai. — Mayenne écrit que Henri IV et M. de Longueval faisaient des pratiques à La Fère avec feu M. le marquis de Meignelay, lequel fut saisi et tué par les habitants un peu avant le moment où il devait rendre la place. C'est ainsi que cette ville a été garantie.

Correspondance de Mayenne, p. 59-81 ; Pussot, p. 9.

Région de Troyes.

30 avril. — Praslain s'empare de Bar-sur-Seine par surprise, et le livre au pillage.

Il attaque les Ligueurs de Troyes qui assiégeaient Saint-Mard-en-Othe, et y défait Vaudargent.

Les Troyens appellent alors Guyonvelle, et forment sous son commandement un corps de 2000 hommes avec 2 coulevrines.

Mai. — Guyonvelle va se loger à Montiéramey. — Il menace et somme Bar-sur-Seine, qui refuse de se rendre et n'est pas attaqué. — Il assiège Gyé, dont le capitaine Deheurles capitule le 22 mai. — Neuville, Courteron, Essoyes, Courban, La Ferté-sur-Aube ouvrent leurs portes. — Guyonvelle s'arrête à Spoy.

Cependant Praslain et Givry réunissent 1200 chevaux. — Guyonvelle fait sa retraite à Bar-sur-Aube, et est aussitôt investi. Mais les Royaux lèvent le siège et se retirent.

Vers le 10 juin, Guyonvelle rentre à Troyes.

Carorguy, p. 65-74 ; Boutiot, IV, p. 199-201.

Course de d'Aumont en Champagne.

Le 5 août, le maréchal d'Aumont arrive de Bourgogne à Langres (Bibl. nat., f. fr., 3618, f° 91) ; puis il se dirige vers la région de Troyes.

19 août. — Il arrive à Bar-sur-Seine, et fait travailler aux fortifications du château.

22 août. — Il investit Villeneuve-au-Chêne, d'où le ligueur Dandenot ravageait les campagnes voisines et faisait des courses jusqu'aux portes de Bar-sur-Seine ; il prend la place d'assaut le lendemain après 5 coups de canon, la brûle et fait pendre 13 soldats qui l'occupaient.

Gyé se rend à composition.

Ervy, assiégé, se défend et est brûlé.

Le maréchal avait fait mettre le pétard à Châtillon, mais sans réussir à s'en emparer.

Ensuite, il s'en retourne.

Cf. Carorguy, p. 75 ; Boutiot, IV, p. 202, 203.

Le Parlement de Châlons.
1591.

Arrêts contre les bulles monitoriales.

Le nonce Landriano avait apporté à Reims, en mai 1591, une bulle monitoriale du pape Grégoire XIV, aussitôt imprimée dans cette ville (chez J. de Foigny), qui excommuniait Henri III et Henri IV. Le procureur général du Parlement de Châlons en appela aussitôt comme d'abus.

10 juin. — « Arrest de la court de Parlement séant à Chaalons sur certains libelles injurieux et scandaleux intitulez bulles monitoriales... », Châlons, in-8° de 8 pages, 1591. — Le Roi, trouvant cet arrêt digne « de la liberté françoise », le confirma par la Déclaration du 4 juillet. — Mais le parlement ligueur de Paris lui opposa le 8 juillet un arrêt de cassation (Bibl. nat., fr. fr., 3980, f° 316). — Et à son tour, le 23 juillet, la faculté de Théologie de Paris censura l'arrêt rendu contre celui de Châlons (Mémoires pour servir à l'histoire, Cologne, 1719).

16 et 29 août. — Le 16, le Parlement de Châlons donne défaut contre le nonce Landriano. — Le 29, il prononce son « Arrêt sur l'appel comme d'abus interjeté par le procureur général du Roi de l'octroy et exécution de certaines bulles... », imprimé à Châlons, in-8° de 8 pages, 1591.

Pamphlets contre les arrêts de Châlons :

— « Deffense pour les Bulles monitoires de N. S. P. le Pape... », Paris, 1591, in 8° de 78 pages. — « Ad calumnias et imposturas a pseudo parlamentis Cathalaunensi et Turonensi conventiculo... impie confectas... responsio Mathœi Zampini, » Paris, in-8° de 382 pages.

Bibl. nat., Parlements, 323, f°s 401 et 349 ; f. fr., 2751, f° 70 ; *Choses notables*, p. 197 et 200 ; Mém. de la Ligue, t. IV, p. 367-369 ; de Thou, l. 101 ; de Barthélemy, Plaquettes, p. 125, 126 ; Isambert, t. XV, p. 21 et 32 ; Marlot, IV, p. 484.

Sévérités contre les prédicateurs.

Il semble que l'affaire des bulles monitoriales ait excité à Châlons l'humeur aggressive des prédicateurs ; mais le Parlement la réprima avec vigueur. On en trouve beaucoup d'exemples dans les registres de la cour, conservés aux Archives Nationales. Nous en rappelons quelques-uns.

Juin. — Incarcération de Pierre Robillard, curé de St Menge, relaxé le 12.

14 juin. — Admonestation à Simon Gromard, cordelier.

11 août — Claude Gorlier, cordelier, est condamné à faire amende honorable, à être fustigé et banni du royaume pour avoir proféré des propos injurieux et scandaleux contre l'honneur du Roi et repos public.

21 août. — Arrestation de frère Georges Maille, cordelier.

4 octobre. — Frère Nicolas Barbier, dominicain, s'enfuit de Châlons.

19 nov. — Arrestation de Nicolas Lestrillart, curé de Montcets, qui est rentré en ville nonobstant les défenses à lui faites (Châlons, arch. munic., Registre XIX, f° 186).

6 décembre.—Admonestation au curé de St Alpin, à qui la cour ordonne de prier pour le Roi, de le nommer, et pareillement les princes de son sang.

Bibl. nat., 323, passim. Cf. *Choses notables*, p. 206-208 ; de Barthélemy, Parlement de Châlons, passim.

Le duc de Nevers revient en Champagne.

1591, juillet-septembre.

Après trois mois de retraite, Nevers se décide, non sans peine, à revenir en Champagne.

[Juillet]. — Il passe près de Gournay-sur-Marne, qui, n'étant qu'une « bicoque », veut cependant résister ; le sr d'Esternay est tué en l'attaquant.

Cf. *Lettres*, p. 279-280 ; *Mém. Choses notables*, p. 124 ; Carorguy, p. 79 ; Berger de Xivrey, lettres du Roi en date du 3 juillet sur la blessure et la mort du sr d'Esternay.

Le duc se dirige ensuite sur Châlons, et, le 12 juillet, vient au Parlement pour y réclamer l'enregistrement des lettres royales qui accordent à son fils le gouvernement de Champagne. — 16 juillet. Enregistrement de ces lettres (De Barthélemy, *Parlement*, p. 13).

12 juillet. — Son Altesse a fait donner avertissement à Verdun « que M. de Nevers est avec forces à Châlons et que le maréchal d'Aumont se veut joindre avec luy avec autres forces, et ont entreprises sur ceste cité. » Messieurs

accordent de loger telles forces que S. A. trouvera bon.
— 18 juillet. S. A. est arrivée hier à Verdun avec l'ingénieur Orpheo, et a ordonné des travaux aux fortifications.
— 12, 21 août. Travaux aux fortifications.

Verdun, arch. munic., Registre II.

Le duc de Nevers prend Mareuil.

19 juillet. — Capitulation accordée par le duc de Nevers à Vaulgré, qui commandait à Mareuil. Lundi prochain 22 juillet, le duc « fera tirer vingt coups de canon contre le chasteau dudit Mareuil, et, cela faict, led. s^r de Vaulgré lui remettra led. chasteau entre les mains, » sous condition que d'ici au dimanche soir St Paul ne contraindra pas le duc à lever son siège. Les assiégés sortiront avec armes, bagages, meubles et chevaux, la mèche allumée, le tambourin battant, et seront conduits à trois lieues en toute sûreté. Otages : les capitaines Duport et Chaudeteste. — Suit un état nominatif des hommes de la garnison, commandés par Du Bourg, maistre de camp, et les capitaines Charité, Langeron, La Carre, Loré, Frison, Mussan, Baron, Pétré.

Bibl. nat., f. fr., 3980, f° 325, original.

Selon Pussot (p. 10), Vaulgré rendit la place « d'un lâche courage. »

31 juillet. — Le Roi félicite le duc de la prise de Mareuil (Berger de Xivrey).

Paiement de 50 écus à Thomas Godart, dit le capitaine Du Pont, 50 écus à Brice Bertault, dit Chaude Teste, 100 écus à Jehan Du Val, dit le capitaine Lenant, 60 écus au capitaine La Rivière, tous tenant le parti de la Ligue, pour avoir aidé à négocier la reprise du château de Mareuil (ordonnance du 20 juillet 1591).

Bibl. nat., f fr, 4560, f° 23, Recettes et dépenses de l'extraordinaire des guerres, original.

*Lettres au duc de Nevers sur les mouvements
de l'ennemi.*

Monseigneur,

Suyvant le commandement qu'il vous pleust me faire au partir d'auprès de vous, j'ay sceu par ceulx que j'ay envoyé dans le païs de l'ennemy que les trouppes qui estoient ès environs de Pont sur Meuse et sur la riviére d'Aire, adverties de vostre arrivée à Châlons, avoient quitté le plat païs et se retiré dans Bar et aultres lieux prochains, mais que depuis elles s'estoient remises en campagne, et sont de présent ès environs de Verdun, où l'on dict Monsieur de Lorraine estre arrivé, mais ce n'est encor chose certaine. Touttes les forces qui sont de ce costé consistent en quelques trois cens chevaux et trois régiments de gens de pied. J'y ay encor renvoyé pour en sçavoir plus certaines nouvelles, dont je ne fauldray vous advertir.

Quand aux trouppes de Sainct Paul, l'on tient pour asseuré qu'ilz sont ès environs de vostre maison de la Cassine, délibérez de la battre, si jà ilz n'ont commencé. Le s^r de Corna estoit party d'icy pour aller recognoistre par delà ; mais Sainct Blancart l'a faict retirer en ceste ville, où il est arrivé ce jourdhuy. Le régiment de Tramblecourt, qui estoit à Sernon à trois lieues d'icy, est party, prins son chemin vers Machault pour se joindre avec Sainct Paul.

Monseigneur, je prie Dieu...

A Sainctemanehould, ce mécredy XVIIe de juillet 1591.

Vostre très humble et très hobéissant serviteur

GEORGE DE NÉTENCOURT BÉTENCOURT.

17 juillet. — Godet au duc de Nevers. Mêmes nouvelles que ci-dessus. Les 150 ou 200 hommes de Tremblecourt et St Blancard, avec quatre ou cinq cents hommes de pied, vont joindre St Paul, qui tient la Cassine assiégée et a commencé à la battre hier vers midi. L'ennemi a failli prendre Donchéry ; mais ceux de dedans ont résisté et avalé le pont, de manière qu'ils se sont garentis de cette surprise.

Bibl. nat., f. fr., 3618, f°s 69 et 70, originaux.

Saint-Paul prend Omont.

Juillet. — Pendant que Nevers assiégeait Mareuil, Saint-Paul quitte Maubert. Avec les troupes amenées en Champagne par le prince d'Ascoli et composées d'environ 7000 hommes de pied et 1100 chevaux, il vient se loger à Venderesse, puis investit Omont, contre lequel il met 8 canons en batterie.

La Viéville se défend courageusement, repousse un premier assaut. — Lettre, de Catherine d'O, femme de la Viéville, datée de Sy, samedi matin, et adressée au duc de Nevers. Détresse du château d'Omont, « tellement investy qu'il n'y a plus que les oiseaux du ciel qui y peuvent entrer. » Récit de l'entretien que Saint-Paul a voulu avoir avec elle ; mais elle lui a déclaré que son mari « crèveroit plustost que de se rendre. » Elle supplie le duc d'envoyer un prompt secours. «Tout est mangé, et la pluspart des villages sont ruinez ; » à Sy, il ne reste que 15 ou 20 maisons (Bibl. nat., f. fr., 3632, f° 126). — La batterie recommence et les assiégés sont réduits à capituler.

Articles de la capitulation accordée pour la reddition du chastel d'Omont (29 juillet).

Premièrement, que tous les gentilshommes et aultres gens de guerre sortiront avec tous leurs chevaulx, armes et bagaiges et tout autre esquipage à eulx appartenant, trompette et tambour sonnant, enseigne desployée, la mesche allumée.

Qu'ilz seront conduictz par monsr de Sainct Paul jusques en lieu de sureté pour aller à Von, la Cassine ou Chy, tous ensemble et non séparément.

Que les gentilzhommes et autres, de quelle quallité qu'ilz soyent, qui estoient reffugiez en ce chastel, emporteront les meubles et tous aultres ustensilles, grains et bestiaulx où bon leur semblera, et leur sera baillé huict jours pour trouver chariotz pour les transporter ; et sera tenu celuy qui sera mis audict chastel s'obliger en son honneur de les conserver en sorte qu'il n'y soit poinct touché, et de bailller escorte et conduicte pour les mener en toute sureté où ceulx à qui ilz appartiennent vouldront choisir, ce que les sieurs de Rosne et Sainct Paul proumectront sur leur foy d'accomplir.

Et néantmoings, où lesdictz sieurs de Rosne et Sainct Paul vouldroient razer et desmolir ledict chastel, seront tenuz les propriétaires retirer leurs meubles dedans deux jours.

Que lesdictz gentilzhommes et aultres sortiront dedans quatre heures au soir, ou devant, sy bon leur semble.

Que les bourgeois et habitans de ce bourcq pourront ce retirer en leurs maisons avec leurs bestiaulx, femmes, famille et enffans et tous meubles, et seront conservés doresnavant en toute seureté et joiront de leurs héritages.

Qu'ilz pourront anmener leurs prisonniers et blessez, et ceulx qui se trouveront ne se pouvoir transporter seront accommodez dedans une maison du village, là où ilz seront conservez comme s'ilz estoient dedans Sedan.

Donnera le sʳ de la Viéville les sʳˢ Darson ou Vendy pour ostage jusques à ce qu'il sorte, selon la coustume ordinaire.

Rone. S. Paul.

Bibl. nat., f. fr., 3980, f⁰ 337, original.

Villelongue au duc de Nevers.

Monseigneur, j'ay horreur de vous escrire ces tristes nouvelles. Vostre chasteau d'Omont s'est rendu par composition à Monsieur de Rosne dès le jourdhier, vies et bagues sauves, ce que je sçay par mon tambour qui a parlé à Monsʳ de Resson, qui est en ostage pour seureté de l'accomplissement de la capitulation entre les mains dud. sʳ de Rone, et par plusieurs soldatz de ce chasteau qui ont veu l'ennemy réparer la brèche alentour dud. chasteau, et par lettres que le sʳ de Sᵗ Paul a escrites aux habitants de Donchéry pour mettre hors de leur ville monsieur d'Ambly et se rendre à luy, promettant les garder contre tout le monde ; ce sont ses propres termes. Davantage monsʳ de Raval le m'a ainsy asseuré par lettres qu'un tambour envoié de la part dud. sʳ de Rosne m'a apporté, avec charge de me sommer de luy rendre ceste place, laquelle je luy ay respondu que je ne pouvois ny voulois la rendre à autre qu'à celuy qui me l'avoit baillé en garde.

(1) Ceste reddition a fait perdre le courage à ce pays qui... estoient refugiéz céans, et se sont (j'entends les paysants) retiré de céans, s'estans aulcuns d'iceulx jettez en bas. Quant aux aultres, ilz sont bien résoluz; mais, pour ce que je n'ay qu'environ 180 hommes, je

(1) Tout ce paragraphe est chiffré dans l'original, avec déchiffrement interlinéaire.

vous supplie treshumblement me envoier quelque capitaine vaillant et expérimenté, avec quelque bon nombre de bons soldatz pour m'assister et m'aider... lequel j'espère si bien deffendre que aurez occasion de vous contanter, espérant que nous secourerez avant qu'on face tel effect qui fut hier fet à Omont.

Monseigneur, je supplie Dieu vous avoir en sa saincte et digne garde. De la Cassine, ce pénultiesme juillet 1591.

Vostre treshumble et tresobeissant serviteur
VILLELONGUE.

Bibl. nat., f. fr., 3618, f° 85, original.

Saint Paul laissa à Omont le capitaine Larcher avec 4 compagnies de gens de pied et 1 de cavalerie ; on travailla aussitôt à la fortification de la place.

Ensuite, après avoir fait mine d'assiéger la Cassine, il envoya son armée au secours de Noyon et retourna lui-même à Reims.

Cf. Montbéton, Rev. de Champ., sept. 1887, p. 198-200 ; *Choses notables*, p. 125.

Nevers est maître de la campagne.

Août. —Le départ des troupes catholiques au secours de Noyon laisse le champ libre au duc de Nevers. Il se rend d'abord à Beaumont-en-Argone. Il va ensuite à Donchéry, s'y arrête plusieurs jours, pourvoit aux fortifications et déniche les petites garnisons qui infestaient le pays sous la conduite de Saint-Blancart. Enfin il se loge au Chesne.

Saint-Paul sort de Reims pour l'attaquer, réunit ses forces à Attigny, et de là marche droit sur le Chesne. Mais il apprend en chemin que le duc est revenu à la Cassine avec beaucoup de forces, et il est obligé de battre en retraite. Engagement à Chagny, sur un petit ruisseau dont Saint-Paul ne parvient pas à défendre le passage. Les Ligueurs se retirent à Mézières et à Thin-le-Moustiers, puis rentrent à Réthel sans autre effet. Cette retraite eut lieu vers le 15 août.

[Vers le 20 août]. — Le duc s'empare de Richecourt, et Saint-Blancart est tué.

Montbéton, Rev. de Champ., sept. 1887, p. 200-202 ; *Mém. des Choses notables*, p. 126.

26 août-7 septembre. — Le duc escorte des marchandises qui allaient de Sedan et Donchéry à Châlons. — Puis il ramène trois ou quatre cents pièces de vin à la Cassine. En faisant ce convoi, il a une escarmouche à Pargny près Réthel avec les troupes ligueuses, fait 6 prisonniers des gardes de Saint-Paul et 12 de la compagnie de M. d'Argy, entre autres Vignocourt, lieutenant de d'Argy, et prend aux ennemis 80 ou 100 chariots restés en arrière.

Bibl. nat., f. fr., 4558, f° 144, « Charriots pour mener vin à la Cassine, » 2 septembre ; 4557, f° 27, « Mémoire des prisonniers faits à Pargny près Réthel le 2 septembre, » original ; 3028, f°˙ 41 et 60, lettres écrites par Nevers de la Cassine, 4 et 7 septembre. Cf. Mémoires de Nevers, II, 356.

Campagne du duc de Lorraine dans le Bassigny.

1591, août.

Pour s'opposer aux entreprises des Ligueurs dans le Bassigny, Dinteville était venu à Langres, où on constate son séjour depuis juillet 1591 (Bibl. nat., fr. fr., 3618 et 3619, nombreuses lettres de lui).

Entreprise des Lorrains sur Langres.

Du mardy XXème aoust 1591. A Langres.

Monsieur de Lorraine ayant envoyé mons. de Vaudemont devant La Faulche pour y former son armée, jeudy dernier il y arriva, mons. le marquis du Pont avec luy ; et dès le lendemain Guyonvelle, qui estoit à

Chaulmont, le fust trouver. Sabmedy au matin l'armée marcha, faisant courir le bruict qu'ilz alloient à mons. le mareschal d'Aumont, logé pour lors à Boulemy, maison du grand prieur de Champaigne. Mons. de Lorraine ne feist ce jour là que troys lieues ; leur rendez vous fut à Langres, et le lendemain à Luzy, bourg à une lieue et demye de Chaulmont et à six lieues d'icy, où y estant arrivé le dimanche à bonne heure et y séjournant tout le lundy, feit juger au s^r de Dinteville estant lors à Langres qu'il avoit aultre desseing que celuy qu'il faisoit courir, et qu'ilz pourroient, avec l'intelligence qu'ilz se promectent en ceste place, l'entreprendre avec le pétard, chose assez aisée à faire. Qui fust cause que le soir led. s^r de Dinteville avec le s^r de Richebourgt et quelques eschevins de la ville alla fortifier les gardes du faulxbourg, où de malheur il y a ung grand pan de muraille tumbé ; lequel aiant fait raccommoder avec des barriques, il y plassa trois gentilzhommes aux trois corps de garde pour y commander. De là led. sieur revint sur la muraille de la ville veoir les gardes et les solliciter de prendre garde à eulx, où il demoura jusques à mynuict et plus, ayant prié le sieur de Birague de le venir relever, ce qu'il feit, et se trouva si à propos à la porte du Marché qu'il donna l'allarme et feit telle espouvante à ceulx qui portoient le pétard, coulez pour l'obscurité de la nuict qui estoit sans lune, en ayant choisy le deffault, jusques à la première bacule de lad. porte, que Dieu mercy ilz n'y ont rien faict que d'y laisser ce qu'ilz y avoient apporté. Le capitaine Brichanteau estoit celluy qui devoit planter le pétard, espaulé des sieurs de Guyonvelle, d'Amblize et Montereuil, suivis de deux cens cuirasses et de trois mil hommes de pied et plus, qui s'estoient advancez jusques près lad. porte en une advenue fort advantageuse pour eulx qui ne pouvoient estre veuz que malaisément de la muraille, et de mil à douze cens chevaulx couvertz d'une montagne assez proche de la ville, où estoit Mr de Lorraine et Mess. ses enfans en personne. L'infanterie s'est retirée avec désordre ; car, oultre ce qu'ilz ont laissé à la porte, on a trouvé des harquebuzes et des corseletz par les chemins ; et qui eust eu icy quelques forces estrangières avec les habitans, qui avec le Maire et le corps de ville ont bien faict, c'est chose certaine qu'ilz eussent receu beaucoup de perte. Mons. de Lorraine se retira à Rolantpont, et toute son armée, qu'il avoit entière près de luy, aux villages voisins, laquelle n'avoit esté formée que pour ceste seulle entreprise, au rapport de ceulx qui en peuvent dire vérité, parce que de longue main bastissant ceulx de Chaulmont, pour les réduire en sa protection, ilz l'ont tousjours remis jusques à la prise de Langres, qu'ilz tenoient si asseurée que ceulx de lad. ville de Chaumont luy aians apporté l'asseurance des clefz par les chemins, avoient amené grande quantité de chariotz pour en rapporter le butin. Ainsy la conservation de la ville de Langres a apporté, tel bien à l'aultre qu'ilz ne se sont pas encor du tout esloignez de leur entier debvoir.

Le mercredy XXIe, led. s^r de Lorraine voyant que son entreprise estoit du tout faillie, il a tasché d'en renouer une aultre sur Coyffy et partit dud. Rolantpont pour y tirer. Le baron de Langres a esté bien adverty par led. s^r de Dinteville, et, voyant led. baron sur ses gardes, il a coulé plus oultre, ayant prins le chemin de Lamothe. Et pendant et en mesme temps, les s`rs` d'Amblize et de Guyonvelle vindrent au bourg de Montigny le Roy, pensans entrer au chasteau led. s`r` d'Amblize comme cappitaine ; son lieutenant, qui se nomme Sacquenay, luy en refusa l'entrée, disant que lors qu'il seroit serviteur du Roy il le recognoistroit pour tel. Se voulant approcher dadvantage, il leur feit tour et, bracquant l'artillerie vers le bourg, les contraignit en desloger ; mais ce fut après y avoir mis le feu.

Bibl. nat., f. fr., 3618, f° 122, original sans signature ; au f° 123, copie incomplète du même mémoire.

22 août. — Les Langrois au duc de Nevers pour lui faire le récit de cette entreprise. — 23 août. Dinteville aux Châlonnais, même objet. (*Lettres* p. 282).

Après cet insuccès, le duc de Lorraine quitte le Bassigny. Dinteville et Guillaume de Saulx-Tavannes attaquent alors le château de Marac, le prennent d'assaut et y mettent garnison.

17 sept. — Le Conseil de Langres prie le duc de Nevers de conserver Dinteville à Langres avec sa compagnie ; car le pays est menacé, et l'ennemi vient de prendre par escalade le château de Grancey. « La position est désespérante. »

Bibl. nat., f. fr., 3618, f° 126 ; 3619, f° 14. Cf. Rev. de Champ., sept., 1883, p. 241 et 242 ; Piépape, p. 134-141 ; Poinsignon, p. 291,

Campagne du Roi. Arrivée de Turenne.

1591, septembre-novembre.

Après tant de vaines promesses de venir en Champagne (cf. Châlons, Reg. XIX, 29 avril, 29 juin, 14 juillet, 2 août ; *Lettres*, p. 278, 29 avril, p. 279, 5 mai, p. 280, 11 juin, p. 281, 29 juillet et 1`er` août), le Roi, maître de Noyon au bout de trois semaines de siège (cf. Bibl. nat., f. fr., 3980, f° 250, acte de capitulation du 17 août), annonça enfin le 19 août qu'il partirait dans trois ou quatre jours pour Donchéry et que vers la fin du mois il concentrerait ses forces entre Châlons et Ste Menehould « pour joindre son armée d'estrangiers » (*Lettres*, p. 281 ; Berger de Xivrey, lettre au duc de Nevers). Mais il devait encore retarder son départ de près d'un mois.

Cependant les Ligueurs s'apprêtaient à le recevoir. Le 27 août, Saint-Paul prenait des mesures à Reims en prévision d'une attaque « par les forces du Roy de Navarre, tant anglois que reistres et autres », alors que les troupes de l'Union, « tant l'armée de Sa Saincteté que celle du Roy Catholique conduicte par le prince de Parme, ne pourroient estre joinctes ensemble qu'il ne fust le dixiesme d'octobre prochain » (Reims, arch. munic., Reg. XVI, f° 182). — Le 4 sept., Mayenne amène à Reims par Chateau-Porcien des troupes italiennes, espagnoles et wallones (Pussot, p. 10), en repart le 7 ou le 8 dans la direction de Soissons, revient encore à Reims, puis, le 16 septembre, se met en marche vers le Barrois pour aller audevant de l'armée d'Italie, composée de dix mille hommes et logée alors aux environs de Ligny. Quelques jours auparavant (7 sept.), Nevers pressait le Roi de se hâter et d'amener de grandes forces, parce que l'armée de la Ligue serait puissante et que la noblesse de Champagne ne voulait plus quitter ses foyers si le Roi n'arrivait point (Mém. de Nevers, II, 356, 359).

Arrivée de Turenne.

Les « estrangiers » que le Roi venait recevoir en Champagne avaient été levés en Allemagne et lui étaient amenés par Turenne et le prince d'Anhalt.

12 sept. — « Les Allemans huguenoiz estans devant ceste cité (de Verdun), Messieurs ont achapté 72 livres de poudre au prix de 6 gros la livre par distribuer à ceulx qui ont des harquebuses à crocq. » (Verdun, Registre II).

Au passage de Turenne, la garnison de Verdun fit une sortie qui fut rudement repoussée ; d'Haussonville y fut blessé, et Montreuil resta prisonnier (*Choses notables*, p. 128).

14 septembre. — Godet écrit de Sainte-Menehould au duc de Nevers que l'armée allemande approche. — 17 sept. Godet au même. Mayenne étant la veille logé à Possesse et à Contaut, Turenne s'est mis à sa poursuite avec 2 régiments d'infanterie et 3500 chevaux ; mais, à son arrivée, Mayenne avait déjà filé sur Bar-le-Duc. L'abbaye de Beaulieu a été abandonnée par l'ennemi, et Corna vient d'occuper Contaut ; il serait bon de démolir ces deux places. Turenne est maintenant logé à Herpont et il se dirige vers Châlons ; ses troupes, bien disciplinées, n'ont causé aucun ennui. — 19 septembre. Potier au duc de Nevers. Turenne s'est avancé jusqu'à Lépine, pensant que le Roi était à Châlons ; puis, pour soulager la région, il est retourné vers Hans.

Le 18 sept., Turenne était au camp de Saint-Remy, se préparant à attaquer Hans. C'est le lendemain sans doute qu'il parut devant cette place, dont les lansquenets emportèrent et brûlèrent le bourg. Mais, comme la garnison faisait mine de se défendre énergiquement, le vicomte, pressé de rejoindre le roi, ne s'attarda point à forcer le château, et, continuant sa marche vers le Réthellois, prit en passant le bourg et château de Cernay, brûla le fort du prieuré de Senuc et fit fuir les petites garnisons du pays.

26 septembre. — A peine était-il parti que la garnison de Hans, craignant son retour, fit défection tandis que le capitaine Limpost était sorti pour chercher du secours à Clermont. Renneville, averti, courut à Hans avec 100 arquebusiers de Sainte-Menehould, et s'en empara.

26 sept. — Le conseil de ville de Ste Menehould demande au duc de Nevers qu'on rase la place de Hans et qu'on attribue à Sainte-Menehould la couleuvrine, les 3 pièces de fer et les armes et munitions qui y ont été trouvées. — 9 oct. — Le conseil de ville de Châlons demande au même la démolition de la maison forte de Contaut. — 14 octobre. Cette demande est renouvelée. — 18 octobre. Le duc de Nevers a envoyé commission à Pierre de Bar, prévôt des

maréchaux, pour démanteler Contaut. — Les habitants de Sainte-Menehould démolissent Hans.

On commençait aussi à démolir Berzieux et Virginy ; mais, le 9 octobre, à la requête du sr de Beauvais-Nangis qui s'engageait à ne pas faire la guerre et à ne pas recevoir les Ligueurs, le roi donna ordre de suspendre la démolition, au grand regret des Royaux.

Difficultés entre Godet et Thomassin au sujet du gouvernement de Sainte-Menehould.

Bibl. nat., f. fr., 3619, fos 12, 52, 53, 64 ; Rev. de Champ , sept. 1882, p. 243, et janv. 1883, p. 68, 74, 76 ; Châlons, arch. munic., Reg. XIX, fº 183 ; *Lettres*, p. 283-285 ; Berger de Xivrey, 9 octobre ; *Choses notables*, p. 128-130 ; Carorguy, p. 85.

L'armée de la Ligue.

Vers le 20 septembre, Godet recevait à Sainte-Menehould et transmettait au duc de Nevers les avis suivants :

« Monsieur, si jamais il a esté besoing de prouvoir à garder Saincte Manehould, il en est maintenant plus que jamais. Les forces de Monsr du Mainne sont par deça Bar, qui attende les trouppes de S. Altèze. L'on tient pour le sûre que quant ilz seront ensemble qu'ilz vous yront attacquer...

« Monsieur du Mainne est à Bar et ses trouppes à Vassimont, Remenecourt et autres villaiges proches, qui attendent l'armée de S. A. qui s'avance en dilligence pour les joindre... »

Bibl. nat., fr. fr., 3633, fº 117, original sans date.

Le 23 septembre, Mayenne et le duc de Lorraine arrivent à Verdun, suivis de leurs forces et de l'armée italienne.

Son Altaize ariva hier à Verdun avec cents chevaux san aultre suit pleus grande, pour asseurez la ville qui estoit en volontez de se révoltez contre lui, s'il heuse heu quelque ungs prez pour leur secours. Le régiment de Monsieur Denesve y est entrez lundi dernier passez ; celui de Trenbelcourt y doit entrer ausi. L'on dit que celui de monsieur Desne en doit sortir pour aller à Bar, où il ont fort peur d'aultre asenblé. Il ne s'en fait point, encore qu'il ont fort peur par tout. Au retours de mon homme, je suis délibérez de vous aller trouver.

Bibl. nat., f.fr., 3652, f° 95, original sans date et sans signature, avec ce titre ajouté d'une autre main et qui semble inexact : « Arrivée de Montemarciano à Verdun. »

29 sept. — « Voians Messieurs que l'armée de S. A. et de Monseigneur de Mayenne, lesquels sont en ceste Cité depuis le 23 de ce mois, est logée alentour de lad. ville, qui faict tous les dommages, oultrages et concussions que l'on pourroit penser, et qu'icelle cité est sy pleine qu'elle en regorge et ne peult plus soustenir telle foulle », prient les princes de décharger la province et de mettre ordre aux excès.

Verdun, Registre. II.

Le Roi.

Le Roi arrive de Noyon à Chauny le 14 septembre. Le 17, il est à la Capelle ; du 18 au 20, à Maubert, où il transfère, par lettres du 20 sept., le grenier à sel d'Aubenton, à cause de la rébellion notoire des habitants de cette dernière ville. (Rev. de Champ., juin 1882, p. 474).

Le 21, il est à Thin-le-Moutiers (1), d'où il se dirige sur Omont, et invite le duc de Nevers à venir le joindre pour aviser avec lui à reprendre cette place (2).

Le 29 septembre, le Roi est à Attigny, abandonné et ruiné par Villiers, et va au pont de Vrizy, dans la vallée de Bourg, passer la montre de l'armée allemande amenée par Turenne.

(1) Il nous semble qu'il faut lire ainsi le « Tiersmoustiers » des imprimés.

(2) Nous n'avons pas trouvé de documents originaux pour les journées des 22-28 septembre. Palma Cayet dit que le Roi se rendit le 21 à la Cassine et qu'il y fut magnifiquement traité par le duc de Nevers ; mais cette date paraît inexacte, d'après ce qu'on a lu ci-dessus. Il ajoute que le Roi se rendit de la Cassine à Sedan, où il arriva le 23, qu'il y séjourna jusqu'au 26 pour préparer le mariage de Turenne avec mademoiselle de Bouillon, et qu'il revint le 27 à Attigny. Les marches rapides et irrégulières du roi pendant cette campagne paraissent avoir désorienté les chroniqueurs, qui donnent très-souvent des dates fausses ; sur ce point, le *Mémoire des Choses notables* est partout inexact.

Le 30 septembre, averti que les troupes du duc de Lorraine sont à Montfaucon, il s'y rend au grand trot et arrive à la nuit ; mais l'ennemi avait délogé vers midi et s'était retiré à Verdun. Le roi couche à Remonville. — 1er octobre. Il monte à cheval vers dix heures du matin, et s'approche à une lieue et demie de Verdun ; mais 150 chevaux sortis de Montfaucon y ont déjà donné l'alarme. Ce que voyant, le Roi juge plus à propos d'aller surprendre d'Amblise, logé avec 800 chevaux à Mouzay ; mais d'Amblise aussi est prévenu et se replie à Sivry-sur-Meuse, sans que le Roi, marchant sur Damvillers, parvienne à lui couper la retraite. — 2 oct. Le Roi revient à Verdun, « en espérance d'y présenter bataille. » Un grand orage y met obstacle. Cependant Praslain et Vaubecourt vont à l'escarmouche avec quelques chevaux et font un prisonnier, qui assure que l'armée ennemie compte 800 chevaux du pape, douze ou treize cents fantassins italiens, 3000 suisses et 1800 lansquenets. Les ligueurs refusent le combat. — 3 octobre. Trois cents chevaux ennemis viennent reconnaître le Roi ; mais celui-ci a décidé de se retirer à Granpré, où il arrive dans l'après-midi. Ce jour-là, le capitaine Bataille, qui commandait à Montfaucon, abandonna la place d'effroi.

Cependant, dès le commencement d'octobre, le duc de Nevers avait mis le siège devant Omont. Il comptait commencer la batterie le 2 ou le 3 ; mais les pluies l'en empêchèrent. — 5 octobre. Le Roi lui écrit d'Attigny pour lui demander où en est son entreprise. Par une seconde lettre du même jour, il lui annonce l'envoi d'un bon pétardier, en remplacement d'Alfanty, qui a été tué. — Le 6, la batterie est ouverte. Le roi arrive d'Attigny vers quatre heures, visite les tranchées et fait braquer un canon, dont un seul coup emporte la jambe du capitaine Larcher qui commandait dans la place, de son lieutenant La Fontaine, beau-frère de Saint-Paul, et d'un enseigne. La garnison entre alors en pourparlers, et capitule. Le Roi va coucher à la Cassine. — 7 octobre. Il assiste à la sortie de la garnison, visite le château qui paraît intenable, charge Nevers

de le démanteler et d'appliquer à fortifier la Cassine l'argent destiné à Omont. — « Estat des cappitaines et soldatz qui ont esté blessez durant le siège du chasteau d'Omont mis par monseigneur, et qui ont esté amenez par le commandement de mondit seigneur au chasteau de la Cassine Le Duc pour y estre pensez par M⁰ Gérard le Jeune, chirurgien ordinaire des gens de guerre tenans garnison audit chasteau. » 15 blessés. (Bibl. nat., f. fr., 4557, f⁰ 94, original).
— Voir pour le détail de ce siège : « Lettre escrite à madame la duchesse de Nevers par un des domestiques de monseigneur son mari, contenant ce qui s'est passé en Champaigne depuis le premier jusques au huictiesme d'octobre 1591, » in 8⁰ de 8 pages, 1591, analysé *Plaquettes*, p. 127.

9 octobre. — Le Roi écrit de Brieulles-sur-Bar au duc de Nevers qu'il ira le lendemain déjeuner avec lui. — 10 oct. Le Roi est à Brieulles-sur-Bar, se dirigeant sur la Cassine. Le Roi paraît être arrivé à Sédan le 11 ou le 12 octobre. Le 15, il assista au contrat de mariage de Turenne et de Mlle de Bouillon. Le 20, il était encore à Sédan, et de cette ville il envoya mandement aux Châlonnais pour faire l'assiette d'une imposition de 4000 écus à fournir au colonel de Dompmartin pour le licenciement de ses troupes. (Châlons, arch. munic., Reg. XIX, f⁰ 186v⁰. Cf. Poinsignon, p. 295).

12 octobre. — Châlons au Roi, pour lui demander de les délivrer de Vitry et de Reims (*Lettres*, p. 283.) — 13 octobre. Les Châlonnais supplient le duc de Nevers d'employer les forces du Roi présentes en Champagne à les délivrer du voisinage dangereux de Vitry et à démolir les châteaux ennemis, notamment celui d'Heiltz-le-Maurupt (Bibl. nat., f. fr. 3619, f⁰ 52; cf. Rev. de Champ., sept. 1882, p. 243).

14 octobre. — Nevers est au camp de Beaumont (Ardennes); il se dispose à marcher sur Mouzon. — 18 octobre. Deux pièces sous cette date : 1⁰ M. de Brosses envoie au duc le serment de fidélité que les habitants de Mouzon ont prêté au Roi ; 2⁰ Sauvegarde accordée à la dame de Cernay. (Bibl. nat., f. fr., 3619, f⁰s 61 et 63; cf. Rev. de Champ. juin

1882, p. 474). — 20 octobre. Nevers écrit de Sainte-Menehould aux Châlonnais que le Roi a résolu de se départir de la province et de l'emmener avec lui.

Le Roi, en quittant Sédan, était revenu vers Attigny et s'était approché de Réthel, dans l'intention de l'assiéger à la demande du duc de Nevers. Mais Saint-Paul gardait la place avec 2000 hommes, et Mayenne se mettait en mouvement; aussi le Roi abandonna-t-il son projet.

24 octobre. — Les prieur et religieux de l'abbaye de Signy, juge et procureur de lad. seigneurie et habitants dud. village, «reconnoissans l'humanité et gratieuseté de la quelle il a pleu au Roy nostre sire d'user envers nous ces jours d'hier et d'avanthier à son arrivée à Thin le Mousthier avec son armée et artillerie, pour nous avoir pardonné les faultes que nous avons faictes, tant à l'endroict du feu Roy que Dieu absolve que de S. M. à présent régnant, pour ne les avoir recognuz comme nous debvions et au contraire receu en ceste abbaye garnison de la part de ses ennemys, sans que pour tout cella il nous ayt esté faict par commandement de S. M. aulcun tort ny déplaisir en nos corps et biens,» promettent sur la part qu'ils prétendent en Paradis de rendre par cy après à S. M. tout devoir, service et obéissance, payer les tailles dues etc; moyennant quoi le Roi leur donne une sauvegarde pour empêcher qu'on leur fasse aucun déplaisir. Le roi fait aussi démolir certains fossés et guérites «afin de rendre la place moins forte et seure qu'elle est et oster l'occasion à ceulx qui auroient aimé de s'y retirer pour y mal faire.»

Bibl. nat., f. fr., 3980, f° 360, original, 30 signatures.

25 octobre. — Les Châlonnais au duc de Nevers, pour réitérer leur précédente demande au sujet de Vitry, et pour lui annoncer qu'ilz ont envoyé à ce sujet M. de Thomassin vers le Roi. — 25 oct. Thomassin écrit de Tourteron au duc que, obligé de rentrer à Châlons par les mouvements de Mayenne, il n'a pu joindre le Roi, et prie Nevers de s'occuper de la ville de Châlons, où la misère pourrait apporter

du changement. — 26 octobre, de Rumilly. Le duc regrette l'inutilité des démarches des Châlonnais et du voyage de Thomassin. — Même jour. Les Châlonnais regretttent le départ du Roi ; mais ils se maintiendront fidèles, quoi qu'il leur en coûte. (Rev. de Champ., juin 1882, p. 474 ; sept. 1882, p. 243 et 244).

Après quoi, le Roi entre en Picardie pour reprendre Vervins, puis va en Normandie et met le siège devant Rouen (novembre).

Pour l'ensemble de cette campagne, cf. Berger de Xivrey; *Lettres*, p. 283-285 ; Montbéton, Rev. de Champ., nov. 1887, p. 332-334 ; De Thou, l. 202 ; *Choses notables*, p. 127-128, 130-132 ; Carorguy, p. 85-87 ; Palma Cayet.

L'armée ligueuse suit de loin celle du Roi.

12 octobre. — Godet écrit au duc de Nevers que, la veille, quelques gardes de Chaligny ont été faits prisonniers à Rapsécourt, et qu'on a su d'eux que les princes lorrains étaient toujours à Verdun.

L'armée ligueuse ne tarda pas à se mettre en mouvement. Arrivée à Saint-Juvin, elle le brûla et le ruina ; un détachement fut envoyé à Cernay et le traita de même façon. — 21 octobre. Godet au duc de Nevers. Mayenne, après un séjour à Saint Juvin, marche par Réthel sur Reims. Le duc de Lorraine est venu avant-hier dîner à Clermont et a envoyé quelques forces contre Sainte-Menehould ; il n'y a eu qu'une petite escarmouche ; puis le duc est rentré à Verdun. Huit cents chevaux et 1200 fantassins sont logés à Prez, terre de Beaulieu, et aux environs. — 28 octobre. Thomassin au duc de Nevers. Les ennemis sont en forces à Reims et près de Grandpré.

En ce moment Saint Paul, tirant deux pièces de canon de Réthel, alla prendre Richecourt et Lobrelle, où il mit le capitaine Saint-Blancart.

29 octobre. — Champagnac au duc de Nevers. Rocroy est dans la dernière nécessité et presque entièrement bloqué.

6 novembre. — Le Parlement de Châlons au Roi. La

présence de Guise à Reims fait craindre une entreprise contre Châlons. Il est regrettable que le Roi ne semble point disposé à laisser de forces dans la province.

L'armée catholique s'achemine ensuite sur Dizy-le-Gros (Aisne). — 26 novembre. Mayenne est à Montcornet, d'où il écrit aux députés réunis à Reims que le duc de Parme arrivera vers la fin de la semaine et qu'ils devront alors se rendre à Laon pour prendre une bonne résolution sur les affaires de la religion et de l'état.

Saint-Paul avait quitté l'armée catholique à Dizy pour mettre le siège devant Rozoy, qui se rendit après deux sommations. Ensuite il alla à Mézières pour y continuer la construction de la citadelle.

Bibl. nat., f. fr., 3619, f°° 53, 75, 78, 82 ; *Lettres*, p. 286 ; *Choses Notables*, p. 133 ; Montbéton, Rev. de Champ., nov. 1887, p. 334-335. Cf. Rev. de Champ., juin 1882, p. 474 ; sept. 1882, p. 244 ; janv. 1883, p. 74 ; Henri, p. 427.

Le duc de Bouillon prend Stenay.

1591, novembre-décembre.

[19 novembre]. — Turenne, le soir de ses épousailles, commande aux gentilshommes réunis à Sédan pour cette fête «que chacun monte à cheval avec luy, qui tire 400 arquebusiers tant de la garnison que des habitans, et s'achemine à Stenay, où il fait jouer le pétard et donner l'escalade si brusquement qu'il entre dedans.» Malgré la vaillante défense des Lorrains, la ville est prise, pillée, et Corna y est laissé pour gouverneur.

Un autre corps de troupes surprit Dun dans la même nuit.

Choses notables, p. 133-134, avec erreur de dates ; Montbéton, Rev. de Champ., sept. 1887, p. 335 ; Carorguy, p. 87 ; Cayet, p. 309 ; Société de Bar-le-Duc, t. V, p. 160.

Le duc de Lorraine assiège Stenay.

Le duc de Lorraine en personne court en diligence vers Stenay pour le reprendre.

[23 novembre]. — Il s'empare de Dun en passant.

[25 nov. - 17 décembre]. — Assisté de Saint-Paul et de Guyonvelle, il met le siège devant Stenay, qui est complètement investi, et battu. — Cependant le duc de Bouillon était à Châlons, y assemblait bon nombre de forces, y recevait de Thomassin un canon et des munitions. D'autre part Dinteville, invité par trois lettres du Roi à aider le duc de Bouillon dans la défense de Stenay, partait de Langres avec les troupes disponibles (1). — Belle défense de Corna, qui repousse heureusement deux assauts. — Vandy trouve moyen d'introduire à Stenay pendant la nuit un secours de 100 cuirasses. Le matin, il fait une brillante sortie contre les moulins, occupés par les Lorrains, qu'il défait complètement. Seconde sortie le même jour contre les tranchées : les Lorrains abandonnent leur canon ; le duc de Lorraine manque d'être fait prisonnier. — L'approche de l'armée réunie par le duc de Bouillon force les Lorrains à lever le siège et à se rebattre vers le Bassigny.

Choses notables, p. 134-137 ; Montbéton, Rev. de Champ., sept. 1887, p. 335-336 ; Carorguy, p. 88-89 ; *Lettres*, p. 287 ; Rev. de Champ., oct. 1881, p. 286.

Saint-Paul.

[Vers le 20 décembre]. — Après la levée du siège de Stenay, Saint-Paul, passant par Mézières, pousse jusqu'à Maubert-Fontaine et l'attaque à l'aube. Mais les échelles se rompent et l'escalade est manquée.

Alors il se retire à Reims, « où il hume l'air de quelque repos »; puis rejoint à la Fère le duc de Parme et Mayenne, qu'il accompagne jusqu'à Moyencourt, et revient encore à Reims.

Bibl. nat., f. fr., 3619, f° 133 (Rev. de Champ, juin 1882, p. 474) ; Montbéton, Rev. de Champ., sept. 1887, p. 337.

(1) Du 6 au 16 décembre, les habitants de Vitry envoient divers messagers à Possesse, Vernancourt, Sommièvre, Verrières, Dampierre, pour s'informer de la marche des suisses de Dinteville. (Vitry, CC.75, pièce 106).

Le duc de Bouillon.

20 décembre.— Le Roi écrit de Darnetal aux Châlonnais qu'il a ordonné à Dinteville de rester avec le duc de Bouillon en attendant le retour du duc de Nevers.— 23 déc. Le duc de Bouillon écrit de Sedan aux Châlonnais qu' «ils ont avec M. de Dinteville fait la résolution de se mettre ensemble sur le commencement du mois de février prochain,» pour travailler au service du Roi.—31 déc. Le duc de Nevers aux Châlonnais. «Puisqu'il ne m'est permis de retourner en vos quartiers, je suis très aise que M. de Bouillon puisse effectuer ce que moy mesme j'ay désiré de pouvoir faire et qui vous est tant nécessaire. Et pour ce, non seullement je trouve bon que vous l'en priez, mais que vous l'en pressiez.» (*Lettres*, p. 287-290).

Affaires locales.

1591, octobre-décembre.

Vendanges des Châlonnais.

1er octobre. — Le Roi a envoyé des gens de guerre sous la conduite du sr de Pouville pour protéger la vendange des Châlonnais. M. de Thomassin dirigera ces troupes vers la Montagne de Reims. — 4 oct. Défense à toute personne de faire vendanger les vignes des rebelles, si ce n'est à condition que la moitié de la récolte appartiendra au Roi et l'autre moitié aux vendangeurs, à charge par eux de fournir les frais de la vendange, les poinçons, et de délivrer la part du Roi aux magasins qui seront désignés à Châlons, Epernay et Vertus. — Les dépenses faites pour les hommes de pied et de cheval du sr de Pouville se sont élevées à 600 écus.

<small>Châlons, arch. munic., Reg. XIX; bibl; munic, « Estat des frais...»
Arch. nationales, XIa 9258, f° 143vo ; *Lettres*, p. 283.</small>

Du côté de Troyes.

Octobre.— Le duc de Guise arrive à Troyes. Sollicité de reprendre Bar-sur-Seine, il y envoie des forces, fait sommer la ville de se rendre, reçoit un refus, se retire sans attaquer et, au retour, pille les habitants de Virey-sur-Bar, réfugiés au château du Châtelier.

2 novembre. — Le sʳ de Birague et le baron de Saint-Amand, avec 1200 Suisses, attaquent le château de Loches, d'où les Ligueurs inquiétaient Bar-sur-Seine. L'église, où la garnison et les habitants s'étaient retirés, est brûlée ainsi que le village. — Ensuite, Birague se dirige sur Châlons, demande l'entrée des fauxbourgs (11 novembre), puis consent à s'éloigner de cette ville pour se loger à Avise. Mais les habitants d'Avise se mettent en armes sur leurs murailles, et lui refusent l'entrée. Birague écrit le 26 novembre pour prier les Châlonnais d'arranger l'affaire.

Après le départ de Birague, les Ligueurs de Châtillon et de Bar-sur-Aube recommencent leurs courses et voleries.

Châlons, arch. munic., Registre XIX, 17 novembre ; *Lettres*, p. 286; Carorguy, p. 87-92 ; Boutiot, IV, p. 205-206.

Région du Bassigny.

L'évêque de Langres a fait sa soumission au Roi.

19 octobre. — Charles des Cars, baron d'Aix, son neveu, du consentement de l'évêque, reprend Mussy sur la Ligue et écrit au duc de Nevers : « J'ay tant veillé après Mussy qu'assisté de l'aide de Dieu et de mes amis je l'ay remise au bon chemin. »

Garnison royaliste à Mussy. (Bibl. nat., f. f., 3619, fº 79).

12 décembre. — L'évêque remercie le duc de Nevers de la main-levée de son diocèse et de ses abbayes, et proteste de sa fidélité au Roi.

Cf. Rev. de Champ., février 1884, p. 146 ; Carorguy, p. 84 ; Piépape, p. 338.

[Novembre ?] — Le marquis de Reynel reprend aux Lorrains Montéclair, où Guyonvelle avait serré ses écus et l'abbé de Clairvaux son trésor. (Carorguy, p. 87).

Langres demeure fidèle ; mais il y a de graves difficultés.
— 8 novembre. Emotion populaire, qui oblige à ajourner

l'entrée en cette ville d'une compagnie de 250 Suisses. — 11 novembre. Dinteville au duc de Nevers. « Je veois ce peuple aller de mal en pis. » Il se plaint de l'allure suspecte de MM. du Chastelet. — 12 novembre. Les gens de bien croient que, sous ce qu'ont fait les Chastelet, Anglure et Autrecourt, « il y avoit autre chose. » — 13 novembre. La situation devient inquiétante. Les Lorrains sont entre Langres, Coiffy et Montigny. — 22 novembre. Les Lorrains ont des pratiques à Langres. Dinteville, avec ses Suisses, a pu empêcher l'entrée en France des forces de M. de Vaudemont ; mais les Chastelet ont essayé de soulever le peuple contre les Suisses. Détresse du pays : on ne fait la guerre qu'aux paysans, et le commmerce s'éteint partout.

6 et 7 décembre. — La présence des ennemis à Lamothe a décidé le Conseil de Langres à recevoir 300 hommes dans les faubourgs, non sans murmures du peuple. « Car icy le vent de la Ligue souffle plus souvent qu'il ne seroit à désirer. »

Bibl. nat., f. fr., 3619, lettres diverses. Cf. Rev. de Champ., sept. 1883, p. 242 et 243; février 1884, p. 145.

L'armée ligueuse sort de Champagne.

1592, janvier.

A la fin de décembre, l'armée catholique s'était dressée en Picardie. Le duc de Parme y avait amené 1500 chevaux, 8000 fantassins et 4000 lansquenets; M. de Vaudemont, 400 chevaux; le duc de Montemarciano, 500 chevaux italiens, 2500 Suisses, 500 fantassins italiens; le duc de Guise, 200 chevaux ; le duc d'Aumale 500 chevaux ; le comte de Chaligny, 200 chevaulx ; il y avait encore 800 chevaux et 1200 fantassins français. En tout, à peu près 16000 fantassins et 4000 chevaux. —28 décembre. Richier écrit à M. de Combles que tous les princes, sauf M. de Guise, sont à La Fère, et que l'armée va partir au secours de Rouen.

Le voisinage de cette armée avait causé de grandes craintes à Châlons. — 13 déc. 1591. Règlement pour la garde. — 4 janvier 1592. «Sur ce qui a esté proposé que le bruit est que l'Espagnol entre en France pour favoriser les rebelles, et qu'il est bon de pourveoir à ce qui est nécessaire pour la fortiffication et deffense de la ville, s'il tournoit teste... ; a esté conclu qu'il sera faict commandement aux habitans de se pourveoir de farine et que les gouverneurs advertiront les marguilliers des paroisses et officiers des abbayes de faire mectre en estat deu les moulins tant à bras qu'à cheval de leursd. paroisses, et d'en faire bastir pour celles où il ne s'en trouvera....»—15 janvier. Règlement pour la garde. — 8 février. Règlement pour la recherche des gens sans aveu et pour l'ordre à tenir quand on sonne l'alarme.

Les Ligueurs partirent dans la direction de Ham en janvier, puis entrèrent en Normandie. L'éloignement des grandes armées procura un peu de repos à la Champagne, où, pendant les premiers mois de 1592, il ne se fit que des courses légères.

Montbéton, Rev. de Champ., nov. 1887, p. 342-343 ; Châlons, arch. munic., Registre XIX, f° 189 ; *Lettres*, p. 289; Pussot, p.12; Carorguy, p. 93.

Département fait par le duc de Nevers pour la présente année 1592.

Voici, selon cet état, quelles devaient être en Champagne les garnisons de gens de guerre au service de S. M.

Châlons : 6 compagnies de fantassins, 50 chevau-légers.

Epernay : 150 fantassins, 50 chevau-légers.

Fère-en-Tardenois : 31 fantassins.

Sainte-Menehould : 100 fantassins dans la ville, 150 au château, 40 chevau-légers.

Sedan : 400 fantassins en 2 enseignes.

Stenay : 5 enseignes de fantassins, 200 chevau-légers en 4 cornettes.

Maubert-Fontaine : 100 chevau-légers en 2 compagnies, 300 fantassins en 3 enseignes.

Donchéry...

La Cassine...

Grandpré : 20 fantassins.

Saint-Maurice et *Chassy* : 20 arquebusiers à cheval, 10 à pied.

Bibl. nat., f. fr., 4557, f° 48.

En outre, par ordonnance du 4 avril rendue au camp devant Rouen, le roi maintenait à Epernay et Stenay les Suisses qui s'y trouvaient en garnison, promettait l'envoi en Champagne de 400 reistres et 1000 lansquenets, et logeait à Langres les compagnies de Dinteville et de Luxembourg.

Bibl. nat., f. fr., 3452, f° 1.

Trêve de Sainte-Menehould.

1592, 17 janvier.

« La Lorraine et la Champagne étoient extrêmement ruinées, et principalement en la frontière. Pour y mettre quelque ordre, sur la fin de [janvier] se virent à Sainte-Menehould le duc de Luxembourg et quelques conseillers de la cour de Châlons de la part de la France, et Haussonville assisté d'un maître des requêtes pour la Lorraine. Mais il ne sortit aucun fruit de cette conférence. » (*Choses notables*, p. 137).

14 janvier. — Dinteville écrit de Châlons au Roi : « M. de Luxembourg partit d'icy samedy pour se rendre à Saincte-Manehould, où Haussonville le debvoit venir trouver de la part de M. de Lorraine. » (Rev. de Champ., octobre 1881, p. 287.)

Préambule et disposition à la trêve.

Suivant l'ouverture cy devant faicte au Roy d'une trefve et suspension d'armes entre Sa Majesté et Monsieur le duc de Lorraine pour les laboureurs, vignerons et autres gens du plat pais faisans profession de labeur, et à cette fin convenir de quelques uns pour en traicter et négotier, Monsieur de Luxembourg, ayant receu commandement de Sa Majesté de s'y employer, partit le sabmedy onziesme jour du présent mois de janvier de la ville de Chaalons où il estoit pour se rendre en celle de Saincte Menehould, lieu convenu entre les parties, ayant mené quant et luy le sieur de Lestre, advocat général de Sa Majesté en sa court de Parlement à Chaalons, et le secrétaire Faigeot, pour se servir de leur entremise en cette négociation.

Arrivé le jour mesme à Saincte Menehoud, le sʳ de Vannes fut à mesme heure depesché dès le lendemain au sʳ d'Ossonville, qui estoit à Verdun député de Monsieur de Lorraine, et luy envoyer les passeports nécessaires pour le venir trouver et traicter ensemblement de cet affaire.

Led. sʳ d'Ossonville ne se rendit audict Sainte Menehout que le mardy ensuivant treiziesme dud. mois, accompagné du sʳ Bardin, Mᵉ des requestes de mond. sʳ de Lorraine. L'abouchement fait, les premiers propos, d'une part et d'autre, furent de la misère de ce temps et du désir que tous les gens de bien avoient d'y remédier et procurer quelque bon repos à l'honneur de Dieu, contentement des princes, bien et utilité de leurs subjects, réciproquement se tenant les uns et les autres à ce commencement, chacun sur le sien, assez longuement, sans s'ouvrir d'aucune chose.

Enfin le sʳ d'Ossonville, reconnoissant que la requeste et demande devoit venir de leur part, ouvrit ce pas, et, pour l'entrée de sa proposition, s'efforça de faire accroire qu'ayant esté son maistre semond de la part de Sa Majesté à cette négociation, ils s'y estoient rendus pour entendre ce qu'on leur voudroit proposer et quelle satisfaction ilz pouvoient espérer de beaucoup de grandes et justes prétentions qu'ilz avoient à mettre en jeu.

Cette supposition fut bientost relevée et réfutée en représentant au vray comme les choses avoient passé jusques alors, asscavoir que, comme Sa Majesté n'avoit jamais pensé à cette ouverture pour ne sçavoir rien de leur but et intention, aussy n'avoit il jamais célé qu'il désiroit le repos du peuple, ny refusé, toutes les fois qu'il en avoit esté parlé, d'y prendre tout bon acheminement. Là dessus, mond. s^r de Luxembourg print occasion de dire que de son naturel il estoit franc et ouvert, sans fard et dissimulation, aymant la vérité, ne prenant pied et fondement que sur icelle; qu'il connoissoit led. s^r d'Ossonville pour gentilhomme d'honneur de mesme inclination, ayant pleine lumière de l'occasion des présentes guerres intervenues à son grand regret par l'induction de ceux qui, s'estans contre Dieu, la raison, le droict des gens et celui de la société humaine figuré des couronnes et des principautez, avoient renversé et confondu tout l'ordre de la mesme société; qu'il falloit apporter le remède à cette plaie, et non pas l'aigrir et l'ouvrir davantage, ce qui ne se pouvoit faire que par traicter rondement et ingénuement de part et d'autre ;

Partant qu'il prioit led. s^r d'Ossonville de tenir cette forme comme la plus convenable à son naturel et au subject qui se traictoit, asscavoir de labourage, profession suivie d'une vie la plus simple et innocente de toutes, de laquelle aussy il concevoit un bon présage et augure ;

Que cette négociation, tirée de si bons principes, quelques petitz et abjectz qu'ils fussent en apparence, produiroit un trèsgrand fruict au bien commun des deux parties, et rameneroit au chemin du repos beaucoup de gens qui s'en estoient avec peu de raison détracquez.

L'efficace de cette petite remonstrance et digression ne fut inutile, parce que aussy tost elle fit lever le masque et effaça le fard dont on s'estoit couvert à ce commencement, les députez de Lorraine estans incontinent après entrez en lice ouvertement, avec prières qu'on mit soubz le pié et en perpétuelle oubliance les choses passées ; (1) ayant proposé choses de telle conséquence qu'il a semblé audict s^r de Luxembourg les devoir remettre à dire de bouche à Sa Majesté lors qu'il aura cet honneur d'estre auprès d'Elle, qui sera avec les trouppes de cette province, les quelles doibvent partir si tost qu'elles seront joinctes ensemble pour l'aller trouver et luy rendre le service qu'elles doibvent à Sa Majesté, parmi les quelles sera celle du duc de Parme dict sieur de Luxembourg, qui est debout il y a jà longtemps. Sur cette occasion mond s^r de Luxembourg, ne voulant perdre l'advantage auquel il se voioit par la bonne disposition desd. députez, mit en avant audict s^r d'Ossonville de faire un voiage en mesme temps devers Sa Majesté, sans en entrer en plus grand traicté ne communication, ce qu'il a monstré trouver trèsbon et en doibt faire proposition à son maistre, chose qui ne peut venir que à propos et respondre à ce que Sa Majesté monstre de désirer d'enfiler tellement cette négociation que on en puisse reprendre le fil toutes quantes fois que l'on voudra.

(1) La fin de ce paragraphe est chiffrée, avec déchiffrement interlinéaire ; le nom du «duc de Parme» ci-dessous ne s'explique pas et la phrase semble mal lue.

Après tout ce discours, lesdictz députez requirent qu'on eust à négotier du labourage ; à quoy mondict sieur de Luxembourg condescendit, et en ont esté dressez les articles dont mondict sieur de Luxembourg envoie copie signée de sa main à Sa Majesté, ayant retenu l'original pardevers luy pour ne le commettre au danger des chemins, pour avoir lieu soubz le bon plaisir de Sa Majesté et de mondict sieur de Lorraine, et non autrement ; lesquels si Sa Majesté a agréables, elle en fera, s'il lui plaist, la ratification, comme ledict sieur de Luxembourg a donné ordre que les députez de Lorraine envoient incessamment devers monsieur du Maienne pour faire que ceux de la Ligue interviennent et s'obligent à l'observation d'iceux, et que les sujetz de Sa Majesté en puissent tant plus tost ressentir le fruict et la commodité.

Parce qu'il y a plusieurs articles qui ne sont de la condition du labourage, et néantmoings que mondict sieur de Luxembourg a jugez estre du bien du service de Sa Majesté, il a bien voulu luy en toucher les raisons.

Asscavoir, quant à l'article par lequel les gentilshommes et autres portans les armes ne pourront estre pris prisonniers de guerre estans en leurs maisons: que la pluspart de la noblesse, reconnaissant, comme elle faict, Sa Majesté, et se monstrant fort dévotieuse à son service, se trouvera beaucoup soulagée d'avoir quelque retraicte et repos en sa maison et moyen d'y mesnager quelque chose pour supporter les fraiz et despences qu'il luy convient faire à l'occasion de la présente guerre.

Sur l'article des laboureurs: estant si général qu'il

est, sçavoir que pour quelque cause que ce soit on ne pourra arrester leurs personnes ny prendre leurs chevaux, meubles et bestial, n'y aiant autre prinse sur eulx, ilz se trouvent conséquemment deschargez de toutes contributions que lèvent sur eux les ennemis, ensemble des tailles, d'autant que à Sa Majesté seule en appartient la cotisation et levée.

L'article pour les gens d'église et les meubles desdictes églises est conforme aux déclarations que Sa Majesté en a cy devant faictes.

Celuy des bois tourne beaucoup à l'advantage de Sa Majesté et des seigneurs particuliers, par ce que les ventes seront doresnavant ouvertes, dont on pourra tirer grande somme de deniers et les seigneurs s'accommoder du leur, ce qui ne peut beaucoup regarder monsieur de Lorraine, pour ce qu'ilz ne peuvent faire profict des siens que par le moyen des forges, et lesdictes forges cessent à l'occasion que le commerce et trafficq n'a lieu.

Autant en est de la pesche des estangs.

Quant à l'article des verres et papetiers, encores que les députez de Lorraine l'ayent proposé, si est ce qu'il tourne au bien commun des uns et des autres, néantmoins le tout remis soubz le bon plaisir du Roy pour en ordonner ce qu'il jugera pour le mieux.

Lors que mondict sieur de Luxembourg partit de la ville de Chaalons pour venir en celle de Sainte Menehoult, le sieur de Meuze, beaufrére dudict sieur d'Ossonville, se trouvant en ladicte ville de Chaalons, iceluy seigneur de Luxembourg, estimant que son ministère seroit fort à propos et utile à cette négociation, tant pour le zèle et affection qu'il a au service du Roy que pour la privauté qui est entre luy et ledict sieur d'Ossonville, le pria de faire le voiage avec luy, ce qu'il a faict, et s'y est en ce rencontre tellement comporté qu'il a rendu un trèsbon service à Sa Majesté, dont ledict sieur de Luxembourg n'a voulu deffaillir au tesmoignage qui luy en est deub.

Faict à Saincte Menehoult, le dixhuictiesme jour du mois de janvier (1), l'an de grâce mil cinq cens quatre vingtz et douze. Et estoit signé : FRANÇOIS DE LUXEMBOURG. Et plus bas : Pour copie envoiée à Sa Majesté.

Articles

Accordez entre monsieur de Luxembourg, duc d'Espiney, pair de France, prince de Tingry, député par le Roy, d'une part, et le sieur d'Ossonville, conseiller d'Estat de monseigneur le duc de Lorraine et mareschal de Barrois, d'autre, soubz le bon plaisir toutesfois de leursd. Majesté et Altesse, pour estre gardez et observez doresnavant ez pais de Champaigne, Bassigny, Mouzon, terres de Sédan, Stenay et au dedans des Païs de Lorraine et Barrois, terres de la mouvance de l'évesché de Verdun, pays Verdunois et terres de Jametz, incontinent après qu'ilz auront esté agréez et ratifiez par leursd. Majesté et Altesse, laquelle ratification lesd. députez ont promis de poursuivre dedans six sepmaines prochain venant ; à l'observation desquelz articles, leursd. Majesté et Altesse feront sousmettre et obéir tous ceux qu'il appartiendra, et de ce en pren-

---

(1) On a écrit par erreur dans la copie : « septembre. »

dront toutes les asseurances qu'ilz verront nécessaires.

1. Que tous paisans, laboureurs et gens des champs, vignerons, manouvriers qui ne porteront les armes ne pourront estre couruz, pillez ou prins prisonniers ne mis à rançon, ni pareillement leurs chevaux, juments, vaches, moutons et toute autre sorte de bestial, ensemble leurs meubles, prins et amenez, soubz quelque prétexte que ce soit, ains sera libre ausd. paysans et laboureurs de vacquer à leur labourage et ouvrage sans que lesd. gens de guerre puissent exiger d'eulx aulcune chose ny leur mesfaire en quelque sorte que ce soit, sur peine de la hard.

2. Ne pourront les gentilshommes et autres portans les armes d'un et d'autre party estre prins prisonniers de guerre estans en leurs maisons ny leursd. maisons pillées.

3. Au cas que aucunes desdictes choses prises se trouveront furtivement destournées, pourront estre vendiquées par ceux à qui elles appartiendront et lesd. détempteurs tenus d'en faire restitution.

4. Si aucuns gens de guerre, soit de pied ou gens de cheval et autres portans les armes, se trouvent avoir contrevenu à ce que dessus, les gouverneurs des villes, places et lieux où lesd. contrevenans feront leurs retraictes, ensemble les capitaines desd. gens de guerre, seront tenus de les appréhender et faire appréhender et les choses par eux prinses, incessamment au plustost qu'ilz l'auront peu ou deu sçavoir et sans attendre autre dénonciation, pour estre en premier lieu lesdictes choses prinses restituées à qui il appartiendra après qu'elles

auront esté deuement reconnues, et lesdictz contrevenans seront pugnis, comme perturbateurs du repos public et infracteurs du présent reiglement, des peines cy dessus et autres plus grandes, si elles y eschéent; à faute de quoy seront lesd. gouverneurs et capitaines tenuz d'en respondre en leurs propres et privez noms, comme fauteurs desdictz délinquans.

5. Les seigneurs chastellains et autres ayans maisons fortes qui commettront ou souffriront commettre les violences susdictes seront poursuiviz des mesmes peines, comme aussi ceux qui se trouveront ez fortz servans de retraicte aux gens de guerre, et contre eux procédé extraordinairement par les prévosts des mareschaux, ausquels sera enjoinct d'y tenir la main sans dissimulation ou connivence.

6. Et où aucuns desdictes gens de guerre et autres portans les armes de l'un des partis, après avoir commis les cas susdictz, se retirent en celuy de l'autre, les chefz et capitaines dud. party où se trouveront lesd. retirez procéderont allencontre d'iceux par les mesmes peines, ou les rendront, s'ilz en sont requis, pour en faire la pugnition exemplaire, et ce au choix de ceux au dommage desquelz lesd. violences auront esté commises.

7. A cette fin a esté advisé que, conformément aux ordonnances tant anciennes que modernes, lesdictes gens de guerre seront tenuz de porter les marques et enseignes de leur party, sans les desguiser, diversifier ne changer, et que les contempteurs ne pourront estre aucunement réclamez, ains de ce mesme faict tenuz et

réputez criminels de vol et tenement des champs, gens vagabondz et sans adveu.

7. Sera loisible ausd. laboureurs, soit qu'ilz résident aux villes ou aux champs, de conduire avec toute asseurance tous les fruictz provenans de leurs terres et héritages, quelque part qu'ilz soient assis, des pays susnommez en leurs maisons et demourances, sans y estre aucunement inquiétez ny molestez ; et, où ilz transporteroient lesd. fruictz és villes du party contraire autres que leursd. demourances soubz quelque prétexte que ce soit sans passeport suffisant, sera loisible ausd. gens de guerre faire leur proffit desd. choses transportées, rendant les harnois et chevaux et sans incommoder ou endommager de plus lesd. laboureurs et paisans.

9. Les nobles et roturiers estans au dessoubz de quinze ans ne pourront estre constituez prisonniers, ny les filles et femmes, de quelque qualité et condition qu'elles soient, ny prins sur eux aulcune chose sortable ou servant à leur condition, comme vestemens, bagues, chevaux, chariots, et le tout sans fraude.

10. Parce que la piété commande à tous chrestiens d'avoir en révérence les églises et personnes ecclésiastiques, est pareillement accordé que les monastéres des religieux et religieuses, les églises des villages et les personnes vacquans au service divin ne pourront estre pillez, couruz ny constituez prisonniers ou molestez en façon ny manière que ce soit, s'ils ne sont trouvez au combat et portans actuellement les armes.

11. Et au cas qu'aucuns soldatz s'oublient tant que de

piller meubles et vaisseaux dédiez au service divin, est enjoinct ausd. gouverneurs et capitaines des places où ilz se seront retirez se saisir des délinquans et de ce qui se trouvera avoir esté pillé, pour estre les délinquans chastiez comme sacrilèges et impies, iceux meubles restituez à qui il appartiendra.

12. Les marchans fermiers des estangs en l'estendue des pais et terres susd. pourront faire les pesches d'iceux, vendre et débiter le poisson en provenant, sans que lesd. marchans, leurs gens, facteurs et autres vacquans à lad. pesche et conduitte du poisson ny pareillement led. poisson puissent estre de prise.

13. Pourront pareillement les marchans véryers et papetiers d'une part et d'autre aller, venir, séjourner avec leurs marchandises en chacune desdictes provinces et lieux dénommez cy dessus pour y débiter leurs denrées, sans que eux ny leurs dictes marchandises puissent estre de prises, ne qu'ilz soient troublez ny molestez en aucune sorte et manière que ce soit.

14. Les officiers des eaues et forestz d'une part et d'autre, tant de leursd. Majesté et Altesse que des seigneurs particuliers, pourront en toute seureté et liberté aller, venir, hanter et fréquenter ez forestz de leurs charges, et en icelles faire visitations et recherches des malversations, bailler assiette de vente de bois, les faire marteller et mesurer et en faire le recollement quand bon leur semblera, comme ilz avoient accoustumé auparavant la guerre, sans que iceux officiers ny ceux qui les assisteront puissent estre couruz ou prins ny mis à rançon de part ou d'autre.

15. Les marchans ventiers de bois pourront semblablement hanter et fréquenter èsd. forestz pour user des ventes à eux adjugées, soit de haute fustaye, taillis ou cabliz, bois mort et mort bois.

16. Pourront iceux marchans transporter ou faire transporter le bois de leursdictes ventes soit par chariots, charges et chevaux ou asnes, débiter leursd. bois ou charbon à qui bon leur semblera, sans que iceux marchans, leurs gens, chevaux ou bestiaulx ny ceux auxquels ilz débiteront leursd. bois puissent estre couruz, prins ou mis à rançon de part ou d'autre.

17. Le semblable sera observé pour le regard des marchans des glandées, tant pour eux, leurs gens, associez et porcs qu'ils mettront ez glandées d'icelles forestz, à peine de restitution de tous dommages et intérestz.

Faict à Saincte-Mennehoult, le dixseptiesme jour du mois de janvier l'an mil cinq cens quatre vingtz et douze. Ainsy signé : François de Luxembourg, Affricain de Haussonville.

Bibl. nat., f fr., 2751, f° 100 ; 4019, f° 154 ; copies.

27 janvier. — « A esté conclu (au Conseil de Châlons) que l'on se transportera pardevers M. de Luxembourc pour entendre quelle est la trève pour le païs de Lorraine, affin de faire remonstrance au Roy ou à M. de Dinteville s'il y a quelque chose préjudiciable au bien et soulagement de cette ville, pour y estre pourveu. »

Châlons, arch. munic., Registre XIX.

Affaires locales.

1592, janvier-juin.

Saint-Paul.

21 janvier. — Le Roi à Dinteville. Ordre de rester en Champagne, parce que Saint-Paul y retourne.

Saint Paul, revenu à Reims, s'achemine à Château-Porcien et fait travailler activement aux fortifications en réquisitionnant les habitants des villages. De là, il se dirige sur Vervins, qu'il essaie inutilement de surprendre pendant la nuit, se loge à Plomion, puis à Mézières où il demeure trois jours.

Ensuite, comme il passe près de Donchéry, la garnison engage contre lui une furieuse escarmouche. Ceux de Sédan, attirés par le canon, sortent au secours des Royaux, mais sont chargés par Saint-Blancart et repoussés dans la ville.

Saint Paul marche par Chémery sur Beaumont-en-Argone, qui se rend sous la seule condition de recevoir garnison catholique et de prêter serment à l'Union.

Il revient à Reims faire ses Pâques, et part pour la Normandie.

Cf. Rev. de Champ., oct.. 1881, p. 287 ; Montbéton, Rev. de Champ., novembre, 1887, p. 137-138; Chronique de Jean Taté, Rev. de Champ., janvier 1889, p. 46 ; Berger de Xivrey, 21 janvier.

Du côté de Sainte-Menehould.

En janvier, le s^r de Haraucourt, gouverneur et bailli de Clermont, entreprend sur Sainte-Menehould, donne l'escalade, et est repoussé. (*Choses notables*, p. 137).

Du côté de Châlons.

8 février. — « Les marchans, tant de ceste ville (de Châlons) que de Sedan, demandent la liberté du commerce sans aucune charge ou imposition. » On en fera remontrance aux Trésoriers. — 12 mars. « On se retirera pardevers M. de Thomassin pour aviser à ce que les laboureurs,

mesmes ceux de la ville et fauxbourgs, ne soient couruz et excédez comme ilz sont journellement, ains soutenuz et soulagez par ses gens, les envoiant souvent aux champs, et que les soldatz, qui soubz prétexte de la guerre commettent toutes sortes de volleries et extorsions sur les laboureurs, soient désavouez et puniz en justice. » — 4 avril.
« Les soldatz de la garnison, soubz prétexte du service du Roy et bien de la ville, donnent empeschement et molestent ceulx qui entrent et sortent. » (Châlons, arch. munic., Registre XIX).

28 avril. — « Les volleurs d'Espernay » pillent dans la nuit une partie des bourgs de la porte Cérès. — 3 mai. Ils pillent dans la nuit Lavanne et lieux voisins. — 16 mai. Ils pillent Villers-Alleran et tuent plusieurs habitants. (Pussot, p. 13).

5 mai. — Le Conseil de Châlons remet à la direction de M. de Thomassin «de faire tout ce qu'il trouvera nécessaire pour la reprinse du lieu de Saint Gon, mesmes de y mener une ou deux pièces d'artillerie, sy besoin est, et pourvoir à la seureté de la conduite d'icelle.» (Registre XIX). —24 mai. D'Origny écrit au duc de Nevers que Thomassin assemble 400 chevaux pour reprendre Saint-Gond, près Sézanne. (Rev. de Champ., février 1884, p. 147). — Dépenses faites pour la reprise du château-fort de Saint Gond, «distant de lad. ville de dix lieues, où s'estoient retirez aucuns soldats qui tenoient le party contraire et empeschoient la levée des tailles du costé de la Brye et tenoient les chemins.» Messagers envoyés aux sieurs de Plancy, de Cormont, de Saint-Etienne, de Renneville, Vaubecourt et autres gens de guerre, afin de s'assembler pour la reprise dudit fort. Bandes et cercles de fer mis à 3 pièces d'artillerie. Roues à un affût. Charretiers, canonniers, munitions, 3 chevaux morts. (Châlons, Bibl. munic., «Estat des frais extraordinaires..»).

Du côté de la Thiérarche et de l'Argone.

14 janvier. — Dinteville au Roi. D'Amblise a attaqué deux fois près de Busancy trois enseignes de Suisses qui venaient pour le service de S. M. ; mais il a été battu, et

les Suisses ont pu arriver à Stenay. (Rev. de Champ., octobre 1881, p. 286).

16 février. — Godet au duc de Nevers. « Les ennemis s'amusent de tous costés, sentant la province vuide » ; il y a 400 chevaux à Condé-lez-Louppy, 10 compagnies à Varennes, 7 ou 8 à Clermont.(Bibl. nat., f. fr., 3621, f° 52 ; cf. Rev. de Champ., janvier 1883, p. 75).

Les 5 et 6 mai, Rumesnil, gouverneur de Maubert-Fontaine, Estivault, gouverneur de Sedan, Cornay, gouverneur de Stenay, et autres gentilshommes, avec 500 chevaux et 400 fantassins, font une course à Billy, près Etain. — D'Amblise, envoyé contre eux par Son Altesse, réunit ses troupes à Beaufort, attaque Rumesnil dans Chémery où il s'était barricadé, le contraint à se retirer blessé au château et investit le bourg. — Puis d'Amblise abandonne ce siège pour poursuivre, en passant près de Sédan et de Donchéry, le gros des Royaux logés à Renwez (1), non loin de Rocroy. Les Royaux se retirent. D'Amblise arrive à Aubigny, marche le 17 mai sur Aouste à une heure du matin, y donne la charge aux Royaux et les défait entièrement. Brichanteau, qui au mois d'août précédent avait fait manquer l'entreprise du duc de Lorraine sur Langres, fut découvert parmi les prisonniers et pendu aussitôt. — Les Lorrains vainqueurs revinrent à Donchéry par le pont de Bar, que Vandy abandonna sans combat.

Cf. « Défaite des Huguenots du pays de Champagne par les troupes du duc de Lorraine conduites par le s^r Affricain d'Amblise, avec le nombre des morts et des prisonniers », Paris, 1592, in 8° de 16 pages, analysé inexactement *Plaquettes*. p. 148-151, et publié Rev. de Champ., déc. 1887, p. 474-476 ; *Choses notables*, p. 141.

15 juin. — Le guet de la ville de Donchéry découvre vers midi quelques sentinelles ligueuses au dessus de la Montagne, et donne l'alarme en ville. La compagnie du s^r de Remilly, composée de 48 hommes, monte à cheval, tire au

---

(1) Il y a dans l'imprimé « Rauvrois ; » mais il nous semble qu'il s'agit évidemment de Renwez, situé entre Rocroy et Mézières.

Pont à Bar, est rejointe par quelques arquebusiers de d'Ambly et par 17 cavaliers de Vandy, charge deux compagnies ennemies composées de plus de 100 chevaux, les défait et les poursuit jusqu'aux Ayvelles, près Mézières.—Le même jour, Perrot écrit au duc de Nevers qu'un régiment du comte de Bossut a été défait en Thiérache.

Bibl. nat., f. fr, 4681, f° 125, «Mémoire de la deffaite et desroutte de deux compagnies de chevaux légers commandez par les cappitaines d'Argy et Rizaucourt, tenans garnison en la ville de Beaumont en Argonne...»; Rev. de Champ., sept. 1882, p. 245.

Succès des Lorrains dans le Bassigny.

1592, mars-juin.

26 février.— Godet au duc de Nevers. Cinq ou six cents hommes ont quitté Bar-le-Duc pour aller attaquer le baron de Saint-Amand dans Cirey. — Pendant le siège de Cirey, un secours qui était destiné à cette place, mais que le comte de Brienne refusa d'y conduire, attaqua les Ligueurs dans Marolles-lès-Bailly, et les défit. (Cf. Carorguy, p. 102-104).— 18 avril. Le Conseil de ville de Saint-Dizier a reçu lettres de M. le prince, données à Troyes, par lesquelles il est ordonné aux villes de Saint-Dizier, Joinville, Vignory, Chaumont et Bar-le-Duc de fournir vivres aux manouvriers qui travaillent à démanteler Cirey (St-Dizier, arch. munic., Registre III).

Guyonvelle prit Orges un peu après Cirey.

Vers le même temps les Lorrains, sous la conduite du marquis du Pont, envahirent le Bassigny avec une armée composée d'environ 5000 hommes de pied, 1200 chevaux et 24 canons. On trouve d'abondants détails sur cette campagne dans une collection de soixante-dix ou quatre-vingts lettres originales, conservées pour la plupart dans les manuscrits 3617 et 3621 de la Bibl. nat., analysées ou publiées par M. de Barthélemy, Rev. de Champ., oct. 1881, p. 287; décembre 1881, p. 490-491; juin 1882, p. 223; juillet et sept. 1882, p. 64-66, 244-245; novembre 1882, p. 376; janvier 1883,

p. 75; février 1884, p. 146-149; avril 1885, p. 301-307; janvier 1886, p. 45. Nous nous contentons d'en résumer ici les traits principaux.

27 mars. — Thomassin au duc de Nevers. Le duc de Lorraine semble vouloir former une grosse armée. — 27 mars. Saint-Chéron et Joyeuse au duc de Nevers, pour se plaindre du manque d'argent.

Les Lorrains commencèrent le siège de Coiffy avant Pâques. — 9 avril. Lettres des Langrois. Coiffy est assiégé et battu de 12 canons, qui ont déjà tiré plus de 2,000 coups et fait une brèche; l'assaut donné a été repoussé; le baron de Lanques a requis l'assistance de tous les seigneurs affectionnés au Roi. Un secours est urgent. — 10 avril. Mêmes nouvelles. Si Montigny envoyait 500 chevaux, ce secours suffirait; mais à Montigny, on manque de canons, de poudre, de munitions, d'hommes et d'argent. — 11 avril. Les Langrois au duc de Nevers. Une grande batterie est ouverte contre Coiffy. Le baron de Lanques est résolu de bien tenir. — 12 avril. Praslain écrit de Chaource que les ennemis sont déjà logés sur la contrescarpe des fossés de Coiffy. S'ils réussissent, ils mettront tout le pays en effroi, et notamment la ville de Langres. — 13 avril. Des Cars au duc de Nevers. Après trois ou quatre jours de batterie, Coiffy a été pris hier avec le baron de Lanques qui le défendait. — 20 avril. D'Origny et Saint Chéron au duc de Nevers. Récit détaillé du siège de Coiffy. Le baron de Lanques, dépourvu d'hommes, a été obligé de capituler pour sauver la vie des siens; il a obtenu, moyennant une somme de 10,000 écus, que ses soldats sortiraient avec armes et chevaux, lui-même restant prisonnier. Le duc de Lorraine a mis à Coiffy pour gouverneur le sr de Bourbonne, comme auteur de ce siège.

15 avril. — Le duc de Nevers écrit de la Cassine au Roi que, selon l'ordre reçu, il a essayé de ramasser des troupes pour s'opposer au duc de Lorraine, mais qu'il n'a rencontré que de la mauvaise volonté. Sinistres prévisions sur la

perte de Langres, du Bassigny et de la Champagne. Le duc est impuissant si on ne lui envoie pas de forces. — 16 avril. Deux lettres du Roi à M. de Blancmesnil et au duc de Nevers. Malgré le besoin qu'il a de l'assistance du duc, il lui prescrit de réunir les forces de son gouvernement et d'aller jusqu'à Châlons.

Cependant, de Coiffy, les Lorrains s'étaient rendus devant Montigny, « fort bonne place près de Langres, » mais incapable de résister parce qu'« il y a peu de monde dedans par la malice de celuy qui y commande », lequel n'a voulu recevoir que 40 hommes (lettre du 20 ci-dessus). — 18 avril. Le duc de Nevers a quitté la Cassine et écrit au roi de Saint-Fargeau que Montigny est assiégé, que Langres « a la corde au col », que la perte de cette ville serait un désastre, et qu'il demande, soit à recevoir des moyens pour secourir la Champagne, soit à être déchargé du gouvernement de cette province. — 18, 19, 21 avril. Le s^r de Frignicourt envoie un messager à Châlons « afin de savoir si les s^{rs} de Nevers, de Luxembourg et de Dinteville y estoient, et quelles trouppes il y avoit » (Vitry, GC. 75, pièces 84 et 86). — 24 avril. Dinteville écrit au Roi que Montigny est pris. « De Montigny chacun tient l'infidélité toute claire. » Langres a été menacée ; mais le Conseil de ville y est bien composé. L'ennemi va sans doute assiéger Chateauvillain, pour couper les communications entre Langres et Châlons.

25 avril. — Le marquis de Reynel à Dinteville. Les Lorrains arrivent à La Fauche. M. du Pont lui a fait offrir Reynel et Saint-Blaise, s'il rendait la Fauche; mais il connaît son devoir. — 27 avril. Dinteville au duc de Nevers. Il a envoyé 100 arquebusiers à La Fauche. — 5 mai. D'Origny et Saint-Chéron au duc de Nevers. Après la trahison du gouverneur de Montigny, l'ennemi s'est arrêté à La Fauche et Montéclair ; on craint déjà pour Chateauvillain. — 13 mai. Les Langrois au duc de Nevers. Dinteville fait ce qu'il peut pour préserver La Fauche et Montéclair. — 24 mai. D'Origny et Saint-Chéron au duc de Nevers. Le marquis du Pont est avec son artillerie devant Montéclair. — 26 mai. Les

28

Langrois au duc de Nevers. Montéclair ne résistera pas à cause de la furieuse canonade. Si le duc pouvait venir avec 1200 hommes, ce secours, joint aux 300 chévaux promis par Tavannes, serait suffisant. Sans quoi, tout est perdu. — [La Fauche et Montéclair se rendirent un ou deux jours plus tard.]

6 juin. — Des Cars écrit de Mussey au duc de Nevers : « Depuis la reddition de La Fauche et Montéclair, ceste armée s'est résolue de venir nous attaquer en ceste place, et nous n'avons plus d'espérance que d'estre investis dans deux ou trois jours au plus tard, parce qu'elle laisse Chasteauvillain derrière, l'ayant recongnue pourvue de cinq ou six cents hommes. — 9 juin. Le duc de Nevers écrit de Nevers aux Châlonnais qu'il déplore leur situation et sa propre impuissance, qu'il n'a pas reçu les reistres et les lansquenets promis par le Roi, et qu'il va s'acheminer vers le Bassigny. (*Lettres*, p. 302).

Cependant la ville de Chaumont avait offert 20000 écus aux Lorrains pour réduire Châteauvillain (lettres de Dinteville, 1er mai, et de d'Origny, 24 mai); cette subvention les décida à en entreprendre le siège. — 10 juin. Des Cars et son oncle l'évêque de Langres envoient ce jour cinq courriers successifs au duc de Nevers pour lui annoncer l'investissement de la place. — 11 juin. Des Cars écrit au duc de Nevers que le siège est commencé, et qu'avec 500 bons chevaux on pourrait culbuter les assiégeants. — 12, 13 juin. Praslain au duc de Nevers. Effroi de la province ; prière « d'avoir pitié de ce pauvre et désolé pays », qu'on pourrait sauver avec 1200 hommes. — 13 juin. Lettre de Des Cars. La batterie a commencé à midi ; Chateauvillain ne pourra tenir que cinq ou six jours au plus. — 16 juin. Adjacetti au duc de Nevers. Cent chevaux viennent de forcer la garde des ennemis et d'entrer à Chateauvillain ; ses gens font de belles sorties et « tueries. » Le feu a commencé à trois heures du soir avec huit pièces. — 17 juin. Dinteville aux Châlonnais. Il espère bien du siège de Chateauvillain ; hier, les assiégés ont encloué un canon et pris des chevaux;

le sr de Chaltrait a réussi à y entrer. — 19 juin. Lettre interceptée du duc de Lorraine à M. de Vaudemont. Il faut sommer Guyonvelle et les gens de Chaumont de tenir leurs promesses, sans lesquelles on n'aurait pas assiégé Chateauvillain ; et, s'ils refusent, il faut lever le siège. — 24 juin. Praslain au duc de Nevers (qui ce jour était à Clamecy ; cf. *Lettres*, p. 305). Le siège dure ; il ne serait pas difficile de sauver la place.

28 juin. — Le duc de Nevers a assigné aux forces dont il disposait un rendez-vous à Tonnerre, et s'y trouve lui-même ce jour-là. — 1er juillet. Dinteville au duc de Nevers. « Je loue Dieu que vous ayez donné si bon commencement à vostre voyage...L'ennemi leva hier le siège de Chasteauvillain de plein jour, ce qui donna aux assiégés l'occasion de faire de beaux faits d'armes ; la pluspart de leurs lansquenets y sont morts... L'armée ennemie fit hier sa retraicte du costé de Chaumont. » — 4 juillet. Lettre chiffrée au duc de Nevers. On craint un retour de l'ennemi sur Chateauvillain.

Mais cette crainte était sans fondement ; les ligueurs regagnèrent la Lorraine en pillant tout sur leur passage.

Pendant le siège de Châteauvillain, quatre ou cinq cents chevaux albanais s'étaient débandés pour venir piller Polisy, qu'ils brûlèrent en partie. Praslain les poursuivit jusqu'à Verpillières, mais ne put les en déloger.

25 août. — Le Roi à Dinteville. Il destine 200 chevaux à Langres pour protéger les moissons et vendanges, et y envoie le sr de Grandpré.

Cf. Mémoires de Nevers, II, p. 361 et 374 ; Berger de Xivrey, lettres des 16 et 22 avril, 25 août; Piépape, p. 147-148 ; Carorguy, p. 104-109 ; *Choses notables*, p. 141 ; Poinsignon, p. 310-311.

Le duc de Bouillon lieutenant-général pour le Roi en Champagne.

1592, 18 juillet.

Henri... Par ce que nous avons esté advertis que le duc de Lorraine, continuant en sa mauvaise volonté et intention de se saisir et rendre maître des villes et places fortes de nostre pays de Champ igne, comme l'un des principaulx chefz de nos subje tz rebelles, est depuis naguéres entré aud. pays avec une armée, et, par l'ayde desd. rebelles, y a desjà pris quelques chasteaux, et sçachant d'ailleurs que l'armée conduicte par le duc de Parme s'achemine en icelluy, tellement que tous ensemble pourroient entreprendre sur noz bons et loyaulx subjectz et les villes estans en nostre obéissance qui sont demeurées fermes en leur debvoir, s'il n'y estoit pourveu, et ne pouvant nostre très cher et très amé cousin le duc de Nivernois et Réthellois, gouverneur et nostre lieutenant général au pays de Champagne et celluy de Brye, à présent aller donner ordre à ce qui est nécessaire pour le bien de nostre service et affaires aud. pays...; considérant ne po voir faire meilleure ny plus digne ellection que de la ersonne de notre très cher et bien amé cousin le duc e Bouillon, vicomte de Tureyne et mareschal de Fra ce... Pour ces causes avons iceluy fait et estably no tre lieutenant général pour commander aud. pays d Champagne et Brye et aux armées que nous ferons c nduire et dresser pour nostre service esd. pays, et y eprésenter nostre personne tant que nous jugerons l debvoir faire...

Donné au camp de Gizors l dix huictiesme jour de juin 1592...

Bibl. nat., f. fr., 3409, f° 73, copie on signée.

Prise d'Epernay p r de Rosne.

Le duc de Parme, revenant de N rmandie avec son armée, arrive à Château-Thierry vers le ilieu de mai. — 30 mai. Potier écrit au duc de Nevers qu cette armée est à Montmirail, et qu'elle sera demain à V rtus. — 8 juin. Les habitants de Vertus écrivent aux Châlonnais pour se plaindre de leurs «ruines et calamités», pour protester qu'ils ont cédé à la force sans avoir aucune intelligence avec l'ennemi, et pour demander secours en leur affliction.

Rev. de Champ., sept. 1882, p. 244; *Lettres*, p. 300.

Grandes craintes à Châlons.— 25 mai. «Le bruit commun est et en sont arrivez plusieurs advis, que l'armée espagnole tourne teste en ces quartiers, et qu'il est besoin pourveoir à la seurté et conservation de lad. ville, et à cet effect retirer ès faubourgs d'icelle le régiment du s^r de Lieudieu et autres compagnies estant ès environs.» — 4 juin. «Sur ce qui a esté proposé par M. de Thomassin, que les trouppes des ennemis s'estant avancez jusques à Vertu, et faisans, comme il y a apparence, séjour au pays, il est besoin d'avoir des forces plus grandes pour la conservation de lad. ville,» on recevra 60 chevaux et 50 hommes de pied, pour l'entretien desquels on empruntera 1000 écus.—6 juin. Six conseillers sont députés pour se trouver « le plus assiduement que faire se pourra à l'hostel de ville, pour donner advis aux officiers des affaires qui se présenteront.» — 7 juin. «A esté conclu qu'attendu la nécessité et péril éminent, M. de Voibcourt sera mandé avec 30 ou 40 chevaux.»—15 juin.«Attendu que le péril continue et que M. de Voibcourt demeure à Saincte Manehould,» on retiendra les troupes de cavalerie des sieurs de Pence et Malval, arrivés le 9 du présent mois. M. de Thomassin sera aussi prié de ne plus faire abattre de maisons aux fauxbourgs et de continuer les fortifications sans rien démolir.— 19 juin. Les propriétaires des maisons abattues demanderont certificat à M. de Thomassin et se pourvoiront près du roi.— 20 juin. Faute de deniers, on ne peut plus augmenter la garnison; en cas de nécessité, les habitants prendront gens dans leurs maisons et les armeront. —22 juin. Recherche sera faite dans les monastères, hôtelleries et autres lieux des gens qui y séjournent.

Châlons, arch. munic., Registre XIX.

Pour les démarches des Rémois en vue de décider le duc

de Parme et St Paul à entreprendre sur Epernay, et pour l'histoire du siège qui dura 8 jours, voir Henri, p. 196-200 ; Montbéton, Rev. de Champ., février 1888, p. 127 ; *Choses notables*, p. 138.

14 juin.— Châlons au duc de Nevers. Les ennemis approchent librement d'Epernay. — 15 juin. Epernay est investi. —29 juin. Epernay s'est rendu hier, la moisson est perdue.

Bibl. nat., f. fr., 3617, f{os} 43, 45, 52 ; cf. Rev. de Champ., sept. 1882, p. 245.

Capitulation d'Epernay.

Monsieur de Sainct Estienne ayant entendu de M. Camille Capsou l'ordre qu'il avoit de traicter avec moy pour la reddition de ceste ville d'Espernay, demande luy estre accordé ce qui s'ensuit :

Temps de vingt quatre heures pour en advertir messieurs de la cour de Parlement, de Luxembourg, de Thomassin et corps de la ville de Chaalons ; trois pièces d'artillerie, estendart et enseignes déployées, armes, bagages, chevaulx de guerre, tambour sonnant, mesches allumées.

Et sera conduict le sr de St Estienne avec les cappitaines et gens de guerre, gentilzhommes et gens réfugiez en la ville, par ung chef et partie du régiment dud. sr Camille Capsou et ung chef Espagnol et une compagnie du régiment du sieur Domploys de Valasque jusques au lieu de Jallon.

Pendant le temps de l'accord de ce que dessus, ne sera plus tiré ni travaillé, ains cesseront tout exercice de l'aproche et dedans lad. ville.

Les habitans dud. Espernay demandent à mons. de Rosne qu'il leur soit permis de demeurer en leurs maisons en toute seureté avec leurs familles et biens sans estre molestez ny travaillez par les gens de guerre qui entreront en lad. ville.

Et au cas qu'aucuns desd. habitans veuillent sortir et se retirer hors lad. ville, leur soit permis de pouvoir sortir avec leurs familles et biens et aller où bon leur semblera dedans quinze jours ; pendant lequel temps ilz pourront disposer de leursd. biens ou bien les garder et en cueillir le revenu pendant et durant ces guerres.

Que lesd. habitans seront maintenuz et conservez en leurs estatz et offices.

Que iceulx habitans ne seront aulcunement recherchez des deniers des tailles par eulx payées pour le passé ni pour aultre nature de deniers, pour quelque cause ou occasion que ce soit, tant en général qu'en particulier.

Et, pour asseurance des choses susdictes et entretenement d'icelles, sera baillé sa foy par mons. de Rosne et délaissé deux coppies, l'une pour led. s^r de St Estienne, et l'autre pour lesd. habitans.

Que à tous ceulx desd. habitans qui se vouldront retirer de lad. ville et où bon leur semblera avec leursd. familles et biens meubles, leur sera baillé passeport et saulvegarde par mons. de Rosne ou de St Paul ou par led. gouverneur de lad. ville.

Ce que dessus a esté accordé par led. s^r Camille Capsou ce samedy XXVIIe juin 1592, à dix heures du matin. Signé : Rosne. Et plus bas : par monsieur : Eupistor.

Bibl. nat., f. fr., 3981, f° 212, copie ancienne sans signature.

Saint-Paul laissa son frère Villiers pour commander à Epernay ; puis les troupes assiégeantes se retirèrent vers Meaux et Château-Thierry.

Quant à S\^t Etienne, il fut accusé de trahison, et, le 2 juillet Potier écrivait au duc de Nevers : « Si Dieu nous eust faict la grâce que vous fussiez venu huit jours plus tost, la prise d'Epernay ne fust point advenue. Elle fut rendue dimanche à midi par composition. Cela a fort affligé ceux de notre ville ; ils ont estimé qu'il y avoit la faulte de ceux qui estoient dedans, et en ont demandé justice au Parlement, où l'on faict le procès du s\^r de S\^t Estienne. » (Bibl. nat., f. fr., 3621, f° 129). Mais l'arrivée du Roi lui sauva la vie. (Cf. Carorguy, p. 109 ; Pussot, p. 13-14).

29 juin. — Long réglement fait à Sainte-Menehould pour la garde de la ville menacée d'un siège.

Sainte-Menehould, arch. municipales, Registre V.

Estat des gentilzhommes de la Champaigne qui sont demourez et demeurent oysifz en leurs maisons depuis les présents troubles.(1)

1592, août.

Du bailliage de Chaumont.

Messire Jehan d'Anglure, seigneur de Bourlemont.
Messire Philbert de Choiseul, baron d'Aigremont.
Anthoine du Han, seigneur de Brevillon.
Messire Christophle de Sainct Belin, seigneur de Thivais.
Le s\^r de Maubain.
Claude de Montarby, seigneur de Dampierre.
Les s\^{rs} de Chaudenay, y demourans.
Anthoine d'Orge, s\^r de Villeberny.
Le s\^r de Montavau et Maisoncelle.

(1) Il y a dans cet état beaucoup de noms de lecture douteuse et que nous n'avons pu identifier.

François de Darentot, demourant à Odival.

Le sr de Boiron demourant à Sienneville.

Anthoine et Mathieu de la Hare, frères, srs d'Anglus.

Le sr de Bréchenville, demourant aud. lieu.

Le sr de Berthilenville, demourant aud. lieu.

Le sr de Fresnoy, demourant à Gray.

Le sr de la Broutière, y demourant.

Le sr de Valedargne père, sr de Noncourt.

Antoine de Theelin, seigneur de Guémont, demourant aud. lieu.

Le sr de Thenans les Mollins, demourant aud. lieu.

Nicolas de Rozière, demourant à Arbigny.

Le sr de Gruy, demourant à Sainct Martin.

Le sr de Chattenay.

Le chevallier des Champs.

Gabrielle de Courselle, demourant à Rougneux.

Messire Christophle de Censsière, baron de Tenance et Villers sur Suize.

François Chevallier, seigneur de Mallepierre.

Le sr de Nully en Champaigne.

Le sr de Vaudrimont.

Messire Anthoine de Choiseul, baron de Clesmont.

Le sr de Piépape et Hauligney.

Lengres.

Alexandre Bonnot, sr du Rozoy.

Messire Joachin de Chastenay, seigneur de Lanty et Mauvilly.

Thibault Ormot, seigneur en partie de Sentuog et Grange de Beauregard.

Messire Jehan de Baufremont, seigneur en partie de Gilleverfremont.

Gabriel de Chauviray, s^r d'Ische en partie.

Gaspard et Balthazard de Gondy, seigneurs de la Motthe de Gevrolle.

Troies, Nogent et Bar sur Seine.

Le s^r de Sésac.

Le s^r de Flesgny, commissaire des guerres.

Le s^r de Marigny.

Le s^r de Blaigny.

Le s^r de la Mothe de Rumilly lez Vaudes.

Le s^r de Montgueux.

Le s^r de Lausnay.

Le s^r d'Esguilly.

Le s^r de Vitry le Croisey.

Le s^r de Chesley.

Sens.

Le s^r de Rochefort la Croisette.

Le s^r de Sénevry.

Vitry et Saincte Manehould.

Le s^r d'Aultry.

Le s^r de Chastel lès Cornars.

Le s^r de Montguyon.

Le s^r de Sommyèvre, bailly de Vitry.

Le seigneur de Wuassigny.

Le s^r de Haulte Ville.

Le s^r de Changy.

Le seigneur d'Estoges.

Phillebert de Luxembourg, demourant à Norrois.

Jehan de Biffart, demourant à Clois.

Le s^r d'Averton, seigneur en partie de Norrois.

Le s^r de Bannières, qui a par cidevant porté les armes et est de présent...

Le sr d'Ambriéres, demourant à Ambriéres.

Le sr de la Follye, qui a porté les armes pour le Roy jusques à la journée de Sainct Amand où il fut prins, et demeure depuis en sa maison.

Le sr de St Lumier la Populeuse a esté longtemps au service du Roy, et depuis en sa maison.

Le sr du Suzémont, demourant à Saint Vrain.

Le sr de Houdreville, demourant à Chansenay.

Le sr du Montoy, appellé d'Estenville.

Le sr d'Estaillancourt, qui a porté les armes pour le Roy et est de présent en sa maison.

Le sr d'Arigny, qui a son filz aisné au service du Roy.

Le sr de Méry, sr de la Petite Ville.

Le sr Gervaisot, sr en partie de la Follye, et son filz.

Le sr de Biffart, demourant à Chatroux.

Périn Clerget, commissaire des guerres, demourant à Narcy.

Le sr de Lucy, baron de Conflans.

Le sr de Sommesoubz.

Le sr de Sainct Benoist.

Le sr de Vauseilles.

Les srs de la Follye, père et filz.

Le sr du Pester de Perte.

Le sr Dunvont de Jenvry.

Le sr de Senseville.

Esparnay.

Le vicomte de Vaulciennes.

Le sr de Noirefontaine, demourant à Sainct Martin.

Pierre de Varlière, sr de Gros Cey.

Les srs du Bus et Verdbois, demourans à Graulve.

Le seigneur de Cramant, demourant à Croutagnon.

Meaulx.

Le s^r Guillaume de Perdrieux, seigneur de la Commune aux Damoiselles.

Le s^r de Mauteux près Montereau.

Melun.

Les deux frères Pierty, seigneurs de Chastenoy.
Le s^r de Melun, seigneur de Vignon.
Gabriel de Durant, s^r de Vaucourtois.
Le s^r de Mornay, s^r de la Tour.
Les deux s^{rs} de Beaumont, frères, s^{rs} de Bonnelles.
Le seigneur de Melun, s^r de Vernoy.
Le s^r de Rémovilles.
Le s^r Allegrain, s^r de Dianes.
Guillaume de Perdrier, s^r de Baubigny.

Bailliage de Vermandois.
Prevosté foraine de Laon.

Le seigneur de Blicgny l'esnel, demourant à Valavrigny.

Le s^r de Blicgny le jeune, fils dud. s^r de Blicgny, demourant à Sornoy.

Le s^r de Blicgny le Hay, demourant aud. Hay.

Le s^r de Neufville en Laonnois.

Le s^r de Fay, demourant à Montgarny.

Regnault du Patoier, seigneur de Cernay, demourant aud. lieu.

Le s^r de Routy, demourant à Suzy.

Le s^r d'Arensy, demourant aud. lieu.

Le s^r de Boisée, demourant aud. lieu.

Le s^r de Laage et Nérecourt, demourant au lieu de Venderesse.

Le s^r de Neufville et Margival et son filz, demourant aud. lieu de Neufville.

Le s^r de Verdaulnes, demourant aud. lieu.

Le s^r de Puisart, demourant à Monnenteul.

Le s^r du Plessis Romain, demourant à la maison du Fajot.

Prévosté de Chaulny.

Jehan de Hervilly, seigneur dud. lieu, demourant à Beaumont.

Titus Truffect, seigneur de Criez et d'Amortpigny, demourant au Prey.

Jehan Rouget, seigneur de Ville et de Neuflieu, retiré à Carlepont.

Langlois, seigneur du Fort et Brouchy, demourant au Prey.

Usac de Soret, seigneur du Dreplessier et Vauguion, demourant à Ugnay le Jai.

Charles de Billy, seigneur de Moregard et de Cainoy, demourant à Laignes.

Prévosté de St Quentin.

Messire Charles, marquis de Mouy.

Jehan de Foussous, s^r dud. lieu.

Bib. nat., f. fr., 4558, f° 35, original, date ajoutée.

Campagne du Roi en Champagne.

1592, juillet-août.

Mémoire sans date, mais qui paraît se rapporter à cette époque : « Ouverture des moyens pour réduire la Champagne en l'obéissance du Roy avec beaucoup de facilité. » — Peu de places sont en état de résister ; il faudra venir avec forces suffisantes, obliger la noblesse à rejoindre l'armée de S. M., ne laisser de garnisons que dans les villes et châteaux qui commandent les passages des rivières ou les grands chemins, démanteler les forteresses inutiles, traiter rigoureusement ceux qui résisteront, interdire l'importation des vivres et marchandises, etc.

Autre mémoire sans date, auquel on a ajouté la date suspecte d' « octobre 1592 », quoiqu'il semble plutôt avoir été rédigé vers la fin de juillet.—L'auteur anonyme expose le plan détaillé d'une campagne royale ayant pour objet la réduction de la Champagne. Il voudrait que l'armée s'acheminât par Vertus, Fère-Champenoise et St Just, Méry et Pont, Marigny, Villemor, Saint-Phal, Neuvy, Châtillon-sur-Seine, Bar-sur-Aube. Il indique au fur et à mesure les sommes de deniers que les villes et bourgs situés sur le parcours et aux environs pourraient fournir, ainsi que les châteaux rebelles à démanteler.

Bibl. nat., f. fr., 3988, f°s 186 et 182, originaux.

[Pour l'ensemble de cette campagne, voir : Berger de Xivrey, lettres de Henri IV du 9 juillet au 16 septembre ; Montbéton, Rev. de Champ., février 1888, p. 128-131 ; Choses notables, p. 139-140 ; Henry, p. 201-217 et 425-427 ; Carorguy, p. 110-113 ; Pussot, p. 14 ; L. Pâris, Abbaye d'Avenay, t. II, p. 247-260. Voici le résumé des opérations du Roi, avec quelques détails complémentaires.]

29 juin. — Le Roi est à La Fère-en-Tardenois.

4 juillet. — Le maréchal de Bouillon expose au Conseil de ville de Châlons que S. M. est venue dans la province pour la délivrer. Châlons offre 5000 écus et 5000 septiers de grain au Roi, « pour aider S. M. à la délivrance de sa province de Champagne, et spécialement à la reprinse d'Esparnay et Victry. » — 7 juillet. Les habitants des faubourgs seront déchargés de l'emprunt, attendu leur pauvreté et la ruine de leurs maisons. — 8 et 9 juillet. Mesures prises pour la réception du Roi. (Châlons, Registre XIX).

9 juillet. — Le Roi est à Damery et, avec Biron, va reconnaître Epernay. Biron est tué près du Roi d'un coup de canon.

10 juillet. — Le roi est à Mareuil, se dirigeant sur Châlons.

12 juillet. — « Le s^r gouverneur de ce lieu (de St Dizier) auroit fait entendre que le rendez vous des ennemis de l'Union estoit à Ay, qu'il y avoit danger qu'ils ne fissent une cavalcade de vingt ou vingt cinq lieues pour investir et surprendre quelque bonne ville, et que, si cela arrivoit à ceste, il n'y auroit moyen de faire entrer des gens de guerre en icelle. » Le conseil décide de faire une levée de 600 écus et d'acheter une provision de 100 septiers de blé. (Saint-Dizier, arch. munic., Registre III).

13 juillet. — Les Châlonnais se tiennent prêts pour recevoir le Roi aujourd'hui (Registre XIX). — 15 juillet. Le Roi est encore à Châlons, et se propose de partir demain pour Suippes au devant du duc de Nevers.

17 et 18 juillet. — Il est à Suippes, projetant d'aller à Sompy.

Cependant le duc de Nevers, revenu du Bassigny après la délivrance de Villefranche, ramassait des forces du côté des Ardennes. — 19 juillet. Aidé de troupes que le Roi lui avait envoyées, il met le siège devant la maison forte de Richecourt avec 3 canons, deux grandes couleuvrines, 1 régiment de Suisses, 2 régiments français et plusieurs compagnies de cavalerie. Le même jour, les sieurs de Montbron, de Coupigny, Larivière et Espoir capitulent, promettant de livrer la place le 22 au matin si auparavant Saint-Paul n'a pas fait lever le siège, à condition de sortir bagues sauves, mèches allumées, avec charrettes, chevaux et hardes, et d'être conduits en toute sûreté à Réthel. (Bibl. nat., f. fr., 3982, f° 7, original de cette capitulation).

21 juillet. — Les habitants d'Attigny-sur-Aisne reconnaissent la faute qu'ils ont faite en se rébellant contre leur Roi légitime, et, recourant au duc de Nevers, s'engagent

à ne pas plus ouvrir leurs portes à la Ligue. (Bibl. nat., f. fr., 3617, f° 57, original ; cf. Rev. de Champ., juin 1882, p. 475).

Du 4 au 23 juillet, la ville de Vitry envoie de nombreux messagers pour se renseigner sur la position et les intentions des troupes du Roi et de Nevers (Vitry, CC. 75, pièces 66, 67, 68, 70, 84).

Reprise d'Epernay par le Roi.

Activité de Villiers et de son lieutenant La Berlotte pour mettre Epernay en état de soutenir un siège. Les Rémois demandent partout du secours, et se défient de Villiers, « homme indiscret et esventé ». Arrivée à Reims d'un régiment de Vallons (14 juillet), que Saint Paul envoie vers Dormans.

23 juillet. — Le Roi arrive à Damery le soir, ayant tiré de prison Saint-Etienne pour lui servir de guide.

24 juillet. — Il attaque et anéantit sous les murs d'Epernay le régiment de Vallons, qui revenait de Dormans pour s'y enfermer sous la conduite de La Berlotte.

25 juillet. — Il est à Damery ; il attend un pont de bateaux et l'infanterie du duc de Nevers. — Sortie des Sparnaciens. — 29 juillet. Les tranchées sont finies. — 4 août. La batterie est ouverte. — 9 août. Reddition de la place, « lâchement défendue » par Villiers.

Le neuviesme jour d'aoust mil V^c quatre vingtz douze, le s^r de Villiers, tant pour luy que pour les gentilshommes, cappitaines et soldatz qui sont à présent dans la ville d'Espernay, a promis de remettre entre les mains du Roy lad. ville avecques l'artillerie et munitions qui y sont, et d'en sortir dans ce jourd'huy cinq à six heures après midy soubz l'escorte qui leur sera donnée pour les conduire seurement jusques à Rheins avecques leurs armes, bagages et chevaulx, à la charge que lesd. soldatz sortiront la mèche estaincte et sans enseignes ny tembours, et qu'ilz n'emporteront aulcune chose appartenans aux habitans de lad. ville. Faict au camp devant Espernay, comme dessus. Ainsy signé : Villiers St Paul.

<small>Bibl. nat., f. fr., 3982, f° 18, copie du temps.</small>

Dépenses faites par les Châlonnais pour le siège d'Epernay.— Juillet. Bois pour faire ponts sur la rivière et pour servir de mantelets.—1er-18 juillet. Construction d'un pont de bateaux sur la Marne près de Mareuil ; transport par eau de 19500 pains de munition portés de Châlons à Mareuil. —25 juillet-21 août. Transport de bois pour faire un pont ; transport de pressoirs, cuves, gabions, trentins, poinçons et fascines, portés d'Ay à Epernay ; d'une bâtarde, de 100 balles à couleuvrine, sacs, hottes et planches, de mantelets, traîneaux et autres munitions ; de dix milliers de poudre à canon, 50 pics, hoyaux, 100 pelles ferrées, 283 livres de mèche, 442 balles de plomb, 35 hallebardes, 8 pertuisanes, 48 piques ferrées ; d'un gros canon, de 300 balles à canon, 280 balles à couleuvrine, 1000 sacs de toile ; de 487 poinçons et futailles ; de 442 livres de balle de plomb à arquebuse et mousquet ; retour de 12 bateaux et d'un bac employés à faire un pont pour passer l'armée du Roi ; paiement à divers ouvriers ; paiement de six chevaux pris par l'ennemi. — Dépense totale : 1206 écus 47 sols.

<small>Châlons, Bibl. munic., Recueil de pièces, «Etat des frais extraordinaires...», copie authentique.
Cf. «Discours du siège et prise de la ville d'Espernay, et comme S. M., voulant investir la ville, tailla en pièces 300 tant Vallons qu'Espagnols... », Tours, 1592, in-8° de 84 pages, analysé Plaquettes, p. 132-148, et Rev. de Champ., sept. 1888, p. 231.</small>

Le Roi laissa Vignolles à Epernay pour y commander.— 16 août. Commission au sr de Vignolles pour lever des hommes d'armes destinés à la garnison d'Epernay. — 6 octobre. Les habitants de Vertus se plaignent que Vignolles veuille les forcer à travailler aux fortifications. (Lettres, p. 308).

Août. — Les Espagnols sortis d'Epernay allèrent prendre un château près de Piney, massacrèrent le capitaine et 27 soldats, puis se logèrent à Montiéramey et Chauffour-lès-Bailly, pillant et brûlant tout.

Fin de la campagne du Roi.

11 août. — Le Roi va dîner à Cernay-lès-Reims, menaçant Reims ou Réthel. Puis il rentre à Epernay, et y séjourne jusqu'au 16 août.

9 août. — «On envoira (de Châlons) vers le Roy et monseigneur de Nevers affin de les supplier de délivrer ceste province des villes et chasteaux qui la pressent». Debar et Leduc, conseillers, sont députés vers S. M. — 14 août. « On fera offre au Roy de la somme de trois à quatre mil escus affin qu'il lui plaise nous délivrer des places qui nous oppressent, espécialement la ville et citadelle de Victry. » (Châlons, Registre XIX). — 26 août. Les Châlonnais au duc de Nevers. Malgré les offres faites, le Roi refuse d'assiéger Vitry ; quelque sinistre rapport lui a sans doute causé de l'aigreur et du mécontentement. (Bibl. nat., f. fr., 3617, f° 69; cf. Rev. de Champ., sept. 1882, p. 246).

18 août. — Le roi est à Broussy-le-Grand, marchant sur Sézanne. — En passant près d'Arcis, il prend le château d'Allibaudières. — 25 août. Il est devant Provins et écrit : «Ma ville de Pont sur Seine se rendit hier à moi, et j'espère que Provins en fera de mesme.»

Provins, défendu par La Rochette, soutint huit jours de siège, puis capitula.

Le quatriesme septembre M V^c quatre vingtz douze, le sieur de la Rochette, tant pour luy que pour tous les gentilzhommes, cappitaines, soldatz, manans et habitans de la ville de Provins, a promis remectre entre les mains du Roy lad. ville de Provins avecq l'artillerie et munitions, et d'en sortir dans ce jour d'huy, heure de midy.

Et Sa Majesté luy a permis d'en sortir avecq ses serviteurs, armes, chevaulx, muletz et bagage, sa compagnie de gens de cheval, celle du sr de Chevreuse, Berville et autres gens de guerre qui sont dans ladicte ville aussy avecq leurs bagages, armes et chevaulx, dix vaches, soixante moutons, vingt piéces de vin, huict mynotz de scel et troys muydz d'avoyne appartenant audict sieur de la Rochette ; et seront conduictz en toute seuretté jusques à... (1)

Que toutes sortes et nature de deniers qui ont esté levez du passé en vertu de ses ordonnances, tant pour les fortiffications, contributions, que pour nourriture de gens de guerre, ledict sr de la Rochette en demourera deschargé tant pour le présent que pour l'advenir, et luy en seront octroyées lettres de descharge pour luy et ceulx qui en ont eu le maniment.

Que les sommes de deniers qui sont deues à aucuns habitans particuliers de lad. ville, qu'ilz ont advancez pour les fortiffications d'icelle et pour les mathériaulx des piéces, seront pris sur les cottisez à cest effect jusques à la somme de deux cens escuz.

Sera permis à toutes sortes de personnes, soit gens d'église, receveurs, habitans de lad. ville et aultres, de sortir avecq led. sr de la Rochette pour aller où bon luy semblera.

Que les deniers du taillon de l'année IIII{xx} IX seront allouez au receveur Poisson, attendu qu'ilz ont esté pris par force par le duc de Nemours, dont il fera aparoir.

Que ceulx qui ont esté ses domestiques et soldatz de la ville de Provins qui y vouldront demeurer seront mainte-

(1) En blanc.

nuz comme les aultres habitans en faisant les submissions.

Que les habitans seront pris et maintenuz en la protection et sauvegarde du Roy, qui leur pardonne ce qui s'est passé, et qu'ilz n'en seront poinct recherchez en général ny en particulier, et que tous les arrestz donnez contre eulx seront déclairez nulz et les recherches révocquées pour ce qui est du faict de guerre.

Que les officiers seront conservez en leurs estatz et prérogatives pour en joyr comme auparavant, mesmes ceux qui en sont pourveuz par la duchesse de Nemours ausquelz elle a accoustumé de nommer, en prenant confirmation de Sa Majesté.

Que tous différendz d'entre les citoiens aultres que ceux proceddans du faict de la guerre seront renvoyez aux juges ordinaires, et que ceux qui sont du faict de la guerre demoureront nulz en vertu de la présente capitulation.

Que les cappitaines, gens de pied et soldatz sortiront avecq la mèche allumée, balle en bouche et tambour battant hors la présence de Sa Majesté.

Faict au camp devant Provins, le IIII° jour de septembre 1592. Signé : Henry. Et plus bas : Ruzé.

Bibl. nat., f. fr., 3982, f° 41, copie du temps.

Le Roi laissa Givry pour gouverneur à Provins, et partit au secours de Crespy assiégé par Mayenne.

7 septembre. — Le capitaine Lagrange rend le fort de l'abbaye de Rebais au duc de Nevers, sort avec ses soldats vies sauves, épées au côté, avec un petit paquet de hardes seulement, et est conduit en sûreté jusqu'à Trilport.

9 septembre. — Le capitaine Lebel rend le château de Vieux-Maisons dans des conditions analogues, et est conduit jusqu'à Chézy.

Bibl. nat., f. fr., 3982, f°' 43 et 45, originaux.

9, 12 septembre. — Le Roi est devant Noyon. Mayenne s'est enfui devant lui. — 11 septembre. Le Roi est aux Cordelières ; il espère donner la batterie demain, prendre la ville et retourner au secours de Crespy assiégé. La garnison de Crespy a fait une sortie meurtrière. — 16 septembre. Le Roi est encore à Noyon.

23-18 septembre. — Le Roi est à Champs-sur-Marne, et fait construire un fort à Gournay. (Lettres, p. 309 ; Carorguy, p. 113 et 115).

La guerre en Champagne après le départ du Roi.

1592, septembre-décembre.

Yvernaumont battu et tué.

Yvernaumont, prisonnier des Ligueurs depuis le mois de mai 1590 (cf. ci-dessus, p. 305), avait été élargi, vers le 1er avril 1592, en échange des sieurs de Beaufort et de Sérigny; et le Conseil de ville de Châlons avait payé 200 écus au sr d'Estivaux pour aider à le mettre en liberté (Châlons, Registre XIX, 28 février et 4 avril). Aussitôt libre, il avait levé un régiment de gens de pied dans le Réthellois, qu'il « tracassait » ainsi que la Thiérache. — En septembre, Saint-Paul amasse contre lui 400 chevaux et 200 fantassins, et l'investit avec du canon dans le village de Nouvion-sur-Meuse. Yvernaumont se rend à discrétion. « La discrétion fut que Saint-Paul les fit tous tuer et noyer dans la prairie. »

Cf. *Choses notables*, p. 140-141 ; Montbéton, Rev. de Champ., janvier 1888, p. 131-132.

Vitry.

Octobre. — Saint Paul est à Vitry, et la ville lui offre des présents.

21 octobre. — Nicole Desforges, femme de Claude Mauclerc, Jeanne Mérier, femme de Nicolas Mauclerc, Hélayne Aulcin, femme de Jean Jacobé, Nicole Roussel, femme de Claude Millet, Ester Lestardy, femme d'Estienne Varnier,

Amée..., femme de Nicolas Herpont, Margueritte Mauperty femme de Guillaume Garnier, demandent par requête au Conseil qu'on suspende l'effet de l'ordonnance de monseigneur de Saint-Paul et du s*r* de Frignicourt. — 25 octobre. Requête au Conseil particulier de Vitry, à propos de l'ordonnance de St Paul, présentée par les femmes des maris absents. — 10 novembre. Voyage de Crétey à Reims, Saint Phal, Bar-sur-Seine et autres lieux, « pour trouver monseigneur de Saint Paul afin de lui bailler les lettres à lui adressantes de la part du Conseil pour le supplier de révocquer son ordonnance de faire sortir hors de lad. ville les femmes des absents et autres habitants. »

<small>Vitry, arch. munic., CC 72, f° 47, et CC 75, pièces 12 et 13.</small>

Campagne du duc de Guise et de Saint-Paul.

Le duc de Guise et Saint-Paul se joignent à Orbais en Brie. — 1er novembre. Ils paraissent la veille de la Toussaint devant Bar-sur-Seine, qui se rend le 3 novembre. Les Ligueurs y commettent mille exactions.

De là, Guise investit Saint-Phal, qui se défend bien, et lève le siège au bout de six jours, après avoir brûlé le tiers du village.

13 novembre. — Guise et Saint-Paul vont audevant des Royaux qui arrivaient par Crancey, près Romilly, au secours de la région. L'avant-garde royaliste est surprise à Payns et défaite ; son chef Saint-Amand est fait prisonnier.

Ensuite l'armée ligueuse va se loger à Arcis-sur-Aube, tandis que les Royaux sont au delà de la Seine, près de Méry. Il n'y a point de combat.

16 novembre. — Guise et Saint-Paul rentrent à Reims. — 23 novembre. Nombreuses lettres de Guise, pour concentrer le 10 décembre à Arcis-sur-Aube les forces qui devront se porter ultérieurement vers la frontière au devant du duc de Parme.

<small>Carorguy, p. 111-121 ; Montbéton, Rev. de Champ., février 1888, 133 ; Bibl. nat., f. fr., 3982, f°s 154-165, lettres originales.</small>

Mareuil.

[Vers le 15 novembre]. — « Depuis, se retirant, le seigneur de Saint-Paul s'avisa de fortifier Mareuil » pour incommoder Châlons et Epernay, et il y mit son frère Villiers, qui activa fort les travaux. (Montbéton, ibid., p. 134). — 19 novembre. « A esté conclu que le s^r de Thomassin sera prié, au regard des troupes de la Ligue occupant de présent le bourg de Mareuil, de faire ce qu'il trouvera bon pour le service du Roy et bien du pays, pour empescher qu'ils se fortifient audit bourg. » (Châlons, Registre XIX). — 7 décembre. Dinteville aux Châlonnais. Si on lui fournit de l'argent, il fera le possible avec Thomassin pour leur apporter aide contre Mareuil. (Lettres, p. 323).

Succès du duc de Bouillon.

Au commencement d'octobre, d'Amblise, avec 800 chevaux et 2000 fantassins, guerroyait à la frontière. — Il brûle le bourg de La Marck. — 11 octobre. Il met le siège devant Beaumont en Argone.

13 octobre. — Le duc de Bouillon vient reconnaître les Lorrains et jette un secours dans la place. — 14 octobre. Avec 400 chevaux et 100 arquebusiers, il attaque l'armée des assiégeants rangée en bataille, est blessé de deux coups d'épée, mais, secondé par Rumesnil et le s^r de Bétancourt, réussit à défaire complètement les Lorrains, à emporter leur canon, leurs cornettes et leurs enseignes. D'Amblise est tué dans le combat.

Choses notables, p. 142-144 ; Carorguy, p. 120 ; « Deffaite des Lorrains devant Beaumont, » Mém. de la Ligue, t. V, p. 132.

17 octobre. — « Estant advenu que l'armée de S. A. estante devant Baulmont, en laquelle estoit la garnison de ceste cité, a esté défaicte pour la plus grande partie, et le reste mis en route par le duc de Bouillon, le reste des salvés de ceulx de lad. garnison estans revenus des armées, Messieurs ont advisé estre bon et ont conclu que les armes qui se trouveront chez les marchans et armuriers seront

délivrées entre les mains de M. de Haussonville, qui en a prié mesd. sieurs. » — 20 octobre. M. d'Haussonville a commandement de S. A. de faire entrer en ville le régiment de Marcossey.

7 novembre. — M. d'Haussonville représente « que plusieurs bourgeois font tumulte et portent armes par la ville, qu'encor dernièrement y eut un grand tumulte en la rue des Prescheurs, ...que les bourgeois sont sy cruels qu'ilz ne veullent endurer que les soldatz mectent leurs potz auprès de leurs feuz. » Le Conseil répond que, quand les bourgeois ont eu tort, ils ont été punis, mais qu'il s'est trouvé le plus souvent que les bourgeois n'avaient pas tort ; et que, quant à mettre les pots des soldats auprès de ceux des bourgeois, cela n'a pas été trouvé raisonnable à cause des inconvénients qui peuvent en advenir.

24 novembre. — A cause de la proximité de l'ennemi, la ville de Verdun fait provision de poudre et de balles.

Verdun, archives munic., Registre II.

[Décembre]. — Moins grièvement blessé qu'on ne le croyait, le duc de Bouillon va prendre la ville et le château de Dun par pétard et échelles. (Cf. « Bref discours de ce qui est arrivé en la prise de la ville de Dun au commencement de décembre 1592, » Mém. de la Ligue, t. V, p. 179.)

« La Ligue ne bat plus que d'une aile le long de la Meuse... Elle ne se porta pas fort bien ailleurs. »

Nouvel arrêt politique du Parlement de Châlons.

1592, 18 novembre.

18 novembre. — « Arrest de la cour de Parlement séant à Chaalons contre le rescrit en forme de bule adressé au cardinal de Plaisance », imprimé s. l. n. d. Les bulles condamnées excluaient Henri IV de la couronne.

Le Parlement de Paris cassa à son tour l'arrêt de Châlons. — « Plaidoyer des gens du Roi faict au Parlement (de Paris) le 22e jour de décembre 1592 par M. d'Orléans, avocat général, sur la cassation d'un prétendu arrest donné au prétendu Parlement de Chaalons le 18e jour de novembre...», imprimé à Paris, 1593, in-8°. — Arrêt de même date, qui ordonne que l'arrêt de la cour de Châlons sera lacéré et brûlé par la main du bourreau.

On publia peu après en faveur du Parlement de Châlons un ouvrage dédié au duc de Bouillon et intitulé : « Mainlevée et défense des princes souverains et églises chrétiennes contre les attentats, usurpations et et excommunications des papes de Rome. »

Bibl. nat., f. fr., 3961, plusieurs pièces ; 3996, f°˚ 270 et 290 ; 4019, f° 196 ; 16402, f° 238v°, (cf. Plaquettes, p. 152,) ; Mémoires de la Ligue, t. V, p. 176 ; Fleury, Hist. Ecclés. ; Rohrbacher, Hist. Univers. de l'Eglise Cathol., XI, p. 314.

Les Trèves.
1592-1593.

« En Champagne, chacun estoit lassé de la guerre, laquelle y avoit rongé toutes choses. Les soldats mêmes, ne trouvant plus rien à prendre que des coups et de la misère, désiroient extrêmement le repos. » (*Choses notables*, p. 147).

La guerre civile, qui depuis quatre ans désolait le pays, touchait à sa fin. Les deux partis aspiraient à la paix, et ils cherchèrent d'abord à la rétablir par la voie détournée de trèves particulières. Désormais, les évènements militaires vont être relégués au second plan.

Première trève d'Avenay.
1592, 7 et 8 octobre.

26 août. — Les laboureurs et bourgeois qui font labourer présentent requête au Conseil de Châlons pour qu'il « leur soit pourveu de quelques gens de guerre pour empescher l'entrave et excès qui provient journellement des rebelles, ce du moings pour le temps des semences prochaines. » — 31 août. Les Châlonnais au duc de Nevers. Frémin leur a écrit au nom des Rémois pour engager les négociations en vue d'un traité de vendanges. — 5 septembre. « A esté conclu qu'il sera envoyé pardevers monseigneur le duc de

Nevers pour le faict des lettres de Reims touchant les vendanges. » — 23 septembre. Le duc aux Châlonnais. Il présentera demain leurs députés au Roi. — 28 septembre. Le Roi aux Châlonnais. Il donne ordre à Thomassin de traiter pour les vendanges.

3 octobre. — « Sur ce qui a esté proposé, que le s^r de Thomassin, suyvant les lettres du Roy, avoit envoyé son trompette avec passeport pour trois personnes devers messieurs de Reims pour traictier de la trefve, et obtenu d'eux passeport pour trois de ceste ville, affin de se trouver au bourg d'Avenay le jour de demain, et qu'il estoit besoing députter gens du Conseil pour cest effect ; ont esté priez et députez messieurs Me Claude Françoys, s^r de Chaufour, l'un des gouverneurs, et Me Jehan Leduc, procureur sindic, avec le s^r du Castel ; et le s^r de Thomassin, présent aud. conseil, a dict avoir député de sa part pour traictier de lad. trefve. » — 6 oct. « A esté conclu qu'il sera escript ausd. s^{rs} de Chaufour et Leduc de traictier tant des vendanges que grains et autres revenues, et y comprendre ceulx de Victry, sy faire se peult ; et, où ilz ne pourront le faire entièrement, accorder avec lesd. députez de Reims pour lesd. vendanges. » On écrira aussi au s^r de Vignolles de consentir à cet accord. — 7 octobre. Vignolles consent à la trève pour les vendanges à condition qu'on lui fournira la somme de 1000 écus et 24 ou 25 corselets de la valeur de 300 écus, en récompense des vendanges des Rémois qu'il dit lui avoir été données par le Roi. Cette somme sera répartie sur les bourgs d'Epernay, Vertus, Avise, Oger-le-Mesnil, Avenay, Ay, Mareuil et autres qui ont vignobles.

Châlons, arch. munic., Registre XIX, aux dates indiquées, et aussi au 14 octobre; *Lettres*, p. 307-310; Bibl. nat., f.fr. 3617, f°s 71 et 72 (cf. Rev. de Champ., nov. 1882, p. 377) ; Henri, p. 258-261.

Traité pour les vendanges. (1)

Articles accordez avec les habitans de Reims par

---

(1) Nous publions ici les textes définitifs, avec les corrections et additions faites par le Roi (cf. Bibl. nat., f. fr., 3982, f° 202), sur l'original, et non pas les textes des traités provisoires, registrés au Registre XIX du conseil de ville et imprimés par Henri, p. 262-267.

monsieur de Thomassin, commandant pour le service du Roy en la ville de Chaalons, et les habitans dudict lieu, ses très humbles et très obéissans sujectz, pour l'asseurance et liberté de la cueillette des vendanges, transport d'icelles et vins en proceddans, suivant l'auctorité et permission de Sa Majesté.

Sçavoir, qu'il est permis à tous habitans desdites villes de Chaalons, Reims, Chasteau Thierry, Espernay, Saincte Manehould, Vitry, Avenay, Ay, Chastillon, Chastel en Porcien, Fismes, Cormicy et autres bourgs et villages des environs d'icelles, et à tous réfugiés desdites villes et bourgs, de quelque condition et qualité qu'ils soient, de cueillir et vendanger les raisins des vignes à eux respectivement appartenant ès vignobles de la montagne de Reims, terroir de St Thierry, Cormicy, Chastillon sur Marne et tous autres villages circonvoisins, rivière de Marne, montagne de Vertu et terroirs voisins, comme Avise, Cramant, Cuys, Montelon, Vignetz, Sainct Martin, Pierry et autres dépendances de lad. montagne de Vertu ; icelle vendange et les vins qui en procéderont mener et conduire, faire mener et conduire dedans ledit temps esd. villes cy dessus nommées à leur choix et option, sans qu'il leur soit fait ou baillé aucun trouble ny empeschement par quelque personne, de quelque qualité ou condition qu'elle soit, d'un party ou d'autre; ne seront prins ny réputez prisonniers de guerre ceux et celles qui seront employez à la cueillette desd. raisins, fassons, voitures et conduites desd. vins, soient femmes, enfans au dessous de seize ans, serviteurs, servantes, vignerons, artisans, manouvriers et autres de telle qualité, leurs chars, charrettes, chevaux, bœufs et autres bestes de voitures qui porteront, meneront et charieront lesdites vendanges et vins esdits villes et bourgs et autres lieux cy dessus nommez.

Seront lesd. habitans, tant dudit Chaalons que de Reims, respectivement tenus entretenir et inviolablement garder ledit traicté et accord de point en point, selon sa forme et teneur, icelluy faire entièrement entretenir et inviolablement garder par les gens de guerre de leur partye, à peine de tous despens, dommages et interestz de ceux qui au contraire du présent traicté recevront pertes et dommages ; lesquels dommages et interestz les habitans desd. villes de Reims et Chaalons seront tenus paier, ou livrer aux partyes offencées celuy ou ceulx qui auront faict et commis lesd. outrages et contraventions.

Et néanmoings, où quelque corps d'armée, soit de part ou d'autre, passeroit durant le temps du présent traicté et par les lieux et trièges cy dessus compris, en ce cas les habitans desd. villes ne seront tenus de respondre des contraventions qui seront faictes aud. traicté par les soldatz, gens de guerre et autres de lad. armée. Et néanmoings ont promis lesd. députés de faire de tout leur pouvoir destourner les armées de leur party desdits vignobles. nommément ceux de Reims l'armée qui est ès environs de Fére en Tartenois.

Et d'aultant que, pour parvenir audict traicté et accord, il a esté besoing et trouvé juste et raisonnable de publier un ban portant deffence à toutes personnes de vendanger ou faire vendanger aucunes vignes, sous quelque prétexte que ce fust, jusques au jeudy huitiesme du présent mois d'octobre, a esté accordé que, s'il y a quelque partye que ce soit qui ayt vendangé vigne ou vignes appartenant à quelques particuliers de l'un ou de l'autre party depuis la publication du ban ou deffence, en ce cas lesd. habitans seront respectivement tenus faire ou faire faire raison à celluy qui sera offencé, luy rendre ou faire rendre le vin qui aura esté cueilli sur lesd. vignes ou le prix d'icelluy, à dict de gens à ce congnoissans, sans autre forme et figure de procés.

Faict, conclud et arresté avec M. de Vignolles, gouverneur d'Esparnay, et le s^r du Castel, ayant pouvoir de M. de Thomassin, gouverneur de Chaalons, par nous les députez des villes de Chaalons et Reims, en présence de haulte et puissante dame Françoise de la March, abbesse d'Avenay, ce jourdhuy VIIe jour d'octobre 1592.

VIGNOLES. SERVAL. DE BÉZANNES TAISSY.
PARENT. THIERRY DE L'HOSPITAL DU CASTEL.
FRANÇOYS. FRÉMYN. LEDUC.

Traité pour le labourage et les revenus.

Nous soubsignez, commis et députez par MM. les lieutenans, gens du Conseil, manans et habitans des villes de Chaalons et Reims, fondez de pouvoir à ce nécessaire, avons, pour le bien et soulagement des habitans, tant desdictes deux villes que autres villes, bourgs, villages et plat pays circumvoisins qui seront cy après plus spécialement désignez, faict et faisons les capitulations, traittez et accords qui s'ensuivent.

Plaise au Roy ordonner sa volonté sur les présentz articles proposez par ceulx de sa ville de Reims aux officiers et habitans de sa ville de Challons.

1. Asscavoir, que les laboureurs et vignerons desdictes villes de Chaallons et Rheims, Victry, Esparnay, Saincte Menehould, Fismes, Cormissy, Chastel en Portian, Chastillon et des autres bourgs et villages des environs desdictes villes, mesmes tous ceulx du duché de Réthélois, ne soient couruz, molestéz ny empeschez en leur labourage.

Le Roy, désirant plus que tout aultre ce qui regarde le bien et la commodité de ses subjetz, trouve bon le contenu au présent article.

2. Que leurs personnes, chevaulx, bestial, ny aultres meubles à eux appartenans ne puissent estre déclarez de bonne prise, si ce n'est pour le faict des tailles.

Idem.

3. Que les habitans des villes, bourgs et bourgades susdits, comme aussi ceux qui sont retirez et réfugiez en icelles, jouissent de leurs rentes et revenus en grains, deniers, estangs, prez, bois et généralement de tout leur revenu à eulx appartenant, sans qu'il soit donné aucun empeschement à leurs fermiers, debteurs, serviteurs et servantes, manouvriers, chartiers et autres gens de bras à eux appartenant et employés à la recherche et levée desdits revenus, tant par les champs que en allant et retournant desdites villes ; à la charge néanmoings que lesd. laboureurs, manouvriers et aultres susditz n'abuseront de la liberté desd. chemins par port d'armes, secret, lettres, mémoires ou paroles importantes au faict de la guerre ou de l'Estat.

Les actions de sa Majesté, et le travail, et le long soing qu'elle prend pour remettre tous ses subjects en repos, faict assez paroistre qu'elle ne désire rien tant que leur bien et soullagement, pour lequel elle n'espargne sa propre vie. Mais, d'aultant que le contenu au présent article est de grande importance, et que telles demandes luy ont esté faictes par les habitans d'aulres villes, que sa Majesté a remis à Chartres pour en conférer avec plusieurs personnages de quallité de son conseil qu'elle a ordonné s'y trouver, elle ne peult pour le présent faire aucune résolution sur cest article, ayant remis ce faire audict Chartres, lorsqu'elle s'en résoudra pour ses aultres villes.

4. Et d'aultant que, pour l'exécution du traicté faict par la permission de sadicte Majesté le septiesme d'octobre dernier entre les depputez de Chaallons et Rheims touchans les vins et vendanges, il est nécessaire y employer l'auctorité de la justice ordinaire, qu'il soit permis aux prévotz des mareschaux, leurs lieutenans, les lieutenans de courtes robes, leur greffier et archers pouvoir tenir les champs pour donner main forte à l'entretenement dudict traicté, prendre et appréhender les contrevenans, leur faire et par faire leur procès suivant les édictz et ordonnances, et que ce faisant lesdictz prévostz des mareschaux, leurs lieutenans, les lieutenans de courtes robes, leurs greffiers et archers pourront avec leurs chevaux et armes aller et venir en toute seureté, sans qu'il leur soit donné aulcun trouble ou empeschement et sans qu'ilz puissent estre tenuz et jugez prisonniers de guerre ; et lesquelz prévostz des mareschaux, lieutenans, greffiers et archers seront tenuz porter sur leurs cazaques les marques et enseignes qui leur seront ordonnées et prescriptes par messieurs les gouverneurs, leurs lieutenans ou autres ayans charge d'eux, affin qu'ilz puissent plus facillement estre recognuz par les gens de guerre tant d'une part que d'autre, avec deffences à tous aultres de porter lesdictes marques, à peyne de la vye.

Sa Majesté trouve bon et accorde que les prévotz des mareschaulx, leurs lieutenans, les lieutenans de robe courte et archers et greffiers fassent leurs chevauchées par l'estendue de leurs charges, tant pour empescher les viollences des gens de guerre que pour l'exécution de ce qu'il a pleu à Sadicte Majesté accorder par les présens articles.

5. Seront lesdictz habitans, tant de Chaalons que de Reims, respectivement tenus entretenir et garder le présent traicté et accord de point en point, selon sa forme et teneur icelluy faire entretenir et garder par les gens de guerre de leur party à peine de tous despens, dommages et intérestz.

6. Et néanmoins a esté ledit traicté et accord fait et conclud par lesd. députez de Chaalons soubz le bon plaisir du Roy, par lequel et par monsieur le duc de Nevers ilz ont promis et promettent icelluy faire approuver et auctoriser dans huy en six sepmaines. Et par lesd. députez de Reims a esté aussi le présent accord conclud et arresté soubz le bon plaisir de monsieur le duc de Mayenne, monsieur le duc de Guyse et monsieur de Sainct Paul, par lesquelz ilz ont promis et promettent faire advouer et auctoriser led. traicté dans led. temps de six sepmaines, afin qu'il soit inviolablement gardé, observé et exécuté.

Faict au bourg d'Avenay, en la présence de haulte et puissante dame Françoise de La Mark, abbesse dud. lieu, le VIIIe jour d'octobre 1592.

SERVAL. PARENT. LEDUC. FRANÇOIS.
FRÉMYN. DE BEZANNES TAISSY.

Faict au Conseil tenu à Estampes le XXIIe jour de novembre 1592.

HENRY.

RUZÉ.

10 octobre. — Ratification par M. de Thomassin du traité pour les vendanges. Claude François, Pierre Linage et Jean Leduc sont députés vers S. M. pour la supplier d'approuver ce traité.

Châlons, arch. munic., série EE, originaux des traités.

Difficultés pour l'exécution des traités.

Au cours des négociations, il y avait déjà eu des violences. Le 9 octobre, les Rémois écrivaient aux Châlonnais pour leur offrir satisfaction d'une prise de vendange faite par ceux de Vitry.

Malgré la bonne volonté souvent affirmée des deux partis, les infractions continuèrent. — 12 octobre. Les Châlonnais s'étant plaints d'une prise de bétail, de chevaux et de charrettes, les Rémois répondent en se plaignant des contraventions commises par ceux d'Epernay. — 16 octobre. Nouvelles infractions reprochées aux royalistes par les Rémois. Cependant il est heureux que Vignolles ait approuvé enfin le traité. Protestation de l'exécuter fidèlement. — 17 octobre. Le roi a autorisé le traité pour les vendanges ; mais il faudrait aussi obtenir la jouissance des revenus. — 25 octobre. M. de Frignicourt se défend d'avoir contrevenu le premier au traité, et offre de justes réparations. — 26 octobre. Les Rémois se plaignent des infractions graves et réitérées commises par Vignolles. — 31 octobre. Nouvelles plaintes contre Vignolles, qui fait prisonniers tous ceux qu'il rencontre et empêche le transport des vins. (*Lettres*, 311-321).

Le 6 et le 7 novembre, Linage et Leduc, députés vers le Roi, font rapport au Conseil de Châlons sur le peu de succès de leur voyage en cour pour le fait du revenu. Le conseil décide d'écrire à S. M. et d'envoyer mémoires au duc de Nevers. — 11 novembre. Si le Roi n'accorde pas la clause pour les revenus, c'est la ruine complète du pays.

22 novembre. — Le Roi ratifie à Etampes le traité de labourage, mais ajourne l'article concernant les revenus.

27 nov. — Le duc de Nevers aux Châlonnais. Malgré les instances, le roi a ajourné sa décision. — Même jour. On écrira au roi et à M. de Nevers pour leur remontrer la misère du pays, et on avisera aux moyens de retirer la promesse faite au sr de Vignolles. (*Lettres*, p. 321; Châlons, Registre XIX.)

Décembre. — Plusieurs capitaines et soldats de la garnison d'Epernay entrent nuitamment par escalade dans l'abbaye d'Avenay, rompent avec des pétards les portes des religieuses, pillent la maison et emmènent prisonnier Jean du Rocher, chapelain, âgé de plus de 80 ans. Sur la plainte faite par l'abbesse Hilaire Piédefer, le parlement de Châlons ordonne une information contre les aggresseurs. (Archives Nat., X^{Ia} 9265, f° 5).

23 décembre. — Lettres données par le Roi à Chartres pour la ratification du traité de labourage, par lesquelles il accorde la jouissance du revenu jusqu'à la fin d'avril 1593.

Bibl. nat., f. fr., 3982, f° 202 ; Châlons, Registre XIX, 28 janvier 1593, enregistrement des lettres royales.

1593, 15 janvier. — Les Rémois ont reçu notification des lettres royales du 23 décembre ; ils s'occupent d'obtenir la ratification de Mayenne et de Guise. — 17 janvier. Les Châlonnais prient les Rémois de tenir la main à l'exécution du traité et de le faire agréer par ceux de leur parti. Ils écrivent le même jour au duc de Nevers que la misère est croissante, que la garnison de Vitry empêche tout d'arriver, qu'on a tué des hommes aux fauxbourgs et qu'il est urgent d'avoir des forces pour assurer l'exécution du traité. — 21 janvier. Thomassin, sur la demande du Conseil de Châlons, « a promis de faire deffense à tous soldatz de sortir de ceste ville pour aller piller les gens des villages, ny empescher les laboureurs en leur labourage, ni pareillement ceux qui manderont les revenus appartenans aux habitans des villes», et d'écrire au sr de Frignicourt pour faire cesser les empêchements que font les soldats de Vitry. — 23 janvier. Plaintes des Rémois contre la garnison d'Epernay. — 25 janvier. Les Châlonnais au duc de Nevers. Le Roi a écrit le 17 de ce mois à M. de Blancmesnil pour accorder la main-levée des revenus demandée par ceux de Reims et de Vitry, mais jusqu'en avril seulement, ce qui sera insuffisant. — 28 janvier. Les Châlonnais demandent au roi et au duc de Nevers la prolongation de la trêve. Prière aux Rémois de faire cesser les exactions et hostilités de ceux de Vitry. — 30 janvier. Les Rémois écrivent qu'ils poursuivent toujours la ratification. Ils sont marris des violences de ceux de Vitry et en déféreront à Saint-Paul. — 1er mars. Les Châlonnais se rendront près du duc de Nevers pour le prier d'accorder la trêve.—17 mars. Sur l'avis du duc de Nevers, le clergé de Châlons écrira au clergé de Reims, MM. de Verzenay et de Chaufour écriront aux particuliers de Reims qu'ils connaissent, afin d'effectuer le traité d'Avenay concernant le labourage et le revenu, et de faire cesser les courses et le pillage. — 19 mars. Les Rémois répondent qu'ils déplorent les violences des gens de guerre, et s'excusent de n'avoir pas fait ratifier par leurs supérieurs le traité d'Avenay sur ce que les Châlonnais de leur côté n'ont pas obtenu une ratification suffisante. D'ailleurs ceux d'Epernay pillent à dix lieues à la ronde.

9 avril. — Le receveur fait difficulté pour donner quittance des 1000 écus accordés au sr de Vignolles.

Cf. Châlons, arch. munic., Registre XIX ; Bibl. nat., f. fr. 3617 et 3624, plusieurs lettres originales ; *Lettres*, p. 326-336 ; Rev. de Champ., novembre 1882, p. 277-280 ; Henri, p. 258-270.

Trêve pour le bailliage de Provins.

1592, 29 décembre.

24 décembre. — « Sur la requeste présentée au Roy par les habitans de la ville de Provins, par laquelle ils supplient S. M. avoir pour aggréable qu'ils puissent demeurer sans faire la guerre de part ne d'aultre », le Roi, par lettres données à Chartres, approuve leur demande, sous condition qu'ils obtiendront de l'ennemi l'engagement de respecter leur neutralité.

Articles pour la neutralité de la ville, place, faulxbourgs, villaiges et paroisses des bailliage et eslection de Provins, qui ensuivent.

La ville de Provins et susd. places, faulbourgs, villaiges et parroisses susnommez demoureront en neutralité et n'y aura aulcunes garnisons, fors et excepté celle de lad. ville de Provins, et en laquelle pour seureté et conservation d'icelle l'on pourra tenir cinquante hommes de pied ou plus avec ung capitaine pour la garde seulement, qui ne sortiront aucunement en campagne, et sans faire la guerre ou acte d'hostilité.

Lesd. habitans paieront au party de l'Union entre les mains des officiers moictié des tailles et creues incorporées en icelle et du taillon, suivant les commissions qui leur seront expédiées, et pour se garentir d'estre molestez par les gens de guerre du contraire party, leur est permis accorder avec eulx à l'autre moictié desd. tailles, et non plus.

Sy aulcuns gens de guerre passent par lad. ville et places fortes de lad. eslection avec buttins, seront arrestez par les officiers, maires et eschevins trois jours entiers, si mieulx les conducteurs n'ayment bailler caution de la valleur, affin que ceulx ausquelz ilz auront esté prins ayent moyen et loysir d'en aller demander la justice, ce qu'ilz pourront faire seurement et sans rescevoir aulcun desplaisir.

Et ne pourra lad. ville et places fortes servir de retraicte à aulcunes gens de guerre, tant de part que d'aultre.

En quoy faisant mond. sr le duc de Mayenne, pair et lieutenant général de l'estat et couronne de

France, prend en sa protection et sauvegarde les habitans de lad. ville et eslection, lesquelz en toute seureté pourront, eulx, leurs femmes, familles et manouvriers, cultiver et labourer leurs terres, recueillir leurs fruictz et moissons, redebvances et revenuz de leurs héritaiges, faire charier et en toute liberté, sans qu'il soit permis à aulcuns gens de guerre ny aultres, de quelque qualité qu'ilz soient, de faire la guerre en quelque façon que ce soit dans lesd. villes et eslection aux habitans des villaiges et lieux dessusdits. Et où aulcuns viendroient à enfreindre la présente sauvegarde, seront puniz comme criminelz de lèze majesté... (1)

Fait à Paris, le XXIXe décembre 1592.

1593, 7 février. — Mayenne, par lettres données à Paris, s'engage à respecter la neutralité de Provins.

Bibl. nat., f. fr., 3983, f° 76, copies anciennes.

Projet de trève pour Langres.

1592, 31 décembre.

11 articles portant : liberté du labour, de la fréquentation des foires et du transport des revenus ; — liberté pour les habitants des villes de voyager pour leurs affaires particulières, sans entrer dans les places fortes de l'un et l'autre parti ; — droit pour les réfugiés de jouir de leurs biens ; — levée des tailles par les sergents, qui seront considérés comme personnes neutres ; — interdiction d'arrêter les prévôts des maréchaux, lieutenants de courte robe, greffiers et archers vaquant régulièrement à l'exercice de leurs charges ; — interdiction d'imposer les villages de l'élection de Langres pour l'entretenement des garnisons de Coiffy, Montigny et autres places ; — remise des châteaux et

---

(1) Suivent divers articles sur la liberté du commerce, du labour, rentrée des récoltes, revenus, etc.

maisons fortes à leurs propriétaires sous engagement de les garder à leurs dépens sans faire la guerre ; — interdiction du commerce entre la France et la Lorraine, si ce n'est avec passeports ; — mise en liberté sans rançon des paysans prisonniers ; — surséance de courses en attendant le commandement de S. M. ; — pour les autres objets qui ne peuvent être arrêtés maintenant, demander les ordres du Roi.(1)

Ces articles, apportés par le contrôleur Febvre et le lieutenant Noirot, députés de la ville de Langres « pour ouyr à Clefmont MM. de Mélay et Chaumont, députés de Lorraine», sont communiqués par le Conseil à Dinteville en le suppliant d'y ordonner suivant la volonté de S. M. et commisération du peuple.

« Faict à Langres le dernier jour de décembre l'an mil cinq cens quatre vingt douze. »

Bibl. nat., f. fr., 3982, f° 209, copie ancienne sans signature.

1593, 12 janvier. — Dinteville au duc de Nevers. Il a remontré que la négociation engagée à Clefmont ne se pouvait entreprendre sans le commandement du Roi, mais n'a pu empêcher le Conseil de Langres de persister dans son dessein. Au lieu de se contenter d'ouir les propositions, les députés ont traité. L'ennemi demandait une suspension d'armes pour un an ou deux ; mais Dinteville a tant crié que cela n'a pas été accordé. « Cette négociation est entreprise sous le dict des laboureurs et personnes des champs ; mais je crains qu'elle ne passe en espèce beaucoup plus avant. »

15 janvier. — Les Langrois au duc de Nevers. Les sieurs de Mélay et Chaumont ont demandé à conférer et envoyer un projet de trêve. «Nous nous sommes bien aperçus que nos ennemis couvent et cachent sous ce prétexte quelque chose de plus grand. » Le seul remède est de bien faire la guerre et de bien payer les troupes. — 31 janvier. Les

(1) Voir ci-dessous le traité du 9 avril, dont la rédaction pour plusieurs articles est la même.

Langrois au duc de Nevers. La conférence de Clefmont relative à la trève n'a pas abouti. Le Conseil de ville est maintenant l'objet de la calomnie.

Bibl. nat., f. fr., 3624, f⁰⁸ 59, 64, 8, 86, originaux. Cf. Rev. de Champ., avril 1882, p. 341-342 ; février 1884, p. 149-150.

3 février. — Le Roi aux habitants de Langres. « Il y a longtemps que nous avons mandé au sr d'Inteville et à vous que nous avions agréable qu'il fust traicté pour la seureté des laboureurs et liberté dud. labourage, et trouvons bon ce qui a esté accordé pour ce regard... Pour le regard des autres articles qui ont esté proposés pour la suspension d'armes, il n'est utile pour mon service ny pour le bien de nos subjectz que lad. suspension ayt lieu. L'exemple de ce qui est advenu en noz provinces d'Auvergne et Dauphiné et autres pendant les trefves doibt apprendre à ung chacun que noz ennemis recherchent telles suspensions d'armes de noz serviteurs pour avoir plus de moyen de leur nuire et se faciliter l'exécution des entreprises qu'ilz ont sur noz places... Davantage le duc de Lorraine recherche la trefve du costé de Langres pendant que touttes ses forces sont occupées du costé de Strasbourg, et, sy l'on traicte avec luy, ceulx dud. Strasbourg en recevront mécontentement... »

Bibl. nat., f. fr., 3983, f⁰ 63, original.

Trève entre Saint-Paul et le duc de Bouillon.

1593, 17 janvier.

11 janvier. — Le duc de Bouillon a écrit à M. de Thomassin pour savoir l'intention des Châlonnais « sur ce que ceulx de Mézières luy ont mis en main les articles du charroy et traficq des villes de chacun party. » Les Châlonnais supplient le duc d'écrire à S. M., non seulement pour le charroy et sûreté du commerce, mais aussi pour la jouissance du revenu. (Registre XIX).

16 janvier. — Le duc de Bouillon au Roi, pour lui faire

entendre ce qui a été traité par deça, et pour le prier de ratifier ce qu'il connaîtra lui être utile. (Bibl. nat., f. fr., 3983, f° 25, original).

24 janvier. — Le duc de Bouillon a communiqué au Conseil de Châlons des articles projetés qui concernent la sûreté du labourage et commerce des marchandises. On le priera de traiter aussi de la jouissance des revenus. (Registre XIX). — 25 janvier. Les Châlonnais au duc de Nevers. « Nous avons appris le projet de traité pour la liberté du labourage et du commerce demandé à M. de Bouillon pour Reims, Mézières, Réthel, Vitry, Fismes, Rocroy, dont jouiroient aussi ceux de Donchéry, Sedan, Maubert, Ste Menehould, Epernay, Châlons, villes, bourgs et villages des élections et étendues desd. villes de parti à parti. » Les Châlonnais demandent qu'on ajoute aux articles la jouissance des revenus. (Rev. de Champ., novembre 1882, p. 377). Ils écriront aux Rémois pour le même objet.

26 janvier. — Les Châlonnais au Roi. Spoliés sans cesse par les courses des habitants de Vitry, ils demandent l'addition au traité des deux articles ci-dessous :

1° Que les habitans demeurans dans les villes dud. traicté joyront indifféremment de tous et chacuns leurs biens et revenuz estans dans l'estendue de ce traicté, lesquelz biens ilz pourront faire venir auxd. villes sans paier pour raison d'icelluy le nouveau impost dud. traicté ; et à ceste fin seront les supérieurs supliez de révocquer tous les dons qu'ilz en pourroient avoir faict d'une part et d'autre.

2° Et qu'il y ayt quartel aussy bien aux habitans desd. villes comme aux soldatz, et qu'ilz ne pourront demeurer prisonniers plus de huict jours en payant le quartel qui sera accordé avec leurs despens, qui ne seront faictz qu'à la discrétion des prisonniers.

Bibl. nat., f. fr., 3983, f° 51.

Traité.

Articles proposez entre Monsieur de Sainct Paul, lieutenant général en Champaigne, Brie et Réthélois, soubz le bon plaisir et aucthorité de Monseigneur le duc de Mayenne, lieutenant général de l'Estat et couronne de France,

Et monsieur le duc de Bouillon, soubz le bon plaisir du Roy de Navarre.

Assavoir :

Reims, Réthel, Victry, Maizières, Rocroy, Fismes, et Chasteau Portien d'une part ;

Chaalons, Vertus, Sédan, Sainte Manehould, Esparnay, Donchéry et Maubert d'aultre part.

1. Que les villes, bourgs et villaiges deppendans des eslections et villes cy dessus et contribuables aux tailles, ensemble ceulx deppendans des souverainetez de Sédan, Raucourt et terres communes hors le Royaume près Sédan et Maizières, seront comprins au présent traité.

2. Que les laboureurs, vignerons, manouvriers mercenaires et personnes de labeur demeurans és taulx bourgs tant des susdictes villes que des bourgs et villaiges du plat pays contribuables au payement des tailles desdictes villes, ensemble ceulx desdictes souverainetez de Sedan, Raucourt et terres communes, leurs femmes et familles, chevaulx, bestiaulx et toutes aultres choses à eulx appartenans, ne seront couruz, pris ny ranssonnez par les gens de guerre, tant d'un party que d'aultre, et pourront lesditz vignerons, laboureurs et mercenaires aller et venir és villes cy

dessus, y porter leurs danrées, commoditées et aultres choses à eulx appartenans seullement et non à aultres, et de rapporter desdictes villes ce qu'ilz congnoistront leur estre nécessaire pour leur nourriture et entretenement et vestemens ; et au cas qu'ilz se trouvent menans esdictes villes aultres choses que ce qu'il leur appartient, sera déclairé de bonne prinse, ensemble leurs personnes et chevaulx qui en feront la conduicte, sy ce n'est à ceulx qui sont comprins au présent traicté, assavoir aux filles religieuses, hospitaulx et maladreries; et que les laboureurs, vignerons et chartiers encloz dans lesdictes villes pourront labourer [et] faire labourer en toute seureté sans que eulx, leurs chevaulx et serviteurs puissent estre couruz ny prins, et ce faisant feront leurs récoltes sans y estre empeschez d'un party et d'aultre.

3. Que les chevaulx, bestiaulx, serviteurs et servantes et aultres choses servans au labourage appartenans aux gentilzhommes, tant d'un party que d'aultre, retirez et reffugiez dans les villes enclozes ès eslections de ce présent traicté ou estans ordinairement dans les armées d'un party ou d'aultre, ne pouront estre couruz ny déclarez de prise.

4. Que lesditz laboureurs contribuables payeront les tailles, taillon, creue et aultres impositions sur eulx gectées par les esleuz en vertu des commissions à eulx envoyées au commancement de l'année tant à ung party qu'à l'aultre, et se fera la recepte et cueillette desdictes tailles par les receveurs ordinaires desdictes villes ou par ceulx par eulx commis en chacune eslection, prévosté et doyenné, lesquelz receveurs envoyeront

les sergens ordinaires pour en faire la poursuitte et contraintes nécessaires sur les habitans en la manière accoustumée, sans qu'ilz puissent estre contraintz par les gens de guerre, sinon en cas de reffuz par eulx fait ausdictz sergens par deux fois de payer lesdictes tailles et dont lesdictz sergens feront apparoir de leur rapport par escript, auquel cas ilz seront contraintz par la rigueure et payeront les courses.

5. Que les villes clozes et faulx bourgs d'icelles estans des eslections et estenduz de ce présent traicté ne payeront la taille que chacun à son party.

6. Lesdictz sergens ne pourront estre prins prisonniers des gens de guerre en faisant le deub de leurs charges, dont ilz seront chargez de certiffications desdictz receveurs et commis, et qu'ilz n'entreprendront aultres choses que de leursdictes charges, sur peine de la vye.

7. Pourront les collecteurs desdictes tailles porter leurs deniers esdictes receptes, tant d'un party que d'aultre, sans que eulx ny leurs deniers qu'ilz porteront puissent estre prins ny arrestez prisonniers de guerre.

8. En faisant par lesdictz laboureurs, vignerons et contribuables le contenu cy dessus, lesdictz seigneurs de Bouillon et de Sainct Paul feront et emploiront tout leur crédit et faveur envers leurs supérieurs pour empescher qu'il ne soit gecté ny imposé sur eulx aulcunes creues ny impositions nouvelles oultre celles qui seront gectées et mises par lesdictz esleuz au commancement de l'année en vertu desdictes commissions.

9. Le commerce et trafficque des marchans et mar-

chandise entre marchans sera libre aux villes dessus nommez au présent traité, chacun á celles de son party, sans que l'on puisse aller aux villes de l'aultre party, et que les chemyns seront libres á l'un et á l'aultre passans par les bourgs et villaiges compris audict traicté.

10. Que la rivière de Meuze sera libre tant á l'un qu'á l'aultre en montant et descendant avec marchandise, et que le trafficque aux villes de Liége, Pays Bas et aultres pays estrangers sera libre á l'un et á l'aultre tant par terre que par eaue, et que les marchans desdicts pays estranges pouront venir avec leurs marchandises tant par eaue que par terre pour se transporter és villes de ce traicté en payant le droit qui sera cy aprés accordé, oultre les ancientz droitz.

11. Le marchant de chacune desdictes villes, en payant l'impost qui sera imposé par ce traité, sera quite de toutes impositions vielles et nouvelles d'entrée et sorty du Royaume et quelque aultre chose que ce soit, sy ce n'est chacun en son party, et pourront les marchans de Sédan, Donchéry et aultres villes de leur party mentionnez en ce traité passer avec leurs marchandises soubz les pontz de Maiziéres sans payer aulcune chose que le droit de passeport qui sera imposé, dont sera fait ung tableau du taulx pour chacune sorte de marchandise; et en vertu desdictz passeportz seront en seureté lesdictz marchans, leurs chartiers, chevaulx, chars, charrettes, basteaulx et basteliers, et aultres choses servans á la conduite de ladite marchandise.

12. Sera faite exception au présent traicté pour la

marchandise de la pouldre à canon, salpaistre, souffre et balles à canon.

13. Le marchant estranger voulant venir en France envoyera demander passeport et acquitera selon le poix de sa marchandise au lieu contraire des villes où il vouldra aller : comme, s'il veult aller ès villes de Reims et aultres de ce traicté, il prendra passeport à Sédan, et s'il veult aller à Chaalons et aultres, il prendra passeport à Maizières ; et sera tenu, oultre le droit de ce traicté, payer l'imposition accoustumée au lieu où il passera, et ne poura aller mener sa marchandise sinon ès villes qui luy seront permis par sondict passeport, sans qu'il puisse aller et mener sa marchandise ès villes de l'aultre party, à peine de confiscation.

14. La marchandise, de quelque sorte que ce soit sans aulcunement la spéciffier, laquelle s'amballe et entonne, suyvant le tableau qui en sera faict, sera taxé au cent poisant.

15. Le marchant sera tenu faire poiser sa marchandise au lieu où il chargera, et prendra certifficat de celluy qui tient le poix à ferme ou aultres ayans charge, et fera marquer sur la balle ou tonneau la quantité du poix, affin de faire congnoistre sa charge.

16. Et pour controoller le poix, il y aura deux hommes députez de chacun party pour aller veoir passer ladicte marchandise et la conduire jusques en la ville où elle arrivera ; et là, sy bon luy semble, fera poiser ladicte marchandise, et, sy y trouve faulte, en demander justice qui ne luy sera dényée, sans qu'il luy soit permis, à eulx ny aux gens de guerre,

d'arrester lesdictes marchandises ailleurs que en la ville où elle se doibt descharger.

17. Fault que lesdictz hommes ayent certifficat du commis pour estre employez en ce fait, en vertu duquel certifficat ilz pourront passer sûrement, pourveu qu'ilz n'entreprengnent aultre chose que de leurs charges, en peine de la vye.

18. Les marchans des villes de ce traicté voulans aller esdictes villes chacuns de son party et en pais estranges pour trafficquer, mener et ramener aulcunes marchandises, seront tenuz prendre passeportz au bureau de party contraire, tant pour la quantitée de vin qu'ilz voldront mener et aultres marchandises déclairées par ledit tableau, et seront adstraintz de déclarer par ledict passeport la quantitée du poix de leurs marchandises affin d'acquiter en prenant ledict passeport ce qui sera porté par ledict tableau, et feront et régleront leurs charges et voitures suyvant leur passeport, à peine de confiscation du surplus.

19. Sera faite deffence à tous marchans de chacun party se mectre aux champs pour traficquer ny faire mener marchandise sans passeport de ce traité, à peine de confiscation de la marchandise et les marchans déclairez de bonne prise.

20. Toutesfois il sera à la liberté desdictz marchans de se hazarder pour aller en pais estranges sans passeport, pourveu qu'ilz n'y ménent rien ; mais ilz ne pourront faire entrer en France les marchandises qu'ilz y auront acheptées sans acquicter et prendre passeport.

21. Sera commis en chacun party deux personnes

ès villes de Sédan et Maizières, qui pourront avoir chacun ung commis ès villes de Chaalons et Reims, pour tenir bureau, recevoir les droitz contenuz au tableau et distribuer les passeportz qui seront ordonnez pour l'asseurance de ce traicté, desquelz receveurs lesdictz seigneurs de Bouillon et de Sainct Paul seront responsables chacun en son party pour l'assurance des deniers qu'ilz manyront ; et pouront lesdictz receveurs et commis aller et venir aux villes de leur party de cedict traicté sans estre déclairez de bonne prinse en portant chacun ung passeport desdictz sieurs.

22. Lesdictz passeportz baillez par lesdictz commis seront limittez pour combien de jours selon la distance des pays, que les marchans seront tenuz nommer où ilz voldront aller charger, et, quand ilz seront de retour de leurs voyages, ilz seront tenuz rendre lesdictz passeportz au commis de la ville où ilz arriveront pour éviter qu'ilz ne puissent faire deux voyages sur ung seul passeport ; et sera tenu ledict commis d'avoir soing de retirer lesdictz passeportz et tenir registre des passeportz qu'il baillera et de ceulx qu'il retirera.

23. Ausquelz commis sera faict taxe qui sera payé par le marchant à raison d'un solz pour livre des deniers qu'ilz recepvront.

24. Pour éviter que le marchant allant quérir son passeport ne mect son argent en hazart pour son acquit, il pourra, sy bon luy semble, payer au commis du lieu de son party et en prendre ung récépicé qu'il portera ou envoyera à celluy qui luy doibt donner passeport, lequel prendra ledict récépissé pour argent comptant, et seront tenuz lesdictz commis de compter de mois en

mois de leurs récépissez, et se payeront le reliqua l'un à l'aultre à qui sera deub, lequel reliqua se poura transporter de l'un à l'aultre par lesdictz commis en toute seureté en vertu de leurs passeportz.

Lesdictz sieurs feront valoir lesdictz récépissez desdictz commis chacun en son party, desquelz ilz seront responsables, comme dit est.

25. Il y aura deux messagers jurez nommez par lesdictz sieurs, qui porteront les marques des villes de leur demeure, pour aller et venir quérir les passeportz pour les marchans, et ne pourront en ce faisant se charger d'aultre chose quelconque, en peine de la vie.

26. Ausquelz messagiers sera faicte taxe de leurs voyages, qui sera payé par les marchans qui les emploiront, sy lesdictz marchans ne trouvent aultres meilleurs commoditées, et seront lesdictz messagiers tenuz porter certifficat du commis du lieu où ilz seront employez.

27. Lesdictz marchans pour leur seureté et de leurs marchandises pouront, sy bon leur semble, prendre jusques au nombre de vingt harquebuziers et six chevaulx pour les conduire jusques au lieu qui sera nommé par le passeport; lesquelz soldartz en faisant ledict convoy ne pourront estre prins ny couruz estans rencontrez par plus grande force, pourveu qu'ilz ayent certifficat du commis de leur demeure comme ilz sont employez en ce convoy, et aussy ne pourront faire aulcun acte d'hostilité en faisant ledict convoy.

28. Que les docteurs en médecines, appothicaires et chirurgiens, tant d'un party que d'aultre, des villes

de ce présent traicté, pourront aller et venir ausdictes villes, bourgs et villaiges de leur party pour penser et médicamenter les malades sans qu'ilz puissent estre couruz ny prins prisonniers de guerre, en ayans ung passeport du gouverneur du lieu de leur demeure.

29. Que les forges se pouront restablir sur les frontières et aultres lieux de l'estendu de ce traicté, et pouront les maistres desdictes forges, leurs familles, serviteurs, et tout ce qui deppend desdictes forges, tant bestiaulx que aultres choses, demourer en leurs maisons en toute seureté sans qu'ilz puissent estre couruz de part et d'aultre ny déclarez de bonne prise.

30. Que tous ceulx qui travailleront à la couppe et fasson des boys, chartiers, chevaulx, bœufz, chars et charrettes pour la conduicte d'iceulx, gruyers, gardes et aultres officiers desdictz boys, pouront aller et venir esdictz boys de leur party en toute seureté, sans que leurs personnes ny choses servans pour icelles soient ou puis[sent] estre pris de guerre comme dessus, pourveu qu'ilz ayent ung certifficat du gouverneur ou magistrat du lieu de leur demeure ; et pouront lesdictz boys estre transportez tant és villes clozes et faulx bourgs d'icelles que és bourgs et villaiges de l'estendu et eslections de ce présent traité.

31. Que les biens et revenuz appartenans aux abbayes des filles religieuses, hospitaulx et maladreries, tant d'une part que d'aultre, soit és villaiges et campaigne de ce présent traité, se recouvreront librement chacun en son lieu, sans qu'on puisse empescher leurs fermiers, laboureurs et vignerons de payer ledict revenu à aultres que ausdictes abbayes, hospitaulx et maladreries.

32. Que tous gens de guerres estans des limittes de ce présent traicté seront tenuz se mectre de garnisons et se faire advouer des gouverneurs ou cappitaines tenans garnisons ès villes et chasteaux de ce présent traicté.

33. Qu'il y aura quartel général entre lesdictz gens de guerre, tant cappitaines de gens d'armes, de chevaulx légiers, de gens de piedz et leurs lieutenans, enseignes, guidons, cornettes et soldatz, les quelz estans prins ne payeront que ung mois de gaige, en perdant leurs armes et chevaulx qu'ilz auront lors de leur prise, de quelque qualité qu'ilz soient, et ne pourront estre retenuz plus de huict jours prisonniers en payant par eulx ledict mois de leur solde avec les despens, lesquelz despens ne se feront que à la discrétion du prisonnier et non aultrement.

34. Ne poura ce présent traicté estre rompu ny violé par les chefs desdictes parties ny aultres, sinon en advertissant de part et d'aultre ung mois devant, dont en sera faicte publication ès villes de ce présent traicté.

35. Et pour l'assurance de ce que dessus, à l'instante prière et requeste desdictes villes et habitans d'icelles, se sont lesdictz seigneurs de Bouillon et de Sainct Paul obligez à la garentye de la liberté de ce présent traicté, et qu'avenant qu'aulcuns marchans et laboureurs feussent desvalizez, pillez, et vollez par les soldartz et gens de guerre tenans l'un ou l'aultre party, de quelques nations qu'ilz soient, estans soubz l'obéissance de l'un ou l'aultre party, en ce cas seront tenuz sur leur foy de faire rendre et restituer ce qui aura esté prins par ceulx de son party à ceulx du party contraire.

36. Et pour ceste assurance et promesse desdictz sieurs, les marchans desdictes villes ont volontairement requis et consenty la taxe du prix de chacune sorte de marchandise, comme il est contenu au tableau cy attaché, soubz le bon plaisir des supérieurs, au plus juste pris qu'il leur a esté possible pour le soulagement du peuple, pour éviter qu'ilz ne puissent estre couruz, pillez ny ranssonnez à l'advenir comme ilz ont esté jusques à présent.

37. S'il y a quelques gens de guerre, soldartz ou aultres, retirez dans les fortz des villaiges ou aultres lieux n'estans advouez d'un party ou d'aultre, violans et empeschans la liberté du présent traicté, sera permis au premier desdictz seigneurs qui en aura l'advis d'aller ou envoyer gens de guerre, artilleryes, munitions et aultres choses nécessaires pour prendre lesdictz fortz, livrer ceulx qui seront prins dedans aux prévostz des mareschaulx pour en faire justice, en faisant par le poursuivant advertir l'aultre seigneur de son intention, affin qu'il envoye de sa part deux soldatz pour veoir ce qui se passera en ce fait, sans que durant ledict temps l'aultre desdictz sieurs puisse faire amas de gens de guerre de son party pour empescher ladicte prinse, ny qu'ilz puissent courir ceulx qui seront assemblez pour cest effect, et ce faict se retireront lesdictes trouppes au lieu d'où ilz seront partiz, sans pouvoir rien entreprendre durant ce voyage.

38. Que les femmes et filles, de quelque qualité qu'elles soient, ensemble les enffans masles jusques à l'aage de douze ans, ne pourront estre pris ny ranssonnez estans des villes de ce présent traicté, lesquelz pourront

aller en seureté à leurs affaires et négoces ordinaires.

39. Que les soldatz tenans garnison ès villes et chasteaux comprins au présent traicté ne pouront aller à la guerre à moins de huict ou dix tant de cheval que de piedz, et seront conduictz par ung des membres des compagnies ou d'un soldat ayant commandement d'eulx, qui sera porteur de leur certifficat ; et que, s'il se trouve par les champs aulcuns soldatz en moindre nombre et n'estans chargez dudict certifficat, en ce cas ilz ne seront comprins au quartel cy dessus ; et sera le cappitaine ou celluy qui sera députe pour la conduicte de laditte trouppe tenu de respondre des actions desdictz soldatz, affin d'éviter qu'il ne se face des volleryes et pilleries par eulx sur les subjectz.

40. Et affin de donner toute occasion au pauvre peuple de retourner en assurance habiter les villaiges qui sont du tout désertez, leur sera remis et quicté ce qu'ilz peuvent debvoir à cause des tailles, taillon, creues, et aultres impositions des années quatre vingtz neuf, quatre vingtz dix et quatre vingtz unze, pour lesquelles ilz ne pourront estre contrainctz, inquiétez ne recherchez ; et pour l'année dernière quatre vingtz et douze, ne pourront les contribuables ausdictes tailles estre aussy contrainctz payer que pour la moitié de ce qu'il se trouvera par eulx deub de reste, à la charge qu'ilz payeront à l'advenir ce qui leur sera imposé, comme dict est, au commancement de l'année présente.

« Tableau pour la taxe des marchandises qu'il convient acquitter en prenant passeport, oultre les autres droicts. »

Copie authentique du traité. Bibl. nat., f. fr, 3983, f⁰ˢ 45 et 59, copies sans signatures du traité et de la taxe.

30 janvier. — Les Rémois écrivent aux Châlonnais que leurs députés poursuivent l'approbation de ce traité. — 9 février. Les Rémois aux Châlonnais. Le traité sera ratifié. (*Lettres*, p. 332, 334).

27 février. — « A esté arresté (dans l'assemblée des habitants de St Dizier) que le sindic s'informera de la trefvé que l'on dict estre faicte entre les villes de Champagne pour la liberté des champs et commerce, et si la ville de St Dizier y est comprise ou non ; et, si elle n'y est, de chercher tous les moyens de l'y faire comprendre. »

St Dizier. arch. munic., Registre III.

2 mars. — Ratification faite à Reims par Mayenne.

9 mars. — Les Rémois écrivent que le traité est approuvé par Mayenne et par le duc de Guise. Urgence de la publication. (*Lettres*, p. 335).

Trève pour la Brie.

1593, 4 février.

Monsieur le duc de Nyvernoys et de Réthéloys, pair de France, gouverneur et lieutenant général pour le Roy en Champagne et Brye et Monsieur de   , gouverneur et lieutenant général pour S. M. en la ville de Paris et Isle de France, respectivement chacun pour ce qui deppend de leurs charges, ont accordé avec le s^r de Victry, commandant à présent en la ville de Meaulx, les articles et conventions qui ensuivent.

Premièrement, ont promis aud. s^r de Victry que durant la présente année à compter du premier février ne sera faict aucun acte d'hostilité en tout le plat pays de la Brye, mesmes entre les gens de guerre et garnisons dud. pays, en ce qui deppend de l'estendue des lieux où commande led. s^r de Vitry, qui consiste aux ellections de Meaulx, Colommiers, Provins, Rozoy et Melleun [et en ce qui est du costé de la Brye, (1)] comme aussy des paroisses estans en la Brye du costé du pont de Charenton qui sont de l'eslection de Paris, et partie de l'eslection de Crespy, contre les gens d'église, gentilzhommes vivans paysiblement en leurs maisons sans faire acte d'hostilité, que pour les laboureurs et paysans, marchans et autres estans ez villes ou plat pays, excepté pour le regard de ce qui est du costé du Meltian et de la France au delà de la rivière de Marne, où les garnisons dud. pays se pourront faire la guerre les ungs aux aultres tant seulement.

Pendant lequel temps de la présente année, à compter du premier jour de ce moys, pourront aussy les habitans des villes et faulxbourgs et gens dud. plat pays non portans armes pour faire la guerre demeurer en toute seureté en leurs maysons avec leurs chevaulx, bestiaulx et aultres biens meubles à eulx appartenans, aller, venir et sesjourner de l'une à l'aultre d'icelles villes, chasteaux et bourgs de l'estendue dud. pays, soit à pied, à cheval ou aultrement, tant pour leurs affaires particullières ou pour trafficquer, mener, ramener, vendre et achapter marchandise, telle que bon leur semblera pour leurs nécessitez sans en abuser, fors et excepté armes et ustancilles de guerre, prenans touttefoys les habitans desd. villes seullement permission des gouverneurs des lieux de leurs demeurances ou de leurs lieutenans en leurs absences, sans qu'ilz puissent sesjourner esd. villes que le temps qu'il plaira aux gouverneurs des lieux où ilz seront trouvez; à la charge

(1) Ajouté en marge par Gonzague.

qu'ilz ne pourront entreprendre aulcune chose préjudiciable au party contraire à celluy qu'ilz tiennent, et sans qu'il soyt besoing aux habitans des faulxbourgs desd. villes et plat pays avoir aultre permission que le présent traicté. Et où les gens de guerre des aultres garnisons d'un et d'aultre party, passans pays et allans à la guerre, prendroient aulcuns de ceulx qui sont compris au présent traicté ou leurs marchandises et bestiaux, seront déclarez de mauvayse prinse et remis en toute liberté. Pareillement les gentilzhommes et autres ayans fiefz et maysons dans l'estendue dud. pays pourront aller en icelles, y sesjourner et s'en retourner quand bon leur semblera, sans qu'il se puisse rien entreprendre contre leurs personnes et biens, à la charge que ceulx qui sont à quatre lieues és environs de Meaulx seront tenuz d'advertir led. s^r de Victry ou ses lieutenans troys jours après qu'ilz seront arrivez en leursd. maysons, et jouyront du revenu de leurs terres si elles ne sont saysies par justice pour debtes...(1)

Et pour l'observation du présent traicté pourront lesd. s^{rs} gouverneurs envoyer leurs prévostz des mareschaux ou commissaires par eulx depputtez, lesquelz librement et avec toutte seureté, assistez de forces nécessaires, pourront exécuter ce qui leur sera ordonné estre faict, et en effect faire paroistre l'affection qu'ilz ont pour l'accomplissement du présent traicté ; à la coppie duquel deuement collationnée à l'original par

(1) Suivent 4 articles concernant 1° la liberté du labourage et le transport des récoltes ; 2° les mesures prises pour la levée de la collecte et des gabelles ; 3° la procédure à suivre en cas de difficultés ; 4° le châtiment de ceux qui auraient «pris quelque maison au préjudice du présent traité».

notaires royaulx, foy y sera adjoustée comme au présent original.

Faict et arresté à Chartres, le quatriesme jour de febvrier mil V^c quatre vingt treize.

Lodovico Gonzaga.
De Lhospital Vitry.

Article additionnel : ce traité n'est valable que lorsqu'il n'y aura point armée royale dans le pays.

6 février. — Approbation du Roi.

1er mars. — Approbation du duc de Mayenne.

Bibl. nat., f. fr., 3983, f° 66, original signé.

Affaires militaires.

1593, janvier-avril.

Extret faict pour l'estat des garnisons de Champagne pour l'année 1593, affin de le faire veoir au Roy.

Dinteville, lieutenant général.
De Givry, de Praslain, de Champlivaut, comte de Brienne, lieutenants particuliers.
Le s^r de Sillery, intendant des fortifications.
Thomassin commande à Châlons.

Villes, bourgs et châteaux dont les garnisons sont mentionnées dans l'état: Fère, Epernay, Grandpré, Château-villain, Pougy, Brienne, Saint-Just, Chaource, Tanlay, Mussy-l'Evêque, Saint-Phal, Dinteville, Plancy, Aix et Saint-Marc, Maligny, Grancey, Praslain, Langres, Courgenay, Ervy-le-Chastel, Coursan près Saint-Florentin, Tonnerre, Argenteuil, Boutins, Launay, Pont-sur-Seine, Nogent-sur-Seine, Montereau, Esmans, Mallery, Saint-Sauveur, Le Plessis aux Tournelles, Blandy, Crécy, Croquetaine, Done, Provins, Gournay, Molinon.

Le sʳ de Luyères, commissaire des guerres.
Charles Bocquet, conseiller provincial.

Bibl. nat., f. fr., 4560, fᵒˢ 94-95, pièce datée du 22 déc. 1592.

Mort de Villiers, frère de Saint-Paul.

[Fin février]. — Pour se réhabiliter de la perte d'Epernay, Villiers, qui commandait à Mareuil, sort contre les troupes de Vignolles ; mais, chargé par le vicomte de Vanteuil, il est défait et meurt de ses blessures.

Il fut inhumé le 1ᵉʳ mars à Reims dans l'église des Jacobins. « On n'y eut grand'peine ny regrets ».

Montbéton, Rev. de Champ., février 1888, p. 134 ; Pussot, p. 14, qui met l'inhumation le 5 mars ; Henri, p. 211.

A Châlons. Mouvements des Ligueurs.

13 février. — Règlement fait à Châlons pour la sureté de la ville. Expulsion des vagabonds et gens sans aveu ; « deffenses à toutes personnes d'escrire, aller ou envoyer ès villes rebelles sans passeport du sʳ de Thomassin et des gens du Conseil, sur peine de la vie ; » ordres pour la garde ; gabions ; fermeture de la porte Saint-Jean. — 18 février. Pourvoir aux magasins à poudre. — 19 février. Recherches dans les maisons, monastères et hôtelleries pour savoir quelles gens s'y trouvent et depuis quand. — 21 février. Faire venir deux ou trois cents hommes pour la garde de la ville. (Châlons, Registre XIX).

14 février. — Les Châlonnais au duc de Nevers. L'ennemi s'assemble autour de Reims ; les principaux chefs vont y arriver. Demande de secours. — 19 février. Thomassin au même. Le comte Charles est à Sissonne ; des troupes considérables sont réunies à Montcornet ; Mayenne est attendu à Reims. Le bruit court que l'ennemi passera la Marne à Epernay. — 21 février. Les Châlonnais au même. Les troupes du comte Charles passeront l'Aisne au Pont-à-Vesle, où on refait le pont. Il y a des troupes à Boult-sur-Suippe. — 23 février. Le Roi au même. L'armée de Mayenne s'approche de la Marne pour passer en Brie. Il faut jeter

des hommes dans Epernay, qui sera peut-être attaqué. — 25 février. Potier au même. Le duc de Lorraine a quitté Nancy pour venir à Reims. — 27 février. Le Roi au même. Il espère qu'on a jeté des forces dans Epernay, dont l'ennemi continue à s'approcher. — 3 mars. Le même au même. Même objet.

1-3 mars. — Le gouverneur et le Conseil de ville de Sainte-Menehould refusent d'y recevoir le sr de Vaubecourt. Plainte de Vaubecourt au duc de Nevers, qui répond avoir trouvé ce refus fort mauvais.

Rev. de Champ., novembre 1882, p. 378, d'après les originaux de la Bibl. nat., notamment f. fr., 3622, f°s 79, 80, et 3624, f°s 106, 116, 117, 119 ; Berger de Xivrey, lettres du Roi.

Campagne du duc de Nevers contre le duc de Guise.

Nevers, renvoyé par le Roi en Champagne, était le 18 février à Montereau ; le 24, à Villenauxe (*Lettres*, p. 335); en mars à la Cassine.

Cependant le duc de Guise revient du Berry en Champagne vers le milieu de mars. Il brûle Neuilly près Joigny, et en laisse passer les habitants au fil de l'épée. Il assiège le château d'Esnon (Yonne), dont le capitaine Despessé capitule le 24 mars, promettant de rendre la place le 28 s'il n'est pas secouru. Ensuite Guise reconduit à Auxerre les 2 canons qu'il en avait tirés, et se loge à Chablis.

A la nouvelle du siège d'Esnon, Nevers part en hâte de la Cassine, rassemble ses troupes à Pougy le 30 mars, apprend en route que le château a succombé, arrive à Dyé près Chablis le 3 avril avec environ 1200 hommes de pied, 700 cuirasses, 300 harquebusiers à cheval. Il offre le combat à Guise qui le refuse et qui, délogeant pendant la nuit, se retire à Auxerre (7 avril).

Alors Nevers assiège Ancy-le-Serveux, qui se rend après deux jours d'investissement. Il s'empare en cinq jours du fort de la Maison-Rouge près Rougemont (23 avril). Puis il rentre à Nevers pour y faire ses Pâques.

Campagne du duc de Guise et de Saint-Paul.

Le duc de Guise, quittant Auxerre, se rend à Saint-Florentin et à Troyes, où il mande à Saint-Paul de le rejoindre.

[Vers le 12 avril]. — Saint Paul, en passant, prend le château de Lamotte, voisin de Châlons, et y laisse le capitaine Chastillon.

Lamotte ne demeura qu'un instant au pouvoir de la Ligue. Dès le 15 avril, les Châlonnais l'avaient repris en y menant 2 canons, 25 pionniers, 1000 pains de munition et une queue de vin ; et, le 7 mai, le roi félicitait les Châlonnais de ce succès. (Châlons, Registre XIX, et « Estat des frais extraordinaires... » ; *Lettres*, p. 339 et 354). — De leur côté les habitants de Sainte-Menehould obtinrent à la même occasion un beau succès sur les troupes ligueuses. Les Lorrains s'étaient assemblés pour secourir Lamotte, et, dans la nuit du jeudi au vendredi, 300 chevaux Albanais étaient logés à Florent. Renneville fit une sortie contre eux, les surprit «dormant à la françoise», le défit entièrement, tua 50 hommes et ramena 200 chevaux à Sainte-Menehould. (*Choses notables*, p. 144-145 ; Rev. de Champ., janvier 1883, p. 67 et 75, lettre de Potier au duc de Nevers, 15 avril).

Après s'être emparé de Lamotte, Saint-Paul était venu à Vitry (Vitry, CC. 73, f° 36v°, 15 avril), et y avait pris une coulevrine avec laquelle il se dirigea sur Rosnay, « villaige nouvellement barricadé par aucuns sans commandement du Roy ny de mons. de Nevers ; lesquelz estans allés avec mond. sieur de Nevers, il ne demeura aud. lieu que aucuns gens de pied, qui s'estonnèrent de la venue dud. Saint Paul et se rendirent à luy le soir mesme qu'il y arriva, sans considérer qu'il eust le moyen de les pouvoir forcer ; et de ceste façon s'empara dud. Rosnay, estant mons. de Nevers eslongné plus de 30 lieues ; lequel Rosnay led. St Paul fit très bien fortiffier par l'espace de six sepmaines. »

Cependant le duc de Guise partit de Troyes pour prendre Méry et le château de Marcilly-sur-Seine, puis, se rendit à Reims pour assister à la conférence de Mayenne, du duc de Lorraine et autres princes, en vue des Etats-Généraux.

Pour l'ensemble, cf. Bibl. nat., f. fr., 3982, f° 239, « Mémoire sur la campagne de Gonzague en Bourgogne et en Champagne »; Carorguy, p. 126-128 ; Montbéton, Rev. de Champ., février 1888, p. 134.

Dans le Bassigny.

19 janvier. — Dinteville au duc de Nevers. Progrès du vicomte Jean de Tavannes. Licence, voleries, sacrilèges.— 29 janvier. Praslain au même, de Chaource. Les Lorrains s'amassent. — 31 janvier. Les Langrois au même. L'ennemi a repris plusieurs places ; il refait Montsaugeon (1). — 23 février. Les mêmes au même. Demandent des forces pour attaquer Montsaugeon ; se plaignent que Dinteville les malmène par paroles et par menaces.

4 mars. — L'évêque de Langres au même. Misère terrible.—19 mars. Des Cars au même. La garnison de Mussy n'est pas payée. Le baron de Ténissey menace le pays. — 20 mars. Dinteville au même. Il y a des forces ennemies à Neufchâteau et à La Mothe ; Langres est en danger. [Voir dans Piépape, p. 144, d'après les Mémoires de Javernault, le récit de la rude rencontre qui eut lieu près de Langres « au commencement de 1593 »].

22 mars. — Les Langrois au même. La misère augmente. « L'attaque de Montsaujon est indispensable sans retard, car la maçonnerie des remparts faite en hiver ne tient pas. » — 30 mars. Les mêmes au même. Pénurie. Impossibilité de payer les soldats. Il ne reste qu'à vendre la poudre et à livrer la ville à l'ennemi.

Cf. Rev. de Champ., février 1882, p. 66-67 ; avril 1882, p. 342-343; juillet 1882, p. 66 ; février 1884, p. 150, d'après les originaux de la Bibl. nationale.

Trève pour Langres.
1593, 9 avril.

Articles accordez entre Monsieur de Mélay, les sieurs maire et eschevins de la ville de Langres et le sieur

---

(1) M. de Trestondam, « grand gentilhomme mais non moins grand pillard » commandait à Montsaugeon.

contrerolleur Villault, depputé de la ville de Chaumont, pour ce qui est des pays do l'obéissance de S. A. de Lorraine et des ressorts des bailliaiges, siège royal et eslection desd. villes de Langres et Chaumont, le neutviesme jour d'avril 1593 (1).

Que les laboureurs du plat pays, villes, bourgs, chasteaux et personnes des champs ny leur famille ne pourront estre pris ny mis à rançon, ny leurs chevaux, bestiaux, à quiconque ilz appartiennent, ravagez, les maisons desquelz demeureront exemptes de courses, pour y demeurer en toutte seureté et asseurance avec leursd. familles et biens, et vacquer en ce faisant en leur labourage et aultre travail concernant l'agriculture; pourquoy faire lesd. laboureurs et personnes des champs non portans armes, faisans leurs labeurs, agriculture et charrois comme dessus, pourront aller ès foires et marchés, porter, conduire et mener danrées et vivres en l'une et l'aultre des villes et ce qu'ilz doibvent de redebvances aux habitans de l'une et l'aultre desd. villes et chasteaux, ausquelz il sera libre de mener ausd. villes et chasteaux touttes commodités de leurs revenus et ce qui leur appartient aux champs, sans qu'en ce faisant ilz puissent estre arrestez ny empeschés aucunement.

Les tailles seront levées à l'advenir par les sergens, les quelz, pour estre recongneus, porteront les enseignes et marques indictes par les ordonnances ; lesquels sergens exécutans tous mandemens de justice seront comme personnes neutres, ne seront aucunement pris ny mis à rançon.

(1) Il y a au folio 247 du même volume une seconde copie qui présente quelques différences de rédaction. Nous les indiquons en note.

Comme au semblable les prévostz des mareschaux, lieutenans de courte robbe, les greffiers et archers vacquans à l'exercice de leurs charges, portans quant ausd. archers leurs casaques et livrées, ne seront prins ny mis à rançon, il ne leur sera osté leurs armes et chevaulx, ausquelz sera baillé tout confort et ayde pour les exécutions des mandemens de justice.

Joyront la maison et village de Bricon de bénéfice du présent accord.

Lesquels articles cy dessus seront gardez et observez durant (1) par toutes lesd. parties inviolablement et sans qu'elles y puissent contrevenir directement ou indirectement ; et, au cas de contravention, seront tenues de faire le tout réparer et restablir, chacune à son esgard, mesmes que, s'il y a aucuns soldatz contrevenans à la conclusion du présent accord, seront iceulx pugnis en leurs personnes, et ce qu'ilz auront prins restitué.

Pour l'entretenement et asseurance duquel se porteront fort lesd. parties, sçavoir: led. s^r de Mélay de le faire ratiffier par Son Altesse pour les garnisons de ses places, et de faire donner commandement ausd. s^{rs} gouverneurs des chasteaux de Coiffy, Montesclair et Montigny adfin de faire inviolablement et religieusement observer le contenu au présent accord par leurs soldatz, et ausquelles places iceulx articles seront incontinant et aussy tost publiés, afin que nul y prétende aucune cause d'ygnorance; Monsieur de Dinteville et lesd. s^{rs} de Langres pour les garnisons dud. Langres, Chasteauvilain. Mussy (2) et aultres desd. ressortz de

(1) En blanc dans les deux copies.
(2) Deuxième copie : « Mussy, Brienne, Grancey, Rosnay ».

leur partye ; et Monsieur de Guyonvelle et les s^rs de Chaumont pour la garnison dud. Chaumont, Nogent, Vignory (1) et aultres desd. ressortz commandez par led. s^r de Guyonvelle; le tout néantmoins en attendant ung plus ample traicté et accord entre lesd. parties au repos des trois ordres desd. pays et ressortz, ainsy qu'il a esté faict en plusieurs provinces du royaume, et particulièrement en Champaigne, pour lequel faciliter s'adresseront lesd. parties aux supérieurs. Signé : d'Anglure Mélay et Villault.

Suit un billet original de Dinteville, qui supplie le duc de Nevers de vérifier et signer ces articles.

Bibl. nat., f. fr., 3983, f° 146, copie insérée dans une lettre de Dinteville.

Trève entre le duc de Nevers et le s^r Du Pesché.

1593, 13 avril.

Le texte de cette trève pour la région de Château-Thierry se trouve à la Bibl. nat., f. fr., 4719, f° 9. Il a été publié par L. Pâris, *Abbaye d'Avenay*, p. 269.

Trève aux environs de Paris.

1593, 4 mai.

« Surséance d'armes accordée pour Paris et quatre lieues à l'entour entre le parti royal et la Ligue. »

Corps universel diplomatique, Amsterdam, 1728, p. 502.

Trève entre le Roi et Balagny.

1593, 5 mai.

Articles de la trève accordée par le Roi au s^r de Balagny et à la ville de Cambrai.

Châlons, arch. départementales, C. 2489, f° 111.

(1) Ibid. « Vignory, Joinville, Bar sur Aulbe, Cusey et aultres de leur party au dedans iceulx ressortz, fors des chasteaux de Montsaujeon, Cusey, Besxe et aultres places du Montsaujonnois, pour lesquelz ils s'employeront tant envers les supérieurs que messieurs les visconte de Tavannes et ville de Dijon, commandans lesd. garnisons, à ce qu'ils entrent au présent accord. »

Seconde trêve d'Avenay.

1593, 6 mai.

[On trouve de nombreux documents authentiques sur les négociations du second traité d'Avenay: 1° dans nos *Lettres*, p. 336-354, 358, 362, 2° dans les Registre XIX et XX du Conseil de ville de Châlons, depuis le 20 mars jusqu'au 17 juillet, 3° dans la Rev. de Champ., novembre 1882, d'après les originaux de la Bibl. nat., conservés en majeure partie f. fr., 3625. Nous en donnons ci-dessous un bref résumé, avec indication spéciale des renseignements puisés à d'autres sources.]

La première trêve d'Avenay n'ayant pu être entièrement exécutée, les Châlonnais écrivirent le 21 mars aux Rémois pour demander une conférence, et les Rémois répondirent le 23 mars en protestant qu'ils étaient prêts à un arrangement dès que Châlons aurait reçu du duc de Nevers un pouvoir pour transiger au sujet du labourage et des revenus.

31 mars.—Les Rémois demandent des passeports pour trois personnes, une du clergé, une de la noblesse, une du tiers-état, avec leurs serviteurs. — 5 avril. Le duc de Nevers envoie les passeports. — 12 avril. Les Rémois accusent réception des passeports. Proposition de fixer la conférence au mercredi après Pâques. — 15, 17, 19 avril. Les Châlonnais députent l'archidiacre Beschefer, M. de Chaufour et M. Le Duc. Ils écrivent aux Rémois que leurs députés seront à Avenay mercredi prochain. Ils désignent Jean Godet, sr de Champoullain, pour assister les députés à la conférence, et chargent les srs de Florent, du Moulinet, Mathé et Legoix de rédiger les articles d'accord avec les députés. — 20 avril. Les Rémois ayant écrit qu'ils n'enverraient que trois députés à Avenay, les Châlonnais choisissent définitivement pour députés Beschefer, Godet et de Chaufour. — 21 avril. Sur une nouvelle lettre des Rémois qui demandent d'ajourner la conférence de huit jours, les Châlonnais écrivent que « nonobstant lad. remise, les députez du corps de céans se

trouveront aud. lieu d'Avenay pour lad. conférence. » — 26 avril. Les Rémois consentent à l'adjonction d'un quatrième député.

20 avril. — Les échevins de Sainte-Menehould écrivent qu'ils auraient souhaité d'envoyer aussi des députés à la conférence. — 27 avril. Les Châlonnais décident : 1° de répondre aux échevins de Sainte-Menehould « que nous ferons pour eulx comme pour nous mesmes », mais que le passeport délivré par le duc de Nevers ne pourrait servir à leurs députés; 2° d'écrire aux habitants de Sézanne, qui ont aussi demandé à être compris dans le traité, « que les habitans de ceste ville de Chaalons désirent le repos et soulagement des habitans de Sézanne autant que le leur propre, mais qu'ilz ne peuvent entreprendre plus que la permission à eulx donnée par le Roy et Monseigneur de Nevers. »

29 avril. — Les Rémois aux Châlonnais. Les députés de Reims seront à Avenay demain.

Adhésion du duc de Lorraine à la trêve.

« Charles..., à nostre chér et féal conseiller d'Estat et m⁰ aux requestes ordinaires de nostre hostel François Bardin, salut. Estans advertiz que les députez de nostre trèsamé cousin monsieur le duc de Guise comme gouverneur de Champagne estoient assemblez avec les députez de Chaalons pour adviser à traicter une bonne trefve en faveur des laboureurs et gens des champs et commerce de villes à aultres de mesme party, désirans apporter de nostre part tous moyens pour le repos du pauvre peuple et liberté du labourage, nous avons trouvé bon d'intervenir à ceste trefve pour les laboureurs, gens des champs et commerce de noz villes pour noz subjectz en noz pays, terres et seigneuries, et à ceste fin envoyer personnage à nous fidel vers lesd. députez ; pour ce est il que, nous confians à voz sens, prudhommie, suffisance et bonne expérience, vous avons commis et depputé, commettons et depputons par cestes pour vous transporter au lieu d'Avenay où sont lesd. depputez, leur faire entendre nostre volunté susdicte.... Et où lesd. depputez de Chaalons feroient difficulté de comprandre noz pays en lad. trefve, leur déclarer que n'entendons entretenir aucuns des articles qu'ilz arresteront en ladicte trefve... Donné à Reims, le deuxiesme jour de may mil cinq cens quatre vingt et treize. Ainsy signé : Charles. Et plus bas : Par Monseigneur le duc : M. Bonnet. Et scellé en placart de cire rouge. »

Châlons, Registre XX, registré le 4 mai ; Bibl. nat., f. fr., 4719, f° 113, copie collationnée. Cf. L. Pâris, Abbaye d'Avenay, t. II, p. 269 ; Henri, p. 468.

4 mai. — « Sera mandé aux députez de ceste ville [de Châlons] que lesd. habitans sont très ayses que led. s^r duc de Loreine soit compris au traicté. » — 5 mai. « Sur ce qui a esté proposé que aulcuns, soubz le tiltre de noblesse, se sont depuis trois ou quatre jours assemblez en une maison particullière, et ont ensemblement jusques au nombre de trente escript lettres au s^r de Champolain à Avenay, par lesquelles ilz luy escripvoient qu'il n'accorde le traicté, et la liberté des gentilshommes de demeurer en leurs maisons ne leur estre permise ; a esté conclu que led. s^r lieutenant de ville s'informera de la vérité de lad. assemblée, et en sera communicqué avec M. de Thomassin affin de faire les poursuictes qui se trouveront à faire, d'aultant que cela importe au repos public. »

Pour les incidents survenus à la conférence, voir les lettres des députés Châlonnais des 1er, 3 et 6 mai. (*Lettres*.)

Second traité d'Avenay.

Articles (1) accordez pour un an à commancer du jour de la publication d'iceux, entre les députez des gens du conseil des villes de Chalons et Rheims et nommez d'entre le Clergé, la Noblesse et Tiers Estat, assemblez au bourg d'Avenay suivant les pouvoirs à eux respectivement donnez.

(1) Il existe aux archives munic. de Châlons un projet de traité en date du 20 avril, dont la rédaction diffère un peu du texte définitif que nous publions ici.

1. Premiérement : Que toutes personnes, de quelqu'estat, qualité ou condicion qu'elles soient, éclésiastiques, gentilzhommes, officiers, bourgeois et autres, demeurans ou réfugiez ès villes de Chaalons, Rheims, Victry, Esparnay, Chasteauthierry, Rétel et autres villes, bourgs et chasteaux deppendans des élections d'icelles, comme Maisiéres, Donchéry, Maubert, Rocroy, Fismes, Chastel en Portian, Cormicy, Ste Menehould, Chastillon, Vertu, St Dizier, Joinville, et généralement en tous aultres villes, bourgs, chasteaux et villages deppendans desdittes élections, pouront en toute seureté labourer et faire labourer la terre, cultiver, façonner et faire façonner les vignes et aultres héritages, moissonner les grains, couper ou faire couper les bois et foingz, vendenger les vignes, mener et faire mener les vendenges et vins en provenans, grains, bois, foingz et tous aultres fruictz à eux appartenans, aux lieux de leur demeurance, mener ou faire mener fumiers et faire tous aultres ouvrages, nourir et faire mener en pasture, en ramener ou faire ramener toute sorte de bestial, sans que eux, leurs serviteurs et servantes, chevaux, bœufz, vaches, asnes, moutons, brebis, porcz et autres bestiaux et choses servantes au labourage puissent estre couruz ni déclarez de priuse.

2. Pouront aussi les laboureurs, vignerons, musniers et aultres gens des bourgz et villages du plat pais aller et venir, mener et conduire librement leur bestial, bledz, vins, bois, charbon, laines, toiles, drapz et autres fruictz et denrées en celles desdittes villes que bon leur semblera, et en rapporter ce qu'ilz congnoistront leurs estre nécessaire pour leur nourriture et entretenement,

sans qu'ilz, leurs chevaux, harnois, denrées et marchandises puissent estre déclarées de prinse, pourveu que ce ne soient armes ou munitions de guerre.

3. Que lesdictz éclésiastiques, gentilzhommes, officiers, bourgeois et autres demeurantz ou réfugiez és villes, chasteaux, bourgs, et villages du présent traitté, portans actuellement les armes ou non, jouiront de toutes leurs rentes, revenuz et debtes en deniers, grains, vins, estangz, prez, bois, et généralement de tout ce qui leur appartient tant aux champs que ausdittes villes, bourgs, chasteaux et villages, sans aucun trouble ou empeschement ; lesquelles debtes, rentes, fruitz et revenuz leur seront apportez et amenez en toute seureté és lieux de leur résidence, et pouront pour le payment de tout ce que dessuz faire les poursuittes nécessaires par les voyes de justice, sans que leurs serviteurs, fermiers, recepveurs, charetiers, chevaux ou autres bestes qui apporteront ou ameneront lesditz revenuz, rentes et debtes puissent estre prins ni jugez de prinse, et que, si aucuns dons en ont esté faitz, ilz demeureront révoquez ; sans toutefois toucher aux maisons, chasteaux et places fortes apartenans à quelques personnes que ce soit, que le gouverneur et lieutenant général de la province jugeront estre nécessaire tenir et garder pour le bien et conservation d'icelle. Jouiront néantmoins les propriétaires du revenu desdittes maisons, places et chasteaux.

4. Les gens d'Esglize, allans et venans par les champs ou demeurans en leurs maisons pour le deu et exercice de leur charge et office ou affaires particulières, ne seront molestez ni jugez de prinse, sans toutesfois que

les gens d'Esglize demeurans ès villes de ce présent traitté puissent aller d'une ville d'un parti à l'autre sans passeport.

5. Les docteurs en médecine, cirurgiens et apothicaires, tant d'un parti que d'autre, des villes, bourgz et chasteaux comprins en ce présent traitté pouront aller et venir ès villes, bourgz et chasteaux de leur parti et en tous villages des environs d'icelles pour penser et médicamenter les blécez et malades, sans qu'ilz puissent estre couruz ni prins prisonniers de guerre, pourveu qu'ilz aient passeport du gouverneur ou son lieutenant ou des gens du conseil de la ville de leur résidence.

6. Les femmes et filles, de quelque âge et qualité qu'elles soient, les enfans masles au dessoubz de seizes ans, serviteurs et servantes, escoliers allans aux universitez ou revenans d'icelles, de quelqu'aage qu'ilz soient, estans des villes, bourgz, chasteaux et villages du présent traicté, ne pouront estre prins prisonniers, miz à rençon, ni leurs chevaux, chariotz et équipages retenuz ; ains lesdittes femmes et filles, enfans masles audessoubz de seizes ans, serviteurs et servantes iront et viendront en leurs maisons et héritages des champs, y séjourneront pour leurs affaires et négoces autant qu'il leur plaira, et lesdictz escoliers ausdittes universitez, sans aucun trouble ou empeschement ; ne pouront toutesfois aller en ville d'un parti à l'autre ni lesdictz escoliers esdittes universitez sans passeport.

7. A esté aussi accordé que tous capitaines, lieutenans, enseignes, guidons, mareschaux des logis et soldatz, tant de cheval que de pié, estans en garnison ès villes,

bourgz, chasteaux et places fortes contenuz en ce présent traicté, establiz et avouez par le gouverneur et lieutenant général de la province, s'ilz sont faitz prisonniers de guerre, sortiront pour la paye d'un mois de leur solde, sans qu'ilz puissent estre retenus ayans payé comme dessus, ni contrainctz faire autre despence qu'à leur volonté.

8. Et d'autant que les habitans desdittes villes, les officiers et réfugiez en icelles, de quelqu'estat et qualité qu'ilz soient, estans prisonniers de guerre, sont si cruellement traictés que souvent ilz ne sont quittes payans pour leur rançon plus que la value de tous leurs biens, dont est advenu que plusieurs bons marchans et notables bourgeois d'icelles villes sont les uns mortz ès prisons et les aultres entièrement ruinez et réduitz en une misérable mendicité, ce qui est de très pernicieuse conséquence et apporte un très grand préjudice, non seulement ausdittes villes, mais aussi au général de l'Estat, pour à quoy remédier a esté accordé que, au cas que cy après aucuns des susdictz habitans, officiers ou réfugiez seroient prisonniers de guerre, ilz seront quittes en payant, outre la perte de leurs armes et chevaux, deux fois autant que la somme à laquelle se monte leur cotte et taxe de la plus haulte taille, subvention ou emprunt qui a esté levé sur lesdittes villes, bourgz et chasteaux dont seront lesditz prisonniers dès et depuis trois ans ença, laquelle somme se vérifiera par les rosles d'icelles tailles, subventions et empruntz ou copies deument collationnées aux originaux pardevant notaires royaux ou officiers de la justice des lieux dont seront lesditz prisonniers.

— 503 —

9. Et quant aux gentilzhommes volontaires qui suivent le gouverneur ou lieutenant général en la province ou autre chef, tant demeurans en leur maisons aux champs que réfugiez esdittes villes, et autres gentilzhommes aussi réfugiez en icelles villes non portans les armes, les officiers et autres non contribuables ausdittes tailles, subventions ou empruntz, s'il advient qu'ilz soient prisonniers de guerre, ilz seront quittes en payant, avec la perte de leurs armes et chevaux, le quart d'une année de leur revenu.

10. Et où les enfans de famille de tous les susditz qui sont au dessus dud. aage de seizes ans, portans armes et avouez, et autres non portans armes, seroient prisonniers de guerre, seront quittes en payant avec la perte de leurs armes et chevaux le tiers d'autant que payeroient leurs pères, si prisonniers ilz estoient, et à la raison et manière que dessus.

11. Les sergens ordinaires des eslections du présent traicté pouront aller librement aux champs pour le recouvrement des deniers des aydes, tailles, creuees et taillon, faire toutes poursuittes et contraintes alencontre des refusans ou dilaians de payer en vertu des escroües des recepveurs suivant les assiettes et départements qui en seront faitz par les esleuz ; et où les habitans des bourgz et villages du présent traicté seroient refusans et dilaians de payer leurs cottes dedans le temps porté par les ordonnances et après le commandement à eux faict par les susdictz sergens, en ce cas pouront lesditz sergens retourner pour l'exécution desdittes contraintes avec quinzes ou vingt archers des prévost des mareschaux ou lieutenans de courtes robbes,

sans que lesditz sergens et archers, leurs armes et chevaux, puissent estre déclarez de prinse, et lesquelz toutesfois ne pouront prandre autre salaire que celuy qui leurs sera taxé par lesditz esleuz ; et pour le regard des ariérages deubz, la poursuitte et recouvrement s'en fera par les mesmes voyes que dessus ; et a esté accordé que les villes et fauxbourgz du présent traicté ne pouront estre contrainctz au payment desdittes tailles, creues et taillon, sinon à leur parti.

12. Les prisonniers de guerre ou pour le payement des tailles, de quelque qualité qu'ilz soient, ne seront battus ni molestez en leurs personnes, menez ni retenuz és hostelleries et cabaretz des villes, bourgz et chasteaux où ilz seront conduictz, ni mis en aucunes basses fosses ou cachotz ; ains seront incontinent menez és prisons publiques, esquelles ilz seront traictez comme prisonniers tenuz pour debtes.

13. Les marchans des villes comprinses en ce présent traicté pouront, si bon leur semble, traffiquer és villes de leur parti seulement, et leur sera permis y mener et conduire, ramener et reconduire, faire mener, conduire et reconduire leurs denrées et marchandises en toute seureté, sans qu'eux, leurs chevaux et marchandises puissent estre déclarées ni jugées de prinse, pourveu toutesfois que lesditz marchans traffiquans ayent bons et suffisans passeportz des gouverneur et lieutenant général de la province ou autre par eux à ce commiz et député et du parti duquel seront lesditz marchans.

14. Où aucun de l'un ou l'autre parti qui auroit contrevenu aux articles contenuz en ce présent traitté.

comme aussi tous voleurs, assasins, boutefeux, larrons domestiques, ceux qui auroient violé femmes ou filles et tous aultres chargez de crimes méritans punition exemplaire, se voudroient réfugier ou retirer au parti contraire pour éviter la pène de leurs démérites, n'y seront receus, ains constituez prisonniers et mis ès mains de la justice pour estre puniz sur les lieux selon l'exigence des cas, ou renduz et renvoiez à cette fin, s'ilz sont redemandez par les parties offensées.

15. Toutes gens de guerre estans des limites de ce présent traicté seront tenuz se mettre ès garnisons et se faire advouer des gouverneurs ou capitaines tenans icelles, excepté les gentilzhommes qui volontairement suivent le général de la province ou autre chef pour les affaires de leur parti.

16. Et où cy après se trouveront aucuns soldatz et gens de guerre, tant de cheval que de pié, qui tiendront les gens sans adveu desditz gouverneurs et capitaines, ilz seront chastiez et puniz comme voleurs, ennemiz et perturbateurs du repos public ; et quant à ceux qui seront advouez, ne pouront aller aux champs sans congé et permission de leurs capitaines et sans porter la casaque ou escharpe de leur parti.

17. Et d'autant que pour l'exécution du présent traicté il est nécessaire y employer l'autorité de la justice, il sera permis aux prévostz des mareschaux, leurs lieutenans, lieutenans de courtes robbes, leurs greffiers et archers tenir les champs pour donner main forte à l'entretenement d'icelluy, prandre et appréhender les contrevenans, leur faire et parfaire leur procès suivant les édictz et

ordonnances, et que ce faisant lesditz prévostz des mareschaux, leurs lieutenans, lieutenans de courtes robbes, leurs greffiers et archers pourront avec leurs armes et chevaux aller et venir en toute seureté, sans qu'il leur soit donné aucun trouble ou empeschement, et sans qu'ilz puissent estre tenuz et jugez prisonniers de guerre ; et lesquelz seront tenuz porter sur leurs casaques les marques et enseignes qui leur seront ordonnées par Messieurs les gouverneurs, lieutenans ou aultres ayans charge d'eux, affin qu'ilz puissent plus facilement estre recongneuz par les gens de guerre tant d'une part que d'autre, avec deffenses à tous aultres de porter lesdittes marques en pêne de la vie ; et ne pourront lesdictz prévostz des mareschaux, leurs lieutenans, lieutenans de courtes robbes, greffiers et archers exécutans ce que dessus faire aucun acte d'hostilité.

18. Et au cas que durant ledit temps aucun corps d'armées de parti ou d'autre passeroit ou séjourneroit en l'estendue du présent traicté, les contraventions faittes par lesdittes armées ne seront estimées faittes contre et au préjudice d'iceluy, ains estans retirées demeurera ledit traicté en sa force et vertu et aura lieu comme auparavant.

Les quelz articles lesditz députez esditz noms ont accordé, assavoir lesditz de Chaalons soubz le bon plaisir de Henry quatriesme, qu'ilz recongnoissent pour Roy, Monseigneur le duc de Nivernois et Réthélois pour gouverneur et lieutenant général pour Sadite Majesté en ses pais de Champagne et Brie ; et par lesditz de Rheims soubz le bon plaisir de Monseigneur le duc de Mayenne, qu'ilz recongnoissent pour lieutenant général de l'Estat et couronne de France, Monseigneur le duc de Guise pour gouverneur en la province de Champagne, Brie et Rhételois, et Monsieur de St Paul pour mareschal de France et lieutenant général audit gouvernement ; par lesquelz les susditz députez ont prommis respectivement, en tant qu'en eux sera, faire agréer, ratifier et approuver ledit présent traicté dans le quinsiesme du mois de juin prochain, pendent le quel temps ilz s'efforceront de tout leur pouvoir, pour le bien et soulagement du pauvre peuple, d'obtenir desditz seigneurs gouverneurs ou lieutenans que lesditz articles ou partie soient publiez pour estre gardez et observez par provision jusques à l'entière approbation d'iceux.

Faict et arresté audict bourg d'Avenay, le sixiesme jour de may mil cinq cens quatres vingtz et treizes.

BESCHEFER. GODET. FRANÇOYS. DORIGNY. CHAMPOULAIN. PARENT.
DE MONTBÉTON SELLES. LE DUC.

Original signé.

8 mai. — Les articles, rapportés à Châlons, sont approuvés par le Conseil de ville. — 10 mai. Les Rémois envoient un passeport aux députés Châlonnais qui iront porter certains articles du traicté au duc de Nevers pour une publication provisoire en attendant ratification définitive. — 10 mai. La noblesse de Châlons écrit au duc de Nevers. (L. Paris, Abbaye d'Avenay, II, p. 271, d'après Bibl. nat., f. fr., 4719, f° 139). — 12, 16 mai. Longues lettres du duc de Nevers appréciant le traité et l'intervention du duc de Lorraine. — 15 mai. Les Rémois sollicitent des Châlonnais la publication provisoire des articles qui concernent les laboureurs et vignerons, en laissant de côté la question délicate des arrérages. Le plat pays continue à être ravagé.

— 16 mai. Les Châlonnais décident que cette publication provisoire aura lieu, à charge de réciprocité (1). — 18, 22 mai. Les Rémois ne se contentent pas de la publication faite à Châlons, et qui défend seulement de courir sans permission. — 19 mai. Les Châlonnais se plaignent au duc de Nevers que les Rémois soulèvent des difficultés et prétendent ne publier que les articles acceptés par leur Conseil de ville. — 24 mai. Ils reprochent aux Rémois de chercher à rendre le traité inutile, et les mettent en demeure d'envoyer leur dernière résolution.

Requête des laboureurs Châlonnais.

A messieurs les lieutenant, gens du Conseil et gouverneurs de la ville de Chaalons.

Supplient et remonstrent humblement les laboureurs de la ville de Chaalons, des bourgs de St Menge et St Sulpice dud. Chaalons, qu'à l'occasion des guerres et troubles qui ont eu et ont cours en ce royaume, mesmes en ce pays de Champagne ès environs de ceste ville de Chaalons, ilz ont souffert et souffrent journellement de grandes pertes de leurs biens en la prise de leurs chevaulx, vaches, brebis et aultre bestial, qui leur sont prins, emmenez et destellez journellement aux champs proche de ceste ville, battuz, frappez et exceddez par les rebelles et ennemis de S. M. tenans garnison en la ville de Victry le François, chasteau de Mareuil, Reims, Réthel et autres lieux, qui ne cessent journellement de les piller, excedder et molester, mesmes depuis quinze jours en ça leur ont tant couruz sus, qu'ilz ont osté aux supplians leurs chevaulx d'heure à aultre et tiré d'eulx telles rançons et si souvent que

(1) Proclamation faite au nom du Roi et du s^r de Thomassin contre les gens de guerre, en faveur des laboureurs, vignerons et gens du plat pays, 16 mai 1593. (Bibl. nat., f. fr., 4719, f° 154, copie).

lesd. supplians ne peuvent plus respirer et n'y a moyen qu'ilz se puissent acquitter des grands deniers qu'ilz ont empruntez pour payer lesd. rançons ny que doresnavant ilz puissent plus labourer leurs héritaiges ny faire la moisson nécessaire pour la nourriture d'eulx et de leurs pauvres familles, si par vous, Messieurs, ne leur est pourveu de remède. Ce considéré, Messieurs, et d'aultant que la moisson presse et que lesd. ennemis sont depuis le matin jusques au soir dix ou douze à espier lesd. supplians, il vous plaise de leur bailler moyen de faire lesd. moissons et de labourer lesd. terres...

Monseigneur (1), nous sommes contrainctz, pour les continuelles plainctes, murmures et accusations que nous recevons, vous envoyer le double des lettres que nous vous escrivismes hier, estant très nécessaire qu'elles parviennent jusques à vous pour les raisons que vous jugerez trop myeulx, mesmes d'autant que peu d'heures après le partement du porteur les trouppes venant de Vitry envoyèrent quelques coureurs qui enlevèrent à cent cinquante pas des murailles la meilleure partie de ce qui restoit du bestial et le chassèrent près de leur gros avant que l'on peust sortir, et n'attendons tous les jours que semblables incommoditez...
De Chaalons, ce IIIIe juillet 1593.

Voz tréshumbles et trésobéissans serviteurs les gens du Conseil de la ville de Chaalons.

DE PINTEVILLE.

Bibl. nat., f. fr., 3625, f° 63, original; mentionné Rev. de Champ., nov. 1882, p. 382.

(1) Lettre d'envoi au duc de Nevers.

14 juillet. — Sur une seconde requête des laboureurs contenant « que journellement les ennemis sont aux portes de Chaalons, où sans empeschement prennent et emmènent les hommes et bestail... et que la cueillette des grains ne se peult faire au moyen des courses des ennemis et volleurs », le Conseil décide qu'on priera M. de Thomassin de mettre sus incessamment sa compagnie jusques au nombre de 100 chevaux. — 17 juillet. Une troisième requête présentée par les cultivateurs et bourgeois faisant labourer est envoyée à Thomassin, avec prière d'apporter remède à la situation. Le même jour, Thomassin répond «qu'il faict ce qu'il peult avec sa compagnie, qui ne reçoit point d'argent, et qui, ayant les compagnies de Victry, Réthel, Reims, Chastel en Porcien et Mareuil ordinairement sur les bras, n'est pas bastante pour pouvoir satisfaire à tout»; il conseille aux Châlonnais de se pourvoir par devers le Roi et le duc de Nevers; «et, pour le regard de ceulx qui accusent aulcuns soldats d'avoir intelligence avec les ennemis, désire led. s^r qu'il en soit informé afin d'y pourveoir, et, à faulte de preuve, que chastiment soit faict des accusateurs.» (Châlons, Registre XX). — 22 juillet. Thomassin au duc de Nevers, pour demander que sa compagnie soit renforcée de 100 chevaux. (Bibl. Nat., f.fr., 3625, f° 86; cf. Rev. de Champ., nov. 1882, p. 382). — 25 juillet. Les Châlonnais au Roi. Entourés d'ennemis qui ont fortifié diverses places et châteaux « comme Mareuil, Helmoru, Contrisson, Arzillières et plusieurs autres », ils le prient de pourveoir à leur conservation.

30 juillet. — Thomassin au duc de Nevers. Il a fait savoir aux Rémois que, s'ils veulent publier leurs défenses pour les moissons, Châlons fera les mêmes suivant les pouvoirs envoyés par le duc. — 7 août. Thomassin au duc. Les gens de Reims et de Vitry ont publié la trève; mais, le roi n'ayant pas ordonné semblable publication, les Châlonnais ont envoyé un exprès en cour pour demander des instructions.

Cf. Henri, p. 270-277.

Affaires militaires.

1593, avril-août.

Région de Langres.

12 avril. — Le Roi au duc de Nevers. Tâcher d'arranger les difficultés survenues entre Roussat et Dinteville, tous deux bons serviteurs du Roi. Délivrer Langres, s'il est possible, de Montsaugeon et autres forts voisins. — 18 mai. Les Langrois aux Dijonnais pour se plaindre des excès commis par le s^r de Trestondam, commandant à Montsaugeon.

20 mai. — Des Cars au duc de Nevers. Il est revenu hier de la guerre de Bar-sur-Aube, « où il espéra bien deffaire ce qui estoit de cavallerie ». Le baron de Ténissey s'est rendu maître de Châtillon et le fait fortifier.

9 juin. — Le Roi au duc de Nevers. Situation critique de Langres menacée d'une grande entreprise lorraine et courue par Montsaugeon et par les châteaux environnants. Les difficultés continuent entre Dinteville et le conseil de ville. — 26 juin. L'évêque de Langres au même. Il y a autour de Langres des Albanais qui font grand mal.

[A une date incertaine, probablement en juin, La Bergerie, cornette du comte de Grandpré, défit Guyonvelle près de Chaumont, et lui enleva du bétail. — Les Langrois délivrèrent Grandpré assiégé par le vicomte de Tavannes. (*Choses notables*, p. 146).]

Au commencement de juillet, l'arrivée du duc de Nevers donna un vain espoir de secours aux Langrois.

10 juillet. — F. de la Baume, veuve du maréchal de Saulx-Tavannes, au Conseil de Langres. Elle s'emploiera tant qu'elle pourra pour le fait de Monsaugeon, et elle ira trouver à cet effet son fils le vicomte; mais elle n'a pas le pouvoir de garantir le succès de cette démarche. « Plûst à Dieu que j'eusse bien de la puissance sur luy, et qu'il eust voulu me croire depuis le commencement de ces troubles ! »

16 juillet. — L'évêque de Langres au duc de Nevers. Il est prêt à supporter la moitié des frais pour l'attaque de la place, à hypothéquer son bien, à vendre sa vaisselle d'argent, à exposer sa personne. — Mémoire fait en juillet, en vue du siège de Montsaugeon. (Bibl. nat., f. fr., 3984, f° 166). — 27 juillet. Joyeuse au duc de Nevers. Découragement. Il demande à quitter le Bassigny et à prendre le gouvernement de Mouzon. — 5 août. Les Langrois au même. Péril. Il est impossible de munitionner Langres « sy Montsaujon ne nous est rendu ». Arrestation du chanoine Pernot, qui entretenait des relations avec Montsaugeon. — 8 août. Les Langrois au même. Choiseul a été surpris il y a huit jours par le vicomte de Tavannes. — 11 août. Joyeuse au même. Le capitaine La Fontaine, pris avec quelques autres de Montsaugeon, a été pendu. « Il me semble qu'on a précipité les choses pour sauver le chanoine; » car le capitaine, étant sur l'échelle, l'a fortement accusé.

Cf. Rev. de Champ., (d'après les originaux de la Bibl. nat., notamment f. fr., 3624 et 3625), février 1882, p. 67 ; avril 1882, p. 343 ; juillet 1882, p. 67-68 ; février 1884, p. 151-153 ; janvier 1886, p. 46-47; Berger de Xivrey ; Carorguy, p. 134 ; Piépape, p. 144-146 et 340.

Le duc de Nevers rentre en Champagne.

Après Pâques, le duc de Nevers revient en Champagne. Il est le 7 mai à Clamecy, le 12 à Percigny; le 15 et le 16 à Ervy.

19 mai. — Il est devant Marcilly-sur-Seine avec deux canons et bâtardes ; le s^r de la Chapelle capitule, sous condition que la garnison sera conduite le lendemain en sûreté à Saint-Just (Bibl. Nat., f. fr., 3984, f° 28, original de la capitulation) (1). — 27 mai. Il est devant Rosnay; le s^r de Bouzonville capitule, sous condition que la garnison sera

(1). «Au mesme temps il feut deffaict par la compagnie de Mons. le duc de Réthellois son fils la plus grande partie de la compagnie du s^r du Pesché, gouverneur de Chasteau Thierry, qui estoit venu loger aux faulxbourgs de Sézanne. Et deux jours après M. de Nevers deffit 40 hommes d'armes bien armez de la compagnie de mond. s^r de Guise, conductz par mons. le baron d'Uxelles son lieutenant, qui demoura blessé et prisonnier.» (Mémoire de la campagne de Gonzague).

conduite en sûreté le jour même à Arzillières. (Ibid., f° 41, original de la capitulation).

«Cela faict, s'en alla à grandes traictes en Thiérache, pour penser de combattre led. Saint-Paul, qui tenoit assiégé son chasteau de Rosoi, lequel s'enfuit à Mézières avec dilligence», après avoir livré une petite escarmouche (1). — 8 juin. «De là mond. sr de Nevers prit le chasteau de Quatre Champs, trois lieues proche de la Cassine». Capitulation par laquelle il est accordé au capitaine Bourin, et à la garnison de Quatre Champs d'être reconduits ce soir en la maison de Vandy et demain sur le chemin de Réthel.(Bibl. Nat., f. fr., 3984, f° 48, original).

« De là s'en retourna entre la rivière de Marne et celle de Seyne et d'Aube, qui fut à la fin du mois de juin. » — 21 juin. La garnison du château de Saint-Léger-sous-Margerie promet au Roi et au duc de Nevers de garder la place contre les Ligueurs et de démolir une partie des fortifications. (Ibid., f° 67, original). — 28 juin. Sur la prière faite par les religieux de l'abbaye de Montiérender, « de ne voulloir point ruiner leur principalle maison et chasteau de Sommevoyre à coups de canon » pour la remettre en l'obéissance du Roi, le duc, du consentement du sr d'Ailleville, capitaine d'une compagnie de chevau-légers, commandant à Sommevoire, remet ledit château à la garde des révérends pères, à condition de n'y faire aucun acte d'hostilité, de démolir les forts construits dans les deux églises et dans la maison du sr Gobelet, et de payer au Roi les tailles, crues et taillon. (Ibid., f° 98, original). — 29 juin. Madame de Toulongeon, du consentement du sr de Grammont, son mari, promet au duc de ne faire aucun acte de guerre en sa maison du Chastelet et de ne construire aucunes fortifications sans permission. (Bibl. nat., f. fr., 3631, f° 120 ; cf. Rev. de Champ., janvier 1886, p. 46).

(1) Le 19 mars 1593, le chapitre de Rosoi avait déjà réclamé le secours du duc de Nevers, se plaignant «d'être ruiné et mangé jusqu'aux nerfs». (Bibl. nat., f. fr., 3624, f° 136). — En mai, Bray et autres gentilshommes de la Thiérache s'étaient emparés de Rosoi. Saint-Paul accourut aussitôt et les investit dans le bourg. L'arrivée du duc de Nevers sauva la place, qui n'avait munitions quelconques, (*Choses notables*, p. 147). — Peu après avoir fui devant Nevers, Saint-Paul se rendit à Paris pour y prêter le serment de maréchal de France (fin juillet).

3 juillet. — Mirebeau au duc de Nevers, de Flavigny. Ayant vu l'armée du duc à Chateauvillain, il juge à propos de l'avertir que le rendez-vous des ennemis est à Mont-Saint-Jean, près Saulieu, et que leurs forces se composent de 600 arquebusiers, 700 suisses, cinq ou six cents chevaux, 2 canons, 1 coulevrine. On croit à une attaque contre Saulieu. — Le duc alla prendre ensuite Vitry-le-Croisé, qui fut incendié par accident, et Fontette, qui se rendit après 60 coups de canon. — 7 juillet. Le duc est à Mussy l'Evêque (Aube); il regrette de ne pouvoir répondre aux sollicitations des Langrois; il n'a pas assez de forces « pour assiéger une bicoque sans courir fortune. » (*Lettres*, p. 356). — 12 juillet. Le duc accorde aux s^{rs} de Malvoysine et Boutigny de sortir de Dannemoine avec leurs armes et chevaux et d'être conduits en sûreté près de Chablis. (Bibl. nat., f. fr., 3984, f° 147, original).

Le 31 juillet, il est à Villenauxe; le 6 août, à Saint-Denis. Le 14 août, il écrit de Montereau aux Châlonnais que le Roi l'a chargé d'un voyage à Rome auprès du Saint Père. (*Lettres*, p. 361-363).

Cf. Bibl. nat., f. fr., 3982, f° 239, « Mémoire sur la campagne de Gonzague en 1593 »; Carorguy, p. 132-133; Montbéton, Rev. de Champ., février 1888, p. 134-135; Rev. de Champ., janvier 1886, p. 46.

Campagne de Dinteville.

1593, mai-juillet.

Dinteville avait assisté le duc de Nevers à la prise de Rosnay; ensuite il continua la campagne dans une autre direction.

29 mai. — Dinteville est encore à Rosnay; il écrit au duc que le s^r de Renty a fait abattre les guérites de sa maison de Saint-Léger-sous-Margerie. Il croit que le s^r de Noisy va en faire autant au Chastellier.

30 mai. — Le capitaine Prévost, commandant au château de Nosai, près Arcis, capitule à condition de sortir lui avec ses armes et ses soldats avec leurs épées ; ils seront conduits à une lieue au-delà de Plancy vers Saint-Just. — Même jour. Le capitaine La Villotte, commandant à Colaverdey, remet à Dinteville les clefs de ce château. (Bibl. nat., f. fr., 3631, fos 11 et 12, originaux).

S. d. — M. de la Gaillardine écrit à MM. de Dinteville et de Plancy que les ennemis ont surpris Châtillon près Saint-Gond, d'où ils pourraient donner beaucoup de fâcherie au pays. — 1er juin. Dinteville écrit d'Arcis au duc de Nevers pour lui faire savoir les succès obtenus à Nosai et Colaverdey et pour lui dire que, ne voulant pas attaquer Châtillon sans ordres, il tâchera de le prendre par la famine. — 4 juin. Dinteville au duc, du camp d'Allemant. Arrivé mercredi soir devant Châtillon, il a fait d'abord une reconnaissance ; puis, le 3, il a enlevé la chaussée et une barricade, bloqué les assiégés. — 6 juin. Capitulation accordée au capitaine La Rue et à ses soldats, qui sortiront demain avec leurs chevaux, armes et bagages, la mèche éteinte, abandonnant tous les bestiaux qui sont dans Châtillon ; Dinteville fera conduire les capitulants à deux lieues près de Dormans. (Bibl. nat., f. fr., 3984, fo 47, copie ancienne). — 9 juin. Dinteville écrit de Semoine au duc qu'à l'approche de 2 canons amenés de Plancy Châtillon s'est rendu, et que cette place est à fortifier ou à raser. — 10 juin. Dinteville au duc, du camp de Molins-lès-Pougy. Il a reçu ordre de démolir Châtillon ; mais, même rasée, cette place, à cause de sa position, pourra encore servir de retraite à l'ennemi.

10 juin. — Saint-Paul écrit à MM. de Grandval, de la Bussière et d'Esmery, commandant chacun un régiment de gens de pied, de s'acheminer rapidement à Montfaucon ; il craint que Dinteville ne soit plus fort que M. de Frignicourt ne le lui a mandé. (Bibl. nat., f. fr. 3984, fos 49, 50, 51, 53, originaux).

11 juin. — Dinteville au duc, du camp de Molins. Les régiments de Grandval et la Boissière auraient couru

fortune, s'ils ne s'étaient réfugiés aux fauxbourgs de Troyes. — 12 juin. Au même, de Colaverdey (?). Comme La Boissière, qui commande le régiment de Vougré, était logé près Troyes au Pont Hubert, Dinteville est parti la nuit de Molins pour l'attaquer. Mais La Boissière avait passé la Seine et s'était logé près d'Isles.

26 juin. — François de Luxembourg au duc, de Pougy. Les régiments de Grandval et d'Emery, comptant 4000 hommes et 120 charrettes, sont logés à Montiéramey et Montreuil.

17 juillet. — Dinteville au duc, de Pougy. Il demande des ordres. La garnison de Rosnay manque de tout. (Bibl. nat., f. fr., 3625, f° 16).

16 août. — Dinteville est à Nangis, se rendant à Provins.

Bibl. nat , f. fr., 3631, plusieurs lettres. Rev. de Champ., décembre 1881, p. 492-493 ; mars 1882, p. 221-222 ; avril 1882, p. 342-343 ; juillet 1882, p. 68 ; novembre 1882, p. 282 ; janvier 1883, p. 71 (d'après les originaux de la Bibl. nationale).

Au Nord-Est de la Champagne.

19 mai. — Thomassin écrit au duc de Nevers que, le dimanche précédent, Buzancy, assiégé par Tremblecourt, s'est rendu. (Rev. de Champ., novembre 1882, p. 380).

[Commencement de juin.] — Le duc de Bouillon entreprend sur Mézières vers minuit, y fait jouer une saucisse, mais ne réussit pas à produire une brèche praticable.

« En mesme temps, » le gouverneur de Maubert, étant sorti pour reprendre le bétail chargé par les Ligueurs, est tué après l'avoir rescous.

Le duc de Bouillon prend le château d'Inor et « quelques autres qui se firent battre ». Il allait investir la ville et le château de Varennes, quand la trêve avec la Lorraine y fut publiée.

Choses notables, p. 145-146, 148.

Trève pour la région de Troyes.

1593, 14-17 juillet.

Dès l'année 1592, il avait été question sans succès de trèves de commerce entre Troyes et Brienne, entre M. de Chamoy et les royaux d'Ervy et de Saint-Phal. (Boutiot, IV, p. 208 et 212).

Vers le commencement de juillet 1593, le sr de Rigny, de la part de M. de Miraumont, gouverneur de Nogent-sur-Seine, engagea des pourparlers avec ceux de Troyes «pour la liberté et seureté du labourage et moissons.» Rigny fut renvoyé au duc de Nevers, qui adressa aux maire et échevins de Troyes les lettres suivantes :

« Lodovico Gonzague... En ensuyvant les eedictz et ordonnances faictes par le Roy concernant le faict du labourage et la proposition naguères faicte par S. M. d'une trefve généralle pour six mois pour donner relasche à ses subjectz des misères qui les oppressent ; après avoir eu asseurance de messieurs les maire et eschevins de la ville de Troyes qu'ilz feront de leur part publier pareilles deffenses...; Mandons et enjoignons très expressément aux garnisons de Tonnerre, Ervy, Chaource, Sainct Phalle, Mussy, Rosnay, Plancy, Pont sur Seine, Nogent, Bray et Montereau ne molester, troubler ne empescher directement ou indirectement... les gens des villages allans faire ces présentes moissons, soit en leurs personnes, chevaulx, charrettes et fruicts de la terre qu'ilz recueilleront et conduiront en leurs prochaines et ordinaires demourances... A Parrigny, le 14 juillet 1593. »

Approbation de cette ordonnance par le conseil de la ville de Troyes, sous le bon plaisir de Mayenne.

Ordonnance de Claude de Lorraine, portant permission de la publier à Troyes, et autres lieux, et faisant défense aux garnisons de Troyes, Bar-sur-Seine, Méry, St Florentin, Chablis, Dannemoine, Venizy, Villemaur, Villeneufvel'Archevêque, Joigny, châteaux de Chamoy, Coulaverdey, Le Tronchel et autres places dè l'étendue de l'évêché et bailliage de Troyes, de molester de quelque manière que ce soit les gens des villages etc. « Donné à Troyes le 17e jour de juillet l'an 1593. »

Bibl. nat., f. fr., 3625, f° 75, copie authentique.

Etats généraux de la Ligue.
1593, janvier-août.

Pour l'histoire de ces Etats, cf. Bibl. nat., f. fr., 3888, f°⁵ 168, 172, 174, 176 ; 3997, f° 1, Députés aux Etats, f° 15, Propositions de l'Espagne ; 4002, « Relation de ce qui s'est passé aux Etats Généraux » ; 4045, « Registre de la Chambre du Tiers-Etat », 12 janvier-1er août ; 17534, Etats de la Ligue ; 23977, Etats de la Ligue ; A. Bernard, Procès-Verbaux des Etats Généraux de 1593 ; Correspondance de Mayenne, publiée par l'Académie de Reims; Lettres, p. 329 ; St Dizier, Arch. munic., Registre III, 18 oct. 1592, procuration, 8 février 1593, affaire de la procuration nouvelle demandée par Frizon ; Marlot, IV, 765 et 766, articles proposés par les Rémois, lettre des mêmes aux Etats ; « Lettre envoyée par MM. de la ville de Reims à Nosseigneurs les députés des Estats... », Paris, 1593, in-8° de 16 pages, violent pamphlet (Plaquettes, p. 153).

Conversion du Roi.

25 juillet. — Le Roi fait profession de la religion catholique à Saint-Denis, et, le même jour, il annonce cet évènement au Parlement de Châlons.

Isambert, t. XV, p. 72, profession de foi du Roi; Bibl. nat., f. fr., 2751, f° 17, « Cérémonies observées à Saint Denis en la conversion du Roi » ; 17535-17536, 23279-23300, conversion et absolution ; Mém. de la Ligue, V, p. 381 et 382 ; Lettres, p. 380 ; Carorguy, p. 138 ; Pussot, p. 17.

Trève générale.
1593, 31 juillet.

« Articles accordez pour la trefve générale » entre le Roi et Mayenne. (Bibl. nat., f. fr., 3984, f° 260, imprimé ; Mém. de la Ligue, V, p. 397 ; Corps diplomatique, p. 503).

Conclue d'abord jusqu'au 31 octobre, cette trève fut prolongée jusqu'au 30 novembre. (Châlons, Registre XX, acte de publication à la date du 28 octobre ; cf. Henri, p. 303).

Articles particuliers pour la Champagne.

Articles arrestez et accordez entre les lieutenans généraulx des deux parties au gouvernement de Champaigne, Brie et Réthellois, assemblez pour le bien et soullagement du peuple, ainsy qu'il a esté conclud et ordonné pour la tresve génaralle publiée le dernier jour de juillet de la présente année mil V^c IV^{xx} XIII.

Et premier,

Que le recouvrement des tailles de l'année prochaine se fera par les voyes ordinaires, sans touttefois qu'il se puisse lever des tailles, taillion et creues plus pour ung partie que pour l'aultre, assavoir par les sergens des eslections ou aultres, lesquelz pourront à cest effect aller par la campaigne, soit tresve ou guerre, sans estre déclairez de prise ; et sont faictes deffences à tous gens de guerre, tant d'ung partie que d'aultre, de s'entremectre aucunement à la recherche desdictes tailles, sans que lesdictz sergens puissent exiger pour leur sallaire que ce qui leur sera taxé par les esleuz ou aultre juge ordinaire, à peyne de la vye.

Et où les habitans des parroisses contribuables aux tailles seront refusans de payer leursdictes tailles aux simples commandemens qui leurs seront faictz par lesdictz sergens, est enjoinct aux prévostz de messieurs les mareschaulx de France, lieutenans de courte robbe, archers, tant d'une part que d'aultre, assister lesdictz sergens pour faire touttes contrainctes nécessaires contre lesdictz refusans, par emprisonnement de leurs personnes et saisie de leur bestial, qui sera amené ès villes des eslections des debteurs ou aultres villes les plus proches d'iceulx, suivant l'ordre accoustuméé, et les deniers en provenans mis ès mains des receveurs des tailles d'icelles eslections ou des porteurs de leurs quittances pour l'acquit d'icelles, la taxe desdictz sergens préalablement prise.

Pourront les prévostz des mareschaulx, lieutenans de courte robbe et leursdictz archers, tant d'ung partie que d'aultre, se joindre ensemble et aller librement, tant pour lesdictes contrainctes que pour l'exercice de leur charge, s'assembleront touttes et quantes fois que besoing sera pour cest effect, et seront lesdictz gouverneurs d'une part et d'aultre tenuz leur donner assistance quant ilz en seront requis.

Que les esleuz feront leurs chevaulchées et yront quant besoing sera par l'estendue de leurs eslections, dresseront procès verbaulx des plainctes qui leurs seront faictes, informeront des exactions, pilleries, ravages et oppressions du peuple, pour quoy faire leur sera donné asseurance et passeport.

Seront aussy les collecteurs desdictes tailles tenuz en asseurance de part et d'aultre pour les deniers d'icelles qu'ilz apporteront au bureau des receptes ; et, où il y seroit contrevenu, en sera informé et le procès faict aux délinquans comme volleurs.

Il est permys à tous laboureurs, vignerons et manouvriers, tant des villes et faulxbourgs que des bourgs, villages, chasteaux et maisons des champs, faire leur labourage en toutte seuretté ; et sont faictes deffences à tous gens de guerre et autres, de quelque qualité qu'ilz soient, de les empescher à leurdict labourage, prendre ny emmener leurs chevaulx, vaches, brebis et autres bestiaulx à eulx ou à leurs maistres appartenans et aultres choses quelzconques deppendans dudict labourage, sy ce n'est pour le faict des tailles, sur peyne de la vye ; ny mesme d'atempter ny entreprendre en aucune manière que ce soit contre les gentilzhommes estans en leurs maisons retirez sans y faire la guerre, ausquelz sera permys d'y demeurer en toutte seuretté, avec leurs femmes, familles, chevaulx et bestiaulx, pourveu aussy qu'ilz ne portent les armes ny facent chose contraire ny au préjudice d'ung partie ou d'aultre. Et pourront lesdictz laboureurs cy dessus aller librement de ville en aultre tant d'ung partie que d'aultre, mener leurs danrées et marchandises afin de leur donner plus de moyen de payer leursdictes tailles, sans que eulx, leurs chevaulx, charrettes ny danrées puissent estre déclairez de bonne prise.

Touttes personnes ecclésiastiques d'ung partie et d'aultre joïront plainement et paisiblement du revenu de leur bénéfice ; et sy aulcune saisie en avoit esté faicte pour quelqu'occasion que ce soit, leur en sera faict et donné main levée.

Que les décimes se paieront par les bénéficiers aux receveurs de chacun diocèze estably en tiltre d'office par le feu Roy, lesquelz recepveurs résideront en la ville épiscopalle des diocèses suivant l'establissement du temps du feu Roy.

Et durant la guerre les abbayes de femmes, hospitaulx et maladries, tant d'ung partie que d'aultre, joïront plainement et paisiblement de tous et chacuns leurs biens et revenus ; et sy aucune saisie en a esté faicte auparavant, leur en sera donné main levée.

Et où, la tresve expirée, il adviendroit que aucuns desdictz habitans des villes, chasteaux et bourgs tenans l'ung ou l'aultre des parties, soient gentilzhommes, officiers, marchans ou aultres, de quelque qualité qu'ilz soient, ne faisans la guerre, fussent pris par les gens de guerre, ne pourront estre contrainctz paier rançon, sinon de cent escuz pour les personnes de qualité et ayans moïen, et les aultres au dessoubz à l'équipollence et selon leurs facultez, ainsy qu'il sera advisé par les gouverneurs, lieutenans généraulx, ou ceulx qui auront commandement en leur absence ; et pour le regard des gentilzhommes volontaires faisans la guerre, paieront le quart d'une année de leur revenue ; et tous gouverneurs de villes et places fortes, cappitaines, lieutenans, enseignes, membres de compaignies et soldatz, seront quictes pour le quartier.

Que tous fauconniers et valletz de chiens, leurs chevaulx, chiens et oyseaulx, ne pourront estre déclairez de bonne prise.

Qu'il ne se fera aucune levée de deniers ny sera imposé aulcuns nouveaulx subsides sur les bledz, vins et aultres marchandises et danrées, sans ordonnance et exprès mandement du chef du partie qui le vouldra lever.

Que les gens d'Esglize, religieuses, femmes et filles, de quelqu'aage et qualitées qu'elles soient, et les enffans masles au dessoubz de seize ans, aussy de quelque qualité qu'ilz soient, pourront librement et avec toutte seuretté demeurer en leursdictes maisons, aller, venir et céjourner par les champs, sans qu'ilz puissent estre déclairez prisonniers de guerre ny mys à aucune rançon, pourveu que les gens d'Esglize ne facent que leur profession et les aultres leurs affaires particuliéres.

Que les deux lieutenans généraulx de ceste province seront quictes de leurs rançons en ayant par celluy qui sera pris quatre mil escus. Et en cas que l'on y contrevienne et qu'il soit forcé de payer plus grande somme, le lieutenant général de ladicte province du contraire partie à l'aultre sera tenu de païer ledict dessus desdictz quatre mil escus en son propre et privé nom ; à quoy sa foy sera engaigée.

Et seront les articles cy dessus leuz et publiez ès villes de Sedan, Stenay et Dun de par monsieur de Bouillon, afin qu'ilz n'en prétendent cause d'ignorance, attendu que les gens de guerre y estans en garnison tirent paye des deniers provenans des tailles de ceste province.

Nous soubsignez avons promys et promectons de bonne foy, par ces présentes signées de noz mains, de garder et faire inviolablement observer le contenu cy dessus par tout ce gouvernement, de poinct en poinct selon sa forme et teneur ; le tout soubz le bon plaisir des chefz des deux partiz.

<small>Châlons, arch. munic., copie authentique.</small>

15 novembre. — Approbation de ces articles accordée à Paris par le duc de Mayenne, et portant permission au s^r Le Tellier, maître des comptes et intendant des finances, et à l'un des trésoriers de France qui sera nommé par l'autre parti, de se transporter par la province pour le fait des finances. — 16 novembre. Approbation par le duc de

Guise, gouverneur et lieutenant-général en Champagne pour la Ligue. (Châlons, copies authentiques à la suite du traité).

Pour les infractions diverses, voleries, pillages, violences qui eurent lieu pendant la durée de la trêve dans la région de Troyes et notamment à Neufville près Bar-sur-Seine, Piney, Marolles, Méry, Vendeuvre, Mussy, Airelles, cf. Garorguy, p. 156-161.

18 novembre. — Surprise de Méry par les Ligueurs. (Ibid., p. 162).

Articles particuliers (1) *avec le duc de Lorraine.*

1593, 2 août.

Articles accordez entre les s^{rs} députez pour Sa Majesté et le s^r de Bassompierre député pour Monseigneur le duc de Lorrayne, soubs le bon plaisir de Sadicte Majesté et de Son Altesse.

Que tresve et cessation d'armes sera générallement entre Sa Majesté, le Royaulme de France, les seigneuries et terres de la protection d'icelluy, et son Altesse pour toutes les terres, païs et seigneuries qu'elle tient, laquelle sera publiée sur les frontières, aux places plus proches d'icelles, le quinziesme jour du présent moys d'aoust, auquel jour elle commencera, et finira le quinziesme de novembre ensuivant.

Que durant ladicte tresve il ne se fera aulcun acte d'hostilité par l'un contre l'autre réciproquement, et à ceste fin seront les forces de part et d'autre retirées de la campagne dans les garnisons pour y vivre sans y faire chose contraire audict présent traicté, sy mieux on n'ayme les lycentier.

(1) « Articles particuliers outre ceulx de la trefve générale. » (Cf. *Lettres*, p. 362).

Que toutes choses et mesmes les places demoureront en tel estat qu'elles seront au jour de ladicte publication, et néantmoings sera loysible envitailler lesdictes places pour quatre moys, à commencer du jour d'icelle publication, et ledict envitaillement sera faict eu esgard au nombre des gens de guerre qui y est à présent, sans fraude ; d'avantage, les marchez entre ceulx d'un mesme party auront cours, et seront révocquées et levées toutes deffences sur ce faictes.

Que toutes personnes, tant ecclésiastiques qu'aultres, auront main levée et pourront recueillir leurs fruictz et revenuz en quelque part qu'ilz soient scituez et assiz, et rentrer en leurs maisons et châteaux des champs de part et d'autre sans y pouvoir faire aucune fortiffication, excepté celles où y a garnisons de part et d'autre employez en l'estat de la guerre qui ne seront rendues aux propriétaires ; les quelz néantmoings jouiront des fruictz et revenuz qui en dépendent, nonobstant les dons et saisies cy devant faictes, à la charge de transporter et vendre lesdictz fruictz, s'ilz les veulent vendre et transporter, ès villes du party de celluy qui tient garnisons esdictz châteaux et maisons.

Que les tailles et aucunes autres impositions ne seront levées sur les pays subjectz les uns des autres durant ledict temps.

Que les subjectz de l'une et l'autre part pourront aller librement par pays ; et néantmoings les habitans des villes soulant aller, séjourner et trafficquer ès villes contraires seront tenuz de prendre passeport des gouverneurs d'icelles.

Que, pendant ladicte tresve, l'un ne poura faire passer

et repasser aucunes gens de guerre, de quelque nation qu'ilz soient, par les terres et pays de l'autre réciproquement, ny y faire et assigner aucuns rendez vous sans permission.

Que sy aucune entreprise est faicte et exécutée sur quelques places par gens de guerre ou subjectz de l'une et de l'autre part, celuy du quel se treuvera l'entrepreneur sera tenu, non seulement de la désadvouer, mais aussy d'en faire faire prompte réparation et punir exemplairement les infracteurs de ladicte trefve, à quoy ilz obligent leur foy et honneur.

Que l'un ne poura durant ladicte trefve assister ou favoriser les ennemys de l'autre à son préjudice, soit de forces ou autrement.

Que les laboureurs pouront en toute liberté faire leur labourage, charrois et œuvres accoustumées, sans qu'ilz y puissent estre empeschez ou molestez en quelque sorte que ce soit, sur peine de la vie à ceulx qui feront le contraire; les articles cy devant accordez tant pour cest effect que pour le libre commerce des frontières seront observez.

Que tous prisonniers de guerre de présent seront délivrez dans quinze jours après la publication de ladicte trefve, sçavoir les simples soldatz sans rançon, les autres gens de guerre tirant solde pour ung quartier d'icelle solde, excepté les chefs s^{rs} gentilshommes lesquelz en seront quites pour demye année de leur revenu au plus, et toutes autres personnes seront traictées au faict de leur rançon le plus gratieusement que sera possible, eu esgard à leurs facultez et vacations; et s'il y a des femmes ou filles prisonnières, seront selon les accordz précédentz et en vertu de ceste trefve déclarées de mauvaise prise et immédiatement mises en liberté sans payer rançon, ensemble les enffans au dessoubz de seize ans et les sexagénaires ne faisant la guerre.

Que en ceste trefve sera compris de la part de Son Altesse monseigneur le Cardinal de Lorayne, son filz, pour les terres, pays et seigneuries de ses éveschez.

Que aussy de la part de sa Majesté sera compris en ceste trefve monsieur le duc de Bouillon et les villes et places qu'il tient à présent pour le service de Sa Majesté.

Faict et accordé à St Denys le IIe jour d'aoust 1593. Ainsy signé : Rossieu, Gaspart de Schombert et Bassompierre.

8 août. — Approbation du Roi, datée de Saint Denis.

Châlons, arch. munic., copie authentique.

16 août. — La trève avec la Lorraine est publiée à Châlons.

13 août et 7 septembre. — Les Langrois aux Dijonnais, pour se plaindre de Trestondam. Il est insupportable que le s^r de Trestondam, commandant à Montsaugeon, ne veuille reconnaître aucun supérieur et refuse de se soumettre à la trève. (Piépape, p. 34 et 343).

6 octobre. — Dinteville écrit de Langres au duc de Nevers que tout y est tranquille.

La trève qui devait expirer le 15 novembre 1593 fut prolongée pendant un an par diverses conventions auxquelles se rapportent les actes ci-dessous :

1594, 7 janvier. — Publication à Châlons de la défense faite par le Roi et M. de Thomassin de courir en Lorraine, sur peine de la vie.

7 mars. — Ordonnance du duc de Bouillon qui, voyant que le temps de la trêve accordée entre le Roi et le duc de Lorraine est près d'expirer sans qu'on ait nouvelles des intentions de S. M., et jugeant que ce retardement peut procéder des empêchements qui sont sur les chemins, prolonge lad. trêve durant le présent mois et sous le bon plaisir de S. M., à charge d'obtenir pareille assurance du duc de Lorraine. — 9 mars. Ordonnance conforme du duc de Lorraine pour la prolongation de la trêve qui devait expirer le 15 mars. — 10 mars. Publication à Châlons.

27 juin. — Ordonnance de M. de Thomassin au sujet de la trêve prolongée jusqu'au 1er septembre. — 28 juin. Publication à Châlons.

31 juillet. — Lettres du Roi données au camp devant Laon pour prolonger la trêve avec le duc de Lorraine, selon les articles ci-dessus arrêtés, avec cette seule modification que « la levée et entretenement des garnisons des places que led. duc tient en France se fera à commencer du 1er mai dernier par les officiers de S. M. » — 17 août. Publication à Châlons.

28 octobre. — Lettre du Roi pour la prolongation jusqu'au 15 novembre de la trêve qui expire le 31 octobre. — 2 novembre. Publication à Châlons de cette prolongation de trêve, en laquelle sont comprises les villes de Guise, Rocroy et Joinville.

Châlons, arch. munic., EE, original.

Advis de bon lieu du IIIIe décembre [1593].

Là trefve a tant alléché les peuples à la paix qu'en fin ilz y contraindront ceulx qui y sont contraires. L'exemple de Lyon est grand et ne demeurera pas seul ny en cest estat. La noblesse de Bourgongne a refusé tout à trac d'envoyer plus des depputtez pour ellection aucune ; si ceste là, qui semble plus asseurée pour ce party, joue ce roolle, il y en aura bien d'autres qui le joueront. Les Parisiens crient à la paix et disent qu'ilz ont manié plus de deniers en une semaine de la trefve qu'en tout le temps de la guerre. Tout y est bon marché ; on y faict grand chère à un teston pour table. C'est bien autre chose que de ronger les os de St Innocent. La contagion de Londres diminue de semaine en semaine. Le Roy se renforce de jour à autre en tout événement et actendant ses Suisses. Quelques vaisseaux Espagnolz sont autour de Calais, mais on y est bien en esveil. En Frize, le comte Guillaume s'est remis en campagne et va assiéger la ville d'Auresche. Les cantons catholicques n'ont encores accordé au Roy d'Espagne les six mil Suisses qu'il leur demande. Les agentz du Roy visitent tous les cantons de la part de S. M. pour confirmer l'antienne alliance qu'ilz ont avec la France.

Bibl. nat., f. fr., 3987, f° 87, copie.

Rupture de la trève avec Mayenne.

1593, décembre.

4 décembre. — Mayenne écrit à Johannès, gouverneur de St Dizier, que, dans l'incertitude où l'on est d'une nouvelle prolongation de trève, il faut veiller plus que jamais à la conservation de cette ville (Lettres, p. 365). — 15 décembre. A une demande de prolongation de trève pour janvier, février et mars, apportée de la part de Mayenne par le s^r de Belin, le Roi répond que, frustré de son espoir de parvenir à la paix, il n'accordera de prolongation qu'après avoir été mieux éclairci des intentions de ses ennemis. — 21 décembre.

Prolongation est accordée jusqu'à « vendredi prochain seulement », en attendant réponse définitive. (Bibl. nat., f. fr., 3988, fos 58 et 94, copies).

27 décembre. — Le Roi écrit aux Châlonnais que, ses ennemis ayant refusé d'accepter ses propositions, il a le regret de reprendre les armes. (Lettres, p. 367).

Prise de Mareuil par les Royaux.

1594, 18 janvier. — Le fort de Mareuil, « qui avoit tant cousté à Reims et aux villages voisins », fut gagné par ceux de Châlons et Epernay, qui y entrèrent par surprise dans deux bateaux en l'absence du capitaine Marlette. (Pussot, p. 20-21).

Jusqu'au siège de Laon, il ne se passe plus en Champagne aucun fait militaire important, quoique les voleries continuent de tous côtés.

Soumission du commandeur de la Neuville.

1593, 2 décembre.

Frère Claude de Digoy, commandeur de la Neuville-au-Temple, fait serment de fidélité au Roi et renonce à toutes ligues, associations et confédérations contre Sa Majesté.

Arch. nat., X¹ª 9260, f° 372r°.

Soumission de Meaux.

1594, 4 janvier.

Le 24 décembre 1593, le sr de Vitry l'Hospital, gouverneur de Meaux, se déclare pour le Roi en assemblée générale. Le peuple l'imite et prête par acclamation serment d'obéissance à Henri IV.

1594, 1er janvier. — Lettre des habitants de Meaux à ceux de la Ligue. (Bibl. nat., f. fr., 3989, f° 6).

4 janvier. — Capitulation de Meaux, en 30 articles, dont le 1er stipule que « S. M. conservera lesd. habitans en la religion catholicque, apostolicque et romaine, sans qu'il y soit faict autre exercice de la Religion... » ; et le 30e, « que le sr de Vicîry sera pourveu de l'estat de gouverneur et cappitaine de la ville et chasteau de Meaulx, suivant la très humble supplication et requeste que lesd. habitans font à S. M., et son fils aisné de la survivance desd. estats... Faict à Meaulx, le IIIIe jour de janvier 1594. » (Avec les réponses du Roi). — 8 mars. Registrement au Parlement de Châlons.

Bibl. nat., f fr., 3989, fº 12. copie ancienne des articles (publiés dans le Recueil des Edicts et articles accordés par Henri IV pour la réunion de ses sujets, 1604, fº 4, et Mémoires de Nevers, t. II, p. 631) ; 16402, fº 446vº, registrement. Cf. de Thou, 1. 108.

Mémoire sur la reddition de Meaux. (Bibl. nat., f. fr., 3629, fº 26).

Villes et autres places qui tiennent en France pour le Roy et pour la Ligue...

Champagne, Brie et Lorraine.

Pour le Roy.

Le fort de Gornay.
Provins.
Montereau Faut Yone.
Espernay.
Chalons.
Saincte Menehou.
Langres.
Mussi l'Evesque.
Metz.

Richecourt.
Bar sur Seine.
Nogent sur Seine.
Pons sur Seine.
Senfale.
Chaours.
Hervi.
Tonerre.
Chasteauvillain.

Sedan.
Stené.
Dun.
Maubert Fontaine.
Rosoi.
Douceri.
La Cassine.

Gransay.
Roné.
Pugi.
Planxi.
Cortené.
Moson.

Pour la Ligue

Chasteautiéri.
Sens.
Troyes.
Rheims.
Rétel.
Rocroy.
Moncornet aux Ardénes.
L'Abbaye de Chaumont.
Verdun.
Toul.
Jamais.
Messiéres.
Bar le duc.
Vitri.
Janville.
Andelot.
Chaumont en Bassigni.
Chasteau Porcien.

Fismes.
Genville.
Sainct Disier.
Bar sur Aube.
Coifin.
Montigny le Roy.
Villefranche.
Nogent.
Monsogion.
Villeneufve le Roy.
Joigni.
Vézelai.
Sainct Florentin.
Chabli.
Brinon l'Archevesque.
Vilamor.
Dian.

[Au dos] : 25 février 1594.

Bibl. nat., f. fr., 3989, f° 101, original.

Réduction de Paris.

1594, 22 mars.

27 février. — Sacre du Roi à Chartres.

22 mars. — Le Roi écrit aux Châlonnais pour leur annoncer qu'il est entré ce jour à Paris sans effusion de sang, que la Bastille tient encore, mais qu'elle ne tardera pas à se rendre. — 31 mars. Le même aux mêmes. La Bastille s'est rendue. (*Lettres*, p. 369).

Sur la réduction de Paris, voir Bibl. nat., f. fr., 3275, f° 129, « Mémoire sur la réduction de Paris » ; 20073, collection précieuse de pièces originales sur cette réduction. (Cf. de Thou, 1. 109.)

25 mars. — Ce jour, le Conseil de ville de Châlons reçoit la lettre royale du 22 mars ; et, le lendemain 26 mars, « a esté chanté *Te Deum* en l'église Sainct Estienne environ les quatre heures après midy, et sur les cinq à six heures faict les feux de joye au devant de l'ostel commung de lad. ville et place du marché, et iceulx allumez par Messieurs les présidens de Blancmesnil et de Thou, ayans leurs robes rouges, et messieurs de Thomassin et de Livry, lieutenant de ville, et l'artillerie tirée. Et le dimanche 27 dud. mois, faictes aussy processions publicques et générailles... »

Châlons, arch. munic., Registre XX.

28 mars. — Enregistrement au Parlement de Paris de l'édit portant abolition de tout ce qui s'est fait durant les présents troubles.

Lettre des Parisiens aux villes tenant le parti contraire.

Messieurs, vous vous souvenez assez du subject qui nous meust à nous unir tous ensemble, non aultre pour nostre regard que la conservation de nostre religion sainte et soulagement de nostre patrie... Nous avions tousjours les yeux tendus sur le Roy, nos prières à Dieu regardoient sa personne, et songions assez que tout autre but que sa conversion à l'église et la recongnoissance de ses subjectz ne pouvoit guarir cest estat. Mais, aiant esté exaucez par la bonté divine, nous nous trouvasmes entre l'espérance et la crainte... Nous nous sommes retournez à Dieu, tousjours protecteur de ceste bonne ville où humbles et pénitens nous l'avons invoqué, nous avons prié les sainctz apostres de France, l'on a descendu les corps de saint Marceau et saincte Genevieſve, tutélaires et patrons de Paris, les reliques de tous nos glorieux sainctz ont esté excitées pour les rendre médiateurs de nostre salut ; et enfin, consultez avec Dieu, addressez par tant de paternelles sanctifications, nous nous addressasmes à mons. le mareschal de Brissac nostre gouverneur qui, meu de nos mesmes raisons, ayant pénétré noz affaires et noz dangers encores plus avant que nous mesmes, estoit tout disposé à nostre salut. Il envoya donc vers S. M. pour obtenir de sa royalle et tousjours paternelle main ce qui nous estoit nécessaire, où il trouva tant de grâce et de bénignité de cœur, qu'il ne doubta point avec nostre prévost des marchans et aucuns des eschevins de luy ouvrir les portes et recevoir son armée, qui, terrible aux estrangiers, gracieuse aux françois, feut receue du peuple sans crainte, avec bénédiction et chants de triomphe, les bouticques ouvertes à la face des armes et des soldatz. La foule de noz habitans passoit sans respect et sans crainte au travers des trouppes pour chercher et pour veoir leur Roy ; l'ayant trouvé une foys, les tourbes innumérables du monde ne le quictèrent plus. Il s'en alla droict à l'église cathédralle, plein de l'entière confidence de ses subjectz ; les cris de respect et de joye alloient jusques au ciel, et les voultes de l'église sembloient fendre d'allégresse... Nous nous sentirions coupables d'ung trèsgrand crime si nous ne vous en donnions advis, et ne vous prions, comme nous faisons, d'une vraye amour fraternelle, par le propre salut de nostre religion que ce prince embrasse et veult servir de la vie, par vostre propre salut et l'amour de vostre patrie, par l'union mutuelle qui s'est gardée entre nous, d'embrasser son service, rachepter votre liberté, ne vous laisser asservir par des garnisons, par des citadelles, par l'ambition d'autrui... »

Bibl. nat., f. fr., 3989, f° 217, copie ancienne.

Retour du Parlement de Châlons à Paris.

1594, avril.

5 avril. — « La cour, ayant receu mandement du Roy de se rendre promptement en la ville de Paris où S. M. désire rétablir le Parlement en son ancienne splendeur, a advisé se rendre à Paris au premier jour d'après Pasques prochain. Et, afin de donner ordre pour la continuation de tous les procès, instances et différendz apportez et pendans en icelle et esviter à toutes surprises, les a continué et continue au Parlement à Paris au dixiesme du mois de may prochainement venant. »

Suivent diverses ordonnances pour le transfert des prisonniers à la Conciergerie du Palais, pour le transport à Paris de tous les sacs et procès « lorsque la sûreté se présentera », etc.

Bibl. nat., f. fr., 16402, f° 454v°.

Les minutes des arrêts du Parlement de Châlons ne furent réunies en volumes et déposées au greffe qu'en 1625. (Boutaric, Actes du Parlement, t. I. Cf. ci-dessus, p. 251).

Soumission de Troyes.

1594, avril.

En février 1594, les Troyens avaient solennellement renouvelé le serment de l'Union. Cependant, le 5 avril, ils se soumirent au Roi, et, le lendemain, Biron, Dinteville, Praslain et Piépape entrèrent dans la ville. (Boutiot, t. IV, p. 230-245 ; Carorguy, p. 173-174).

6 avril. — François de Luxembourg aux Châlonnais, de Pougy. « Troyes s'est remise hier en l'obéissance du Roy ; touttes choses y ont passé fort doulcement. » (*Lettres*, p. 370).

« Sire, les gens du clergé, de la justice, maire, eschevins et habitans de vostre ville de Troyes supplient très humblement V. M. de croire que le seul subject de la religion les a portés à la prise des armes... » 22 articles. — Réponses du Roi. « Les présens articles ont esté veuz et respondus par le Roy estant en son Conseil à Paris le XXIIe jour d'apvril 1594. »

« Articles proposez à mons. de Dinteville, lieutenant général pour le Roy en Champagne et Brye, par les mayre et eschevins de la ville de Troyes, sur les quels ils supplient led. sr de pourveoir. » 9 articles, datés du 26 avril 1594.

Bibl. nat., f. fr., 3989, fos 266, 294, copies anciennes ; Châlons, arch. départ., C. 2489, f° 163.

« Edict et déclaration du Roy sur la réduction de la ville de Troyes soubs son obéissance, » avril 1594.

Bib. nat., f. fr., 3989, f° 306 ; 3997, f° 181. Imprimé à Troyes chez Jean Oudot, 1594 ; et dans le Recueil des édits et articles accordés par Henri IV, f° 32.

« Ce qui s'est passé en la réduction de la ville de Troyes au Roi, » mémoire daté du 13 avril. (Rev. de Champ., juillet 1882, p. 70-72. Cf. Boutiot, IV, p. 231-241).

1er mai. — Le Conseil de Troyes au duc de Nevers. Ils n'ont pas encore pu envoyer les députés pour le serment parce que la presse des affaires ne leur laisse pas le loisir de respirer. — 3 mai. Remerciements au duc pour le bon accueil fait aux députés. L'évêque est monté aujourd'hui en chaire, au grand contentement des habitants.

15 octobre. — Le maire de Troyes au duc de Nevers. La situation est difficile. Les prédicateurs entretiennent l'agitation, et l'un d'eux, nommé Faulconnier, a prêché dans la grande église « qu'il falloit prier Dieu pour l'entière conversion du Roy, et qu'il ne se pouroit dire converti qu'il ne feust receu du pape. » Il s'en est suivi une sorte de sédition. Faulconnier, homme de bien mais sectaire, a promis de « tempérer son esprit. » On fera en sorte qu'il ne prêche plus.

Bibl. nat., f. fr., 3344; fos 123, 124, 125. Cf. Rev. de Champ., juillet 1882, p. 64 et 65.

Soumission de Vézelay, Auxerre, Chablis et Joigny.

1594, 8 avril.

« Il plaira à S. M. recevoir en son obéissance et remettre en ses bonnes grâces la dame veuve de deffunct le sr de Pluvot, cy devant gouverneur des ville et chasteau de Vézelay, le sr Edme de Rochefort Pluvot son filz, à présent gouverneur, et les manans et habitans de lad. ville. » Suivent 25 articles, avec réponses du Roi. « Faict à Paris le VIIIe jour d'apvril 1594. »

Bibl. nat., f. fr., 9989, fo 231.

12 avril. — Dinteville écrit aux Châlonnais qu'*Auxerre* et *Chablis* se sont soumis, et que Sens ne tardera pas à se reconnaître. (*Lettres*, p. 371).

Joigny paraît s'être rendu au Roi à la même époque.

Cf. Carorguy, p. 171 et 174.

Soumission de Sens.
1594, 16 avril.

Le 31 mars, Biron avait manqué de surprendre Sens. (Poinsignon, p. 338).

Requête des habitants de Sens au Roi, pour protester « qu'ilz n'ont jamais entendu aller ni entreprendre chose quelconque contre Sa Majesté. » Suivent 16 articles, avec réponses de Roi. « Faict à Paris le XVIe apvril 1594. »

« Déclaration du Roy en forme d'édict sur ce qu'il a pleu à S. M. accorder aux habitans de sa ville et cité de Sens s'estans remis en son obéissance. Avril 1594. »

Bibl. nat., f. fr., 3989, f° 249, copie ancienne. Cf. *Recueil des édits et articles*, f° 87v°.

20, 27 avril. — Lettres écrites par les habitants de Sens au duc de Nevers. (Bibl. nat., f. fr., 3344, f°s 75, 78, originaux).

Soumission du château de Vignory.
1594, 23 avril.

Le s^r de Verzolay, commandant au château de Vignory, et les habitants de Vignory déclarent qu' « ilz n'ont esté poussez à faire ce qu'ilz ont faict d'aucunes autres passions que du seul zèle de la saincte religion catholicque, appostolicque et romaine, et qu'ayant veu ceste occasion cessée par la conversion du Roy Henri IVe, ilz ont résolu de le recognoistre pour leur souverain, » demandant à être maintenus dans la pureté de cette religion, dans leurs anciens privilèges, droits et franchises etc. « Faict à Chastelvillain le 23e apvril 1594. » Signé : Thierry, Prève.

Bibl. nat., f. fr., 4558, f° 150, original. Cf. Carorguy, p. 171.

Verdun.

1594, 5 février. — Attestation donnée par le Conseil de Verdun que, « depuis que ceste Cité est entrée en la protection de Son Altesse, Elle n'a rien entrepris sur les droicts du Sainct Empire, du seigneur évesque, conseil, doyen, eschevins et estat de la Cité. »

4 avril. — Lettres en latin, responsives au mandement de Sa Majesté Impériale daté du 5 mars, par lesquelles le Conseil de Verdun relate les calamités causées par la guerre à Verdun et au pays verdunois, « occasion pourquoy la Cité ne peut contribuer aulcune chose à Sad. M. »

Le Roy de France aux habitants de Verdun.

De par le Roy.

Chers et bien amez, nous ne pouvons croire que l'intelligence que vous avez eue depuis ces derniers troubles avec le duc de Lorraine ayt préjudicié à la protection de nostre couronne, à la quelle voz prédécesseurs et vous avez esté de longue main submis, et dont vous et les vostres avez receu tant de bienfaictz et favorables traictements. Mais comme les artifices dud. duc de Lorraine et autres qui ont tenté l'usurpation de cest estat ont eu beaucoup de pouvoir sur noz vrais et légitimes subjectz à les esloingner de nostre recognoissance, il leur a aussy esté facile, avec les praticques et corruptions d'aucuns mauvais concitoyens, de vous attirer à leur dévotion, pour petit à petit vous priver de tout appuy et support et enfin de vostre liberté, la conservation de laquelle nosd. prédécesseurs ont ambrassé autant et plus que de leursd. subjectz. Et ne leur voulant céder d'affection et de bonne volonté en vostre endroict, nous avons donné charge à nostre cousin le duc de Buillon de vous en donner toute asseurance et vous tesmoingner que nous ne désirons rien plus que de vous veoir bien unis avec nous et remis en la protection de ceste couronne pour ne nous donner subject, à la prochaine rupture de la tresve, de rechercher par la force ce que la raison ne vous aura pu persuader de faire, comme nous en sommes en résolution, et au contraire, satisfaisant à vostre debvoir, de vous ambrasser et recevoir en noz bonnes grâces, avec autant de bonne volonté de vous gratifier, soit en la jouyssance de voz privilèges et immunitez, soit en touttes autres occasions qui vous peuvent apporter du repos et contentement, que vous sçauriez désirer. Croyez donc nostred. cousin sur ce et en tout ce qu'il vous proposera de nostre part, et traictez confidemment avec luy, ainsy que nous luy en avons donné le pouvoir. Donné à Paris le XXVII° jour d'apvril 1594. Signé: Henry. Et plus bas : Potier.

26 octobre. — Le Roi aux trésoriers des finances à Châlons. A la prière du duc de Lorraine, les citoyens de Verdun sont exemptés de ce qu'ils devaient d'arrérages de la garde de France depuis 1588.

19 décembre. — Le Conseil de Verdun fait registrer les lettres royales du 27 avril, « et advise de les tenir secrettes, eu esgard au long temps de la datte d'icelles. »

Verdun, arch. munic., Registre III ; Bibl. nat., f. fr., 18914, « Inventaire des tiltres des archives et trésor des chartes... de la cité de Verdun », par Mathieu Husson, copies.

Soumission de Chaumont et Bar-sur-Aube.

1594, mai.

12 avril. — Dinteville aux Châlonnais. Il a envoyé à Chaumont un gentilhomme qui a été ouï en pleine assemblée. La ville a pris résolution de se rendre à son devoir. — 13 avril. Le duc de Nevers aux châlonnais. La noblesse de Bassigny, assemblée à Chaumont, paraît disposée à se soumettre. Guyonvelle et sa femme en sont sortis le jour de Pâques. (*Lettres,* p. 371).

17 articles accordés par le Roi à la ville de Chaumont, et dont le premier stipule « que dedans les ville et faulxbourgs de Chaumont il ne se fera aulcun exercice de religion que de la catholicque, appostolicque et romaine, ne en autres lieux du bailliage de Bassigny deffendus par l'édict de l'an 1577 et déclaration faite sur l'observation d'iceluy. ...Donné à Sainct Germain en Laye au mois de may 1594. » — Registré en Parlement le 22 juin suivant.

Bibl. nat., f. fr., 3990, f° 94 ; Châlons, arch. départ., C. 2489, f° 244. Cf. Poinsignon, p. 338-339.

8 juillet. — Louis d'Amboise, marquis de Reynel, est nommé bailli, capitaine et gouverneur de Chaumont. — 16 juillet. M. de Brion de Brantigny demande à demeurer capitaine et bailli de Chaumont.

Châlons, arch. départ., C. 2511, f° 66 ; Rev. de Champ., février 1884, p. 153.

Dans sa lettre du 13 avril aux Châlonnais mentionnée ci-dessus, le duc de Nevers annonce que *Bar-sur-Aube* a envoyé des députés à Chaumont et suivra l'exemple de cette ville. (Cf. Carorguy, p. 176).

Soumission de Saint-Florentin.

1594, 1er mai.

16 articles, dont le 1er est que « le subject pour lequel ilz se sont joinctz avec les villes de Paris et autres de ce

royaume a esté le zèle qu'ilz ont tousjours eu à la conservation de la religion catolicque, apostolique et romaine... »
— Réponses du Roi. « Faict à Sainct Germain en Laye, le premier jour de may 1594. »

<small>Bibl. nat., f. fr., 3990, f° 1, copie ancienne. Cf. Châlons, archives départ., C. 2489, f° 302, articles présentés par les habitants de St Florentin.</small>

Politique de Saint Paul.
Il est tué par le duc de Guise le 25 avril.

Tous les historiens accusent Saint Paul d'avoir voulu se rendre seul maître en Champagne, pour vendre plus chèrement au roi sa soumission. Ce qui est certain, c'est que, de longue date, il cherchait à établir sa domination dans trois places principales, Mézières, Vitry-le-François et Reims.

Mézières.

Nous avons déjà fait mention de la citadelle réputée inexpugnable dont il avait commencé la construction dès 1589, au grand regret des habitants. (Cf. ci-dessus, p. 245 et 343).

Vitry.

En janvier 1592, Saint-Paul, non content d'être en possession de la citadelle construite par ordre du duc de Guise, avait envoyé mandement au Conseil pour ordonner « d'incessamment travailler et faire travailler à la fortification de cested. ville, et pour ce faire lever deniers jusques à la somme de 2000 escus. » — Les travaux commencèrent aussitôt aux fossés, aux parapets et aux ponts-levis.

En 1593, il avançait des fonds à la ville pour le même objet, et, le 20 avril, Jean Gaytat, gouverneur, et Robert Crétey, receveur, fondés de procuration de l'assemblée générale des habitants, reconnaissaient « debvoir et estre tenuz èsd. noms et qualités rendre et payer d'huy en ung an à hault et puissant seigneur Anthoine de Sainct Paul, mareschal de France, conseiller au Conseil d'Estat, lieutenant général pour le Roy en Champagne, Réthellois et Brie, estant de présent audict Victry, » la somme de 2000 escus sol de pur prêt fait par ledit seigneur ausd. habitants et communaulté pour employer à la fortification.

<small>Vitry, arch. munic., Registre EE 24.</small>

Le 10 juin 1593, St Paul écrit à M. de Frignicourt : « Ne laissez de faire travailler en la plus grande dilligence que vous pourrez, et tenir la main que les trouppes et compagnies de gens de pied qui sont dans la ville et la citadelle soyent en autre estat qu'elles ne sont. » — Le même jour il écrit à Puissant, receveur des deniers des fortifications, pour le menacer d'en mettre un autre à sa place s'il ne s'occupe pas plus assidûment de ses fonctions.

<small>Bibl. nat., f. fr., 3984, f°s 51 et 52, originaux.</small>

Enfin, en 1593 et janvier-avril 1594, les travaux aux boulevards Saint Victor, Saint Germain, Saint Menge, Saint Sébastien et Saint Pierre furent poussés très activement. La ville renforça son artillerie en achetant à Troyes 3 petits canons et 2 grandes arquebuses à croc qu'on monta en batterie du côté de Blacy ; elle acheta à Saint-Dizier des munitions, des piques, du plomb, 500 balles de fer fondu pour un gros canon, un moule à faire les balles, etc.

<small>Vitry, arch. munic., CC. 73, f°s 58-65 et 86 ; CC. 76, f° 34vo ; EE. 24, années 1593 et 1594.</small>

Reims.

L'attitude de Saint-Paul à Reims fut plus significative encore.

Dans cette ville, depuis longtemps, l'opposition royaliste se développait sourdement, et les habitants commençaient à craindre qu'on ne fît contre eux une citadelle. — Cette crainte n'était que trop fondée. Dans la nuit du 20 au 21 décembre 1593, Saint-Paul s'empara du château de Porte-Mars et y mit une forte garnison. (Cf. *Lettres*, p. 367). — Puis, le 29 janvier

1594, il exigea du lieutenant et des gens du Conseil « le serment de l'avertir de tout ce qui se trameroit contre ceste ville », prenant de son côté le vain engagement de n'attenter en rien contre les droits, franchises et privilèges des habitants. (Reims, Registre XVIII, f° 148, texte du serment).

Cela n'empêcha pas que, le 7 février, les bourgeois, profitant d'une absence de Saint-Paul, ne fissent émeute pour reprendre le château. Mais le maréchal averti revint en toute hâte et rentra à Porte-Mars dans une corbeille où il se fit hisser « par des cordes et engins. »

Dès lors il fut entièrement maître de Reims, qu'il emplit de soldats.

Meurtre de Saint-Paul par le duc de Guise.

« Le duc de Guise considéroit que St Paul tenoit tout ce qui restoit de bon à la Ligue en Champagne, et qu'il n'auroit aucune place qu'il pût rendre au Roy pour faire son accord avec S. M., et voyoit que St Paul faisoit seul ses affaires, ne reconnoissant personne pour son supérieur. A ceste occasion..., il prend résolution de le faire ployer ou mourir. »

Le 9 avril, Saint Paul, pressé par Mayenne, part à contre-cœur pour Bar-le-Duc. On dit qu'arrivé à Vitry il eut un instant l'idée de revenir en arrière. Il poursuivit cependant son chemin, demeura huit jours en pourparlers avec les princes, y conçut de nouvelles appréhensions, et repartit pour Reims le 17 avril. Les princes aussitôt décidèrent de l'y accompagner.

25 avril. — Vers les 6 heures du matin, au cours d'une discussion sur la garnison de Reims que Saint-Paul refusait arrogamment de diminuer, le duc de Guise tira soudain son épée et, devant la porte du cloître Notre-Dame, tua d'un seul coup Saint-Paul qui au même moment empoignait la garde de la sienne.

Le corps resta sur le pavé jusqu'à midi ; puis sa veuve le fit mettre dans un cercueil de plomb et porter à l'église des Jacobins, dans la chapelle de S¹ Crépin, près de la sépulture de Villiers. Le 10 juin, l'inhumation eut lieu à Mézières, où on voit encore aujourd'hui les débris de son tombeau.

<small>Pour l'ensemble de ces évènements, voir : *Choses notables*, p. 149-153 ; Mémoires de Dorigny et de Cocquebert, dans Marlot, t. IV, p. 489-496 ; Pussot, p. 18-29 ; Carorguy, p. 175 et 178 ; « Lettre d'un gentilhomme de Champagne [du Plantis] sur la mort et punition divine du capitaine Sainct-Paul, » datée du 28 avril, Paris, 1594, in 8°, réimprimée Rev. de Champ., juillet 1888, p. 77, et Plaquettes, p 155 ; de Thou, l. 108 et 110 ; Lestoile, p. 232 ; Cayet, p. 612 ; et surtout les excellents chapitres d'Henri, p. 217-249-306-335.</small>

Domination du duc de Guise.

Les Rémois, débarrassés de Saint-Paul, n'avaient fait que changer de servitude. Le duc de Guise se hâta d'établir à Reims une dictature militaire, d'augmenter les fortifications, de doubler et de tripler la garnison. Cependant il engageait des négociations avec le Roi, et tâchait de se vendre le plus cher possible. (Henri, p. 337-345 ; Pussot, p. 31, 12 juin).

De leur côté les Royaux faisaient effort pour décider Reims à se soumettre. (Voir sur ce sujet : lettre des Troyens aux Rémois, 2 mai ; lettre du duc de Nevers aux Rémois, 3 mai ; autre lettre du même aux mêmes, 7 mai. (Cf. Henri, p. 473-478, et Plaquettes, p. 158).

Soumission de Réthel

1594, mai.

Monsieur de Castignau, se sentant libre de la promesse qu'il avoit faicte à mons. de S¹ Pol qui l'avoit mis à la garde du chasteau et ville de Réthel, et recognoissant que lad. ville appartenoit à monseigneur le duc de Nyvernois et de Réthellois, il s'est résolu de luy remectre et l'un et l'autre entre ses mains pour en disposer comme bon luy sembleroit. Mais ayant recogneu que la vollonté de mond. seigneur de Nevers est qu'il continue en la mesme charge de gouverneur et cappitaine de lad. ville et chasteau comme il l'a tenue et exercée cy devant, il s'est contanté de ce faire, et pour ce a promis et promect à mond. seigneur, à madame la duchesse sa femme et à messieurs ses enfants respectivement de bien et fidèlement garder leur ville et chasteau de Réthel soubz l'autorité du Roy envers tous et contre tous... Fait à Rhétel le Ve may 1594.

DE CASTIGNAU.

Bibl. nat., f. fr., 3344, f° 138, original. Cf. Rev. de Champ., juin 1882, p. 476.

« Articles pour présenter à monseigneur de Nevers de la part du s^r de Castignau, gouverneur des ville et chasteau de Réthel. » 17 articles, dont le premier sollicite le maintien de Castignau au gouvernement de Réthel. — Réponses du duc de Nevers. « Faict à Tugny, le cinquiesme jour de may 1594. »

Bibl. nat., f. fr., 3990, f° 21, original. Il y a au f° 27, même ms., une lettre du duc de Nevers au Roi, datée de Réthel, 6 mai.

7 mai. — Le duc de Nevers aux Châlonnais. Il se réjouit de la soumission de Réthel, qui engagera Reims et Vitry à suivre le même exemple. (*Lettres.* p. 372).

« Articles des habitants de la ville de Réthel, qu'ils présentent au Roy nostre sire. » 6 articles. « Faict en la chambre du conseil de lad. ville de Réthel le 20e jour de may 1594. » — Réponses du Roi, données au « camp devant Laon le dernier jour de juillet 1594. »

Châlons, arch. départ., C. 2489, f° 284. Ces articles ont été publiés par Jolibois, Histoire de Réthel, p. 243-250, sur un titre des archives de Réthel.

1594. — 22 septembre. — Mandement du Roi aux Trésoriers du bureau des finances à Châlons pour faire imposer sur tous les habitants de Réthel et faubourgs, exempts et non exempts, ecclésiastiques et autres, la somme de 8000 écus ordonnés pour le sieur de Castignau, en récompense des frais et dépenses par lui faites à la fortification et du service signalé qu'il a rendu à S. M. en la réduction de la ville.

1595, 8 juillet. — Le Roi, attendu que pour l'acquit des 8000 écus ci-dessus il a été ordonné qu'on lèverait un écu sur chaque pièce de vin entrant en lad. ville et passant par les détroits de la rivière d'Aisne sur laquelle elle est assise « sans qu'il fût besoin de faire lever aucune chose de lad. composition sur le pays de Réthellois, pour l'extrême pauvreté en laquelle ces guerres l'ont réduit ; » mais attendu que, le Parlement n'ayant voulu vérifier cette imposition que pour la moitié, et le commerce ayant cessé aux Pays-Bas par l'ouverture de la guerre contre le Roi d'Espagne, on ne peut espérer lever pour cette année sur les vins plus de 4000 écus ; ordonne de faire assoir sur tous les contribuables aux tailles de lad. élection une somme de 4000 écus pour subvenir à partie du remboursement de la composition susdite.

Châlons, arch. départ., C. 2489, f°s 282 et 320vo. — Cf. pour l'ensemble, *Choses notables*, p. 155 ; Carorguy, p. 180.

Soumission de Bar-sur-Seine.

1591, 10 mai.

Le s^r de Grammont, gouverneur de Bar-sur-Seine, d'abord hésitant, finit par déclarer dans l'assemblée générale du 10 mai qu'il se soumettait au Roi. Joie des habitants.

Cela n'empêcha pas, quelques jours après (18 mars), ses soldats d'aller piller le bourg de Ville-sur-Arce, en dépit de la défense de courir les villages.

Grammont fut tué le 16 octobre sur le grand chemin par des « vinotiers » des Riceys. Aussitôt le capitaine Verdun se rendit maître de la place et en expulsa la veuve de Grammont. (Pour la suite, voir ci-dessous la campagne de Biron).

Carorguy, p. 171, 176, 182-183, 186, 203-204.

Soumission de Nogent-le-Roy.

1594, [mai].

23 avril. — Lettre du duc de Guise à M. d'Espinant, gouverneur de Nogent. « Il ne fault pas jecter le manche après la cognée. » Promesse de ne pas l'abandonner. (Piépape, p. 344, sur l'original).

[Mai.] — M. d'Espinant déclare qu'il n'a rien fait que par zèle pour la religion catholique. Délivré de crainte par la conversion du Roi, il reconnaît Henri IV pour son souverain et demande à garder l'état de capitaine du château.

Rev. de Champ., février 1886, p. 152, sans date, sur l'original de la Bibl. nationale.

Siège et prise de Laon par le Roi.

[25 mai]. — Le Roi met le siège devant Laon.

15 juin. — Les Royaux forcent un quartier espagnol. — 17 juin. Ils défont un secours qui esssayait d'entrer à Laon. — 18 juin. Lettre du Roi sur la défaite des Espagnols (Mém. de la Ligue, t. VI, p. 129). — 4 juillet. Etablissement d'une batterie de 12 canons à l'abbaye de St Vincent pour foudroyer Laon. — 7 juillet. Givry est tué d'un coup de mousquet en visitant la tranchée. — 9 juillet. Assaut.

11 juillet. — Capitulation. Charles Emmanuel, fils du duc de Mayenne, promet de remettre à S. M. la ville de Laon, avec l'artillerie et les munitions de vivres et de guerre, le 2 août prochain, si d'ici au 1er août une armée de secours n'a pas forcé le Roi à lever le siège.

Le Roi entre à Laon le 2 août, et y reprend les négociations pour la paix.

<small>Carorguy. p. 188-194 ; Bibl. nat., f. fr., 3990, f° 122, capitulation (publiée Recueil des édits et articles accordés par Henri IV, f° 58vo) ; 3452, f° 13, « Rôle de l'infanterie françoise au siège de Laon. » ; de Thou, l. 111.</small>

Soumission de Château-Portien.

1593, juin.

Le 10 mai, la garnison de Château-Porcien avait chargé et défait près de Sompy une grosse compagnie royale. (Pussot, p. 29). — Quelques jours après, la ville se soumit.

« Articles que présentent au Roy nostre sire ses très humbles subjectz les habitants de la ville et faulx bourgs de Castel Portien. » 22 articles, dont le premier porte « qu'il n'y aura aucun exercice d'aultre religion que la catholicque, appostolicque et romaine en la ville et faulxbourgs dud. Castel, banlieue et par toute l'estendue de la principauté dud. Portien. » — Réponses du Roi. « Faict au camp devant Laon, le 15e jour de juing 1594. »

« Article de ce que demande le sr de Vaucleroy. » 4000 écus pour lui, 1000 écus pour son frère, avec l'abbaye de La Valleroy pour la distribuer à ceux qui ont fait service à S. M. En outre, ledict sr de Vaucleroy demeurera gouverneur, son frère sera lieutenant, et le sr d'Avise, son beau-fils, sera capitaine des gens de cheval. — Le Roi, à la même date que ci-dessus, accorde ces demandes.

<small>Bibl. nat., f. fr., 3990, f°s 77 et 79 ; Châlons, C. 2489, f° 292.</small>

26 juin. — Le duc de Nevers aux Châlonnais. « Comme vous avez sceu, Chasteau-Porcien a reconnu le Roy, et veux espérer que Rocroy ne vouldra pas moins faire. » (Lettres, p. 374).

Soumission de Château-Thierry.

1594, juillet.

« Sera S. M. suppliée d'oublier les choses passées en la ville de Chasteau Thierry, gouvernement d'icelle et ès environs durant les présens troubles et à l'occasion d'iceulx pour ce qui touche et peult toucher le sr du Pesché, ses gens, les habitans de la ville et autres qui sont demourez en icelle et qui l'ont assisté, et ordonner que la mémoire en demeurera estaincte... » 17 articles. — Réponses du Roi. « Fait au camp devant Laon, le XIe juillet 1594. »

« Articles présentez au Roy par les habitans de Chasteau Thierry. Qu'en lad. ville, faulxbourgs et bailliage n'y aura aulcun exercice d'aultre religion que de la catholicque, appostolicque et romaine, en deffendant expressément à toutes personnes de molester ou empescher les ecclésiastiques... » 7 articles. — Réponses du Roi, même date.

Bibl. nat., f. fr., 3990, fos 108 et 110.

Lettres patentes en forme d'édit sur la réduction du sr baron du Pesché et de la ville de Chasteau Thierry au service de S. M., juillet 1594. »

Recueil des édits et articles accordés par Henri IV, fo 50vo.

Soumission de Vitry-le-François.

1594, juillet.

25 juin. — Brévet par lequel le Roi, étant au camp devant Laon, « recongnoissant le service et bon debvoir que les habitans de la ville de Victry ont apporté à la réduction de ceste place en l'obéissance de S. M. », les reçoit à son service, prend en sa protection et décharge de tout ce qui s'est passé pendant les troubles. — Mandement du Roi aux Trésoriers de France établis à Châlons pour décharger les habitants de Vitry de ce qu'ils peuvent devoir des tailles et crues des années passées jusqu'à la fin de décembre 1593.

Vitry, arch., munic., AA. 1, Cartulaire de la ville, fos 78vo et 79.

26 juin. — Publication à Châlons de la défense faite sur peine de la vie à toutes gens de guerre de courir ceux de Vitry, leurs bestiaux ou chevaux. (Châlons, arch. munic., série EE, original).

26 juin. — Le Roi aux Châlonnais. Etant sur le point d'arrêter avec le sr de Frignicourt la réduction de Vitry moyennant 20000 écus, il a assigné audit sr le paiement de cette somme sur le grenier à sel de cette ville, sur les vins qui y passeront, et pour le surplus sur la recette générale. Mais, pour éviter les retards, prière aux Châlonnais de faire une avance de deniers. — 26 juin. Le duc de Nevers aux Châlonnais. Même objet. Il est impossible de maintenir à Châlons les juridictions de Vitry qui y ont été transférées. (*Lettres*, p. 373).

4 juillet. — Mandement du Roi aux trésoriers généraux de France résidant à Châlons pour imposer la somme de 20000 écus accordés en faveur de la réduction de Vitry, savoir 10000 écus sur le grenier à sel et les vins passant en cette ville, et 10000 écus sur les tailles que levait la Ligue en l'élection. « Et d'aultant que sur ladicte somme il convient fournir dans le dixiesme du présent mois la somme de 6000 escus pour licencier les gens de guerre estans en garnison pour la Ligue en lad. ville, et qu'il n'y a aulcuns fonds en la recepte généralle de noz finances aud. Chaallons, » ordre est donné de prélever avant toute chose ces 6000 écus pour les mettre aux mains de Charles Le Charron, trésorier général de l'extraordinaire des guerres, à charge de faire remettre cette somme d'ici à deux mois dans les recettes où elle aura été prise par le moyen d'un emprunt levé sur tous les habitants de Vitry, tant réfugiés qu'autres, privilégiés et non privilégiés.

Châlons, arch. départ., C. 2489, fo 139vo.

Traité.

Articles que le sieur de Frénicourt, gouverneur de la ville et citadelle de Victry le Françoys, gens du clergé, la noblesse, officiers du Roy, bourgeois, habitans et communaulté dudit Victry présentent au Roy, suppliant en toute humilité Sa Majesté de leur accorder.

1. Premièrement, qu'en ladicte ville ny à six lieues és environs d'icelle ne se fera à l'advenyr aulcun aultre exercice, soit en privé, particulier, ny aultrement, que de la Religion catholicque, appostolicque et romaine, sur et à peyne d'estre les contrevenans puniz comme criminelz de lèze majesté divine et humaine et perturbateurs du repos publicq ; et ne seront les éclèsiastiques empeschez en l'administration des saintz sacrementz ny en la perception des fruictz de leurs bénéfices, ains maintenuz et gardez en leurs privilèges et exemptions.

Le roy ordonne qu'en la ville, citadelle et faulxbourgs de Victry il ne se fera aulcun exercice de la religion que de catholicque, appostolicque et romaine, suivant l'eedit de l'an cinq cens LXXVII et déclarations faictes sur l'observation d'icelluy, et qu'en l'estendue du bailliage il ne sera rien inové de ce qui s'est observé depuis ledict eédict.

2. Que ledict sieur de Frénicourt sera et demeurera gouverneur de ladicte ville et citadelle de Victry, et advenant son décès n'y en aura aulcun aultre qui ne soit de la Religion catholicque, appostolicque et romayne, gentilhomme du pays et à la nomination des trois estatz de la ville et prévosté dudict Victry.

Accordé, et ne sera personne pourveu à l'advenir qu'il ne soyt de qualité et suffizance requise.

3. Et d'aultant que aulcuns gentilzhommes du pays ont exposé leurs vyes et moyens pour assister ledict sieur de Frégnicourt et habitans à mectre hors de ladicte ville ceulx qui les pouvoyent et vouloyent empescher à

leur intention de réduire ladicte ville en l'obéyssance de
Sa Majesté et que à cette occasion ilz ne peuvent seurement ny librement demeurer en leurs maisons,
ordonner, oultre les troys compagnies de gens de pied
quy y sont demeurés, qu'il y en aura encore une de
chevaux légiers, à la quelle commandera le sieur du
Plessis, et deux de gens de pied, ausquelz les sieurs de
Noirefontaine et Secru l'esnel commanderont, et sera
faict et dressé estat et donné fondz pour la solde et
entretenement desdictes compagnyes ; lequel s^r du
Plessis, qui a jusques à présent conservé la maison
forte d'Estrépy, sera continué en la garde d'icelle, du
moings que ce qu'il y a esté et qu'il y a faict jusques à
présent soyt oublyé.

*Le Roy ordonne pour la garnison de la citadelle une
compagnye de deulx cens hommes de pied, et pour la garde
de la ville cinq compagnyes, dont l'une sera de cent hommes
et les quatre autres seront de cinquante chacunes et sans
lieutenant, et dont sera dressé estat.*

4. Que la mémoire de tout ce qui s'est faict et passé
en ladicte ville et ès chasteaux, maisons et villages des
environs tenans le mesme party et qui ont assisté
lesdictz gouverneur et habitans dudict Victry depuys
le commencement des présents troubles et à l'occasion
d'iceux jusques à présent, demeurera estaincte et abolye,
tant pour la prinse des armes, levée de deniers, subsides,
gabelles, vente de scel, munitions, magazins, corvées
que aultres impositions mises sur les grains, vin, bois,
poisson, et aultres marchandises, demeurans ceux qui
sont esté employés à ce faire deschargez, en rendant
par les receveurs des deniers en provenant, sy faict
n'est, compte pardevant le bailly dudict Victry ou son

lieutenant de leur recepte en la présence du procureur du Roy, comme ayant le tout esté faict pour le seul zéle qu'ilz avoient à la manutantion de ladicte Religion catholicque, appostolicque et romaine, avec deffenses à toutes personnes de s'entreinjurier, reprocher, oultrager, offencer ny provocquer l'un l'aultre pour raison de ce qui s'est faict et passé à l'occasion du malheur du temps, sur et à peyne aussy contre les contrevenans d'estre puniz et chastiez comme perturbateurs du repos publicq.

Le Roy descharge lesditz exposans de tout ce qui a esté par eux faict durant et à l'occasion de la guerre, ensemble ceulx qui ont esté par eulx employez et commandez, n'entendant touteffoys estre en cela compris les coulpables de la mort du feu roy décedé, que Dieu absolve, ne ceulx qui se peuvent rechercher entre gens du mesme party.

5. Ne seront lesdictz habitans, cappitaines ou soldatz dudict Vitry recherchez pour la restitution de ce qui a esté par eux, les recepveurs ou commis receu de partye des grains des absens, d'aultant que le tout à l'esgard desdictz habitans a esté employé à la fortiffication de ladicte ville.

Accordé comme le préceddent.

6. Comme aussy ne se fera recherche de ce qui a esté faict et exécuté par les officiers dudict Vitry en consequence de l'eedict d'union de l'année V^c IV$_{xx}$ V, déclarations, commissions et mandemens faictz sur l'exécution dudict éedict, non plus que de ce que lesdictz officiers ont pendant lesdictz troubles empesché et faict cesser l'exercice des greffes des présentations, maistre clerc et levée du parisys des jurisdictions dudict lieu, imposant sur ce silence à tous.

Accordé comme les préceddens.

7. Seront les habitans dudict Victry conservez en leurs antiens droictz, priviléges, franchises, libertez, avec exemption du droict de jurée et bourgeoisye, et les dons et octroys à eux cy devant accordez par lesdictz feuz Roys confirmez à tousjours; et sy demeureront aussy quittes, exemptz et affranchiz à tousjours de toutes tailles, taillon, creue, subventions, empruntz, chevaulx et conduite d'artillerye, munitions, pionniers, entretenement des garnisons, réparations des villes, aydes, huitiesme et subside et de toutes autres impositions génerallement mises et à mectre sus pour quelque cause ou occasion que ce soyt, sans que pour toutes les choses susdictes ilz soyent tenuz de prandre aultres lectres de confirmation de Sa Majesté.

Le Roy confirme et contynue aux supplians tous leurs prévilèges, exemptions et immunitez, franchises et aultres droictz, comme ils en joyssoient bien et deuement auparavant ces présentz troubles.

8. Et affin de continuer la fortiffication de la dicte ville, qui par l'érection qui en fut faicte en l'an V^e quarente cinq par le grand Roy Françoys fut destinée pour servyr de boulevard en Champaigne, qu'il plaise octroyer ausdictz habitans à tousjours la somme de dix solz sur chacun minot de scel qui se vendera et distribura cy après ès greniers et magasins à scel dudict Victry, Sainct-Dizier, Saincte Manehould, Chastel en Portien et Beaufort, qui sont les greniers affectez au payement des gages des officiers du siége présidial dudict Vitry, avec la somme de six mil escuz par chacun an vingt années durant à prandre sur les plus clairs deniers des tailles, taillon et ayde de l'élection de Victry, lesquelz deniers seront receuz, distribuez et

employez à ladicte fortiffication par deux notables bourgeoys qui par chacun an seront esleuz et choisis par la communaulté dudict lieu, à charge d'en rendre conpte en la chambre; et oultre, que les corvées et charoys des villages de cinq lieues à l'entour de ladicte ville, pour à toutes occurrences mener, voiturer et conduire les matériaux nécessaires à ladicte fortiffication, seront confirmez pour tousjours.

Le Roy permect aux supplians de lever et prandre sur chacun minot de scel vendu au grenier à scel de Victry dix solz tz., et ordonnera Sa Majesté faisant par chacun an l'estat de ses finances ce que ses affaires pourront permectre d'employer à ladicte fortiffication, pour la continuation de laquelle Sadicte Majesté veult et ordonne que les habitants des paroisses à... lieues autour de ladicte ville contribuent aux corvées comme cy devant et suivant le règlement qu'en fera monsieur de Nevers.

9. Qu'en considération des grandes et insuportables perthes que lesdictz habitans ont souffert à l'occasion des présents troubles, des grosses garnisons qu'ilz ont soutenuz, de l'excessive despense que ceulx qui s'en sont absentez et reffugiez allieurs ont esté contrainctz de faire, ilz soyent et demeurent quittes de toutes tailles, taillon, creue, munitions, aydes, et génerallement de tout ce que l'on pourroit prétendre avoir esté jecté et imposé sur eulx en l'année mil V^c quatrevingtz neuf et aultres suivantes jusques à présent, attendu qu'ilz ont levé les tailles de l'ordonnance des président et esleuz dudict Victry, partyé des deniers desquelles tailles ont entré en la recepte de ladicte élection, et le surplus employé à ladicte fortiffication de ladicte ville; lequel impost des tailles, taillon, creue et munitions, tant sur ladicte ville que sur les aultres villes, bourgs, paroisses et villages, soyt de ladicte

élection de Victry ou de Chaalons, faict par lesdictz président et esleuz en vertu des commissions du duc de Mayenne et aultres, sera confirmé et authorisé sans qu'ilz en puissent estre recherchez, ny que ceulx qui ont levé les deniers imposez sur les habitans et communaulté dudict Victry soyent tenuz d'en randre conpte synon pardevant le bailly dudict Victry ou son lieutenant et des auditeurs des comptes des affaires de ladicte ville en la présence du procureur du Roy.

Le Roy descharge lesdictz supplians de la levée qu'ilz peuvent avoir faict des deniers de Sa Majesté et de l'employ d'iceulx depuys ces guerres, comme aussy de ce qu'ils doibvent payer desdictes tailles, creue, levée et impositions depuys l'année mil cinq cens IV^{xx} IX jusques à la fin du quartier d'apvril dernier, excepté touteffoys du taillon et de la solde du prévost des mareschaulx, et à la charge d'en rendre compte par ceux qui ont eu le maniment desdictz deniers audict Victry pendant ces troubles, sy jà ilz ne l'ont faict.

10. Demeureront aussy lesdictz habitans deschargez de tous les deniers qu'ilz ont levé sur eux pendant lesdictz troubles jusques à présent, laquelle levée Sa Majesté aura pour agréable, comme ayant lesdictz deniers esté employez à la fortiffication et aultres affaires communes de ladicte ville.

Accordé.

11. Et d'aultant qu'en l'an V^c IV^{xx} XIII, oultre les deniers qu'ilz ont levé sur eux pour employer à ladicte fortiffication, ilz ont aussy esté contrainctz par le feu s^r de St Paul, qui lors commandoit et avoit toute authorité sur lesdictz habitans, de s'obliger envers luy au payement de la somme de deux mil escuz sol. qu'il leur feyt délivrer pour ladicte fortiffication, laquelle

somme provenoit pour partye de la recepte des tailles et aydes de ladicte élection, qu'il plaise ordonner que lesdictz habitans demeureront quittes et deschargez du payement de ladicte somme de deulx mil escuz envers les veuve et héritiers dudict sieur de Sainct Paul, lesquelz en seront dressez ailleurs et sur aultres deniers.

Le Roy accorde que lesdictz supplians demeurent deschargez de ladicte somme de deux mil escuz sol. envers les veuve et héritiers dessus dictz.

12. Les sièges des bailliage, présidial, prévosté, élection, mareschaussée, grenier à scel et justice des eaux et forestz, bureau de la recepte de ladicte élection, et tous autres offices et dignitez tant de justice que de finance, qui pandant les troubles et à l'occasion [d'iceulx] ont esté transférez allieurs, seront restabliz audict Victry et remys en tel estat qu'ilz estoient au commencement de ladicte année V° IV^{xx} IX, et les arestz et jugemens qui ont esté renduz pour la translation du chappistre et collége de l'Eglise Nostre-Dame dudict Victry, ensemble les transactions et concordatz faictz par lesdictz habitans avec ledict chappistre, confirmez.

Le Roy remect et restablit en ladicte ville de Victry toutes les jurisdictions ordinaires et extraordinaires, ensemble tous les offices de judicature, finances et aultres, comme il est requis, et Sa Majesté estant informée desdictz arrestz, jugemens, concordatz et transactions y pourvoyra ainsy que de raison.

13. Et parce que pandant lecdictz troubles les habitans dudict Victry ont obtenu lectres de provision du seigneur duc de Mayenne pour, advenant vaccation d'une prébande en l'Eglise Collégiale dudict Victry qui est de fondation royalle, estre le revenu de ladicte prébande affecté aux gages et sallaires des régentz du

collége dudict Victry conformément aux ordonnances royaux sur ce faictes, qu'il plaise à Sa Majesté confirmer lesdictes lectres de provision.

Lo Roy affecte ladicte prébande à l'effect dessus dict, à la charge d'en prandre les provisions nécessaires de Sa Majesté, laquelle a cassé et adnulé toutes aultres obtenues au préjudice de son authorité.

14. Que les officiers tant de justice, finance et aultres, de quelque qualité qu'ilz soyent, pourveuz par les prédécesseurs Roys, seront maintenuz et confirmez esdictz estatz, et les aultres restabliz en leurs charges, nonobstant les sentences, jugemens et arestz qui pouroyent avoir esté randuz contre eux ou aulcuns d'eulx pendant lesdictz troubles et à l'occasion d'iceux, sans que lesdictz officiers soyent tenuz de payer finance, prendre autres lettres de confirmation et restablissement ou faire autre serment que celuy par eux presté, et sera faict fond pour le payement de ce qui leur est deub des arérages de leurs gages jusques à présent; et pour le resgard de ceulx qui ont vacqué par mort ou résignation en ladicte ville de Victry, dont aulcuns desdictz habitans ou aultres se trouveront pourveuz par ledict sieur duc de Mayenne, seront aussy continuez sans payer finence, et seront toutes commissions, tant d'office de judicature que finances, révocquées.

Accordé.

15. Et pour ce que l'élection de Beaufort, qui ne consiste que en vingt cinq ou trente villages et paroisses, a esté depuis dix ans suprimée et incorporée à l'élection de Troyes, et que la pluspart desdictz villages et paroisses sont tous prochains dudict Victry, mesmes partye à

une demye lieue, et les aultres deux, troys et quatre lieues, et fort eslongnéz de ladicte ville de Troyes, qu'il plaise à Sa Majesté, pour le bien et soulagement des demeurans esdictes paroisses, joindre et incorporer l'élection dudict Beaufort avec celle dudict Victry.

Le Roy mande aux Trézoriers généraux de ses finances establiz à Chaalons de donner advis à Sa Majesté sur le contenu en cest article, affin de pourveoir aux supplians ainsy qu'il appartiendra.

16. Que toutes commissions et exécutions d'icelles, décretz, sentences, jugemens, contractz et tous aultres actes de justice donnez entre personnes de mesme party et entre tous aultres qui auroyent proceddé ou contesté és cours du bailliage, siège présidial, prévosté, élection, mareschaussée, grenier à scel et aultres jurisdictions de ladicte ville, ensemble tous baux, adjudications, actes et exploictz de justice, sortiront effect, sans recherche d'exécutions de mort par aucthorité de justice, droict de guerre ou commandement du gouverneur d'icelle ville ; et quant aux arrestz, sentences et jugemens donnez tant en justice civile que criminelle contre les absens tenans divers party, demeureront nulz et de nul effect pour quelque occasion que ce puisse estre, sans que les habitans de ladicte ville et aultres reffugiez, leurs enffans ou héritiers, en puissent estre recherchez en leur honneur ny tenuz en prandre descharge, et au surplus remectre les partyes en l'estat qu'ilz estoyent auparavant les présens troubles, et n'auront les confiscations lieu au préjudice des veuves et héritiers.

Accordé.

17. Toutes saisyes faictes de part et d'aultre sur les biens, rentes et revenuz desdictz habitans ou reffugyez cesseront, et lesdictes saisyes levées et ostées nonobstant tous dons qui pouroyent avoir esté faictz et sans avoir esgard aux obligations, promesses ou cédulles des laboureurs et aultres faictes au proffit des donataires, demeurant telz dons nulz ; et pouront lesdictz habitans contraindre leurs debteurs et obligez par la voye de justice à leur payer ce qu'ilz doibvent, déduction faicte de ce qu'ilz ont esté contrainctz payer par la force et voye du temps, sans avoir esgard ausdictz dons et saisye, ce qui aura lieu et poura estre exécuté à l'encontre desdictz habitants pour ce qu'ilz doibvent.

Accordé.

18. Que les tailles et taillon imposez en la présente année en vertu des mandemens et commissions des président et esleuz en l'élection dudict Vitry sur les contribuables, tant de l'élection dudict Victry que Chaalons, seront levez en ce qui reste à lever pour ladicte année, attandu qu'il n'y a aultre fond pour entretenyr la garnison nécessaire à la conservation de ladicte place, payement des gages des officiers assignez sur lesdictes tailles et rentes constituées sur icelles.

Les deniers s'imposeront et lèveront en vertu des commissions du Roy, lesquelles ont esté expédiées pour cest effect.

19. Et d'aultant que, à l'occasion des présens troubles et dès le commencement d'iceux, ladicte ville estant encores à l'ouvert, les habitans dudict lieu auroient reserré leurs meubles en la ville de St Dizier où ilz sont encores, et qu'advenant que la garnison dudict Victry feyt la guerre audict St Dizier, leursdictz

meubles seroient perduz, accorder qu'il ne sera faict aulcune chose contre ceulz dud. St Dizier ny aux villages qui deppendent du gouvernement dudict lieu, à charge que les habitans dudict St Dizier feront le semblable et conserveront lesdictz meubles appartenans ausdictz habitans de Victry.

Accordé, pourveu que le semblable soyt observé de la part de ceulx dudict St Dizier.

20. Et oultre accorder que la justice des juges et consulz des marchans sera restablye audict Victry pour jouyr par les marchans dudict lieu comme ilz faisoyent auparavant la suppression qui en a esté faicte, pour avoir par lesdictz juges et consulz congnoissance et jurisdiction sur les différendz des marchans à marchans et pour faict de la marchandise suivant l'édict de création sur ceux seullement qui sont demeurans hors de ladicte ville et l'estendue de la prévosté dudict Vitry ; mais quand aux demeurans en ladicte ville et en l'estendue de la prévosté, deffences leurs estre faictes, à peine de faulx, nullité et d'amande arbitraire, de prandre congnoissance ny jurisdiction sur eux, encore qu'ilz y procédassent volontairement, ains les renvoyer par-devant leur juge ordinaire dudict Vitry.

Après avoir eu sur ce l'advis de M. le procureur général du Roy, y sera pourveu.

Les présens articles ont esté veuz et respunduz par le Roy estant en son conseil au camp devant Laon le douziesme jour de Juillet mil. V^c IV^{xx} quatorze. Signé Henry ; et plus bas, Pothier, avec paraphe.

Articles additionnels.

Plaise au Roy, en adjoustant à la responce qu'il a pleu à Sa Majesté de faire aux sept et neufviesmes articles présentez par les habitans de Victry le Françoys ses très humbles subjectz :

1. Confirmer et continuer à perpétuité les franchises et exemptions, dons, octroys, à eux accordés par les prédécesseurs roys, et les descharger entièrement pour la présente année de toutes [tailles], taillon et creue et aultres impositions, attandu qu'ilz ont employé et employent journellement plus grande somme de deniers aux fortiffications de ladicte ville.

Le Roy descharge lesdictz habitans de toutes tailles, creues et aultres impositions par eux deubz, jusques au premier jour du moys de Juillet dernier, et, pour le taillon et gages des prévostz des mareschaux, jusques au dernier jour de décembre de l'année dernière mil V^c IV^{xx} treize, attandu que telz deniers ne se peuvent divertyr ny employer à aultre effect que celluy auquel ilz sont naturellement destinez et pour lesquelz ilz sont levez.

2. Et sur le huictiesme, oultre les dix solz accordez sur chacun minot de scel qui se vendera audict grenier dudict Victry, leur accorder semblable somme sur chacun minot qui se vendera et distribura à l'advenir ès greniers de Beaufort et Arcy sur Aulbe, qui sont lieux ouvertz de longtemps et n'ont de besoing de fortiffication.

Après que le sieur duc de Nivernoys aura veu ce qui est nécessaire pour la fortiffication de Victry et donné sur ce advis à Sa Majesté, elle pourvoira aux supplians sur le contenu au présent article ainsy qu'il verra estre à faire.

Faict à Laon, le septiesme jour d'aoust V^c quatre vingtz quatorze. Signé en fin: Henry, et plus bas, Ruzé, avec paraphe.

Archives nationales, TT 288A, copie authentique des articles ; Châlons, arch. départ., C. 2489, f° 255, articles enregistrés au bureau des finances ; Vitry, arch. munic., AA. 1, cartulaire de la ville, f° 68 et s. ; AA. 3, copie informe des articles.

M. de Noirefontaine au duc de Nevers.

Monseigneur,

Je pensois avoir cest honneur de vous aller trouver de la part de la noblesse de ce cartier, n'eust esté le commandement que monsieur de Frignicourt m'a faict de demeurer ici le temps que la cavalerie en sera dehors, qui m'a faict prendre la hardiesse vous représenter par cest escry la charge qu'ilz m'avoient donné de vous suplier tréshumblement d'avoir soin, comme nous croyons qu'aurez, à tenir la main à la manutention de nostre religion et à ce qu'il ne soit faict exercice de la prétendue réformée aux environs de ceste place, n'y ayant rien au monde qui nous ayt poussé à ayder à ce qui s'est faict icy que cela et nostre naturel debvoir au service du Roy, auquel, et au vostre, monseigneur, nous n'espargnerons ny nos vies ny nostre sang pour rendre certain tesmoignage de l'affection que nous y avons. Et pour le particulier du sieur de Secru et le myen, nous vous remercyons tréshumblement des charges dont il vous a pleu nous honorer ; nous nous en acquiterons fidellement et vous en rendrons à jamais tréshumbles services. Monsieur Ladvocat, présent porteur, vous représentera cecy myeulx que ma lettre, lequel nous vous suplions de croire. Et en atendant ce, je prieray Dieu vous donner, Monseigneur,

En santé trésheureuse et longue vie, et demeureray, s'il vous plaict, vostre tréshumble et trésobéissant serviteur.

De Noirefontaine.

De Vitry, le XXVIᵉ juillet 1594.

M. de Frignicourt au duc de Nevers.

Monseigneur, vous aurez peu entendu par le s^r de Thomassin comme le vendredy XXIIe de ce mois nous fismes nostre déclaration ouverte et le serment que je prestay avec les principaux officiers du Roy en ceste ville. Hier le clergé, le reste des officiers de S. M., le conseil de ville, les capitaines des quartiers, lieutenans, cinquanteniers, dizeniers et tout le peuple feit le semblable, et ce faict tous ensemble loüames et remerciames Dieu par procession géneralle et prières publicques de la grâce qu'il nous a faicte d'avoir peu, avec si heureux succés et sans aultre accident, nous rendre plus forts que la garnison qui estoit icy afin de nous remettre en l'obéissance de Sad. M., laquelle nous sommes délibérez de servir avec toutte la fidélité qu'un peuple trésobéissant doibt à son souverain, comme aussy nous ne manquerons jamais au treshumble service que nous vous debvons et à monseigneur vostre filz, gouverneur de ceste province, vous suppliant de le croire et de continuer vostre bonne affection envers nous, et aussy de gratiffier de tant le peuple de ceste ville que de moyenner envers Sad. M. la réformation de quelques articles qu'il vous a pleu faire respondre, principallement les deux premiers concernant le poinct de la religion, suyvant l'assurance qu'il en avoit. Et d'aultant que, pour l'exécution de ce qui s'est passé en la réduction de lad. ville, j'ay esté fort assisté de l'advis des personnes des s^{rs} Decombles, Lebesgue, Bailly, Delalain et Jottier, officiers du Roy, qui ont disposé le peuple et icelluy admené à ce bon œuvre, et qu'à ceste occasion ilz mériteroient bien quelque gratiffication de S. M., à laquelle ilz font journellement et peuvent faire cy après quelques signalez services, comme aussy je sçay qu'ilz sont vos treshumbles serviteurs, je vous supplie, Monseigneur, de tant faire pour eulx que le contenu au placet que les députez de lad. ville vous présenteront de leur part leur soit accordé, qui est chose de peu de conséquence, comme verrez par led. placet, et les assister de vostre faveur envers mons. le chancelier et aultres qui doibvent congnoistre de telles expéditions.

Au pardessus je désirerois, si l'avez aggréable, d'avoir une abolition de Sad. M. pour tout ce qui s'est passé à l'exécution de ma charge durant les troubles, suyvant le mémoire que led. s^r de Thomassin et le s^r Garrault vous ont envoyé, d'aultant qu'esd. articles il ne se parle en rien de mon particulier.

Rien ne se passe par deça qui soit digne de vous escripre ; et attendant que m'honoriez de voz commandemens, je finiray cestes et prieray le Créateur,

Monseigneur,

Vous donner en parfaicte santé tresheureuse et très-longue vie. A Victry le Françoys, ce XXVIIe juillet 1594.

Vostre treshumble et trésobéissant serviteur.

FRÉNYCOURT.

Bibl. nat., f. fr., 3344, f°s 117 et 128, originaux. Cf. Rev. de Champ., janvier 1883, p. 71 et 72.

12 juillet et 7 août. — Patentes adressées à la cour de Parlement, à la chambre des Comptes, à la cour des Aides, au bureau des Finances de Châlons, au bailli de Vitry-le-

François et à tous autres justiciers, officiers et sujets qu'il appartiendra, pour ordonner la vérification et l'entérinement pur et simple des articles ci-dessus et des réponses qui y ont été faites par le Roi. « Donné au camp devant Laon les douziesme juillet et septiesme aoust, l'an de grâce 1594. »

31 juillet. — Mandement adressé au bureau des Finances de Châlons pour que la levée des deniers des tailles imposés au commencement de la présente année sur quelques élections du ressort pour le paiement de la garnison de Vitry soit continuée sous le nom du Roi pour les deux derniers quartiers de la présente année, quoiqu'elle ait été ordonnée en vertu des commissions de ses ennemis.

Vitry, arch. munic., AA 3, original ; ibid., AA. 1, cartulaire ; Châlons, arch. départ., C. 2489, f°' 140vo et 261.

Actes de vérification et enregistrement des articles, réponses du roi et patentes : au Parlement, 17 août ; à la cour des Comptes, 31 août ; à la cour des Aides, 3 septembre; au bureau des Finances de Châlons, 5 octobre ; à l'élection de Vitry, 10 octobre ; publication au bailliage, 10 octobre.

Vitry, arch. munic., AA. 3, originaux en parchemin de quelques-uns de ces actes ; AA.1, Cartulaire, f°' 74-78 ; Châlons, arch. départ., C. 2489, f°' 262 et 263.

On trouve encore au Cartulaire de Vitry plusieurs documents relatifs à l'exécution des diverses clauses du traité de capitulation, notamment :

1594, 6 août. — Confirmation des dons et octrois des deniers provenant des lods et ventes.

26 août. — Incorporation de la cure de Maucourt au chapître, avec promesse d'affecter le revenu de la prochaine prébende vacante au salaire des régents du collège.

4 septembre. — Lettres du duc de Nevers ordonnant aux laboureurs des villages situés à trois lieues à la ronde de Vitry-le-François de venir faire deux corvées tous les ans aux travaux des fortifications.

10 septembre. — Confirmation de l'affranchissement de tous aides, tailles, huitièmes, vingtièmes etc.

1596, 7 juin. — Mandement adressé au bureau des Finances pour exempter les habitants d'une crue de 800 écus imposée pour la crue de la garnison « afin de leur donner plus de moyen et subject de rebastir et fortifier lad. ville. » — 3 juillet. Mandement aux Trésoriers de France pour l'exécution. — 10 juillet. Vérification. — 20. juillet. Le roi déboute le s^r de Frignicourt de l'opposition par lui faite à ladite décharge.

1597, 17 Janvier. — Rétablissement de l'élection de Vitry au nombre des anciennes élections du Royaume.

22 février. — Confirmation des exemptions et privilèges.

14 juin. — Exemption pour les tailles et crues depuis 1595.

Par la suite, il y eut des difficultés entre M. de Frignicourt, gouverneur, et M. de Bussy, « prétendant l'estat de bailly avec la capitainerie de Vitry et avoir le gouvernement aud. Vitry à cause de lad. capitainerie.»

Par un réglement en date du 27 mars 1603, le Roi décida que Frignicourt jouirait de «l'entier pouvoir, commandement et gouvernement dud. Vitry, selon qu'il luy a esté donné lorsqu'il a remis led. Vitry en l'obéissance du Roy,» et que d'autre part le Sr de Bussy garderait paisiblement lad. capitainerie, sans que le s^r de Frignicourt y pût rien prétendre. (Vitry, bibl. munic., ms. 83, p. 499).

Procès entre Vitry et la veuve de Saint Paul.

1595-1602.

1595, 19 juillet. — Acte par lequel « Dame Gabriel de Poisieux, vefve de feu Monsieur le mareschal de Sainct Paul, ayant la garde noble des enfans dud. deffunct et d'elle, estant à présent en résidence à Vartigny, » reconnaît avoir transporté à Me J. de Bignicourt, bourgeois de Reims, la somme de 2000 écus à elle due par la ville de Vitry (1).

22 août. — Ordonnance de Jacques de Sommièvre, chevalier, vicomte de Lignon, seigneur de Verpillières, Essoye, Jully, Isle, Boulage, Fronay et Courcelles, conseiller du Roi, bailli et capitaine de Vitry, pour, à la requête de Me de Bignicourt, faire commandement aux gouverneurs de Vitry d'avoir à payer la somme de 2000 écus.

Vitry, Arch. munic., Registre EE 24.

1598, novembre. — La ville de Vitry a un procureur à Paris pour soutenir son procès contre la veuve du feu sieur de St Paul. (CC. 78, fo 37).

1602, 22 avril. — Arrêt du Parlement dans le procès en appel de la sentence du 22 avril 1595, entre la communauté de Vitry et François de Népoux, baron de Penault, tuteur des enfants de feu Anthoine de St Paul, écuyer, et Gabrielle de Proisieulx, à présent femme dudit de Népoux, ayant les droits rétrocédés de Jean de Bignicourt. L'avocat des appelants soutient « qu'il n'est rien deub de la somme et en sont (les habitants) deschargez par l'eedit de réduction en l'obéissance du Roy, l'obligation ayant esté exigée par le deffunct en la violence de la Ligue où il estoit chef en la province et n'avoit presté les deniers. L'avocat de l'intimé soutient que la dette est juste. Le procureur général dit que l'obligation, dont il donne lecture, semble avoir été « dressée pour passer après, et n'y a point d'apparence que Sainct Paul eust fait prest de ceste somme à ceulx sur qui il avoit toute autorité, mais bien que, n'ayant lors le moyen de leur fournir la somme, il a voulu avoir l'obligation que le Roy par l'édict a déclarée nulle. » — La Cour déclare l'obligation nulle et en décharge les appelants sans dépens.

Vitry, AA. 1, Cartulaire, fo 150.

(1) Cf. ci-dessus, p. 542.

Traité entre Dinteville et le sʳ de Chamoy.

1594, 1ᵉʳ août.

Selon Carorguy (p. 195), Dinteville investit avec de la cavalerie le château de Chamoy, qui se rendit à composition le 1ᵉʳ août.

« Ce qui semble estre à propos pour conclure le traicté entre Monsieur de Dinteville et le sʳ de Chamoy, » avec les réponses de Dinteville. Le sʳ de Chamoy, selon le pouvoir qu'il en a de M. de Guise, s'engagera à demeurer neutre pendant toute la durée des hostilités. On fera échange des prisonniers. Le sʳ de Chamoy aura facilité d'aller aux villes tenant le parti du Roi, d'y acheter marchandises etc. « Faict à Montigny le 1ᵉʳ aoust 1594. »

Dans un état de sommes à payer en date du 31 mai 1595, on lit : « Pour le parfaict de VIᵐ écus promis au sʳ de Chamois pour la réduction de sa maison de Chamois, en ayant esté employé Vᵐ seulement : M écus. »

Bibl. nat., f. fr., 3344, f⁰ 139 ; 3992, f⁰ 149. Cf. Rev. de Champ., juillet 1882, p. 64, avec une date inexacte.

Reprise de la trêve avec Mayenne et le duc de Guise.

1594, 8 août. — Ordonnance du duc de Nevers pour la reprise de la trêve accordée en juillet 1593 avec le duc de Mayenne et finie le 31 décembre de la même année. Cette trêve est continuée jusqu'au 10 septembre 1594. — 9 août. Pareille ordonnance rendue à Reims par le duc de Guise.

17 septembre. — Publication à Châlons d'une nouvelle ordonnance du duc de Nevers pour prolonger jusqu'au 30 septembre la trêve générale qui devait finir le 10 septembre.

1er octobre. — Publication à Châlons d'une ordonnance du duc de Nevers pour la prolongation de la trêve jusqu'au 15 octobre. — 16 octobre. Nouvelle prolongation jusqu'à la fin d'octobre.

Châlons, arch. munic., série EE, originaux. Cf. Carorguy, p. 197 et 201.

13 décembre. — Demande faite par Mayenne au moyen du sr de Belin, « pour traicter avec M. de Bellièvre de la prolongation de la trefve jusques à la fin du mois de mars. »

Bibl. nat., f. fr., 3991, f° 161.

D'Haussonville et Tremblecourt s'engagent au service du Roi.

1594, 7 octobre. — Commission donnée par le Roi au sr d'Haussonville pour lever 2500 hommes de pied et 500 chevaux, les réduire en régiment de tel nombre de compagnies que bon lui semblera, sous tels capitaines qu'il voudra choisir, aux frais de S. M. — Pareille commission donnée à la même date et dans les mêmes termes au sr de Tremblecourt.

Bibl. nat., f. fr, 4560, f°s 2 et 4, originaux. Cf. *Lettres*, p. 379 de Thou, l. 112.

Surprise de Mareuil par les Ligueurs. Reprise par les Royaux.

1594, octobre-novembre.

[Octobre.] — Les Rémois surprennent Mareuil.

28 octobre. — Ordonnance du duc de Bouillon qui prescrit aux gouverneurs de Châlons de vendre des grains du magasin du Roi jusqu'à concurrence de 1700 écus, pour

employer cette somme au paiement des gens de guerre « que nous avons ordonné pour le siège du fort de Mareuil, de présent occupé par les ennemis. »

3 novembre. — Lettre du Roi aux Châlonnais. Il a eu avis de la surprise de Mareuil, et il ordonne une levée de 7000 écus destinés aux gens de guerre qui ont charge de remettre cette place en l'obéissance du Roi.

7 novembre. — Le duc de Nevers aux Châlonnais. Dinteville part pour donner ordre au fait de Mareuil. Il est regrettable que, par respect pour des intérêts particuliers, on n'ait pas rasé la place. — 8 novembre. Les Châlonnais reçoivent de M. de Thomassin la nouvelle de la reprise de Mareuil. — 15 novembre. Le Roi aux Châlonnais. Il les félicite de cette reprise.

Lettres, p. 380-381 ; Châlons, Registre XX, 1er et 8 novembre.

25 novembre. — Mandement du Roi donné à St Germain-en-Laye et adressant aux Trésoriers généraux de France en la généralité de Champagne résidants à Châlons, pour faire lever une somme de 6000 écus sur les villes de « Châlons, Reims, Epernay, Avenay, Sézanne, Vertus, Avise et autres des meilleures villes et bourgs les plus proches dud. fort de Mareuil, lesquelz ont receu le plus de commodité en la reprise d'icelluy, » afin de payer la part des frais faits en cette occasion dont le roi demeure redevable et qu'il ne peut rembourser sur les deniers ordinaires à cause « des excessives défenses qu'il fait partout. »

Châlons, arch. départ., C. 2489, f° 163.

1595, 27 août. — Mandement du Roi auxdits Trésoriers. « Nous vous aurions par nos lettres patentes du IIe jour de décembre de l'année dernière 1594 ordonné faire lever la somme de sept mil escus par emprunt sur les villes et bourgs mentionnez en l'estat de ce fait en nostre Conseil, pour icelle somme estre employée aux frais nécessaires pour la reprise du fort de Mareuil occupé par noz ennemis, ce qui n'auroit esté exécuté pour avoir esté pourveu d'ailleurs à partie de lad. despence. Mais, ayans les srs de Thomassin et Vignolle, gouverneurs de noz villes de Chaalons et d'Esparnay, promis au baron de Couan qui commandoit audit fort la somme de 600 escus moyennant lad. réduction, de laquelle ilz sont à présent poursuiviz, et estant nécessaire de pourveoir au payement de lad. somme, » le Roi ordonne de la lever sur les paroisses des environs qui reçoivent commodité de lad. réduction. — Etat : Fismes, 50 écus ; Villenauxe, 50 écus ; Vertus, 50 écus ; Avise, Avenay, Suippes, Barbonne, Fère-Champenoise et Montmort, chacun 33 écus un tiers.

Châlons, arch. départ., C. 2489, fo 331vo.

Démolition de Mareuil.

1595.

Aussitôt après la reprise de Mareuil, les Châlonnais avaient envoyé Legoix en cour pour solliciter le démantèlement de la place. Le 15 novembre 1594, le Roi leur écrivit qu'il avait ordonné à Dinteville de la raser ; et, le 22 novembre, Dinteville leur fit savoir qu'il avait donné commission au prévôt des maréchaux pour procéder à la démolition.

Les Châlonnais, au reçu de cette dernière lettre, décidèrent de se retirer immédiatement « vers M. de Thomassin pour sçavoir de luy le moyen que l'on tiendra pour l'exécution de la commission de monseigneur d'Inteville, et que cependant led sr prévost et sond. lieutenant seront priés de faire tenir les lettres dud. sr Dinteville adressantes au sr de Vignolles ou aultre commandant aud. fort, afin d'en faire ouverture pour la démolition d'iceluy. » (24 novembre).

Mais, au même moment, le seigneur de Mareuil, les Rémois et Vignolles s'opposaient pour des motifs divers à la démolition ; et, lorsque le prévôt des maréchaux se présenta à Mareuil, « celuy qui y commandoit fit difficulté d'en faire ouverture. » Sur quoi les Châlonnais résolurent d'adresser leurs réclamations au duc de Nevers. (28 novembre.) — Le roi et le duc de Nevers réitérèrent l'ordre de raser Mareuil. Mais le commandant de la place refusa une seconde fois d'y recevoir l'envoyé de Dinteville, et, pendant plusieurs mois, l'affaire demeura en suspens.

1595, 17 avril. — Le Conseil de ville de Châlons conclut « que les gouverneurs et syndic se retireront pardevers le s\^r de Vignolles pour le prier de se contanter des frais dont la ville est chargée pour la démolition du fort de Mareuil, et luy offrir une queue ou deux de vin pour la nourriture de ses soldats en faisant lad. démolition ; et, où il ne s'en vouldra contanter, lesd. gouverneurs feront promesse de remplasser la somme de six vingtz cinq escus que advancera M. Nau, receveur général des finances, par dix pièces de vin qui seront menées et délivrées ausd. soldatz... Et si sera fourny par lesd. gouverneurs des grains du magasin qui seront convertiz en pain pour la nourriture desd. soldatz... » — 26 avril. On répondra aux lettres du s\^r de Vignolles ; on lui fournira du pain pour 80 hommes et 4 pièces de vin.

30 avril. — Le duc de Nevers aux Châlonnais. La démolition de Mareuil devait commencer lundi ; il espère qu'on y procède activement.

4 mai. — Au Conseil de Châlons, « a esté conclu que, sur les lettres du s\^r de Vignolles pour la démolition du fort de Mareuil, il sera remonstré aud. s\^r de Vignolles que lesd. lettres ne tendent sinon qu'à la prolongation de la démolition dud. fort et contreviennent directement à la volonté du Roy et de mons. de Nevers, pour par ce moyen continuer les levées que luy et les siens font sur le peuple, tant sur les marchandises passant par la rivière de Marne aud. Mareuil que en la ville d'Esparnay sur les vins qui sortent d'icelle, que encores des munitions et deniers qu'il lève sur le plat pays soubz prétexte de lad. démolition, exemptant telz bourgs et villages que bon luy semble, mesmes les plus prochains dud. Mareuil, pour en tirer deniers à son profflct,

n'ayant pour le présent que le nombre de 30 soldatz ou environ, pour la nourriture desquelz, encores que les habitans de ceste ville n'en soyent tenus, avoient envoyé du pain aud. Mareuil, et si luy ont offert quatre pièces de vin pour l'inciter davantage à faire son debvoir. » Aussi le Conseil proteste-t-il que, si le retard de la démolition de Mareuil amène quelqu'inconvénient, c'est le s^r de Vignolles qui devra en répondre en son propre et privé nom, qu'il sera sommé d'exécuter les ordres du Roi, et qu'à faute de le faire il sera dénoncé à Sa Majesté.

27 mai. — Les habitants de Mareuil envoient des députés au Conseil de Châlons « pour remontrer l'oppression en laquelle ilz estoient pour le logement et noriture des gens de guerre qu'ilz ont en leurs maisons soubs prétexte de la démolition du fort de Mareuil desjà un mois, n'ayans plus moyen, pour la longueur de lad. démolition, de loger et nourrir lesd. gens de guerre, estans contrainctz abandonner leurs maisons, s'il n'y est promptement pourveu. » Sur quoi le Conseil écrit au duc de Nevers pour lui faire entendre lesd. remontrances et pour se plaindre des exactions de Vignolles.

Enfin Vignolles se décida à obéir ; et, le 23 juin, les Châlonnais écrivaient aux Rémois que la démolition serait finie la semaine suivante.

Cf. *Lettres*, p. 380-386 ; Châlons, arch. munic., Registre XX, aux dates indiquées.

Soumission du duc de Guise
qui rend au Roi Reims, Rocroy, Saint-Dizier, Guise, Joinville, Fismes, et Montcornet.

1594, 21 octobre.

5 août. — « Les quatre principaux articles dont les s^{rs} de la Rochette et Péricard ont fait demande au Roy pour M. de Guise ». 1º Le gouvernement de Champagne et Brie ;

2° l'état de grand-maître ; 3° tous les bénéfices que tenait feu le cardinal de Guise, et les abbayes de Saint-Denis, Orcan et Corbie; 4° l'acquit général des dettes de feu M. de Guise. — Réponses du Roi ainsi datées : « Faict à Laon le V° jour d'aoust 1594. »

Bibl. nat. f. fr., 3990, f° 161.

8 août. — Le duc de Nevers aux Châlonnais. Il se félicite de ce que Guise s'est rangé au service du Roi. Les principaux articles sont accordés ; il n'en reste que quelques uns qui se concluront à Compiègne : « S. M. a accordé une trefve générale. » — 10 septembre. Le duc de Guise à Thomassin. Il a fait publier à Reims la continuation de la trève. Prière au gouverneur de Châlons de faire de même. (*Lettres*, p. 376-377).

21 octobre. — Traité définitif de la soumission du duc de Guise au Roi. Le duc rend Reims, Rocroy, Saint-Dizier, Guise, Joinville, Fismes et Montcornet en Argonne. — Novembre. « Edict du Roy sur la réunion de M. de Guise, de messieurs ses frères, de la ville de Reims et autres villes et chasteaux... » — 29 novembre. Enregistrement.

Bibl. nat., f. fr., 3646, f° 77 ; 3991, f°s 95 et 156 ; Châlons, C. 2489, f° 223. Cf. Corps universel diplomatique, p. 507, et Recueil des Edicts et articles accordés par Henri IV, f° 82.

12 décembre. — Les Rémois, en assemblée générale, avouent le traité ci-dessus. On chante un Te Deum. — 1595, 10 avril. Ils prêtent serment au Roi. (Henri, p. 360-361 ; Pussot, p. 32).

Sur les dernières résistances et la défaite du parti ligueur à Reims, voir : lettre du chapitre de Reims au pape du 10 novembre, lettre d'Hubert Morus à divers ecclésiastiques du 16 décembre, lettre de Henri IV pour défendre à Morus de rentrer à Reims, etc. (Henri, p. 358-366, d'après le ms. de la Bibl. nat., Collection de Champ., t. 37, f°s 177-181).

Peu après sa soumission, le duc de Guise licencia une partie de ses troupes en leur laissant la liberté de prendre tel parti qu'il leur plairait. Ces troupes, se retirant en

Lorraine, pillèrent et saccagèrent tous les villages par où elles passèrent. — 15 avril. La ville de Vitry envoie un messager du côté de La Chaussée pour savoir quel chemin tenaient les troupes du duc de Guise. (Vitry, arch. munic., CC. 77, f° 110. Cf. Choses Notables, p. 158).

Démolition du château de Porte-Mars.

1595, 7 juin. — Ordonnance de MM. de Lorraine pour faire démolir le château de Porte-Mars. (Henri, p. 479). — Récit de la démolition de ce château, 10 juin. (Pussot, p. 35).

Rentrée de l'évêque de Châlons.

1594, novembre.

27 septembre. — Le Roi aux Châlonnais. Il a ordonné à l'évêque de Châlons de rentrer dans sa ville épiscopale.

14 novembre. — Les Châlonnais au Roi. L'évêque est rentré et a aussitôt donné public témoignage de l'affection qu'il porte au service de S. M.

Lettres, p. 377-378.

Paix avec le duc de Lorraine.

1594, 16 novembre.

Traité de paix entre Henri IV et Charles III duc de Lorraine. Faict à Saint-Germain en Laye, le 16 novembre 1594.

Corps universel diplomatique, p. 510 ; Dom Calmet, Hist. de Lorraine, 1re édition, t. III, p. 450.

La ratification de ce traité par les parties contractantes ne se fit que beaucoup plus tard ; mais, en attendant, la trêve fut prolongée sans interruption. Voici quelques actes qui y sont relatifs :

1594, 27 novembre. — Le Roi à Thomassin. Il est convenu avec le duc de Lorraine « de prolonger pour quatre mois de l'année prochaine la trève de quatre mois qui va expirer à la fin de celui-ci. » — 29 décembre. Publication à Châlons. (*Lettres*, p. 382-383).

1595, 19 avril. — Ordonnance pour la publication de la trève avec le duc de Lorraine jusqu'au 15 juin. — 29 avril. Publication à Châlons.

17 juin. — Publication à Châlons d'une prolongation de trève avec le duc de Lorraine jusqu'au 1er octobre.

Châlons, arch. munic., série EE, originaux.

Verdun.

Cependant la cité de Verdun faisait d'actives démarches auprès du duc de Lorraine pour obtenir l'insertion au traité de divers articles de garantie en sa faveur.

1595, 19 février. — Les magistrats, conseil et habitants de Verdun députent Gerbillon et Boucard vers Son Altesse pour la supplier de faire mettre spécifiquement au traité qui se pourra faire entre le Roi et Son Altesse : 1º que la juridiction, police et état de Verdun demeureront en leur entier ; 2º qu'il ne sera rien changé aux droits, privilèges, franchises et libertés dont la cité a joui sous les défunts rois ; 3º que les chartes en seront confirmées par S. M ; 4º que la cité demeurera quitte des grandes et petites gardes qu'elle aurait dû payer en la recette de Vitry, pour avoir été lesdites gardes employées à la fortification ; 5º que la religion catholique, apostolique et romaine sera seule autorisée dans le pays Verdunois ; 6º que rien ne pourra être imputé aux habitants, tant en général qu'en particulier, de ce qui advint en ladite cité depuis le jour de Pâques 1585.

6 mars. — Les députés de Verdun ont reçu de S. A. « plusieurs audiences bien gracieuses », et ont obtenu la

promesse que leurs articles seraient insérés au traité. — 2 juin. Son Altesse a écrit à M. d'Haussonville « lettres qui démonstrent manifestement que tant s'en fault que cela soit accepté, que l'espérance en est bien petite. » — 14 juin. Gerbillon et Boucart ont reçu nouvelle audience de S. A., qui leur a promis de prendre toute peine pour faire comprendre Verdun dans la neutralité. — 17 juillet. Réception des lettres patentes du Roi qui décharge la cité de la grande et de la petite garde pendant les troubles. — Août, septembre. Députations envoyées à Nancy au sujet du traité.

Verdun, arch. munic., Registre II.

Ratifications.

Enfin, en décembre 1595, le Roi, à Fontainebleau et Folembray, ratifia le traité du 16 novembre 1594, mais en y introduisant d'importantes modifications. — Il fallut donc négocier encore, et c'est seulement le 12 mars 1596, par acte daté de Nancy, que le duc de Lorraine, après nouveaux changements, ratifia à son tour le traité.

Cf. Corps univ. diplom., p. 510 et 512 ; dom Calmet, t. III, p. 453 ; Choses notables, p. 160.

Soumission de Mézières.
1594-1595.

Après le meurtre de Saint-Paul, sa veuve s'était retirée à Mézières avec les capitaines Marchebaut, La Rigueur et La Rivière. Les négociations engagées quelques mois plus tard avec le Roi pour la reddition de cette place traînèrent en longueur et n'aboutirent qu'en 1595.

Articles proposés par la dame de Saint-Paul.

1er août. — Lettre de la Vieuville au sr d'Argy concernant madame de Saint-Paul pour Mézières. (Bibl. nat., f. fr., 4538, fo 169).

[Sans date.] — « Articles présentez au Roy par madame la mareschalle de Saint Paul, tant en son nom que celluy du sr de St Paul son filz, gouverneur de la ville et citadelle de Mézières, et des habitans et communaultez de lad. ville et faulxbourgs, suppliant en toute humilité S. M. luy accorder. » 19 articles (sans réponses). Elle demande : (art 1er) « une abolition générale pour tout ce que le feu sr mareschal de St Paul son mary a faict, entrepris, géré, administré ou exécuté contre son service, poussé du zèle qu'il avoit à la manutention de la religion catholicque, apostolicque et romaine, particulièrement au party de la Ligue depuis le commencement d'icelle jusques à présent ; et que soubz lad. abolition soyent compris, non seulement les exécuteurs de ses commandemens, mais aussy tous et chacun les habitans de la ville de Mézières et faulxbourgs d'icelle, soyent gens d'église, noblesse y réfugiée, gens de justice, officiers, marchans, artisans ou autres, tant résidans actuellement que ceulx qui en sont sortis depuis les troubles... » ; (art. 13) pour elle et son fils, les honneurs et privilèges accordés aux femmes et enfants des maréchaux de France après leur décès ; (art. 14) la conservation du gouvernement de Mézières à elle et à ses enfants ; (art. 16) le remboursement des sommes de deniers dépensés par son mari pour les citadelles de Mézières et Vitry.

Bibl. nat., f. fr., 3990, f° 152.

[7 octobre]. — La Rivière (2) « jette subtilement Marchembaut et La Rigueur hors de la ville et citadelle, et demeure seul avec cette femme en sa tutelle ». (Choses notables, p. 154).

22 octobre. — Le Roi à Frémin. « Je vous sçay bon gré de la peine que vous continuez à prendre de conforter la dame de Sainct Paul en la volonté que je sçay qu'elle est

(1) Marlot, p. 496, dit que la veuve traita *six mois* après la mort de son mari. On a ajouté sur la pièce que nous analysons la date : « 2 août 1594 ».

(2) La conduite de La Rivière en ce moment et plus tard reste obscure. Selon les pièces que nous analysons ci-dessous, ce capitaine semble avoir pris le parti du Roi contre les hésitations de la dame de St Paul ; néanmoins les historiens l'accusent de n'avoir poursuivi en tout cela que son intérêt personnel. Peut-être y a-t-il un grain d'ironie dans la rédaction emphatique des patentes de mai 1595.

de me reconnoître et rendre obéissance en se jettant avec ses enfans en ma protection. » Pour que lad. dame ait plus d'occasion d'effectuer ce propos, « je suis content, m'ayant donné sa foy pour elle et pour son filz, de me remettre et confier du tout à elle de la garde de la ville et citadelle de Mézières, et pourtant en faire expédier le gouvernement au nom de sondit fils, à la charge qu'elle me respondra de la place... Je suis content de luy accorder jusqu'à 80000 escus pour la récompenser des frais qu'a faits sondit mari, tant à la fortification de lad. place qu'en aultres endroicts et occasions qui méritent considération... » (Marlot, IV, p. 775 ; Berger de Xivrey, t. IV.)

10 novembre. — D'Ambly au duc de Nevers. Il est allé voir madame de St Paul, qu'il a trouvée toute changée par les pratiques de MM. Frémyn et de Bignicourt. Sans le capitaine La Rivière, la place aurait été perdue pour le duc de Nevers. « D'ailleurs la dame est tellement friande des doublons d'Espagne qu'elle n'en peut aisément perdre la mémoire ». Les ennemis lui ont offert une forte somme pour leur livrer la ville et le château ; mais La Rivière s'y est opposé et l'a décidée à reconnaître le duc et à envoyer au Roi les articles de sa soumission. Il faut adresser une lettre chaleureuse à Mme de St Paul, et une autre à La Rivière pour le remercier. (Rev. de Champ., juin 1882, p. 476).

[Date ajoutée : « 28 décembre 1594. »] — « Articles présentés au Roy par madame la mareschalle de Sainct Paul, tant en son nom que celluy du s^r de Sainct Paul, son filz, gouverneur de la ville et citadelle de Mézières, et des habitans et communaultez de lad. ville et faulxbourgs. » Ces articles sont analogues à ceux du 2 août, mais autrement rédigés. — Réponses du Roi. [1595].

Voici la réponse du Roi à l'article par lequel la dame de Saint-Paul demande le remboursement des deniers dépensés par son mari : « Le Roy ayant dès le commencement de la présente année accordé pour trois mois surcéance et cessation d'armes entre les serviteurs et subjectz de S. M. et les dame de S¹ Paul, son filz, les cappitaines et gens de guerre estans en garnison ès ville et citadelle de Mézières avec les habitans d'icelle, attendant qu'il eust moyen de faire jouir lad. dame de S¹ Paul, son filz, les cappitaines et gens de guerre et habitans dessusd. du contenu aux articles que S. M. leur a accordez en considération de la fidellité et obéissance qu'ilz ont offert et promis luy rendre lesd. troys moys estans expirez, S. M. a eu aggréable de continuer lad. trève et cessation d'armes jusques au premier jour d'octobre prochain, durant lequel temps sera faicte toute dilligence possible de recouvrer et fournir la somme de... escus que Sad. M. a accordée par lesd. articles pour être payée dans led. temps. Et affin que lad. dame ayt moyen cependant de conserver la place en toute seureté, Sad. M. la fera assigner de la somme de 22500 escus pour payer lesd. gens de guerre pendant lesd. trois mois passez qu'ilz n'ont receu aulcune chose de ce qui leur avoit esté promis, que pour les six subséquens pendant lesquelz lad. trève est continuée..., moyennant que lad. dame de S¹ Paul promette et s'oblige avec sond. filz, lesd. cappitaines, gens de guerre et habitans, non seulement de s'abstenir de faire la guerre à Sad. M., mais aussy ne donner aulcune assistance ny retraicte en lad. ville et citadelle aux ennemis d'icelle, et dadvantage de se déclarer serviteurs de Sad. M. »

[S. d.] « Autres articles de mad. la mareschalle de Sainct Paul présente au Roy... pour le mérite de ceulx qui du vivant et depuis le décès du s¹ de S¹ Paul son mari l'ont assistée jusques à présent. » Elle demande pour Frison l'abbaye de La Valleroy, pour le s¹ de Péniault une récompense du gouvernement de Maubert dont l'assassinat de son père l'a spolié, pour le s¹ de Bignicourt la conservation de l'état de grand prévôt de Champagne. — Réponses du Roi.

Bibl. nat., f. fr., 3991, fos 188-192, 192vo. Voir aussi fos 194-195 les minutes des réponses faites par le Roi à ces deux séries d'articles. Cf. Chronique de Champagne, t. IV, p. 93.

[1595.] — La Rivière met la dame de Sainct-Paul « dehors avec les autres, après avoir despensé petit à petit les doublons qu'elle avoit peu réserver après le déceds de son mari. » (*Choses notables*, p. 154).

Patentes en faveur de La Rivière.

1595, mai.

Henry... Combien que ceste divine toute puissance nous ayt mis le glaive et force en main pour réprimer les insolences et violences des esprits effrénez que la piété, justice et tempérance ne peult rien retenir dans les bornes de leur debvoir, la mesme touteffois, tenant incessemment le cœur des Roys ès siennes sainctes, nous a faict congnoistre par bonne expérience que la clémence et débonnaireté n'estoit moings séante à ung cœur généreulx, mais beaucoup plus nécessaire à la conduicte et gouvernement des peuples que la sévérité. C'est pourquoy le plus souvent, disposant de noz actions selon ceste sienne volunté, il nous a faict tumber le glaive des mains que nous y tenions eslevé et préparé à cercher une juste vengeance, punition et cohercion de la trop obstinée rebellion et ambition de nos subjectz pour leur tendre les bras, bien que victorieux et triumphant de leur félonnie, et au lieu des mauvais traictemens que leurs faultes méritoient, nous les avons receus humainement et embrassez d'une paternelle bienveillance du tout ordonnée à la conservation de nos subjectz et esloignée de leur perte et ruine. Mais sy nous avons esté telz à l'endroict des plus obstinez, il est aysé à croire que ceux là ont esté beaucoup mieulx venuz et plus chérys qui, voluntairement soigneux du bien public, curieux du repos de leur patrie et sur tout affectionnez à la conservation et augmentation de nostre auctorité, se sont submis au devoir de nostre obéissance, et encores davantage ceulx qui, non comptans d'y satisfaire, ont faict proffiter leur réduction amenant avec eulx à nostre service les villes et places les plus importantes de nostre royaume que nosd. ennemys avoient si longuement occupées, telles que noz ville et citadelle de Maizières, que nous tenions cy devant presque hors d'espérance de pouvoir jamais recouvrer, et qui, par la prudence de nostre bien amé Jehan de Guère, s^r de la Rivière, qui, comme trésutil serviteur et trésfidel subject qu'il est, a mesprisé, comme nous savons, beaucoup d'offres advantageuses que noz ennemys luy ont faictes en intention d'esbranler sa fidellité, pour soigneux qu'il est et s'est faict parestre à l'advancement et establissement de nostre auctorité, nous ont conservé ce qui justement et légitimement nous appartient ; ce qui nous a donné occasion, pour recongnoissance d'un service tant signallé, le caressant de toutes les grâces, faveurs et honneurs qu'il a désiré de nous, de luy donner la principalle charge et disposition du gouvernement desd. lieux, et, oubliant tout ce que la misère et calamité des troubles passez l'avoit avec les habitans de nostred. ville de Maizières cy devant contrainct d'exécuter contre nostre auctorité et service, luy accorder et à eulx ce que par les articles de leurs tréshumbles remonstrances nous a esté proposé de leur part. A ceste cause, de l'advis des princes de nostre sang, officiers de nostre couronne et autres notables personnages..., ordonnons qu'ez ville, citadelle et faulxbourgs de Maizières il ne se fera aucun exercice de religion que de la catholicque, appostolique et romaine, ne ès autres lieux circonvoisins deffenduz par l'eedict de l'an M V° LXXVII... etc. (1). Donné à Fontainebleau au moys de may, l'an de grace 1595 et de nostre règne le sixiesme. Signé sur le reply : Par le Roy, Potier.

Châlons, arch. départ., C. 2489, f° 355v°.

15 mai. — D'Ambly est nommé capitaine et gouverneur de Mézières. (Châlons, arch. départ., C. 2511, f° 42). (2)

La guerre du côté du Bassigny.

1594.

Tandis que, pendant l'année 1594, le reste de la Champagne s'était presque entièrement pacifié, la guerre continuait encore avec activité du côté du Bassigny, où beaucoup de petites places restaient fidèles au parti de la Ligue. Voici l'indication sommaire des principaux évènements.

Noyers. La veille de Pâques, le vicomte de Tavannes s'en empara pour la Ligue. — Mais cette ville ne tarda pas à se révolter, et les Ligueurs l'assiégèrent sans parvenir à la reprendre. (Carorguy, p. 176 et 185).

Montsaugeon. En mai, Carorguy (p. 189) trouve tout le pays en armes et révolté contre cette place. — 3 août. Les Langrois aux Dijonnais. Le vicomte de Tavannes brûle les villages du Montsaugeonnais, pille tout, viole les femmes. Trestondam continue à prendre les paysans et à incendier

---

(1) Accordé selon les articles proposés par la ville de Mézières.

(2) C'est donc à tort, semble-t-il, que le *Mémoire des Choses notables*, p. 154, dit que La Rivière ne rendit Mézières qu'en *septembre 1598* à Charles duc de Nevers qui la reçut pour le Roi moyennant 60000 écus, « en quoy néantmoins le duc fut contraint d'user de force pour l'amener à ceste raison. »

les villages. Si les villageois se sont barricadés (1), ce n'est pas, comme on les en accuse à tort, pour « exterminer la noblesse », c'est seulement pour se défendre. (Piépape, p. 346, sur l'original des arch. de Dijon ; cf. p. 146-147).

Châtillon. Le baron de Ténissey y continue ses excès. Courses et violences. La misère devient si terrible que des villages entiers se dépeuplent et que leurs habitants émigrent en Auvergne et en Normandie.

1er octobre. — Ténissey prend par escalade Pothières, qui est saccagé.

13 novembre. — Le baron d'Aix reprend Pothières par escalade et taille la garnison en pièces ; mais il ne parvient pas à s'emparer de l'abbaye.

Carorguy, p. 176, 192, 197, 200-202.

Campagne de Biron.
1594-1595

1594, décembre. — A la fin de cette année, le Roi envoya les troupes de Biron vers la Bourgogne pour y remettre l'ordre. Du 1er au 5 décembre, elles logèrent aux environs de Bar-sur-Seine et brûlèrent plusieurs villages, entre autres Charrières, Fralignes et Larrey.

Ce qui restait de Ligueurs à l'abbaye de Pothières, croyant que les Royaux marchaient contre eux, brûlèrent à demi le village et l'abandonnèrent.

Biron rejoignit son armée vers le 20 décembre, et mit peu après le siège devant Bar-sur-Seine, dont le capitaine Verdun s'était rendu maître et qu'il prétendait garder envers et contre tous (1). Après seize jours d'investissement

---

(1) Les déprédations continuaient un peu partout, et Pussot (p. 30) nous a conservé ce nom significatif : « la guerre aux vaches. » Cf. la lettre du duc de Nevers aux Châlonnais en date du 8 octobre 1594, où il dit aussi que le peuple des environs de Châlons commence à se barricader contre ceux qui devraient le protéger. (Lettres, p. 379).

(1) Voir ci-dessus, p. 548.

pendant lesquels le canon fut amené de Troyes, Verdun se rendit à composition le 10 janvier 1595 et sortit le 12 de la ville.

Ensuite Biron se dirige vers Châtillon-sur-Seine pour reconnaître la place, sans l'attaquer. Ténissey refuse le combat que lui offre le sr d'Aix.

Biron se retire aux environs de Tonnerre, puis passe en Bourgogne.

Après son départ, Ténissey demande trêve au Roi pour quatre ans, l'obtient, mais continue de piller la campagne jusqu'au mois d'avril, et ne consent à évacuer Châtillon que moyennant 20000 écus.

Carorguy, p. 205-215.

Faits militaires en 1595.

Désormais il n'y aurait plus lieu de parler de faits militaires en Champagne, si la guerre, déclarée par Henri IV à Philippe II roi d'Espagne le 16 janvier, et par Philippe II à Henri IV le 7 mars (cf. Corps Universel Diplomat., p. 512 et 515), n'avait occasionné dans cette province quelques courses sur les frontières du Nord, de l'Est et du Sud.

Au Nord.

15 février. — « Discours de la deffaite de la garnison de Soissons que conduisoit le baron de Couan et le sr de Belpont le mercredi 15 février 1595 en la plaine de Villers Cotterets, » imprimé à Châlons, in 8º de 14 pages. (Cf. Plaquettes, p. 160. Voir aussi Mémoires de Sully, l. VII).

Pillage de la campagne de Reims et vols de bestiaux par la garnison de Soissons. (Pussot, p. 35).

23 juin. — Les Châlonnais aux Rémois, au sujet des courses et pilleries de ceux de Soissons. Plainte a été portée au duc de Guise ; mais Châlons n'a pas le moyen de faire des levées de deniers. (Lettres, p. 386).

23 juillet. — Le duc de Nevers part de Réthel et passe avec ses troupes entre Fère et Soissons pour gagner Chauny. (Cf. Plaquettes, p. 160, « Copie d'une lettre écrite de Péquigny... », in 8º de 56 pages).

Octobre-décembre. — Trêve de vendange entre Reims et Soissons. (Pussot, p. 37).

Soissons est remis en l'obéissance du Roi.

A l'Est.

Guerre du côté du Luxembourg. (Cf. Choses notables, p. 156-157).

11 juin. — Le duc de Guise va à Rocroy et en chasse Champagnac. (Pussot, p. 35).

La Fleur et quelques mauvais français continuaient à tenir garnison à Hans, Clermont et autres lieux limitrophes. Ils se rangent sous Le Gaucher, capitaine espagnol qui occupait Buzy (Meuse), près Verdun, et font des courses incroyables en Champagne. — Dans une de ces courses faite à Autreville (Vosges), La Fleur est pris par Renneville, ramené à Sainte-Menehould et pendu. (Choses notables, p. 159-160).

Au Sud.

3 janvier. — Le Roi au Conseil de ville de Châlons. Ordre de remettre 2 canons, des balles et de la poudre à Dinteville, qui a commandement de se joindre avec Haussonville et Tremblecourt pour attaquer Montsaugeon. (Lettres, p. 384).

30 mars. — Le Roi à Roussat. Est-il vrai que Montsaugeon ait composé ? — 12 avril. Le Roi aux Langrois. Il regrette qu'Haussonville n'ait pas encore entrepris la réduction de Montsaugeon ; il y fera bientôt pourvoir. (Piépape, p. 348-349, d'après les originaux des archives de Langres).

Montsaugeon ne se rendit qu'en décembre 1595 moyennant 12000 écus. (Jolibois, Haute-Marne, p. 378 ; Piépape, p. 152-153).

D'Haussonville et Tremblecourt étaient passés en Franche-Comté pour faire la guerre aux Espagnols. — Henri IV, allant à leur secours, entra à Troyes le 30 mai. (Cf. Choses notables, p. 158 ; Carorguy, p. 217-218 ; de Thou, 1. 112).

Nouvelle trêve générale.

1595, 23 septembre.

Le 28 juin 1595, Mayenne avait envoyé au Roi un mémoire où il protestait qu'il désirait « recongnoistre S. M. et se porter avec toute franchise et sincérité à son service, » et énumérait les conditions mises à sa soumission.

Bibl. nat., f. fr., 3992, f° 234. La réponse du roi, en date du 30 juin, est au f° 243.

Ces démarches aboutirent à une nouvelle trêve générale accordée pour trois mois par tout le royaume. « Fait à Lyon, le 23 septembre 1595. »

Imprimé à Paris, petit in-8°, 1595. Cf. Recueil des Edits et articles, f° 84 ; et Corps Universel Diplomatique. p. 518.

Soumission de Mayenne.

1596, janvier.

Edit sur les articles accordés au duc de Mayenne pour la paix en France, avec lesdits articles. « Faict à Folembray, au mois de janvier. »

Corps universel diplomatique, p. 519 ; Mém. de la Ligue, t. VI, p. 347 ; Isambert, t. XV, p. 114.

24 janvier. — Articles secrets accordés au duc de Mayenne.

Actes du Parlement relatifs à sa soumission.

Bibl. nat., f. fr., 2751, f°° 180, 286-297.

Sommes payées pour plusieurs traités de soumission. (1)

[Extraits intéressant la Champagne].

Au duc de Lorraine, sur les domaines de Toul et Verdun,	900000 écus (2)
Au sr de Vitry, pour Meaux,	36000 éc. (3)
Au sr maréchal de Balagny, pour Cambray,	140000 éc.
A M. de Guise et plusieurs autres, compris 50000 écus pour madame sa mère,	629500 éc.
Au sr de Lamet, pour Coucy,	8500 éc.
A M. de Mayenne et autres pour son traité et réduction de Soissons,	820000 éc.
A plusieurs particuliers pour la réduction de la ville de Troyes,	35000 éc.
Au sr de la Rivière et autres pour la réduction de la ville de Mezières (4),	70000 éc.
A plusieurs, pour la réduction de Rocroy, Montcornet, Chaumont-en-Bassigny et plusieurs autres villes,	40000 éc.
A plusieurs, pour la réduction de Mascon et Chastel-en-Porcien,	27000 éc.
Au sr de Frénicourt, pour Vitry-le-François,	20000 éc.
A plusieurs particuliers pour les réductions de Réthel, Noyers en Champagne et autres places,	37290 éc.
A plusieurs, pour les réductions de Pierrefons et de Chasteau-Thierry,	52000 éc.

(1) Cf. Mémoires de Groulard, collection Petitot, t. 49, p. 336. Les Mémoires de Sully donnent souvent des sommes plus fortes ; mais ce sont, semble-t-il, des totaux qui représentent des paiements de natures différentes.
(2) L'écu valait environ 13 francs de notre monnaie.
(3) On a récrit en marge : « 66000 écus. »
(4) Etat arrêté à Troyes le 31 mai 1595 : « Au sr de la Rivière pour la composition de Mésières, 60000 écus. » (Bibl. nat., f. fr,, 3992, f° 149).

[Le total général des sommes portées à l'état est de 6 480 700 écus, « sans comprendre plusieurs autres traictez qui ont esté faictz aux princes et qui ne sont icy compris. »] (1)

Bibl. nat., f. fr., 4019, f° 325, copie ; 2751, f° 235, copie fautive.

1596, 22 janvier. — Ordre pour la levée de 16275 écus à faire en la présente année sur tous les taillables de Champagne pour l'acquit d'une portion des sommes promises par les divers traités.

Châlons, arch. départ., C. 2489, f° 365.

Faits militaires en 1596.

Mai. — Le Roi assiège La Fère en Picardie. — Sancy et Du Pesché traversent la Champagne pour le rejoindre, y font de grands ravages et pillent l'abbaye de Beaulieu.

30 mai. — Les Espagnols surprennent Brieulles-sur-Bar et le brûlent. — 8 juin. Charles de Nevers aux Châlonnais. Il regrette que les ennemis aient entrepris en Champagne.

15 juin. — Les Espagnols, conduits par Le Gaucher, entrent à Grandpré avant le jour pour surprendre le château. Mais Joyeuse se défend énergiquement et sauve la place.

19 juin. — Lettres de neutralité, accordées par Henri IV au duc de Lorraine, pour son fils le Cardinal et pour les évêchés de Metz, Toul et Verdun et l'abbaye de Gorze, pendant la guerre contre le Roi d'Espagne.

9 juillet. — Plein pouvoir donné par le Roi de France au duc de Bouillon.

Choses notables, p. 160-161 ; Corps universel diplomatique, p. 528, 537 ; *Lettres*, p. 388.

(1) Selon Sully : « Aux s^{rs} de Belan, Guionvelle, Joffreville, du Pesché etc. pour Troyes, Nogent, Vitry, Chaumont, Rocroy, Château-Porcien etc., 830048 livres. »

De juillet à décembre, désordres des gens de guerre en Champagne. (*Lettres*, p. 389-390).

27 octobre. — « Discours de la deffaite des troupes du Gaucher, faicte par M. le duc de Celsy Virginio Orssino, colonel de la cavalerie italienne,... à Loupun en Barrois (1), le 27e jour d'octobre 1596, » in-8º de 10 pages. Cette pièce est datée « de Vitry, le 29 octobre 1596. » Le dimanche 26 octobre, Virginio Orsino, logé à Blacy près Vitry, eut avis par le sr de Frignicourt que les troupes du Gaucher étaient venues à Vitry-le-Brûlé pour exécuter une entreprise, mais que, ayant été découvertes, elles s'étaient retirées. Orsino se met aussitôt à la poursuite du Gaucher, apprend à Bettancourt que l'ennemi est logé dans le Petit Louppy, attaque le village, force une barricade, emporte le bourg, et s'y loge pour la nuit. Au point du jour, il se trouva 50 espagnols morts sur place, environ 45 prisonniers, 160 chevaux pris avec beaucoup de butin.

Réimprimé Rev. de Champ., déc. 1887, p. 476-479 ; analysé Plaquettes, p. 161.

Remontrances faites par la ville de Châlons à Henri IV. (1)

Estat de ladicte ville (de Châlons).

...L'estat de ladicte ville de Chaalons est des plus misérables, en ce que les habitans, pour se maintenir en l'obéissance du Roy, ont durant ces derniers remumens perdu la meilleure partie de leur revenu et souffert de grandes oppressions et incommoditez. Et néanmoings pendant ce temps n'ont rien espargné de

(1) Louppy, canton de Vaubecourt, Meuse.
(2) En réponse à la lettre du Roi du 25 juillet 1596. Cf. *Lettres*, p. 389.

ce qui leur restoit de moyens pour suppléer le défault des finances de Sa Majesté, occupées d'ailleurs, avancé par le commandement de Sadicte Majesté et pour l'entretenement de ses armées bonnes sommes de deniers, et plus que leurs prédécesseurs ny eulx n'avoient faict cinquante, veoir soixante ans auparavant; et en ont en ung contract seul constitution de trente quatre mil escuz en principal, fournis durant ces derniers remumens, oultre les aultres parties (1); et sont de tant plus surchargez en la rétention des rentes et de pire condition que ceux des villes réduittes.

Et si ne peuvent lesditz de Chaalons faire grandz proffictz ny s'avancer beaucoup, ayans peu de moyens et estant le pays de petit rapport et sans resource, les années pour la pluspart stériles, spécialement au regart des vignobles, et ladicte ville fort affligée, décheue et affoiblie, tant à raison des oppressions susdictes, morts advenues à plusieurs notables bourgeois, maladies mortelles et contagieuses, pourquoy ilz sont contrainctz journellement supporter grandz fraiz, que aussy pour n'estre payez des deniers par eux avancez plus que les aultres villes de la province et rentes à eulx constituées, et que l'on a tousjours tiré d'eux sans rendre ny donner.

Et qui pis est et plus dure, depuis la réduction des villes, et lors qu'ilz espéroient estre soulagez et gratiffiez selon les promesses de Sadicte Majesté et respirer soubz le faiz de tant de misères passées, ilz se trouvent molestez de nouvelles charges et au temps des moissons

(1) Par exemple, le total du Compte des « Frais extraordinaires... » pour 1589-1594 monte à 13728 écus, qu'il faut encore augmenter de 4000 écus pour les intérêts des sommes empruntées afin de faire face à ces frais. (Châlons, arch. munic.)

et aultres tellement foullez des passages et séjours des gens de guerre et de leurs trouppes qu'il semble qu'on les veuille destruire et rendre le pais désert, assez foible et peu fructueux de soy, mesmes en leur ostant en la présente année la somme de mil escuz des deniers d'octroy destinez par le Roy aux fortiffications de ladicte ville, et les surchargeant en toute chose contre les réglemens obtenuz de Sadicte Majesté et nos seigneurs de son Conseil, comme s'ilz estoient enrichiz des ruines et oppressions et contributions qu'ilz ont souffertes pour le service du Roy, ou deussent encourir peynes pour l'avoir fidellement servy.

Leur revenu consumé et debtes des champs perdues, les maisons démolies et leurs fermes et héritages abandonnez, bonne partie des gens restans au plat pais abandonnent les aucuns leurs maisons, aultres les desmolissent et vendent les matériaux pour paier les tailles et aultres charges et impositions, et se retirent tous dans ladicte ville pour vivre, et sont en charge aux habitans le reste de l'année, notamment durant la contagion.

Consiste ladicte ville en nombre de menu peuple qui souffre beaucoup pour la nécessité du temps, disette et cherté de toutes choses.

Les charges d'icelle sont portées par peu de gens, et, combien qu'elle ayt quelque bruict, mesmes pour estre le bureau et recepte géneralle estably en icelle, la vérité est que les habitans en sont plus incommodez et mal traictez.

Car, oultre les passages et séjours des gens de guerre, soubz prétexte de leurs assignations, les estatz et offices sont pour la plus grande partie exercez par ceux du dehors, et peu par les originaires et natifs ; et, se prétendans tous privilégiez, en sont lesdictz habitans surchargez en toutes manières et prévenuz et supplantez en toutes choses par ceulx qui y résident pour l'exercice de leurs estatz, comme plus aysez et pernicieux et qui tirent les commoditez de ladicte ville sans porter ny compatir aux charges.

Faict et conclu au Conseil tenu en l'hostel commung de ladicte ville de Chaalons le treiziesme jour de novembre mil V^c quatre-vingtz et seize.

DEPINTEVILLE.

Châlons, arch. munic., carton 30, original.

La Guerre en 1597 et 1598.

1597, mars. — Les Espagnols s'emparent d'Amiens.

Ayant ainsi pris pied en Picardie, ils songent à s'établir aussi en Champagne et à s'emparer des villes situées sur la Meuse.

4 août. — Le Gaucher, soldat de fortune, et d'Allamont, capitaine de Damvilliers, essaient de nouer des intelligences à Villefranche. Trémelet, gouverneur de la place, averti par les soldats qu'on avait tenté de corrompre, leur recommande de feindre la trahison, et prépare une embuscade. Le 4 août, les troupes du Gaucher sont taillées en pièces, au moment où elles essayaient d'entrer.

Choses notables, p. 162-164 ; Mém. de la Ligue, t. VI, p. 498; « Discours véritable de la défaite des Bourguignons à Villefranche», Jean de Serres, Inventaire de l'histoire de France, p. 657-658.

Septembre. — Henri IV reprend Amiens.

Après la reprise d'Amiens, le maréchal de Biron traverse la Champagne avec une bonne partie de l'armée et entre en Luxembourg. Puis il revient rompre ses troupes à Grandpré. (Choses notables, p. 164-165).

[1598]. (1) — « Les Espagnols eurent une autre entreprise sur Vitry, pour laquelle exécuter 1000 hommes de pied et 500 chevaux entrèrent en France jusqu'à Sermaize et Helmoru ; où aians découvert qu'ils y étoient attendus comme à Villefranche, tournèrent bride et mirent le feu aux villages. »

Entreprise manquée du comte de Maulevrier sur la souveraineté de Sédan et le duché de Bouillon, qu'il prétendait lui appartenir par le décès de sa nièce Charlotte de la Marck.

Les Espagnols causent de grands dégats dans le Verdunois, malgré sa neutralité.

Loppes, La Perrière, La Tour et Rouilly défont les garnisons espagnoles de Damvillers et Montmédy.

Choses notables, p. 165-167.

Edit de Nantes et traité de Vervins.

1598, avril-mai.

28 janvier. — Cessation d'armes et neutralité pour la ville de Vervins durant les négociations. (Corps Universel diplomatique, p. 541).

---

(1) Le Mémoire des Choses plus notables n'assigne aucune date précise aux évènements qui suivent ; mais il est impossible qu'ils aient eu lieu plus tard que le mois d'avril. Au surplus il se pourrait que le chroniqueur anonyme fît ici une confusion, et que l'incursion espagnole dont il parle se confondît avec celle du Gaucher, dont il est question ci-dessus en l'année 1596.

— 597 —

Avril. — Edit de Nantes. — Brévet accordé par Henri IV aux P. R. — Articles particuliers accordés aux P. R. (Ibid., p. 541, 544, 554, 557 ; Isambert, t. XV, p. 170).

2 mai. — Traité de Vervins entre la France et l'Espagne.
A Vitry, des charpentiers sont chargés de « planter au milieu de la place une grande pièce de bois afin d'y dresser et arranger le bois et fagots pour faire le feu de joie pour la paix. » (CC. 78, f° 31).

Pour le traité de Vervins, voir Bibl. nat., f. fr., 3432, f° 1 ; 3464, tout le volume ; 3475-3483, collection de documents relatifs au traité ; 3568, nombreuses lettres écrites de Vervins en 1598 ; 4020, f° 196-207, pièces sur le traité. Cf. Mémoires de Nevers, t II, p. 733 et s., Journal des négociations faites pour la paix de Vervins et pièces ; Corps universel diplomatique, p. 561.

Etat des places au gouvernement de Champagne dont le Roi a ordonné le démantèlement.

1598, 3 juillet.

Citadelle de Vitry.
Fortifications faites à Epernay pendant la guerre.
Fortifications de Nogent-sur-Seine.
Fortifications de Vézelay.
Fortifications de Villeneuve-le-Roi.
Fortifications de Montereau.

Rev. de Champ., novembre 1882, p. 383, sur l'original de la Bibl. nat.

Démolition de la citadelle de Vitry.

1598.

Requête des habitants.

Au Roy.

Sire, les habitans de vostre ville de Vitry le François, voz très humbles et très obéissans subjectz, vous remonstrent en toute humilité que pour le bien et service de Vostre Majesté, seureté de ladicte ville et repos du plat pays il auroit pleu à Vostredicte Majesté depuis deux ans en ça ordonner que la citadelle construite et édiffiée en vostre dicte ville de Vitry depuis les derniers troubles pour la ruyne d'icelle, du plat pays, et contre le bien de vostre estat seroit rasée et démolie, avec commandement à Monseigneur de Nevers, gouverneur et vostre lieutenant général en Champaigne, d'y tenir la main ; ce que toutesfois, sur les remonstrances du sieur de Frégnicourt, commandant en icelle, auroit esté différé jusques à présent que luy mesme en auroit receu le commandement de Vostredicte Majesté ; néantmoins lesdictz habitans craignent qu'il soit moings prompt à l'exécuter que la nécessité et le bien de vostre service le requiert. C'est pourquoy, Sire, ilz supplient très humblement Vostre dicte Majesté vouloir mander à mondict seigneur de Nevers que, sans attendre aultre plus exprés commandement, il ayt à faire exécuter vostre volonté et procéder incessamment à la démolition entière de ladicte citadelle, tant par dedans que dehors, et remettre les fortiffications de vostre ville en l'estat qu'elles estoient auparavant l'édiffication d'icelle citadelle ; et affin que l'exécution en soit plus brefve et que lad. ville puisse estre plus tost fortiffiée, ordonner que les corvées seront continuées durant six années par les habitans des villages et paroisses de cinq lieues és environs dudict Vitry, ainsy qu'il vous a pleu cy devant ordonner, et qu'à ce faire ilz seront contrainctz par toutes voyes deues et raisonnables, comme il est accoustumé pour les affaires de Vostre Majesté, suivant le département qui en sera faict par mondict seigneur ou telz de vos officiers qu'il plaira à Vostre dicte Majesté de l'ordonner ; et ilz seront de tant plus obligez à prier Dieu pour la prospérité de Vostre dicte Majesté.

Lettres patentes.

Henry, par la grâce de Dieu roy de France et de Navarre, à nostre très cher nepveu le duc de Nyvernois et de Réthélois, gouverneur et nostre lieutenant général en noz provinces de Champagne et de Brie, salut. Entre les plus grandes plaintes que nous recevons journellement de noz subjectz et celles ausquelles nous désirons pourveoir, comme non moings au soulagement de noz affaires que de nosdictz subjectz, c'est la fortiffication de plusieurs places et construction de fortz et citadelles ès lieux et endroictz de nostre Royaume moings doubteuz et à craindre pour la surprinse de noz ennemys, lesquelles en l'estat qu'elles sont il nous convient faire garder sans besoing et nécessité, et néantmoings avec très grands despens à la surcharge de noz subjectz, oultre les vexations qu'ilz reçoivent des corvées ausquelles ilz sont contrainctz, soit pour la continuation desdictes fortiffications ou pour l'entretenement desdictes garnisons ; à quoy pour empescher que nosdictz ennemys ne s'en emparent, ausquelz néantmoings pour ne donner moyen ne subject d'entreprendre sur lesdictes places, et nous descharger avec nosdictz subjectz desdictes despences des gardes et fortiffications, le plus expédient est le démantellement d'icelles. Sur quoy, nous ayant naguères esté représenté combien peu utille et commode est la citadelle qui est à présent construicte en nostre ville de Vitry et l'excez de la despence d'icelle à nous et aux habitans de ladicte ville pour la garder et entretenir les fortiffications qui y sont encommancées, et combien d'ailleurs, si elle n'est soigneusement conservée, il est à craindre que noz ennemys n'y entreprennent facilement pour en estre assez proches; après avoir sur ce pris l'advis de nostre conseil; pour ces causes et aultres à ce nous mouvants, avons résolu, conclud et arresté le démantellement de ladicte citadelle de Vitry et des fortiffications d'icelle, et vous mandons et enjoignons qu'appellez avec le sieur de Frégnicourt, gouverneur de ladicte place, noz officiers des lieux et les magistratz de nostre dicte ville de Vitry, et par leur advis prescrit et arresté l'ordre et les voyes que l'on aura à tenir audict démantellement et les moyens de l'exécuter, vous ayez incontinent et sans délay à faire encommancer et continuer l'éversion et démantellement de ce qui est de ladicte citadelle et des fortifications d'icelle, tant dedans que dehors ladicte ville, jusques à l'entière ruyne et démolition, réservant les bois, fers et aultres matériaulx et ustanciles d'icelles audict sieur de Frégnicourt auquel nous en avons faict don, qui sera tenu les enlever ou aultrement retirer pour ne retarder ou empescher ledict démantellement, et sera aussy tenu icelluy souffrir et laisser faire, y tenant soigneusement la main, selon le commandement verbal qu'il en a receu de nous. Et d'aultant que nostre intention est que les fortiffications de nostre dicte ville de Vitry soient continuées et icelles mises en bon et suffisant estat de deffence, comme il est nécessaire, nous vous mandons que par l'advis des susdictz vous ayez à ordonner le département des paroisses circonvoisines qui doibvent et peuvent commodément travailler ausdictes corvées, pour le temps et selon que nous l'avons plus expressément prescrit par noz lettres patentes jà sur ce expédiées, que vous ferez suivre, observer et exécuter, vous donnant de ce faire pouvoir et mandement spécial ; car tel est nostre plaisir. Donné à Paris le douziesme jour de Janvier, l'an de grâce mil cinq cens quatre vingtz dix huict, et de nostre règne le neufiesme. Signé Henry, et plus bas, par le Roy, Ruzé, et scellées en simple queue de cire jaulne.

24 février. — Lettres d'attache du duc de Nevers, mandant au sr de Frignicourt, au bailli de Vitry et autres officiers royaux d'exécuter les lettres ci-dessus.

Rôle des 99 villages qui doivent travailler par corvées aux fortifications.

6 avril. — Commission donnée par le duc de Nevers pour contraindre les habitants de ces villages à faire les corvées.

Vitry, arch. munic., Cartulaire de la ville, AA. 1, f° 129vo-133. Cf. Choses notables, p. 166 ; *Lettres*, p. 392-393.

14 août. — Permission aux habitants de Vitry de s'imposer de 3000 écus pour la démolition de la citadelle.

Divers détails sur les commandements faits aux habitants des villages, sur les travaux exécutés, etc.

Vitry, arch. munic., CC. 78, f° 29, 33, 36, 37, 43, 50, 57, 78, etc.

Rétablissement du culte réformé.

1597-1599.

Vitry.

1597. — Requête au Roi par les gens d'église, manans et habitants de Vitry, pour empêcher qu'il ne se fasse aucun exercice de la Religion P. R. en ladite ville ni en l'ancien Vitry. — 20 juin. Renvoi de lad. requête au duc de Nevers. — 13 août. Ordonnance du duc de Nevers enjoignant aux P. R. de se contenir au terme des édits de pacification.

1599. — Requête au Roi par les habitants catholiques pour qu'il ne soit rien innové en l'état où il a plu au Roi les établir avec ceux de la Religion P. R. — 16 septembre. Ordonnance de MM. de Montlouet et Jeannin, commissaires députés par le Roi, pour établir l'exercice public du prêche aux bourgs de Vitry-en-Perthois et d'Heiltz-le-Maurupt.

Vitry, arch. munic., GG 242, originaux.

Châlons.

1599, 13 sept. — Remontrances du Conseil de ville de Châlons aux commissaires députés par le Roi pour s'opposer à l'établissement du prêche dans les villages de Compertrix ou de Fagnières. — 16 septembre. Jugement rendu par D'Angennes et Jeannin, commissaires, qui met par provision l'exercice de la R. P. R. pour le bailliage de Vermandois au lieu de Crespy près Laon et en la partie du village de Compertrix dont la haute justice appartient au Roi. — 20 septembre. Le Conseil de Châlons forme opposition audit jugement.

7 octobre. — Lettre du Roi au duc de Nevers, ordonnant de continuer le prêche à Compertrix, si l'évêque et les habitants n'aiment mieux accorder le lieu de Vinetz ; confirmant l'ordonnance des commissaires pour ce qui concerne Vitry ; interdisant le culte dans la ville d'Epernay.

1600, 12 février. — Arrêt du Conseil d'état ordonnant de transférer l'exercice du culte de Compertrix à Fagnières.

1601, 26 et 27 février. — Procès au bailliage pour obtenir l'exécution de l'arrêt précédent.

Châlons, arch. munic., GG. I5, copies authentiques ; lettre originale de Henri IV (publiée par Berger de Xivrey, t. VIII, p. 739.)

Estat des ministres actuellement servants ès églises réformées à présent restablies... [1601].

Province de Champagne.

1º Colloque de Chaalons.

Chaalons. Le sr Vuiriot.
Bocourt. Le sr Canelle.
Vuon. Le sr Gastines.
Francheval. Le sr Gantois.

2º Colloque de Vitry.

Vitry. Le sr Yolland.
Espance. Le sr de Beaune filz.
Vassy. Le sr Chevillette.
Nétancourt. Le sr Chandomer.
Helmauru. Le sr Cousin.

3º Colloque de Troyes.

Sainct Mard. Le sr Carré.

4° Colloque d'Esparnay.

Ay. Le sr Brisebar.
Sapponnay. Le sr Merlette.
Béru. Le sr Cornouailles.

5° Colloque de Brie.

Toucquin. Le sr du Val.
Meaulx. Le sr Chocquet.

Vitry, arch. munic., copie collationnée par Chauvin, conseiller notaire et secrétaire du Roi.

TABLES

I

TABLE DES NOMS DE LIEUX

N. B. Nous avons rendu ici aux noms de lieux leur orthographe actuelle, souvent différente de celle des documents. — Pour indiquer le département auquel les lieux appartiennent, nous avons usé souvent d'abréviations faciles à comprendre. — Lorsque l'indication du département fait défaut, c'est que l'identification du lieu a paru douteuse.

ABLANCOURT, Marne. 288, 289.
ACY. 369.
AIGREMONT, H-M. 440.
AIX-EN-OTHE, Aube. 488.
ALLEMANT, Marne. 515.
ALLIANCELLES, Marne. 88, 291.
ALLIBAUDIÈRES, Aube. 276, 450.
AMBLIN. 94.
AMBOISE, Indre-et-Loire. 11.
AMBRIÈRES, Marne. 443.
AMIENS, Somme. 595, 596.
ANCERVILLE, Meuse, 274.
ANCERVILLE-SUR-NIED, Lorraine. 193.
ANCY-LE-SERVEUX, Yonne. 277, 490.
ANDELOT, H-M. 532.
ANET, Eure-et-Loir. 195.
ANGERS, Maine-et-Loire. 195.
ANGERVILLE. 188.
ANGLURE, Marne. 106, 108, 139, 140.
ANGLUS, H-M. 440.
ANIZY-LE-CHATEAU, Aisne. 350.
ANTHY, (?). 290.
AOUSTE, Ard., 92, 430.
ARBIGNY-SOUS-VARENNES, H-M. 441.

Arcis-le-Ponsart, Marne. 88.
Arcis-sur-Aube, Aube. 111, 112, 139, 276, 450, 454, 515, 563.
Arcy, Yonne. 114, 115.
Arelles, Aube. 524.
Argenteuil, Yonne. 488.
Argers, Marne. 230.
Armeau, Yonne. 293.
Arnicourt, Ard. 93.
Arrancy, Aisne. 444.
Arthonnay, Yonne. 262.
Arzillières, Marne. 78, 131, 132, 176, 273, 287, 510, 513.
Assis-sur-Seine, Aisne 312.
Atenois (archidiaconé d'). 89.
Attichy, Oise. 350.
Attigny, Ard. 110, 405, 406, 408, 447.
Aubenton, Aisne. 309, 310, 405.
Aubigny. Ard. 410.
Aulnay-aux-Planches, Marne, 320.
Aulnay-l'Aitre, Marne. 288, 318, 320.
Aulnay-sur-Marne, Marne. 263, 265.
Aulnois, Aisne. 349.
Auresche, Frise, 529.
Authe, Ard. 92.
Autre, Ard. 91.
Autreville, Vosges. 588.
Autruche, Ard. 91.
Autruy, Ard. 92.
Autry, Ard. 91, 94, 442.
Auvilliers-lès-Forges, Ard. 388.
Auxerre, Yonne. 277, 490, 491, 537, 538.
Auxonne, Côte d'Or. 151.
Avenay, Marne. 321, 322, 457-459, 461, 464, 466, 467, 496, 497, 498, 507, 572, 573.
Avize, Marne. 287, 316, 413, 458, 459, 572, 573.
Ay, Marne. 155, 261, 323, 333, 447, 449, 458, 459, 604.

Ayvelles (les) Ard. 431.
Baissey, H-M. 475.
Bale, Suisse. 180.
Balham, Ard. 286.
Bancigny, Aisne. 388.
Bar. Ard. 430.
Barbonne, Marne. 573.
Barby, Ard. 92.
Bar-le-Duc, Meuse. 5, 187, 280, 284-286, 292, 293, 403-405, 422, 431, 532, 544.
Bar-sur-Aube, Aube. 113, 139, 274, 275, 300, 389, 413, 446, 495, 511, 532, 541,
Bar-sur-Seine, Aube. 29-39, 262, 276, 277, 295, 300, 324, 325, 388, 389, 412, 413, 442, 454, 517, 531, 547, 586.
Barroville, Aube. 274.
Bayonville, Ard. 91.
Beaufort, Meuse. 430.
Beaufort, aujourd'hui Montmorency, Aube. 66, 555, 559, 560, 563.
Beaulieu, Meuse. 237, 292, 408, 409, 591.
Beaumont, dépendance de Blesme, Marne. 284.
Beaumont-en-Argonne, Ard. 397, 407, 428, 431, 455.
Beaumont-en-Beine, Aisne. 445.
Belleville-sur-Bar, Ard. 91.
Belval, Ard. 92.
Berlière (la), Ard. 91.
Bertileville, H-M. 441.
Berru, Marne. 234, 604.
Berzieux, Marne. 272, 404.
Bettancourt-la-Longue, Marne. 26, 89, 95, 157, 592.
Bignicourt, Marne. 83.
Billy-sous-Mangiennes, Meuse. 430.
Bisseuil, Marne. 235-237, 261, 321, 352-354, 369.
Blacy, Marne. 89, 95, 101, 112, 155, 157, 291, 543, 592.

BLAMONT, Doubs. 67.
BLANDY, S-et-Marne. 488.
BLESME, Marne. 234.
BLIGNY, Aube. 274.
BLOIS, Loir-et-Cher. 97, 198, 205, 210, 214, 218, 221, 226, 228, 229.
BLOSSIÈRE, hameau détruit, commune de Chaintrix, Marne. 95.
BOCOURT, 603.
BOGNY, Ard. 92.
BOLANDRE, dépendance de Bantheville, Meuse. 94.
BOSSANCOURT, Aube. 274.
BOSSUS-LÈS-RUMIGNY, Ard. 92.
BOUILLON, Belgique. 149, 160, 168, 188.
BOULAGE, Aube. 569.
BOULAY, Lorraine. 193.
BOULEMY, 399.
BOULT-SUR-SUIPPE, Marne. 489.
BOURANTON, Aube. 325.
BOURBONNE-LES-BAINS, H-M. 275.
BOURGES, Cher. 145.
BOURGUIGNONS, Aube. 234, 262, 295, 325.
BOURLEMONT, château au territoire de Frébécourt, Vosges. 440.
BOUTINS, 488.
BOUY, Marne. 110.
BRAISNE, Aisne. 168, 312, 351, 352.
BRAINVILLIERS. 90.
BRANDONVILLIERS, Marne. 82.
BRAS, Meuse. 246.
BRAUX-Ste-COHIÈRE, Marne. 89.
BRAUX-St-REMY, Marne. 330.
BRAY, 263.
BRAY-SUR-SEINE, S-et-Marne. 302, 517.
BRÉCHAINVILLE, Vosges. 441.
BRÉVILLON, 440.
BRICON, H-M. 494.
BRIEL, Aube. 300.
BRIENNE, Ard. 273.

BRIENNE, Aube. 139, 249, 365, 488, 494, 517.
BRIEULLES-SUR-BAR, Ard. 407, 591.
BRINON-L'ARCHEVÊQUE. 532.
BRIQUENAY. Ard. 194.
BROUSSY-LE-GRAND, Marne. 450.
BROUTHIÈRE (la), annexe de Thonnans, H-M. 441.
BUISSON (le), Marne. 90, 95, 113.
BUZANCY, Ard. 429, 516.
BUZY, Meuse. 588.
CAEN, Calvados. 145.
CALAIS, Pas-de-Calais. 529.
CAMBRAI, Nord. 107, 495, 590.
CANOY. 373.
CAPELLE (la), Aisne. 301, 388, 405.
CARLEPONT, Oise. 445.
CARNOY, Somme. 349.
CASSINE (la), Ard. 264, 311, 346, 393-398, 405-407, 415, 432, 433, 490, 513, 582.
CELLES, Aube. 300.
CERNAY-EN-DORMOIS, Marne. 331, 403, 407, 409.
CERNAY-LÈS-REIMS, Marne. 234, 450.
CERNY, Aisne. 312, 444.
CHABLIS, Yonne. 490, 514, 517, 532, 537, 538.
CHAGNY, Ard. 397.
CHALLERANGE, Ard. 234.
CHALONS-SUR-MARNE, Marne. 14-16, 20-22, 24, 40-48, 51-54, 60, 78, 79, 82, 89, 97, 100, 103-107, 111, 114, 119, 121, 123, 126, 127, 131-135, 137, 139, 142, 144, 145, 147-149, 155, 158, 160, 167, 186, 193, 195, 198, 200, 201, 205, 219-224, 226, 229-239, 244, 245, 250-255, 259-263, 265-267, 277, 282-284, 287-290, 292, 295-298, 300, 304-306, 309, 310, 313, 315-323, 333, 342, 344, 345, 352, 354, 356, 357, 359-363, 365, 370, 373, 386, 387, 389-391,

393, 398, 402, 403, 407-417, 421, 427-429, 433, 434, 437, 438, 446, 447, 449, 450, 453, 455-467, 471-473, 477, 479, 485, 488, 489, 491, 496-499, 506-510, 518, 527, 528, 530, 531, 533, 535, 536, 538, 540, 541, 546, 547, 549-551, 557, 560, 561, 566, 567, 570-578, 586-588, 591-595, 603, 603.
CHALTRAIT, Marne. 96.
CHAMOY, Aube. 276, 518, 570.
CHAMPAGNE, Marne. 95.
CHAMPFLEURY, Marne. 283.
CHAMPS-SUR-MARNE, S-et-M. 453
CHANCENAY, H.-M. 443.
CHANGY, Marne. 89, 94, 273, 442.
CHAOURCE, Aube. 300, 432, 488, 492, 517, 531.
CHAPELAINE, Marne. 276.
CHAPELLE-MONTHODON (la), Aisne. 90, 96.
CHAPPES, Aube. 249, 324, 325.
CHARBOGNE, Ard. 343.
CHARENTON, Seine. 348, 486.
CHARLY, Aisne. 141.
CHARMOILLES, H.-M. 275.
CHARMONT, Aube. voir Coulaverdey.
CHARNY, Meuse. 246.
CHARRIÈRES, (Chervey, Aube ?). 586.
CHARROUEZ, Ard. 92.
CHARTRES, Eure-et-L., 200, 363, 463, 466, 467, 488, 533.
CHASSY, Yonne. 416.
CHASTRES. 90.
CHATEAU-REGNAULT, Ard. 177, 216.
CHATEAU-PORCIEN, Ard. 93, 220, 237, 290, 309, 311, 323, 402, 428, 459, 462, 473, 499, 510, 532, 549, 555, 590, 591.
CHATEAU-THIERRY, Aisne. 224, 282, 333, 340, 349, 350, 352, 365, 269-387, 436, 439, 459, 495, 499, 512, 532, 550, 590,

CHATEAU-VILLAIN, H.-M. 275, 286, 364, 365, 433-435, 488, 494, 514, 531, 538.
CHATELET (le), Ard. 92.
CHATELEr (le), dépendance de Gourzon, H.-M. 513.
CHATEL-LÈS-CORNAY, Ard. 442.
CHATELLIER (le), hameau de Palignicourt, Aube. 413, 514.
CHATELRAOULD, Marne. 107, 443.
CHATENAY, H.-M. 441.
CHATENAY, S-et-M. 444.
CHATILLON-LE-MARAIS, commune de Courjonnet, Marne. 515.
CHATILLON-SUR-BAR, Ard. 91.
CHATILLON-SUR-MARNE, Marne. 138, 282, 459, 462, 499.
CHATILLON-SUR-SEINE, Côte-d'Or. 276, 277, 300, 389, 413, 446, 511, 586, 587.
CHAUDE-FONTAINE, Marne. 330.
CHAUDENAY, H.-M. 440.
CHAUFFOUR-LÈS-BAILLY, Aube. 450.
CHAUMONT, H.-M. 10, 70, 100, 135, 138, 139, 167, 216, 220, 235, 253, 274-276, 281, 283, 286, 301, 399, 400, 431, 434, 435, 440, 493, 495, 511, 532, 541, 590, 591.
CHAUMONT-PORCIEN, Ard. 264, 532.
CHAUNY, Aisne. 369, 405, 445, 588.
CHAUSSÉE (la), Marne. 89, 263, 288, 315, 577.
CHAUX, près Bourg. 80.
CHAUVENAY-LE-CHATEAU, Meuse. 248.
CHAVANGES, Aube. 109.
CHELLES, S-et-Marne. 347.
CHÉMERY, Ard. 428, 430.
CHÊNE-POPULEUX (le), Ard. 237, 286, 397.
CHEMIN, 263.
CHEPPES, Marne. 113.
CHEVRIÈRES, Ard. 93.
CHÉZY-EN-ORXOIS, Aisne. 372.

CHOISEUL, H-M. 512.
CHOISY-EN-BRIE, S-et-M. 452.
CHOUILLY, Marne. 265, 287.
CIREY-SUR-BLAISE, H-M. 431.
CLAIRVAUX, Aube. 274, 413.
CLAMECY, Nièvre. 250, 271, 435, 512.
CLAVY-WARBY, Ard. 92.
CLEFMONT, H-M. 275, 441, 470, 471.
CLERMONT-EN-ARGONNE, Meuse. 194, 260, 292, 318, 347, 364, 386, 403, 409, 428, 430, 588.
CLERVANT (la maison de). 167.
CLIRON, Ard. 92.
CLO [?]. 95.
CLOYES, Marne. 90, 96, 442.
CŒUVRES, Aisne. 349.
COIFFY, H-M. 100, 104, 105, 138, 167, 216, 228, 250, 275, 286, 366, 367, 400, 414, 432, 433, 469, 494, 532.
COMPERTRIX, Marne. 602, 603.
COMPIÈGNE, Oise. 348, 386, 576.
CONDÉ-EN-BARROIS, Meuse. 430.
CONDÉ-LÈS-HERPY, Ard. 93.
CONFLANS, château dépendant de Villeseneux, Marne. 299, 318-320.
CONNANTRAY, Marne. 96.
CONTAUT. Marne. 282, 403, 404.
CONTRISSON, Meuse. 274, 510.
COOLE, Marne. 88, 116.
CORBEIL, S-et-Oise. 348, 349.
CORBIE, Somme. 576.
CORMICY, Marne. 168, 220, 459, 462, 499.
CORNAY, Ard. 94.
CORNET, hameau de la commune de Saulcy, Aube. 274.
CORROY, Marne. 186.
COUCY-LE-CHATEAU, Aisne. 312, 326, 350, 369, 590.
COUILLY, S-et-M. 312.
COULAVERDEY, Aube. 276, 515, 516, 518.

COULMIERS, Marne. 288, 313, 314.
COULOMMIERS, S-et-M. 486.
COULVAGNIER, écart d'Aulnay-l'Aître, Marne. 288.
COURBAN, Côte-d'Or. 389.
COURCELLES, Aube. 569.
COURDEMANGES, Marne, 52, 107.
COURGENAY, Yonne. 488.
COURQUETAINE, S-et-Marne. 488.
COURSAN, Aube. 488.
COURCELLES-SUR-AUJON, H-M. 276.
COURTAGNON, Marne. 443.
COURTENAY, Loiret. 582.
COURTERON, Aube. 389.
COURTHIÉZY, Marne. 335.
COURVILLE, Marne. 334.
COUVROT, Marne. 90, 95.
CRAMAILLE, Aisne. 350.
CRAMANT, Marne. 88, 94, 459.
CRANCEY, Aube. 454.
CRÉCY-EN-BRIE, S-et-M. 369, 488.
CRÉCY-SUR-SERRE, Aisne. 312, 313, 350.
CRÉPY, Oise. 452, 453, 486.
CRÉPY-EN-LAONNOIS, Aisne. 312, 350. 602.
CROIX-EN-CHAMPAGNE (la), Marne. 91.
CUIS, Marne. 459.
CUSEY, H.-M. 495.
DAIGNY, Ard. 168.
DAMERY, Marne. 261, 263, 447, 448.
DAMMARTIN, S.-et-M. 312.
DAMOUZY, Ard. 92.
DAMPIERRE, H.-M. 276, 440.
DAMPIERRE, Marne. 411.
DAMVILLERS, Meuse. 246, 248, 406, 595, 596.
DANNEMOINE, Yonne, 514, 517.
DARNETAL, Seine-Inf. 412.
DECIZE. Nièvre. 251.
DEVILLE, Ard. 92.
DIANT, S-et-M. 532.
DIENVILLE, Aube. 139.

39

DIJON, Côte-d'Or. 495, 511, 527, 585.
DINTEVILLE, H.-M. 488.
DIZY-LE-GROS, Aisne. 410.
DOMBASLE, Meuse. 135.
DOM-LE-MESNIL, Ard. 264.
DOMMARTIN - LA - PLANCHETTE, Marne. 90.
DOMMARTIN-LE-SEC. 95.
DONCHÉRY, Ard. 162, 167, 170, 174, 216, 237, 239, 311, 394, 396-398, 402, 415, 428, 430, 472, 473, 476, 499, 532.
DORMANS, Marne. 142, 333-335, 347, 448, 515.
DOSNON, Aube. 302.
DOUÉ, S.-et-M. 488.
DOUILLEY. 92.
DOULEVANT, H.-M. 111.
DOULLENS, Somme. 195.
DOUZY, Ard. 160, 168, 192, 328.
DROUILLY, Marne. 155, 157, 289.
DUGNY, Meuse. 136.
DUN, Meuse. 410, 456, 528, 532.
DYÉ, Yonne. 490.
ECLARON, H.-M. 5.
ECOUEN, S.-et-Oise. 357.
ECRIENNES, Marne. 89, 90, 94, 96.
ECURIE-LE-REPOS, Marne. 95.
ENTRAINS, Nièvre. 38.
EPENSE, Marne. 298, 603.
EPINANT, H.-M. 276.
EPERNAY, Marne. 14, 88, 90, 91, 140-143, 148, 220, 237, 288, 244, 261, 265, 287, 319, 321, 322, 342, 347, 350, 370, 372-374, 386, 387, 412, 415, 416, 429, 436, 438-440, 443, 446-450, 455, 458-462, 465, 466, 472, 473, 488-490, 499, 530, 531, 572-574, 597, 603, 604.
EPOISSES, Côte-d'Or. 365.
ERVY, Aube. 389, 488, 512, 517, 531.
ESCLAVOLLES, Marne. 271.
ESMANS, S.-et-M. 488.
ESNON, Yonne. 490.
ESSOYES, Aube. 389, 569.

ESTISSAC, Aube. Voir St Liébault.
ESTOVAL, Ard. 273.
ESTREBAY, Ard. 92.
ETAIN, Meuse. 133, 430.
ETAMPES, S.-et-Oise. 464, 465.
ETION, Ard. 92.
ETOGES, Marne. 89, 272, 442.
ETRÉPIGNY, Ard. 245.
ETRÉPY, Marne. 89, 94, 273, 553.
FAGNIÈRES, Marne. 602, 603.
FALAISE, Ard. 94.
FAUCHE (la), H.-M. 275, 286, 364, 365, 398, 433, 434.
FAUX-SUR-COOLE, Marne. 80.
FÉLIGNY, 137.
FÈRE (la), Aisne. 369, 388, 411, 414, 591.
FÉRÉBRIANGES, Marne. 92.
FÈRE-CHAMPENOISE, Marne. 446, 573.
FÈRE-EN-TARDENOIS, Aisne. 333, 343, 350, 369, 415, 446, 460, 488, 588.
FERTÉ-MILON (la), Aisne. 330.
FERTÉ-SOUS-JOUARRE (la), S.-et-M. 312, 349, 351, 369, 376, 377.
FERTÉ-SUR-AUBE (la), H.-M. 139, 389.
FISMES, Marne. 88, 90, 91, 220, 283, 350, 459, 462, 472, 473, 499, 532, 573, 575, 576.
FLAVIGNY, C.-d'Or. 514.
FLORENT, Marne. 364, 491.
FLOUGY. 92.
FOLEMBRAY, Aisne. 579, 589.
FOLIE (la), Marne. 90, 443.
FONTAINEBLEAU, S.-et-M. 579, 585.
FONTETTE, Aube. 277, 301, 514.
FOSSÉ, Ard. 91.
FRALIGNES, Aube. 586.
FRANCFORT, Allemagne. 270.
FRANCHEVAL, Ard. 168, 603.
FRANCHEVILLE (la), Ard. 272.
FRESNOY, Aube. 569.
FRIGNICOURT, Marne. 52, 77, 81,

89, 94, 112, 122, 187.
FROIDFOSSÉ, 94.
GAILLON, Eure. 145, 146.
GAYE, Marne. 272.
GENÈVE, Suisse. 26, 149.
GENVILLE. 532.
GEOFFROIVILLE, dépendance de Novion-Porcien, Ard. 273.
GÉRAUMONT, Ard. 92.
GERNICOURT. 91.
GÉVROLLES (la Motte de), Côte-d'Or. 442.
GIFFAUMONT, Marne. 113.
GILLEVERFREMONT (?). 441.
GISORS, Eure. 436.
GIVONNE, Ard. 168.
GIVRON, Ard. 93.
GIZAUCOURT, Marne. 134.
GLANNES, Marne. 52.
GOMONT. Ard. 290, 309.
GONCOURT, Marne. 89, 94.
GORZE (abbaye de), Lorraine 591.
GORNAY, près Clairvaux, Aube. 274, 275.
GOURNAY-SUR-MARNE, S-et-Oise. 391, 453, 488, 531.
GRANCEY, Côte-d'Or. 401, 488, 494, 532.
GRAND-HAN, Ard. 91.
GRANDPRÉ, Ard. 91, 94, 266, 310, 406, 409, 415, 488, 591, 596.
GRANVILLE. 95.
GRAUVES, Marne. 443.
GRAVELLE (la), Marne. 94.
GRAY. 441.
GRÈVE (la), Ard. 92, 273.
GRIVY, Ard. 234.
GUDMONT, H.-M. 441.
GUEUX, Marne. 261.
GUIGNICOURT, Ard. 264, 272.
GUISE, Aisne. 144, 145, 156, 177, 350, 528, 575, 576.
GYÉ-SUR-SEINE, Aube. 301, 389.
HAM, Somme. 415.
HANS, Marne. 106, 292, 300, 331, 403, 404, 588.

HARCY, Ard. 92.
HAUDRECY, Ard. 92, 272.
HAUTEVILLE, Marne. 52, 442.
HEILTZ-LE-MAURUPT, Marne. 9, 26, 94, 274, 291, 407, 510. 596, 602, 603.
HERPONT, Marne. 403.
HERPY, Ard. 290.
HOMBOURG, Lorraine. 193.
HONCHAMP, Ard. 92.
HOULDIZY, Ard. 92.
HUIRON, Marne. 48-52, 81, 82, 88, 111, 324.
INOR, Meuse. 345, 516.
ISCHES, Vosges. 442.
ISLE-AUMONT, Aube. 516, 569.
ISLE-SUR-LE-SEREIN (l'), Yonne, 366.
IVRY, Eure. 302.
JALONS, Marne. 141, 438.
JAMETZ, Meuse. 135, 166-172, 188-195, 213, 235, 258-260, 422, 532.
JARSON, Ard. 92.
JAUCOURT, Aube. 33, 274.
JAULGES, Yonne. 277.
JÉGISTREF. 181.
JOIGNY, Yonne. 518, 532, 537, 538.
JOINVILLE. 55, 64.
JOINVILLE, H.-M. 6, 77, 123, 138, 149, 177, 431, 495, 499, 528, 532, 575, 576.
JOUARRE, S.-et-M. 350.
JULLY, Aube. 569.
JUVIGNY, Marne. 141, 231, 232, 265.
LAGNY, S.-et-M. 124, 312, 347, 348, 351, 369.
LAIFOUR, Ard. 92.
LAMARCK. 455.
LAMOTTE, H.-M. 401, 414, 492.
LAMOTTE, dépendance de Moncets, Marne. 491.
LA MOTTE-TILLY, Aube. 302.
LANDÈVE, Ard. 235.
LANDRES, Ard. 235.
LANDREVILLE, près Landres.

Ard. 91.
LANGRES, H.-M. 51, 111, 127, 135, 139, 166, 167, 198, 216, 224, 250, 251, 255, 262, 267, 275, 276, 281, 282, 286, 364, 367, 389, 398-401, 411, 413, 414, 416, 430, 432-435, 441, 469-471, 488, 492-494, 511, 512, 514, 527, 531, 585, 588.
LANTY, H.-M. 441.
LAON, Aisne. 312, 324, 326, 340, 388, 410, 444, 528, 530, 548-550, 562, 563, 567, 576.
LARREY, C.-d'Or. 586.
LARZICOURT, Marne. 112.
LAUNAY. 488.
LAUNOIS, Ard. 343.
LAVANNES, Marne. 429.
LEFFOND, H.-M. 139.
LÉPINE, Marne. 51, 141, 403.
LESMONT, Aube. 189, 303.
LHÉRY, Marne. 237, 301.
LIART, Ard. 92.
LIÈGE, Belgique. 327, 346, 476.
LIGNIÈRES. 98.
LIGNOL, Aube. 275.
LIGNON, Marne. 89, 94, 96, 115, 273, 569.
LIGNY, Meuse. 285, 402.
LINCHAMP, château près Rocroy, Ard. 215.
LIVRY, Marne. 222, 230, 261, 264, 265.
LOBRELLE. 409.
LOCHES-SUR-OURCE, Aube. 413.
LOGNY, Ard. 92.
LOISY-EN-BRIE, Marne. 88, 265.
LOISY-SUR-MARNE, Marne. 155, 157.
LONDRES, Angleterre. 529.
LONGJUMEAU, S.-et-Oise. 263.
LONGUEVAL, Aisne. 350.
LOUPPY, Meuse. 592.
LOUVOIS, Marne. 261.
LUQUES. 145.
LUXEMBOURG, Pays-Bas. 248.
LUXÉMONT, Marne. 101, 123.

LUZY, H.-M.. 276, 399.
LYON, Rhône. 126, 175, 528, 589.
MACHAULT, Ard. 393.
MACON, Saône-et-Loire. 195, 590.
MAFFRÉCOURT, Marne. 245.
MAGNY, dépendance de Vincy, Aisne. 325.
MAILLY, Aube. 95.
MAISONCELLES, 440.
MAISON-ROUGE (la), près Rougemont, C.-d'Or. 490.
MAISONS-EN-CHAMPAGNE, Marne. 88, 89, 95, 157, 362.
MALASSIE. 194.
MALAY-LE-VICOMTE, Yonne. 293.
MALIGNY, Yonne. 488.
MALLERY. 488.
MALMAISON (la). 94.
MALPIERRE, château dépendant de Rigny-la-Salle, Meuse. 441.
MARAC, H.-M. 275, 401.
MARCILLY-SUR-SEINE, Marne. 491, 512.
MARC-SOUS-BOURG, Ard. 343, 345,
MAREILLES, H.-M. 275.
MAREUIL-SUR-AY, Marne. 116, 117, 261, 322, 323, 392, 394, 447, 449, 455, 458, 489, 508, 510, 530, 571-575.
MARGERIE-HANCOURT, Marne. 112.
MARIGNY-LE-CHATEL, Aube. 277, 446.
MARLEMONT, Ard. 91.
MARNE-LA-MAISON, dépendance d'Ablancourt, Marne. 95.
MAROLLES-LÈS-BAILLY, Aube. 431, 524.
MARSAL, Lorraine. 259, 298, 318.
MASSIGES, Marne. 94.
MATIGNICOURT, Marne. 90.
MATOUGUES, Marne. 187, 236, 263.
MAUBERT-FONTAINE, Ard. 138, 166, 215, 220, 225, 309-311, 339, 344, 388, 394, 405, 411, 415, 430, 472, 473, 499, 516, 532, 582.

— 613 —

MAUCOURT, près Vitry-le-Franç., Marne. 59, 567.
MAUVILLY. 441.
MAZERNY, Ard. 343.
MAZURES (les), Ard. 92.
MEAUX, S.-et-M. 176, 340, 347, 354, 357, 439, 444, 485-487, 530, 531, 590, 604.
MEIX-TIERCELIN (le), Marne. 116, 274.
MELUN, S.-et-M. 345, 444, 486.
MERREY, Aube. 32.
MÉRY-SUR-SEINE, Aube. 137, 138, 140, 249, 302, 446, 454, 491, 517, 524.
MÉRY-PRÉMECY, Marne. 142.
METZ, Lorraine. 73, 74, 84, 85, 139, 155, 174, 190, 235, 259, 277, 298, 299, 326, 337, 338, 341, 369, 531, 591.
METZ-LE-COMTE, Nièvre. 356.
MEULAN, S-et-Oise. 295.
MÉZIÈRES, Ard. 91, 116, 126, 142, 144, 167, 170, 176-179, 215, 225, 226, 239, 241-245, 270, 272, 286, 311, 322, 323, 343, 356, 363, 369, 376, 387, 398, 410, 411, 428, 431, 471-473, 476, 477, 479, 499, 513, 516, 532, 542, 545, 579-585, 590.
MINECOURT, Marne. 26, 95.
MISSY, Aisne. 350.
MOLINONS, Yonne. 488.
MOLINS, Aube. 515, 516.
MONAMPTEUIL, Aisne. 445.
MONCETS, Marne. 391.
MONTANGON, Aube. 324.
MONTAVAU. 440.
MONTBARD, Côte-d'Or. 299.
MONTBÉLIARD, Doubs. 67, 70, 187, 193.
MONTCORNET, Aisne. 92, 215, 301, 325, 344, 387, 410, 489, 532, 575, 576, 590.
MONT DE JEHAULZ (le). 273.
MONTÉCLAIR, H.-M. 100, 133, 138, 167, 216, 275, 287, 413, 433, 434,

494.
MONTEREAU, S-et-M. 127, 140, 249, 302, 444, 488, 490, 514, 517, 531, 597.
MONTFAUCON, Meuse. 110, 167, 216, 233, 234, 406, 515.
MONTGARNIS, Ard. 444.
MONTGUEUX, Aube. 442.
MONTGUYON. 442.
MONTHELON, Marne. 459.
MONTHERMÉ, Ard. 245.
MONTHIERS-EN-ARGONNE, Marne. 293.
MONTHUREUX-SUR-SAONE, Vosges. 68.
MONTIÉRAMEY, Aube. 293, 300, 301, 388, 450, 516.
MONTIER-EN-DER, H-M. 51, 109, 112, 113, 274, 513.
MONTIERS-SUR-SAULX, Meuse. 274.
MONTIGNY, Aube. 570.
MONTIGNY-SUR-MEUSE, Ard. 343, 346.
MONTIGNY-SUR-AUBE, Côte-d'Or. 275.
MONTIGNY-LE-ROI, H-M. 100, 104, 105, 167, 216, 275, 364, 366, 401, 414, 432, 433, 469, 494, 532.
MONTLAURENT, Ard. 273.
MONTMÉDY, Meuse. 248, 596.
MONTMIRAIL, Marne. 436.
MONTMORT, Marne. 88, 573.
MONTPLONNE, Meuse. 94.
MONTRÉAL, Yonne. 366.
MONTREUIL, Aube. 516.
MONTREY. 237.
MONT-SAINT-JEAN, Côte-d'Or. 514.
MONTSAUGEON, H-M. 492, 495, 511, 512, 527, 532, 585, 588, 589.
MORE (N. D. de), Aube. 324.
MOULINS, Allier. 210.
MOULINS, Yonne. 277.
MOURMELON, Marne. 110.
MOUTIER-SAINT-JEAN, Côte-d'Or.

277.
MOUZAY, Meuse. 406.
MOUZON, Ard. 109, 160, 167, 170, 172, 215, 226, 228, 311, 340, 407, 422, 512, 532.
MOYENCOURT, Somme. 411.
MUSSEY, H-M. 413, 434, 492, 494.
MUSSY-SUR-SEINE, Aube. 300, 488, 514, 517, 524, 531.
MUTIGNY, Marne. 313, 314.
NANCY, M.-et-Mos. 73, 184, 186, 188, 294, 332, 338, 364, 490, 579.
NANGIS, S.-et-M. 139, 516.
NANTES, Loire-Inf. 596, 597.
NARCY, H.-M. 443.
NEMOURS, S.-et-M. 140, 143, 145.
NESLES, Aisne. 369.
NETTANCOURT, Meuse. 26, 291, 603.
NEUCHATEL, Suisse. 19.
NEUFCHATEAU, Vosges. 492.
NEUFCHATEL, Aisne. 235, 236, 312.
NEUILLY, Yonne. 490.
NEUILLY ST-FRONT, Aisne. 350, 373.
NEUVILLE. 90.
NEUVILLE-AU-PONT (la), Marne. 292, 331.
NEUVILLE-AU-TEMPLE (la), village détruit, commune de Dampierre-au-Temple, Marne. 52, 530.
NEUVILLE-AUX-TOURNEURS (la), Ard. 92.
NEUVILLE-EN-LAONNOIS (la), Aisne. 444.
NEUVILLE-SUR-SEINE, Aube. 389, 524.
NEUVILLE-SUR-THIS, Ard. 92.
NEUVY-SAUTOUR, Yonne. 446.
NEVERS, Nièvre. 490.
NISY-LE-COMTE, Aisne. 350.
NOGENT. 60.
NOGENT-LE-ROY, H.-M. 100, 275, 495, 532, 548, 591.
NOGENT-SUR-SEINE, Aube. 100,
138, 140, 277, 302, 363, 442, 488, 517, 531, 597.
NOMÉNY, M.-et-Moselle. 193.
NONCOURT, H.-M. 441.
NORROIS, Marne. 88, 90, 96, 442.
NOUART, Ard. 363.
NOUVION-SUR-MEUSE, Ard. 453.
NOYERS, Yonne. 250, 585, 590.
NOYON, Oise. 274, 369, 397, 401, 405, 453.
NOZAI, Aube, 324, 515.
NULLY-EN-CHAMPAGNE, H.-M. 441.
OCHES, Ard. 91, 343.
ODIVAL, H.-M. 441.
OGER-LE-MESNIL, Marne, 458.
OIRY, Marne. 321.
OMEY, Marne. 229.
OMONT, Ard. 264, 311, 343-346, 394-397, 405-407.
ORBAIS-L'ABBAYE, Marne. 454.
ORCONTE, Marne. 94.
ORCOURT, dépendance de Cuchery, Marne, 95.
ORGES, H.-M. 275, 431.
ORLÉANS, Loiret. 43, 51, 208-210.
PALUOT, dépendance de Villemaur, Aube. 276.
PARGNY, Ard. 398.
PARGNY-SUR-SAULX, Marne. 55, 57-59.
PARIS, Seine. 19, 29, 85, 87, 101, 118, 124, 125, 128, 131, 142, 143, 146, 148, 152, 156, 158, 176, 195-205, 210, 217, 223, 226, 251, 255, 258, 295, 302, 312, 340, 342, 347, 348, 351, 352, 354, 369, 390, 456, 469, 485, 486, 495, 513, 523, 529, 533, 535-538, 540, 569, 601.
PARRIGNY. 517.
PASSAVANT, Marne. 216.
PAYNS, Aube. 325, 454.
PERRIGNY, Yonne. 512.
PÉRONNE, Somme. 125.
PERTHES, H.-M. 88.
PETITE-PIERRE (la), Alsace. 167.

— 615 —

PETITE-VILLE (la), dépendance des Grandes-Côtes, Marne. 443.
PICQUIGNY, Somme. 588.
PIÉPAPE, H.-M. 441.
PIERREFONDS, Oise. 590.
PIERREPONT, Aisne. 104.
PIERRY, Marne. 459.
PINEY, Aube. 450, 524.
PLANCY-SUR-AUBE, Aube. 319, 488, 515, 517, 532.
PLESSIS (le), Aube. 249.
PLESSIS-AUX-TOURNELLES (le), S-et-M. 488.
PLESSIS-GASTEBLED (le), Aube. 271.
PLEURS, Marne. 272.
PLOMION, Aisne. 388, 428.
POGNY, Marne. 122, 263.
POIVRE, Aube. 186, 187.
POIX-TERRON, Ard. 343, 344, 346.
POIXY. 276.
POLISY, Aube. 435.
PONT-A-BAR, Ard. 431.
PONT-A-MOUSSON, M-et-Mos. 193, 260.
PONT-ARCY, Aisne. 312, 340, 350, 351.
PONTAVERT, Aisne. 344, 489.
PONTFAVERGER, Marne. 323.
PONT-SAINT-VINCENT, M-et-Mos. 187.
PONT-SUR-MEUSE, Meuse. 393.
PONT-SUR-SEINE, Aube. 137, 140, 271, 272, 302, 446, 450, 488, 517, 531.
PORT-A-BINSON, dépendance de Mareuil-le-Port, Marne. 148.
POSSESSE, Marne. 79, 80, 88, 93, 403, 411.
POTHIÈRES, C.-d'Or. 586.
POUGY, Aube. 488, 490, 516, 532, 536.
POUILLY, Meuse. 345, 346.
PRASLIN, Aube. 488.
PRETZ, terre de Beaulieu, Meuse. 409.

PREY (le). 445.
PRINGY, Marne. 107, 111, 155, 157, 287-290.
PROVINS, S.-et-M. 100, 302, 348, 349, 354-356, 450-452, 467-469, 486, 488, 516, 531.
QUATRE-CHAMPS, Ard. 513.
QUILLY, Ard. 343.
QUINCY-SÉGY, S.-et-M. 312.
RAMBOUILLET, S.-et-Oise. 60.
RAMERUPT, Aube. 139.
RANDAN, Puy-de-D. 126.
RAPSÉCOURT, Marne. 409.
RAUCOURT, Ard. 168, 478.
REBAIS, S.-et-M. 452.
RÉCY, Marne. 230.
REIMS, Marne. 5, 100, 107, 111, 125-127, 131, 135, 142, 144, 167, 171-173, 176, 194, 195, 198, 200-206, 215, 219, 220, 226, 234, 236-241, 243, 244, 249-251, 261, 263-265, 267, 282, 283, 287, 295, 297, 298, 301, 302, 305, 306, 312, 321-323, 330, 336, 342, 347, 353, 362, 363, 373, 375, 389, 397, 402, 407, 409-412, 428, 429, 437, 448, 450, 454, 457-467, 472, 473, 477, 479, 485, 489-491, 496-499, 506-508, 510, 518, 530, 532, 542-546, 569, 570, 572, 573, 575, 576, 587, 588.
REMENNECOURT, Meuse. 404.
REMIGNY. 92.
REMILLY, Ard. 170.
REMONVILLE, Ard. 406.
RENNEPONT, H.-M. 275.
RENWEZ, Ard. 92, 95, 430.
RESSON, écart de Pargny, Ard. 242.
RÉTHEL, Ard. 92, 109, 144, 206, 239-244, 270, 272, 273, 286, 311, 322, 323, 336, 387, 398, 408, 409, 447, 450, 472, 478, 499, 508, 510, 513, 532, 545-547, 588, 590.
REVIGNY-SUR-ORNAIN, Meuse. 234.
REYNEL, H.-M. 364, 433.

Riceys (les), Aube. 262, 548.
Richecourt, Ard. 398, 409, 447, 531.
Rimogne, Ard. 92.
Rizaucourt, H.-M. 274.
Roches-sur-Marne, H.-M. 274.
Roche-sous-Barbuise(la),Aube. 271.
Rochefort-la-Croisette. 277, 442.
Rochelle (la), Char.-Infér. 268.
Rocquigny, Ard. 325.
Rocroy, Ard. 138, 160-166, 168, 174, 215, 220, 225, 245, 272, 278, 310, 311, 387, 409, 430, 472, 473, 499, 528, 532, 549, 575, 576, 588, 590, 591.
Roirie-en-Brie. 95.
Rolampont, H-M. 400.
Rome, Italie. 146, 342, 514.
Romilly, Aube. 454.
Rosnay, Aube. 107, 112, 491, 494, 512, 514, 517, 532.
Roucy, Aisne. 350.
Rouen, S.-Inf. 409, 414, 416.
Rougemont, Côte-d'Or. 490.
Rougeux, H-M. 441.
Rozoy (le), H-M. 441.
Rozoy-en-Brie, S-et-M. 271, 486.
Rozoy-sur-Serre, Aisne. 245, 344, 410, 513, 532.
Rumigny, Ard. 409.
Rumilly-lès-Vaudes, Aube. 271, 300, 442.
St-Amand, Marne. 107, 287-289, 304, 443.
St-Blaise. 433.
St-Cloud, S-.et-Oise. 266.
St-Denis, Seine. 268, 514, 518, 527, 576.
St-Dizier, H.-M. 5-10, 55, 56, 59, 86, 91, 100, 105, 133, 142, 144, 156, 167, 217-219, 232, 234, 274, 287, 288, 303, 305, 431, 447, 485, 499, 518, 529, 532, 543, 555, 561, 562, 575, 576.

Ste-Menehould, Marne. 64, 65, 79, 89, 91, 100, 110, 133, 138, 167, 214, 216, 223, 224, 236, 245, 251, 259, 260, 263, 266, 270, 272, 290-293, 299, 300, 310, 313, 317-319, 322, 326, 330-333, 339, 342-345, 347, 357, 358, 363, 364, 388, 393, 402-404, 408, 409, 415-417, 421, 422, 427, 428, 437, 440, 442, 459, 462, 472, 478, 491, 497, 499, 531, 555, 588.
St-Fargeau, Yonne. 433.
St-Florentin, Yonne. 277, 340, 491, 517, 532, 541.
St-Genest, dépendance de St-Remy-en-Bouzemont, Marne. 90, 93.
St-Germain-en-Laye, S-et-Oise. 117, 541, 542, 572, 577.
St-Germain-lès-Couilly, S-et-M. 312.
St-Gond, dépendance d'Oyes, Marne. 429, 515.
St-Hilaire, Marne. 229.
St-Just, Marne. 446, 488, 512, 515.
St-Juvin, Ard. 234, 409.
St-Léger-sous-Margerie, Aube. 66, 513, 514.
St-Liébault, Aube. 324.
St-Loup-de-Naud, S-et-M. 354.
St-Lumier (en Champagne), Marne. 52.
St-Lumier-la-Populeuse, Marne. 90, 443.
St-Lyé, Aube. 276, 325.
St-Mards-en-Othe, Aube. 388, 488, 603.
St-Marcel-sur-le-Mont, Ard. 272.
St-Marevanne-lès-Clavy, Ard. 92.
St-Martin, H.-M. 108, 441.
St-Martin-d'Ablois, Marne. 443, 459.
St-Maur-des-Fossés, Seine. 348.
St-Maurice-le-Vieil, Yonne. 416.

St-MEMMIE, Marne. 508.
St-MIHIEL, Meuse. 279.
St-PHAL, Aube. 446, 454, 488, 517, 531.
St-PIERREMONT, Ard. 91.
St-QUENTIN, Aisne. 349, 350, 445.
St-REMY-SUR-BUSSY, Marne. 403.
SAPONAY, Aisne. 604.
St-SAUVEUR. 488.
St-SEINE-SUR-VINGEANNE, Côte-d'Or. 364.
St-SÉPULCRE, Aube. 276.
St-SULPICE, faubourg de Châlons, Marne. 508.
St-VRAIN, Marne. 443.
SARRY, Marne. 141, 232, 237, 260.
SAULCES-AUX-BOIS, Ard. 92.
SAULIEU, Côte-d'Or. 514.
SAULX-LE-DUC, Côte-d'Or. 151.
SAUTOUR, Yonne. 276.
SAVIGNY. 95.
SAVIGNY, dépendance de Dormans, Marne, 335.
SAVONNIÈRES, Meuse. 119, 122.
SÉCHEVAL, Ard. 92.
SEDAN, Ard. 118, 135, 136, 151, 157, 160, 161, 164-174, 188-195, 213, 228, 239, 242, 259, 266, 279, 329, 330, 395, 398, 405, 407, 408, 410, 412, 415, 422, 428, 430, 472, 473, 476, 477, 479, 490, 523, 532, 596.
SEIGNELAY, Yonne. 277.
SEMOINE, Aube, 515.
SEMUR, Côte-d'Or. 299.
SENLIS, Oise. 262.
SENS, Yonne. 115, 127, 147, 220, 234, 277, 298, 302, 303, 340, 363, 373, 442, 532, 538.
SENTUOG. 441.
SENUC, Ard. 403.
SERMAIZE, Marne. 280, 596.
SERVON, Marne. 194, 393.
SÉZANNE, Marne. 108, 140, 272, 429, 450, 497, 512, 572.
SIENNEVILLE. 441.

SIGNY, Ard. 408.
SILLERY, Marne. 155, 353.
SIMONELLES (cense de), Ard. 92.
SISSONNE, Aisne. 350, 489.
SIVRY-SUR-MEUSE, Meuse. 406.
SOISSONS, Aisne. 302, 340, 350, 357, 369, 371, 402, 587, 588, 590.
SOISY-SOUS-ETIOLLES, S.-et-Oise. 349.
SOISY, hameau ruiné, commune d'Evres, Meuse. 292.
SOMMAISNE, Meuse. 331.
SOMMEPY, Marne. 343, 447, 549.
SOMMESOUS, Marne. 443.
SOMMEILLES, Meuse. 79.
SOMMEVOIRE, H.-M. 274, 513.
SOMMYÈVRE, Marne. 79, 411.
SOMPUIS, Marne. 113, 262.
SOMSOIS, Marne. 113.
SONGY, Marne. 157.
SORBON, Ard. 273.
SORDACQ. 92.
SORMORIN. 92.
SORNOY. 444.
SOULAINES, Aube. 109.
SOULANGES, Marne. 288.
SPOY, Aube. 110, 389.
STAINVILLE, Meuse. 274.
STENAY, Meuse. 193, 327, 329, 345, 346, 410, 411, 415, 416, 422, 430, 523, 532.
STRASBOURG, Alsace. 15, 167, 471.
SUIPPES, Marne. 447, 573.
SURY, Ard. 92.
SUZY, Aisne. 444.
SY, Ard. 264, 271, 394, 395.
TAISSY, Marne. 283.
TAIZY, Ard. 93, 272.
TALLARD, H.-Alpes. 195.
TANLAY, Yonne. 488.
TARPIGNY. 245.
TAUXIÈRES, Marne. 261.
TERMES, Ard. 331.
THENNELIÈRES, Aube. 105, 113, 230, 234, 325.

40

— 618 —

Thin-le-Moutiers, Ard. 398, 405, 408.
This, Ard. 92.
Thivet, H.-M. 275, 440.
Thonnance, H.-M. 441.
Thons, Vosges. 69, 70.
Togny-aux-Bœufs, Marne. 113.
Tonnerre, Yonne. 277, 340, 435, 488, 517, 531, 587.
Tou. 167.
Touquin, S.-et-M. 604.
Toul, M.-et-Moselle. 85, 142, 171, 228, 245, 246, 277, 278, 532, 590, 591.
Tournes, Ard. 92, 273.
Tours, Indre-et-Loire. 239, 249, 254, 390.
Tours-sur-Marne, Marne. 141, 263.
Tourteron, Ard. 408.
Trainel, Aube. 302.
Trémilly, H.-M. 111.
Trémont, Meuse. 119, 122, 156.
Triaucourt, Meuse. 79, 106, 109, 292.
Trilport, S.-et-M. 452.
Tronchet (le), château dépendant de St-Thibault, Aube. 518.
Trosy. 94.
Troyes, Aube. 10, 11, 21, 23, 26, 28-30, 32, 35-38, 66, 97, 100, 111, 126, 127, 131, 137-140, 156, 161, 198, 200-204, 219, 220, 234, 249, 251, 256, 260, 266, 275, 276, 281, 293, 295, 300-303, 314, 324, 325, 362, 363, 366, 388, 389, 412, 431, 442, 491, 516-518, 524, 532, 536, 537, 543, 545, 559, 560, 587, 589-591, 604.
Trugny, dépendance de Tugny, Ard. 92.
Tugny, Ard. 546.
Ugny-le-Gay, Aisne. 445.
Unchair, Marne. 301.
Valavergny, Aisne. 444.
Valence. 195.

Valentigny, Aube, 109.
Valleroy (abbaye de la). 549, 582.
Vanault, Marne. 90, 95.
Vandy, Ard. 513.
Vanlay, Aube. 234.
Vannières. 277.
Varennes, Meuse. 194, 292, 364, 430, 516.
Vartigny, Ard. 225, 272, 569.
Vassimont, Meuse. 404.
Vassy, H.-M. 20, 22, 26, 28, 29, 89, 303, 305, 309, 313, 331, 332, 603.
Vauciennes, Marne. 443.
Vauclerc, Marne. 112.
Vaucouleurs, Meuse. 216.
Vaudrémont, H.-M. 275, 441.
Vaux, dépendance de Vitry-en-P., Marne. 123, 155.
Vaux, dépendance de Chaudefontaine, Marne. 330.
Vaux-sur-Blaise, H.-M. 332.
Vavray, Marne. 291.
Vendeuvre-sur-Barse, Aube. 301, 524.
Vendresse, Ard. 345, 347, 394.
Vendresse-et-Troyon, Aisne. 444.
Venizy, Yonne. 517.
Vercueil-sur-Bar, Ard. 91.
Verdun, Meuse. 30, 85, 114, 133, 135, 136, 139, 142, 150, 163, 167, 168, 170, 171, 190, 194, 199, 205, 214, 226-228, 233, 246-249, 277-280, 285, 317, 318, 326, 327, 342, 351, 362, 363, 367-369, 391-393, 402, 404, 406, 409, 417, 422, 456, 532, 539, 540, 578, 579, 590, 591, 596.
Vernancourt, Marne. 95, 411.
Verpillières, Aube. 435, 569.
Verrière, Marne. 330, 411.
Vertbois, fief dépendant de Grauves, Marne. 95.
Vertus, Marne. 88, 91, 220, 251,

320, 350, 412, 436, 437, 446, 449, 458, 459, 473, 499.
VERVINS, Aisne. 359, 387, 388, 409, 428, 596, 597.
VÉZELAY, Yonne. 356, 532, 537, 597.
VIEIL-DAMPIERRE(le),Marne. 91.
VIENNE-LE-CHATEAU,Marne.194.
VIERZY, Aisne. 350.
VIEUX-MAISONS, S.-et-M. 452.
VIGNORY,H.-M. 112,431, 495, 538.
VILLACERF, Aube. Voir St-Sé-PULCRE.
VILLAINES. 263.
VILLEBERNY, Côte-d'Or. 440.
VILLEDOMMANGE, Marne. 287.
VILLEFRANCHE, ancienne forteresse,commune de Saulmory, Meuse. 133, 138, 167, 215, 228, 262, 270, 311, 326-330, 337, 339, 342, 447, 532, 595, 596.
VILLEMAUR, Aube. 276, 446, 517, 532.
VILLENAUXE, Aube. 271, 490, 514, 573.
VILLENEUVE - AU - CHÈNE (la), Aube. 300, 389.
VILLENEUVE - L'ARCHEVÊQUE, Yonne. 517.
VILLENEUVE-LE-ROY,Yonne.532, 597.
VILLERS-COTTERETS, Aisne. 587.
VILLERS-MARMERY, Marne. 283.
VILLETHIERRY, Yonne. 373.
VILLERS-ALLERAND,Marne. 429.
VILLERS-AUX-BOIS, Marne. 94.
VILLERS-LE-SEC, Marne. 26.
VILLE-SUR-ARCE, Aube. 547.

VILLIERS-SUR-SUIZE, H.-M. 441.
VILLY-EN-TRODE, Aube. 250, 263.
VINAY, Marne. 459.
VINETZ, Marne. 603.
VIREY-SOUS-BAR, Aube. 262, 413.
VIRGINY, Marne. 272, 404.
VITRY-LA-VILLE, Marne. 113.
VITRY-LE-CROISÉ, Aube. 442, 514.
VITRY-EN-PERTHOIS, M. 54-63, 77, 80, 88, 89, 101, 107, 119-121, 123, 155, 156, 284, 287, 291, 592, 602.
VITRY-LE-FRANÇOIS, M. 8, 9, 14, 47, 48, 50, 52-54, 56, 58-63, 69-71, 73, 76-82, 86-91, 93, 94, 99-107, 109-115, 118-124, 131-133, 138, 139, 144, 147-149, 155, 156, 178, 186, 187, 194, 206, 213, 214, 216, 218, 219, 222, 234-237, 252-254, 262, 273, 274, 276, 281, 283, 284, 287, 289-291, 294, 295, 299, 303-310, 312, 314, 319-324, 360-362, 407, 408, 411, 442, 446, 448, 450, 453, 454, 458, 459, 462, 465-467, 472, 473, 491, 499, 508-510, 532, 542-544, 546, 550-570, 577, 578, 580, 590-592, 596-603.
VONCQ, Ard. 395, 603.
VOUCIENNES, Marne. 90.
VRIZY, Ard. 405.
VROIL, Marne. 26, 89, 95.
WAGNON, Ard. 272.
WARCQ, Ard. 92.
WARNECOURT, Ard. 272.
WASIGNY, Ard. 442.
WOIMBEY, Meuse. 248.
YVERNAUMONT, Ard. 264.

TABLE

Des manuscrits de la Bibliothèque Nationale qui contiennent des pièces publiées, analysées ou mentionnées dans le présent volume.

FONDS DUPUIS. N°s 87, 698.

COLLECTION DE CHAMPAGNE. N°s 37, 111.

PARLEMENTS. N° 323.

FONDS FRANÇAIS. N°s 2751, 3173, 3193, 3246, 3250, 3256, 3274, 3275, 3296, 3309, 3314, 3336, 3344, 3361, 3363, 3364, 3366-3372, 3395, 3396, 3398, 3400, 3403, 3405, 3409, 3414, 3416, 3419, 3432, 3452, 3464, 3475-3483, 3568, 3612, 3614-3619, 3621-3625, 3628, 3629, 3631-3633, 3643, 3646, 3652, 3888, 3902, 3952, 3958, 3960-3962, 3964, 3965, 3968, 3974-3977, 3979-3984, 3987-3992, 3996, 3997, 4002, 4003, 4019-4021, 4045, 4142, 4538, 4556-4558, 4560, 4681, 4719, 16402, 17534-17536, 18914, 20073, 21383, 23279, 23300, 23977.

BIBLIOGRAPHIE

De quelques ouvrages d'histoire locale souvent cités dans ce volume.

Lettres et instructions de Charles III, duc de Lorraine, relatives aux affaires de la Ligue (1587-1591), publiées par Henri Lepage, Nancy, Lucien Wiener, 1864, in-8° de VIII-338 pages.

Correspondance de Mayenne (1590-1591), publiée par Henri et Loriquet dans les *Travaux de l'Académie de Reims*, tomes 29, p. 109-434, 33, p. 25-200, et 35, p. 1-125. (Il y a un tirage à part en deux volumes in-8°.)

Correspondance inédite de M. de Dinteville, lieutenant-général au gouvernement de Champagne (1579-1586), publiée par Edouard de Barthélemy (sur le manuscrit 374 de la Bibliothèque de la Sorbonne), Arcis sur-Aube, L. Frémont, 1889, in-12 de 111 pages.

Lettres inédites de M. de Dinteville (et documents divers sur la Ligue), publiées sur les originaux de la Bibliothèque Nationale par Edouard de Barthélemy, dans la Revue de Champagne : 1881, octobre, pages 282-288, décembre, 490-493 ; — 1882, mars, 221-223 ; avril, 340-344 ; juin, 471-477 ; juillet, 60-72 ; septembre, 239-246 ; novembre, 376-383 ; — 1883, janvier, 67-76 ; septembre, 238-244 ; — 1884, février, 145-153 ; — 1885, avril, 300-307 ; — 1886, janvier, 41-48 ; février, 152-160 ; avril, 289-295 ; octobre, 290-292. (Il est fâcheux que cette intéressante correspondance ait été publiée sans aucun ordre chronologique, et plus fâcheux encore qu'il n'en ait été fait aucun tirage à part).

Mémoires du maréchal de Saint-Paul (1588-1593), publiés par le comte de Gourjault (sur le manuscrit 4013 du fonds français de la Bibliothèque Nationale), dans la Revue de Champagne : 1886, février, pages 81-95 ; octobre, 293-301 ; décembre, 425-431 ; — 1887, mai, 335-352 ; juillet, 13-26 ; septembre, 179-202 ; novembre, 332-346 ; — 1888, février, 117-135. (Ce texte curieux et important n'a pas été tiré à part, et il est très regrettable que l'appendice annoncé par l'éditeur dans sa préface n'ait pas même été imprimé. Voir aussi dans la Rev. de Champ., 1882, juin, p. 443, une notice généalogique de M. de Gourjault sur Saint-Paul.)

Mémoire des Choses plus notables advenues en la province de Champagne (1585-1598), publié sur le manuscrit de la Bibliothèque Nationale, (Collection de Champagne, tome 37) par G. Hérelle, imprimerie coopérative de Reims, 1882, in-8º de 224 pages.

Mémoires de Jacques Carorguy, greffier de Bar-sur-Seine, (1582-1595), publiés pour la première fois par Edmond Bruwaert, Paris, Alph. Picard, 1880, in-8º de 247 pages.

Mémoires ou journalier de Jean Pussot, publié dans les *Travaux de l'Académie de Reims*, tome 23, p. 151-180, et tome 25, p. 1-276. (Il y a un tirage à part).

Recueil de plaquettes historiques champenoises du XVIe siècle, publiées et annotées par Edouard de Barthélemy, Paris, Champion, 1885.

Le Protestantisme en Champagne, ou récits extraits d'un manuscrit de N» Pithou, sr de Changohert (ms. 698 du fonds Dupuy, à la Bibl. nationale), de 1539 à 1595, par Ch. L. B. Recordon, pasteur ; Paris, librairie française et étrangère, 1863, in-8º de 259 pages.

La Réforme et la Ligue en Champagne et à Reims, par M. E. Henry, ancien professeur d'histoire au lycée de Reims; Saint Nicolas, imprimerie de Prosper Trénel, 1869, in-8º de 481 pages. (Nombreux documents ; ce qui concerne Reims a été écrit surtout d'après les registres du conseil de ville).

Histoire militaire du pays de Langres et du Bassigny, par Léonce de Piépape ; Langres, 1884, in-8º de 417 pages.

TABLE DES MATIÈRES

                                                    Pages.

AVERTISSEMENT.. 3

1559

Bonnet de Moreau nommé commissaire pour la répression du protestantisme à Saint-Dizier ; excès de Léonard Bernard, procureur du Roi en cette partie.... 5

1560

Articles de remontrances que les gens de justice, tiers et commun état du bailliage de Vermandois entendent être présentés à S. M. (Extraits concernant la prédication et le clergé).................................... 11

Introduction du protestantisme à Châlons (1560-1562).. 15

1561

Lettre de Pierre Fornelet, pasteur de l'Eglise Réformée de Châlons, à Calvin.................................. 16

L'église de Vassy..................................... 21
    Gravelle fonde l'église de Vassy. 21 — Dispute de Gravelle et de Jérôme de Burges. 21.

Antoine de Nettancourt à la compagnie des pasteurs de Genève... 26

1562

Massacre de Vassy.................................... 28

Bar-sur-Seine pendant la première guerre de Religion.. 29
    Bar-sur-Seine pris par les Huguenots. 29. — Bar-sur-Seine repris par les catholiques. 31. — Bar-sur-Seine recouvré par les Huguenots (1563). 38.

Les protestants à Châlons (1562-1564)...... 40
Le Conseil de ville refuse de délibérer en leur présence. 40.
— Mesures vexatoires ; ils sont expulsés. 41. — Ils
intentent procès pour être réintégrés au Conseil (1563). 44.

1563

Saccage de l'abbaye de Huiron par les Huguenots.... 48

1565

Ancellet Jacquier, clerc en l'Eglise Réformée de Vitry. 53

1567

Les protestants à Châlons pendant la seconde guerre
de religion (1567-1568)............................ 53

1568

Les églises de Vitry-en-Perthois ruinées par le prince
d'Orange ; état des lieux ; réparations (1568-1572).... 54

1569

Le Roi donne aux habitants de Vitry-le-François les
matériaux de Vitry-en-Perthois pour fortifier la ville
nouvelle.. 59

1570

Réglement fait à Sainte-Menehould par la garde de
la ville... 64

1572

L'église réformée de Saint-Léger-sous-Margerie ;
épreuves, détresse et délivrance du ministre
Thévenin.. 66
Conversions à Vitry-le-François après la Saint-Barthélemy.. 70
Forme de serment pour faire prêter à ceux de la
nouvelle religion.................................. 71

1573

Maladie du Roi Charles IX à Vitry-le-François........ 73

Henri, roi de Pologne, notifie de Vitry son élection au maréchal de Damville............................ 74

1574

Vitry-le-François en 1574............................ 76
Passages, présents, missions pour les affaires de la ville. 76. — Dépenses faites pour les reistres étant à Possesse. 79.

1575

Etat des forces de cheval, de pied et d'artillerie que le Roi a ordonnées pour l'armée de Champagne près Monsieur de Guise................................. 82

1576

Verdun demande à être dispensé de l'établissement du prêche.. 85
Le prince Casimir retourne en Allemagne............. 86
Assemblée des trois états du bailliage de Vitry pour envoyer des députés à Blois........................ 86
Association faite entre les princes, seigneurs et autres du pays et comté de Champagne et Brie............ 96

1579

Joachim de Dinteville nommé lieutenant général pour le Roi en Champagne............................. 97

1580

Inspection de Dinteville en Champagne............... 99
Vitry demande un lieu pour le prêche................ 100
Châlons et Vitry menacés par les Huguenots......... 103

1581

Passage et séjour de troupes en Champagne.......... 106
Passage des troupes de M. de la Rochepot. 106. — Les lansquenets de Hans Frédérich. 108. — Dispersion des compagnies qui ravagent le Réthellois et l'Argone. 109.

1582

Vitry-le-François et les gens de guerre................ 110

Passage de reistres. 110. — Passage du régiment de Lamory. 111. — Passage des Suisses. 111. — Voleries des troupes du s^r d'Istre. 113.

1583

Désordres et brigandages des gens de guerre. Passage de la reine... 114
   Arrestation d'un capitaine à Châlons, 114. — Brigandage des soldats logés à Arcy et du bailli de Vitry. 114. — Passage de la reine. 116. — Cruautés des gens de guerre de Mareuil. 116.

Fortifications de Vitry-le-François (1582-1585)......... 118

1584

Traité de la *Ligue*................................... 123

1585

Menées du duc de Guise............................ 123
Inquiétudes des Royalistes......................... 126
   Instruction envoyée à MM. de Guise, du Maine et cardinal de Guise. 127.

Villes de Champagne saisies par les Ligueurs........ 132
   Vitry. 132. — Châlons. 133. — Reims, Verdun. 135.

Troupes étrangères levées par la Ligue.............. 137
Mouvements militaires en Champagne................ 137
Négociations. Traité de Nemours.................... 140
Frais de guerre dont le Roi décharge les Ligueurs.... 143
Lettre au duc de Nevers............................. 145
Serment prêté par les Châlonnais au duc de Guise.... 147
L'armée après la paix............................... 147
Garnison de Vitry................................... 148
Renouvellement du traité de Joinville................ 149
Désarmement des P. R. à Châlons.................... 149
Menaces d'entreprise contre Verdun.................. 150
Lettre du Roi aux évêques. Profession de foi......... 151
Fortifications de Vitry (1585-1588)................... 155

1586

Main-levée pour Georges de Nettancourt.............. 157
Aliénation de biens ecclésiastiques. Avertissement aux bénéficiers.. 158

Guerre contre le duché de Bouillon. Affaire de Rocroy. 160
   Prise de Rocroy par les Sedanais. 160. — D'Haussonville vient commander à Verdun. 163. — Reprise de Rocroy par le duc de Guise. 164. — Mémoire de Henri de Lorraine sur les places de la frontière de Champagne. 166.

1587

Suite de la guerre contre le duché de Bouillon........ 168
Trève entre le duc de Guise et le duc de Bouillon..... 169
   Verdun demande à être compris dans la trève. 170. — Prolongation de la trève. 171. — Nouvelles prolongations. 173.
Le Roi et les Guise................................... 174
La Vieuville est rétabli au gouvernement de Mézières. 176
Forcés que le Roi veut envoyer en Champagne pour s'opposer aux Reistres.................................. 179
L'armée étrangère..................................... 180
L'armée du duc de Lorraine............................ 183
Expédition des Reistres............................... 186

1588

Suite de la guerre contre le duché de Bouillon........ 188
   Mémoire anonyme sur Sedan et Jametz. 188. — Mémoire de la façon que M. de la Vieuville entendrait traiter avec messieurs de Sedan. 189. — Siège de Jametz. 192.
Négociations du Roi avec les Guise.................... 194
Journée des Barricades................................ 196
   Dutillet au duc de Nevers. 196. — Châlons. 198. — Verdun. 199. — D'Aumont au duc de Nevers. 199.
Progrès de la Ligue................................... 200
   Union des villes de Paris, Reims et Troyes. 201.
Etats-généraux tenus à Blois.......................... 205
   Remontrances faites par le tiers état du bailliage de Vitry-le-François. 206.
Assassinat des princes................................ 214

1589

Extraordinaire des guerres au gouvernement de Champagne... 215
Le duc de Nevers nommé gouverneur de Champagne. 217

Villes qui se déclarent pour la Ligue.................... 217
   Saint-Dizier. 217. — Vitry. 218. — Reims. 219. — Troyes. Chaumont. 220.

Villes qui se déclarent pour le Roi..................... 221
   Châlons. 221. — Sainte-Menehould. 223. — Langres, Château-Thierry. 224.

Chefs et villes qui prétendent rester neutres.......... 225
   Traité entre les gouverneurs de Mézières, Maubert Fontaine et Rocroy. 225. — Quittance donnée par Wagnon. 225. — Verdun. 226. — Toul, Sedan, Mouzon, Villefranche, Coiffy. 228.

Châlons se prépare à soutenir la guerre.............. 229
Evènements militaires................................ 233
   Saint-Paul entre en campagne (janvier). 233. — Les Royaux entrent en campagne (janvier-février). 234. — Combat de Saint-Juvin. 234. — Suite de la campagne de Saint-Paul (février-mars). 235.

Opérations des Royaux (mars-avril).................. 237
   Vaubecourt, Lieudieu, Dinteville. 237. — Difficultés pour la commission de Thomassin. 238.

Politique de La Vieuville à Réthel et à Mézières....... 239
Campagne de Saint-Paul dans le Réthellois et les Trois-Evêchés (avril-mai).......................... 244
   Il s'empare de Réthel et Mézières. 244. — Combat de Maffrécourt. 245. — Il occupe Toul et Verdun. 245. —

Autres succès des Ligueurs (avril-mai).............. 249
   Hautefort dans la région de Troyes. 249. — Région de Langres. 250.

Le duc de Nevers vainement sollicité de venir en Champagne... 250
Les juridictions des villes rebelles sont transférées à Châlons et à Langres............................... 251
   Paris et Troyes. 251. — Reims, Vertus, Vitry. 252. — Chaumont. 255.

Michel Le Tellier nommé intendant des finances pour la Ligue... 255
Attitude indécise du duc de Lorraine. Suite et fin du siège de Jametz (janvier-juillet).................... 258
Succès des Royalistes................................ 260

Sainte-Menehould. 260. — Entreprises et succès des Châlonnais. 260. — Flamanville gouverneur de Villefranche. 262. — Arrivée des Suisses Royaux ; Longueville traverse la Champagne pour les recevoir. 262.

Mayenne à Reims... 263
Nouvelle campagne de Saint Paul dans le Réthellois et sur la Marne (juillet)..... 264
Tranquillité momentanée pendant la moisson 265
Assassinat de Henri III (1er août)....................... 266
   Châlons fidèle. 266. — Langres fidèle. 267.
Lettre de la Vieuville au duc de Nevers................ 267
Etat des châteaux et maisons fortes qui tiennent contre le Roi en Champagne....................................... 271
Le duc de Lorraine se déclare pour la Ligue.......... 277
   Il occupe Toul et Verdun. 278. — Il envoie des forces à Mayenne. 280. — Assemblée ligueuse à Chaumont. 281.
D'Aumont en Champagne (août-septembre)............ 282
Dans le Barrois, le Bassigny et le Réthellois.......... 284
   Bar-le-Duc pris un moment par les Royalistes. 284. — Dans le Bassigny. 285. — Dans le Rethellois. 286.
Campagne de Saint-Paul (octobre)....................... 287
   Vendange. 287. — Combats de Saint-Amand et Pringy. 287. — Saint-Paul déniche les petites garnisons entre Vitry et Sainte-Menehould. 291. — La vendange dans le Perthois. 291.
Campagne des Lorrains en Argone (octobre).......... 292
Echec de Dinteville devant Troyes, et de Sautour devant Sens (décembre)... 293
Campagne du duc de Lorraine en Alsace contre les reistres et les lansquenets (décembre)................ 294
   Engagement près de Vitry. 295.
Saint-Paul conduit le légat à Paris....................... 295

1590

La Ligue et le Parlement de Châlons.................... 295
Les Protestants à Châlons................................... 296
Première ouverture des Rémois pour faire cesser les courses des laboureurs (février)......................... 297
Guerre des Messins contre la Lorraine................. 298

Courses en Champagne (février-avril)................ 299
> Du côté de Vitry. 299. — Du côté du Bassigny. 299. — Du côté de Sainte-Menehould. 299. — Du côté de Troyes. 300. — Saint-Paul retourne en Champagne. 301.

Opérations de Saint-Paul et du Roi dans la vallée de la Seine (mars-avril).. 302

Affaires de Vitry et de Vassy (mai).................... 303
> Siège de Vassy par St-Paul. 303. — Surprise de Vitry par les Royaux. 303. — Reprise de Vitry par Saint-Paul. 305. — Les réfugiés de Vitry à Châlons. 306.

Succès des Royaux du côté de la Thiérache (mai-août) 309
> Tuerie de Gomont. 309. — Maubert, Aubenton et la Thiérache sont soumis au Roi. 309.

Mémoire de l'état de la Champagne en deçà de la Marne (juin)... 310

Saint-Paul et Mayenne du côté de la Brie (juin-juillet) 312

Ordonnance contre les Royalistes de Champagne...... 313

Les Royaux (mars-août)................................... 316
> Les Châlonnais s'opposent au démantèlement d'Avise. 316. — Entreprises déjouées contre Verdun. 317. — Inquiétudes à Châlons. 318. — Les Châlonnais prennent Conflans et Aulnay. 318.

Premières négociations à Avenay pour une trêve des laboureurs entre Reims et Châlons (septembre)...... 321
> Emeute à Châlons. 323. — La vendange. 323.

Grandes opérations militaires en Champagne (septembre-décembre)... 324

Entreprises faillies des Royaux contre Troyes et Laon (septembre).. 324

Campagne du duc de Lorraine (octobre-novembre).... 326
> Prise de Villefranche. 326. — Siège de Sainte-Menehould. 330. — Capitulation de Vassy. 331.

Campagne du duc de Nevers (septembre-novembre)... 333
> Capitulation de Dormans. 333. — Réthel craint d'être attaqué. 336. — Mémoire du duc de Nevers pour remontrer au Roi sur l'état de la Champagne. 337. — Le duc marche contre Saint-Paul. 342. — Bataille de Poix. 343. — Le duc poursuit Chaligny. 344. — Saint-Paul et Chaligny après le départ de Nevers. 346. — Succès de la garnison de Sainte-Menehould. 347.

Mayenne et le duc de Parme (août-décembre)............ 347
Capitulation de Provins. 348. — Retraite du duc de Parme. 349. — Mayenne prend Braine. 351.

Fin de la campagne du duc de Nevers (déc. 1590-mars 1591).. 352
Prise de Bisseuil. 352. — Siège de Provins ; capitulation ; arrivée d'un secours. 354.

Négociations pour la liberté du labour et du commerce (novembre 1590-mai 1591)........................... 356
Traité du labour. 356. — Liberté du commerce. 359.

1591

Les réfugiés de Vitry à Châlons...................... 360
Affaires locales (janvier-avril)...................... 362
Saint-Paul. 362. — Troyes. 363. — Châlons. 363. — Sainte-Menehould. 363. — Dans le Bassigny. 364. — Lettre à la duchesse de Lorraine. 364. — Lettre au duc de Nevers. 366.

Les habitants de Verdun s'opposent à la construction d'une citadelle..................................... 367
Mayenne entre en Champagne (février-avril)........... 369
Prise de Château-Thierry. 369. — Articles de la capitulation. 372. — Procès contre Pinart ; mémoire pour l'accusé. 376. — Craintes à Châlons. 386.

Affaires locales. (avril-août)....................... 387
Saint-Paul. 387. — Sainte-Menehould. 388. — Région du Laonnois. 388. — Région de Troyes. 388. — Course de d'Aumont en Champagne. 389.

Le Parlement de Châlons............................. 389
Arrêt contre les bulles monitoriales. 389. — Sévérités contre les prédicateurs. 390.

Le duc de Nevers revient en Champagne............... 391
Le duc de Nevers prend Mareuil. 392. — Lettres au duc de Nevers sur les mouvements de l'ennemi. 393. — Saint-Paul prend Omont. 394. — Articles de la capitulation accordée pour la reddition d'Omont. 394. — Villelongue au duc de Nevers. 396. — Nevers est maître de la campagne. 397.

Campagne du duc de Lorraine dans le Bassigny........ 398
Entreprise des Lorrains sur Langres. 398.

Campagne du Roi ; arrivée de Turenne (septembre-novembre... 401

Arrivée de Turenne. 402. — L'armée de la Ligue. 404. — Le Roi. 405. — L'armée ligueuse suit de loin celle du Roi. 409.

Le duc de Bouillon prend Stenay (19 novembre)........ 410
Le duc de Lorraine assiège Stenay. 410. — Saint-Paul. 411. — Le duc de Bouillon. 412.

Affaires locales (octobre-décembre).................... 412
Vendanges des Châlonnais. 412. — Du côté de Troyes. 412. Région du Bassigny. 413.

1592

L'armée ligueuse sort de Champagne (janvier)........ 414
Département fait par le duc de Nevers pour l'année 1592. 415
Trève de Sainte-Menehould (17 janvier)............... 416
Préambule et disposition de la trève. 416. — Articles. 422.

Affaires locales (janvier-juin)........................ 428
Saint-Paul. 428. — Du côté de Sainte-Menehould. 428. — Du côté de Châlons. 428. — Du côté de la Thiérarche et de l'Argone. 429.

Succès des Lorrains dans le Bassigny (mars-juin).... 431
Le duc de Bouillon lieutenant-général pour le Roi en Champagne (18 juillet)............................... 435
Prise d'Epernay par de Rosne....................... 436
Capitulation d'Epernay. 438.

Etat des gentilshommes de la Champagne qui sont demeurés et demeurent oisifs en leurs maisons depuis les présents troubles................................ 440

Campagne du Roi en Champagne (juillet-août)........ 445
Reprise d'Epernay par le Roi. 448. — Fin de la campagne du Roi. 450.

La guerre en Champagne après le départ du Roi (septembre-décembre).................................... 453
Yvernaumont battu et tué. 453. — Vitry. 453. — Campagne du duc de Guise et de Saint-Paul. 454. — Mareuil. 455. — Succès du duc de Bouillon. 455.

Nouvel arrêt politique du Parlement de Châlons (18 novembre) 456
Les trèves... 457
Première trève d'Avenay (7 et 8 octobre)............. 457

Traité pour les vendanges. 458. - Traité pour le labourage et les revenus. 461. — Difficultés pour l'exécution des traités. 465.

Trêve pour le bailliage de Provins.................... 467
Projet de trêve pour Langres........................ 469

1593

Trêve entre St-Paul et le duc de Bouillon............. 471
Trêve pour la Brie................................. 485
Affaires militaires (janvier-avril).................... 488
   Etat des garnisons de Champagne. 488. — Mort de Villiers, frère de St-Paul. 489. — A Châlons. Mouvements des Ligueurs. 489. — Campagne de Nevers contre Guise. 490. —Campagne du duc de Guise et de St-Paul. 491. — Dans le Bassigny. 492.

Trêve pour Langres................................ 492
Trêve entre le duc de Nevers et le sr Du Pesché....... 495
Trêve aux environs de Paris......................... 495
Trêve accordée par le Roi à Balagny................. 495
Seconde trêve d'Avenay (6 mai)..................... 496
   Adhésion du duc de Lorraine à la trêve. 497. — Second traité d'Avenay. 498. — Requête des laboureurs Châlonnais. 508.

Affaires militaires (avril-août)...................... 511
   Région de Langres. 511 — Le duc de Nevers rentre en Champagne. 512.

Campagne de Dinteville (mai-juillet)................. 514
   Au nord-est de la Champagne. 516.

Trêve pour la région de Troyes (juillet).............. 517
Etats-Généraux de la Ligue......................... 518
Conversion du Roi................................. 518
Trêve générale.................................... 518
   Articles particuliers pour la Champagne. 519. — Articles particuliers avec le duc de Lorraine. 524.

Avis de bon lieu sur les effets de la trêve............ 528
Rupture de la trêve avec Mayenne (décembre)........ 529
Soumission du commandeur de La Neuville-au-Temple 530

1594

Prise de Mareuil par les Royaux..................... 530
Soumission de Meaux............................... 530

Ville et autres places qui tiennent en France pour le Roi et pour la Ligue (Champagne, Brie et Lorraine) 531
Réduction de Paris.................................... 533
    Lettre des Parisiens aux villes tenant le parti contraire. 533.
Retour du Parlement de Châlons à Paris.............. 535
Soumission de Troyes................................. 536
Soumission de Vézelay, Auxerre, Chablis et Joigny... 537
Soumission de Sens................................... 538
Soumission du château de Vignory.................... 538
Verdun... 539
    Lettre du Roi de France aux habitants de Verdun. 539.
Soumission de Chaumont et Bar-sur-Aube............. 541
Soumission de Saint-Florentin........................ 541
Politique de Saint-Paul. Il est tué par le duc de Guise 542
    Mézières. 542. — Vitry, 542. — Reims. 543. — Meurtre de Saint-Paul. 544. — Domination du duc de Guise. 545.
Soumission de Réthel................................. 545
Soumission de Bar-sur-Seine......................... 547
Soumission de Nogent-le-Roy......................... 548
Siège et prise de Laon par le Roi..................... 548
Soumission de Château-Porcien....................... 549
Soumission de Château-Thierry....................... 550
Soumission de Vitry-le-François...................... 550
    Traité. 551. — Articles additionnels. 562. — M. de Noirefontaine au duc de Nevers. 564. — M. de Frignicourt au duc de Nevers. 565. — Procès entre Vitry et la veuve de St-Paul (1595-1602). 568.
Traité entre Dinteville et le s^r de Chamoy............ 570
Reprise de la trêve avec Mayenne et le duc de Guise.. 570
D'Haussonville et Tremblecourt s'engagent au service du Roi.. 571
Surprise de Mareuil par les Ligueurs. Reprise par les Royaux... 571
    Démolition de Mareuil (1595). 573.
Soumission du duc de Guise qui rend au Roi Reims, Rocroy, St-Dizier, Guise, Joinville, Fismes et Montcornet.. 575
    Démolition du château de Porte-Mars. 577.
Rentrée de l'évêque de Châlons....................... 577

Paix avec le duc de Lorraine........................ 577
    Verdun. 578. — Ratifications (1595-1596). 579.
Soumission de Mézières (1594-1595).................. 579
    Articles proposés par la dame de Saint-Paul. 579. — Patentes en faveur de La Rivière. 583.
La guerre du côté du Bassigny....................... 585
    Noyers. 585. — Montsaugeon. 585. — Chatillon. 586. — Campagne de Biron (1594-1595). 586.

1595

Faits militaires en 1595............................. 587
    Au Nord. 587. — A l'Est. 588. — Au Sud. 588.
Nouvelle trêve générale............................. 589

1596

Soumission de Mayenne............................... 589
Sommes payées pour plusieurs traités de soumission.. 590
Faits militaires en 1596............................ 591
Remontrances faites par la ville de Châlons à Henri IV 592

1597-1599

La guerre en 1597 et 1598 595
    Entreprise du Gaucher sur Villefranche. 595. — Biron traverse la Champagne. 596. — Entreprise des Espagnols sur Vitry. 596. — Entreprise du comte de Maulevrier sur Sedan. 596. — Dégats dans le Verdunois. 596.
Edit de Nantes et traité de Vervins.................. 596
Etat des places au gouvernement de Champagne dont le Roi a ordonné le démantèlement................... 597
Démolition de la citadelle de Vitry................. 597
    Requête des habitants au Roi. 597. — Lettres patentes. 599.
Rétablissement du culte réformé (1597-1599)......... 602
    A Vitry. 602. — A Châlons. 602. — Etat des ministres servant en 1601 dans les églises réformées rétablies en Champagne. 603.

ERRATA (1)

TOME I, LETTRES

Page 390. C'est par une erreur évidente qu'on a placé en cet endroit et sous la date du 19 juin 1597 une lettre de Dinteville dont la date véritable est du 19 juin 1591, et qui devrait être imprimée page 281.

TOME II, PIÈCES DIVERSES

Page 54, ligne 24, au lieu de *Vitry-le-François*, lire *Vitry-en-Perthois*.

P. 119, l. 35,	au lieu de	*Frémont,*	lire *Trémont.*
P. 122, l. 17,	—	*Frémont,*	— *Trémont.*
P. 139, l. 28,	—	*Léfon,*	— *Leffond.*
P. 151, l. 3,	—	*Aussonne,*	— *Auxonne.*
P. 168, l. 21,	—	*Franchevau,*	— *Francheval.*
P. 186, l. 29 et 33,	—	*Cauroy,*	— *Corroy,*
P. 237, l. 28,	—	*Montrey,*	— *Montrey (Mutry ?).*
P. 277, l. 6,	—	*Ausy le Cerneux,*	— *Ancy le Serveux.*
P. 299, l. 21,	—	*Montbars,*	— *Montbard.*
P. 301, l. 19,	—	*Léry,*	— *Lhéry.*
P. 312, l. 7,	—	*Acy,*	— *Assis-sur-Serre.*
P. 344, l. 28,	—	*Pont de Vesle,*	— *Pontavert (?).*
P. 349, l. 20,	—	*Choisy,*	— *Soisy.*
P. 349, l. 32,	—	*Carmoie,*	— *Carnoy.*

(1) Bien entendu, nous ne corrigeons ici que les noms propres altérés dans *notre* texte, mais non pas dans les documents originaux, dont nous avons soigneusement conservé l'orthographe.

P. 350, l. 11 et 12, corriger ainsi : *Henri IV passe le Pont-Arcy, et arrive le 28 novembre à Missy près Coucy-lès-Eppes, tandis que...* et supprimer la note.

Ibid., l. 21, corriger ainsi : *Le 10 décembre, le Roi est à Saint-Quentin...*

P. 409, l. 1, au lieu de *Rumigny,*   lire *Rumilly (Rumigny ?)*
P. 413, l. 20 et 21, —   *Mussy,*   — *Mussey.*
P. 452, l. 31,   —   *Chézy,*   — *Choisy-en-Brie.*
P. 488, l. 30,   —   *Croquetaine, Done,* lire *Courquetaine, Doue.*
P. 490, l. 33-35, corriger ainsi : *Puis il se dirige vers Rougemont et s'empare du fort de la Maison Rouge. Il part le 13 avril pour retourner en Nivernais ; chemin faisant, il assiège le château de la Maison-Forte, qui incommodait beaucoup le pays, et le remet en cinq jours sous l'obéissance du Roi. Le 22 avril, il est à Saint-Amand.*

P. 495, l. 31 (note), au lieu de *Besze,*   lire *Beszé (Baissey).*
P. 512, l. 25,   —   *Percigny,*   — *Perrigny (?)*
P. 524, l. 7,   —   *Airelles,*   — *Arelles.*
P. 532, l. 6,   —   *Doucery,*   — *Doncery (Donchéry.)*
P. 549, l. 10,   —   *Sompy,*   — *Sommepy.*

Principales publications du même auteur

Catalogue des Manuscrits de la Bibliothèque de Vitry-le-François ; Paris, H. Menu, in-8°, 1877.

La Charte de Possesse et autres documents inédis, XIIIe-XVIe siècles ; Vitry, Bitsch, in-4°, 1878.

Mémoires d'Hippolyte Thibaut sur les sièges de Sainte-Menehould en 1652 et 1653, publiés sur les originaux, avec les traités de capitulation, etc.; (Cabinet historique, 1879-1880).

Documents inédits sur les Etats-Généraux (1482-1789), tirés des Archives de Vitry-le-François, et publiés avec une introduction et des notes ; Paris, Champion, in-8°, 1879.

Correspondance inédite de Dom Thierry de Viaixnes. Arcis sur-Aube, imprimerie de la Revue de Champagne, in-8°, 1880.

Mémoire des choses plus notables advenues en Champagne; in-8°, Reims, 1882.

L'invasion allemande en 1543, ouvrage posthume de Ch. Paillard, mis en ordre et publié par G. Hérelle ; in-8°, Paris 1884.

Répertoire général et analytique des principaux fonds anciens des Archives départementales de la Marne.

www.ingramcontent.com/pod-product-compliance
Lightning Source LLC
Chambersburg PA
CBHW071151230426
43668CB00009B/914